유라시아 고려인

디아스포라의 아픈 역사
150년

김호준 지음

유라시아 고려인
디아스포라의 아픈 역사 150년

지은이 | 김호준
펴낸이 | 최병식
펴낸날 | 2022년 6월 20일(개정증보판)
펴낸곳 | 주류성출판사
서울특별시 서초구 강남대로 435(서초동 1305-5) 주류성빌딩 15층
TEL | 02-3481-1024(대표전화) • FAX | 02-3482-0656
www.juluesung.co.kr

값 30,000원

잘못된 책은 교환해 드립니다.

ISBN 978-89-6246-113-8 03900

이 책은 관훈클럽신영연구기금의 도움을 받아 저술 출판되었습니다.

유라시아 고려인

디아스포라의 아픈 역사 150년

1860년대 연해주 이주부터
오늘날 '역사적 조국'
한국과의 만남에 이르기까지
잊힌 역사의 진실을 복원하다

이 책은 광활한 유라시아 대륙에 흩어져 살고 있는 50만 고려인의 150년 역사를 개괄한 통사(通史)다. 한국의 역사학계는 지금까지 '카레이스키 통사', 즉 유라시아 고려인 통사를 내놓은 적이 없다. 사학자가 아닌 한 언론인이 그 통사에 도전했다. 필자는 이 책의 집필을 위해 10여 년간 러시아와 중앙아시아 각국에 대한 10여 차례의 현지답사, 관계자 면담, 문헌연구 등에 많은 땀을 흘렸다.

김호준 지음

머리말

이 책은 광활한 유라시아 대륙에 흩어져 살고 있는 50만 고려인의 150년 역사를 개괄한 통사(通史)다. 한국의 역사학계는 지금까지 '카레이스키(사실은 '카레이츠'로 표현하는 것이 옳음) 통사', 즉 유라시아고려인 통사를 내놓은 적이 없다. 사학자가 아닌 한 언론인이 그 통사에 도전했다. 필자는 이 책의 집필을 위해 10여 년간 러시아와 중앙아시아 각국에 대한 10여 차례의 현지답사, 관계자 면담, 문헌연구 등에 많은 땀을 흘렸다.

고려인 역사에 관한 자료는 공백과 결락(缺落)이 많은데다가 분산·파편화(破片化) 돼있어 그 역사의 복원은 퍼즐 맞추기나 다름없었다. '유라시아고려인-디아스포라의 아픈 역사 150년'은 고려인들의 1860년대 연해주 이주부터 시작해 오늘날 '역사적 조국' 한국과의 만남에 이르기까지 잊힌 역사의 진실을 개괄적으로 복원한 것이다. 그런 의미에서 통할 通자 通史이나 서술의 초점을 피눈물 나는 수난사에 맞춘 만큼 아플 통(痛)자 '痛史'로 보는 것이 좋겠다.

고려인을 현대판 디아스포라로 내몬 1937년 스탈린의 고려인 강제이주는 소련 국가테러리즘의 극치였다. 그 진상을 비롯하여 고려인이 겪은 피압박의 수난사는 강요된 침묵 속에 묻혀버린 것이 너무 많았다. 그들의 참담한 역정(歷程)이 이 세상에 알려진 것은 고르바초프의 페레스트로이카 이후 소련 고문서의 비밀이 해제되면서부터다. 러시아, 카자흐스탄, 우즈베키스탄에서 고려인에 관한 많은 자료가 발굴되고 재해석되어, '잃어버린 역사'의 복원이 시작된 것은 참으로 다행이다. 이 책은 고려인 사회의 그러한 축적을 바탕에 두고 한국 사학계의

연구실적과 저자의 개인적인 연구결과 등을 종합하여 고려인 150년사에 관해 총체적인 정리를 시도한 것이다. 과거 차르 및 스탈린 시대의 고려인 삶에 대해 차별받고 탄압받고 착취당한 피지배자의 입장에서 천착했다. 특히 원동고려인 18만 명을 일거에 중앙아시아로 추방한 스탈린 정책의 잔인한 본질을 규명하고 고발하는데 주력했다. 스탈린의 고려인 박해는 유례가 없을 정도의 잔혹한 인권탄압의 부끄러운 인류사였다. 역사의 교훈을 기억하는 민족이라야 영생할 수 있다는 필자의 신념이 이 책을 낳았다.

고대 서역을 누빈 고구려 사절, 신라 구도승 혜초, 고구려의 후예 고선지 장군 등을 중앙아시아고려인의 원조(元祖)로 보고 이들의 행적을 전사(前史)로 곁들였다. 고려인보다는 한인(韓人)으로 부르기를 고집한 사할린동포의 역사도 다루었다. 일제의 징용에서 시작된 남부사할린 동포의 역사는 해방 전 일제 치하의 40년보다 긴, 해방 후 70년을 소련·러시아 치하에서 보낸 만큼 이젠 유라시아고려인 역사로 편입시키는 것이 맞는다고 본다. 그동안 고려인 역사에서 다루기를 꺼렸던 시베리아 내전 시기 고려인의 친일 행적, 해방 후 북한 건국에 참여한 이른바 '소련파'에 대한 김일성의 숙청도 통사의 한 편으로 엮었다.

소련붕괴 이후 고려인의 국가별 재이주 상황과 2000년대의 역동적인 재기 노력 등을 추적해 150년사의 주요 대목으로 담았다. 동서냉전 종식 후 비로소 실현된 고려인과 한국의 만남은 고려인의 최근세사에서 가장 획기적인 사건 중의 하나다. 현재 고려인의 한국 취업자 수는 2만 6,000여 명, 한국으로의 영주 귀국은 4,100여 명에 이른다. 그 과정과 실태를 최초로 '한국 속의 고려인' 등

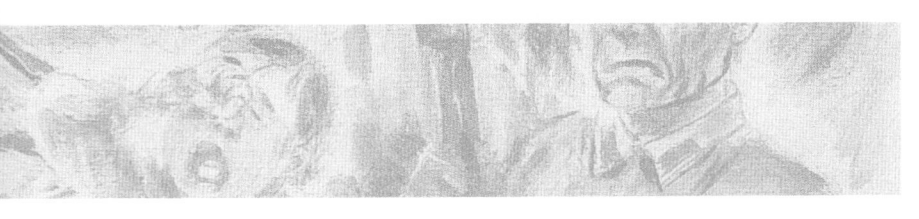

으로 정리했다. 장기간 한반도와 유리된 채 모국어를 잊고 산 고려인은 문화와 가치관이 우리 한국인과 달라 새로운 민족으로 분류해야 한다는 주장이 나올 정도다. 그러나 세계적 경제강국으로 부상한 한국과 만난 이후 진작되고 있는 그들의 정체성 회복문제를 의미 있게 부각시켰다. 고려인 150년사에 등장하는 주요 인물 및 사건의 사진을 비롯하여 관련 지도, 그림, 도표 등 총 160여 점을 게재하여 독자의 이해력과 가독성을 높인 것도 특기할 일일 것이다.

'유라시아고려인-디아스포라의 아픈 역사 150년'은 2차에 걸친 개정증보판을 통해 내용이 보다 충실하고 정치(精緻)해졌다. 책의 뼈대와 주지(主旨)는 그대로 두면서 새로 발굴한 작은 펙트와 에피소드를 많이 추가했다. 일부 오류도 시정했다. 러시아이주 원년(元年)을 둘러싼 논란을 상술하고 사할린고려인 역사에 관한 내용을 크게 보완했다. 고려인의 새 모습을 조명하면서 고려인 러시아이주 150주년을 맞아 개최된 각종 학술대회의 발표문과 국내체류 고려인에 대한 실태조사 결과 등을 시의적절하게 반영했다. 고려인의 국가별 거주인구 및 이동·이주상황 등에 관한 통계는 많은 국가에서 아예 없거나 오래된 자료뿐이어서, 이를 업데이트하고 분석하는데 애로가 많았다. 허나 필자가 최초로 해결을 시도한 과제라는 점에서 강한 집념을 갖고 태클했다.

필자는 젊음을 취재 현장에서 보낸 저널리스트다. 이 책에 쓰인 방법론이 학문적 접근 못지않게 저널리스틱한 어프로치에 치중할 수밖에 없었던 것은 필자의 이런 전력 때문일 것이다. 여기에 등장하는 고려인들의 인생역정에 관한 기록의 대부분은 필자가 직접 찾아가 성사시킨 인터뷰에서 얻은 것이다. 이 책이야말

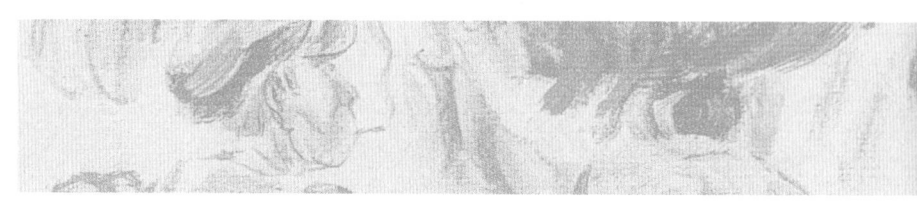

로 머리로 쓰는 아카데미즘과 발로 쓰는 저널리즘의 합작품이라고 말하고 싶다.

필자가 고려인에 관해 관심을 갖게 된 것은 2002년 여름에 우연히 키르기스스탄을 방문하면서였다. 그때 필자는 지구촌의 오지 중 오지인 이 고산지대에 고려인 2만 명이 살고 있다는 사실에 놀랐다. 그들은 무슨 역마살이 끼었기에 조국에서 6천km나 떨어진 이 먼 산악국까지 흘러왔단 말인가? 유목민 속에서 농업민족인 고려인이 영위하는 생업은 무엇일까? 다민족국가인 키르기스스탄에서 소수민족 고려인의 위상은 어떤 것일까? 고려인에 대한 이런 의문을 필자 스스로 풀어보자고 한 것이 이 책을 쓰게 된 동기다.

어느 시인은 고려인이 '유배(流配)'되었던 중앙아시아를 가리켜 "우리가 가서 엉엉 울어야 할 곳"이라며 그들의 시련에 애통해 마지않았다. 19세기 중엽부터 조국을 떠나 유랑한 고려인의 역사를 되돌아볼 때 우리가 찾아가 통곡해야 할 곳이 어찌 중앙아시아뿐이겠는가. 그들이 두만강을 건너 정착한 연해주 시대의 삶은 출발부터 차별과 박해의 연속이었다. 차르의 압제 속에 신음했던 고려인, 스탈린의 '피의 숙청' 아래서 공포에 떨며 울던 고려인, 끝내는 일제의 첩자로 몰려 중앙아시아 허허벌판에 내던져진 고려인, 조국과 유리되어 디아스포라로 전락한 그들의 아픔을 어찌 다 필설(筆舌)로 형용할 수 있겠는가. 강제이주 후 중앙아시아에서 성공신화(神話)를 쓰며 정착하는가 싶더니 소련의 붕괴로 다시 유라시아 대륙을 떠도는 신세가 된 그들의 기구한 운명에 가슴이 메어진다.

세계 각지의 한인 동포치고 고난과 시련을 겪지 않은 사람이 없지만 고려인에 비견할 수는 없을 것이다. 고려인과 악수해보면 지식인, 노동자 가릴 것 없이 두텁고 거친 손을 갖고 있다. 한 결 같이 힘들고 고단한 삶을 산 고려인들은 개개인 모두가 감동적인 인간 드라마의 주역들이다. 연해주 황무지를 맨손으로 개척한 선대의 고려인도 그렇지만 후대 역시 근면과 투지로 소련 사회에서 성공한 소수민족으로 우뚝 일어섰다. 소련붕괴 후 어느 민족보다 빠르게 체제전환에 적응해 시장경제의 선봉에 서서 역동적으로 재기하고 있는 것도 역시 고려인이다.

2013년은 고려인의 선조들이 두만강 너머 연해주로 이주해 한민족의 지평을 대륙으로 넓혀나간 지 150주년이 되는 해였다. 이 뜻 깊은 해를 맞아 고려인들의 강인한 역외(域外) 개척사를 기리고 소련붕괴 후 위축된 그들의 재기를 고무하는 데 기여했으면 좋겠다싶어 이 책을 출간했다. 이 책이 망국이 빚은 기민(棄民)의 설움을 되새기면서 다시는 그런 비극이 되풀이되지 않도록 민족적 각성에 도움이 됐으면 한다.

책이 나오기까지 많은 분들의 협조가 있었다. 필자에게 고려인 문제에 눈을 뜨게 해주신 키르기스스탄 교민 김희태 씨, 자료정리를 도와주신 아쎌 양, 물심양면으로 격려를 아끼지 않으신 양규모 KPX홀딩스 회장, 흔쾌히 출판 기회를 내주신 최병식 주류성출판사 사장에게 감사를 드린다. 연구와 집필 기간 내내 따듯한 내조를 아끼지 않은 아내의 헌신에 감사한다.

2차 개정증보판 출간에 즈음하여 2015년 겨울

김 호 준

차례

제1장 고려인과 연해주
- I 고려인은 누구인가 …………………………… 14
- II 연해주는 고려인의 고향 …………………… 18

제2장 연해주 개척시대
- I 두만강 건너 신천지로 ……………………… 25
- II 고려인 3부류로 나눠 차별 ………………… 38
- III 20세기 초 정착마을 32개 ………………… 45

제3장 항일독립운동 기지로
- I 국권 회복·의병운동 앞장 …………………… 57
- II 차르와 천황의 틈바귀에서 ………………… 63
- III 권업회 결성, 민족혼 고취 ………………… 70

제4장 혁명과 내전의 와중에서
- I 고려인 사회, 정치적 분화 …………………… 77
- II 상해임정 참여 싸고 분열 …………………… 91
- III 4월참변 ……………………………………… 102
- IV 두 개의 고려공산당 대립 ………………… 114
- V 자유시사건 ………………………………… 123
- VI 적군(赤軍)과 연대하여 …………………… 129

제5장 소비에트 시대
- I 토지소유의 기대 컸지만 …………………… 143
- II 강제이주 선행실험 ………………………… 153
- III 잠재력 지닌 민족공동체 ………………… 166

제6장 '국가테러리즘의 극치' 강제이주
  I 피의 전야제 ··· 171
  II '일본간첩' 누명 씌워 ·· 177
  III 지도층 무더기 체포-공포 조성 ···································· 186
    <인터뷰> 강제이주 1년 전에 온 오청구
  IV 중앙아시아행 '검은 상자' ·· 192
  V 12월까지 18만 명 이주 ·· 206

제7장 한반도-서역(중앙아시아) 교류사 <고대·중세>
  I 서역은 한반도행 문화통로 ··· 210
  II 서역을 간 고대 한인들 ··· 220

제8장 고려인의 중앙아시아 진출 <강제이주 이전>
  I 1897년 24명 거주등록 ··· 230
  II 1920년대 유럽러시아지역 확산 ································· 234
    <인터뷰> 최 류드밀라의 키르기스스탄 정착
  III 카자흐스탄 유배살이 ··· 240

제9장 중앙아시아 정착 <강제이주 이후>
  I 땅굴 파고 움막생활 ·· 246
  II 거주 제한, 내륙에 갇힌 포로 ···································· 251
  III 60% 재배치, 이탈 성행 ··· 258
    <인터뷰> '파란 눈의 고려인' 니나 할머니

제10장 고려인과 2차 세계대전
  I 소련 승리 위해 헌신적 지원 ······································ 270
  II 남자는 노동군 동원 ··· 272
  III 성공 신화(神話)를 쓰다 ··· 281
  IV 북한 창건 전위대로 ·· 286
  V 교육·노동에 '올인' ··· 294

차례 11

제11장 스탈린 사망 후 넓어진 영역
- I 거주제한 해제, 정치참여 허용 ········· 305
- II 북한에선 숙청당하고 ········· 308
- III 고향의 그리움과 역사 복원 ········· 314
- IV 도시 이주, 전문직 도전 ········· 320
  - <인터뷰> 최장수 각료 김 니키포르
- V 독창적 생존전략 고본질 ········· 330
  - <인터뷰> 고본질 백만장자 신 아나톨리

제12장 '역사의 미아' 사할린 고려인
- I 악명 높은 유형지(流刑地) ········· 347
- II 귀환 불허에 무국적으로 살아 ········· 353

제13장 소련 붕괴와 그 파장
- I '전주곡' 페레스트로이카 ········· 361
- II 고려인 탄압 죄과(罪過) 인정 ········· 368
- III 토착민 득세, 소수민족 차별 ········· 371
- IV '꿈속의 꿈' 고려인 자치주 ········· 381

제14장 고려인 다시 황야에
- I 역마살 타고 났나-재이주 물결 ········· 392
  - <인터뷰> 한국서 온 목사 류동수
- II 두 흐름-러시아행과 한국행 ········· 400

제15장 재기하는 고려인 <유라시아 2000년대>
- I 자영업에 몰려 ········· 408
  - <인터뷰> 도르도이의 또순이 윤 스베타
- II 카자흐스탄서 두각 ········· 414
- III 선거직 도전 활발 ········· 422
  - <인터뷰> 키르기스스탄 3선의원 신 로만

제16장 유라시아 고려인 분포 현황

<인터뷰> 탈영한 북한군 대위 출신 김수봉
총 48만-우즈베키스탄·러시아에 많이 살아
 Ⅰ 슬라브문화권 ·································· 439
  1. 러시아연방
  ① 모스크바·상트페테르부르크   ② 사할린   ③ 연해주
  ④ 남부 지역   <인터뷰> 연해주로 이주한 최 니키타
  2. 우크라이나
  3. 벨라루스
 Ⅱ 이슬람 문화권 ································ 463
  1. 우즈베키스탄
  2. 카자흐스탄
  3. 키르기스스탄
   <인터뷰> 사할린에서 온 황용근
   <인터뷰> '자유언론의 햇불' 김 알렉산드르
  4. 타지키스탄   <인터뷰> 후잔드로 역주행한 고 갈리나
  5. 투르크메니스탄
 Ⅲ 무국적 고려인 ································ 488
 Ⅳ 한국 속의 고려인 ···························· 495
  2만 6,000여 명 취업
  <인터뷰> 서울 고려인촌의 박 알렉산드르.
  <인터뷰> 안산 땟골의 김 갈리나
  <인터뷰> 고려인출신 주한대사 편(片) 위탈리

제17장 고려인의 문화·유산·정체성

 Ⅰ 세시풍속과 생활문화 ······················ 509
 Ⅱ 무너진 집단농장 ···························· 518
 Ⅲ 고려일보·고려극장 ························ 530
 Ⅳ 민족 정체성 ··································· 543

맺는말 ; 왜 지금 고려인인가? 그들을 재조명한 이유 ······ 555
참고문헌 ··· 561
색인 ··· 571

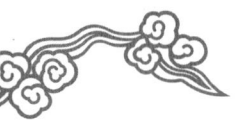

제1장

고려인과 연해주

Ⅰ 고려인은 누구인가?

대륙진출의 선구자

　우리 민족사에서 고려인은 '북상(北上)개척'을 선도한, 대륙 진출의 선구자다. 고구려·발해 멸망 이후 한반도에 비좁게 갇혀 살던 한민족의 지평을 저 광활한 유라시아 대륙으로 넓힌 주역이 바로 고려인이다. 고려인의 1863년 연해주 이주는 우리 근현대사 최초의 국외진출이다. 1902년 사탕수수 농장의 계약노동자로 태평양을 건넌 하와이 이민보다 39년 앞선 역사적 행보다. 그때 '조선의 콜럼버스' 최운보와 양응범을 따라 연해주 지신허에 정착한 고려인 60여 명은 오늘날 지구촌 곳곳에 똬리를 튼 700만 재외동포의 원조이기도 하다.

　우리 민족은 자신들을 한인(韓人) 또는 한국인이라고 부른다. 그러나 한국 밖으로 나가면 달라진다. 우선 북한사람들만 해도 자신을 한국인이라고 부르지 않는다. 그들은 '조선사람'이라고 한다.

우리는 재외동포를 거주 국가별로 다르게 부른다. 흔히 미국에 사는 한인을 '재미한인', 또는 '재미동포', 일본에 살면 '재일교포', 중국에 살면 '조선족'이라 부른다. 그리고 구소련 지역, 즉 러시아와 중앙아시아에 거주하는 동포들은 스스로를 '고려인', 또는 '고려사람'이라고 부른다.

영문으로 표기하면 한인은 'Korean' 하나면 다 된다. 하지만 우리말로 나타내면 이렇게 '문패'가 다양하다. 지역별로, 국가별로 각양각색이다. 한인에 대한 이런 번잡한 호칭처럼 우리 민족의 기구한 운명을 적나라하게 보여주는 것도 없을 것이다.

이주 초부터 "고려인" 자처

구소련 지역에 거주하고 있는 우리 동포들은 옛날부터 스스로를 '조선사람', 또는 '고려사람'이라고 불렀다. 그들의 선조는 조선왕조에서 러시아로 자진 이주한 사람들이다. 따라서 그들의 후예가 자신들을 '조선사람'이라고 부르는 것은 타당하다. 그렇다면 '고려사람'이라는 그들의 호칭은 언제부터 어떤 연유로 사용하기 시작한 것일까?

러시아의 유명한 탐험가 N. M. 프르제발스키에 의하면 연해주의 조선인들은 1860년대에 이미 자신들을 '고려사람'으로 불렀다고 한다. 그는 1869년 러시아인으로는 처음으로 조선의 국경도시 경흥과 연해주 지역 최초의 조선인 정착지인 '지신허(地新墟)' 등을 방문한 뒤 꼼꼼한 기록물을 남겼다. 그는 이 여행기('우수리지방 여행. 1867~1869')에서 "조선인들은 자신을 부를 때 가우리(Kauli)"라고 한다고 기술했다.

여기서 '가우리'는 고구려 또는 고려를 지칭하는 말이다. 당시 한-러 국경에 거주하는 조선인들은 스스로를 '고구려사람', 또는 '고려사람'으로 칭했음을 알 수 있다. 이 기술은 큰 의미를 가진다. 연해주로 이주한 조선사람들이 연해주가 고구려 땅이었음을 과시하기 위해 스스로를 '고려사람'이라고 불렀을 가능성이 크다는 이야기다. 그 옛날 만주와 연해주를 호령하던 선조들을 생각하며 러시아인들에게 '고려사람'이라고 자칭했다면 그들의 민족의식과 역사의식이 대단히 높은 수준이었음을 알 수 있다.

조명희 항일시가 불길 지펴

고려문학의 창시자 조명희

연해주에서 '고려' '고려인'은 그들의 역사성과 민족정체성을 일깨워주는 망향의 용어처럼 사용되었다. 특히 볼셰비키 10월혁명 직후 그들의 정치적 군사적 존재를 알릴 필요성이 있을 때면 어김없이 등장하는 외침과 같은 것이 '고려'였다. 1917년 연해주고려인들이 결성한 정치활동조직인 '고려족회(高麗族會)', 1918년 결성된 '한인(韓人)사회당' 산하의 군사조직인 '고려적위군(赤衛軍)', 1919년 조선의 독립과 혁명을 목표로 고려인 노동자들이 조직한 '고려인동맹', 1921년 이르쿠츠크에서 창당대회를 가진 '고려공산당', 그리고 1920년대의 '고려인자치주' '고려공화국' 건설운동... 등등은 '고려' '고려인'이란 용어가 러시아고려인 사회에서 역사적 핏줄로 면면히 이어져왔음을 보여준다. 고려인, 고려사람 이라는 명칭도 1920년대 소련에서 나온 한글 출판물에 사용되었다.

원로 고려인 문인 정상진(2013년 작고)의 증언에 의하면 1928년 일제의 탄압을 피해 소련으로 망명한 작가 조명희가 그해 11월 연해주의 한글 신문 '선봉'에 발표한 '짓밟힌 고려'라는 항일 산문시가 '고려'라는 용어 사용에 불길을 지폈다고 한다. 일제 강점 아래 조선민중의 연민과 서러움을 그린 이 시는 당시 큰 반향과 함께 고려인 청년들이 어느 모임에서나 낭송하면서 불타는 애국심을 드러내는 데 사용되었고, 그 후 '고려'라는 말이 널리 쓰이기 시작했다는 것이다.

또한 선봉에 1930년 11월부터 1931년 3월까지 18회 게재된 민족사학자 계봉우와 오창환 간의 이른바 '고려문전'을 둘러싼 활발한 논쟁도 '고려'에 대한 고려인들의 인식을 높이는 데 기여했다. 그 후 카자흐스탄 크즐오르다로 강제이주 당한 계봉우가 1939년 9월 10일자 '레닌기치'에 발표한 '고려어 교수문제에 관하여'라는 글에서도 '고려'는 이어졌다.

남도 북도 아니라는 함의

1937년 강제이주 후 러시아어를 모국어처럼 사용한 고려인 사회에서 '고려사람'은 자연스럽게 쓰였다. 고려인을 지칭하는 러시아어 '카레이츠'를 고려어(한국어)로 번역하면 '고려사람'이다. 그러나 소련이 북한지역에 '조선민주주의인민공화국'을 창건한 이후에는 '조선'이 '고려'라는 용어를 대신하다시피 했다. 이러한 현상은 6.25동란 이후 더욱 고착되었다.

한반도 북쪽의 '조선'하고만 접촉하던 고려인들은 88서울올림픽을 계기로 남쪽의 한국인과 만나게 되었지만 자신들을 호칭하는 용어로 '한국' '한국사람'을 받아들이기가 껄끄러웠을 것이다. 고려인들은 이 문제를 해결하기 위해 조선은 조선대로, 한국은 한국대로 인정하면서, 자신들을 '조선사람'이나 '한국사람'과 구별해야 할 필요성을 느꼈다.

고려인 사회는 유서 깊은 한글신문 레닌기치의 제호를 1991년 1월 1일 '고려일보'로 바꾸었다. 그러면서 지금껏 '조선인' '고려인' '고려사람'으로 혼용하던 자신들의 호칭을 '고려사람'으로 통일했다. 이 변화, 즉 민족 이름에서 '한국'과 '조선'을 배제한 것은 중요한 의미를 가진다. 고려인은 한민족의 혈통을 지니고 있지만 남한의 한국인도, 북한의 조선인도 아니라는 함의를 짙게 깔고 있다. 그것은 한반도와 복잡하게 얽힌 고려인들의 고뇌 어린 선택을 보여주기도 한다.

현대판 디아스포라

우리 해외이민사는 한과 슬픔의 역사다. 특히 고려인의 러시아 이주는 조국으로부터 버림받은 기민(棄民)의 역사였다. 고려인은 조선왕조의 빈곤과 압제, 그리고 망국이 낳은 유산이다. 조선 땅에서 살 수 없어 연해주로 건너간 유민(流民)이 고려인이다. 나라를 잃고 러시아 벌판을 떠돌다가 중앙아시아로 강제 이주당한 20세기 디아스포라가 고려인이다. 그들은 자신들을 지켜줄 나라가 없었기에 러시아의 학대와 소련의 탄압을 인내할 수밖에 없었다. 넓디넓은 유라시아 대륙 곳곳에 흩어져 살고 있는 고려인, 소련해체 이후 또 다시 유랑의 길에 내몰린 그들처럼 기구한 운명도 없다. 그러나 그들의 150년사를 돌아보면 오뚝이처럼 일어서는 장면을 자주 만난다.

II 연해주는 고려인의 고향

연해주는 유라시아 대륙에 흩어져 살고 있는 '현대판 디아스포라' 고려인들의 역사적 고향이다. 러시아 땅 연해주는 조선왕조 말, 가난 때문에 한반도를 떠난 고려인들의 역외(域外)개척의 현장이었으며 조국독립운동의 피어린 무대였다. 1937년 스탈린의 강제이주정책으로 고려인들이 한 맺힌 눈물을 흘리며 중앙아시아로 떠난 곳이다. 지금도 구소련 지역 내의 많은 고려인들이 고단한 삶을 추스르고자 마지막 한 가닥 희망을 안고 다시 모여들고 있는 '마음의 고향'이 바로 연해주다.

지리적으로 연해주라 함은 동해로 빠지는 두만강 하구 17km를 사이에 두고 우리 한반도와 이웃하면서 아무르강을 북쪽 경계로 하여 서쪽의 우수리강과 동쪽으로 동해 연안 사이에 위치한 땅을 일컫는다. 바다를 따라 펼쳐진 지역이라고 해서 러시아에 의해 연해주(沿海州)라는 이름이 붙여졌다. 내륙에는 동해안과 나란한 북동 방향으로 길이 1,300km의 시호테알린 산맥이 뻗어 있다. 면적이 한반도의 4분의3인 16만 5,900km²에 인구는 195만 6,497명(2010년 센서스)에 달한다.

연해주는 러시아 행정구역상 주(州·Oblast')가 아닌 변강(邊疆·Kray)이다. '크라이'는 대체로 모스크바 중앙과 먼 변경지역에 위치해 있으며, 적은 인구에 광활한 지역을 포괄하는 특별행정단위라는 점에서 일반적인 행정단위인 '오블라스치'와 구별된다. 그래서 연해주는 '연해변강(Primorskiy Kray-Maritime Province)'이라고 부르는 것이 옳다. 하지만 혼선을 피하기 위해 일반적으로 연해주로 통용되고 있다.

연해주의 행정수도는 블라디보스토크이며, 행정구역은 12개 시와 22개 라이온(郡)으로 구성돼 있다. 시베리아 횡단철도의 동쪽 종착역인 블라디보스토크는 냉전 시절 소련 태평양함대본부가 있어 1990년까지 외국인의 출입을 엄격하게 제한했던 곳이다. 러시아인들은 연해주를 포함한 러시아의 최동부를 원동(遠東 또는 극동)이라고 부른다.

우리 민족의 역사적 고토

연해주는 우리와 아주 특별한 연관이 있는 지역이다. 한반도와 접경해 있다는 지리적 조건 이외에, 역사적으로 우리 한민족의 영광과 회한이 배어 있는 곳이다. 그 옛날 고조선시대부터 연해주는 우리 한민족의 생활권이었다. 우리 선조의 하나인 부여, 북옥저(北沃沮)족이 거주한 지역이었으며, 그 후 고구려(BC 37-AD 668)와 발해(698~926)의 지배하에 장기간 우리의 민족문화가 꽃을 피운 영역이다. 부여족의 일파인 주몽이 압록강 중류 유역에 세운 고구려는 전성기에 한반도 중부에서 북쪽으로 송화강, 서쪽으로 랴오둥반도, 그리고 동쪽으로 연해주에 이르는 광대한 지역을 통치했다. 고구려의 계승자임을 자처한 발해 역시 고구려영토의 대부분과 흑룡강 하구까지 통치했다.

그러나 926년 발해 멸망을 끝으로 연해주는 우리 민족의 손에서 벗어나 잊은 땅이 되었다. 거란족, 여진족, 몽고족, 중국 한족, 만주족, 러시아인 등으로 지배자가 바뀌면서 우리에겐 '고토(故土)'로서의 의미만 지니게 되었다. 후삼국을 통일한 고려(918~1392) 역시 고구려의 계승자임을 내세우며 '고토' 회복을 위한 북진정책을 폈지만 그 북방경계는 압록강에서 원산만에 이르는 선에 머물렀다. 압록강과 두만강을 경계로 한 현재의 국경선은 조선(1392~1910) 세종 때에 두만강 연안에 육진(六鎭)과 압록강 유역에 사군(四郡)을 설치한 이후에 정해진 것이다.

발해 멸망 이후 연해주에는 여진족이 살고 있었다. 17세기 초, 여진족의 후예인 만주족이 명나라를 정복하고 청나라를 건국하면서 그 중심세력이 중원으로 옮겨가자 연해주는 무인지경이 되었다. 청나라는 이 지역을 자기 선조의 발상지라고 신성시하여 봉금령(封禁令)을 공포하고 한인(漢人)의 이주를 철저히 금지했다. 조선도 국경을 넘는 주민들을 월경죄로 다스렸다.

연해주 최남단에 위치한 크라스노예 셀로는 조선의 옛 영토인 녹둔도

(鹿屯島)다. 세종 시기 육진 개척 때 군사를 주둔시켰던 면적 35km²의 작은 섬이다. 1587년 이순신 장군이 조산만호(造山萬戶)로 가서 여진을 토벌하고 둔전제를 실시하다가 여진족의 기습공격으로 군사 11명이 전사하고 군민 160여 명이 끌려간 책임을 지고 백의종군한 곳으로 유명하다. 그 후 두만강의 퇴적작용으로 모래가 쌓여 연해주와 연결된 녹둔도는 1860년 베이징조약에 의해 러시아로 넘겨진 뒤 지금까지 러시아 영토로 남아있다. 조선은 1886년 청국과 러시아 간의 국경 재조정 때 청국 대표 오대징(吳大澂)에게 녹둔도 반환교섭을 의뢰한바 있으나 묵살당해 무위에 그치고 말았다. 이 문제는 때가 되면 다시 거론해야 할 것이다.

1860년 러시아와 접경

한국이 오늘날의 연해주 지배자 러시아와 최초로 접촉한 것은 17세기 중반 두 차례에 걸친 변급, 신유의 만주 후통강(厚通江)·흑룡강(黑龍江) 원정에서였다. 당시 청나라는 동진하는 러시아를 공격하다 실패하자 조선에게 조총부대의 파병을 요청했다. 이에 효종은 1654년, 1658년 양차에 걸쳐 군사를 파병하여 러시아군을 물리쳤다. 이것이 나선(羅禪)정벌이다. '나선'은 '러시안(Russian)'을 한자음으로 표기한 것이다.

제1차 정벌(1654년)에서 함경도 병마우후 변급은 조총수 100여 명을 거느리고 후통강에서 러시아군을 크게 무찌른 뒤 토성을 쌓고 돌아왔다. 제2차(1658년)는 혜산 첨사 신유가 조총수 200명과 초관(哨官), 기고수(旗鼓手), 화정(火丁) 등 60명을 거느리고 흑룡강 가운데서 격전을 벌여 스테파노프 휘하 러시아군을 물리쳤다. 이때 조선군은 뛰어난 사격술을 과시하며 적선 10여 척을 불태우고 적군 270명을 섬멸했다. 조선군에는 8명의 전사자와 25명의 부상자가 났다.

러시아가 다시 우리 앞에 나타난 것은 근세에 이르러서다. 철종 5년 (1854년) 4월에 러시아 해군 중장 푸탸틴이 함대를 끌고 동해안에 들어와 항로를 열기 위한 측량작업을 하다가 발포하여 영흥만의 내항인 송전포 (松田浦)의 양민을 죽이고 달아났다. 러시아의 원동 출현을 예고한 사건이다. 이들은 송전포를 라자레프 항이라고 명명하기도 했다.

러시아는 1858년 청나라와의 아이훈조약으로 흑룡강 이북을 확보한 데 이어 1860년 베이징조약으로 연해주 지역에 진출함으로써 마침내 우리와 두만강을 경계로 국경을 접하게 되었다. 베이징조약으로 인해 동해로 나갈 출구를 잃은 만주 동북지방은 해상교통로가 봉쇄된 맹지(盲地)가 돼버렸다. 그 후 러시아인들은 빈번히 우리 국경지대에 나타나 교역을 요청함으로써 본격적인 한-러 접촉이 개시되었다.

고려인 피땀으로 개척한 땅

연해주는 한민족이 흘린 개척의 땀과 구국항쟁의 피가 배어 있는 곳이다. 연해주 개척은 조선후기 이래 한반도에서 이주해간 조선인들, 즉 고려인이 선도했다. 고려인들은 그곳에서 황무지를 개간해 옥답을 만들고 벼농사를 시작해 쌀을 보급하였다. 뿐만 아니라 식량 증산에 필요한 농업기술과 저렴한 노동력을 제공하여 연해주 개발에 크게 기여했다. 1905년 을사늑약 이후 연해주는 우리에게 항일독립운동의 국외 기지가 돼주었다. 당시 독립운동을 하기 위해 연해주로 넘어온 우국지사들과 함께 구국의병활동에 참가한 고려인 수는 10여 만 명에 달했다. 1937년 독재자 스탈린이 자행한 연해주고려인 강제이주는 우리 민족사에 잊힐 수 없는 고통과 상처를 남겼다. 이 통한의 만행으로 인해 그곳에 뿌리 내리고 살던 '나라 없는 백성' 고려인들은 70여 년 가꾼 삶의 터전을 송두리

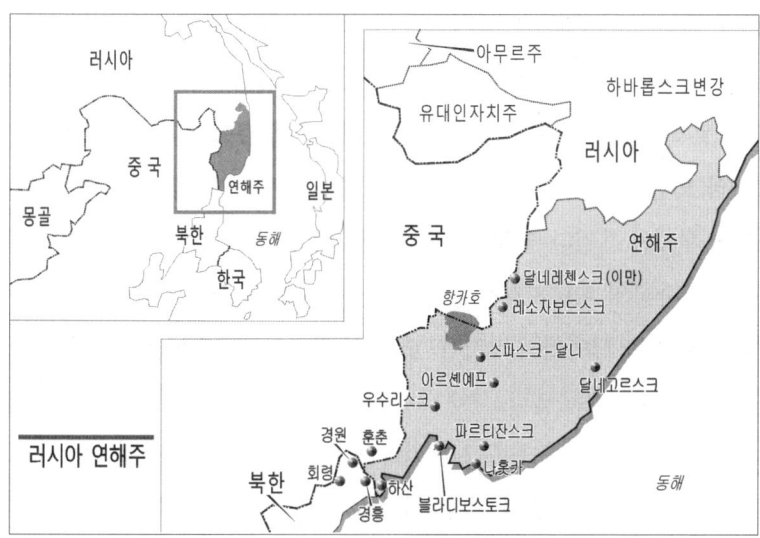

째 잃고, 낯선 중앙아시아로 쫓겨 갔다. 고려인들은 조상의 땅 한반도와 유리된 유라시아 대륙을 떠도는 디아스포라의 신세가 되었다.

지금은 한민족공동체 실험지대

오늘날 연해주는 남북한과 미·중·일·러 등 4강의 정치적·경제적·군사적 이해관계가 복잡하게 얽혀 있는 전략적 요충지다. 러시아는 연해주를 전초기지로 삼아 중국, 일본, 미국, 한국 등에 영향력을 행사하고 있고, 미국과 일본은 러시아의 남하와 태평양 진출을 견제하기 위해 각별한 감시체제와 경계태세를 유지하고 있다. 일본은 연해주 진출을 희망하지만 러시아는 전통적으로 일본을 경계해왔다. 중국은 자신의 옛 영토인 연해주를 되찾으면 북태평양 진출의 교두보를 마련할 수 있다는 생각으로 이 지역에 지속적인 관심을 표명하고 있다. 하지만 러시아는 '황화(黃禍)'가 많았던 점을 떠올리며 중국인의 유입을 꺼리고 있다.

러시아는 주변 국가 중 한국과 갈등을 빚을 요소가 가장 적은 나라다. 러시아정부는 한국의 연해주 진출에 우호적이고, 한국을 자본과 기술을 제공할 수 있는 안전한 협력대상으로 보고 있다. 현재 한국은 사할린으로부터 LNG를 도입하고 있고, 현대중공업 등 8개 기업이 연해주에서 약 16만 ha(여의도 면적의 190배)의 토지를 임차해 옥수수, 콩, 밀 등 작물을 재배하고 있다. 일부에서는 연해주의 넓은 땅을 '농업경제특구'로 지정해 한국의 식량기지로 활용하자는 논의도 전개하고 있다. 또 남북한 및 러시아 사이에 시베리아 횡단철도와 러시아 가스관의 남북한 연결방안이 검토되고 있다.

연해주는 한국이 육로로 시베리아와 유럽으로 들어가는 길목에 자리하고 있어 향후 한민족의 해외경제개발과 생활공간 확대에 최적의 후보지로 꼽히고 있다. 한국이 연해주에 진출해서 경제·사회적 기반을 닦으면 통일 이후 남한의 한국인을 필두로 북한인, 연해주고려인, 중국 옌볜의 조선족까지 모두 아우르는 한민족공동체를 형성할 수 있다.

현재 연해주에는 같은 핏줄이면서도 사회적 역사적 배경이 다른 고려인, 중국조선족, 남북한 주민이 공존하고 있다. 고려인의 경우 세 부류가 혼재해 있다. 소련해체 이전부터 터전을 잡아 비교적 안정된 생활을 누리는 토박이, 소련해체 후 중앙아시아에서 재이주해 온 '큰땅치', 2차 대전 후 사할린에서 이주해온 '화태치'가 그들이다. 여기에 중국서 넘어와 단기 체류하며 상행위를 하고 있는 조선족, 북한에서 송출돼 온 '북선치', 그리고 남한에서 간 기업, 종교단체, NGO 관계자 등 '남선치'가 뒤섞여 연해주 한인 사회는 매우 복잡한 구조 속에 움직이고 있다. 연해주가 다양한 기원의 한인이 모여 사는 한민족공동체의 새로운 실험지대, 새로운 생존권역으로 부상하고 있는 것이다.

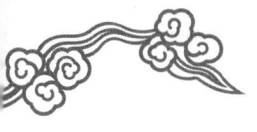

제2장

연해주 개척시대

I 두만강 건너 신천지로

연해주는 대부분이 산지이지만 넓은 평원에 풍부한 수원을 끼고 있어 농사에 비교적 좋은 조건을 갖춘 곳이다. 대륙성 기후로 겨울에는 춥고 여름에는 계절풍의 영향을 받아 비가 많이 온다. 블라디보스토크의 연평균 기온은 영상 4도이며 1월 평균 기온은 영하 14.4도, 7월 평균 기온은 영상 17.5도이다. 서쪽의 내륙지역보다 동쪽의 해안지역이 훨씬 온화하여 일부 지역에서는 대나무가 노지에서 월동하기도 한다. 북쪽으로 더 올라가면 한겨울 기온이 영하 50도까지 내려가는 혹한지대여서 인간이 정착해 살기가 어렵다.

연해주는 19세기 중엽까지 청(淸)의 봉금령(封禁令)으로 인해 무인지경의 미개척지로 남아 있었다. 당시 이곳에는 소수의 만주족과 토착 유목민인 타즈 족과 오로치 족이 드문드문 거주하고 있었다. 조선인들의 연해주 진출은 19세기 초부터 산발적으로 이루어졌다. 러시아가 이 지역에 진출하기 훨씬 전이다. 당시 함경도 거주 조선인들은 육로나 해로를 이용해 연해주로의 왕래가 잦았다. 1811년 '홍경래 난' 직후에는 두만강 건너 박석골, 감자밭골 등에 거주했다고 한다. 봄에 몰래 국경을 넘어가 조선 관헌의 행정력이 미치지 못하는 곳에서 농사를 짓고 가을 추수 후에 귀향하는 계절출가(季節出稼)농업을 한 것이다. 바다에서는 배를 타고 나가 두만강 북쪽에서 고기잡이를 하다가 배가 파손되면 해삼위(海蔘威·블라디보스토크)에서 수리하고 돌아오기도 했다.

1863년 지신허에 첫 정착

함경도는 경지가 협소한데다가 지배층의 가혹한 수탈로 인해 주민들은 궁핍을 면치 못했다. 굶주린 조선인들은 남부여대(男負女戴)하고 두만강을 건넜다. 두만강은 물길이 좁고 얕아 겨울에 결빙하면 건너가기가 쉬웠다. 여름에는 뗏목을 띄워 건널 수 있었다. 그들 앞에 펼쳐진 넓은 땅은 관습과 법규가 전혀 다른 러시아 땅 연해주였다. 그곳은 많은 수확과 기근의 탈피, 봉건압제로부터의 자유를 약속한 신천지였다. 핍박 받고 가난에 찌든 조선인에게 무인지경의 허허벌판 연해주는 희망의 땅이었다. 그들은 영고탑(寧古塔), 훈춘(琿春), 쌍성자(雙城子·우수리스크)로 통하는 옛길을 따라 땅을 차지하고 정착해 곳곳에 부락을 형성했다.

조선인의 연해주 이주 원년(元年)에 대해서는 몇 가지 설이 있다. 한국 학계의 정설은 '1863년 최초 이주론'이다. 이때 함경도 국경지방의 조선인 농민 13가구가 두만강을 건너 몰래 남부 연해주의 지신허강 유역에 이주했다는 것이다. 이 주장을 처음 내놓은 사람은 시베리아 출신의 저명한 역사학자이자 정치평론가인 B. I. 바긴이다. 1875년 출간된 '아무르의 한인들'이란 책자에서다.

우리 측에서 최초로 '1863년 이주'를 언급한 기록은 1908년 2월 26일 블라디보스토크에서 창간된 '해조신문'이다. 해조신문은 제1호 발간사의 서두에서 '1863년 우리 동포 십여 가구가 지신허에 건너와 황무지를 개척했다'고 밝히며 그 뒤의 연해주 이주사(移住史)를 전개해 나갔다. 이후 '1863년 이주론'은 1965년 카자흐스탄에서 출간된 고려인 역사학자 김승화의 '소련한족사'에, 그리고 1980년대 한국에서 반병률(외국어대)을 비롯한 소장학자들에 의해 인용되면서 한국역사학계의 정설로 굳어졌다.

'1863년 이주'는 러시아 공식문서에서도 확인되고 있다. 당시 노브고로드스키에 소재한 국경초소의 책임자 레자노프 중위의 보고서가 그것이다. 레자노프는 이해 11월 30일 연해주 군무지사 카자케비치 해군소장에게 보낸 공문에서 "(전임 초소장 체르캅스키 대위에게) 조선인 몇 명이 찾아와 자신들이 이미 5, 6채의 초가집을 다 지어놓았으니 그곳에 20여 가구가 입주하는 것을 허가해달라고 청원한 바 있다"고 보고했다. 그리고 이 이주민들이 조선인 살해를 일삼는 만주인으로부터 자신들을 보호해줄 "러시아 군인 5명의 파견을 요청했다"며 하명(下命)을 구했다.

레자노프 중위는 상부의 지시가 도착하기를 기다리는 동안 독자적인 결정을 내리지 않을 수 없었다. 그땐 열악한 교통사정 때문에 연해주 행정소재지인 니콜라옙스크로부터 회신을 받는 데 수개월이 걸렸다. 레자노프는 자신의 재량으로 1864년 1월 이주민 14가구 60명에게 이주를 허가하고 구호식량으로 100푸드(1푸드는 16.38kg)가량의 군용 밀가루를 빌려주었다. 1864년 5월 연해주 군무지사 카자케비치는 이주민들의 정착·보호 요청을 받아들여 지신허에 초소를 설치하고 이주민의 "안전과 치안을 보장할 가장 강력한 조치를 취할 것"을 공식 지시했다. 이리하여 고려인들이 지신허에 정착하게 되자 1864년 9월 21일(신력 10월 3일) 레자노프 중위는 군무지사에게 보고서를 보내 정착민들이 근면하게 농사에 종사하고 있다고 전했다. 이후 1914년 권업회 주관으로 러시아 이주 50주년 기념행사를 준비하던 고려인들은 레자노프의 이 '1864년 지신허 정착 보고일'을 이주 기념일로 정했다.

한국학계의 1863년 최초 이주설이 지신허에 실제로 이주한 역사적 사실에 근거한 것이라면 고려인 사회의 1864년 이주론은 러시아당국의 이주허가를 받아 정착에 성공한 때를 중시한 것이라고 볼 수 있다. 이러한 이주원년 차이로 인해 고려인 연해주이주 150주년 기념행사를 한국 역사학계는 2013년에, 고려인 사회는 2014년에 각각 가졌다.

한국은 동북아역사재단 주최로 학술회의를 개최했고, 고려인들은 김에르네스트가 이끈 30여 명이 유라시아 자동차랠리에 나서 조국분단 후 최초로 남북한을 종주했다. 2014년 7월 7일 모스크바를 출발한 랠리팀은 타슈켄트, 알마티를 거쳐 시베리아 횡단 후 북한에서 휴전선을 뚫고 서울로 들어가 8월 19일 목적지인 부산에 도착했다. 장장 1만여km의 대장정이었다. 고려인들의 조국통일 열망을 담은 이 역사적 행사는 남북한 모두에 깊은 울림을 남겼다.

고려인들의 초기 이주사를 기술한 아령실기(俄領實記)도 1864년 이주설을 말하고 있다. 1920년 봄, 상해 임시정부 기관지인 독립신문에 '뒤바보'라는 필명으로 연재된 아령실기는 "기원 4197년(서기 1864년) 봄에 무산의 최운보(崔運寶), 경흥의 양응범(梁應範) 2인이 몰래 두만강을 건너 중국 훈춘을 거쳐 지신허에 와서 개간에 착수한 것이 연해주 이주의 효시였다"고 기술하고 있다. 아령실기는 이 2인의 개척에 대해 "콜럼버스의 신대륙 발견에 견줄 수는 없으나 고래의 완고한 쇄국을 앞장서 깨고, 죽음을 무릅쓰고 개척과 식민의 최선봉이 된 그 가상한 공적을 크게 상탄(賞歎)하지 않을 수 없다"고 칭송했다.

1858년 최초 이주설은 일본군이 연해주를 점령했던 시기 조선총독부가 블라디보스토크에 파견한 사무관 오마츠(小松淺五郎)가 내놓은 것이다. 그는 1922년 '동부 시베리아의 조선인'이라는 보고서에서 "옛 노인들의 구전에 의하면 1858년 함경북도 태생 '한일가(韓一歌)'라는 사람이 남우수리 포시예트에 건너가 농업에 착수한 것이 처음"이라고 주장했다. 1860년 설은 블라디보스토크 거주 고려인 김학만 등이 1902년 퇴거 명령을 받고 당국의 선처를 호소한 청원에 근거한 것이다. 청원에서 이들은 함경도의 연이은 흉년과 기근을 참지 못해 1860년 두만강을 건넜는데 블라디보스토크에 이르러 구제를 받고 정착하게 되었다고 기술했다. ('구한국외교문서' 제18권, 고대아세아문제연구소, 1969, pp531-532)

*한반도에 살던 조선인이 두만강 너머 러시아 땅으로 이주, 정착하면 이들을 고려인으로 표기한다.

마을 전체가 이주하기도

조선에서의 견딜 수 없는 빈곤, 기아, 억압을 피해 연해주로 이주하는 사람들이 해마다 늘어났다. 1864년 60가구가 건너간데 이어 1865년 65가구 343명이 월경했다. 이주민의 대다수는 농민이었다. 그 외에 노비, 병사, 학자, 관리, 심지어 무당까지 넘어갔다. 어떤 관리 출신 양반은 3

초기의 고려인 정착민들

제2장 연해주 개척시대

명의 처첩과 17명의 노비를 데리고 나타났다. 러시아당국은 노비들을 해방시켜 주면서 몸값을 주인에게 노역으로 보상하라고 지시했다.

1867년 12월에 경흥군 두 마을의 주민 전체(150가구)가 얀치혜(煙秋-현재의 크라스키노) 마을로 이주하는 사태가 벌어졌다. 아령실기에 따르면 경흥 주민 약 80호는 우차 60여 대, 말 30여 필을 끌고 국경을 넘다가 관군의 제지로 충돌이 빚어졌다. 이때 관군 1명이 사망하고 이주민 중 노파 1명과 여아 1명이 체포되었다. 당시 조선인의 연해주 이주는 당국의 사전허가를 받지 않은 불법이주였다.

1869년은 고려인 이주사에 있어 주목할 만한 해였다. 그해 북한 지역에 큰 홍수가 나고 강한 서리가 내려 이른바 '기사(己巳)흉년'이라는 대흉년이 들었다. 함경도 육진지방의 농민들이 북간도와 연해주로 대거 이주했다. 한줌의 벼도 거두지 못한 전례 없는 대흉년으로 밤사이에 마을 주민 전체가 떠나 텅 빈 마을이 속출했다. 연해주고려인 사회의 지도자로 가장 존경받았던 최재형이 아홉 살 어린 나이에 부모를 따라 포시예트로 이주한 것이 이때였다. 그해 6월부터 12월까지 조선인 6,500여 명이 러시아 땅으로 이주하였다. 특히 11월 말~12월 초에는 겨울옷과 월동양식도 챙기지 않은 4,500명이 한꺼번에 국경을 넘었다. 마치 조선 북도의 주민 전체가 연해주로 향하는 것처럼 보였다. 이때 3년 사이에 청나라 땅 만주로 월경한 사람도 평안도 6만 명, 함경도 2만 6,000명에 달했다고 한다.

후에 연해주의 거상(巨商)이 된 최봉준이 여덟 살 때 부모를 따라 지신허로 이주한 것은 1870년이었다. 큰 흉년이 들어 산야에 캐먹을 풀뿌리조차 남지 않자 함경도 농민들이 떼지어 두만강을 건너 연해주 일대에서 유랑하던 때였다. 최봉준의 부모가 가진 재산이라곤 키우던 소 한 마리가 전부였다. 그 소를 쌀 4말과 바꿔 하루에 1~2홉으로 세 식구가 몇 달을 연명했다. 이듬해 아버지가 사망해 가장을 잃은 두 모자는 고향으로 돌아가려 했으나 러시아당국이 국경을 봉쇄해 그마저도 여의치 않았다. 굶어 죽는 사람이 늘어나자 러시아당국은 구휼을 위해 한 사람당 밀 3말을 배급했다. 두 모자는 삯품을 팔고 이삭을 주워 가까스로 겨울을 넘겼다. 이듬해 두 모자는 황무지를 개간해 감자와 옥수수를 심어 겨우 굶어 죽을 처지에서 벗어났고, 두 칸짜리 초가도 마련했다.

전봉관 '한-러 무역의 개척자 최봉준'에서

  조선정부는 조선인들의 불법월경을 묵인하는 러시아당국의 처사에 강하게 항의했다. 이에 러시아당국이 불법 월경자를 추방하자 조선 병사들은 이들을 잡아다가 무더기로 처형해, 한동안 두만강 변에는 노인과 아이들의 시체가 즐비했다고 한다. 조선에서는 불법 월경자가 잡히면 장터에 사람을 모아 놓고 공개 효수(梟首)하는 것이 관례였다.

  조선 백성들의 불법 이주는 계속되었다. 연해주 군무지사 푸루겔름 제독은 새로 도착한 이주민 642가구가 머물고 있는 지신허(현재의 비노그라드노예)를 찾아가 이들에게 본국으로 돌아갈 것을 종용했다. 이주민들은 차라리 이 자리에서 굶어 죽는 것이 돌아가서 사형을 당하는 것보다 낫다며 단호하게 귀국을 거부했다. 특히 국경을 넘은 후 상투를 자른 젊은이들은 귀국하면 조선풍속을 어긴 죄로 사형을 당할 것이 분명하니 못가겠다고 버텼다. 결국 푸루겔름은 이들에게 러시아 땅에 남아도 좋다고 허락했다. 3,500명가량의 이주민이 추방을 면하고 포시예트에 잔류해 토지를 점유할 수 있었다.

조선정부는 변경 주민의 월경방지를 위해 북관 육진에 포수와 조총, 화약 등의 병기를 증강 배치했다. 또한 두만강 변을 따라 60개의 초소와 목책을 설치하고 초소마다 병사 3~5명씩을 배치했다. 조선 조정이 주민 월경문제에 대해 얼마나 부심하였는가를 보여주는 사례다. 하지만 목숨을 건 백성들의 연해주 이주는 막을 수 없었다.

러시아정부는 이주민들에게 물질적 지원과 조세감면의 혜택을 주었다. 1869~72년에 걸쳐 수이푼(秋豊) 강변에 정착한 7개 고려인 부락에는 군 비축양식 570톤이 지급되었고, 이주민 모두에게 20년간의 인두세(人頭稅)와 3년간의 토지세가 면제되었다.

이러한 소문이 조선으로 흘러들어가면서 이주민의 수는 가히 기하급수적으로 증가했다. 1863년 지신허를 시발로 뿌리를 내린 고려인 마을이 연해주 각지로 확산되기 시작했다. 1867년 시지미와 얀치헤에 고려인 마을이 세워졌고 1869년에 수이푼 구역, 1874년 블라디보스토크, 1875년 나선동(羅鮮洞·중국명 黑頂子), 녹둔(鹿屯), 도비허(都飛河) 등에 고려인이 개척한 촌락이 들어섰다. 나선동이란 지명은 고국을 잊지 말자는 뜻에서 신라의 '라'자와 조선의 '선'자를 따서 지은 것이라고 한다. 고려인들이 러시아 관청의 허가를 받아 개

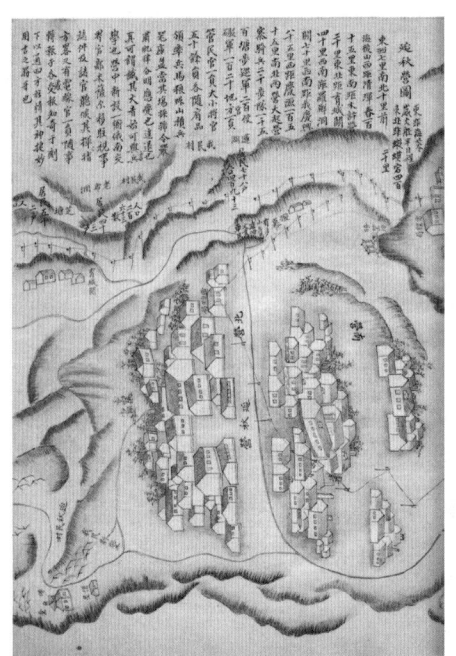

아국여지도(俄國輿地圖) 속의 연추영도(延秋營圖). 아국여지도는 1884~86년에 조선 관원 2명이 연해주를 정탐하고 조정에 보고하기 위해 작성한 군사지도이다.

척한 나선동은 1881년 중국과 러시아 간의 국경 재조정에 의해 중국 영토로 편입되었다. 이때 러시아 관리는 고려인 주민 153가구에 대해 나선동을 떠나 도비허로 이주할 것을 강박했다. 주민들이 거부하자 러시아 관리들은 가옥과 물품을 소각하고 주민을 내몰아 도비허로 강제 이주시켰다. 러시아는 국경지역의 요충인 나선동을 중국에 돌려주지 않고 오히려 요새화하여 군인 1,000여 명을 주둔시켰다.

1884년에 남석동(南夕洞)이 개척되고, 이해 6월 경흥개시(開市)조약으로 비로소 금강(禁江)이 해제되어 연해주 왕래가 자유로워졌다. 1889년에는 연해주 동남부 수찬(水淸)지역의 여러 곳에도 고려인 촌락들이 나타났다. 1904년 연해주의 고려인촌은 32개에 달했다. 아령실기는 고려인들의 이러한 개척사를 "눈물과 땀과 피가 쌓여 이룩된 것"이라고 표현했다.

일 찾아 매년 수천 명 유입

해를 거듭할수록 증가하는 고려인 이주민을 바라보는 러시아의 시각은 이중적이었다. 하나는 고려인의 노동력을 적극 활용하여 원동지역을 개척하려는 긍정적 측면이었고, 다른 하나는 고려인의 과도한 유입이 원동지역 안보에 문제를 야기할 수 있다고 우려하는 부정적인 입장이었다. 이 두 가지 시각은 이후 원동지역의 국제적인 정세와 러시아의 국익에 민감하게 대응하며 실제에 반영되었다.

동시베리아 총독 코르사코프는 고려인 이주를 중단시키려는 연해주 군무지사 푸루겔름의 입장을 지지했다. 그는 해안선과 국경지대에 고려인이 정착하는 것을 엄중히 금지했다. 당시의 행정편제에 따르면 자바이칼, 아무르, 연해(프리모르)지방으로 구성된 원동변강(邊疆)의 행정적 책임

1880년대 이주민. 한 가족이 15명에 달해 눈길을 끈다.

자는 총독이었으며 각 지방의 책임자는 군무지사로 불리었다.

코르사코프의 후임인 시넬니코프 총독은 연해주고려인들을 국경에서 멀리 떨어진 북쪽의 아무르 지방으로 분산 이주시키는 사업을 진행하였다. 1871년 7월 말, 포시예트 지역의 고려인 남녀 102가구 431명이 바지선과 기선에 실려 하바롭스크 서쪽 아무르강의 지류인 사마르카 강변으로 이송되었다. 도중에 3명이 사망하고 43명이 질병으로 니콜스코예 마을에 남겨졌다. 23명은 만주로 이탈했다. 8월 초 목적지에 도착한 사람은 모두 362명이었다. 러시아당국은 이들에게 겨울옷을 지급하고 러시아식 목조주택, 흙벽집, 학교건물, 공동목욕탕 등을 지어 제공했다. 이듬해 수확 시까지의 식량과 종자도 공급했다. 고려인들은 다가올 파종을 위해 15데샤티나(1데샤티나는 1.092헥타르)의 땅을 개간했고 31데샤티나를 카자크들로부터 임차했다.

이렇게 해서 아무르의 첫 고려인 정착촌 블라고슬로벤노예(沙滿里)가 탄생했다. 그 후 고려인 이주민들은 러시아정교로 개종, 귀화하여 러시아인과 동등하게 가구당 100데샤티나(33만평)의 토지를 분여 받았다. 블라고슬로벤노예는 러시아어로 '축복'이란 뜻이다. 그러나 이런 이주방식은 비용이 너무 많이 들어 그 후 '축복'은 되풀이되지 않았다.

한눈에 천리가 내다보이는 넓고 비옥한 평야에 위치한 블라고슬로벤노예는 러시아인 부촌과 다를 바 없는 유족한 마을로 성장해 훗날 고려인들 사이에 선망의 땅이 되었다. 자주 중국 마적의 공격을 받았던 블라고슬로벤노예는 마을 주위에 2.1m 높이의 토벽을 쌓고 초소를 설치해 마적에 대비했다.

고려인이 러시아인보다 많아

1870년대 이후 조선에서 돈벌이를 찾아 연해주를 찾는 계절노동자들이 눈에 띄게 늘어났다. 이들은 농사 외에 포시예트 탄광, 블라디보스토크 항구건설작업장, 우수리 철도공사장, 라즈돌노예 벌목장 등에서 품팔이 노동을 했다. 매년 수이푼 지역으로 품팔이와 밭일을 위해 1,500명가량이 찾아들었고 미역 채취에 최대 500명이 몰려들었다. 1880년대 초 이들의 수는 이미 3,000명에 달했다. 이들은 품을 팔아 10~20루블을 모아서는 다시 조선으로 돌아갔다. 이주민의 지속적인 증가로 1882년 연해주에는 러시아인(8,385명)보다 고려인(10,137명)이 더 많이 살고 있었다.

연해주 이주가 시작된 첫 20년간 러시아당국은 고려인들의 근면성과 성실성에 호감을 표시했다. 고려인 이주민을 우수리 지방의 초기 개척에 이용하고, 그럼으로써 차후 러시아인 이주민의 정착을 용이하게 한다는 속셈도 있었다. 러시아인 이주가 정책적으로 장려되었지만 지리적으로 너무 멀리 떨어진 이 '유형의 땅'을 찾아오는 러시아인은 거의 없었다.

　연해주는 조속한 개발이 절실한 상황이었지만 인구밀도가 매우 낮아 인력난이 극심했다. 고려인들은 삼림을 벌목하고 처녀지를 개간해 농사가 가능한 경지로 바꾸어 놓았다. 초기의 러시아 주둔군과 이주민들은 고려인이 생산한 곡물과 조선에서 들여온 생우로 식량문제를 해결했다. 1870년대에는 고려인들의 곡물 과잉생산으로 러시아군은 중국 훈춘으로부터 군량미(귀리, 보리) 수입이 전혀 필요 없게 되었다. 러시아인 지주들은 값싼 고려인 노동력을 이용하여 소유지를 경작하였으며 러시아당국은 교통·통신수단 건설과 군수물자 수송에 고려인 노동력을 광범위하게 이용하였다. 고려인들은 적은 노임을 받으면서 연해주 남부에 850여km의 비포장 지방도로를 건설했다. 실로 고려인은 연해주지역 최초의 개척자였다. 아울러 러시아의 연해주 정착에 지대한 공헌을 했다.

　러시아 측 기록에 의하면 1869년 수이푼 지역 개발을 선도한 사람은 '최 씨'였다고 한다. 아마도 최 씨는 지신허 마을 개척자 최운보였을 것이다. 그는 경흥 빈민 35가구를 인솔하고 수이푼에 와서, 후일 '추풍4사(秋豊四社)'로 일컫는 푸칠롭카, 코르사콥카, 크로우놉카, 시넬니코보 등 4개 마을 개간의 기초를 닦았다. 이때 새 촌락 건설의 책임자로 파견된 관리가 미하일 푸칠로 대위였다. 그는 고려인과 1년 반을 같이 생활하면서 익힌 조선어를 바탕으로 최초의 '러-조사전'을 편찬해 1874년 출판했다. 이 사전은 행정, 상업, 선교뿐 아니라 학문적인 용도로 소중한 교재가 되었다. 푸칠로는 고려인들에게 매우 헌신적이어서 사재 1,000루블과 동시베리아 총독 시넬니코프가 준 1,000루블까지 모두 고려인 정착을 돕는데 사용했다. 고려인들은 그의 제안에 따라 촌장과 서기를 선출하고 연해주 최초의 자치마을을 운영했다. 푸칠로가 이임할 때 눈물로 전송한 고려인들은 후에 그의 동상까지 세웠으며, 마을 이름도 육성촌(六城村)에서 '푸칠롭카'로 개명했다.

국경교역—조선서 생우·곡물 들여와

1860년대에 조선과 러시아 양국은 국경지역에서 교역을 개시했다. 통상조약이 체결되지 않은 때문에 주민들 사이의 비공식적인 교역이었다. 동시베리아의 러시아군 당국은 조선과의 무역에 관심을 가지고 있었다. 원동지역에 배치된 군대에 제공할 식량을 멀리 러시아의 유럽영토에서 가져오는 것 보다 이웃한 아시아 국가에서 공급받는 것이 유리하다고 판단한 때문이다. 1865년 여름 동시베리아 총독 코르사코프는 함흥에 있는 함경감사에게 통상을 요구하는 서한을 보내기 위해 겔메르센 대위를 경흥으로 파견했다. 하지만 경흥부사의 거절로 서한 전달에 실패했다. 그 후에도 여러 차례 러시아 측의 통상요구가 있었지만 조선정부의 거부로 실현되지 않았다. 조선과 러시아 간 교역은 비공식적으로 이루어질 수 밖에 없었다. 조선 상인들은 매월 250~300마리의 생우(生牛)를 러시아 땅으로 끌고 가 팔았다. 양국의 국경당국은 특별히 제동을 걸지 않았다.

러시아는 조선과의 육로통상을 중시했다. 매년 조선에서 수천 마리의 가축을 들여와야 남우수리 지역의 러시아 군대 및 이주민들의 육류 소비를 해결할 수 있었기 때문이다. 1877년 조선에서 들여온 가축 수는 9,350마리였고, 1881년 육로를 통한 조선과 러시아의 무역규모는 45만 루블에 달했다. 이중 20만 2,500루블이 조선의 경흥, 경성, 온성, 정선, 회령, 부성, 길주, 명천, 부령 등지에서 몰고 온 4,500마리의 가축 거래를 통한 무역액이었다. 1883~84년 2년간 조선 상인이 육로를 통해 러시아 국경지역과 블라디보스토크에서 판매한 물품은 소 1만 7,600마리(50만 루블)와 귀리 3만 6,000푸드(2만 8,000루블)였다. 조선 상인들이 연해주에서 사간 물품의 금액은 82만 2,000루블로, 그중 95%가 광목, 무명, 모직 등 직물류 구입에 사용되었다.

Ⅱ 고려인 3부류로 나눠 차별

조선과 러시아 사이에 1884년 국교가 수립되고 1888년에 조아육로통상장정(朝俄陸路通商章程)이 발효됨에 따라 양국 간의 육로 통행이 자유로워졌다. 조선인의 월경도 법적으로 문제가 되지 않았다. 1891년 연흑룡주 총독 코르프는 고려인 이주민의 법적 지위를 3개 부류로 구분해 다루면서 고려인 이주에 대해 규제를 가하기 시작했다.

1부류엔 국적 부여·토지 분배

우선 1884년 국교수립 이전에 러시아로 이주한 1부류 사람들에게 러시아국적을 부여하고 가구당 15데샤티나(16.4ha, 약 4만 9,000여 평)의 토지를 분배해주도록 했다. 1부류는 조세, 노역, 군역의 의무를 이행 하고 모두 상투와 댕기를 자르도록 했다.

국교수립 이후에 이주 정착한 2부류 사람들은 조선국적을 보유하되 매년 러시아 비자를 발급받도록 했다. 이들은 체류기간 2년이 만료되면 조선으로 돌아가야 했다. 그때까지 농사를 중단하지 않으면 토지를 몰수당하고 3부류로 강등되었다. 1부류처럼 부역과 납세의무를 이행해야 했지만 군복무는 면제되었다. 이들은 실제적으로 양국 정부로부터 어떠한 보호도 받지 못한 채 전적으로 러시아 관청의 통제 속에 살았으며,

그저 농업노동자나 반(半)소작인으로 지주에게 매여 있었다.

3부류는 여권과 비자 없이 일자리를 찾아 불법적으로 러시아에 들어온 사람들로서, 이들에게는 국유지에 정착해 생산 활동을 할 권리가 주어지지 않았다. 한 달 이상 체류할 때는 조선여권을 맡기고 1년짜리 체류허가증을 발급받아야 했다.

고려인을 3개 부류로 분류한 것과 관련한 일련의 조치는 1892년부터 가시화되었다. 연해주당국은 2·3부류의 고려인들을 추방하기 시작했다. 정착지에 계속 남게 해달라는 그들의 청원은 모두 기각되었다. 재산을 처분하고 연해주를 떠나야 했다. 일부는 조선으로 돌아갔고, 일부는 중국당국이 자율 경작지를 분배해주는 만주 국경지대로 이주했다. 대다수는 겨울에도 돌아가지 않고 그대로 눌러앉아 불법 체류자 신세가 되었다. 고려인들은 러시아국적을 취득하려는 경향이 강했지만 차르정부는 변방지대를 '자신들의 충실한 아들'인 카자크와 러시아인 부농들로 강화하려는 속셈에서 좀처럼 국적 취득을 허용하지 않았다. 이에 앞서 러시아정부는 1885·86년 두 차례 소집한 프리아무르스키 지역의 총독, 지방행정관, 기업인 총회에서 조선인의 러시아 이주를 더 이상 허용 않고 기존의 이주민은 국경에서 멀리 떨어진 지역으로 점차 이주시켜 러시아인들 사이에 배치하도록 결정했다.

1부류 사람들에게 토지가 분배된 것은 1893년 연흑룡지방 총독으로 두홉스코이가 부임한 이후다. 원동의 식민화에 고려인 활용정책을 지지한 그는 고려인에 대한 거주지 등록과 호적대장 작성이 완료되자 1896년에 제1부류에 속하는 고려인 1500여 가구에 국적을 부여하고 가구당 15데샤티나의 토지를 분배했다. 러시아는 제정일치(祭政一致)국가였기 때문에 고려인은 러시아정교로 개종해야 국적을 취득할 수 있었고, 국적을 취득해야 토지를 분배받을 수 있었다. 두홉스코이는 1884년 이후의 이주민에 대해서도 체류기간을 연장해주고 러시아 입적여부를 심사케 했다. 또한 고려인들에게 국경에서 멀리 떨어진 내륙의 국유지 임차를 허용해, 하바롭스크 인근과 이만 등 3곳에 새로운 고려인 마을이 생겨났다.

두홉스코이의 후임인 그로데코프 총독은 1898년까지 국적 취득을 못한 1부류 고려인 전원을 입적시켰다. 그는 5년 이상 거주한 2부류에게도 국적 부여를 약속해 2년 후 이를 실현시켰다. 3부류 고려인에게는 내륙 지방 정착을 허용해, 훗날 50개의 고려인촌이 형성되었다. 두 총독의 이 같은 우호적인 정책에 힘입어 입적(入籍) 고려인은 1892년 1만 2,940명에서 1902년 1만 6,140명으로 증가했다. 고려인 주민 수도 같은 기간 1만 6,564명에서 3만 2,410명으로 늘어났다.

조선인들은 한 손에 지팡이, 한 손에 담뱃대를 들고 10~20명씩 연해주로 몰려왔다. 대다수는 이미 정착생활을 하고 있는 고려인 촌락에서 품을 팔며 살았다. 일부는 일손이 매우 부족했던 금광에 고용되었다. 품팔이들은 밭갈이에서 탈곡에 이르기까지 여름 한철 농사일을 도맡아 하고 그 대가로 50루블을 받았다. 이들은 형편이 괜찮으면 해를 넘겨 머물다가 이듬해에 자신이 경작한 땅의 일부를 임차하기도 했다. 이런 경우 가을 수확의 절반을 소작료로 지불했다. 여기서 '반액 소작인'이란 말이 생겼다. 소작농 가운데 상당수는 조선에서 식솔을 데려와 영구 정착을 선택했다.

1894년에 남우수리 지방의 고려인 촌락을 방문한 영국 여행가 이사벨라 비숍은 그의 여행기 '조선과 그 이웃 나라들'에서 "주민 대다수의 생활 상태는 양호했다."면서 "조선에서 흔히 볼 수 있는 연약하고 의심

많으며 위축된 농민들의 특징이 이곳에서는 솔직함과 독립심을 가진 모습으로 변화되어 있었다."고 긍정적으로 기술했다.

조선에 영국제 직물 수출

조선과 러시아가 1888년 8월 육로통상조약을 체결한 후 개항장을 통한 공식적인 교역이 활기를 띠기 시작했다. 이 조약은 양국 간 경제·통상관계의 확대 발전에 기여했다. 뿐만 아니라 정치, 학술, 문화 교류의 폭을 넓히는 계기가 되었다.

조선과 러시아의 육로통상은 3개 교역로를 통해 이루어졌다. 첫 번째는 러시아 국경초소가 있는 연해주 최남단 녹둔도와 두만강 건너 조선을 잇는 교역로다. 두 번째와 세 번째는 그 북쪽 경흥·경원지역의 두만강 건너 중국 영토를 거쳐 러시아로 이어지는 길이다. 후자의 두 교역로를 통과할 땐 청나라가 높은 관세를 징수했다. 조선인들은 중국 땅을 거치지 않고 바로 러시아로 들어가는 녹둔도 쪽을 선호했다. 그러나 조선인들은 대부분의 수출품을 두만강을 통해 밀매했기 때문에 경흥 세관은 물론 녹둔도 초소도 거치지 않았다. 그들은 경원, 청성, 회룡, 부룡에서 연해주의 노보키예프 지방으로 이어지는 최단거리를 이용했다. 녹둔도 검역소를 거쳐 통관된 조선산 소는 한해 평균 1,480여 마리에 불과했다. 1895년의 경우 실제로 조선에서 연해주로 반입된 소는 밀매량까지 합치면 4만여 마리나 되었다고 한다.

1890년대 전반의 교역량을 보면 러시아의 한해 평균 대(對)조선 수출은 10만 1,507루블, 수입은 7만 1,991루블로 수출이 수입보다 규모가 훨씬 컸다. 조선 상인들이 연해주로 가축을 몰고 와서 판 뒤 조선에 돌아가 되팔 물품을 현지에서 구입했기 때문이다. 러시아로 돈을 벌려고 온 노동자들도 같은 방법으로 장사를 했다. 당시 함경도에서 러시아로 들어온 노동자는 한해 5,000명에 달했다. 이들은 주로 밭일을 하거나 항구 또는 철도 건설장에서 번 돈으로 여러 가지 직물을 사서 고향으로 돌아갔다.

조선에서 연해주로 수출한 품목은 소와 농작물이 주를 이루었다. 러시아인들은 수입한 소를 도살해 식용으로 썼지만 고려인들은 농경에 이용했다. 조선의 수출품 중에는 돗자리, 쟁기, 도끼, 낫, 작두, 놋쇠잔, 담배도 있었다. 이 물건의 수요자는 연해주에 정착한 고려인들이었다. 연해주에서 조선으로 수출한 물품은 직물류가 주종을 이루었고 염료, 철강제품, 가죽, 등유, 양초, 칼, 바늘, 철망 등도 있었다. 러시아는 자본주의적 산업이 취약했기 때문에 이들 수출품의 90% 이상이 영국제였다.

부유한 원호 가난한 여호

당시 고려인 중 러시아에 귀화해 토지를 분배 받은 사람을 '원호'(原戶), 토지 소유권이 없는 비귀화인을 여호(餘戶), 떠돌이 품삯노동자를 질등일꾼(철도노동자), 아재비(농업노동자), 어리바잇개(어업노동자), 세찬꾼(부두노동자) 또는 외품자리(임금노동자)라고 불렀다. 원호는 지주, 포드랴치크(청부업자), 비사리(관청서기), 통사(러시아어 통역)로서, 전체 고려인의 20~30%에 불과했다. 이들은 러시아인처럼 국가기관에 근무하고 군대에 복무할 수 있었다. 원호들은 토지를 임대하거나 물상객주(物商客主) 등의 직업에 종사하며 상당한 정도의 재산을 모았다. 일부는 경제적인 부와 법적인 지위향상을 배경으로 러시아와 조선에서 출세하기도 했다.

러시아어에 능통한 원호는 군대와 관청에 육류와 물품을 납품하거나 군사시설 공사를 청부맡아 부를 쌓았다. '포드랴치크'라고 불린 이들은

1880년대 초에 한두 명이 출현하였지만, 대부분은 1890년대 후반 동중(東中)철도 및 시베리아 횡단철도 건설 붐, 그리고 1900년대 초의 의화단 사건과 러-일전쟁의 군수경기를 타고 재산을 축적했다.

여호는 소작인으로서, 원호나 러시아인으로부터 토지를 빌려 소작했기 때문에 어렵게 살 수밖에 없었다. 그들의 살림은 조선에서보다 별로 나을 것이 없었다. 원호와 여호는 양반과 상놈을 연상할 정도로 차이가 심했고, 별개의 마을에서 따로 살았다. 원호인들은 여호인과 통혼하지 않았으며, 같이 자리하는 것을 수치로 여길 정도로 여호를 천대했다. 원호는 여호를 '아재비(머슴)'라고 업신여겼고 여호는 원호를 가리켜 '얼마우재(제2의 러시아인)'라고 비하했다. 원호촌에는 대개 러시아정교 교회가 들어선 반면 여호촌에는 전통적인 서당이나 미국식 기독교 교회가 있었다. 대표적인 원호촌은 접경지역인 포시예트 구역의 7개 마을과 수이푼 구역의 4개 마을이었다. 이를 통칭해 '남7사(南七社)' '북4사'(北四社 또는 추풍4사)라고 했다. 블라디보스토크 동쪽의 수찬 지방(현재의 빨치산스크 구역)

1897년 무렵 우수리 공구 철도건설 현장.

에는 여호촌이 많았다.

남도소 도헌에 최재형 임명

최재형

러시아당국은 1893년 포시예트 구역의 중심지인 하(下)얀치혜에 주민자치 기관인 남도소(南都所)를 설치하고 초대 도헌(都憲·면장)에 최재형(崔在亨·러시아 이름-최 표트르 세메노비치)을 임명해 주민 관할과 세금 수납을 담당케 하였다. 이후 북쪽의 아지미 마을에 북도소를 설치하고 원호들로 하여금 러시아 관헌의 인허하에 행정적인 자치를 하게 했다.

최재형은 고려인 최초로 지신허의 러시아 학교에 입학해 러시아어를 익히고 군 병영에서 통역으로 일했다. 그는 러시아군을 상대로 쇠고기 군납과 건설업을 해, 많은 재산을 모았다. 연간 10만~15만 루블을 벌었다고 한다. 당시 노동자 월급이 10~15루블에 불과했던 것에 비하면 엄청난 고소득이었다. 최재형은 도헌 직을 13년 동안 수행하면서 고려인 마을마다 학교를 설립하고, 도로 건설에 기여한 공로로 차르정부로부터 스타니슬라브 은메달을 수여받았다. 1896년엔 니콜라이 2세 황제 대관식에 고려인 대표로 참석하는 등 두 번이나 러시아 수도 상트페테르부르크를 방문하기도 했다.

1896년 고종의 아관파천(俄館播遷)으로 조선에 친(親)러 내각이 들어서자 러시아는 고려인 52명을 공사관 직원이나 군사교관의 통역으로 차출해 조선으로 내보냈다. 그 중 수이푼 사람 김홍륙은 고종의 총애를 받아 학부협판과 귀족원경을 지냈고 김인수는 시종무관으로 왕궁호위를 맡았다. 조선 관계(官界)에 진출한 사람도 많아, 얀치혜와 수이푼 등지에는 참봉, 주사, 의관 등의 직함이 흔했다고 한다. 후에 김홍륙은 고종을 시해하려던 독다(毒茶)사건의 주모자로 밝혀져 사형 당했다. 김인수는 러시아로 돌아가 백위군의 육군소장까지 진급했다.

차르정부는 1880년대부터 '러시아인을 위한 러시아'라는 슬로건을 내세워 러시아인의 원동 이주를 적극 장려했다. 그 결과 1892년 연해주의 러시아인 수(5만 7,000명)는 고려인(1만 6,564명)의 3배가 넘었다. 차르정부는 러시아인 이주를 촉진하기 위해 엄청난 혜택을 주었다. 러시아인 이주민은 가구당 100데샤티나의 토지를 자유롭게 선택해 데샤티나 당 3루블에 구입할 수 있게 하고, 인두세 영구 면제, 군역(軍役) 10년 면제, 토지세 20년 면제 등 혜택을 주었다. 국경수비를 위해 강제로 원동으로 보내 정착시킨, 일종의 둔전병(屯田兵)인 카자크에게도 많은 혜택을 부여했다. 카자크는 1894년 이전 이주자의 경우 거의 제한 없이 토지를 갖게 했고, 그 이후 이주자는 계급에 따라 40~400데샤티나를 분배받았다.

III 20세기 초 정착마을 32개

19세기 말~20세기 초 연해주의 고려인 정착마을은 32개에 달했다. 그 중 31개가 남우수리 지방에 몰려 있었다. 최대 밀집지역은 조·중·러 국경지대의 포시예트 구역으로 22개 마을이 소속돼 있었다. 그 밖의 4개 촌락은 수이푼 구역에, 3개 촌락은 수찬 구역에 위치했다. 고려인들은 강변 분지를 따라 보통 수십 가구 단위의 작은 규모로 마을을 조성해 살았다. 개별 농가마다 넉넉한 공간을 가질 수 있도록 300~500걸음 간격으로 띄엄띄엄 자리를 잡았다. 한 마을의 길이가 때로는 10km, 또는 그 이상이 되기도 했다.

  포시예트 구역에 속한 두만강 하구의 크라스노예 셀로(녹둔도) 마을은 모래땅으로 수확량이 많지 않아 주민 대부분이 가난했다. 이들은 농사 외에 거룻배를 이용해 블라디보스토크로 화물을 운송하거나 물고기, 바닷게, 굴을 잡아 팔았다. 마을에는 제염소와 군(軍)초소가 있었다. 호수 근처의 두만강 분지에 위치한 나고르노예 마을은 초가 30채로 이루어졌다. 주민들은 생산한 식량을 전량 소비하고 소량의 귀리를 내다 팔았다. 추리헤강 분지에 위치한 노바야 마을의 토양은 모래와 돌이 많

1900년대 초 연해주 고려인 촌락 분포도

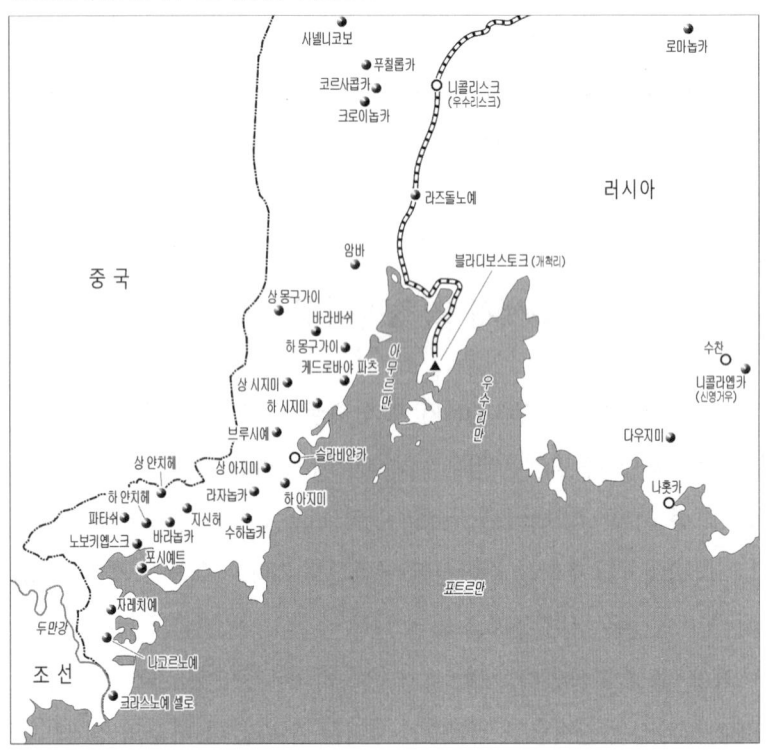

아 주민들은 산비탈까지 개간해 살았다. 8개의 초가집 군(群)이 늘어선 자레치에(香山洞) 마을의 중앙에는 벽돌로 단단하게 잘 지은 학교 겸 교회가 있었다. 농지가 모래땅이어서 귀리 수확량은 적었지만 집마다 강변에서 잡은 거위들로 가득 차 있었다. 파타혜강 분지에 위치한 파타쉬(所都所) 마을 주민 중에는 군부대에 귀리, 감자, 배추를 납품하여 1년에 3,000루블의 수입을 올리는 부농이 적지 않았다.

얀치헤는 연해주 남부 고려인 사회의 행정적·문화적 중심지였다. 하(下)얀치헤 마을은 1부류 고려인 141호, 2부류 28호가 사는 대표적인 원호촌이었다. 중국과 접경지대에 위치한 상(上)얀치헤 마을에는 병사 12명이 주재하는 군초소가 있었다. 상얀치헤도 1부류 89호, 2부류 18호가 사는 원호촌이었다. 얀치헤 주민들은 인근 노보키옙스크 군영의 토목공사 덕택으로 많은 수입을 올렸다. 1904년 하얀치헤를 방문한 흐리산프 주교는 "얀치헤로 들어가는 길목에 길게 늘어선 잘 지어진 벽돌집(학교)들과 푸른 나무에 둘러싸인 교회를 보고 놀라움을 감출 수 없었다."며 그곳에서 12년간 행정을 맡고 있는 도헌 초이(최재형)에 대해 "풍채가 상당히 훌륭하고 충분히 개화된 고려인이었다."고 기록했다.

초가 20채로 이뤄진 바라높카 마을 주민들은 자갈이 많은 땅에서 귀리와 배추를 재배해 내다 팔았다. 고려인들이 최초로 건설한 마을인 지신허는 두 개의 분지 사이에 초가 120채가 늘어선 큰 마을로 성장했다. 동쪽으로 10km 떨어진 곳에는 지신허에 속한 또 하나의 고려인 마을인 차피고우가 있었다. 토양이 비옥해 마을 주민들은 여유롭게 살았고, 농사 외에 축산을 시작해 매년 송아지 50마리를 내다 팔았다.

포시예트에서 라즈돌노예로가는 국도 상에 위치한 수하높카 마을의 주민 대부분은 수수와 귀리를 파종해 생산량의 80%를 판매했다. 마을에는 1부류 고려인의 초가 24채, 2부류 초가 5채가 있었다. 라자놉카 마을은 두 무리의 초가들로 이루어졌는데 군초소가 하나 있었다. 라자노보 우편역 근처에 위치한 페스차나야 마을에는 제염소와 대장간이 있었다. 주민들은 농사 외에 장작을 해다 팔았다.

아지미강 양 기슭에 펼쳐진 상·하아지미 마을에는 예배당, 학교, 그리고 병사 12명이 배치된 군초소가 있었다. 1867년에 세워진 상시지미·하시지미 마을은 20세기 초에 다른 마을보다 훨씬 풍요롭게 살았다. 마을 주민들은 생산한 귀리를 인근에 내다 팔았고, 하시지미 주민들은 거룻배를 이용해 블라디보스토크로 귀리를 운반했다.

블라디보스토크로 가는 가축을 선적하는 지점인 케드로바야 파츠에는 이곳을 통과하는 황소가 1년에 최대 7,000두에 달했다. 케드로바야 파츠는 '방천목(러시아식 이름 수호레치)'과 '치무허'란 이름의 두 마을로 이루어져 있었다. 방천목 주민들은 이곳 해안 기슭에 거룻배를 타고 도착하는 고려인과 만주에서 가축을 몰고 오는 사람들에게 식량을 파는 일로 생계를 유지했다. 치무허 주민들은 블라디보스토크에 공급하는 채소 재배에 종사했다. 1885년에 건설된 몽구가이 마을에는 강 왼쪽 기슭을 따라 펼쳐진 상몽구가이에 30가구, 하몽구가이에 25가구가 살았다. 크랍베 마을의 11가구는 농사, 해삼잡이, 하역 일을 하며 살았다. 암바비라의 2개 마을에는 초가 27채가 있었고, 라즈돌노예 마을에는 교회 소유지에서 일하는 고려인들의 초가 30채가 있었다.

수이푼 4개 마을이 가장 부유

수이푼 지구의 코르사콥카(河口), 푸칠롭카(六城村), 크로우놉카(黃口), 시넬니코보(永安坪) 등 4개 고려인 마을의 19세기 말 인구는 고려인

3,806명, 러시아인 24명이었다. 남우수리 지방의 곡창지대였던 이 4개 마을은 가장 부유하고, 구습이 적게 남은 가장 러시아화된 곳이었다. 주민들은 매년 1만 4,000루블 이상의 각종 세금을 납부하였다. 이른바 '추풍4사'로 통칭된 이 4개 촌락은 독립적인 자치를 하며 살았다. 도헌은 박 바실리였고, 면사무소는 코르사콥카 마을에 있었다. 이곳은 1892년까지 '수이푼고려인관리소'라고 불렀다.

아누치노 구역 로마놉카 마을의 고려인 34가구는 매년 밀, 봄보리, 귀리, 감자 등 총 2만 루블 어치를 이곳에 주둔하고 있는 군대에 납품해 상당히 잘 살았다. 마을 주민은 사냥으로 1년에 흑(黑)담비 150마리와 다람쥐 5,000마리를 잡았다. 니콜스코예 마을에 사는 고려인들은 '니콜리스크 중국인·고려인 민회(民會)관리소' 관할 하에 있었다. 회장은 중국인, 부회장은 고려인이었다.

블라디보스토크 최초의 고려인 정착지는 1874년 아무르만 바닷가에 형성된 '개척리'(쿠페로바 파츠)였다. 이곳 주민 56가구는 주로 목재톱질,

1880년대 블라디보스토크 개척리 거주 고려인들

장작패기 등과 같은 잡일을 했다. 지방에서 올라온 철도, 주택건설장, 빵공장 등의 인부들을 상대로 하숙을 치는 주점의 주인들도 토역일이나 기선화물 하역에 종사했다. 여름에는 많은 사람들이 과일·채소 장사를 했다. 1880년대의 개척리는 배설물이 널려 있는 아주 지저분한 곳이었다. 당시 서울주재 러시아공사 베베르는 "고려인들의 짐승굴 같은 거주지(개척리)는 참을 수 없는 악취 때문에 도저히 지나갈 수가 없다."면서 개척리를 "블라디보스토크의 모든 질병과 전염병의 근원"이라고 지적했다. 1886년 블라디보스토크에 콜레라가 창궐하자 러시아당국은 고려인 296명을 일본 기선에 태워 원산으로 추방했다. 블라디보스토크 고려인에 대한 감독은 한민회 관리소 회장인 도헌이 담당했다. 도헌은 주민 총회에서 선출되어 경시총감을 거쳐 주지사의 승인을 받았다. 1895년부터 도헌 직은 김학만이 맡았다.

수찬강 분지에 위치한 니콜라옙카 마을의 30가구는 밀, 귀리, 콩, 야채 등을 재배해 매년 7,000~1만 루블 어치의 곡물을 내다 팔았다. 일부 주민은 사냥이나 어업으로 생계를 유지했다. 토지는 능력이 닿는 대로 경작했는데 30데샤티나까지 경작한 사람이 있었다. 후일 니콜라옙카는 연해주의 이름 난 원호촌이 되었다. 총 45호가 거주한 이 마을은 원래 신영거우(新英溝)라고 불리었다가 개척자인 김공심(金公心)의 러시아 이름 '니콜라이'에서 딴 니콜라옙카로 개명했다. 촌장인 김 니콜라이는 봉급으로 1년에 40루블을 받았고, 고려인 학교에서는 교사 1명이 10명의 학생을 가르쳤다. 주민들은 인근의 러시아인 마을과 일상적으로 교류하면서 지낸 덕택에 다수가 러시아어를 구사하며 러시아식 모피외투와 털모자를 착용하고 소총을 소지하고 다녔다고 한다. 수찬에서 20여km 떨어진 다우지미 마을의 고려인들은 1888년 이주 첫해부터 수난을 겪었다.

이들은 이미 개간해 놓은 땅을 러시아인에게 빼앗긴 데 이어 1895년에는 새로 이주해온 러시아 농민들에게 농토를 넘겨주라는 토지측량위원회의 명령에 따라 애써 경작한 100데샤티나의 땅을 몰수당했다. 결국 다우지미 주민 24가구는 황무지를 세 번이나 개간하는 피나는 노력 끝에 옥답을 만들어, 매년 거기서 생산하는 밀과 귀리 3,000푸드 2,000루블 어치를 내다 팔았다. 1875~76년에 설치된 안드레옙카 마을에는 고려인 1부류 17가구, 2부류 5가구가 살았다.

19세기 말, 아무르주의 고려인촌 블라고슬로벤노예의 주민 수는 1,100명에 달했다. 1871년부터 이곳에 정착해 러시아정교를 신봉한 고려인들은 이미 러시아어와 러시아 풍습을 몸에 익혀, 1895년에 러시아국적을 취득했다.

80% 이상이 농업에 종사

연해주고려인들은 80% 이상이 농업에 종사하였다. 상업을 천대하는 경향이 있어 상업에 종사하는 사람은 적었다. 중국 사람들은 농촌마다 상점을 열고 고려인에게 생필품을 팔아서 많은 이익을 챙겼다. 고려인 농민들은 주로 수수, 콩, 옥수수, 귀리, 보리, 감자 등을 재배하였다. 가장 흔한 곡물은 수수였고, 다음으로 콩을 많이 재배했다. 1870년대 말, 최초의 벼농사 시도가 실패한 후 고려인들은 실험을 계속한 끝에 1907년 얀치혜 마을에서 밭벼를 심어 좋은 결과를 얻는데 성공했다. 1908년에는 수리시설을 마련해 물벼를 심기 시작했다. 이후 수찬, 니콜리스크, 스파스크 등지로 벼 재배가 확산되었다. 남우수리 지방 일부 주민들의 주업은 어업이었다. 이들에겐 특히 연어잡이가 인기를 누렸고 게 잡이, 미역 채취도 널리 이루어졌다.

연해주의 고려인 농민들은 아주 풍족하다고는 할 수 없지만 대체로 먹고 살만했다. 이들의 살림은 고국의 농민들보다는 훨씬 나았다. 게다가 조국에서와 같은 봉건적 착취를 당하지 않았다. 이러한 정황은 조선으로부터 더 많은 농민을 유인하는 이유가 되었다.

함경북도에서 한약국을 경영하던 한의사 우정찬이 연해주 지역으로 이주한 것은 그의 나이 32세 때인 1904년이었다. 그는 가족과 함께 작은 배를 타고 바다를 건넜다. 항해 중 배에 물이 스며들어 하마터면 모두 죽을 뻔했다. 배의 침몰을 막기 위해 가재도구를 전부 바다에 버려 겨우 생명을 보전할 수 있었다. 우정찬의 가족은 우스페니예만(灣)에서 3km 떨어진 올긴 지역의 분지에 자리를 잡고 그곳에서 1937년 강제이주 전까지 살았다. (우정찬은 우즈베키스탄의 고려인 학자 우가이 철식의 할아버지다.)

– 우가이 철식 '전쟁과 러시아의 고려사람들'에서

국경은 사실상 개방상태

1900년대 초, 연해주의 고려인 인구가 3만 명을 넘어서자 연흑룡주 당국은 중국인·고려인의 유입을 제한하는 조치를 제안했다. 그러나 러-일전쟁으로 치닫고 있던 국제정세의 악화로 이 제안은 현실화되지 못했다. 1910년 고려인 거주자는 104개 부락에 5만 명 이상으로 늘어났다.

당시 러시아 국경은 사실상 전역이 개방된 상황이어서 자유롭게 넘나들 수 있었다. 경찰과 국경수비대는 인력 부족으로 인해 고려인의 이동을 단속하는 것이 불가능했다. 조선 북부에서 출발한 이주민의 경우 대다수가 포시예트 구역의 육로를 걸어서 국경을 넘나들었다. 아니면 거룻배를 타고 해로로 이주했다. 두만강을 건너 간 이주민들은 국경수비대와 세관초소를 피해 국경 너머 첫 마을인 포시예트로 들어갔다. 거룻배들은 러시아 관헌의 감시가 허술한 바닷가에 이주민을 내려놓았다.

해상수송은 척당 적재량이 10~16톤인 돛단배 45척이 담당했다. 이 평저선(平底船)들은 블라디보스토크와 함흥 사이의 여러 항구를 다니며 육로보다 더 많은 양의 직물을 조선으로 들여보냈다. 이 배들이 매년 운송한 화물은 4,000여 톤, 승객은 4,000여 명에 달했다. 1891년 증기선이 투입돼 블라디보스토크와 조선의 개항장인 원산·부산 등을 정기적으로 운행하면서 조선과 연해주 사이의 해상교역량은 크게 증가했다. 조선 남부의 이주민들은 부산에서 기선을 타고 와, 블라디보스토크에서 하선했다.

조선인이 러시아에 들어가려면 조선주재 러시아영사관에서 발급한 입국비자가 찍힌 대한제국 여권을 제시해야 했다. 또 입국 후 1개월 내에 5루블을 내고 러시아 체류허가증을 받아야 했다. 이주민들은 그 돈을 지불할 능력이 없어 이러한 준수사항은 거의 무시되었다. 1906년 연해주에 거주하는 고려인 가운데 체류허가증을 받은 사람은 10%도 되지 않았다. 러-일전쟁(1904~1905) 이후 조선인의 여권은 을사늑약으로 조선의 보호국이 된 일본정부에서 발행했다.

포시예트는 러시아 속 조선

연해주에서 고려인의 최대 밀집지는 두만강에서 20km밖에 떨어지지 않은 포시예트 지구였다. 이 구역 내 22개 마을에 거주하는 고려인 수는 러시아국적 취득자와 미취득자를 합해 3만여 명에 달하였다. 러시아인은 3,400여 명에 불과했다. 포시예트 거리에는 조선식 초가집이 늘어서있고 순백의 한복을 입은 고려인들이 활보하였다. 각 기관, 사회단체,

학교, 상점 등의 간판도 조선어로 써서 달았고, 심지어 거리 이름까지 조선말로 지었다. 그래서 이곳을 통과할 때면 러시아 땅이 아니라 조선에 와 있다는 인상을 받았다. 당시의 러시아 외무성 보고서에 따르면 포시예트 지구의 러시아화는 극히 저조했다.

  1880년대 후반에 얀치헤의 박영휘, 서상준은 조선 내지로 과거를 보러 갔고, 1890년대까지 포시예트에선 조선시대의 엽전인 상평통보가 그대로 통용되었다. 고려인들의 대다수는 러시아어를 모르고, 구습의 관혼상제를 지키면서 살았다. 온돌방, 조밥, 김치, 노동집약적인 전통 농경법 등 포시예트 주민들의 일상문화는 지극히 민족적이었다. 병이 나면 의사나 병원을 찾기보다 먼저 무당을 불러 굿을 하거나 한방의술에 의존했다. 포시예트 고려인은 조상을 섬기는 한식과 추석을 휴일로 정해 제사를 지내고 민속놀이를 하며 전통을 이어갔다. 조선에서처럼 조혼이 성행하고, 신부 감이 없어 많은 돈을 들여 고국에서 데려오거나 과부 '보쌈'이 용인되었다. 명천, 길주 출신 주민이 많이 산다하여 '맨 명천 통 길주'라는 유행어가 생기고, 전보는 '쇠줄글', 화차는 '불술기'라는 신조어를 만들어 쓰기도 했다. '비지개(성냥)', '까르만(주머니)', '비쌔기(여권)' 등 러시아어에서 차용한 말도 적지 않게 쓰였다.

  러시아정교의 세례를 받았으면서도 토속신앙을 믿는 사람이 많았다. 세례는 형식적인 것에 불과해 세례가 끝나면 세례명을 잊어버리는 사람이 태반이었다. 러시아정교회의 예배는 일반 러시아어가 아닌 고대교회 슬라브어로 진행되었기 때문에 러시아어를 좀 한다고 해도 전혀 알아들을 수 없었고, 그 교리를 전해주는 사람도 없었다. 정교 교회에는 2년제 소학교가 붙어 있어 러시아어로 글을 가르쳐 주었다. 민족종교인 대종교, 천도교 신자도 많았다. 1906년 유민들과 함께 들어온 기독교회도

활발한 전도활동을 벌였다.

포시예트는 산천과 기후도 조선과 닮았다. 넓은 만을 끼고 앉아, 도시 외관이 함경북도 해안의 청진, 나진, 주을 등과 비슷했다. 고려인들에겐 제2의 고향처럼 안온하게 여겨졌다. 포시예트는 농사가 잘 되고 바다에서 물고기도 많이 잡혔다. 또 연해주 최대의 항구도시인 블라디보스토크 및 물산이 풍부한 중국 땅과 연결돼 있어, 물류가 원활해 살기 좋은 곳이었다. 다만 분배 받은 토지가 많지 않아 고려인들의 살림은 여유롭지 않았다. 포시예트는 외형으로 보나 내면의 생활상을 보나 조선의 연장선에 있었으며, 주민들은 러시아가 아닌 '러시아의 조선'에서 살고 있다는 인식을 갖고 있었다. 포시예트에는 러시아어 학교도 있었으나 그곳의 학교 교육은 기본적으로 조선어를 사용하는 민족교육이었다. 당시 한반도에서는 일제가 조선의 고유문화를 짓밟고 있던 때였다. 포시예트에서 조선 문화가 꽃피고 있다는 사실에 대해 고려인들은 긍지를 느끼고 있었다.

포시예트 거리에는 흰 한복을 입은 고려인들이 활보했다. 뒤쪽에 상투를 튼 사람도 보인다.

포시예트는 러시아 관헌의 통제 아래 놓여 있었지만 내부적으로는 고려인들이 자치기능을 유지하고 있었다. 22개 부락으로 구성된 포시예트 구역에는 고려인 자치기구로 하얀치헤 마을에 남도소가 설치돼 있었다. 경찰서가 있는 인근의 노보키옙스크 마을은 독립적인 자치향(自治鄉)으로 운영되었다. 또 촌락마다 주민들의 일을 총괄하는 노야(老爺)가 있어, 촌락에서 발생하는 사소한 사건은 그가 재판을 했다. 노야는 러시아당국의 명령 전달도 겸하는 자치적 통제기관 구실을 했다. 노야 위에는 여러 촌락의 노야를 총할하는 도노야(都老爺)가 있었다. 그의 권한은 상당히 컸다고 한다. 노야, 도노야는 우리말의 '어른'과 같은 뜻으로, 후에 직명이 아니라 단체명으로 변하기도 했다.

'아령실기'는 고려인 자치단체로 보부상의 예규를 본 따서 만든 색중청(色中廳)이 있었다고 전한다. 이 단체는 농촌과 도시는 물론 광산에까지 지청을 설치했으며, 그 수장은 분쟁과 시비를 가려 태형을 집행하고 심지어 마을 경계 밖으로 축출하는 권한까지 행사했다. 색중청은 기금을 모아 친목 및 구휼 역할도 담당했다.

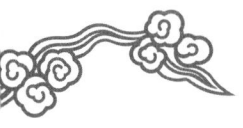

제3장

항일독립운동 기지로

I 국권 회복·의병운동 앞장

망국 후 '망명 이주' 줄이어

1905년 러-일전쟁에서 패배한 러시아는 포츠머스조약에 따라 남부 사할린을 일본에게 넘겨주었다. 승리한 일본은 1905년 강압적으로 을사늑약을 체결해 조선의 외교권을 빼앗은 뒤 1910년에는 이른바 '한일합방'으로 조선을 병탄했다. 조선인의 연해주 이주는 더욱 늘어났다. 국내에서 의병전쟁과 구국계몽운동에 참여하였던 애국지사들의 '망명 이주'가 줄을 이었다. 망국 이전에 이주한 사람들이 대부분 농민 출신이었던 것과는 대조적이었다.

조선망국 후 연해주고려인 사회는 만주의 용정(龍井)과 함께 항일독립 무장투쟁을 지원하는 중심지로 부상했다. 연해주 지역의 고려인 인구는 1906년의 3만 4,399명에서 1912년에는 5만 9,715명으로 증가했다. 통계에 잡히지 않은 약 30%의 비공식 이주민을 포함하면 1910년 무렵의 고려인 수는 8만~10만 명으로 추정된다.

러-일전쟁 발발 후인 1904년 여름, 연해주고려인들은 전(前)간도관리사 이범윤이 고종황제의 지시를 받고 결성한 의병에 1,000명 규모로 참여했다. 이때 이범윤이 이끈 '충의대'는 러시아군에 가담하여 함경북도 지역에 침공한 일본군에 타격을 주었다. 전쟁이 끝나자 이범윤 부대는 훈춘 부근에 주둔했다가 청(淸)당국의 요구에 따라 러시아 영내로 자리를 옮겼다. 이범윤은 연해주·간도지방 의병운동의 총지휘자로서, 그의 부대원 수는 4,000명에 달했다. 의병운동의 중심지가 된 곳은 포시예트 일대였다. 포시예트는 조선과 지리적으로 인접해 국내 진공에 편리할 뿐만 아니라 이곳 출신의 걸출한 지도자 최재형이 의병운동을 강력히 후원했다.

1907년 헤이그밀사사건과 관련해 고종이 강제 퇴위를 당하자 안중근은 국외에서 의병을 창설하기 위해 블라디보스토크로 넘어왔다. 헤이그밀사로 파견됐던 이상설, 이위종이, 그리고 의병장 유인석이 문인 50여 명과 함께 국권회복·의병운동 기지를 건설하기 위해 각기 블라디보스토크로 활동무대를 옮겼다. 황성신문 사설 '시일야방성대곡'을 통해 을사늑약 체결의 통분을 만방에 알린 장지연도 블라디보스토크로 망명해 '해조신문(海朝新聞)'에 애국적 논설을 게재했다. 해조신문은 연해주 부호 최봉준과 망명지사 정순만 등이 고려인 동포에게 국권회복의 필요성을 강조하기 위해 1908년 2월 26일 창간한 연해주 최초의 한글신문이다. 당시 국내에서는 의병을 '폭도' '비류(匪類)' 등으로 폄하했지만 해조신문은 호기있게 '의병'이라고 부르면서 3개월 후 폐간될 때까지 거의 매일 의병활동을 자세히 보도했다.

해조신문 발행에 자금을 댄 최봉준은 러-일전쟁 때 러시아 군대에 쇠고기와 군수물자 납품으로 큰돈을 번 실업인이다. 해운업에도 뛰어들어 1400t급 준창호 등 3척의 기선으로 블라디보스토크와 원산·성진을 잇는 정기선을 운항해 연해주의 손꼽히는 부호로 성장했다. 그는 1907년 4월 서울의 황성신문에 낸 광고에서 "매월 소 1000여 마리씩을 매입

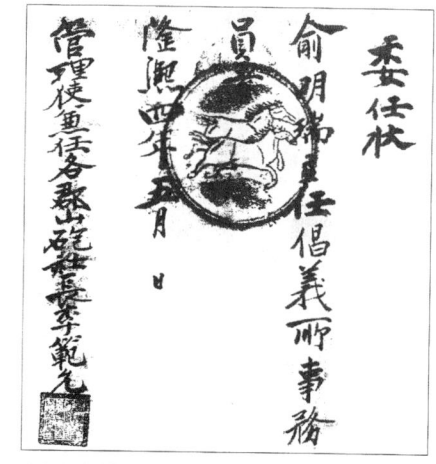
의병장 이범윤의 2두 마패가 찍힌 의병 임원 임명장

할 터이오니 각처 우상(牛商)들께서는 원산·성진 양처로 소를 가져와 팔아 주시오"라고 선전하며 천만금을 쥐락펴락하는 '큰손'의 면모를 과시했다.

1907년 조선군대 해산 이후 의병활동이 본격적으로 전개되면서 연해주 고려인 사회는 해외 독립운동기지로 발전했다. 연해주 지역은 두만강을 사이에 두고 인접한 지리적 이점과 북간도에 비해 일제의 간섭과 탄압이 덜 한 관계로 독립운동 기지로서 적격이었다. 고려인들은 연해주를 '절대로 함락되어서는 안 될 우리의 아성(牙城)'이라고 생각했다. 폐위된 고종이 러시아로 도피할 계획을 갖고 있었다는 사실에서 알 수 있듯이 러시아는 조선인들에게 비교적 안전한 피난처로 인식되었다.

이때 우수리 지방은 전역이 항일의병 운동의 물결에 휩싸였다. 고려인들은 의병부대를 위한 기부금, 의복, 식량 모으기를 자발적으로 실시했다. 1907년 수찬 지역에서 모금한 돈만 1만 루블에 달했다. 고려인들의 국내 진공 준비에 일본은 크게 두려워하며 군대를 전진 배치했다. 1908

이상설

이위종

안중근

해조신문 창간호 1908년 2월 26일

년 초, 김중화 휘하의 의병 700여 명이 끈질긴 전투 끝에 일본군이 지키던 무산을 점령하여 수개월 간 장악했으며, 홍범도부대는 삼수, 갑산, 청진으로 진격하여 일본 주둔군을 괴멸시켰다는 소식들이 전해졌다. 1908년 4월까지 연해주로부터 약 1,000명의 의병이 두만강을 건너 북조선으로 침투했다.

이해 6~7월 최재형과 이범윤이 이끄는 '동의회'소속 의병 300여 명은 포병사령관 정경무, 우영장 안중근, 좌영장 엄인섭

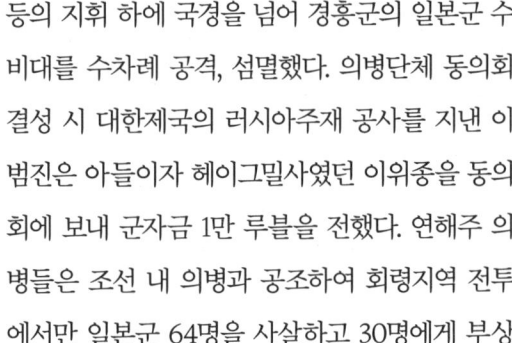

이범진

등의 지휘 하에 국경을 넘어 경흥군의 일본군 수비대를 수차례 공격, 섬멸했다. 의병단체 동의회 결성 시 대한제국의 러시아주재 공사를 지낸 이범진은 아들이자 헤이그밀사였던 이위종을 동의회에 보내 군자금 1만 루블을 전했다. 연해주 의병들은 조선 내 의병과 공조하여 회령지역 전투에서만 일본군 64명을 사살하고 30명에게 부상

을 입혔다. 그러나 이해 7월 19일 회령 영산전투에서 일본군에게 패한 뒤 연해주 의병은 그 세가 꺾이고 말았다. 이해 7, 8월에 안중근은 국내 진공 전투과정에서 생포한 일본군을 부대원들의 반대에도 불구하고 석방해 주었다가 일본군의 역습으로 큰 타격을 받았다. 안중근은 얀치헤로 돌아와 1909년 2월 7일, 11명의 동지와 함께 왼쪽 무명지 첫 관절을 끊어 선혈로 '대한독립'이라고 쓰고 혈맹을 맺으니 이것이 '단지동맹(斷指同盟)'이다.

일본군과 1700회 전투

고려인 역사학자 박 보리스에 따르면 1907년 8월~1908년 12월 사이에 연해주 의병은 일본군과 총 1,772회의 전투를 벌였으며, 여기에 참가한 의병이 연인원 11만 3,948명에 달했다. 이때 러시아 영토에서 훈련을 받은 고려인 무장부대가 함경북도에 진공하여 일본군과 치열한 전투를 벌인 사건은 일제에게 큰 충격을 주었다.

일제는 고려인들의 항일투쟁에 대해 강력한 조치를 취해줄 것을 러시아당국에 요청했다. 일본과 우호관계의 유지를 원했던 러시아는 이에 동의했다. 러시아 지방당국은 고려인의 반일선동이나 무장부대의 결성을 허락하지 않았으며 밀반입된 무기의 압수에 나섰다. 국경선을 따라 카자크 부대도 배치했다. 1908년 여름 절정에 달했던 의병운동은 이후 지도부의 분열, 원호인 부호들의 반대, 러시아당국의 금지 등으로 인해 쇠퇴의 길을 걸었다. 이범윤은 일제가 암살범을 파견하면서 1만 루블의 현상금을 내걸자 은신했다.

의병들의 국내 진공에 이어 일제가 또 다시 충격을 받은 것은 1909년 10월 26일 안중근 의사가 하얼빈에서 조선통감 이토 히로부미를 격살,

응징한 사건이었다. 조선 국내에서는 안 의사의 의거에 고무돼 의병활동이 더욱 활성화 되었다. 안 의사의 이토 처단모의는 블라디보스토크의 고려인신문 '대동공보'사에서 이루어졌다. 대동공보사 사장 최재형이 의거를 후원했고, 안 의사와 함께 의거에 참여했던 우덕순, 조도선 등도 대동공보사와 관련이 있는 인물이었다. 일제는 블라디보스토크를 암살음모의 기지로 결론짓고 조선 북부지역에 군대를 증강 배치하며 국경을 폐쇄했다. 북조선 지역에서 활동하던 홍범도부대는 연해주로 이동해 남우수리 지방을 기지로 삼고 일본군을 괴롭혔다.

1910년 연해주 지방에서 개별적으로 활동하던 이범윤, 유인석, 홍범도 부대들은 항일세력의 단결 필요성에 따라 통합이 요구되었다. 이해 7월 블라디보스토크에서 모든 의병부대를 하나로 통합한 군사조직인 13도의군(十三道義軍)이 결성되었다. 또 13도의군 도총재 유인석의 명의로 고종이 연해주로 망명해 망명정부를 수립할 것을 상소했다.

이해 8월 '한일합방'이 강제로 이루어졌다는 소식에 연해주고려인들은 큰 충격과 분노에 휩싸였다. 대동신보는 "일본은 우리를 노예와 가축처럼 대할 것"이라고 비판하며 병합에 반대하는 무장투쟁에 나설 것을 호소했다. '헤이그 특사'이상설이 결성한 반일정치단체 '성명회(聲鳴會)'는 고려인들에게 국권회복·독립운동에 참여할 것을 호소하며 "차라리 죽을지언정 일본 공민증을 갖지 말자"고 외쳤다. 이상설은 1907년 고종의 밀명을 받고 이준 이위종과 함께 일제의 침탈행위를 고발하기 위해 헤이그 만국평화회의에 파견되었다. 일제의 방해로 회의 참석이 좌절되자 그는 귀국을 단념하고 러시아로 망명했다. 1900년 초대 러시아 공사로 부임, 활동해온 이범진은 망국 후 일제가 공관을 폐쇄하자 1911년 1월 페테르부르크에서 권총으로 자결했다.

연해주에서 새로 조직된 의병들은 국내 진공작전을 폈다. 군대조직 및 무장을 위한 모금운동이 벌어져 이해 8월 연해주 한 곳에서만 7만 루블 이상을 모았다. 일제는 의병들의 침입을 염려하여 국경경비를 강화하고 원산, 성진, 청진 등 항구에서는 조선인에게 블라디보스토크행 여권을 거의 교부해주지 않았다. 그럼에도 조선인의 연해주 이주는 크게 증가하였다. 특히 지도급 망명객들이 많이 몰려들었다. 그들은 문화와 교통의 중심지인 국제항구 도시 블라디보스토크 주변에 모여 살았다. 연해주는 국내외 다양한 계열의 민족운동 노선이 합류하는 거대한 호수가 되어, 민족운동의 새로운 근거지로서 국외 독립운동을 주도했다.

II 차르와 천황의 틈바귀에서

일제는 "독립운동 저지" 압력

일제의 조선 강점 후 한일합방선언 제1조에 따라 1884년 체결된 조선-러시아간 수호조약은 종료되었다. 일제는 조선에는 국적이탈의 법제가 없었기 때문에 조선인은 비록 러시아 영내에 거주할지라도 일본제국의 신민(臣民)이 되었다고 주장했다. 러시아정부는 이러한 주장을 인정하지 않는 입장이었다. 이 문제에 관한 블라디보스토크 주재 일본총영사관의 문의에 대해 아무르의 총독부는 "조선합병 이후 고려인에게 적용되는 법규에는 아무런 변화도 없다"고 응답했다.

그러나 이것은 표면상의 언급일 뿐 실제로는 조선 망국 후 러시아 내 비귀화(非歸化) 고려인의 법적지위는 매우 불안해져, 러-일간의 정치적 관계에 의해 좌우되었다. 러시아는 일제가 그들의 신민이라고 주장한 비귀화 고려인 문제가 경우에 따라 일본이 러시아 내정에 개입할 근거가 될 수 있다는 점을 우려했다.

일제는 고려인의 항일독립운동을 저지해줄 것을 러시아정부에 계속 요청하였다. 일본과의 관계개선에 힘쓰던 차르정부는 1910년 가을, 일본의 요구를 받아들여 이범윤, 유인석, 이상설 등 42명의 항일운동 지도자를 체포하고, 그 중 '항일운동의 수괴'로 지목된 이범윤 등 8명을 이르쿠츠크로 유배 보냈다. 일제는 항일운동 저지를 위해 연해주고려인에 대한 직접적인 협박도 서슴지 않았다. 블라디보스토크주재 일본총영사는 고려인 호상(豪商)들의 조선 내 재산을 몰수하겠다고 협박해, 이들로부터 반민족적 협조를 끌어내기도 했다.

러-일 양국은 1911년 6월 범죄인상호인도조약을 체결, 고려인들의 반일운동을 탄압할 수 있는 법적 근거를 마련했다. 이 조약에 첨부된 비밀 약정에서 양국은 '자국 영토 내에서 상대국의 국가기관과 행정기관에 대한 음모·선동조직을 방관하지 않을 의무를 진다'고 규정하였다. 이에 따라 반일활동 혐의를 받은 러시아국적 고려인들은 러시아당국에 의해 시베리아 벽지로 유배 되고, 조선국적 보유자들은 '외국인 범죄자'로서 러시아 영외로 추방당하기 시작했다. 연해주 항일운동은 그 입지가 크게 축소되었다.

돌아갈 조국 없어 3만 명 귀화

조선 망국 후 3만 명 이상의 고려인이 조선국적을 포기하고 러시아에 귀화했다. 더 이상 돌아갈 조국이 없게 된 고려인들에게 러시아는 제2의 조국이었다. 1912년 연흑룡주에 등록된 고려인 수는 6만 2,529 명에 달했다. 거기에 매월 600~700명의 새로운 이주민이 추가되었다. 조선으로 돌아가는 사람은 150~200명에 불과했다.

연해주고려인들은 시베리아 철도를 이용해 러시아 전역으로 퍼져 나가기 시작했다. 러시아에 정착한지 오래된 원호 가운데 소수의 기업가도 출현했다. 고려인 상인은 블라디보스토크에 210명, 하바롭스크에 80명, 니콜리스크에 90명이 있었다. 포시예트 구역에서는 부농 80명이 상업을 경영했고 8명이 도자기공장, 15명이 염전을 운영했다.

운테르베르게르 총독

총독 운테르베르게르와 곤다티

1900년 자바이칼 철도와 1902년 동중철도의 개통은 러시아인의 원동 이주를 촉진시켰다. 1900~08년에 러시아인 이주는 이전에 비해 4배 반이나 급증했다. 러시아인 농민과 노동자를 보호해야 한다는 여론이 형성되었다. 이에 따라 러-일전쟁 이후 조선인 이주 급증에 대한 러시아 지방당국의 입장은 아주 부정적이 되었다.

조선 강점 후 일제는 매년 평균 약 2만 명의 일본인을 계획적으로 조선으로 이주시키면서 조선인들을 밖으로 밀어내기에 바빴다. 그들은 '동양척식(拓植)회사'를 앞세워 조선 북부 주민의 남우수리 지역 이주를 적극 장려했다. 일제는 조선인에게 남만주 입국 여권을 발급할 때는 일정한 수수료를 징수했지만, 러시아로 이주할 때는 수수료 없이 여권을 발급해 주었다.

조선인들은 러시아 입국 시에 내는 5루블의 세금을 일본인 경우처럼 면제해줄 것을 러시아당국에 요구했다. 당시 조선인 이주민에게 5루블은 큰돈이었다. 그러나 운테르베르게르 총독은 조선인 국적이 일본으로 바뀐 것과 상관없이 조선인 입국자에 대한 세금 부과는 종전처럼 무조건적으로 실시하라고 지시했다.

1905년 연흑룡주 총독으로 부임한 운테르베르게르는 황인종이 세계를 위협한다는 이른바 황화론(黃禍論)에 입각해 고려인을 경계하고, 일본의 앞잡이로 인식해 배척했다. 그는 러시아 내 고려인은 일본세력 침투의 근거가 될 수 있을 뿐만 아니라 종교, 관습, 사고방식, 생활면에서 러시아에 융화되기 어렵기 때문에 러시아가 일본이나 중국과 전쟁을 치를 경우 그들로부터 충성을 기대할 수 없다며 불신했다. 또 고려인들은 제멋대로 토지를 개간, 점유해 많은 이득을 취하면서도 세금납부를 기피하고 있어 원동 식민사업에 손실을 가져오고 있다고 비난했다.

그는 조선으로부터의 이주민 유입을 막기 위해 고려인에게 더 이상 러시아국적을 부여하지 않았다. 고려인에 대한 토지임차 제한, 황색인종 고용 축소, 연해주 이북으로의 재이주 등도 추진했다. 1909년에는 러시아인의 고용기회를 빼앗는다는 이유로 고려인의 금광 고용을 금지하고 러시아인 노동력으로 대체시켰다. 이때 아무르주와 연해주 금광에서 고려인 7,000명이 추방되었다.

운테르베르게르의 후임으로 1911년 부임한 곤다티 총독은 고려인 옹호론자였다. 원동에 뿌리 내린 고려인에게 토지를 나눠주어 원동지역 개발에 적극적으로 참여시키자는 입장이었다. 이는 자신이 책임자였던 아무르탐험대의 견해에 근거한 것이었다. 곤다티는 일본에게 나라를 빼앗긴 고려인들에게 러시아는 제2의 조국이 되었다면서, 일본과의 충돌 시 그들은 유용한 잠재력을 발휘할 것이라고 전망했다. 그는 고려인들이 일반적으로 성실하고 범죄성이 약하며 땅을 가꿀 줄 알아, 동양인 노동인력 중 가장 우수하다는 점에 주목했다. 고려인들이 다시 채광업에 고용되면서 국공영 및 민간 기업체의 고려인 고용비율도 크게 향상되었다. 곤다티는 고려인에게 러시아국적을 부여하는 것이 향후 고려인문제에서 일본정부의 개입 가능성을 줄일 수 있는 방법이라는 점을 들어, 러시아국적 취득을 신청한 고려인 모두에게 국적을 부여했다. 다만 토지분여의 혜택은 주지 않았다. 연해주에서 러시아국적을 취득한 고려인은 1912년 2,861명, 1913년 3,846명이던 것이 1914년에는 총 1만 9,749명으로 늘어났다. 비입적(非入籍) 고려인은 4만 4,200명으로 여전히 입적자보다 2배 이상 많았다.

착취 일삼고 상투에도 벌금

고려인에 대한 차르정부의 기본정책은 러시아 쇼비니즘과 제국주의에 입각한 민족 억압과 예속화, 그리고 러시아화의 추구였다. 힘이 약하고 문화수준이 낮은 약소민족을 예속, 동화시켜 러시아 대국주의를 강화하려는 정책이었다. 특히 황화론을 빌미로 한 인종차별 정책은 빼놓을 수 없는 특성의 하나였다.

1902년 차르정부는 법률로서 황인종이 러시아인 거주구역에서 사는 것을 금지시켰다. 하바롭스크, 니콜라옙스크, 블라디보스토크 등의 도시에 고려인·중국인 거주구역을 지정해, 그 구역을 벗어나서 러시아인과 섞여 살지 못하도록 제한했다. 황인종의 위생불량을 이유로 내세웠으나 근본적으로는 인종차별적 발상에서 기인한 것이었다.

뿐만 아니라 고려인에 대한 갖가지 형태의 착취가 만연했다. 지주들은 고려인이 일구어 놓은 토지를 2~3년이 지난 후 몰수하고 다시 미개간지로 내모는 방법으로 노동 착취를 일삼았다. 당국 역시 고려인들이 황무지를 개간하면 러시아 농민에게 넘겨주도록 강요하기 일쑤였다. 고려인을 소작인으로 부리는 카자크 지주들은 소작료로 수확량의 50%까지 거둬갔다. 일하기를 싫어한 그들은 "고려인 없이는 사는 것조차 불가능할 정도"라는 비난을 받기도 했다..

1911년 고려인 노동자는 하루에 11~12시간씩 일을 하고 70코페이카~1루블의 일당을 받았으나 러시아인 노동자는 하루에 1루블 60코페이카 이상을 받았다. 고려인 노동자들은 토굴, 초막, 판자집에서 살며 한 달에 1~2일밖에 쉬지 못했다. 고대하던 토지 분배도 받지 못하고 의붓자식 처지로 전락한 고려인과 중국인들은 돈벌이를 찾아 야쿠치아 금광이나 우랄 목재소를 전전해야 했다. 금광에서 광주는 금점꾼에게 공급하는 양식과 물품의 값을 시가의 배로 받고 채굴한 금은 시가의 2분의1로 사들였다.

이러한 착취와 차별정책 아래서 고려인들이 법적 보호를 제대로 받을

러시아인 골퍼와 어린 고려인 캐디.

수 없었음은 운테르베르게르 총독 때나 곤다티 총독 때나 마찬가지였다. 연해주 군무지사는 고려인에게 재판 없이 30일까지의 감금이나 30루블의 벌과금을 부과하고, 언제든지 행정조치에 의해 고려인을 추방할 수 있었다. 카자크 군사의장, 면장, 경찰서장, 광산 감독관은 15일의 감금이나 15루블의 벌과금을, 경찰지서장, 카자크 군장교, 철도조차지역의 헌병분대장은 7일의 감금이나 7루블의 벌과금을 고려인에게 매길 수 있었다.

고려인들은 사소한 잘못에도 처벌을 받고 벌금을 물었다. 기일이 지난 증명서에는 물론이고 숲에서 나무를 베거나 아이들이 세례를 받지 않았다 해서 벌금을 매겼다. 고려인은 상투를 자르지 않아도 벌금이 부과되었다. 대다수 고려인 노동자들은 여권을 갖고 있지 않았다. 당국에 적발되면 감옥에 갇히거나 국외로 추방되었다. 이들이 1년짜리 러시아 체류허가증을 받으려면 가족 당 15~20루블이라는 큰돈이 들었다. 이것은 고려인 노동자의 한 달 수입을 넘는 금액이었다.

토지 없는 고려인들에게 법은 있으나마나였다. 그들의 생명은 그때그때의 고용주나 경찰, 그리고 러시아 행정관들의 재량에 달려 있었다. 토지 없는 고려인이 이해 당사자로 나서는 법률적 처리나 재판은 그 사례를 찾아볼 수가 없었다. 오죽하면 러시아 작가 페소츠키는 고려인을 '방랑하는 짐수레의 말'과 같다고 했겠는가. 법적 보호를 전혀 받지 못하는 고려인을 상대로 올리는 러시아인들의 지대(地貸)수입은 러시아인을 만취와 타락으로 이끈다는 자성의 소리가 나올 정도였다. 그러나 고려인들은 강한 개척정신과 근면, 그리고 교육에 희망을 걸고 이런 불리한 조건을 극복하면서 러시아 원동 역사에 지울 수 없는 발자취를 남기게 된다.

III 권업회 결성, 민족혼 고취

러-일 양국의 견제로 항일무장투쟁의 세가 꺾이자 연해주 고려인 지도자들은 합법적 공간을 최대한 활용하는 점진적인 온건 투쟁노선을 취했다. 이때 러시아 동포들의 권익과 조국독립을 위해 활동한 고려인 단체의 양대 산맥이 대한인국민회(大韓人國民會)와 권업회(勸業會)다. 1909년 미국 샌프란시스코에서 설립된 독립운동단체 '국민회'는 러시아고려인 사회에 주목하고 정재관과 김선홍을 파견해 원동지역에서 영향력을 확대해 갔다. 블라디보스토크에 본부를 두고 시베리아와 원동지역에 총 33개의 지부를 설치한 국민회는 지부망을 이용하여 우수리 지방 산업발전을 위한 토지매입 및 개발, 고려인 복지향상, 저축 장려 등 광범위한 경제활동을 전개했다. 국민회는 항일운동에도 실질적으로 참여했다. 일부 지부에 빨치산부대를 조직해 조선 국내에서 민란이 일어날 경우의 활동계획을 세우고 부대장들이 정기적으로 회합을 가졌다. 빨치산 대원들은 서로의 신원 확인을 위해 민족영웅 안중근의 초상이 그려진 동그란 금속배지를 가슴에 달았다.

그러나 국민회는 일부 지도자가 반일 선전뿐만 아니라 반러 선전까지 한 사실이 드러나자 미국의 영향력 확대를 우려한 러시아당국의 견제를 받게 되었다. 결국 연해주에서 합법적 활동이 불가능해진 국민회는 본부를 자바이칼주(州)의 치타로 옮겨 활동을 재개할 수밖에 없었다.

한민학교 설립·권업신문 발간

권업회는 바로 러시아고려인 사회가 처한 이러한 대내외적 상황에서 결성되었다. 고려인들은 1911년 12월 그들의 자치적 대표기관으로 권업회를 조직하고 민족혼을 고취하기 위한 계몽운동과 후세 교육을 위한 학교 건립에 진력했다. 권업회의 실질적 의사기관인 의사부(議事部) 의장에 이상설, 부의장에 이종호, 교육부장에 정재관을 각각 선출했다.

  이때까지 연해주 내 고려인 학교는 10개에 불과했는데 이것도 대부분이 러시아정교회가 세운 것이었다. 권업회는 첫 사업으로 240명 수용 규모의 '한민학교'를 신한촌에 설립했다. 학교 건물을 양옥으로 크게 지은 이 사업에는 이종호가 조부인 친로(親露)개화파의 거두 이용익의 유지를 받들어 기부한 5,000루블과 이범진의 기부금 1,000루블이 활용되었다. 이후 고려인 사회에 학풍이 크게 진작되어 1917년 2월혁명 전까지 연흑룡 지방의 고려인촌에는 민족학교가 들어서지 않은 곳이 없을 정도였다. 고려인들은 교육에 돈을 아끼지 않았다. 대개의 경우 교사들

1910년 지신허 마을의 학교

유인석   이종호   신채호   장도빈

본봉에 웃돈을 얹어 줌으로써 교사의 수준을 높게 유지했다. 또한 자신들이 사는 초가집과는 대조적으로 학교 건물은 많은 돈을 들여 넓고 튼튼하게 지었다.

신한촌에 본부를 둔 권업회는 러시아 각지에 11개 지회와 8,579명의 회원을 거느렸다. 고려인들은 권업회를 독립운동자금 모금 등 항일투쟁의 수단으로 활용하였다. 권업회는 사실상 독립운동기관이었다. 지도부는 거의 전원이 항일독립운동에 참여한 인물로 구성되었다. 유인석, 이범윤, 최재형, 이상설, 이동휘(李東輝), 이종호, 홍범도, 정재관, 신채호 등이 그들이다.

이들 중 비귀화인인 이상설, 이동휘, 이종호, 정재관 등은 러시아 조야에서 거론된 제2의 러-일전쟁에 대비해 비밀조직으로 '대한광복군정부'라는 군사지휘부를 만들어 최고사령관인 '정도령'에 이상설을 추대했다. 정도령은 '정감록'에서 따온 것으로, 당시 민중 신앙에 부합하기 위한 것이었다. 이들은 앞으로의 독립전쟁 수행을 위해 각지에서 비밀리에 군대를 편성하고 북간도에 장교양성을 위한 사관학교를 설립했다. 2개월 만에 이상설이 사퇴하자 2대 정도령에 이동휘가 취임했다. 대한제국 사관양성소출신 무관인 이동휘는 강화진위대장을 역임한 후 강화 보창학교 설립, 국채보상연합회의소 총무, 비밀결사 신민회 창건 등 구국활동을 벌이다 만주를 거쳐 1913년 연해주로 망명해 권업회에 합류했다.

항일혁명가 강보국은 1913년 2월, 간도 훈춘을 거쳐 러시아로 망명할 때 지신허에서 임시 거주증(여행권) 미소지 혐의로 붙잡혀 수감되었다. 3개월 후 그는 중국인 마적 두목 왕덕림의 도움으로 블라디보스토크주재 중국총영사관 발행의 여권을 받고 석방되었다. 이후 그는 여권 명의인 이인섭(李仁燮)의 이름으로 활동하게 된다. 1918년 이동휘 등이 주도한 한인사회당의 창당 멤버였으며 그 후 고려공산당의 주도권 다툼에서 상해파 일원으로 맹활약한 이인섭이 바로 이 사람이다.

연해주당국의 허가 아래 합법적으로 설립된 권업회는 고려인 자치기관의 지위를 부여받아 당국의 행정기능을 대행하였다. 권업회의 활동 가운데 주목되는 것은 신채호 김하구 등을 초빙해 1912년 5월 창간한 기관지 '권업신문'을 통한 언론활동이다. 순 한글 주간지인 권업신문은 과거의 해조신문, 대동공보, 대동신보, 대양보를 계승한 민족 언론지다. '독립신문'의 정신을 이어 거의 한글로 발행된 이들 민족지들은 일제의 외교적 압박과 재정난 때문에 단명으로 끝났다.

이동휘의 '아령동포에게 고함'이란 격문 이 실린 1913년 7월 26일자 권업신문

그러나 권업신문은 1914년 8월 정간될 때까지 2년여 동안 한 번도 거르지 않고 126호를 발간하면서 고려인 사회의 교육계몽과 통합에 크게 기여했다. 권업신문에는 대한매일신보 주필을 지내고 망명한 '매서운 항일 필봉의 논객' 장도빈도 합류해 "신채호와 동고동락하면서" 애국적 논설을 기고했다. 국사학자이기도 한 장도빈은 쌍성자(우수리스크)지역 답사를 통해 이 일대가 천 년 전 옛 발해의 생활권이었음을 보여주는 유적을 찾아냈다.

정간 당시 발행부수가 1,400부에 달했던 권업신문은 러시아 각지는 물론 조선 국내, 만주, 중국 각지, 일본, 그리고 미주와 하와이까지 배포되었다. 특히 러시아에서는 금광, 어장 등의 고려인 노동자들에게도 배포돼 민족의식 고취에 기여했다.

러-일 결탁, 권업회 해산

1914년 제1차 세계대전의 발발은 러시아 내 고려인의 지위에 심각한 영향을 미쳤다. 대전 발발과 함께 러시아와 일본 사이가 동맹 수준으로 발전하자 차르정부는 1914년 8월 블라디보스토크에 계엄령을 선포하고 권업회를 해산시켰다. 이동휘, 이종호, 정재관, 이동녕 등 36명의 고려인 지도자에게는 48시간 내에 러시아를 떠나도록 명령했다. 권업신문도 폐간시켰다. 러시아의 이 같은 조치는 일제가 "연해주 지역에서 항일 분위기를 완전히 근절할 것"을 강력히 요구한 결과였다. 러시아당국은 권업회가 대대적으로 추진하던 연해주이주 50주년기념사업도 연기 끝에 무산시켰다. 퇴거 명령을 받은 이동휘는 가족이 살고 있던 북간도로 갔고, 권업회의 재정적 후원자였던 이종호는 연해주 각지를 숨어 다니다가 상해로 도피했다. 다른 사람들은 북쪽의 하바롭스크로 이동하거나 농촌지대로 은신했다.

이해 12월 페트로그라드주재 일본대사관은 수 명의 고려인 명단을 제시하고 이들을 러시아에서 추방할 것을 요구했다. 러시아외무성은 귀화한 러시아 국민을 인도하는 것은 불가능하나, 귀화하지 않은 조선인은 '1911년 6월의 비밀선언문'에 의거하여 추방이 가능하다고 응답하였다. 이후 러시아 지방당국은 미귀화 고려인을 포시예트 지역에서 추방하는 정책을 법제화하였다. 그리하여 1차 대전 기간 중 러시아 영토 내 고려인의 반일운동은 공공연한 형태로 전개될 수 없었다. 이후 1917년 2월혁명 때까지 고려인들의 민족투쟁은 침체기를 맞게 되었다.

1차 세계대전이 터진 1914년, 함경북도 경흥에 살던 아홉 살의 김병화(후에 우즈베키스탄에서 이중 노동영웅 칭호를 받음)는 병든 어머니, 누나, 동생, 그리고 몇 명의 친척들과 함께 두만강을 건너 러시아로 이주했다. 먼저 가 있던 아버지 김치만과 합류해 연해주에서 새 삶을 개척하기 위해서였다. 김치만 일가는 러시아인 지주의 땅을 빌려 소작농으로 일했다.

성동기 '우즈베키스탄 불멸의 고려인 영웅 김병화'에서

2년 후인 1916년 함경남도 함흥에 살던 한영준(후에 우즈베키스탄에서 대학총장을 지낸 한 세르게이의 부친) 3형제는 돈벌이를 위해 러시아로 떠났다. 17~19세의 어린 소년이었던 이들은 생선가공공장, 벌목장, 벽돌공장 등에서 닥치는 대로 일했다. 비록 조선에서처럼 커다란 박해는 받지 않았지만 돈벌이는 그다지 신통치 않았다.

한 세르게이, 한 발레리 '고려사람, 우리는 누구인가'에서

1차 대전 중 차르정부는 전선으로 보낼 현역 군인에 고려인을 적극 모집했다. 러시아국적을 가진 원호가 대부분인 4,000여 명이 징집에 응했다. 그 중 150명 정도는 대좌 급에서 하사관에 이르는 군관으로 복무했고, 700여 명은 블라디보스토크에 주둔했다. 전선에 가서 참호를 판 고려인도 수백 명에 달했다. 고려인 주민들은 전비 충당을 위해 다량의 구리를 기부했다. 그러나 토지를 소유하지 못한 사람들은 동원령을 피해 가족과 함께 대거 만주로 도피하였다.

　하얀치헤 빈농 출신인 한창걸은 1915년 군에 징집되었다. 처음에 그는 사병이었으나 키에프사관학교 졸업 후 장교가 되었고 1917년 2월에는 기관총부대장이 되었다.

　러시아군에 징집되었다가 독일군에 포로로 잡힌 사람도 있다. 김 그레고리, 유 니콜라이 등 4명은 1917년 3월 독일 포로수용소에서 우리 민요 아리랑을 비롯해 불경과 독립운동가 등의 녹음음반을 남겼다. 김 그레고리는 21세 때 러시아군에 입대해 3년 반을 복무하고 제대한 뒤 1차 대전 발발 후 다시 징집됐다가 3개월 만에 포로로 잡힌 것이다.

제4장

혁명과 내전의 와중에서
일본군에 짓밟히고
적군(赤軍)에 차이고

I 고려인 사회, 정치적 분화

    1917년 러시아에서 연이어 터진 2월혁명과 10월혁명은 고려인들에게 사회적 민족적 권리를 회복할 수 있는 기회로 이해되었다. 두 혁명은 일본으로부터의 조국해방 가능성도 의미했다.
  러시아 땅에 살면서도 러시아국적을 취득 못하고 농민으로 살아가는 데 필요한 토지를 분여 받지 못한 고려인들은 차르체제를 붕괴시킨 2월혁명을 열렬히 지지하고 환영했다. 사회주의 온건파들이 참여한 케렌스키 임시정부는 언론, 집회, 결사 등 이른바 부르주아적인 자유를 허용했다. 소수민족 고려인들은 지배민족인 러시아인과 마찬가지로 자유를 누리면서 살아갈 수 있을 것으로 기대했다.
  볼셰비키가 권력을 장악한 10월혁명은 고려인 사회의 정치적 분화와 계급적 대립 양상을 드러나게 했다. 1차 세계대전 중 러시아군에 징집되어 독일과 싸웠던 젊은 고려인들은 좌익 사회주의자가 되어 원동으로 돌아왔다. 공산주의에 매료된 고려인 청년들은 러시아공산당에 입당했다. 10월혁명은 자본주의적 착취에서 해방시켜 모두가 평등하게 살 수 있도록 더 나은 미래를 보장할 것이라는 희망을 고려인에게 안겼다. 토지 없는 고려인들은 토지를 갖게 될 수 있다는 꿈에 부풀었다.

1914년 권업회가 해산될 때 추방령을 받아 북간도에 은신해 있던 이동휘는 2월혁명의 소식을 듣고 1917년 봄, 연해주로 다시 돌아왔다. 그러나 러시아 임시정부 헌병대에 체포되어 아무르주 군옥(軍獄)에 수감되었다. 그에게는 '독일간첩'이란 누명이 씌워졌다. 러시아당국의 이동휘 구속은 일본첩보대가 유포시킨 역정보에 말려든 결과이지만 독일과 전쟁을 지속하고 일본과는 우호관계를 유지하려는 케렌스키 임시정부의 속셈을 반영한 것이었다.

고려족총회 · 한족총회

10월혁명 이후 연해주고려인 사회는 사회경제적 차별성이 표면화 되면서 정치적 이념에 따른 분화가 진행되었다. 귀화인 원호와 비귀화인 여호 사이에 심각한 이질화가 나타났다. 고용노동을 하는 여호인들은 부유한 원호인들과 한 자리에 같이 앉을 수 없을 정도로 천대를 받고 살았다. 민족운동세력은 여호 중심의 좌파와 원호 중심의 우파로 양분되었다. 부유한 원호들은 반혁명파에 가담하거나 일본군과 연결되어 친일화한 반면 여호들은 혁명파나 빨치산투쟁에 가담함으로써 원호와 정치적으로 대립했다.

정세 변화에는 원호인들이 주도적으로 대응해 나갔다. 1917년 6월 고려인 사회의 대표기관 창설을 위해 제1차 전로한족(全露韓族)대표회의가 니콜리스크(1926년 니콜스크-우수리스크로 개칭)에서 개최되었다. '연해주의 주인옹(主人翁)' 최재형과 니콜리스크의 자산가 문창범 등이 발기인으로 나선 이 대회에는 러시아 각지에 소재하는 한족회(韓族會), 군인회, 교사회, 농민동맹 등의 대표 96명이 참석했다. 이들의 3분의2는 원호인이었고 3분의1은 여호인이었다. 그리고 정치적 망명자가 다수 참석했다.

문창범

대회를 주도한 원호 지식인들은 여호 농민대표들에게 의결권을 주지 않고 발언권만 인정하는 의안을 다수결로 가결해버렸다. 조선국적의 비귀화인을 받아들일 경우 일제에게 간섭할 기회를 줄지 모른다는 이유에서였다. 치타 대표로 온 이강은 귀화한지 1년밖에 안되고 대회에서 반일적 주장을 할 우려가 있다는 이유로 참석이 거부되었다. 대회는 전로한족중앙총회 회장에 문창범, 부회장에 러시아 에세르(사회혁명당) 당원인 한명세를 선출했다. 기관지 '청구보'의 주필은 함남 영흥의 양반 출신인 윤해가 맡았다.

당시 연해주의 통치구조는 케렌스키 임시정부와 노병(勞兵)소비에트가 각축하는 이중체제였다. 대회는 케렌스키 임시정부 지지를 결정하고 임시정부에 축전을 보냈다. 망명자 그룹은 이동휘 등의 석방을 요구하는 결의안 채택을 제의했지만 원호들은 이를 무시하고 폐기시켰다.

대회 주도그룹은 항일운동의 과제보다는 원호들의 자치와 권리신장을 추구하며 △헌법제정의회 대표파견 △원호인에 의한 한족대표회의 조직 △농업용 토지 요구 △교회로부터 학교 독립 등을 결의했다. 결국 전로한족대회는 임시정부 지지파와 소비에트 지지파가 대립한 끝에 분열되고 말았다. 소비에트 지지파가 퇴장한 가운데 진행된 대회는 당초

의도했던 민족자치 실현을 위한 "아령(俄領)전체한인의 일대단체(一大團體)"의 구성에 실패하고, 니콜리스크에 본부를 둔 '고려족중앙총회'를 원호만으로 구성하는데 그쳤다. 고려족총회는 비록 여호를 배제하고 원호 중심으로 결성되었지만 그 후 오랫동안 러시아고려인 사회의 중심기관으로 기능했다. 고려족총회는 1917년 11월에 실시된 헌법제정의회 연해주의원 선거에서 지지후보운동을 벌여 당선시키는데 성공했다.

10월혁명 후인 1917년 11월 하순 러시아 임시정부당국이 일본 측에 인도하려던 이동휘가 석방되었다. 체포된 지 7개월 만이다. 그의 석방은 고려인 사회의 적극적인 석방운동과 이를 지지한 원동노병(勞兵)소비에트의 노력에 힘입은 것이지만, 결정적 요인은 볼셰비키혁명의 발발로 급전되고 있던 시베리아 정세 때문이었다.

반(反)볼셰비키적 입장의 고려족중앙총회에 대항하는 항일적, 친(親)볼셰비키적 조직인 한족중앙총회 발기회가 출현한 것은 1918년 초였다. 이 발기회의 결성을 주도한 인물은 러시아정교 신부 출신 오 와실리, 러시아군 장교 유 스테판, 그리고 김립, 박 이반, 채성오, 이한영, 전태국 등 10여 명이었다. 비귀화인의 지지를 받아 독자적인 정치세력 규합에 착수한 이들은 고려족총회의 여호 배제를 비판하며, 원호·여호를 불문하고 18세 이상의 남녀는 모두 조직에 참여시키는 "대동단결"을 목표로 내세웠다. '고려족' 측은 '한족'발기회 측의 대동단결주의를 수용한다는 입장을 천명하고 '한족' 측과 통합협상에 나섰다.

한인사회당 창당

한족중앙총회측은 '고려족'과의 통합과는 별개로 여호를 중심으로 친볼셰비키적 전위조직의 건설에 나서, 1918년 2월 하바롭스크에서 고려인 최초의 볼셰비키 당원인 김 알렉산드라의 발기로 '조선인정치망명자회의'를 개최했다. 대회에는 준비위원장인 이동휘, 서기 김립을 비롯하여 양기탁, 유동열, 이동녕, 홍범도, 김규면, 박애, 안정근 등 조선, 중국, 러시아 원동지역에서 온 혁명가들이 참가하였다. 이 회의가 다룬 주요 의제는 두 가지였다. 첫 번째 의제인 항일무장부대의 조직에

이동휘

대해서는 이의 없이 합의를 보았다. 두 번째 의제인 소비에트 러시아와의 동맹에 대해서는 의견이 갈렸다. 양기탁, 이동녕 등은 광의단(光義團)이라는 무장단체를 조직하되 원동 인민위원회로부터 후원만 얻자는 견해를 제시했다. 반면에 이동휘 등은 볼셰비키즘에 찬동하고 조선혁명을 그 길로 촉진시키자며 볼셰비키 세력과의 밀접한 연대를 주장했다. 결국 이동녕과 양기탁 등이 퇴장해 회의는 결렬되었다.

볼셰비키를 지지하는 김 알렉산드라, 이동휘, 김립, 박애, 이한영, 오 와실리, 유 스테판, 박원섭 등 수십 명은 1918년 4월 28일 하바롭스크에서 최초의 고려인 사회주의 정당인 '한인사회당'을 창설했다. 한인사회당의 결성은 한국근대사에 최초로 볼셰비키 유형의 사회주의 정당, 즉 공산주의적 정당이 출현했음을 뜻한다.

한인사회당은 볼셰비키 러시아와의 연대와 반일(反日)·반제(反帝)를 강령으로 채택하고 위원장에 이동휘, 부위원장에 김 알렉산드라의 남편인 오 와실리, 청년부장에 오성묵, 당 기관지 '자유종' 주필에 김립, 군사부장에 유동열, 재무부장 겸 선전부장에 이인섭 등을 선출했다. 한인사회당은 조국독립문제보다 러시아혁명의 참여와 지원을 제1차적 과제로 추진했다. 이에 따라 하바롭스크를 중심으로 다반, 안반 등지의 고려인 주

제4장 혁명과 내전의 와중에서   81

민들로써 100명의 적위대(赤衛隊)를 조직하고 장교 훈련을 위한 군사학교를 설립했다. 한인사회당은 소비에트정권으로부터 자금 지원을 받아 당 기간요원들에게 봉급을 지급했다. 또 출판활동을 위해 석판 인쇄기 1대와 종이, 인쇄비 등도 지원받았다.

1918년 6월 전로한족회 헌장회의가 니콜리스크에서 128명의 대표가 참석한 가운데 개최되었다. 고려족중앙총회와 한족중앙총회가 5개월 전에 약속한 '통합'을 이행하기 위한 대회였다. 회의에서 한인사회당 대표들은 소비에트 권력만이 토지문제를 해결하고 고려인 노동자들의 지위를 개선할 수 있다며 레닌을 수반으로 하는 소비에트권력을 지지할 것을 요구했다. 이에 반해 일부 참석자들은 소비에트 승인에 반대하는 결의안을 제출했다. 논란 끝에 회의는 두 결의안을 모두 부결시키고 절충안, 즉 내전에서 중립을 지킬 것을 다수결로 채택했다. 토지문제에 있어서도 지주, 부농, 상공업자 등 원호인 출신들은 소비에트권력의 해결 방식에 반대했다.

한인사회당은 빈농대표 여호들의 지지를 받았으나, 이들이 체류비용 때문에 대회에 오래 머물지 못하고 떠나는 바람에 수적인 열세가 더욱 심화되었다. 한인사회당의 요구는 전로한족회 주도그룹에 의해 모두 부결되었다. 결국 여호들의 이익을 대표하던 한인사회당은 대회장을 떠났다. 그해 1월에 어렵사리 이루었던 양대 세력의 협력은 고작 5개월밖에 지속되지 못했다. 전로한족회 헌장회의가 종료된 직후인 1918년 6월 29일 연해주의 백위군(白衛軍) 세력은 반혁명 정변을 일으켜 통치권을 장악했다. 볼셰비키들은 지하로 들어가야 했다. 전로한족회는 중립적인 입장을 버리고 볼셰비키에 반대하는 시베리아정부를 지지하고 나섰다. 그리고 지지의 대가로 고려인 군대의 무장을 위한 자금지원을 요청했다.

'붉은 열녀' 김 알렉산드라

원동지역에서 내전은 1917년 2월혁명 이후 1922년 10월 말 일본군이 블라디보스토크 항을 떠날 때까지 5년 7개월 간 계속되었다. 그때 시베리아와 원동 일대에서는 정부군과 혁명군이, 같은 혁명군인 멘셰비키 백위군과 볼셰비키 적위군이 뒤엉켜 내전을 벌였다. 1918년 4월 일본과 영국, 미국, 프랑스 등 열강은 혁명 확산의 저지를 목적으로 시베리아에 군대를 파견했다. 이른바 '시베리아간섭전쟁'을 일으켜, 적백(赤白)내전에 끼어 들은 것이다. 열강은 소비에트를 '요람 속에서 파멸' 시키기 위해 적위군(赤衛軍) 소탕전을 벌임으로써 이 지역은 대혼란에 빠졌다.

특히 일제는 이 기회에 바이칼호 이동(以東)의 원동러시아 지역을 분리 장악하려고 획책하였다. 1918년 11월까지 7만 명 이상의 일본군을 연해주, 아무르주, 자바이칼주와 북만주에 배치하고 호르바트, 세메뇨프, 칼미코프 같은 반볼셰비키 세력을 지원했다. 한인사회당 간부들은 100여 명의 고려인 무장 적위대를 이끌고 러시아 적위군에 합세했다. 이들은 우수리전투에 참여하여 국제간섭군 및 백위군에 대항해 싸웠지만 패배했다. 고려인 적위대는 대원의 절반 이상을 잃었다.

원동 볼셰비키의 주요 근거지인 하바롭스크가 일본군의 후원을 받은 칼미코프의 백위군에게 함락되자 원동소비에트 정부는 붕괴되었다. 소비에트 혁명투사 300~400명은 기선 바론 코르프 호를 타고 아무르강을 통해 탈출을 시도하다가 백군에게 사로잡히고 말았다. 전일, 유동열, 이인섭, 김립 등 고려인 사회주의자 12명은 중국인 노동자로 가장하여 위기를 모면했다. 이동휘는 목선을 타고 하바롭스크를 탈출해 북만주 요하현으로 피신했다.

원동인민위원회 외무담당위원인 김 알렉산드라는 백군에게 붙잡혀

김 알렉산드라

총살당했다. 적위파에 대한 재판은 바론 코르프 호에서 칼미코프 대장을 수반으로 하여 진행되었다. 그들은 혁명가들을 수하물 선창에서 한 명씩 데리고 나와 심문한지 몇 분 만에 사형을 선고했다. 그리곤 곧장 형장으로 끌고 가 총살했다.

김 알렉산드라는 일찍이 고려인과 중국인 노동자 속으로 뛰어들어 혁명가로 활동하면서 소비에트를 지키자고 호소하고, 한인사회당 결성에 핵심적인 역할을 했다. 그녀는 1918년 9월 18일 비장한 최후를 마쳤다. 아무르강 절벽 위의 형장에서 그녀는 최후 순간까지 꿋꿋한 열녀의 기상을 보였다.

"나는 공산주의자이지 민족주의자가 아닙니다. --각 지방에 공산주의의 씨가 자라서 멋진 꽃을 피우게 하시오. 이것이 모든 장애와 바람, 폭풍을 극복한 뒤 조선에 자유와 독립을 가져다 줄 것입니다. 모든 지역의 근로자들의 자유를 위해서 나는 죽습니다."

그녀가 말을 마치자 총성이 울렸다. '죽음의 계곡' 아래로 떨어진 33세의 '붉은 열녀'를 아무르강의 검은 물결이 삼켜버렸다. 시베리아는 고려인 민족운동에 탄압적인 백위파의 천하가 되었다. 결정적 타격을 입은 한인사회당은 활동을 중단하고 볼셰비키 세력과 함께 지하로 잠적하지 않으면 안 되었다.

일본군의 시베리아 파병 이후 백위군은 일본군의 비호를 받는 세력으로 동일시되면서 볼세비키에 대한 고려인들의 태도는 우호적으로 바뀌었다. 더구나 조선에서 3.1운동이 일어난 후 연해주고려인들은 독립운동의 열기에 휩싸여 대일(對日), 대백군(對白軍) 항전에 나서게 된다.

소비에트 수호 빨치산 투쟁

원동 소비에트정권이 붕괴된 후 원동 전역에서 빨치산들이 생겨났다. 고려인들은 소비에트러시아를 수호하기 위해 총을 들고 나섰다. 그들은 러시아가 자유를 찾아야 고려인도 자유를 누리고 빼앗긴 조국을 되찾을 수 있다고 믿었다. 최초의 고려인 빨치산부대는 아무르 주에서 창설되었다. 1918년 10월 블라고베센스크에서 공산주의자 박 이반 다닐로비치가 결성한 무장유격대이다. 타반에서는 광산노동자들 사이에서 최 니콜라이를 대장으로 하는 또 다른 부대가 결성되었다. 이 부대의 주축은 한인사회당 창립 시 고려인 적위군에 가담했던 사람들이다.

뒤 이어 연해주에서도 고려인 빨치산부대가 조직되었다. 첫 번째 부대는 수찬 지구에서 나왔다. 275명의 조직원을 가진 지하 항일단체 '철혈단'이 빨치산으로 전환했다. 1919년 2월 수찬 지구 신영거우 주민 35명은 동네에 숨겨놓았던 무기로 무장을 갖추고 1차 대전 참전용사인 한창걸을 대장으로 하는 빨치산부대를 조직했다. 4월에는 아누치노에서 박 그레고리 부대가 편성되었다. 러시아군 기관총부대장 출신인 한창걸은 러시아 빨치산 참모부로부터 무기 300정을 얻어 부대를 무장, 훈련시켰다. 한창걸부대는 러시아유격대에 합류해 쇠완재 부근에서 백위파 150여 명을 살상한 후 미군 토벌대를 격파해 많은 무기, 탄약, 식량을 노획했다.

한창걸

최호림

김유천

　1919년 3월 조선에서 독립만세운동이 일어나자 원동지역 고려인들은 적극적으로 호응했다. 니콜리스크와 블라디보스토크에서 대규모 반일 시위가 결행된데 이어 연해주 각지에서 연대시위가 벌어졌다. 새로운 빨치산부대가 앞을 다투어 창설되었다. 수이푼의 고려인들은 이청림을 중심으로 300명 규모의 빨치산부대를 편성하고 '독립군'이라고 명명했다. 수이푼에서 최호림과 김하정도 빨치산부대를 조직했다. 초기에 병력 60명과 소총 40정으로 출발한 이 부대는 얼마 후 500명 이상의 병력을 보유하게 되었다. 포시예트 지구에서는 임병극의 지휘 아래 500명으로 이루어진 무장유격대가 활동했다.

　고려인 빨치산부대의 주요 활동영역은 고려인 농민이 밀집한 농촌지대였다. 특히 수찬, 수이푼 일대의 빨치산부대들이 규모도 컸고 영향력도 컸다. 병영이 설치된 푸칠롭카, 코르샤콥카, 시넬니코보, 솔밭관, 자피거우 등지는 모두가 사방이 높은 절벽과 통과하기 어려운 밀림으로 둘러싸인 천연요새와 다름없는 곳이었다. 고려인 빨치산들은 무기가 없어 목총을 이용해 전투훈련을 했다. 차츰 지원병이 늘어나면서 총을 갖고 오거나 군마를 몰고 오는 사람도 생겼다. 전투원들은 상해 임시정부에서 발간하는 '독립신문'을 구독했다. 고려인들은 마을마다 빨치산부대 협력위원회를 구성했다. 위원회는 무기, 의약품, 식량, 의복 등을 구입해

수찬지역의 빨치산 한창걸 부대

빨치산을 지원했다. 집에서는 의복과 음식을 준비하고 부상자를 치료했다. 고려인 빨치산부대들은 거의 전적으로 고려인 주민이 모은 자금으로 유지되었다.

고려인 빨치산부대는 무기부족이 가장 큰 문제였다. 일본군과의 격전은 참으로 힘들었다. 무장이 부실한 빨치산들은 발톱까지 무장하고 잘 훈련된 일본 정규군과 혈전을 벌여야만 했다. 일부 빨치산부대는 오호츠크 금광에서 일하던 이영성의 애국적 협력 덕분에 무장할 수 있었다. 이영성은 조국의 3.1운동 거사에 고무된 고려인 광부들로부터 모은 순금 50kg을 독립투사 이철남, 한일재, 신영걸 등에게 전하고 자신도 빨치산에 합류했다. 빨치산 지휘관들은 이 순금으로 신한촌의 체코인을 통해 구입한 일본제 장총 500정, 탄환 3만 발, 중기관총 2문, 권총 100정, 수류탄 2,000개, 군화 600켤레, 군인외투 400벌 등으로 수이푼의 빨치산부대를 무장시켰다.

1919년 10월 '독립군'은 김유천(김유경) 정찰대가 생포한 일본군 소좌로부터 입수한 정보를 토대로 푸칠롭카의 일본군 병영을 습격해 토벌대를 궤멸시켰다. 이때 노획한 일본 돈 5만 엔은 부대원들의 동복 구입에 사용했다. 11월에는 대포를 끌고 자피거우 병영으로 쳐들어온 일본군 토벌대와 맞서 싸운 전투에서 중기관총 5문, 장총 300여 자루, 군마 30필 등을 노획하는 전과를 올렸다. '독립군'은 일본군의 토벌을 피해 만주에서 수이푼 지역으로 넘어온 유격부대장 최영호를 죽인 부농을 응징하기도 했다. 박청림 회고록에 따르면 '독립군'의 젊은 기마병 30명이 고려인촌 만석동을 기습해, 최영호 살해를 주도한 부농들을 포로로 잡아왔다. 군법회의는 부농 5명에게 사형을 언도하고 3명에게는 만석동에서 추방한다는 선고를 내렸다.

1919년 3월 프롤롭카에서 열린 연해주 빨치산지도자대회에는 고려인 대표도 참가했다. 이 대회에서 사실상 연해주 노동자·농민정권인 올가군 빨치산부대의 임시군사혁명본부가 구성되었다. 이 혁명본부는 토지 임대의 금지를 결정하고 중국인과 고려인에게 무상으로 토지를 분배할

빨치산 대장 홍범도(가운데)

것을 선언했다. 이 본부의 민족분과 대표에는 한창걸이 임명되었다. 6월의 올가군 노동자대회에서는 고려인들이 소비에트공화국의 '동등한 공민'임을 선포하고 고려인들에게 소비에트집행위원회 의결권을 가진 의석도 주기로 결의 했다.

1919년 9월 전설적인 빨치산부대장 홍범도는 수이푼에서 150명의 부대원을 모집, 만주로 잠입했다. 마적과 백위군을 소탕하면서 만주에 도착한 그의 부대원은 1,500명까지 늘어났다. 홍범도는 봉오동, 청산리, 우두량찬 등지에서 일본군 수비대에게 과감한 기습공격을 가해 큰 승리를 거뒀다. 1921년 1월 그는 우세한 일본군을 피해 다시 러시아 이만으로 근거지를 옮겼다. 1920년 3월 아무르주에서는 아무르 한인총의회가 주체가 되어 400명의 고려인 군대를 모으고 '자유대대'라고 명명했다. 이 부대는 인민혁명군 2군과 교섭하여 2군의 특립대대가 되었다. 지휘는 2군의 연대장이며 아무르주 수비대장인 오하묵이 맡았다.

이때 적위군 빨치산연합부대 2,000명은 아무르강 하류의 니콜라옙스크항(泥港) 해방전투에서 일본군 2개 대대와 백위군 1개 대대를 공격해 궤멸시켰다. 5일간 밤낮으로 전개된 전투는 매우 격렬했다. 패주한 일본 해군들이 일본영사관으로 은신하자 적색 연합부대는 여기에 맹포격을 가해 일본영사 부부와 일본군 수비대장 이하 전원을 몰살시켰다. 격전 끝에 육군부대 역시 섬멸했다. 다수의 일본인 거류민이 살해되고 시내 일본인 상점이 전소되었다. 생존자는 일단 투옥시켰다.

이 전투에는 박 일리야가 이끈 사할린부대 등 5개 고려인 빨치산부대 700~750명이 참전해 결정적인 전공을 세웠다. 고려인 빨치산들은 이 전투를 북간도의 봉오동전투, 청산리전투와 더불어 1920년에 거둔 '3대 승첩(勝捷)' 가운데 하나로 꼽았다. 일제는 이 사건을 연해주 토벌의 구실

니콜라옙스크의 일본군

로 삼아 '4월참변'을 야기했다.

　1920년 5월 하순, 연합부대는 니콜라옙스크에서 철수하면서 '4월참변'에 대한 보복으로 일본군 포로 306명과 일본거류민 355명을 모두 총살하는 참혹한 살육을 자행했다. 러시아정부는 민간인에 대한 살육과 방화를 금한 명령에 불복했다는 이유로 트랴피친부대를 무장 해제하고 트랴피친 등 16명의 지휘관을 군사재판에 회부해 총살시켰다. 슬픔과 분노를 느낀 고려인 빨치산들은 트랴피친 처형에 협력한 박병길, 김낙현 등을 배척했다. 트랴피친은 비록 과오를 범했을지언정 고려인 빨치산 사이에서는 항일빨치산투쟁의 영웅으로 간주되고 있었다. 박병길과 김낙현은 동료들의 비난에 견딜 수 없어 부대를 이탈해 박 일리야의 라이벌인 오하묵의 자유대대를 찾아갔다. 오하묵은 박병길을 비서장으로 맞아들였다. 하지만 박병길은 이듬해 1월 박 일리야 일파에 의해 살해되었다.

　1920년 봄, 수찬의 다우지미촌에서는 김경천을 총사령관으로 하는 '창해(滄海)소년단(또는 창해청년단)'이 결성되었다. 총병력은 상비대가 102

명, 예비대가 945명이었다. 김경천은 일제의 조종을 받아 고려인 촌락을 불 지르고 약탈하던 마적 홍의적(紅衣賊) 700여 명을 소탕한 뒤 수찬지역을 중심으로 군정을 실시했다. 그는 고려인뿐만 아니라 중국인, 러시아인들도 관장, 통치했다. 이때 대한인국민회에서 활동했던 정재관은 민정책임자로서 매년 매호마다 10원씩 거둬들여 군자금으로 활용했다. 일본육사 출신으로 1919년 말, 연해주로 망명한 김경천은 백마를 타고 다니며 부대를 지휘해 '백마 탄 김장군'으로 불리었다. 그는 훗날 북한에 나타난 김일성을 가짜라고 생각하는 사람들에 의해 '진짜 김일성 장군'으로 지목되기도 했다.

  1920년 6월 니콜리스크 솔밭관에서 공산주의를 이념으로 하는 유격대 '우리동무군'이 조직되었다. 김이직, 최재형, 엄주필 등 현지 지하단체 지도자와 촌민들의 지원을 받은 '우리동무군'은 수이푼 지역의 대표적인 무장조직으로 활동했다. 총사령관은 최추송이 맡았고, 주로 자피거우, 시배찬, 인도기, 서풍거리, 히리손, 폴타브카 등지에서 활동했다. 전투부대는 각 중대의 정원이 121명인 3개 중대로 편성되었으며, 기관총부대가 별도로 구성돼 있었다. 무기는 소총 123정, 기관총 2문, 탄약 3만 3,000여 발, 폭탄 18개 등을 보유했다.

II 상해임정 참여 싸고 분열

대한국민의회, 최초 임시정부 선포

  1918년 말, 제1차 세계대전의 종결은 고려인들의 민족운동을 다시 고무시켰다. 윌슨 미국 대통령의 민족자결주의 제창으로 조

전로한족중앙총회가 1918년 특별대회를 열었던 우수리스크 실업학교 건물. 전로한족중앙총회의 이런 활동을 토대로 최초의 해외망명정부인 대한국민의회가 탄생했다.

선도 독립할 수 있다는 희망을 갖게 되었다. 특히 3.1운동에서 드러난 대중들의 혁명적 폭발력은 민족운동지도자들의 항일운동을 활성화시켰다. 3.1운동 직전인 1919년 2월 25일 전로한족중앙총회를 중심으로 한 원동지역 지도자회의가 니콜리스크에서 개최되었다. 러시아 영내에 임시정부를 조직하고 거기서 독립을 선언하는 방안을 논의하기 위해 소집된 회의였다. 러시아는 물론이고 서간도, 북간도, 국내로부터 80여 명의 대표가 참석했다. 대회는 전로한족중앙총회를 확대 개편해 '대한국민의회(大韓國民議會)'를 출범시켰다. 대한국민의회는 모든 조선인의 중앙기관이자 임시정부임을 자처하며, 3월 17일 '조선독립선언서'를 발표했다. 그리고 즉각행동을 개시해 블라디보스토크 주재 11개국 영사관 및 러시아 당국에 독립선언서를 배포하고 열띤 만세시위운동과 동맹휴업을 전개했다. 세칭 '노령(露領)정부'로 통한 대한국민의회 임시정부는 3.1운동 후 최초로 선포된 해외 망명정부로, 이해 4월 13일 상해에서 조직된 대한민국 임시정부보다 한 달 앞서 출범한 것이다.

국민의회는 의회기능뿐만 아니라 사법, 행정기능까지 함께 갖는 소비에트체제를 채택하고 국민의회를 대외적으로 대표할 의장에 문창범을 선출했다. 부의장에는 김철훈, 서기에 오창환, 선전부장(후일 군무부장)에 이동휘를 각각 선출하고 파리강화회의에 파견

김규면

할 대표에는 윤해와 고창일을 선임했다. 그리고 별도의 행정부를 조직하여 대통령에 손병희, 부통령 박영효, 국무총리 이승만, 탁지총장 윤형진, 군무총장 이동휘, 내무총장 안창호, 산업총장 남형우, 참모총장 유동열, 강화대사 김규식 등을 각각 추대했다. 그러나 이 행정부는 발족되지 않았다. 대한국민의회를 주도한 중심세력은 문창범, 최재형 등 귀화한 고려인그룹과 이동휘, 김립 등 비귀화인들이 주축을 이룬 친볼셰비키적 한인사회당 계열이었다.

이 때 국민의회가 설정한 목표는 러시아와 만주의 무장세력을 결집시켜 일본군과 대전(對戰)한 귀 각국으로부터 교전단체로 승인받아 조선독립문제를 파리강화회의 의제로 상정시키려는 것이었다.

군무부장 대리 김하석은 3,000명의 고려인 청년을 동중(東中)철도수비대에서 무장·훈련시킨 뒤 국내로 들여보내 항일무장투쟁의 주력으로 삼겠다는 군사양성계획을 마련했다. 이에 호응하여 철혈광복단원을 중심으로 600명의 고려인 청년들이 백위파정권의 동중철도지대 사령관 호바르트 산하 특별대대로 편입되었다. 그런데 이 부대의 임무라는 것이 적위파 및 고려인 무장부대의 기습으로부터 일제와 백위파의 철도선과 군수물자를 지키는 일이었다. 훈련에 참여한 고려인 청년들이 이 사실을 알고 무기를 휴대한 채 대거 탈주하자 군사양성계획은 실패로 끝

났다.

1919년 4월말 한인사회당 간부들은 블라디보스토크 교외 숲속에서 비밀리에 대표자대회를 열고 반일 민족주의단체인 신민단(新民團)과 통합했다. 한인사회당 위원장 이동휘는 총의장에, 신민단 단장 김규면은 부의장 겸 군사위원회 위원장에 선임되었다. 침례교 목사 출신인 김규면이 이끄는 신민단은 연해주와 만주지역의 기독교 신자로부터 열렬한 지지를 받고 있었다. 신민단은 단원이 2만 명에 달해, 당원 1만인 한인사회당보다 조직기반도 넓었다. 이제 한인사회당은 총 3만 당원을 포괄하는 대중조직으로 재탄생하게 되었다. 한인사회당은 제3인터내셔널에 가입하기로 결정하고 코민테른과의 교섭을 위해 박진순, 이한영, 박애 등 3명을 모스크바로 파견했다. 또 상해임정을 승인하고 당 간부의 임정 참여를 결정했다. 한인사회당이 자유주의자가 다수파를 이루고 있는 임정에 참여키로 한 이유 중 하나는 임시정부라는 큰 간판을 이용하여 러시아 정부의 지원을 받으려는 데 있었다.

두 임시정부 통합 실패

1919년 3.1독립선언 이후 국내외에 등장한 임시정부 조직은 모두 10개에 달했다. 그 중 실질적인 활동을 전개할 수 있는 정치적 실체는 3.1운동 직전에 결성된 연해주의 대한국민의회와 3.1운동 후인 4월 13일에 성립된 상해의 대한민국임시정부뿐이었다. 두 임시정부는 통합의 불가피성을 인정하고 이해 5월부터 교섭을 개시했다. 국민의회가 상해로 파견한 원세훈은 임시정부를 동포가 없는 상해보다 많은 동포가 살고 있는 러시아 영내에 둘 것을 주장했다. 상해 측은 연해주와 만주지역이 일본 관헌의 세력 범위 내에 있어 임시정부의 소재지로 부적합하다고 반대했다.

8월 중순경 양측은 5개항의 통합안 마련에 성공했다. 그 골자는 국내에서 13도 대표 명의로 선포된 '한성(漢城)정부'의 제도와 인선, 즉 집정관총재 이승만, 국무총리총재 이동휘 안을 계승하되 상해임정과 국민의회는 모두 폐지하고 임정 소재지는 상해로 한다는 것이었다. 이에 따라 국민의회는 8월 30일 신한촌에서 해산을 결의했다. 상해임정은 임시의정원이 개정한 임시헌법에 의거해 이승만을 대통령으로 선출하고 국무원 각원들도 한성정부의 명단대로 임명했다. 임시헌법은 총 57명의 의원정수 가운데 러시아령에 6명의 의석을 배정했다.

그러나 국민의회는 상해임정이 약속을 어겼다며 거세게 반발했다. 국민의회 측은 국민의회와 상해임시정부·임시의정원이 동시에 해산하는 것으로 이해하고 있었다. 그런데 상해임시의정원은 해산은커녕 멀쩡하게 존속해, 한성정부의 집정관총재를 대통령으로 바꾸어 놓은 헌법개정안까지 처리함으로써 합의사항을 위반했다는 것이다. 이에 대해 상해 측은 임시의정원의 해산까지 포함하는 합의는 아니었기 때문에 의정원이 헌법 개정과 대통령으로의 개칭을 단행할 수 있는 권한을 갖고 있다고 맞섰다.

한인사회당 상해임정 참여
국민의회는 공산주의 전환

상해임정의 국무총리로 임명된 이동휘는 국민의회의 실력자 문창범을 설득하면서 임정 참여를 미루다가 11월 3일에야 각원들과 함께 취임식을 거행했다. 상해임정의 교통총장에 임명된 문창범은 취임을 거부하고 "이동휘가 국무총리 직위에 현혹되어 동지들의 신의를 배반하고 임정에 참가했다"고 비난했다. 1920년 2월 국민의회는 해산했던 조직의 복원을 선언했다. 이로써 러시아고려인 사회는 상해임정파와 국민의회파로 양분되어 그 후 공산주의운동에서 상해파와 이르쿠츠크파 간 대립의 단초가 되었다.

1920년 4월 국민의회는 일제의 '연해주 토벌'을 피해 아무르주의 수도 블라고베셴스크로 이전했다. 그리고 문창범, 김하석, 원세훈, 최고려 등에 의해 지도부가 장악되면서 상해임정을 반대하는 체제로 전환했다, 아무르 한인총의회(의장 최고려)는 국민의회를 최고 정치기관으로 인정하고 자신들이 관장하고 있던 무장부대 '자유대대'의 지휘권을 국민의회에 넘겼다. 국민의회는 아무르 고려인 사회의 유일 최고 정치기관으로 부상했다. 당시 아무르주는 공산당 천하였다. 국민의회는 공산당 후원 없이는 어떠한 활동도 할 수 없었다. 결국 대부분의 구성원이 공산당에 가입한 국민의회는 1920년 9월 공산주의로의 노선 전환을 대내외에 공표했다. 2월혁명 이후 문창범을 중심으로 부유층을 대변하면서 볼셰비키에 반대하고 백위파를 지지했던 국민의회 지도부의 180도 방향전환이었다.

한인사회당이 코민테른에 파견한 박진순 등 3명이 모스크바에 입성한 것은 1919년 11월 말이었다. 부위원장 김규면이 여비를 부담해 연해주를 출발한지 4개월만이다. 당시 시베리아는 백위파 지배하에 있었던 관계로 이들의 모스크바행은 2중, 3중의 전선을 통과해야 하는 매우 어려운 도정이었다. 모스크바에서 박진순은 한인사회당 당원 명부와 4월 당 대회 결과를 밝힌 보고서를 코민테른에 제출했다. 한인사회당의 코민테른 가입은 1919년 12월 17일자 소비에트러시아정부의 성명을 통해 대외에 알려졌다.

1920년 3월 한인사회당 대표단은 러시아정부로부터 400만 루블의 자금을 제공받았다. 사회주의 문헌출판사와 선전사무국을 동아시아에 설립하겠다는 박진순의 자금요청을 러시아 외무인민위원부가 수용한 것이다. 그러나 이 자금 중 실제로 한인사회당에 전달된 돈은 4분의1에 불과했다. 4분의2는 이르쿠츠크에서 외무인민위원부 시베리아전권위원 가퐁에게, 4분의1은 원동공화국 북경전권위원 유린에게 압류 당했다는 것이다. 박진순이 상해에 도착해 남은 100만 루블을 환전해보니 은화 3만원(元)이었다고 한다.

이동휘 밀사 모스크바 파견

이에 앞서 1920년 1월 초 이동휘 주도 하의 상해임정은 러시아 노농정부의 지원을 구하기 위해 특사 3인(한형권 여운형 안공근)을 모스크바에 파견키로 결정했다. 하지만 이동휘는 "야심을 품고"(여운형 표현) 심복인 한형권 1인만을 밀파했다. 한형권은 적설 때문에 장가구(張家口)에서 3개월

1920년 7월 코민테른 제2차대회 민족문제위원회 회의. 레닌(가운데 검은 양복) 오른쪽이 한인사회당 대표 박진순이다.

을 기다린 뒤에야 몽골에 도착해 마차를 타고 러시아로 들어갔다. 러시아에서 국빈대우를 받은 한형권은 적군이 호위하는 특별열차를 타고 모스크바로 향했다. 몇몇 역전에서는 고려인부대가 태극기를 들고 나와 그를 환영했다.

5월 말경 모스크바에 도착한 한형권은 체류 중인 박진순의 안내로 레닌, 치체린(외무인민위원장) 등을 만났다. 그는 러시아정부에 △대한민국임시정부 승인 △독립군 장비 제공 △사관양성소 설립 지원 △독립운동자금 원조 등을 요구하여 승낙을 받았다. 특히 독립운동자금과 관련하여 모스크바정부는 한형권에게 금화 200만 루블의 지원을 약속하고 1차로 60만 루블을 내주었다. 금화 200만 루블은 앞서 한인사회당에 지원한 400만 루블보다 무려 70배나 큰 금액이었다.

이 거액을 한꺼번엔 상해까지 운반하기에는 너무 무겁고 시베리아 형세가 불안했다. 한은 약 20푸드(327.6kg) 중량의 금화 40만 루블만 챙기고 나머지 20만 루블은 모스크바에 남겨 두었다. 금화를 특별열차에 싣고 호위병 4명과 함께 귀로에 오른 한형권은 완충정부 소재지인 베르흐네우진스크에 도착하자 이동휘가 보낸 국무원비서장 김립을 만나게 되었다. 한은 40만 루블의 운반을 김립에게 맡기고 자신은 두고 온 20만 루블을 찾으러 다시 모스크바로 향했다.

김립이 상해로 갖고 온 40만 루블은 이동휘와 김립이 비밀리에 보관해, 임시정부는 구경도 못했다. 이 돈은 자금난에 시달리던 이동휘의 생명줄이 되어 각종 공작금으로 뿌려졌다. 당시 상해에서는 이 돈을 안 써본 사람이 없을 정도였다고 한다. 임시정부 개조문제로 자주 모인 요인들의 회식비를 비롯하여 북만주와 시베리아에서 '모험파'를 양성하고, 김원봉의 의열단을 도와주는 데 사용되었다. 김규식, 남형우, 이동휘 등의 여비, 신채호의 역사서 편찬비, 김두봉, 이극노의 중로한(中露韓)회화책 저술비 등으로 지출되고 국내의 장덕수, 최팔용 등에게도 보내졌다. 후일 이 자금의 청산보고서에서 작성자 김철수가 밝힌 내용이다.

1920년 5월 한인사회당은 러시아공산당이 상해로 파견한 보이틴스키·김만겸과 연합해 당명을 한국공산당으로 바꾸고 망명인사를 규합해 조직을 확대 개편했다. 당의 중앙간부로는 책임비서 이동휘를 필두로 김립, 이한영, 김만겸, 안병찬, 여운형, 조동호 등을 선임했다. 또 망명자들 속에서 조완구, 신채호, 이춘숙, 최창식, 양헌, 선우혁, 김두봉 등과 같은 저명한 인사들을 끌어들였다.

한국공산당은 보이틴스키의 지도 아래 당 사업활동을 강화해 공산당선언 등 팸플릿과 신문 '신생활', 잡지 '공산'을 발행했다. 또 동아시아 3국의 조직사업을 위해 5명의 밀사를 조선, 일본, 중국에 파견했다. 이들은 조선 국내공작 및 무장투쟁 지원, 중국·일본 공산주의자와의 제휴 등을 통해 세력을 확대해 나갔다.

그러나 한국공산당은 곧 분열되고 말았다. 가장 큰 원인은 모스크바자금의 관리권을 둘러싼 이견이었다. 여운형, 안병찬, 조동호 등은 모스크바자금의 관리를 한국공산당에 넘길 것을 요구했다. 자금의 출처는 세계혁명을 후원하는 소비에트러시아정부이고 사용처는 '한국혁명의 장(場)'이기 때문에 한국혁명의 중앙기관인 한국공산당이 그 자금을 관리해야 한다는 것이었다. 한인사회당 중앙위원들은 이 요구를 받아들이지 않았다. 이동휘는 한국공산당 중앙위원회에서 자기와 김립, 이한영은 한인사회당 간부이지 공산당원은 아니라고 말하며 3명의 탈퇴를 선언했다. 잔류파 중앙위원들은 분개했다. 그들은 박진순, 김하구, 김립, 이동휘를 '당규 불복종 및 비공산주의적 방침의 실행'을 이유로 제명했다. 이리하여 상해 한국공산당은 1921년 1월경 두 개의 조직으로 분열되었다.

재앙이 된 모스크바 자금

1920년 12월 이승만이 상해에 부임해 대통령 직무를 수행하자 이승만과 이동휘는 1921년 초, 국무회의에서 임정 개혁을 둘러싸고 대립했다. 이동휘가 제안한 개혁안의 골자는 대통령제를 폐지하고 국무위원제를 채택하여 국무위원회 결정으로 행정을 집행하자는 것이었다. 이승만과 그를 지지하는 이시영, 신규식, 이동녕, 안창호 등의 반대로 개혁안이 거부되자 이동휘는 1921년 1월 24일 상해임정을 탈퇴했다.

1921년 11월 한형권이 모스크바에 예치해 두었던 20만 루블을 갖고 상해로 돌아왔다. 그의 귀환은 상해 조선인 사회를 어수선하게 만들었다. 모스크바자금의 사용문제를 둘러싸고 분쟁이 일어난 것이다. 상해임정의 민족주의자들은 이동휘가 한마디 상의 없이 독단적으로 자금 사용을 전결한데 대해 크게 분노했다. 그들은 이동휘 일파가 모스크바 자금을 유흥비, 분쟁경비 등으로 유용했다고 비난했다. 특히 김립은 식구들을 위해 북간도에 농장을 마련했다느니, 상해에서 중국인 첩과 살며 호화주택에서 호의포식하고 있다는 등 공격의 주 표적이 되었다.

상해임정은 20만 루블이 임정의 공금이라고 주장하면서 자신들에게 인도하라고 한형권을 압박했다. 임정 측은 김상옥을 시켜 윤해를 저격해 중상을 입혔다. 1922년 2월 김구의 제자인 오면직, 노종균은 '공금횡령범' 김립을 미행 끝에 백주 대로에서 저격했다. 김립은 탄환 일곱 발을 맞고 즉사했다. 이 모두가 한형권으로 하여금 위협을 느끼게 해 20만 루블을 임정에 내놓게 하려는 의도에서 나온 것이라고 한다.

1922년 1월 원동 인민대표대회에서 코민테른은 조선문제와 관련, 광범한 민족통일전선의 결성만이 현 단계의 유일하고 정당한 노선임을 제시했다. 이에 따라 상해임정을 민족통일전선으로 개조하기 위한 국민대표회의 소집운동이 추진되었다. 한형권은 임정의 강력한 반대에도 불구하고 20만 루블을 국민대표회의 비용에 충당하도록 안창호, 여운형에게 인계했다.

주비위의 활동이 개시된 지 1년 만인 1923년 1월 3일 국민대표대회가 상해 프랑스 조계에서 개최되었다. 대회는 상해임정을 해체하고 새 정부를 수립하자는 세칭 '창조파'와 임정은 유지하되 헌법, 조직 및 정책을 실제 운동에 맞게 개조하자는 '개조파'가 대립했다. 안창호, 여운형 등 개조파는 민족·공산 연립정부를 통해 통일전선을 형성하자고 주장했고, 윤해, 원세훈, 김규식 등 창조파는 임정 해체 후 러시아 땅에 새 정부를 설치하자고 맞섰다. 창조파의 생각은 소비에트정부의 보호와 후원을 받아 원동지역을 기반으로 독립운동의 총본부를 만들겠다는 것이었다. 대회는 양파의 대립으로 진전을 이룰 수가 없었다. 양파는 제각기 만주의 테러리스트를 경호원으로 두고 피스톨과 폭탄을 갖고 다니며 '발악했다'(김철수 표현)고 한다.

개조파는 국민대표대회의 무효를 선언하고 탈퇴했다. 창조파는 6월 3

이승만

김구

김규식

여운형

일 자파만의 비밀회의를 열어 상해임정에 대체하는 '국민위원회'를 설치하고 헌법 제정 등을 의결한 뒤 폐회했다. 그러자 임정 내무총장 김구는 "소위 국민대표회의가 연호와 국호를 달리 정한 것은 민국에 대한 모반"이라며 국민대표대회에 대해 즉각적인 해산을 명령했다. 개조파가 빠지고 임정의 분노까지 산 창조파의 일방적인 결정은 무의미했다. 결국 통일전선 수립 노력은 무산되고 말았다.

III 4월참변

1920년 초, 시베리아지역에서 백위파가 붕괴된 이후 볼셰비키혁명세력과 고려인 독립운동세력은 기세가 올랐다. 일제는 이들을 무력화시키기 위하여 1920년 4월 4일 밤과 5일 새벽에 걸쳐 적위군에 대한 무장해제를 감행하고 연해주 일대를 무력으로 장악했다. 이 과정에서 일제는 러시아 혁명세력과 신한촌 고려인 등 7,000여 명을 살상했다. 이것이 저 악명높은 4월참변이다.

일제가 표적으로 삼았던 블라디보스토크의 신한촌(新韓村)은 예사로

아무르 만에서 바라본 신한촌

운 고려인 마을이 아니었다. 고려인들의 학교, 신문사, 교회 등이 몰려있던 러시아고려인 사회의 구심점이자 항일 민족해방투쟁의 본거지였다. 블라디보스토크 거주 고려인 1만여 명의 대표기관을 자임한 신한촌 한민회는 1917년 가을 이래 연해주 당국으로부터 자치행정관련 업무를 대거 위임받아 소송업무, 주민 구제, 식료품 조절 등의 제반 사무를 담당했다. 고려인들은 신한촌에 들러야 조국에 관한 소식을 들을 수 있었고, 연해주와 만주를 무대로 활동하는 무장유격대들은 이곳에 와야 소총, 기관총 등 무기와 탄약을 구할 수 있었다. 신한촌은 간도 용정의 명동촌과 함께 망국 조선인들의 대표적인 해외기지였다.

신한촌은 민족투쟁 본거지

러시아 지역의 독립운동을 대표하는 권업회, 권업신문, 대한광복군정부, 대한국민의회, 노인동맹단, 그리고 권업신문을 계승한 한인신보 등의 거점이 이곳이었으며, 이동휘 등 수많은 애국지사들이 거주하면서 치열하게 전개한 독립운동의 현장이 바로 이곳이었다. 니콜리스크가 주로 원호들과 보수적 색채를 가진 고려인들의 중심지였다면 신한촌은 여호 그리고 진보적 성향을 가진 고려인들의 중심지였다. 신한촌 고려인들은 이곳으로 망명해온 애국지사들의 경제적 문제를 해결해주고 피신해온 독립운동가들에게 은신처를 제공해주었다. 신한촌은 3.1운동 이후 민족운동의 메카로 등장해, 임시정부 소재지를 두고 상해와 경쟁하기도 했다. 블라디보스토크는 물류와 문화가 발달한 국제항구로서 세계정세를 이해하는 데 편리하였고 각국과의 통신연락도 수월한 곳이었다.

신한촌의 전신인 개척리는 1911년 전염병 방지 등 위생상의 이유로 러시아당국에 의해 폐쇄되었다. 이어 개척리 북쪽으로 3~4km 떨어진 산비탈에 새로 고려인 집단거주지로 건설한 것이 신한촌이다. 아무르만의 푸른 물과 블라디보스토크에서 모스크바로 가는 급행열차가 한눈에 들어오는 곳이었다. 신한촌 거리에 신축된 200여 채의 러시아식 양옥과 통나무집에는 돈깨나 있는 상인들의 상점이 줄지어 들어서 있었고 뒷골목에는 여관, 식당, 술집, 장사꾼들로 북적거렸다.

신한촌 건설 후 이곳에서 최초로 전개된 항일운동은 1911년 8월 29일의 한일합방반대운동이었다. 이날 한글신문 '대양보'는 합병반대 특집호 1,400부를 무료 배포하여 병합의 부당함과 비통함을 널리 알렸다. 한민학교 교사, 학생 등 400여 명은 가두시위에 나서 애국가와 독립가를 제창하고 상인들은 철시하여 단합된 면모를 과시했다. 또 일제의 간도총영사관 통역인 김기양을 체포하여 바다에 수장하기도 했다. 1913년 겨울, 세계여행 길에 신한촌에 들린 춘원 이광수는 하마터면 고려인 청년들에게 처형될 뻔했다. 행장에서 나온 일본책 때문에 일본첩자로 몰린 것이다. 그런데 얼음바다에 수장되기 직전에 나타난 윤해와 김립이 춘원의 신원을 확인해줘 겨우 위기를 모면할 수 있었다. 그의 여행기 '노령정경(露領情景)'에 따르면 당시의 신한촌은 눈이 오면 썰매를 타고 다녔으며, 집들은 조그마하고 납작해서 보잘 것 없었다고 한다.

1917년 11월 17일 한민학교에서 거행된 4250주년 단군대조(檀君大祖)성탄기념회는 학교 정면 벽 위에 단군의 화상을 건 뒤 남녀학생 300여 명이 태극기를 들고 신한촌 거리를 행진했다. 당시 고려인 청년들은 일본인의 신한촌 출입을 폭력으로 저지하고, 신한촌 민회는 일본인과 중국인이 신한촌에 상점을 개점하는 것을 금지시켰다.

1918년 4월 일본 침략군이 블라디보스토크에 상륙한 뒤에도 신한촌은 사실상 러시아당국의 통제 밖에 있는 고려인들의 '작은 독립주(州)'처럼 행세했다. 일본군이 상륙하자 신한촌을 지키기 위해 자체적인 경비단을 조직하는가 하면, 이해 국치일(8월 29일)을 맞아 고려인들에게 밥 짓는 것을 금지시키고 바로 눈앞에 일본함대가 정박해 있는 가운데 반일 집회와 시위를 개최하는 대담함을 보였다. 또 신한촌으로 시찰 나온 일본총영사 키쿠치 요시로가 고려인 학교에 200루블을 기증하자 한 여교사가 그 돈을 찢어 불 속에 던져버려 고려인의 기개를 과시했다. 1919년 2월에는 한민학교에서 연극과 무도회를 개최해 파리강화회의 대표자 파견 여비 800루블을 걷어 제공하기도 했다.

1919년 3.1운동 후 신한촌에는 민족의식이 고양된 많은 독립운동단체들이 조직돼 활발한 활동을 전개했다. 대한국민의회는 옴스크정부의 해산명령을 받고 본부를 니콜리스크에서 블라디보스토크로 옮겼다. 대한신민단도 본부를 신한촌으로 이전해 활동했다. 46~70세의 노인들은 노인동맹단을 조직해, 이 해 9월 서울역사에서 새로 부임하는 3대 총독 사이토 마코도에 대한 강우규 의사의 폭탄투척 거사를 지원했다. 그의 폭탄은 사이토를 살상하지는 못했지만 정무총감, 일경 등 37명이 죽거나 다치게 했다. 강 의사는 일경에게 체포돼 사형언도를 받고 순국했다. 장도정, 김 미하일 등은 '일세당'이라는 비밀 조직을 만들어 반일민족운동을 전개했다. 최재형, 이용, 김규면 등은 '독립단'을 조직해 활동했다. 신한촌 청년들은 친일분자 척결작업을 벌여 '밀정혐의자' 여러 명을 폭력으로 응징하기도 했다.

일군 4개 사단 동원해 공격

1920년 1월 백위파의 콜차크 정권이 무너지자 레닌의 지시에 따라 소비에트러시아와 일본 사이의 완충세력으로서 치타를 수도로 하는 원동

1920년 3.1운동 1주년 기념일에 세운 신한촌 독립문

공화국이 창건되었다. 연해주에서는 혁명파의 봉기로 백위파 로자노프 지방정권이 전복되고, 중간파·혁명파 연립정권이 수립되었다. 이 연립정권은 고려인의 민족운동과 사회주의운동에 대해 우호적인 태도를 취했다. 고려인들은 1920년 3월 1일 기부금 6만 루블을 모아 20개 고려인 단체의 공동주관으로 3.1운동 1주년 기념식을 거행했다. 신한촌 입구에는 '독립문'을 세우고 모든 집에 태극기를 게양했다. 이때 일본밀정 혐의로 최모와 김용식이 살해되고 일본군 통역 김영철이 숙박 중 습격을 받기도 했다.

  '완충국' 원동공화국이 들어선 후 미국, 영국, 프랑스는 원동에서 자국 군대의 철수를 결정했다. 하지만 일본은 볼셰비키적 요소가 강화되고 있는 원동의 정치상황이 조선과 만주에 심각한 영향을 미치고 있어 즉각 군대를 철수할 수 없다며 계속 주둔했다. 일본은 원동에 대한 영토적 야심이 강했을 뿐만 아니라 조선을 지배하고 만주를 침략하기 위해 원동을 일정한 통제 밑에 두려고 기도했다. 특히 니콜라옙스크에서의 처절한 패배와 일본 민간인 피살사건은 강경파들에게 철군 반대의 좋은 구실을 주었다.

1920년 4월 4일 원동주둔 일본군은 블라디보스토크에서 일어난 사소한 분쟁을 이유로 적위군에 대한 전면공격을 개시했다. 일본군 4개 사단은 하룻밤 사이에 하바롭스크와 연해주 일대를 장악하고 적위군 장병 9,000여 명을 무장 해제시켰다. 연해주 연립정권은 붕괴되고, 이를 대신하여 일제의 꼭두각시인 백위파 정부가 다시 들어섰다.

일본군은 고려인의 반일성향을 제거하기 위한 대대적인 탄압작전도 병행했다. 당시 일제는 "블라디보스토크 일대 조선인 독립운동가들의 항일 열기가 심각한 수준에 도달했다"고 판단하고 "우선 일격을 가하여 일본군의 위신을 보여서 그들에게 외경의 마음을 갖게 한 후 점차 회유한다"는 방침을 미리 결정해둔 터였다. 조선총독부가 파견한 관리인 마사오 야마자키가 반일 고려인을 제거하기 위한 계획 수립에 앞장섰다.

300명 살상, 거리엔 비명·통곡 가득

일본군의 신한촌 공격은 4월 5일 새벽에 시작되었다. 그들은 신한촌

일본군에 의해 체포 연행되고 있는 고려인과 러시아인들.

을 포위 한 뒤 소총, 기관총, 대포를 사용하여 시가지를 초토화 시키고 무차별 학살을 자행했다. 일본군은 한민학교에 파견돼 경계를 펴던 적군 48명을 무장 해제시키고 모든 집에 대해 가택수색을 실시했다. 그리고 개머리판으로 고려인들을 패면서 마을 밖으로 내몰아 무차별 사격을 가해 학살했다. 피에 절은 흰옷의 고려인들이 일본군에게 끌려가는 모습이 곳곳에서 목격되었다. 일본군은 사람들을 학교에 가두고 문을 잠근 뒤 방화하는 만행도 서슴지 않았다. 불에 타죽고 있는 고려인들의 울부짖는 소리가 들려왔지만 일본군은 불타는 건물로 어느 누구도 접근시키지 않았다.

블라디보스토크 거리는 고려인들의 비명과 통곡으로 가득 찼다. 감옥을 포함해 창고건 지하실이건 어디든 사람을 가둘 수 있는 공간이면 모두 체포된 고려인들로 넘쳐났다. 당시의 러시아 신문 보도에 따르면 온전한 집이 하나도 없고 거리에는 주검이 산처럼 쌓여, 참혹한 광경을 눈으로 볼 수 없을 정도였다고 한다. 일본군은 고려인들의 시신을 함께

우수리스크에 있는 최재형의 고택. 그는 이 집에서 일본군에게 붙잡혀 총살되었다

묶어서 녹슨 레일에 매달아 근처 바다에 내던졌다. 니콜리스크에서 일본군에게 체포된 러시아혁명군 지도자 세르게이 라조 등 3명은 백위군에게 넘겨져 기관차 화통에서 산 채로 화장되었다. 러시아인과 고려인이 모두 일제의 피의 보복의 제물이 되었다.

일본군이 신한촌을 습격했을 때 주요 독립운동가들은 이미 탈출한 뒤였다. 하지만 이 '피의 날'에 약 40명의 고려인이 학살되고 수백 명이 체포되었다. 신한촌은 야만적인 약탈을 당했다. 일본군은 고려인들이 공들여 세운 한민학교와 '한인신보' 사옥을 불태우고 총기류와 탄약은 물론 고려인 단체들의 중요한 서류와 출판용 도구들을 모두 파괴 압수해 갔다. 고려인들이 소왕령(蘇王領)이라고 부른 연해주 내륙의 중심도시 니콜리스크에서는 일본군 헌병대가 고려인 76명을 체포하고, 이곳 부시장으로 있던 최재형을 비롯하여 김이직, 엄주필, 황경섭 등 4인의 지도자를 총살했다. 이들은 모진 고문 끝에 재판도 없이 처형되었다. 일본군의 수찬 지방 공격은 4월 6일 밤에 자행되었다. 한창걸이 지도하는 고려인 무장부대가 저항하였으나 중과부적이었다. 강태준 등이 전사하고 나머지 대부분은 이만으로 이동했다. 같은 날 하바롭스크에서도 20명 이상의 고려인 무장부대원이 살해되었다.

독립운동기지 역할 약화

이 '4월참변'에 대해 임시정부의 독립신문은 일제가 시베리아 각지에서 행한 폭행 중 "기장 학독(虐毒)한 악행"이라고 비난했다. 러시아고려인이 겪은 가장 비극적인 사태의 하나인 4월참변은 같은 해 10월 북간도에서 벌어진 경신(庚申)대참변, 1923년 관동대지진 때의 조선인 학살과 더불어 일제가 해외 조선인에게 가한 3대 살육전의 하나였다.

4월참변으로 인해 구한말 이후 연해주 고려인들이 축적해온 민족운동의 메카로서의 신한촌의 전통과 위상은 무너지고 말았다. 신한촌의 반일활동은 사실상 불가능하게 되었다. 특히 일제는 고려인 사회에 친일적인 어용조직을 출현시킴으로써 민족운동 전체에 깊은 부정적인 영향을 끼쳤다. 이후 독립운동조직이던 신한촌 민회는 해산되고 일제 영사관의 감독을 받는 친일적인 민회로 대체되었다. 일제는 이들을 통해 점령지역의 행정을 집행하며 고려인 사회를 분열시켰다. 신한촌에 일본군 헌병초소가 설치되면서 독립운동기지로서의 신한촌의 역할은 약화되었다. 신한촌을 이끌던 수많은 반일단체와 인사들은 일본군의 체포와 수색을 피해 지하로 숨어들 수밖에 없었다. 그들은 안전지대인 하바롭스크, 이르쿠츠크, 치타, 블라고베셴스크나 만주 북간도로 거점을 옮겼다.

친일단체 속속 등장

4월참변 후 일제는 고려인들의 민족주의조직과 사회주의조직에 대해 해산명령을 내리고 관제(官製)친일단체를 강제로 조직하기 시작했다. 일제는 친일조직을 지원하기 위해 상당수의 밀정을 조선에서 연해주 지방으로 급파했다. 연해주고려인 사회를 그들이 직접 통제하고 독립운동세력을 탄압하기 위해서였다.

일제는 고려인을 의심할 바 없는 일본제국의 신민으로 규정하고, 고려인에 대한 단속과 회유를 병행했다. 연해주에 대한 지배를 공고히 하려는 처사였다. 그들은 연해주의 고려인 마을을 조선총독 관할지의 일부로 간주하고 블라디보스토크에 조선총독부 경무국 관리를 파견, 주재시켰다. 그의 임무는 고려인에게 일본동화정책을 집행하는 것이었다. 고려인 단속은 기본적으로 일본군사령관이 담당하되 회유작업은 조선총독부 관리와 군 특무기관이 맡도록 했다. 일제는 "조선인 스스로 일본 신민임을 기쁘게 여기도록 적극적으로 조선인 권리를 보호하겠다"며 각종 대책을 추진했다.

후일 한명세는 소련 인민위원부에 보낸 서한에서 4월참변 이후의 친일조직 대두를 다음과 같이 서술했다.

"일본인들은 그들의 앞잡이인 고려인 밀정의 직접적인 지도를 받는 이른바 '조선인회'라는 것을 조직해 이 조직을 통하여 그들에게 필요한 정책을 이행하고 있습니다. 그 정책에는 경제적 고착의 방법, 즉 모든 청부공사 및 납품(특히 군대에의)을 친일파에게 위임한다거나, 일본인이 경영하는 벌목장 및 어장, 사무소 등에 친일파와 밀정을 만드는 것, 타민족 배척의 분위기를 조성해 러시아인과 고려인 주민들 간에 일부러 대립관계를 유도하는 것, 또한 매수된 고려인들을 이용해 첩보 기구를 조직하는 것 등이 있습니다."

일제는 고려인 촌락마다 어용 민회를 조직하고 그 운영에 적극적으로 개입해 친일세력의 기반으로 삼았다. 일본 영사관에서는 고려인들을 강제로 민회에 가입시켰으며, 가입하지 않은 고려인들은 '난당(亂黨)'으로 몰아 탄압했다. 4월참변 직후에 조직한 '블라디보스토크 조선인거류민회'를 필두로 연해주 각지에서 민회, 거류민회, 간화회(懇話會), 조선인교육회 등 친일성향의 단체들이 속속 등장했다. 고려인이면 누구나 거류민회에 호별 등록을 하고 호별세를 납부하도록 했다. 잠시 상륙한 선원이나 여행객들도 즉각 민회에 출두하여 신고를 하고 체류세를 내야 했다. 누가 무슨 사업을 하던 등록도 반드시 민회에서 관장하되 영업세를 받게 했다. 일제가 정보정치의 하청을 민회에 내준 것이다.

연해주 지역에서 대표적인 친일단체로 조직된 니콜리스크 간화회는 총 23개소의 본부 및 지부를 설치하고 현지 주둔 일본군 특무기관의 비호를 받았다. 고려인과 일본인의 친목 융화를 내세워 설립된 간화회는 회칙에서 "회장은 간화회 업무지도에서 일본군 특무기관과 특히 밀접한 관계를 유지한다"고 규정해, 일제의 보호와 지휘를 받는다는 사실을 분명히 했다. 간화회는 일본군의 하급기관이나 다름없었다.

니콜리스크 거주 고려인들은 마적의 약탈로부터 보호받기 위해 간화회에 가입한 사례가 많았다. 1차 대전 후 아편 가격이 폭등하자 니콜리스크, 스파스크 부근 평지와 우수리철도 동쪽 산간벽지의 고려인 부락에서는 관헌의 눈을 피해 양귀비를 많이 재배했다. 그런데 만주의 마적들이 아편을 가혹하게 수탈해 가자 일본군의 보호를 기대하며 간화회에 가입한 것이다. 그런가 하면 독립운동단체의 보복이 두려워 간화회 가입을 주저한 고려인들도 있었다. 아편은 독립운동가들에게 무기를 장만하는 중요한 자금원이 되기도 했다. 이인섭의 회고에 의하면 1918년 한인사회당 조직 당시 하바롭스크에 왔던 홍범도가 군대모집을 위해 수이푼 지방으로 떠나면서 자기가 가지고 있던 약담배(아편) 뭉치를 당조직 경비에 쓰라며 이동휘에게 넘기고 갔다고 한다. 일본군 주둔 이후 많은 고려인들이 양귀비 재배를 버리고 수전(水田)을 개척해 쌀농사로 전업했던 것은 주목할 만한 변화였다. 일본주둔군의 군량미 공급을 위해 시작한 쌀농사의 수익은 같은 면적의 양귀비 재배보다 두 배 많았다고 한다.

민회의 회칙 내용으로 보면 친일적 성격은 니콜리스크 간화회보다 블라디보스토크 조선인거류민회가 더 심했다. 블라디보스토크 거류민회는 1921년 개정된 회칙에서 "본회는 대일본제국 신민인 조선인의 본분과 품성을 보지(保持)하는 것을 목적으로 한다"며 '친일'을 노골적으로 표방했다. 또 "일본제국 총영사관의 감독을 받고... 총회와 이사회에서 결정된 사항은 모두 총영사관에 보고하고 그 승인을 받는다"고 규정해, 거류민회 활동에 일제의 간섭을 명문화했다. 반면에 러시아 지방정부에 대해선 어떠한 개입도 허용하지 않았다. 1920년 설립 당시의 회칙에 "일본 총영사의 감독 및 러시아 관계기관의 지휘를 받고... 총영사관과 러시아 관할 관청에 보고한다"고 규정했던 문구에서 러시아를 모두 삭제함으로써, 오직 일제의 감독만 받고 일제에게만 보고하기로 바꾼 것이다. 또 "일본제국의 신민인 조선인의 본분과 품성을 보지(保持)" 운운하는 내용도 1년 전 회칙에는 없던 것을 신설한 것이었다. 러시아당국으로선 친일 일변도로 변한 고려인들의 성향에 주목하지 않을 수 없었다.

일제는 고려인의 환심을 사기 위해 블라디보스토크 거류민회를 통해 곡물 염가판매, 신한촌 시료소(施療所) 운영, 한민학교 건축비 보조, 고려인 학교운영 지원, 일본어 교육사업 등을 전개했다. 고려인에게 일본어를 교육시키기 위해 조직된 조선인교육회는 조선총독으로부터 일화 2만 엔을 지원받았다. 일제는 간화회를 통한 독립군 비방활동도 자행했다. "농민들에게 쌀 한 톨 한 톨은 오랜 고생의 결과임에도 불구하고 독립군들이 군자금이라는 명목으로 곡식을 빼앗아 자신의 배를 불리고 있다"고 비난한 것이다. 아울러 고려인 농민들이 오늘날과 같은 문명한 세상에 무기를 들고 독립을 쟁취하고자 하는 것은 나무에서 고기를 잡으려는 것과 같은 일이라며 독립군의 주장에 귀 기울이지 말 것을 종용했다.

이러한 활동 결과 연해주고려인 사회에서 반일 색채는 크게 쇠퇴하고, 사상, 학교운영, 출판물 등에서 친일경향이 강화되었다. 또 일부 고려인들은 일본군의 비호 아래 과거 러시아인들에게 당했던 모욕과 박해, 천대에 대해 앙갚음하려고 하였다. 이 때문에 러시아인들에게 고려인은 일제 통치자처럼 비쳐지기도 했다. 일제는 러시아인을 핍박하며 러시아인과 고려인 간의 갈등을 조장해 득을 보려했다.

고려인 가운데 일제의 친일화 정책에 적극 협조한 것은 부유한 원호들이었다. 원호들은 일본군의 후원을 등에 업고 고려인 민회, 한인교육회, 간화회 등 친일적 어용단체의 조직을 주도했다. 원호 중에는 반혁명 백군에 가담해서 적군이나 빨치산부대에 대항해 싸운 사람도 있었다.

IV 두 개의 고려공산당 대립

1921년 5월 두 개의 조선인 공산당이 차례로 출현한다. 당명도 똑같이 고려공산당이었다. 하나는 러시아 이르쿠츠크에서 창당한 이르쿠츠크파 공산당, 다른 하나는 중국 상해에서 출범한 상해파 공산당이다. 이르쿠츠크파가 코민테른 동양비서부의 일방적 지원 아래 태어났다면 상해파는 이동휘가 이끈 한인사회당 계열이 주축을 이루었다. 두 공산당은 조선혁명운동의 주도권을 놓고 치열한 다툼을 벌인다. 하지만 양파 통합에 실패함으로써 1922년 12월 코민테른에 의해 해산명령을 받고 모두 역사 속으로 사라지고 말았다.

이르쿠츠크파 태동

3.1운동 이후 윌슨 미국대통령과 파리강화회의에 대해 가졌던 기대가 실망과 배신감으로 바뀌자 고려인 독립운동 세력은 정치적 군사적으로 점차 러시아 혁명세력과 결합을 강화해 나갔다. 이 과정에서 시베리아와 원동 각지에서 고려인 공산당 조직이 우후죽순처럼 생겨났다. 1920년 말, 소비에트러시아에는 약 2,500명의 당원 및 예비당원을 가진 16개 이상의 고려인 공산주의 단체가 조직돼 있었다. 이러한 조직들은 각지에 흩어져 있는데다가 그 구성이 산만하고 단일 구심점과 행동체계의 부재로 큰 힘을 발휘할 수 없었다. 각지의 고려인 공산주의 조직을 통합하고 단일 지도부를 결성하자는 구상이 대두되었다. 여기서 고려공산당 통합운동에 관해 임경석(성균관대)이 추적한 길을 따라가 보자.

1920년 초, 적위군이 점령한 이르쿠츠크지역은 시베리아 볼셰비키세력의 중심지가 되어 각지의 고려인 운동세력이 집결했다. 모여든 고려인 군대만 2개 대대 600여 명에 달했다. 이르쿠츠크는 고려인 공산주의운동의 정치적 군사적 중심지로 떠올랐다. 이르쿠츠크공산당에 한족부(고려부)가 조직되었고, 이 한족부의 발기로 1920년 7월 러시아에 소재하는 고려인 공산단체 제1차 대표자회의가 이르쿠츠크에서 개최되었다. 대회에는 옴스크공산당 한족부, 베르흐네우진스크 고려인군대 공산당지부, 이르쿠츠크 지방공산당 한족부, 그리고 한인사회당 등 6개 단체 대표 12명이 참석했다.

대회는 전로고려공산당중앙총회를 구성하고 이 기구에 전국적인 공산당창립대회 준비업무를 맡겼다. 또 전국적 공산당의 창설을 위해 한인사회당과 협의할 필요가 있음을 인정하고 밀사 이괄을 상해로 파견했다. 대회는 중앙총회 회장에 이성, 위원에 채동순, 한봉익, 박승만, 남만춘을 선임했다. 전로고려공산당중앙총회는 고려인 공산단체의 최고기

남만춘　　　계봉우

관을 자임하고, 고려인들은 자신의 지휘를 받아야 한다고 주장했다. 중앙총회는 기관지 '동아공산(東亞共産)'을 발간하고 산하에 '고려공산당학교'를 개설해 1921년 여름에 첫 졸업생 18명을 배출했다. 중앙총회 임직원들은 시뷰로, 즉 러시아공산당 시베리아국으로부터 급여·의복·구두·침구 등 생활용품과 숙소까지 제공받았다. 이제 활동범위를 국내외로 넓혀 공산주의단체 통합에 나선 전로중앙총회는 조선혁명운동의 주도권을 다투는 핵심그룹으로 진화하기 시작했다.

전로고려공산당대회 3개월 후 고려인들의 대표기관을 설립하기 위해 옴스크에서 전로고려인대의회가 개최되었다. 대회는 이르쿠츠크공산당 한족부와 전로고려공산당 간부들이 주도했다. 이들은 국내외 혁명사업을 통일하고 지도하는 최고기관으로 '고려인중앙선전의회'를 구성하고 중앙위원 선출을 통해 이 조직을 장악했다. 전로고려인대의회에는 코민테른대회에 한인사회당 대표로 파견되었다가 귀환 중이던 박진순과 상해임정 대표로 한형권이 참석했다. 모스크바에서 수령한 거액을 상해까지 운반해야 할 막중한 임무를 지닌 두 사람이 옴스크에 기착한 것은 이 대회를 매우 중시한 때문이다. 대회에서 박진순과 한형권은 고군분투해야 했다. 대회 주도자들은 상해임정을 적대시하는 결정서를 채택했다. 상해임정은 그 구성이 노동자를 배제하고 부귀계급으로 이루어졌을 뿐만 아니라, 정책도 부르주아적이고 미국에 대해 예속적이어서 찬조할 수 없다는 것이 이들 결정서의 골자였다. 이러한 입장은 상해임정에 참여한 한인사회당의 정책과 배치되는 것이었다.

전로고려공산당은 조직의 국지성(局地性) 탈피에 주력했다. 우선 영역 확장을 위해 원동지역 및 상해, 북간도, 조선 등지로 중앙위원들을 파견했다. 이들에게는 거액의 활동자금과 여비가 주어졌다. 1920년 12월 이성, 채성룡 등 중앙위원 4명이 원동공화국 수도 치타에 도착했다. 당 대회 소집에 관한 전권을 부여받고 이르쿠츠크를 출발한 이들의 목적지는 아무르주의 수도 블라고베셴스크와 북간도였다.

치타의 달이뷰로, 즉 러시아공산당 원동국 한인부는 이들에게 여행의 목적에 관해 보고하라고 통보했다. 치타 한인부는 1920년 10월 한인사회당 계열에 의해 결성된 조직으로, 상해파의 출장소 격이었다. 이성 일행은 '전한(全韓)공산당' 창립대회를 1921년 2월 이르쿠츠크에서 개최할 예정이며, 거기에 출석할 원동 각 지방 고려인 대표를 선발하는 것이 자신들의 목적이라고 설명했다.

치타 한인부는 이르쿠츠크의 고려공산당을 '중앙기관'이 아니라 일개 지방위원회로 간주하고 있었다. 따라서 그들이 전국공산당 창당대회 소집의 주도권을 갖겠다는 주장을 용납할 수 없었다. 치타 한인부는 전한공산당 창립대회 준비임무를 상해 한국공산당(한인사회당)으로부터 위임받은 상태에 있었다. 이성 일행이 동쪽으로 출발한 후 치타 한인부는 독자적인 창당대회 소집활동에 착수했다. 대회소집위원회를 조직하고 대회 장소는 블라고베셴스크로 선정했다. 전한공산당 창당움직임이 두 갈래로 진행되기에 이른 것이다.

전로고려공산당 전권위원들이 첫 목적지인 블라고베셴스크에 도착하자 그들을 반갑게 맞이해준 건 대한국민의회 간부들이었다. 이성 일행은 국민의회와 손을 잡았다. 그것은 '이르쿠츠크파' 공산당 그룹의 기원이 되었다.

슈마츠키, 치타 한인부 제거

1921년 초, 양측의 각축전은 분기점을 맞았다. 코민테른 동양비서부 전권위원인 슈마츠키가 군·당·정의 요직을 독점한 '우랄 이동(以東)의 왕'으로 막강한 권력을 휘두르면서 승패가 결정되었다. 그는 이르쿠츠크파와 손을 잡고 치타로 건너와 원동국 한인부를 압박했다. 당 대회나 군인대회를 모두 이르쿠츠크에서 개최하고 치타 한인부도 이르쿠츠크로 이전하라고 지시했다. 그는 전로고려공산당 중앙위원회를 조선사회주의 운동의 임시 중앙기관으로 인정하고 치타 한인부를 일개 지방위원회로 간주했다. 전한공산당 창립대회의 소집권한이 치타 한인부에 있지 않다는 말이나 다름없는 행위였다.

치타 한인부는 거세게 저항했다. 그들은 이르쿠츠크 이전 지시를 묵살했다. 이르쿠츠크 대회개최 지시도 무시하고 전한공산당대회의 블라고베센스크 소집을 강행했다. 1921년 3월 1일 약 40명의 대표가 집결했지만 조선 국내와 상해, 북경지역 대표는 거의 오지 않았다. 대회 참석자의 이런 국지성은 치명적인 약점이 되어, 결국 대회는 유산되고 말았다.

치타 한인부의 거듭된 불복종에 슈마츠키는 강경조치로 대응했다. 한인부 간부인 박애, 계봉우, 김진, 장도정 등을 당에서 제명하고 반혁명 혐의로 투옥시켰다. 한인부의 절대적 지지자였던 원동공화국 지도자 크라스노체코프가 슈마츠키와의 권력투쟁에서 밀리면서 한인부의 정치적 패배는 가속화 되었다. 슈마츠키는 치타 한인부와 아무르주 한국공산당을 해체시켰다. 이제 전한공산당 창립대회는 코민테른 동양비서부의 후원과 전로고려공산당의 주도 아래 소집하게 되었다.

1921년 5월 4일 이르쿠츠크파 창당

이르쿠츠크파 공산당 창당대회가 개최된 인민회관

 1921년 5월 4일 고려공산당 창당대회가 이르쿠츠크 인민회관 대강당에서 개최되었다. 러시아, 조선, 중국에서 온 26개 공산단체와 8,730명의 당원을 대표한 83명이 참석했다. 참가자의 대다수는 러시아 지역에서 온 대표들로, 그 수는 전체의 90%를 차지했다. 러시아 이외 지역 대표는 8명에 불과했다. 이 대회의 조직기반이 협소했음을 말해주는 것이다. 상해 한국공산당 대표로 김만겸, 안병찬 2명이 참석했다. 비한인사회당 계열인 이들은 1921년 초 이동휘가 한국공산당 조직에서 탈퇴를 선언하자 이르쿠츠크파에 가담했다.
 코민테른 동양국 책임자 슈마츠키가 '단일한 고려인공산당의 창설이 시의적절한 것인가'라는 주제로 보고서를 발표했다. 토론 후 고려공산당 창당 결정이 내려졌다. 한명세를 위원장으로 하는 11명의 중앙위원(안병찬, 한규선, 남만춘, 이성, 김철훈, 최고려, 김만겸, 채동순, 장건상, 서초)이 선출되었다. 한국현대사상 최초의 공산당이 탄생한 것이다.
 대회가 끝난 후 모스크바에 파견된 고려공산당 사절단은 코민테른

제3차 회의에 제출한 보고서에서 자신들의 조직을 유일한 고려공산당으로 인정해야 한다는 입장을 밝혔다. 이러한 요구는 이르쿠츠크 대회 종료 1주일 후 이동휘, 박진순 등이 상해에서 별도의 대회를 열고 또 하나의 고려공산당 결성을 발표하자 이에 대응하려는 것이었다. 이때부터 창당대회 거행장소에 따라 '이르쿠츠크파 공산당'과 '상해파 공산당'으로 부르기 시작한 두 개의 고려공산당 간에 공산주의운동의 주도권을 장악하기 위한 격렬한 투쟁이 불붙었다.

이르쿠츠크 창당대회는 개회벽두부터 대의원 자격문제를 둘러싸고 파란을 겪었다. 슈마츠키는 "대회를 망치려는 발언은 허용할 수 없다"고 경고했다. 소수파 김 아파나시는 "대회가 공포 분위기 속에 진행되어서는 안 된다"며 격렬하게 항의했다. 슈마츠키는 자리를 박차고 일어나 퇴장했다. 대회 3일째 다수파는 칼을 빼들어, 김 아파나시 등 소수파 5명을 대회에서 추방했다.

대회에서는 한인사회당을 비난하는 발언이 쏟아졌다. 북경 공산단체 대표 장건상은 한인사회당을 가리켜 "공산주의와 아무런 공통점도 갖지 않은 협잡배"라고 규정지었다. 다른 발언자는 "한인사회당이 언론출판의 자유 같은 부르주아적 민주주의 권리를 옹호함으로써 공산주의 이념과 거리가 멀다는 것을 드러냈다"고 비난했다. 대회는 한인사회당에 단호히 맞서 투쟁해야 한다는 결의문을 찬성 44, 기권 9표로 채택하고 5월 15일 종료했다.

5월 20일 상해파도 창당

상해파는 1921년 5월 20~23일 상해의 프랑스 조계에서 '고려공산당 대표회'를 개최하고 별도의 고려공산당을 창당했다. 대회에 참석한 약

30명 안팎의 대표는 조선 국내, 만주, 일본 등지의 조선인 공산단체를 대표하는 인사들이었다. 러시아지역 당원들은 출석이 불가능하다는 통보를 보내왔다. 조선에서 온 대표 8명은 사회혁명당 세력이었다. 국내파의 가담은 어려운 상황에 처해 있던 상해파로서는 의미 있는 세력보강이었다. 당시 한인사회당은 국내에 당원 및 후보당원 각 1,000여 명씩과 만주에 당원 1,721명, 후보당원 829명을 확보하고 있었다.

대회는 강령 채택을 통해 마르크스·엥겔스의 1848년 공산당선언의 사명을 계승하기로 결의하고 최고기관인 중앙총감부의 위원으로 이동휘(위원장), 김립, 김철수, 장덕수, 홍도, 김하구, 박진순, 한형권, 김규면, 이용 등을 선출했다. 또 코민테른대회 참석을 위해 이동휘, 박진순, 홍도 등 3명을 전권위원으로 선임해 모스크바로 보냈다. 6월에 상해를 떠난 이동휘 일행이 수에즈운하를 거쳐 모스크바에 도착한 것은 코민테른대회가 끝난 뒤인 1921년 9월이었다. 이동휘 일행은 모험주의자인 이르쿠츠크파 지도부를 제거해야 한다고 주장하며 이르쿠츠크대회의 불법성을 규탄하는 장문의 고발장을 코민테른에 제출했다.

코민테른은 양파에 대해 연합할 것을 명령했다. 이미 코민테른에서 승인을 받은 이르쿠츠크파 공산당은 이를 받아들이지 않고 재판을 요구했다. 그리하여 사파로프를 위원장으로 하는 3인위원회가 코민테른에 설립되었다.

코민테른, 양파통합 권고

3인위원회는 즉각 활동을 개시해 11월 15일 '조선문제 결정서'를 코민테른에 제출했다. 결정서는 두 개의 고려공산당 사이에 별다른 차이점이 존재하지 않으므로 어느 그룹도 배타적 대표권을 주장할 수 없다고 지적하고 '양자통합'으로 문제를 종결 지으라고 권고했다. 그리고 자유시사변에 대해서는 참변을 야기한 원인이 대한의용군 측과 고려혁명군정의회 측 모두에 있다고 '양비론'을 견지하면서도 동양비서부가 이르쿠츠크파를 편파적으로 지원한 것이 충돌을 심화시켰다고 비판했다.

이 결정은 상해파의 승리이자 이르쿠츠크파의 패배로 간주되었다. 상해파의 승리는 이동휘가 러시아 유력 볼셰비키 사이에서 갖고 있는 신임과 명성에 힘입은 바가 컸던 것으로 알려졌다. 1921년 11월 28일 저녁 상해파 대표단 3명은 통역 김 아파나시와 더불어 레닌의 집무실로 초대돼 조선혁명의 전략과 전술에 관해 의견을 나누었다.

두 공산당 해산명령

코민테른 집행위원회는 11월 결정서에 따라 이르쿠츠크파와 상해파 공산당의 단일화를 임무로 하는 '고려공산당 연합중앙위원회'를 구성했다. 8명의 위원은 쌍방에서 각기 4인씩 동수로 선정되었다. 상해파 몫으로 이동휘, 홍도 등이, 이르쿠츠크파에서는 한명세, 안병찬 등이 참여했다. 하지만 1922년 10월 베르흐네우진스크에서 소집된 통합대회는 바라던 결과를 이루지 못했다. 적대행위를 하던 두 단체를 화해시키지 못한 것이다.

이 대회에서는 상해파가 수적으로 우위를 점했다. 참석자의 자격심사 과정에서 상해파는 조선 국내, 간도, 일본에서 온 대표들에게만 의결권을 주고 러시아에서 온 대표들에게는 심의권만 주자고 주장했다. 러시아 공산당원이 대부분인 이르쿠츠크파는 이에 반대하여 회의장을 떠났다. 상해파는 단독으로 회의를 강행해 단일 고려노동당의 결성을 발표했다. 이르쿠츠크파는 치타에서 별도의 대회를 개최하고 새로운 지도

부를 구성해 맞섰다.

  1922년 12월 코민테른은 통합에 실패한 양측의 대표를 모스크바로 불러 두 공산당에 대한 해산결정을 통보했다. 그리하여 상해당도 이르쿠츠크당도 모두 없어졌다. 양당은 해산되어 코르뷰로(고려공산당총국)로 강제 통합되었다. 이후 고려인의 공산주의운동은 블라디보스토크에 설치된 코민테른집행위 동방부(부장 보이틴스키)산하 코르뷰로의 지휘아래 전개되었다.

V 자유시사건

  자유시사건은 고려공산당 창당 후 한 달 만에 발생한 독립운동사상 최악의 비극적인 사건이다. 1921년 6월 28일 자유시(현재의 스바보드늬)에서 이르쿠츠크파 고려군정의회가 러시아군의 지원을 받아 상해파 군대를 무장해제 시키는 과정에서 수백 명의 사상자를 낸 동족상잔의 참변이다.

  원동공화국에 대한 백위군과 일본 침략군의 위협이 계속되자 1920년 12월 러시아공산당은 대규모 고려인 군단을 창설하기로 했다. 원동지역의 고려인 빨치산부대와 마침 일제의 '훈춘 대학살'을 피해 만주에서 러시아 영내로 이동한 독립군을 통합해 단일 지휘체제 아래 두기로 결정한 것이다. 이에 따라 부대 재편성을 위해 아무르주의 자유시와 인근에는 약 5,000명의 대병력이 집결했다. 이처럼 많은 독립군이 한 자리에 모인 것은 처음 있는 일이었다. 원동 빨치산부대인 박 일리야의 '사할린부대' 1,000여 명과 오하묵이 이끄는 '자유대대' 400명, 그리고 북간도에서 활동하다가 러시아로 넘어온 '대한독립단' 산하의 무장부대 3,500명이 그들이다. 부대 성원이 대부분 사할린 출신인 사할린부대는 상해파 공산당의 영향력 아래 있었고, 자유대대는 이르쿠츠크파 공산당 계열이었다.

원동공화국 수도 치타에 소재한 러시아공산당 원동국 한인부는 고려인 군대 통합에 적극적이었다. 그들은 1921년 1월 전한(全韓)임시군사위원회를 결성하고 이 위원회의 지도 아래 고려인 군대를 통합시켜 나갔다. '대한의용군'으로 불린 이 연합부대의 군사위원회는 사령관 박창은, 부사령관 이용, 군정위원 한창걸, 편성부대 군정위원 박 일리야 등으로 구성되었다. 상해 한인사회당과 임시정부의 군사간부들이 주축을 이룬 조직이다. 대한국민의회와 자유대대는 군대통합 조치에 저항했지만, 병력을 동원한 전한임시군사위원회의 강압적인 행동에 밀려 복종해야 했다.

이때 이르쿠츠크의 코민테른 원동비서부는 '고려혁명군정의회'라는 이름의 최고 군사기관을 조직했다. 고려인 군대의 군권을 장악하기 위한 제도적 장치를 마련한 것이다. 결국 1921년 3월 하순에 '전한군사위원회'와 '고려혁명군정의회'라는 두 개의 경쟁적인 군사기구가 출현했다. 이 둘은 서로 자신이 유일한 최고 군사기관이라고 주장하면서 고려인 군대를 각각 자신의 지도 아래 대한의용군 또는 고려혁명군이라는 대부대로 편성하려고 했다.

고려인군대 지휘권 싸고 대립

1921년 5월 이르쿠츠크파 공산당은 창당대회 직후 고려혁명군정의회를 정식으로 결성하고 총사령관에 러시아 빨치산 영웅인 칼란다라슈빌리, 군정위원에 유동열, 최고려, 부사령관에 오하묵을 선임했다. 그리고

유동열　　　　　최고려　　　　　오하묵

향후 상해파를 재판하게 될 임시고려혁명법원도 조직했다. 총사령관 칼란다라슈빌리는 기병 600명을 인솔하고 군정의회 지도부와 함께 자유시로 이동했다. 전한군사위원회 산하 대한의용군 측에서는 균열이 일어났다. 홍범도가 이끄는 독립군부대 440여 명과 안무가 지휘하는 국민회군대가 대한의용군사령부의 지휘를 거부하고 군정의회 주둔지인 자유시로 넘어간 것이다. 그리하여 자유시에는 고려혁명군 기치 아래 통합된 자유대대, 이르쿠츠크 합동민족군대, 홍범도부대, 안무부대 등이, 마자노프에는 대한의용군 산하의 니콜라옙스크 군대, 총군부 군대, 독립단 군대, 다반 군대, 이만 군대 등이 각각 주둔하며 대치하고 있었다.

　고려혁명군정의회가 자유시로 이동한 후 맨 먼저 시행한 조치는 마자노프에 주둔 중인 대한의용군 각 부대에 대해 자유시로 이동할 것을 명령한 일이었다. 대한의용군은 두 가지 조건을 제시하고 그것이 수용되지 않으면 이동할 수 없다고 통고했다. 첫 번째는 오하묵의 명령으로 체포된 대한의용군 지휘관 그리고리예프와 김민선의 석방이다. 다른 하나는 대한국민의회 출신인 최고려, 김하석, 오하묵 등이 군정의회 간부로 재임하는 한 그 명령에 복종할 수 없으니 그들을 해임시키라는 요구였다. 대한국민의회는 아무르주 한국공산당(한인사회당)과 반목해왔고, 따라서 대한의용군이 가장 기피하던 세력이었다.

군정의회는 첫 번째 조건을 받아들여 그리고리예프와 김민선을 석방했다. 두 번째 조건인 최고려 등의 축출 요구는 받아들이지 않았다. 하지만 대한의용군의 불만은 통합에 대한 군중적 열망에 눌려 잠시 수그러들었다. 두 세력의 통합을 가로막은 최후의 걸림돌은 편제개편 명령서였다. 군정의회가 발부한 이 명령서는 대한의용군을 축소 개편하는 내용이 골자였다. 대한의용군 장병들은 이에 불복해 자유시 이동을 거부했다. 군정의회는 평화적인 군대통합이 불가능하다고 판단하고 대한의용군에 대한 무장해제를 단행키로 결정했다. 대한의용군은 긴급 소집한 총회에서 편제개편 명령에 따르지 않고 '최후의 피 한 방울을 다할 때까지 무기를 놓지 않겠다.'는 비장한 결의로 맞섰다.

러군, 상해파 무장해제·학살

1921년 6월 28일 새벽 칼란다라슈빌리 군대는 대한의용군 주둔지 수라제프카 일대를 포위했다. 1,000명의 보병과 300명의 기병으로 구성된 전투부대와 원동공화국 제29연대가 주력을 이루었다. 여기에 고려혁명군이 가세했다. 이들은 사할린부대와 독립군의 퇴로를 막고 무차별 공격을 가했다. 장갑차를 앞세운 러시아 군대는 수문의 대포와 30대의 기관총 등 중화기의 엄청난 화력을 대한의용군에게 퍼부었다. 아침 6시에 시작된 전투는 저녁 6시까지 계속되었다. 대한의용군 중에는 "우리 민족이 일제를 타도하라고 사준 총이므로 버릴 수 없다"면서 총을 가슴에 꼭 끌어안고 제야 강으로 몸을 던진 사람이 많았다고 한다. 혁명 동료들에게 총 맞아 죽느니 차라리 물에 빠져 죽겠다고 결심한 사람들이었다.

다음날 공격군 측 발표에 따르면 대한의용군 측 피해는 사망 36명, 익사 60명, 실종 60명, 그리고 무장해제 800명에 달했다. 그러나 피해자 측 주장은 달랐다. 전사 372명, 익사 31명, 실종 250명에 무장해제 후 러시아군 부대에 전쟁포로로 넘겨진 인원이 917명에 달했다고 한다. 공격에 나선 군정의회 측 피해는 고려혁명군 사망 1명, 극동공화국 29연대 사망 1명에 불과했고, 칼란다라슈발리 군대에서는 단 1명의 사상자도 나오지 않았다. 군정의회 측 희생자가 이처럼 적었던 까닭은 대한의용군 측에서 거의 응전하지 않았기 때문이라는 것 외에는 달리 설명할 방도가 없다.

고려군정의회는 1주일간 '포로'심사를 실시하여 그 중 무죄평결을 받은 364명을 고려혁명군에 편입하고, 나머지는 '죄수부대'로 편성해 깊은 삼림지대인 우수문에서 1년이 넘도록 무임금 강제노동에 종사시켰다. '중대 범죄자'로 분류된 상해파 장교들은 고려혁명군법원 재판에 회부해 3명에게 징역 2년, 5명에게 징역 1년, 그리고 24명에게 집행유예 1년을 각각 선고하고 나머지 17명은 방면했다. 재판부는 채동순(위원장), 홍범도, 박승만 3명으로 구성되었다. 이때 모스크바로 가다가 머물게 된 여운형은 배심원으로 관여했다.

고려인부대 소련군 예하로

박 일리야 세력을 제압한 오하묵은 코민테른 동양비서부의 지시에 따라 아무르주에 남아있던 2,500명의 독립군 부대를 이르쿠츠크로 강제 이동시켰다. 이때 일부는 만주로 도주했다. 이르쿠츠크에 도착한 부대원 1,745명은 소련군 제5군단 예하의 별도 고려인여단으로 재편되었다. 이로써 이르쿠츠크 이동(以東), 즉 원동공화국 통치지역에는 고려인 무장부대가 더 이상 주둔하지 않게 되었다. 당시 원동공화국은 일본군 철수를 위한 다롄(大連)회담을 준비 중이었다. 원동공화국은 일본에게 시베리아 주둔명분을 주지 않기 위해 고려인 무장부대를 일본군과 멀리 떨어진 원동지역 서쪽으로 이동시킬 필요가 있었다.

오하묵의 고려인여단은 20개 중대 및 관리위원 2,100명에 대기관포 36문, 소기관포 6문, 대포 3문, 5연발 2,800정, 폭발탄 1,500개, 말 150필을 보유했다. 또 여단 안에 사관학교를 설립하고 수업기간을 6개월로 하여 매기에 200명씩을 훈련시키기로 했다. 여단장에는 칼란다라슈발리가 임명되었으나 2개월 후 사임하고 부사령관이던 오하묵이 취임했다. 1922년 2월, 이 고려인여단은 특립연대로 축소되었다. 이때의 병력은 장교 175명, 사병 1,451명이었다. 당시 소련은 기근으로 많은 군대를 유지하기가 어려웠다. 병자와 노병을 제대시키고 탈주자가 많았기 때문에 병력이 이처럼 줄어든 것이다.

1920년대 고려인 독립연대 장병들

자유시사건은 일제에 대항한 여러 정치조직 간 주도권 다툼, 단일 고려인 군대의 지휘권을 둘러싼 이견과 합의 부재에서 빚어진 참극이었다. 이 사건의 원인에 대해 이르쿠츠크파는 각 세력의 지도자들이 자신의 지위를 보존하고 자파의 세력 확장을 꾀하려했기 때문인 것으로 보았다. 그러나 상해파의 인식은 달랐다. 고려인 무장 세력의 통합이라는 대단한 일을 끌어낸 주체는 치타 한인부와 상해 한인사회당이었다는 것이다. 그런데 출발부터 볼셰비키에 의해 양육된 이르쿠츠크파와 민족운동에서 고립된 대한국민의회가 군권 쟁탈의 야심을 갖고 거기에 끼어 들어서 빚어진 참사라고 단정했다. 국내외 조선인 사회에서는 대한국민의회와 이르쿠츠크파 공산당을 동족상잔의 추악한 범죄자로 규탄해 그들의 신망이 급격히 실추되었다, 또한 "모자(毛子·러시아인)를 죽여라"는 격렬한 구호와 함께 반러 감정도 터져 나왔다.

VI 적군(赤軍)과 연대하여

신한촌참변과 자유시사건 이후 고려인들의 빨치산활동은 침체상태를 면치 못했다. 허나 곧 대오를 가다듬고 영웅적인 투쟁을 계속했다. 신한촌참변은 고려인들에게 볼셰비키와 연대하여 백위군 및 일본군에 공동 항전하는 계기를 강화해주었다. 고려인들의 항일무장투쟁은 더욱 거세졌다. 그들의 가장 강렬한 희망은 '철천지원수' 일본군과 싸우겠다는 것이었다. 1919년 17개였던 고려인 무장부대는 1920년에 31개로 늘어났고, 1921년에는 빨치산으로만 대략 36개 부대 3,700명이 활동했다. 그중 250명은 붉은 군대의 국제군에 소속돼 전투에 적극 참여했다. 동부전선 제5군에 소속된 고려인 200명은 이르쿠츠크 해방에 참가했다. 승리에 고무된 원동 빨치산부대들은 혁명군으로 재편성되어 이 지역 해방 임무에 착수했다.

빨치산 36개 부대 3,700명 활동

수찬 지역에서는 형성 과정과 이념이 다른 고려인 빨치산부대 간의 통합운동이 일어났다. 각처에서 몰려든 800명 이상의 병력이 모여, 1921년 4월 김경천의 지휘 하에 '수청(水淸)의병대'를 결성했다. 보병 3개 중대와 기마대로 편성된 부대였다. 강국모의 혈성단은 이 통합에 반발, 수이푼으로 이동해 갔다. 약간의 소총과 권총으로 무장한 단원 약 100명을 거느린 혈성단은 동포들로부터 아편을 징발, 매각하여 식비를 충당하고 있었다.

수청의병대는 시베리아 내전이 끝날 때까지 백위파와 여러 차례 전투를 벌였다. 1921년 10월 올가항(港) 방어전에 투입된 수청의병대의 신용걸 중대원 35명은 함포사격의 엄호를 받으며 공격해온 800명의 백위군을 상대로 격전을 벌인 끝에 격퇴에 성공했다. 그러나 중대장 신용걸, 소대장 김식 등 고려인 22명과 러시아인 3명이 전사하고 8명이 부상당하는 희생을 치러야 했다. 11월에 수청의병대는 러시아 빨치산부대와 연합하여 신영거우에서 백위파 군대를 공격하다가 도리어 크게 패해 추격을 당했다. 김경천은 대대장 이학운과 기병 몇 명을 이끌고 이만으로 이동했다. 1922년 수청의병대 소속 기병대는 백위군을 하마탕(라즈돌리노예)까지 추격했다가 일본과의 외교관계를 고려하여 수찬 본대로 돌아오기도 했다.

원동공화국과 백위파 정부의 분계선 지대였던 이만 주변 여러 촌락에는 이준 열사의 아들인 이용이 지휘하는 고려의용군 3개 중대 600명이 주둔해 있었다. 자유시사변 때 무장해제를 피해 이만으로 탈주한 독립군 100여 명과 임표·김홍일이 만주에서 인솔해온 '군비단(軍備團)' 300여 명이 주축을 이루었다. 고려의용군은 위원장에 김규면을 추대하고 러시아 인민혁명군 제6연대에 배속되었다. 임표와 김홍일이 각기 제1, 제2중대장을 맡았다. 중국 귀주강무(講武)학교 출신인 김홍일은 1921년 러시아 국제군에 가담하기 위해 상해를 떠나 시베리아로 가던 중 임표의 '군비단'과 만나 이에 합류했다.

당시 연해주 일대에서 총기 구입은 그리 어렵지 않은 형편이었다. 체코 망명군과 백위파 부대들이 후퇴하면서 총기를 마구 팔아먹었기 때문이다. 일화 15원만 주면 일제 38식 소총 한 자루에 탄환 100발까지 끼어 살 수 있었다. 동포들의 피어린 협력으로 고려의용군은 3, 4개월 사이에 무려 500여 정의 소총을 구입해 부대원을 고루 무장시킬 수 있었다.

이만서 한운용중대 49명 산화

1921년 12월 백위군과 일본군 1,500명이 철도장갑차를 앞세우고 이만시를 기습 공격해왔다. 고려의용군은 붉은 군대의 주력부대가 도착할 때까지 적의 진출을 지연시키라는 임무를 부여받고, 말이 끄는 대형 썰

김경천

이용

김홍일

임표

생존자 최계립   마춘걸

매 52대에 분승하여 이만 역두로 향했다. 이때 늦게 도착한 제3중대는 철도와 교량을 지키다가 적에게 포위되고 말았다. 중대장 한운용은 제1소대를 이끌고 퇴각로를 찾아 6시간 동안 백병전을 감행했지만 적의 기병대에게 짓밟히고 말았다. 대원 51명 중 한운용을 포함한 49명이 장렬히 전사했다.

생존자는 2인뿐이었다. 소대장 최계립은 3곳에 관통상과 42곳에 총검자상을 입고, 마춘걸은 18곳에 자상을 입고 각각 기절해 있던 것을 다음날 시신수습에 나선 고려인 동포들이 발견해 극적으로 목숨을 구했다. 이만 전투 후 인민혁명군과 고려의용군은 백위군의 추격을 피해 하바롭스크까지 적에게 넘겨주고 아무르강을 건너 퇴각했다. 김홍일 중대는 적위군 야전포병연대의 철수작전을 성공적으로 엄호하고, 하바롭스크방어전에 투입돼 연 3일간 격전을 벌였다. 이때 야습을 감행해 하바

이만 전투 희생자들의 장례식

롭스크 시가를 잠시 장악하기도 했다. 이후 고려의용군은 박 일리야가 이끄는 사할린부대의 합류로 무장부대원이 늘어났다. 철교가 끊어진 아무르 강에선 얼음 위에 레일을 깔고 다니던 기차가 얼음이 꺼지면서 강에 빠지는 바람에 교통이 두절되었다.

당시 하바롭스크 서쪽 볼로차예프 철도역 근처에 주둔해 있던 고려의용군의 모습을 이인섭의 '망명자의 수기'는 다음과 같이 전하고 있다.

"이용대대 부대원들은 전부 200명가량이었다. 형식적으로는 한 대대이지만 내용상 셋으로 나뉘어져 있었다. 첫 번째 집단은 박 일리야 빨치산 대원들이다. 그들은 다수가 어장 노동자·금점꾼들이다. 모두가 로어를 약간씩 알고 정치교양은 전부 받지 못한 처지다. --자유시 사변에 무장해제를 당하고 나서 불평을 품고 --무정부주의자 행세를 하는 것을 엿볼 수 있었다. 그들은 어느 촌락을 가나 러시아, 중국, 고려인 집으로 돌아다니면서 떡을 빚어 자비로 식량 준비하는 것이 장점이었다. 두 번째 집단은 러시아 지역에 살면서 교육사업과 기타의 민족해방운동에서 단련된 신사들이다. 우선 체면을 유지하고 경제면으로도 의복, 신발 기타를 자비로 얻을 수 있다고 생각하는 점잖은 분들이다. 세 번째 집단은 조선과 중령(中領)에서 무장운동을 하다가 건너온 빨치산 대원들이다. 그들은 --아는 친척이나 친우도 없으니 먹어도 같이, 굶어도 같이, 싸워도 같이, 죽어도 같이, 무엇이든지 같이 하는 것이 그들(군비단) 처지였다. 로어를 알지 못한 그들은 제때에 총사령관의 지도 명령을 받기도 극난하였고 공급도 타지 못하는 때가 있었다."

1921년 12월 솔밭관의 우리동무군은 일제의 주구인 마적 700명의 습격을 받고 이중 300명을 살상, 격퇴했다. 이듬해 5월에는 백위군 200여 명을 격파하고 무기와 군수품을 노획하였다. 그러나 기습해온 일본군 1개 연대에 의해 본영을 2일간 점령당하기도 했다. 1922년 우리동무군은 인접한 만주지역에서 일본군의 토벌에 쫓겨 온 의병들의 합류로 무장대원수가 600여 명에 이르렀다. 이해 6월 만주 북로군정서의 김규식, 양규열, 이범석이 100명의 군대를 이끌고 합세한 뒤 우리동무군은 고려혁명군으로 불리었다.

1922년 1월 김경천은 200명의 보병과 기마병을 이끌고 백위군 700명이 지키던 이만 시를 공격했다. 사령관이 투항한 적위군의 일부도 함께 지휘한 김경천은 말을 타고 포탄이 비 오듯 쏟아지는 시내로 돌진했다. 김경천부대는 우체국·전신국·철도역까지 점령해 수비대를 격멸하고 많은 군수품과 무기를 노획했다. 그러나 수적으로 열세인데다가 배후에 일본군이 버티고 있어 퇴각하고 말았다.

볼로차예프카 전선돌파 앞장

이어 2월의 볼로차예프카 해방 전투에서는 임표와 최계립이 지휘한 고려의용군이 영웅적인 모습을 보여주었다. 백위군이 진을 친 높은 언덕의 보루에는 여섯 겹의 철조망이 쳐 있었다. 인민혁명군 6연대가 적의 진지를 3일 간 공격한 후 영하 40도의 혹한 속에 가장 먼저 철조망지대 돌파를 감행한 것은 고려의용군이었다. 그들은 적의 장갑차가 토해내는 폭풍 같은 기관총 화염 앞에서 철조망에 매달린 채 전사했다. 고려인 전사들은 철조망 절단도구가 없어 총칼과 총신이 아니면 자신의 몸으로 철조망을 끊어야만 했다. 고려의용군들은 "일보 앞으로" "여보게 앞으로"를 외치며 전진했다. 이에 러시아인 지휘관들도 우리말로 "일보 앞으로" "여보게 앞으로"를 외쳐댔다고 한다. 마침내 돌격으로 적의 보루를 제압했다. 전사한 고려인 12명의 시신은 러시아인 30명과 함께 합장묘에 묻혔다.

적·백 내전의 승패를 가름한 이 전투의 승리로 인민혁명군은 하바롭스크를 탈환할 수 있었다. "이 전투에서 고려인 유격대가 백군에게 큰 타격을 가해 백위군과의 투쟁에서 전환점을 만들었고, 이후 백위군의 패망이 시작되었다"고 후일 김규면은 회고했다.

볼로차예프카 전투 직후 인민혁명군이 하바롭스크로 진군했을 때 최초로 도시에 진입한 제8연대의 1개 중대도 고려인 빨치산부대였다. 또 니콜리스크의 5개 마을에는 소총과 기관총으로 무장한 600명의 고려인 빨치산이 있었다. 거기에는 러시아인들도 끼어 있었다. 그 해 7월 올가 지구 해방에 참전했던 빨치산부대는 병력 450~500명 중 250명가량이 '흰옷을 입은' 고려인이었다. 당시 원동 전역에서 출몰한 고려인 빨치산들은 끊임없이 적 후방을 타격했다. 그들은 열차운행을 차단해 교통을 마비시키고는 재빨리 울창한 타이가 속으로 사라졌다.

하바롭스크 수복 후 적위군은 고려의용군을 정규군으로 승격시켜 특별보병부대로 편성하고 대대장에 이용을 임명했다. 또 후방 500리 지역의 치안 유지 임무를 맡겨 그 수비대 사령관에 김홍일을 임명했다. 1922년 7월 인스크에 주둔하고 있던 제2중대가 중대장을 감금한 뒤 부대원 전원이 중국 땅으로 탈주한 사건이 벌어졌다. 이로 인해 수비대는 모두 무장 해제되고 말았다. 적위군은 해산된 수비대원 400여 명에게 러시아 영내 여행증명서, 1년간 유효한 무임승차권, 그리고 밀린 봉급 대신에 1년간 유효한 식량권을 지급했다. 김홍일은 이해 9월에 러시아를 떠나 중국으로 건너갔다. 그는 중국 국민혁명군에 입대하여 북벌(北伐)전쟁과 중-일전쟁에 참전하고, 윤봉길 의사의 의거에 폭탄을 만들어 제공했다.

1922년 여름 연해주혁명군사위원회는 김경천을 포시예트 군사구역 고려인빨치산 사령관으로 임명했다. 김경천은 정치위원 시시킨 등 7명의 간부를 대동하고 군대통일 문제를 교섭하고자 혈성단을 찾아갔다가 강국모에 의해 감금되었다. 이들은 총살당할 위기에 처했으나 야간에 탈옥해 도망을 쳤다. 고려혁명군 사령부는 강국모를 체포해 영창에 가두고 혈성단을 무장해제 시켰다. 9월 말에 강국모는 영창을 파옥하고 중국 땅으로 도피했다.

연해주와 중국 국경지방의 무장부대들은 통합지휘부로 고려혁명군을 출범시키고 총재에 이중집, 총사령관 김규식, 동부사령관 김경천, 서부사령관 신우여, 남부사령관 임병극, 북부사령관 이용 등을 임명했다. 일본군 철수가 진행되자 고려혁명군 예하 부대에도 전투임무가 부여됐다. 김경천 휘하의 한창걸 부대는 500명의 백위군이 주둔해 있던 이바놉카 마을을 해방시킨 뒤 신우여 부대와 함께 적위군의 진격전에 참여해 스파스크, 니콜리스크 등지를 해방시켰다. 포시예트 지역에서는 김희천이 지휘하는 700명의 빨치산이 중국·조선으로 도주하는 백위군을 추격하는 작전에 투입되었다. 이중집이 지휘하는 600명의 전사들은 니콜리스크에서 포시예트를 경유 두만강 하구에 이르는 군사이동을 성공리에 마쳤다. 마침내 1922년 10월 25일 적위군과 빨치산부대들이 블라디보스토크에 입성함으로써 원동의 내전은 사실상 막을 내렸다. 백위군은 만주와 조선으로 도주했고, 고려인 부대들은 포시예트·훈춘 빨치산 지구로 이동했다. 그때 고려인들은 조국이 하루 속히 독립되리라는 희망에 불타 있었다.

내전 끝나자 무장해제·부대해산

연해주 일대를 해방시킨 적위군은 정규군 이외의 무력을 인정하지 않고 동맹군인 고려인 빨치산부대(1200~1600명)에 대해 무장해제를 요구했다. 고려인 부대들은 1922년 11월 인민혁명군 총사령관 우보레비츠의 명령과 고려혁명군정의회 작전명령에 따라 해산되었다. 이 명령은 일본과의 우호적인 관계를 방해하는 일은 가능한 피하겠다는 적위군의 입장을 반영한 것이었다. 원동지역 해방을 위해 분전했던 고려인 빨치산들은 반발했지만 더 이상의 군사행동이 불가능했다. 그들은 무장 해제당하고 부대가 해산되는 비운을 감수해야 했다.

이리하여 고려인 무장부대의 항일투쟁은 5년 만에 막을 내렸다. 시베리아 내전(1917~22년) 중 고려인들이 주도하여 결성한 빨치산부대는 49개였고, 이에 참여한 고려인은 1만 5,000여 명에 달했다. 사망자는 민간인을 포함해 2,000명 정도로 추정되었다. 부대가 해산된 후 고려인 빨치산들은 대부분 공산당에 들어가 당원이 되었다. 간부 40여 명은 공산당 선전원이 되어 의식을 해결했다. 김유천, 김황탁, 김춘완 등은 레닌그라드 국제사관학교에, 박청림은 블라디보스토크 동방노동학원에 각각 입학했다. 또한 많은 빨치산들이 농촌으로 들어가 황무지를 개척하며 협동농장을 창설했다.

고려혁명군 간부였던 최고려에 의하면 정규군의 경우 우선 나이 어리고 지식 있는 청년들은 골라서 레닌그라드 국제사관학교 고려학부로 공부하러 보내고 40세 이상은 전부 제대시켰다. 남은 40세 이하 1,000여 명의 군인들로 1개 연대를 조직하여 우르갈 금광으로 보내 혁명사업에 쓸 돈을 벌게 했다. 그러나 금이 나오지 않아 이 연대는 1923년 초에 해산되었다. 이때 제대한 사람의 다수는 어업조합, 농업조합 및 기타 기업소, 기관들에서 일하게 되었다고 한다.

혈성단 수령 강국모는 부하 300명과 함께 니콜리스크 고려인 부락에 분숙(分宿)하다가 은닉했던 무기를 중국군에게 매각한 뒤 그 자금으로 군대를 해산시켰다. 자신은 공산당 선전원이 되었다. 김응천 휘하의 부대원 600명은 무장해제 후 이만지역 소비에트의 주선에 의해 전원이 공산당에 가입하고 러시아인의 토지를 소작했다. 김정하, 한창걸, 박창극은 무장해제 후 부대 해산을 거부하며 고려인 부락에서 기식하다가 빈궁을 이기지 못해 눈물을 머금고 부대를 해산했다. 부대원에게는 동복 1벌과 몇 해 복무한 증명서를 주어 내보냈다.

소련군 당국은 고려인 부대원들을 객주 집에 소집해 점심을 차려 먹이면서 그들이 소지한 무기를 압수하고 시국 형편에 의해 무장을 해제시키게 된 것이니 집으로 돌아가라고 설득했다. 조선과 간도에서 망명해온 사람들은 엄동설한에 갈 곳이 없었다. 소련당국은 이들에게 토지 100일경(日耕)과 군수품을 제공했다. 그 후 이들은 집단농장을 건설하여 생계문제를 해결했다. 연해주에서 별도로 조직되어 활동하던 김규식·이범석 부대 250명은 무장해제에 불복하고 무기를 휴대한 채 중국 땅으로 들어갔다. 거기서 그들은 모두 중국군에 붙잡혔다가 상해임정의 개입으로 무장해제 후 석방되었다.

한편 패퇴한 백위군 일부는 블라디보스토크에서 선편으로 원산에 상륙하여 외곽에 포진했다. 조선에 들어온 백위파 난민은 7,500여 명에 달했다. 이때 일제가 지원하여 결성한 '자치시베리아정부'는 내분으로 인해 몇 달 후 상해와 캐나다로 각기 분산되고 말았다.

창조파 40명 소련서 쫓겨나

상해에서 국민대표대회가 결렬된 후 1923년 8월 창조파의 원세훈과 김규식이 블라디보스토크로 건너간 것은 코민테른동방부 산하 코르뷰로(고려공산당 총국)의 초청을 받았기 때문이다. 코민테른 동방부장 보이틴스키는 코르뷰로 의장 파인버그에게 훈령을 보내 국민위원회 리더들을 불러들여 국민위원회 조직의 정당화(政黨化)를 협상하라고 지시하고 이들의 소련 입국에 소요되는 경비를 제공했다. 창조파의 계획은 국민위원회의 근거지를 러시아 영내로 옮겨서 거기에 상해임정을 대신하는 망명정부를 설치하려는 데 있었다. 쌍방의 협상주역은 파인버그와 김규식이었다. 그해 10월 10일에 협상이 타결되었다. 양측은 조선혁명을 이끌어나갈 민족통일전선을 '유일한 민족적 혁명당'의 형태로 조직하기로 합의하고 명칭은 '한국독립당'으로 결정했다. 한국독립당 결성의 중심 역할은 국민위원회가 담당하기로 했다. 그런데 바로 그날 저녁 문제가 터졌다. 연해주고려인 사회의 여론을 대변하는 '선봉'신문이 국민위원회를 격렬하게 비난하며 코르뷰로에 대해 협상을 중단하라고 요구한 논설이 알려진 것이다. 국민위원회와의 협상을 반대하는 여론은 예상 밖으로 거셌고 또 광범위했다. 선봉 편집장 이성은 파인버그가 보낸 반론문의 게재를 거부하고 사표를 냈다. 이 문제를 논의하기 위해 소집된 러시아공산당 연해주당 회의에서 이동휘는 "파인버그와 한명세가 민족통일전선 문제를 오도하고 있다"고 비난하며 코르뷰로는 먼저 공산당 결성에 주력하고 그 후 민족당 조직에 나서야 한다고 맞섰다. 파인버그는 반론을 폈지만 연해주당 고려부장 이영선을 비롯해 거의 모든 참석자들이 반대했다. 심지어 러시아인 간부들도 파인버그를 공격했다.

갈등의 초점은 두 가지였다. 첫째는 민족통일전선정책의 방향이었다. 파인버그 반대파들은 민족통일전선의 제휴 대상자를 창조파와 국민위원회만으로 특정할 경우 조선혁명운동 내부에 큰 분열이 야기될 것이라고 비판했다. 민족통일전선은 대중적 기반을 가져야 한다는 것이 그들의 주장이었다. 둘째는 러시아 땅에 임시정부를 설치하려는 한명세나 창조파의 기도였다. 그런데 보이틴스키의 생각은 달랐다. 한국독립당은 결성된 후에 곧바로 블라디보스토크를 떠나 조선 내의 도시와 마을로 흩어져 활동을 시작해야 한다는 것이 보이틴스키의 주장이었다. 이것은 이동휘를 비롯한 블라디보스토크의 대다수 고려인 공산주의자들의 입장이기도 했다. 이동휘는 코르뷰로의 기능정지를 요구하며 정재달과 함께 코르뷰로 위원을 사퇴했다.

1924년 정월 초하루, 니콜리스크의 문창범 집에서는 김규식, 이청천, 윤해, 신숙 등이 함께 통음(痛飮)하고 광가(狂歌)하며 낙루(落淚)하였다고 한다. 연해주 상공을 뒤덮은 시커먼 먹구름 – 임시정부 설치의 꿈이 무너지는 불길한 예감에 절망하고 흘린 통분의 눈물이었을 것이다. 이해 1월 24일 레닌이 사망하자 코민테른은 창조파의 카운터파트인 파인버그를 중앙으로 소환했다. 러시아 영내에 임시정부를 세우려던 창조파의 기도는 동력을 완전히 잃고 말았다. 사실 창조파의 계획은 모스크바의 의도에 부합하는 것이 아니었다. 소련은 소비에트체제에 살고 있는 고려인들이 조국독립운동에 종사하는 것을 허용할 수가 없었다. 소련이 추진 중인 일본과의 관계개선을 해칠 수 있을 뿐만 아니라 고려인들의 부르주아적 민족운동을 지원해야 할 이유가 없었기 때문이다.

블라디보스토크의 관헌들은 윤해, 신숙 등 창조파 40명에게 국외 추방령을 내렸다. 코민테른은 창조파 '국무위원'들에게 여비를 내주면서까지 출경을 요청했다. 김규식, 조완규, 원세훈 등은 소련 선박 레닌호(號)에 실려 상해로 추방되었다. 창조파들은 모두 소련 밖으로 흩어지고 말았다. 이 추방사태는 조선인 애국지사들에게 큰 충격을 주었다. 믿을 만한 후원자로 기대했던 소련이 자기 이익을 위해 신의를 헌신짝처럼 내던진 사태에 그들은 뼈아픈 좌절과 배신감을 느꼈다. 특히 원세훈은 사랑하던 약혼녀와 강제이별까지 당해 그 후 강경한 반공주의자로 변모했다. 김규식도 크게 낙담해 광복투쟁의 의욕을 잃고 교육계로 관심을 돌렸다. 코르뷰로는 이동휘·정재달의 탈퇴, 그리고 한명세가 모스크바로 간 뒤 위원 대부분이 공석이 되자 사실상 기능을 정지했다.

1924년 2월 코민테른은 코르뷰로를 해체하고 오르그뷰로(고려공산당준비위원회)를 신설했다. 그러나 '통일된 고려공산당'을 결성하기 위해 공작원으로 서울에 밀파한 정재달과 이재복이 체포되자 오르그뷰로도 결국 무용지물이 되어 1925년 2월 해체되고 말았다. 공산주의운동의 주도권은 조선 국내에 있는 사람들의 손으로 넘어가게 되었다.

연해주에서 독립운동 막 내려

1920년대 중반 이후 전개된 일-소간 외교적 상황은 고려인들이 더 이상 연해주에서 조국독립운동 활동을 할 수 없게 만들었다. 소련은 일본군이 다시 연해주에 진주할 구실을 주지 않기 위해 고려인들의 무장활동을 적극 제재하면서 일본과의 관계개선을 추구했다. 1923년 소련은 일본밀정을 고려인들이 자의적으로 처단하는 행위와 병기밀매 행위를 금지시켰다. 사실상 고려인의 무장부대 활동을 금지시키는 조치였다.

고려인들의 무장독립투쟁에 결정적인 타격을 가한 것은 1925년 1월 20일 체결된 '일-소기본협정'이었다. 이 협정에 의하면 양국은 자국 영토에서 상대국에 적대하는 모든 조직에 대한 지원을 자제하기로 돼있다. 소련은 고려인들의 무장조직을 전면 금지시킴은 물론 민족운동과 관련된 일반적인 활동도 심한 제약을 하기에 이르렀다. 그동안 고려인들의 민족적 부흥과 독립운동에 큰 역할을 수행했던 '고려인동맹'의 활동을 금지시키고 매년 대대적으로 거행했던 고려인들의 3.1운동 기념행사도 중단시켰다.

일-소기본협정 체결 이후 소련은 고려인 무장부대의 활동을 본격적으로 탄압했다. 수이푼 지방에 있던 고려인과 중국인 무장대원 40명이 적위군에 의해 토벌되었다. 니콜리스크에서는 10명의 고려혁명군이 잠복해있던 가옥을 적위군이 포위하여 소각하고 수 명을 사살했다. 일단의 고려혁명군이 스파스크 지방에 잠복했다가 중국으로 쫓겨나기도 했다.

이제 연해주에서 고려인의 민족운동은 사실상 불가능한 상황이 되었다. 연해주는 무장 고려인들의 근거지가 되기는커녕 오히려 철저히 탄압받는 지대가 되고 말았다. 1920년대 만주에서 독립군의 무장활동은 일본군의 공세로 큰 타격을 받았지만 명맥은 유지할 수 있었다. 그러나 연해주에서는 1925년 이후 어떠한 독립운동의 흔적도 보여주지 못했다. 독립운동과 관련한 연해주의 역사적 사명이 종지부를 찍은 것이다. 연해주는 다만 소수민족 고려인의 생활근거지로서 존재했다. 그 역할도 고려인에 대한 집단적 강제이주로 1937년에는 끝나게 된다. 일-소기본협정 체결 후 소련은 서울에 총영사관을 개설했고, 블라디보스토크에는 조선은행 지점이 설치되었다. 소련과 일본은 1930년대 초까지 비교적 우호적인 관계를 유지했다.

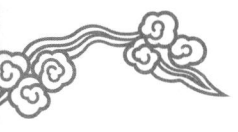

제5장

소비에트 시대

I 토지 소유의 기대 컸지만

　마침내 1922년 10월, 원동지역을 짓누르던 일본침략군이 연해주에서 철수했다. 혁명기간 중 레닌이 일본을 의식해 완충정부로 두었던 원동공화국도 러시아공화국에 통합되었다. 5년여에 걸친 시베리아 내전이 끝나고 본격적인 소비에트시대가 도래한 것이다. 고려인 사회는 빠른 속도로 소비에트체제에 흡수되면서 조국인 한반도와 유리되기 시작했다.
　소비에트정권은 내전 중 고려인들에게 다짐했던 공약을 외면했다. 혁명군 편을 들면 고려인의 조국독립운동을 지원하겠다는 약속, 고려인들에게 토지를 분배하고 사회주의 대의에 입각한 정책을 펴겠다는 약속은 식언(食言)이 되었다. 그들은 오히려 고려인이 우수리 지방에 거주하는 것조차 못마땅하게 여기고 좀 더 오지로 추방할 계획부터 세웠다.

일본군 철수하자 적대시

일본군은 철수와 함께 그들의 보호 아래 있던 친일주민 약 5,500명을 조선으로 철수시켰다. 일본출병기관의 앞잡이와 그 가족들이었다. 4월 참변 후 연해주 일대에서 발호했던 친일단체의 성원들이 여기에 포함된 것은 물론이다. 친일단체인 니콜리스크 간화회의 간부들은 일본군 철수 후에도 일제가 고려인의 생명과 재산보호를 보장해 달라는 청원운동을 벌였다. 이들은 신한촌에 대표를 보내 공동보조를 취할 것을 요구했으나 신한촌 민회는 이에 대한 결정을 보류했다.

볼셰비키가 연해주를 장악함에 따라 그동안 일제의 비호 아래 있던 '조선인 민회'나 친일학교는 지체 없이 모두 폐쇄되었다. 니콜리스크 간화회 간부들은 지역사회에서 배척당해, 체포 구금되거나 소유재산을 압류 당했다. 거류민회 간부를 지낸 사람은 조선으로 돌아가거나 만주로 피신했다. 그들의 가옥은 국유화되어 공공기관이나 여관으로 사용되었다.

일본군 치하에서 벌어졌던 러시아인과 고려인 사이의 대립은 무거운 흔적을 남겼다. 수찬 지역에서 러시아인들의 고려인 배척은 매우 심각했다. 친일행위를 했다는 이유로 고려인에게 이주명령을 내리고 살던 집을 헐어버리는가 하면 러시아 청년들의 고려인 구타행위가 빈발했다. 이러한 구타사건에는 러시아인 공청(共靑-공산청년동맹)간부들까지 가담했다. 러시아인들은 고려인의 항일투쟁에 대해서도 '비교적 적은 수'의 고려인만이 러시아 빨치산과 함께 싸움에 나섰다며 인색하게 평가했다.

1923년 연해주의 고려인 수는 공식통계상 10만 6,817명이었다. 그 중 외국인 신분인 조선국적 보유자가 67.6%인 7만 2,258명으로 다수를 차지했다. 소련국적은 32.4%인 3만 4,559명에 불과했다. 아무르주 거주 고려인의 경우 총 4,725명 중 49.5%인 2,342명이 소련국적이었다. 연해주의 경우 조선국적이 다수였다는 것은 5년 동안 지속된 일본군 점령의 산물이지만, 소비에트당국으로선 껄끄러운 문제였다. 러시아인의 시각에서 볼 때 일본은 적성국이고 고려인은 적성국 지배하의 '신민'일 따름이었다. 나라 없는 고려인의 조선국적이란 실제로 무국적 상태라고 말할 수 있다.

하지만 소비에트당국은 조선국적 보유자를 법적으로 일본공민으로 간주해 불신하고 적대시했다. 러시아인들은 일본이 연해주를 자기 영토로 만들기 위해 고려인을 앞잡이로 내세웠고, 적지 않은 고려인이 이에 부화뇌동했다고 비난했다. 내전 중 적군에 충성한 고려인도 많았지만 이는 기억하지 않고, 일부 고려인이 일제에 빌붙어 지배자처럼 행세하며 보인 반러·친일행위만 못마땅하게 여긴 것이다. 결국 이 문제는 고려인 사회에 대한 러시아인의 인식에 영향을 주어, 그 후의 고려인자치주(自治州) 거부와 강제이주의 한 원인으로 작용했다.

"고려인은 협잡꾼" 비난, 추방

일본군이 철수한 직후인 1922년 11월 고려공산당의 한명세는 코민테른에서 연해주고려인에게 자치를 허용해달라고 요구했다. 러시아공산당 원동국은 이 제의에 대해 극력 반대했다. 일본이 고려인을 통해 연해주에 첩자를 계속 침투시키고 있다는 것이 이유였다. 뿐만 아니라 원동국은 연해주고려인을 전원 추방하자는 결의안까지 채택했다. 원동지역에 대한 일본의 영향력 확산을 방지하기 위해서는 믿을 수 없는 고려인을 전략적으로 중요한 국경지역에서 멀리 떼어 놓거나 외국으로 추방해야 한다는 것이었다.

고려인에 대한 소비에트당국의 적대적인 입장은 러시아공산당 중앙위원회 원동국 서기장 쿠뱌크의 발언에서 단적으로 드러났다. 그는 1923년 초, 연해주 당 대회 연설에서 고려인을 일본식민주의자와 동일시하며 그들을 원동지방에서 축출해야 한다고 역설했다. 고려인을 '모험주의자와 협잡꾼'이라고 비난하기도 했다. 쿠뱌크의 발언을 계기로 캄차카주(州)당국은 오호츠크와 아얀의 고려인 노동자 700~800명을 일본으로 추방했다.

연해주당국은 러시아 편에서 싸웠던 고려인 항일빨치산의 처우에 대해서도 무관심으로 일관했다. 내전 종결 후 연해주 각지로 이주한 빨치산 출신들에게 공민권을 부여하지 않았고, 논농사를 희망한 그들에게 지원금도 주지 않았다. 그리고 신분증이 없는 고려인 빨치산 40여 명을 체포 구금했다가 일본 지배하에 있는 조선 땅으로 추방해, 일본경찰로부터 처벌을 받게 했다. 결국 이 문제의 해결에 코민테른이 개입했다. 코민테른은 연해주당국의 처사를 '비정상적인 현상'으로 판정하고 고려인 빨치산에게 신분증을 내주도록 조치했다.

농촌집단화 앞장서

1924년 레닌 사후 스탈린이 소련공산당 총서기 자리를 계승하면서 소련은 사회주의체제를 구축하기 위한 소비에트화를 적극적으로 추진했다. 연해주에서는 농촌소비에트가 조직되기 시작했다. 선거권 제한이 폐지돼 고려인도 러시아인과 동등한 권리를 갖고 처음으로 1923년 농촌소비에트 선거에 참여했다. 그 후 고려인 농촌소비에트는 87개에서 105개로 늘어났고, 1925년엔 더욱 확대되었다. 원활한 업무처리를 위해 블라디보스토크 관구의 7개 고려인 농촌소비에트 사무 처리는 고려어(조선어)로 하도록 했다. 고려인 거주 지역에서 고려어로 공부하는 학교들이 문을 열었고 한글신문 '선봉'과 잡지들이 발행되기 시작했다.

농촌소비에트 조직에 앞장선 것은 빈농과 의병, 빨치산 출신들이었다. 그들은 '위로부터 혁명'의 적극적인 추종자였다. 유명한 의병장 홍범도가 스파스크 진동촌에서 '선봉'조합을 조직한 것이 이때다. 고려의용군 출신 60명은 이만의 엘레소스놉카에, 아무르주의 빨치산 출신들은 치타 부근에서 각기 농촌소비에트를 조직했다. 솔밭관의 우리동무군 출신들은 수이푼의 우두고우촌(村)에서 공제조합을 창설하여 현지 농민들을 도왔다.

위로부터의 집단화 지침을 철저히 시행할 공산당 조직이 급속히 농촌 내부로 확대되었다. 고려인들은 원동지역의 콜호스 조직사업에서 선도적 위치를 차지했다. 고려인들이 이처럼 농업집단화 과정에 적극 참여했던 것은 그렇게 함으로써 토지 소유가 가능할 것이라고 믿었기 때문이다. 허나 농업집단화도 고려인들의 토지 갈증을 해소시켜주지는 못했다.

1917년 10월혁명 때 제정된 토지국유화에 관한 법령이 1923년 원동지역에서도 발효되기 시작했다. 그러나 이 법령은 고려인 소작농의 처지를 개선시키기보다는 오히려 악화에 일조했다. 소비에트정부로부터 토지를 몰수당할 것을 우려한 지주들은 우선 고려인 농민들로부터 임차지를 빼앗았다. 그리고 유휴지를 포함해 모든 소유지에 곡물 씨앗을 뿌려 자경농(自耕農)으로 위장했다. 일터를 잃은 고려인 농민 500여 가구가 만주로 이주했다. 포시예트 지역에서는 고려인 600여 가구가 임차지를 빼앗겨 기아 상태에 놓였고, 기아로 인한 사망 사건도 7건이나 발생했다.

당시 고려인 농촌의 실태를 들여다보자. 1924년 10월 '클라스노예 즈나먀'라는 잡지에 실린 '유랑촌' 르포기사를 발췌한 것이다.

"마을에는 34호의 농가에 190명의 고려인 농민이 살고 있다. 올해 파종면적은 139데샤티나이다. 벼 외에 피와 조를 심고 있다. 국가분여지는 총 19데샤티나이고, 나머지 120데샤티나는 고려인 농민들이 반타작을 조건으로, 러시아 농민들의 땅을 몰래 소작하고 있다. 유랑촌 마을 전체에 황소 13마리, 젖소 1마리, 말 14마리와 돼지 20마리가 있다. 가축을 가장 많이 가지고 있는 사람은 소 4마리와 말 1마리를 가지고 있다. --겨울에는 겨우 2, 3명이 돈벌이를 떠나지만 일거리가 별로 없다. 고려인 가정의 주식은 조밥과 피쌀밥이고, 이따금 입쌀밥을 먹는다. 반찬은 고추를 넣고 절인 나물, 호박장국, 그리고 간혹 썩은 냄새가 나는 말린 물고기 등이다. --얼마 전에 마을 자체적으로 아동극을 공연했다. 제목은 '계급들의 투쟁'으로 약 80명이 관람했다. --마을에서는 아무도 하느님을 믿지 않았고 그 어떤 종교의식도 없었다. --고려인 농민들이 가장 큰 관심을 갖고 있는 것은 토지문제이다. 마을에 토지측량원이 와서 학교 주변의 땅 8데샤티나를 산림검사원인 호먀코브에게 떼어주고, 고려인과 집들이 차지하고 있는 땅들을 빼앗았다. 호먀코브는 고려인들이 세 버어 쓰는 학교건물의 주인이다. 조합은 학교를 위한 토지를 분여해줄 것을 면(面)집행위원회에 요청했다. 그런데 토지측량원이 와서 땅을 농민이 아니라 불로소득을 얻고 있는 호먀코브에게 분여했다는 것이다."

이 기사의 핵심은 두 가지다. 하나는 유랑촌 마을 경지 139테샤티나 가운데 고려인 주민 34가구의 소유는 단 1평도 없고, 주민 모두가 러시아인 농지를 "몰래" 소작하고 있다는 것이다. 토지국유화법에 따라 금지된 소작이 여전히 은밀하게 시행되고 있음을 알 수 있다. 다른 하나는 불공평한 토지분배다. 이 역시 제정러시아 이래 자행된 고려인 노동력에 대한 수탈이 소비에트 시대까지도 근절되지 않았음을 보여주는 사례다.

농업집단화가 진행되면서 러시아인 부농 청산운동에 적극 참여한 고려인 빈농들은 소작하던 임차지를 자신에게 분배해 달라고 요구했다. 러시아인 지주들이 이를 거부하자 고려인들은 집단적인 시위에 들어갔다. 러시아인과 고려인 사이에 적대감이 고조되었다.

고려인문제 전담부 설치

소비에트당국은 고려인들에 대한 지원정책과 동화정책을 병행 실시했다. 우선 연해주당국과 고려인 사회 간의 첨예한 대립관계를 완화시키기 위해 원동혁명위원회 산하에 '고려인문제전담기구'를 설치했다. 김만겸 등 6인을 전권위원으로 임명하고 각급 당 기관에 고려부를 설치해 사업방향을 조정하는 책임을 맡겼다.

여기서 다룬 첫 번째 문제는 국적문제였다. 고려인의 러시아국적 취득절차를 간소화해 귀화를 촉진시키자는 것이다. 고려인들의 상당수는 조국과의 인연을 단절한지 오래서 러시아국적을 받아들여 자기 처지를 개선해보려고 했다. 특히 젊은 세대들이 국적취득을 선호했다. 국적사업은 또 연해주 고려인에 대해 '황국신민'임을 주장하

고려인문제 전권위원
김만겸

는 일본정부를 의식한 조치였다. 하지만 연해주공산당은 많은 고려인에게 일시에 국적 취득을 허용하는 것에 반대했다. 러시아국적을 취득한 고려인에 대한 토지분배를 막기 위해서였다. 일선의 각 지구에서는 사업진행을 고의적으로 지연시켰다. 국적부여사업은 부진을 면치 못했다.

그러다가 3년차부터 진전을 이루기 시작해 1926년까지 총 1만 2,567명에게 러시아국적이 새로 발급되었다. 이 과정에서 원동혁명위원회는 친일·간첩행위나 정치활동을 한 사람을 선별하여 위험인물로 분류하고 원동 변경으로 퇴거시켜 감시했다.

두 번째는 토지문제였다. 토지 없는 고려인에 대한 토지분배는 더 이상 유예할 수 없는 절실한 문제였다. 1923년 연해주 고려인 1만 6,767가구 가운데 86.4%가 소작을 하는 토지 없는 농가였다. 고려인 농민 대다수가 토지를 갖지 못한 지역도 있었다. 블라디보스토크 슈코토프 지구의 경우 고려인 1,444가구 중 43가구만이 토지소유자였다. 이바노프 지구의 고려인은 단 1가구도 토지를 분배받지 못했다.

러시아로 귀화하면 고려인도 토지를 할당받아야 했지만 경작 가능한 토지는 이미 다 동 난 상태였다. 게다가 급증하는 무(無)토지 이주민으로 인해 토지문제의 해결은 더욱 어려워졌다. 연해주당국은 러시아인 이주민을 받아들이기 위해서도 더 많은 경작지가 필요했다. 바로 이것이 연해주 소비에트당국이 직면한 딜레마였다. 토지조정 문제는 느린 속도로 진행될 수밖에 없었다. 결국 1927년까지 토지를 분배받은 고려인 농가는 7,700여 가구에 불과했다. 고려인들의 토지소유 욕구는 여전히 강렬할 수밖에 없었다.

불평등 토지분배에 반발

1925년 토지문제 해결을 위해 연해주 토지국은 고려인토지분배3개년계획을 수립했다. 그리고 토착 부농으로부터 잉여 토지를 압수해 고려인 농민을 이주시키기 위한 집단화기금 조성에 착수했다.

그런데 토지기금조성 작업이 거의 끝날 무렵인 1925년 가을에 상부로

1923-26년 고려인에 대한 러시아 국적 발급건수

	1923년	1924년	1925년	1926년
신청건수	6,439	4,761	3,267	3,609
발급건수	1,166	1,247	2,270	7,884

부터 고려인들을 실망시킨 명령이 떨어졌다. 고려인에 대한 토지분배계획을 취소하는 동시에 조성된 토지기금의 상당 부분을 러시아인 이주민을 위한 토지분배용으로 전환하라는 것이었다. 토지분배 원칙도 차별적으로 설정되었다. 러시아인에게는 가구당 35데샤티나를 할당한 반면 고려인에게는 15데샤티나를 주기로 한 것이다. 그것도 러시아인에게 우선적으로 할당하고 남은 열악한 지역을 고려인에게 배분하라는 것이었다. 일부 토지분배 실무자는 고려인이 경작 중인 평야지대의 토지를 빼앗아 러시아인에게 분배하고 고려인에게는 척박한 산간지대의 토지를 할당했다. 차르시대 이래 고려인의 노동력을 수탈해온 전형적인 수법이 동원된 것이다. 토지분배 과정에서 빚어진 시행착오와 당국의 불합리한 조치에 고려인들의 불만은 극도로 고조되었다.

연해주 당국은 블라디보스토크 관구에서 토지를 분배받을 수 없는 고려인들을 하바롭스크로 이주시켜 문제 해결을 시도했다. 그러자 쌀농장들이 제동을 걸었다. 고려인 농사꾼이 하바롭스크로 이주해 갈 경우 그들을 대신할 수 있는 일꾼을 구할 수 없었기 때문이다. 고려인들도 이주를 거부했다. 결국 고려인 이주계획은 실행되지 못했다.

러시아인은 빈농 착취, 호화생활

평등을 추구하는 소비에트시대라고 하지만 연해주에서 러시아인들은 여전히 막대한 토지를 소유하고, 고려인들은 그 땅에 높은 임대료를 물면서 소작을 계속했다. 러시아인 15가구가 고려인 농가 120호 몫의 토지를 소유한 모스토보이 마을의 경우 러시아인들은 직접 경작을 하지 않고 토지 없는 고려인들에게 소작을 주어 엄청난 불로소득을 올리고 있었다. 최소 소작료는 수확량의 3분의1이었다.

항카호(湖) 주변 농촌의 러시아인 구역은 빈농 19.3%, 중농 72%, 쿨락(부농) 8.7%였다. 반면 고려인 구역은 대부분이 빈농(74%)이었고, 중농 20%에 부농은 5~6%였다. 카자크와 러시아인의 농촌은 다 지주 부락이었다. 이들 마을 인근에는 고려인 소작 농민이 수십 호씩 붙어 살았다. 같은 하늘 아래에서 고려인들은 빈농으로 굶주리고, 러시아인들은 배를 두드리며 살았다. 러시아인들의 집 마당에는 비싼 자동차와 살찐 가축, 건장한 말들이 거닐었다. 가난한 고려인들은 생활비를 마련하기 위해 두 세 살짜리 어린 딸을 중국인 부자에게 팔아넘기는 경우가 종종 있었다.

내부적으로 러시아 쇼비니즘이 지배했던 소비에트정부는 부유한 백인 농민의 토지를 빼앗아 빈한한 황색인종에게 넘겨줄 수가 없었다. 오히려 농장집단화를 추진하면서 고려인 재산을 몰수하고, 국경을 안정시킨다는 명목으로 고려인에 대한 추방정책을 강구하기 시작했다. 고려인은 적군의 승리를 위해 기여했지만 여전히 미덥지 못한 존재였다. 고려인은 민족주의 성향이 강한데다가 국경지대에 집중 거주하고 있어 안보를 놓고 볼 때 소련당국은 고려인의 존재를 늘 경계했다. 특히 지방정권기관들은 고려인들이 조선과의 국경 연선에 자리 잡는 추세에 대해 일본의 보호를 받으려는 것이 아니냐는 의심을 품고 있었다.

II 강제이주 선행실험

1932년 고려인 20만 육박

조영철(해방 후 북한에서 보건성 부상 역임)은 함경북도 길주에서 소학교를 나와 겨우 끼니를 이어가며 살다가 15세 때인 1924년 부모를 따라 포시예트로 이주했다. 그의 가족은 여름이면 소작을 하고 겨울이면 정미소에서 고용살이를 했다. 소련 땅에서는 소작료나 고용살이 처우가 조선에 비하면 좀 나은 편이었고 집세도 싼 편이었다. 덕분에 조영철은 초중과 고중을 나올 수 있었다.

장학봉 '북조선을 만든 고려인 이야기'에서

소련공산당의 한 보고서에 의하면 1926년 원동지방의 고려인 인구는 비공식적으로 16만 2,336명에 달했다. 이는 1923년의 공식통계 10만 6,800여 명에 비해 5만여 명이 늘어난 것이다. 3년 간 매년 1만 8,000여 명씩 크게 증가했음을 알 수 있다. 고려인 주민 가운데 89%에 해당하는 13만 4,000명은 블라디보스토크현(縣)에 거주하고 있었다. '고려인 16만'은 원동지역에서 러시아인(117만)과 우크라이나인(31만)을 제외한 3위의 최대 민족임을 나타내는 수치이다. 4위인 중국인은 8만 명, 고려인의 절반밖에 되지 않았다. 고려인 인구는 1926년 이후에도 계속 늘어나 1927년 17만 3,000, 1928년 17만 6,800, 1929년 18만 700, 1930년 18만 4,000, 1932년 19만 600명이 되었다.

1920년대 중반에 고려인 인구가 이처럼 급속히 증가한 이유는 첫째, 조선에서 일제의 토지 수탈로 먹고 살 길을 잃은 농민들이 간도와 연해

1926년 원동지역의 민족별 인구

러시아인	1,174,915	몰도바족	3,732
우크라이나인	315,203	모르드빈족	2,712
고려인	162,366	라트비아족	2,514
중국인	80,157	독일인	2,452
백러시아인	41,124	야쿠트족	1,224
부랴트족	8,646	리투아니아인	1,066
폴랜드 출신	8,163	집시	894
유태인	7,733	북극지방 토박이	54,423
타타르족	6,073	기타 소수민족출신	7,954
		합계	1,881,351

주로 몰려온 때문이다. 여권과 비자 없이 불법으로 국경을 넘어 소련으로 들어오다가 검거되는 조선인이 매주 300명에 달할 정도였다. 이들은 어디로 국경을 넘으며 어떻게 일자리를 얻는지를 잘 아는 경험 많은 안내자를 따라 봄에 무리를 지어 밀입국했다. 소비에트정부가 토지 없는 농민에게 무상으로 토지를 나눠주고 있다는 소문은 조선의 유민(流民)들을 불러들일 유인이 되기에 충분했다. 그러나 소비에트당국은 이러한 조선인 무리의 쇄도를 자연발생적인 것으로 보지 않았다. 일제가 장차 연해주를 병탄하기 위해 의도적으로 조선인을 식민의 첨병으로 이주시키는 것으로 인식했다. 일본국적의 조선인 이주민이 해마다 늘어나면 언젠가 우수리 지방이 소련 영토화 하는 교두보로 전환될 것으로 보고 경계한 것이다.

고려인 인구가 급속히 증가한 두 번째 이유는 연해주 쌀 생산의 급격한 증가가 외부 노동력의 유입을 필요로 했다는 점이다. 연해주의 쌀 특수(特需)는 일본군 철수와 함께 끝났지만 쌀 재배는 지역농업으로 뿌리를 내려 1920년대 후반에는 눈에 띄게 발전했다. 연해주 쌀농사의 선구자는 고려인이다. 고려인 콜호스도 초기부터 쌀 생산을 전문으로 하는 농장으로 출발했다. 벼농사는 1917년 일본 북해도에서 새로운 볍씨를 수입하여 그로데코브 역 부근에서 시험재배에 성공한 뒤 연해주 남부 지역을 중심으로 확산되었다. 특히 1918년 일본군 상륙 후 군량미로 쌀 수요가 급증하면서 벼농사는 유행처럼 연해주를 휩쓸었다. 쌀농사 면적은 1919년에 사실상 제로였던 것이 1923년에 4,125ha가 되고 1928년에는 그 4배인 1만 7,641ha로 늘어났다.

　이러한 쌀농사의 발전은 오로지 고려인들이 흘린 피땀의 결과였다. 1928년의 벼 재배 농부 1만 1,378명 가운데 러시아인(1,196명)과 중국인(6명)은 1,200여 명에 불과했다. 나머지 1만여 명은 모두 고려인이었다. 벼

1920년대 연해주의 쌀농사 광경

재배자로 알려진 러시아인들은 토지를 임대해주는 지주일 뿐이었다. 쌀 농사는 전적으로 인력에 의존했기 때문에 노동 강도가 센 전통적인 농법에 익숙한 고려인이 아니고는 해내기가 어려웠다. 그래서 정부 소유의 논 98%, 집단농장의 논 48%, 개인 소유의 논 55%를 고려인들이 임대해 경작했다. 쌀값이 비쌌기 때문에 지주들은 고려인 소작농으로부터 높은 지대를 착취할 수 있었다.

오지로 3,000명 강제이주

조선과 만주로부터 쇄도하는 이주민으로 인해 토지문제는 심각성을 더해 갔다. 소련은 중국인과 고려인의 통제할 수 없는 정주(定住)는 매우 위험하다고 간주하고 그 해결책으로 러시아 내륙인의 원동 이주를 추진했다. 그리고 고려인의 연해주 이북 이주문제를 다시 들고 나왔다. 토지 없는 고려인들을 하바롭스크 근방의 오지로 보내어 그곳에서 스스로 농지를 개간토록 하자는 것이 그들 제안의 골자였다.

1926년 12월 6일 소비에트연방 집행위원회 간부회는 연해주 고려인들의 토지·정착문제에 대해 다음과 같이 결정하였다.

(1) 고려인들을 더 이상 우수리에서 하바롭스크 이남의 구역에 정착시키지 않는다.
(2) 이 지역에 살고 있는 고려인 중 토지를 확보하지 못한 사람은 모두 북위 48도 5분 이북의 하바롭스크 구역과 블라고베센스크 구역으로 이주시킨다.
(3) 고려인들이 경작하는 토지를 정리하기 위해 3년의 기한을 둔다.
(4) 고려인 이민자들이 떠난 땅은 중앙러시아의 이민들로 채운다.

소련의 기본정책은 분명했다. 고려인들을 국경지대에 둘 수 없다는 것이다. 고려인들을 내륙 깊이 이주시키고 국경지대에는 그들이 보다 신뢰할 수 있는 러시아인을 포함한 유럽인 이민을 받아들여 고려인이 떠난 자리를 메운다는 취지였다. 이 엄청난 민족차별은 공산당의 민족우호정책에 명백히 위반되는 것이었다. 하지만 소련은 고려인 이외에 러시아인 40만, 유대인 100만을 원동으로 이동시키려는 계획을 입안, 추진했다. 유대인 이주는 계획대로 추진되어 1934년 하바롭스크 서쪽 비로비잔에 유대인자치주가 탄생했다.

토지 없는 고려인 농민은 대부분 남부 연해주 지역에 집중 거주함으로써 조선·만주와의 국경지역에 대한 러시아당국의 불안을 가중시켰다. 1929년 7월 만주군벌 장쉐량(張學良)의 동중철도 점령기도로 중-소간 전쟁이 발발하자 소련은 연해주 남부 하산스키 구역의 중(中)얀치헤 마을 등 162개 고려인 마을을 폐쇄해 지도에서 지워버렸다. 고려인들의 국경지역 밀집 문제를 해결하기 위해 원동지방집행위원회 간부회의는 고려인분산이주5개년계획을 세워 추진했다. 이 계획에 의하면 이미 1929년에 1,229명의 이주가 집행되었고, 1930년에 5,000명, 1931년 1만 9,297명, 1932년 2만 8,619명, 1933년 3만 3,614명 등 모두 8만 7,759명의 고려인을 블라디보스토크 관구 밖으로 이주시키는 한편 러시아인의 국경지역 이주를 촉진토록 돼있다. 고려인이 이주할 지역은 하바롭스크의 신딘 및 쿠르다르긴 지구였다.

그러나 이 정책은 북쪽 지역으로의 이주를 원치 않는 고려인들의 저항으로 실효를 거두지 못했다. 하바롭스크는 추운 겨울이 길어 농사에 부적합한 지역인데다가, 당국이 필요한 준비도 갖추지 않은 채 일방적으로 이주를 밀어붙인 때문이다. 당국은 농민만 아니라 농사를 모르는 어부, 제재공(製材工) 등도 강제로 이주시켰다. 연해주의 쌀 농장들은 고려인 없이는 농사를 지을 수 없다며 공개적인 이주반대 투쟁을 벌였다.

하바롭스크에서 나눠준 토지는 대부분 척박한 산지였다. 비가 오면 흙이 쓸려 내려가고 돌만 남는 땅이었다. 쿠르다르긴의 한 지구에서는 겨울에 늪지대 눈 위에 임시로 집을 짓고 살던 이주민들이 우물을 팔 수 없어 늪의 물을 마셨다가 한 달간에 어린이 16명이 사망했다. 신디아 구역은 상황이 더 나빠, 초기 두 달 사이에 주민 46명이 사망했다. 일부 이주민은 농지로 가기를 거부하고 조선이나 중국으로 떠났다. 새로운 거주지에 일단 정착했다가 연해주로 도망쳐 나오기도 했다.

이 계획에 따라 이주한 사람은 1928~29년에 1,297명, 1930년 1,625명으로 목표의 3분의1에 불과했다. 1931년 2월에 이 이주계획은 중단되었다. 결국 3년간에 걸친 강제이주는 비교적 소규모인 3,000명으로 끝을 보았다. 이 고려인이주정책은 1937년 강제이주의 전주곡으로서 소련정부의 의지를 보여주기에 충분했다. 그건 강제이주의 선행실험이었다. 이 이주계획이 실패함으로써 소련은 고려인에 대해 1937년 총체적 강제이주라는 한층 과격한 방법을 선택한 원인이 되었다고 보는 견해도 있다.

"여자도 공동소유" 루머까지

1929년 4월 소련은 제1차 경제5개년계획에 따라 고려인 촌락에 대한 적극적인 농업집단화에 착수했다. 소농 중심의 촌락을 콜호스로 집단화 하여 2~3년 내의 단기간에 사회주의 농업 궤도에 올려놓겠다는 것이 목표였다. 전면적 집단화가 선언되면서 집단화 선풍이 몰아치기 시작했다. 1.5데샤티나 이상의 논과 15데샤티나 이상의 논이 아닌 경작지는 모두 몰수

연해주 힌히네츠 집단농장의 트렉터와 고려인 농장원.

되었다. 원동지역 집행위원회는 농민의 가축 소유도 제한했다. 말 1마리와 소 1마리가 상한이었다. 당국자는 목표달성에 급급한 나머지 주거지, 가축, 가재도구를 모두 공유화했다. 심지어 닭 1마리까지 공유화했다.

1929년 6월 높은 임대료로 빈민들을 착취하는 부농의 토지를 몰수하라는 지시가 떨어졌다. 연해주에서 300가구의 부농이 해체되었다. 부농들은 분노하며 저항했다. 집단화 추진에 열성적인 콜호스원이나 지도원에 대해 테러를 자행하고 창고와 농장에 방화했다. 가축 독살, 곡물 은닉 등의 사보타지도 자행했다. 1929년 상반기에만 80건 이상의 테러와 반혁명적 사건이 발생했다. 집단화에 반대한 토호들은 처벌되고 추방되었다. 소련 전역에서 1931~33년 초까지 180만 명 이상의 부농계층이 특별이주지와 강제노동수용소로 보내졌다.

유언비어와 '괴담(怪談)'이 나돌았다. "집단화가 되면 여자와 아이들까지 다 공동소유가 된다." "콜호스가 조직되면 가정을 버리고 공동기숙사에 남녀가 함께 산다" "부부가 없어지고 남녀가 70m 되는 이불과 50m 되는 베개를 만들어서 한 이불 안에서 한 베개를 베고 자게 된다" "친족·민족관념을 없애기 위해 아이들은 탁아소나 아동공원에서 기르는데 원동 아이들은 중앙으로 가고 중앙 아이들은 원동으로 데려 온다"는 등등--.

민심이 흉흉해지면서 사람들이 하나 둘 살림을 버려둔 채 만주나 조선으로 도망치기 시작했다. 먼저 목사들이 떠났고, 이어 그를 추종하는 교인들이 따라갔다. 원호로서 경제적 안정을 누리던 토호들도 종적을 감추었다. 토호들은 농기구를 파괴하고 마소를 죽이기까지 했다. 농업집단화에 이해관계가 없던 노동자나 그 혜택을 받지 못하는 빈농들마저 동요하여 떠나는 일이 발생했다.

주민 동의를 구하지 않고 '일꾼'들끼리 무리하게 콜호스를 조직해 나갔다. 그러자 어느 곳에 콜호스가 조직된다고 하면 재산 피해를 우려한 농민들은 전염병이나 만난 듯 겁을 내고 도망갔다. 당시 '선봉'의 보도에 따르면 마을의 반 이상이 농촌을 떠나기도 했고, 빈농이 떠나는 것을 막기 위해 밤마다 보초를 서서 감시하는 경우까지 생겼다.

집단화 강행과정에서 고려인 콜호스와 러시아인 콜호스 사이에 충돌이 빈발했다. 고려인에 대한 차별 때문이었다. 당국은 농지 배분, 농기구 공급, 신용 대부 등에서 러시아인 콜호스를 우대했다. 1930년 봄 수이푼의 한 지역당국은 경작 가능한 토지가 5,000ha뿐인 고려인 콜호스에게 7,200ha에 파종할 것을 지시했다. 이에 고려인 콜호스가 2,000ha의 토지를 추가 분배해줄 것을 요청하자 당국은 이들의 요구를 외면하고 오히려 아무런 보상 없이 이들로부터 좋은 토지를 빼앗아 러시아인 코뮌(공산자치단체)에 넘겨주었다. 국경지역에 거주하는 러시아인 이민을 보호해야 한다는 이유에서다. 고려인 콜호스는 지역 당위원회에 항의하였으나 소용없었다.

항카이스키 구역의 즈베즈다(별) 콜호스는 트랙터는 말할 것도 없고 파종기 한대도 공급받지 못했다. 블라디보스토크 지역에 분배된 300대의 트랙터 가운데 이 지역 콜호스의 4분의3을 차지하는 고려인들에게 돌아간 것은 단 4대에 불과했다. 포시예트 지구는 트랙터 구매를 위해 1만 5,000루블을 모았지만 1대도 받지 못했다.

그런 차별도 부족해 고려인 콜호스에는 곡물수매 할당량을 가혹하게 부과했다. 땅이 비옥한 러시아촌 푸롤롭카는 파종면적 600일경(耕)에 인구가 878명인데 곡물수매량이 6,781푸드가 책정되었다. 반면에 토지가 척박하고 빈농이 다수인 고려인촌 니콜라옙카(신영거우)는 경작지가 482일경에 인구가 1,238명인데 1만 6,650푸드의 곡물수매량이 배정되었다. 경지면적으로 볼 때 푸롤롭카에 비해 3배가 넘는 수매량이 책정된 것이다. "김을 매다가 실족하면 3일 전에는 평지에 굴러 떨어지기 어려울 정도로 산비탈 밭뿐"이라는 고려인촌 한다우재도 인근의 러시아촌보다 5배나 많은 수매량이 배정되었다. 전체적으로 보면 고려인 농촌에 러시아인 농촌보다 두 배 반이나 많은 '공출'이 부과되었다.

당국의 이런 불공정하고 무리한 처사에 반발해 1930년 3~4월 일부 마을에서는 중농들 심지어는 빈농들까지 대규모로 집단농장을 이탈하는 일이 발생했다. 수이푼과 항카 지역에서는 러시아 농민과 당원들이 집단적으로 고려인들을 공격해, 몇 개의 고려인 콜호스가 자진 해산하기도 했다. 이러한 사태는 강제적 집단화에 불만을 품은 러시아인들이 집단화에 앞장선 고려인 농민들에게 큰 반감을 가져 일어난 것이었다.

고려인 빈농들이 많이 살고 있던 수찬 지역에서는 토지가 없다는 이유로 고려인의 집단농장 참여를 배제했다. 물자 배급과 곡물 배정에서도 고려인에게 석유를 판매하지 않거나 고려인 교원에게 옷감, 돼지고기를 배급하지 않는 등 민족적인 차별행위가 빈번하게 자행되었다. 고려인 사이에서는 "학대가 곳곳이요, 멸시가 큰 대접"이라고 한탄하는 소리가 나왔다.

집단화 반발, 대거 국외 탈출

조잡하고 가혹한 농업집단화 정책의 강행 때문에 살길을 잃고 중국으로 도망 간 고려인이 많았다. 소련정부는 1930년 2월 전면적 집단화지역에서 토지 소작과 일용농부 고용을 금지시켰다. 임금노동자에게 지주와 고용주의 소멸은 치명적인 실업을 뜻했다. 토지 소유와 소련국적에 집착하지 않는 임금노동자, 토지를 빼앗긴 부농들은 소련을 떠났다. 집단화 과정 중인 1929년 10월~1930년 3월 사이에 5만 969명의 고려인이 불법적으로 소련을 떠났다고 한다. 남만주철도회사 조사부의 간부연구원인 K. 토이주미가 남긴 기록이다. 그러나 훗날 와다 하루키는 "이는 믿을 수 없는" 수치라며 "임시노동자를 포함해 1만~2만 명의 조선인이 떠났을 것이라는 추측은 가능하다"는 견해를 피력했다.

1930년대 초에 고려인 인구 감소로 인해 원동지역의 농토 면적은 절반 이하로 감소했다. 농업 특히 쌀 생산이 큰 타격을 받았다. 연해주의 벼 파종면적은 1929년 1만 9,000ha에서 1933년 4,200ha로 크게 줄어들었다. 1ha당 벼 수확량도 만주나 조선에 비해 훨씬 낮은 650~700kg에 불과했다. 극도로 높게 부과한 세금, 낙후된 농업기술, 생산의욕의 부재 등도 벼 파종면적의 축소와 수확량 감소의 원인이 되었다. 그때의 지독한 흉년으로 인해 많은 고려인들이 굶기를 밥 먹듯 하며 소나무 껍질로 겨우 연명을 했다고 한다.

고려인과 중국인 노동력에 의지하던 석탄산업도 위기를 맞아 계획량의 20~30% 밖에 생산하지 못했다. 1931년 원동지역 당위원회는 집단화 과정의 과오를 인정하고 소수민족에 대한 정책을 바로 잡기로 결정했다. 원동지역의 당과 소비에트의 우두머리들이 교체되었다.

종파투쟁 빌미 지도자 숙청

소비에트화 과정에서 고려인사회는 지도적 인물과 자산가들을 대거 상실했다. 1929년 말부터 급속히 진행된 이른바 당청결(黨淸潔)·반토호(反土豪)투쟁과 위로부터의 집단화 과정에서 제거된 것이다. 1929년의 제9차 연해주 당 대회는 종파투쟁을 일삼는 고려인 공산주의자를 상대로 "결단적 투쟁"을 벌이기로 결의했고, '선봉'신문은 "흉악한 토호를 몰아내자" "농촌 토호는 원수 계급이다"라는 구호 아래 각지의 투쟁소식을 전했다. 이에 따라 차르시대에 입적한 원호 출신의 부유층 다수가 숙청되었다. 시베리아 내전 때 백위파에 가담했거나 친일행적이 드러나서 타도 대상이 된 사람도 있다. 토호 청산과정에서 '계급의 적'으로 분류돼 토지를 빼앗긴 부농들은 개별적으로 우랄, 시베리아, 그리고 멀리 중앙아시아로 추방돼 탄광과 벌목장 등에 보내졌다. 그때 얼마나 많은 인원이 어디로 갔는지 정확한 내용은 알려지지 않았다.

고려인 엘리트 숙청과정에서 주목되는 점은 상해파의 경우 청결대상이 된 자가 없는 반면 국민의회와 이르쿠츠크파의 경우 거의 모두가 출당되거나 추방되었다는 것이다. 이르쿠츠크파가 몰락하고 상해파가 득세했음을 의미한다. 이때 크게 부상한 사람이 상해파의 김 아파나시였다. 국민의회 계열은 한명세, 최고려, 김하석, 임호 등이, 이르쿠츠크파 계열은 남만춘, 채동순, 김정규 등이 대거 청결대상에 올랐다. 국민의회파 문창범은 토호로 몰려 체포돼 우수리스크 감옥에서 사망했다. 한명세의 경우 파당활동을 위해 아편장사 등을 한 사실이 드러나자 "종파싸움의 종식을 위해 헌신하겠다"는 서약을 '선봉'과 '태평양별' 신문에 발표한 후 복당되었다. 그러나 그도 1930년 레닌그라드에서 체포되었다.

조선인 입국 금지--교류 차단

1926년 소련은 만주와 조선으로부터의 이주민 유입을 심각한 위험으로 간주하기 시작했다. 그러나 1929년까지도 조선인의 연해주 이주를 금지시키지는 않았다.

시인 강태수가 함경남도 이원에서 소학교를 마치고 철도 공사장에서 일하다가 원동의 정어리 잡이 돈벌이가 좋다는 소문을 딛고 연해주로 들어간 것은 18세 때인 1927년이었다. 두 해 동안 정어리 배를 타고 일하던 강태수는 블라디보스토크로 나와 공장살이를 하며 공부를 하다가 1935년 친구와 선배들의 도움으로 조선사범대학 어문과에 입학했다.

키르기스스탄의 고려인 작가 이계룡의 선친이 연해주로 이주한 것은 1928년이었다. 함경북도 성진에 살던 그의 아버지 이돌준은 가족, 친척 28명과 함께 연해주 북부의 스파스크로 집단 이주하여 농사를 지었다. 이주 초기에는 소작을 하다가 1930년 '칸톤 코뮌'에 들어가 열심히 일해서 모범단원이 되었다.

조선인의 원동지역 이주를 제한한 소련의 첫 조치는 1929년 10월 18

일자 규칙이었다. 소련당국은 조선인 입국을 친척방문, 상업활동, 농업이민에 한정했다. 이미 입국한 사람들에 대해서는 체류자격의 합법성을 엄격하게 심사하였다. 항카호에서 두만강 하구까지 국경 경비가 강화되었다. 소련당국은 불법 월경하는 조선인을 체포해 감금하거나 수개월간 강제노역을 시켰다. 당시 국경수비대의 조선인 단속을 가리켜 '백조사냥'이라고 불렀다. 조선인들이 흰옷을 입고 국경을 넘어왔기 때문에 생긴 은어다.

1929년 만주군벌 장쉐량이 동중철도 점령을 꾀함으로써 발발한 중-소간의 무력 충돌에 이어 1931년 9월 일본군이 만주 침략의 전초로 남만주에서 군사 활동을 시작하자 일-소간의 긴장은 고조되기 시작했다. 일제는 조-소, 만-소 국경을 엄격히 봉쇄하기 시작했고 소련 역시 국경 너머와의 전통적인 교류를 차단했다. 처음에 소련당국은 특별히 모집한 조선인 노동자에 한해서만 입국을 허용했다가, 1931년 12월에는 사실상 모든 조선인 방문객에게 문호를 닫았다. 여기에는 불법 입국자에 대한 가혹한 처벌규정이 포함돼 있었다. 이로써 1860년대 이래 지속되었던 조선인의 연해주 이주는 그 길이 막히고 말았다.

소련은 조선으로부터 오는 이주민에게 국경을 폐쇄하는 동시에 연해주 고려인에 대한 포괄적인 귀화정책을 시행하였다. 농업집단화 속에서 고려인들의 생활은 크게 달라지기 시작했다. 그들은 모두 귀화하여 충실한 소비에트 시민이 되었고 콜호스 회원이 되었다. 그것이 싫은 사람은 소련을 떠났다. 고려인들은 소련과 스탈린에게 매우 충성하였으며 1933년의 공산당 숙청작업을 열성적으로 지지했다. 우여곡절 속에도 농업집단화는 꾸준히 진행되었다. 1928년 원동지역의 전체 470개 콜호스 가운데 110개가 블라디보스토크 지역의 고려인촌 소속이었다. 1930

년 말 수찬과 포시예트 지역의 집단화 비율은 90%에 달했다. 스탈린은 1932년 봄까지 집단화를 완료해야 한다고 지시했다.

1931년 고려인 집단농장은 이미 2만 호에 이르렀다. 연해주 전체 고려인 농가의 75%에 달하는 것이었다. 고려인 집단화는 1934년 말경 종료되었다. 고려인 농촌은 그 모습이 완연히 달라졌다. 토호는 사라지고 빈농과·고용노동자 위주의 소비에트 집단농장으로 변모한 것이다. 고려인 농민들은 콜호스 체제의 집단농장 생활에 들어갔다. 과거의 원호촌은 빈농과 고용노동자들이 주인 노릇을 하는 소비에트 콜호스 농촌으로 변하였다. 마을의 큰 예배당은 구락부로, 토호들의 집은 탁아소로 바뀌었다.

III 잠재력 지닌 민족공동체

1930년대 중반 소련 내 고려인 인구는 20만 4,000명에 달했다. 1917년부터 기산하면 2배 이상이 증가했다. 평균적으로 매년 5,000~6,000명이 소련으로 이주한 셈이다. 고려인 사회는 자신들의 관습과 전통을 유지하며, 커다란 경제적, 정치적, 사회적, 문화적 잠재력을 축적한 민족공동체로 성장했다. 고려인들의 집거지인 연해주에는 그들의 문화적 발전을 뒷받침할 훌륭한 기초가 마련되어 있었다. 40개소의 농촌소비에트를 보유하고 있던 포시예트는 초보적인 자치행정이 이루어진 민족구역이었다. 고려인들은 모든 수준의 국가 및 사회 조직의 활동에 적극 참여했다. 민족문화가 발전하고, 인텔리 층이 견고하게 형성돼 있었으며, 창작분야 종사자들은 높은 예술적 경지를 인정받았다. 다

강제이주 전 푸칠로 마을의 유치원생들.

만 경제 분야는 만족할 만한 발전을 이루지 못했다.

고려인들의 교육에 진전이 이루어진 것은 1920년대였다. 당시 소비에트가 교육에 많은 힘을 기울였다는 것은 일제도 인정할 정도였다. 그 결과 1936년 고려인을 위한 교육·문화기관은 초등학교 287개, 초급중학교 53개, 중등학교 4개 등 총 344개가 되었고 재학생은 2만 5,000명이 넘었다. 원동의 소수민족 가운데 고려인 학교의 학생 수가 단연 1위였다. 고려인 거주지역의 대중도서관은 200여 개에 달했다. 원동의 고등교육기관도 2,000만 인구를 가진 식민지 치하의 조선에 못지않았다. 연해주에 사범대학을 비롯하여 2개의 교육전문학교, 1개의 농업기술학교가 있었고, 하바롭스크에는 소비에트당원학교 고려부, 고등공산주의농업학교 고려부가 있었다.

1924년 니콜스크 우수리스크에 고려교육전문학교가 설립된데 이어 1930년 포시예트 지구에 또 하나의 교육전문학교가 개교했다. 1931년

신한촌에 세워진 고려극장

에는 블라디보스토크에 역사학부, 문학부, 자연학부, 수물학부를 갖춘 780명 정원의 '원동조선사범대학'이 문을 열었다. 이 대학이 1934년에 처음 배출한 제1회 졸업생 217명은 고려인 인텔리겐치아의 초석이 되었다. 이 대학은 당시 세계 유일의 조선인 사범대학으로서 고려인 지도층을 양성하는 산실 역할을 했다. 이 학교에는 계봉우(조선어), 허가이(수학), 오 표트르(역사), 리 파엘(생물)을 비롯하여 서울과 동경에서 학문을 연마한 많은 학자들이 교수진으로 활동했다. 그러나 러시아대학에 비하면 전체적으로 시설과 교수진의 수준이 떨어져 수백 명의 고려인 젊은이들이 모스크바, 레닌그라드, 하바롭스크, 이르쿠츠크, 옴스크 등지로 유학했다.

고려인 사회는 행정적, 문화적 자치도 어느 정도 향유했다. 주민의 90% 이상이 고려인인 포시예트 민족지구에서는 고려어(조선어)로 행정업무가 처리되었다. '선봉', '문화', '새세계', '노동자', '노농신보' 등 우리말

신문 7개와 잡지 8개가 발간되었고 출판사, 라디오 방송, 극장, 문화계 몽시설 등이 존재하였다. 1923년 창간된 한글신문 '선봉'의 발행부수는 1만 부에 달했다. 1932년 블라디보스토크에서 창설된 '조선(고려)극장'의 우리말 공연은 관객들로부터 항상 호평을 받았다. 소비에트 고려인 문학도 급속히 발전했다. 고려문학의 시조는 1928년 일제의 압박을 피해 소련으로 망명한 조명희였다. 고려문단의 지도자로 활동한 그는 정치표어나 선전구호 같았던 문체

한글신문 선봉은 발행부수가 1만 부에 달했다.

를 문학적으로 바꿔놓으면서 새로운 창작 모델을 보여주었다. 이때 '짓밟힌 고려' '볼쉐비크의 봄' '시월의 노래'와 같은 유명한 산문시가 나왔고, 고려문단에 소설의 첫길을 닦은 김유경의 '싸움'이 선을 보였다.

조명희의 영향 아래서 강태수, 유일룡, 김해운, 한 아나톨리, 조기천, 전동혁, 김기철, 연성용, 태장춘 등의 창작이 활기를 띄기 시작했다. 1934년 고려문단의 첫 문예작품집인 '로력자의 고향'이 하바롭스크에서 발간되면서 소비에트 고려문학은 절정기를 맞았다. 이 작품집에는 김 바실리의 '막심 고리키는 젊은 문학도들에게 무엇을 가르치었는가?'를 비롯하여 진우의 '곡물도적', 최호림의 '시베리아철도행', 그리고 조동규, 오선묵, 한 아나톨리, 김인섭, 강충력 등의 글과 시가 수록되었다. 1935년 선봉에 실린 조명희의 산문시 '아우 채옥에게'와 전활의 단편소설 '광부

의 가족'은 높은 수준의 예술적 경지를 보여주었다. 시인 이필수의 '아침노을', 허성묵의 '안되리라, 안되요', 김동춘의 '아무르강의 이쪽저쪽' 등도 호평을 받았다.

고려인 사회의 '황금기'

고려인 작가 김세일은 1923~33년까지 10년간을 고려인 사회의 '황금기'로 평가했다. 그는 "이때 고려인들은 소비에트주권의 혜택을 받아 정치, 경제, 문화 등 여러 분야에서 그야말로 눈부신 성과를 거둔 황금기였다"고 주장했다. 우선 토지문제와 국적문제가 해결되어 당당한 소련 공민이 되었고, 고려인 민족구역이 지정되어 자치를 할 수 있게 되었다는 것을 근거로 들었다. 또한 인구 20만의 고려인 사회가 수많은 교육·문화기관을 가지고 있었으며, 문맹이 완전히 퇴치되고 7년제 의무교육이 30년대 초에 실시된 것도 자랑할 만했다는 것이다. 그는 "이 시기에 2천만 조선인 동포 중 우리 소련고려인들이 가장 행복한 처지에 있었다"고 자부했다. 그러나 강제이주를 전후한 1934~38년까지는 혼란의 시기, 탄압의 시기였다고 부정적으로 정의했다.

제6장
'국가테러리즘의 극치' 강제이주

"기억하라! 다시는 이 세상에 이런 괴물이 나타나게 해서는 안 된다."

반세기가 넘게 극비에 붙여졌던 강제이주 관련 자료를 발굴, 폭로한 우즈베키스탄의 고려인 변호사 김 블라디미르의 외침이다. 그가 가리킨 괴물이란 '인종 학살의 제국(帝國)' 소련이다.

I 피의 전야제

소련에서 1930년대는 탄압의 시대였다. 정치, 경제, 사회, 문화 등 각 분야에서 전체주의가 완전히 승리해 '붉은 테러'가 국가정책의 주요 수단이 되었다. 소수민족인 고려인에게는 고난의 강제이주가 들이닥친 엄혹한 시대였다. 농업집단화 정책의 폐해로 인해 1932~33년 소련에서는 대기근이 발생했다. 아사자와 해외 탈출자가 속출하였고 인구는 감소했다. 정치적으로는 1934년 레닌그라드공산당 제1서기 키로프가 암살되면서 스탈린정권은 반대파에 대한 '대숙청'을 개시했다. 사회주의 건설의 실현이라는 제단 위에 무수한 희생의 피가 뿌려졌다.

1933년에 일제의 괴뢰국인 만주국이 수립되고 독일에서 히틀러 극우정권이 등장하자 동서로부터 크나큰 적을 맞게 된 소련은 극도의 긴장 속에 전체주의 억압구조를 강화해 나갔다. 1935년 소련은 일본과의 분쟁 소지를 줄이기 위해 마지못해 동중철도를 일본의 괴뢰정권인 만주국에 매각하고 철수했다. 하지만 양국 간 마찰은 끊이지 않았다. 소련은 코민테른의 반파시즘 인민전선방침에 따라 일본·독일과의 대결을 국가 목표로 설정했다. 이에 맞서 일본은 1936년 국가방위지침을 개정해 소련을 미국과 함께 일본 최고의 적으로 복귀시켰다.

소련과 일본은 첨예하게 대립했다. 1931~36년에 일본의 식민지 조선에는 군수산업과 관련된 1,300개 공장이 세워졌다. 항구가 증설되고 북쪽을 향해 포장도로가 속속 개통되었다. 이곳저곳에 비행장도 상당수가 건설되었다. 1937년 6월 아무르강에서 관동군이 소련 군함 1척을 격침시킨 데 이어 7월에는 루거우차오(蘆溝橋)사건을 계기로 중-일전쟁이 발발했다. 원동의 소련군 총병력은 60만에서 130만 명으로 증강되었다. 돌이켜 보면 소련의 고려인 강제이주는 1930년대의 이러한 일-소관계의 악화에서 기인한 것이었다.

팽창하는 일본 군국주의와 스탈린의 공포정치 앞에서 원동의 고려인들은 소련과 스탈린에게 충성을 과시해야 하는 심리적 압박감 속에서 살았다. 이 같은 상황은 1934년 제17차 소련공산당대회에 원동지역 대표로 참석한 김 아파나시의 연설에 잘 나타나 있다. 그는 포시예트 지역의 집단화 비율이 95%에 달했다"고 보고하며 연설의 후반부를 충성 맹세에 할애했다.

"우리가 포시예트 지구 국경 인근의 한 집단농장에서 당 강령과 정부방침을 논의하고 있을 때 농장을 가로 질러 비행하는 일본 비행기의 엔진 소리를 들었다. 이 뻔뻔한 일본의 비행에 대한 조치로서 우리는 포시예트 지구 고려인 집단농장의 성금으로 전투기를 마련하기로 결정했다. 우리들은 알고 있다. 고려인콜호스 농민들은 소비에트권력이 그들 자신의 권력이며 공산당이 그들 자신의 당이라는 것을 알고 있다. 소비에트연방이야말로 우리 프롤레타리아의 조국임을 우리들은 알고 있다. 고려인 콜호스원, 고려인 노동자의 사명은 최후의 피 한 방울까지라도 바쳐 소비에트원동의 붉은 국경을 지켜야 하는 데 있음을…."

천재적 연설가로 정평이 나있던 김 아파나시의 이 연설은 소련을 감동시킨 명연설로 칭송받았다. 그는 자신이 정치부장으로 있던 포시예트 MTC(기계·트랙터 보급소)를 모범적으로 이끌어 농업발전에 기여한 공로로 최고훈장인 레닌훈장을 받았고, 1935년 3월에는 포시예트 지구 당 제1서기로 임명되었다.

일본의 위협이 증대되면서 고려인에 대한 소련당국의 적대적 경계심도 커졌다. 여기서 비롯된 정치적 탄압으로 인해 실로 수많은 지식층이 희생되었다. 파괴활동 혐의 고려인에 대한 탄압은 1932~34년 모스크바에서 개시되었다. 유동식, 김영만, 김규열, 강해룡, 장순, 박치학 등이 '반역행위' '사보타지' '테러활동 준비' '반혁명 활동' 등의 혐의로 군법회의에서 총살형을 선고받고 처형되었다. 원동지역에서는 1933년 최성문, 최진, 박정임 등 3명이 일본을 위한 정탐활동 혐의로 처형되었다. 1934년 봄, 북사할린의 오하에 거주하던 고려인 지식인들은 모조리 일본 스파이라는 죄명으로 탄압당해 구금되었다. 이들 대부분은 총살되었고 일부는 10년 징역형에 처해졌다.

공산당 내의 '청결'작업은 1935년 5월부터 '당증(黨證)검열 및 교환'이란 명목으로 시작되었다. 당시 소련공산당에는 고려인 당원 372명, 후보당원 418명이 있었다. 공산청년동맹의 고려인 회원은 6,258명에 달했다. 이 청결작업이 얼마나 혹심했던지 소련 전역에서 수십만의 당원들이 출당, 체포, 투옥, 징역, 사형 등에 처해졌다. 소비에트화에 앞장섰던 고려인사회의 엘리트들이 이때 대거 숙청되었다. 상해파, 국민의회파, 이르쿠츠크파, 엠엘파 등 가릴 것 없이 모두 분파싸움에 가담했다는 죄목으로 출당, 처형되었다. 처형되지 않은 사람은 카자흐스탄의 오지로 유형을 보냈다. 그리하여 여러 방면에서 육성되었던 고려인 인재들이 전부 없어지고 말았다고 후일 이인섭은 한탄했다.

스탈린의 반대파 숙청은 1936년 지노비에프, 카메네프 등에 대한 처형을 시작으로 본격화되었다. 당과 보안기관은 '내부의 적'을 찾는 데 혈안이 돼있었다. 2년 전 제17차 당 대회에 참여했던 1,961명 가운데 1,108명이 총살되거나 강제수용소에서 숨졌다. 원동지역에서도 볼셰비키 당원이 무더기로 처형되고 당 지도자가 거의 모두 숙청되었다. 1936~39년의 숙청 때 소련 전역에서 최소 400만~500만 명이 체포되었고 그 중의 10%는 총살당했다. 피로 얼룩진 광기의 시대였다. 오직 1939년 2차 세계대전의 발발만이 숙청의 파고를 멈추게 했다.

김 아파나시   박정훈

김 아파나시 체포를 시발로

1936년 1월 24일 포시예트 당 제1서기 김 아파나시(金聲宇)가 일본스파이 용의자로 체포되었다. 다음날엔 철도 파괴와 반소 선전을 목적으로 밀파된 일본스파이들의 소련 내 활동을 방조한 혐의로 연해주 거주 고려인 21명이 처형되었다. 일제는 조선과 만주에서 소련에 친척이 있는 사람을 매수하여 소련으로 내보냈다. 그 간첩이 하루 밤이라도 유숙하다가 붙잡히면 그 친척은 의례히 체포되어 처벌을 받았다.

고려인 중에서 가장 강력하게 반일항쟁을 역설해온 김 아파나시의 체포는 명망 있는 고려인 활동가들에 대한 탄압의 시작을 알리는 신호탄이었다. 그와 함께 체포된 김 미하일, 장도정, 김진 가운데 김진을 제외

김 미하일(아랫줄 왼쪽 두 번째)이 스탈린(가운데 줄 왼쪽 세 번째 콧수염) 등 공산당 및 국가 지도자와 함께 있다.

한 3명은 원동지역 당 위원이었고, 김 아파나시와 김 미하일은 1934년 소련공산당 제17차 대회에 의결권을 가진 원동지역 대표로 참가했던 핵심 간부였다.

군사검찰국은 김 아파나시를 단죄할 수 있는 근거를 찾아내지 못했다. 소비에트주권을 타도하려고 반혁명단체를 지도했다는 사실을 입증하지도 못했고, 일본간첩으로 활동했다는 증거도 찾아내지 못했다. 김 아파나시는 스탈린에게 자신의 체포에 항의하는 전문을 보내 기소 내용을 반박했다. 그 결과 모스크바의 지시에 따라 그는 다시 재판을 받게 되었다.

하지만 그의 죄는 교묘하게 조작되었다. 1936년 12월 내무인민위원부는 김 아파나시에게 '사회적으로 위험한 활동을 한 죄'를 걸어 우랄산맥 남쪽의 우파 시로 추방결정을 내렸다. 형기는 3년이었다. 판결에 따르면 김 아파나시, 김진, 장도정은 '상해파 반혁명그룹'으로서, 조선혁명의 지도권과 고려공산당 결성의 주도권 장악을 위해 반대파(민족주의자, 이르쿠츠크파, 엠엘파)와 투쟁하면서 "반당 투쟁을 그만두라"는 국제공산당의 지시를 무시해 혁명운동의 발전을 방해했다는 것이다.

김 아파나시가 체포돼 조사를 받던 하바롭스크 감옥의 고려인 수감자에 대해서는 이인섭의 자서전적 기록인 '망명자의 수기'가 그 실상을 전하고 있다. 1936년 3월 당국의 명령에 따라 출두했다가 체포된 이인섭은 하바롭스크 감옥에서 많은 고려인 혁명가들을 만났다. 그의 수기에 언급된 수감자는 상해파의 김 아파나시, 김 미하일, 이문현, 최태열, 이규선, 방덕보, 홍파(이승, 이민환), 박 일리야, 장범태, 장도정, 김진, 홍도(말체프), 이이규, 엠엘파의 이종림, 이 클라라, 그리고 나헌, 정희연, 김 알렉세이 등이다.

'망명자의 수기'는 김 아파나시 등 상해파의 주요 인물 대부분이 1935년 2월 4일에 치러진 이동휘의 장례식과 관련된 혐의로 체포되었다고 기술하고 있다. 이동휘는 1930년부터 모플(국제혁명가후원회) 간부로 활동하며 생계를 유지했는데 수찬 지방을 방문했다가 심한 독감에 걸려 1935년 1월 31일, 62세를 일기로 파란만장한 생애를 마감했다. 경찰비밀요원으로 근무하며 표면적으로는 연해주 신문사의 정치담당 주필로 활동했던 박정훈(박우)은 상해파와 관계가 없었지만 이동휘 장례식에서 추도사를 했다는 이유로, 조선사범대학교 생물학 교무부장이던 박 모이세이는 사범학교 전체 학생들을 장례식에 동원하려 한 것이 문제가 돼, 각각 출당·처형되었다. 이인섭은 감옥에서 당표(黨票)검열원으로부터 "가담한 종파를 지백하라"는 추궁을 받다가 6개월 후 '일본스파이' 혐의로 5년간의 카자흐스탄 유배형을 선고 받았다.

II '일본간첩' 누명 씌워

고려인 강제이주는 1937년 봄에 불어 닥친 스탈린의 새로운 반제(反帝)숙청작업과 더불어 시작되었다. 그해 3월 3일 스탈린은 소련공산당 중앙위원회에서 행한 "당(黨)사업의 부진과 트로츠키 및 다른 양면주의자들을 청산할 방법에 대하여"라는 보고에서 "소련이 자본주의 적들에게 포위돼 있으며 소련 내에는 외국의 스파이들이 가득하다"고 지적했다. 스탈린의 보고에 맞추어 3월 16일 공산당기관지 '프라우다'는 '일본의 간첩망'이라는 기사를 보도했고, 4월 23일에는 '소비에트 원동에서의 외국 스파이 행위'라는 글을 게재했다. 일본이 밀파한 조선인·

제6장 '국가테러리즘의 극치' 강제이주   177

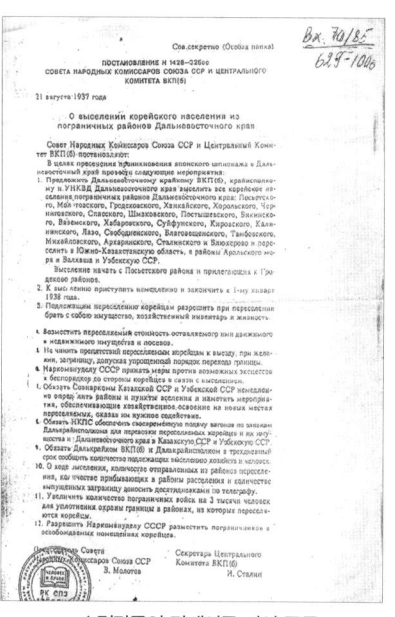

소련당국의 강제이주 지시 공문

중국인 스파이들이 소련의 군대 집결, 해군 이동, 철도 운행 등에 관한 정보를 수집해 국가안보를 위협하고 있다는 내용들이었다. 이 기사들은 실은 과대 선전물이었다. 특히 고려인 사회를 일본 첩자의 온상으로 간주한 보도들은 모두 몇 달 뒤에 강행할 고려인 강제이주를 정당화하기 위한 사전 시나리오의 일환이었다.

1937년 7월에 중-일전쟁이 터지고 소련과 일본 사이의 긴장이 급속히 고조되면서 소련공산당의 강박증은 더욱 심해졌다. 당시 고려인들이 집단적으로 거주하던 우수리 지방에서는 소련군과 일본군 사이에 충돌이 빈번하게 일어났다. 이러한 정세 변화를 반영해 소련은 중국 국민당정부와 1937년 8월 21일 상호불가침조약을 체결했다. 바로 이날 소련은 원동의 고려인 18만 명을 중앙아시아로 강제 이주시키라는 긴급명령을 하달하였다.

소련 인민위원회와 공산당중앙위원회는 '원동지방 국경부근 구역에서 고려인 거주민을 이주시키는 문제에 관하여'라는 결의안 제1428-326cc(1급비밀)를 채택했다. 소련공산당 서기장 스탈린과 인민위원회 의장 몰로토프가 여기에 서명했다. 소련은 이 결의안에서 강제이주의 목적을 '원동지방에서 일본첩자들이 침투하는 것을 차단하기 위한 것'이라고 밝혔다. 고려인 사회를 일본첩자의 온상으로 간주하고 그들을 근거지에서 되도록 멀리 떨어진 곳으로 '격리'시킨다는 의미였다. 전략적으로 민감한 국경지역에 거주하는 고려인들을 '통제하기 어렵고 신용할 수 없는 적성민족'으로 여긴 것이다.

소비에트사회주의연방공화국 인민위원회와 전소(全蘇)연방 공산당(볼셰비키)중앙위원회 결의안 No. 1428-326cc

1937년 8월 21일

원동지방 국경부근 구역에서 고려인 거주민을 이주시키는 문제에 관하여

소비에트사회주의연방공화국 인민위원회와 전소연방 공산당(볼셰비키)중앙위원회는 다음과 같이 결의한다.

원동지방에 일본첩자들이 침투하는 것을 차단하기 위한 목적으로 다음과 같은 조치들을 취한다.

1. 전소연방 공산당(볼셰비키)원동지역 지방집행위원회, 원동지역 내무인민위원부는 원동지방 국경부근 구역들, 즉 포시예트, 몰로도프, 그로데코보, 한카이, 하롤, 체르니고프, 스파스크, 슈마코보, 포스트이셰프, 비킨, 뱌젬스키, 하바롭스크, 수이푼, 키롭스키, 칼리닌, 라조, 스바보드느이, 블라고베셴스크, 탐봅카, 미하일롭, 아르하라, 스탈리노, 블류헤르에서 모든 고려인 주민을 내보낸 후 남카자흐스탄주, 아랄해 구역, 발하쉬호 구역과 우즈베키스탄 소비에트사회주의공화국으로 이주시킬 것을 지시한다. 이주 작업은 그로데코보에 인접해 있는 구역들과 포시예트 지구에서부터 개시한다.
2. 이 작업은 즉시 착수하여 1938년 1월 1일까지 완료한다.
3. 이주 시 이주 대상 고려인들은 자기 소유물, 농기구, 가축 등을 가지고 갈 수 있도록 허용한다.
4. 이주민들이 두고 가는 동산, 부동산 및 파종지의 미수확 작물에 대한 가격을 산정하여 그들에게 보상한다.
5. 이주대상 고려인이 출국을 원하는 경우 국외로 떠날 수 있게 하고, 간소한 국경 통과절차를 적용하여 출국을 방해하지 않는다.
6. 소련 내무인민위원부는 이주와 관련하여 고려인들 사이에서 발생 가능한 폭력과 무질서를 제압할 수 있는 조치들을 강구한다.
7. 카자흐공화국과 우즈베크공화국 내각들은 이주민들의 거주 지역을 즉시 선

정하며 그들이 정착하여 안정된 생활을 할 수 있도록 필요한 협조를 제공하고 지도할 의무를 갖는다.
8. 교통인민위원부는 고려인 이주민들과 그들의 소유물을 원동지방에서 카자흐공화국과 우즈베크공화국으로 이송하는데 있어 원동지방 집행위원회의 요청에 따라 적시에 차량을 공급할 의무를 갖는다.
9. 전소연방 공산당(볼셰비키) 원동지방위원회와 원동지방 집행위원회는 3일 내에 이주대상 가구와 인원수를 산출하여 통지할 의무를 갖는다.
10. 이주의 진행 상황, 출발 구역에서 떠난 인원, 정착지역에 도착한 인원, 국외 출국이 허락된 인원 숫자에 대하여 10일 단위로 전문 보고한다.
11. 고려인을 이주시키는 구역들에 대한 국경 수비를 강화하기 위해 국경수비병력 3,000명을 증원한다.
12. 내무인민위원부는 고려인들이 떠난 건물에 국경수비대원들의 배치를 허락한다.

소비에트사회주의연방공화국 인민위원회 의장
V. 몰로토프
전소연방 공산당(볼셰비키)중앙위원회 서기장
I. 스탈린

고려인 강제이주의 집행 책임자는 스탈린 시대의 대표적 비밀경찰기관인 내무인민위원부의 위원장 니콜라이 예조프였다. 예조프는 원동지역 비밀경찰 책임자 류쉬코프에게 각서를 보내 "반소활동을 벌이고 간첩혐의를 받고 있는 고려인을 체포하여 재판에 회부하거나 '3인 판결위원회'에서 처리하고, 국경 수비를 강화하라"는 지령을 내렸다. 류쉬코프는 즉각 해당 고려인 체포에 착수했다. 3인 판결위원회란 최고재판소 군사위원회 순회재판관, 공산당 전권위원, 내무인민위원회 전권위원으로 구성된 간이재판소를 말한다.

강제이주의 잔인한 본질

소련공산당의 강제이주 명령은 그 내용이 상당히 인도적인 것처럼 보이지만 실제로는 위헌적이고 불법적이며, 거짓과 모순으로 가득 차 있었다. 첫째, 이 추방명령은 소비에트헌법과 공산당의 소수민족 우호정책에 배치되는 것으로서 소수민족 고유의 생존권과 자결권에 대한 박탈이다. 둘째, 명령서에는 원동지역 국경지방에 거주하는 고려인만을 이주시키도록 되어 있으나 실제로는 소련 내 모든 고려인을 추방대상으로 삼았다. 셋째, 일본제국주의에 반대해 싸워온 고려인을 일본스파이로 몬 것은 누명(陋名)이다. 넷째, 명령서는 이주자들에게 사유재산과 농기구 및 가축들을 가져갈 수 있도록 허용했으나 실제로 이주민들은 최소한의 식량과 옷가지만을 가지고 갔다. 다섯째, 고려인들이 불가피하게 두고 간 동산, 부동산, 파종 종자 등에 대한 보상이 이루어지지 않았다. 여섯째, 명령서의 제5항은 국외이주를 위해 출국할 경우 간소한 국경통과 절차를 적용한다면서 11항에서 국경수비를 강화한다는 것은 상호 모순된다. 실제로 당국은 국외이주를 시도한 사람을 이적행위자로 간주해 처벌했다.

소련이 강제이주의 주된 이유로 내건 "일본첩자 침투방지"란 실은 고려인을 추방하려는 구실에 불과했다. 고려인은 아무런 죄도 없는데 단지 일본제국주의와 인접한 변방에 살고 있다는 이유만으로 추방의 대상이 된 것이다. 더구나 일제에 대항해 싸워온 고려인을 일제의 앞잡이로 몬 것은 고려인들에게는 감내하기 어려운 모욕이었다. 비록 소수의 간첩이 있었다한들 전체 고려인 18만을 일거에 강제 이주시킨 것은 명백한 민족탄압이자 잔혹한 '인종청소'였다.

강제이주는 소련의 국경지대 안전을 보장받기 위한 소수민족 소거(消

독재자 스탈린   류쉬코프

去)차원의 조치라고 하더라도 고려인들에게는 죽음보다 더한 고통의 시작이었다. 당시 원동지역의 고려인들은 잠재력을 지닌 성숙한 민족공동체를 영위하며 살고 있었다. 그런데 청천벽력 같은 강제이주 명령이 떨어진 것이다. 어린 아이에서 노인에 이르기까지 고려인 주민 전체를 그들이 70여 년 간 살아온 땅에서 쫓아낸 것이다. 강제이주는 1860년대 이래 원동 고려인 사회가 온갖 역경을 딛고 쌓아올린 모든 성과에 대한 전면적인 부정이며 폭력적인 파괴행위였다.

  소련의 강제이주 정책은 순전히 예방적 목적에서 출발하고 있다. 전쟁 발발 시 고려인이 일본 측에 가담할 것으로 가정해 국경지역으로부터 그들을 축출한 것이다. 그러나 고려인의 중앙아시아 추방은 그들이 조국해방투쟁에 참여할 수 있는 기회를 완전히 배제함으로써 결국 일제의 조선 강점(强占)을 돕는 격이 되고 말았다. 아마 일제는 총 한방 쏘지 않고 원동고려인의 반일역량이 무화(無化)된 데 대해 기뻐했을 것이다.

  강제이주는 돌발적인 사건이 아니다. 고려인을 원동에서 제거하려는 오랜 러시아 쇼비니즘의 난폭한 승리였다. 모스크바에서 멀리 떨어진 변방을 군사적으로 방어하는데 있어 황인종을 받아들일 수 없었던 협소한 인종주의의 산물이었다. 러시아는 차르시대 이래 고려인을 원동 안보에 해로운 존재로 인식하고 그들의 연해주 정착을 탐탁지 않게 여겼다. 고려인을 국경지역에서 추방하여 내륙에 가두어 두려고 했던 것은 러시아 위정자들의 일관된 사고였다. 특히 고려인이 일본인과 구별이 잘 안 되었기 때문에 연해주 안보를 위해선 무슨 대책을 강구해야 한다고 늘 생각해왔다.

학계의 견해

강제이주 원인에 대한 학계의 견해는 다양하다. 한국에서 고려인 연구를 선도한 고송무는 고려인자치주 설립을 요구한 고려인에게 스탈린정부가 응답한 것이 강제이주라고 주장했다. 러시아의 플라투노프와 바자노바는 고려인이 쌀, 면화, 담배 등 농작물 재배에 탁월한 능력을 가졌기에 중앙아시아로 강제 이주된 것이라고 풀이했다. 그러나 이러한 주장들은 주변적인 문제에 주목한 것이어서 흡족한 답변이 못된다.

카자흐스탄의 강 게오르기 교수는 큰 차원의 정책에서 볼 때 고려인은 스탈린정부의 인질이었다고 말한다. 2차 대전의 전운이 닥아 오면서 고립감을 느낀 소련은 1937년 8월 중국 국민당과 불가침협정을 맺는다. 고려인 강제이주는 중국과의 동맹을 과시하면서 고려인을 자국 국민이라고 억지를 쓰던 일제에 대한 스탈린정부의 입장 표명이자, 해당 민족에게 집단책임을 지우는 스탈린정부의 집단학살(Genocide)적 행태였다는 것이다. 김 게르만 교수는 강제이주의 배경으로 1917년 볼셰비키혁명 이래 소련을 둘러싸고 벌어진 일련의 국가 간 갈등과 전쟁위협·무력충돌 등을 거론했다. 여기에 소수민족에 대한 불신이 강했던 스탈린이 국경지역에 모여 살던 '신뢰 못할' 고려인에 대한 통제의 어려움과 근심에서 강행한 것이 강제이주라고 풀이했다.

동국대 이원용 교수는 대독(對獨)전쟁에 대비한 소련의 포석이란 견해를 내놨다. 당시 서쪽에서 나치 독일이, 동쪽에선 일제가 각기 전쟁준비에 열을 올려 소련은 언제 그들로부터 협공을 당할지 모른다는 위기감에 휩싸여 있었다. 영토가 광대하지만 미·영 등 자본주의 국가들과 소원

한 관계였던 소련은 2개 전선에서 동시에 전쟁을 수행할 능력이 못 되었다. 소련은 일제보다 훨씬 강한 서부전선의 독일에 우선 대비하기 위해 전선을 축소시킬 필요가 있었다. 그래서 일제와 전쟁을 할 의사가 없다는 제스처를 취한 것이 강제이주였다고 한다. 반일적인 고려인 주민을 원동에서 모두 내쫓음으로써 일제에게 우호적으로 보여 전선을 하나로 줄이는 한편 고려인을 자국민이라고 억지를 쓰며 원동문제에 간섭해온 일제에게 간섭의 빌미를 주지 않으려고 취한 조치였다는 것이다.

1920년대부터 준비작업

고려인 강제이주는 사전에 철저하게 계획되고 준비된 것이었다. 소련은 이미 1920년대 말~1930년대 초에 고려인 3,000명을 오지로 내쫓아, 강제이주에 대해 '선행실험'까지 한 바 있다. 소련공산당 중앙위원회정치국'은 1930년, 1932년 두 차례에 걸친 회의에서 고려인에 대한 대규모 '행정적 이주'에 관한 지령을 확정했다. 1930년 2월 25일 회의는 스탈린이 직접 주재했다. 이에 따라 1930년대 전반에 체포된 모든 고려인은 행정적 절차에 따라 카자흐스탄으로 추방되었고, 그곳에서는 카자흐스탄 공화국 내무인민위원부의 감시 아래 놓였다. 스탈린정권은 1932년부터 3년 동안 고려인의 인구분포와 소득, 교육 정도, 경제력, 법적 상태 등에 관한 정보를 정밀 조사한 후 1935년부터 2년 동안 은밀히 고려인을 직장에서 강제 해고하고 고려인들이 갖고 있는 무기를 빼앗는 등 사전 정지작업도 진행시켜왔다. 강제이주는 1937년에 와서 고조된 위기의식과 강력한 권력을 배경으로 실행됐을 뿐이다.

고려인 강제이주는 공산제국 소련의 안보와 국가이익 앞에 소수민족의 삶과 인권을 무시한 대표적인 사례다. 스탈린은 고려인이 원하건 원하지 않건 하는 문제는 전혀 안중에 없었다. 그들은 강제이주 결정문이 세계에 알려지면 커다란 규탄과 반발에 직면할 것을 두려워한 듯 크렘린 문서고에 넣고 잠가버렸다. 이 비밀명령서의 원문은 반세기가 넘게 실체를 드러내지 않다가 소련이 해체되기 직전인 1991년에야 비로소 공개되었다.

총체적 강제이주의 효시

고려인 강제이주 이전에도 스탈린은 소련 내 폴란드인 3만 5,000, 독일인 1만, 이란인 6,000, 쿠르드인 2,000명을 강제이주 시켰다. 10만 단위의 총체적 민족이주는 1937년 고려인의 강제이주가 효시였다. 소련은 2차 세계대전(1941~1945년)을 앞두고 '불순하고 의심스럽다거나 예방적 조치가 필요한' 소수민족에게 집단 유형(流刑)의 칼을 빼들었다. 그리하여 '국가적 작전'에 따라 소련 내 60개 소수민족 300여 만 명이 집단적으로 강제이주를 당했다. 핀란드인, 독일인, 칼미크인, 카라차이인, 체첸인, 잉구시인, 발카르인, 크림 타타르인, 크림 그리스인, 메스케치안 터키인, 쿠르드인, 켐실인 등이 그 피해자였다. 그들의 죄목은 파시스트 독일에 대한 협력과 조국 소련에 대한 배신이었다.

1942년 볼가강 유역에서 중앙아시아, 알타이, 시베리아 지역으로 강제이주된 독일계 주민에게 붙인 이유 역시 고려인과 같은 스파이 혐의였다. 고려인들은 동에서 서로 이동했지만 독일인들은 서에서 동으로 이동했다. 독일인의 뒤를 이어 강제 이주된 민족은 캅카스 지방의 카라차이인이었다. 이들의 강제이주 이유는 카라차이 자치주가 독일군에게 점령당했을 때 독일군에 협조했다는 것이었다. 스탈린은 민족주의 성향이 강한 적성민족들을 분산시킴으로써 전쟁에 대비한 대(大)러시아주의를 실현하려 했다. 힘없는 소수민족의 운명은 공산제국 소련의 대국 쇼비니즘에 유린될 수밖에 없었다. 이것이 강제이주의 잔인한 본질이다.

Ⅲ 지도층 2,500명 체포--공포 조성

소련은 강제이주에 앞서 고려인의 저항을 막기 위해 고려인 출신 공산당원, 관리, 장교, 교사, 언론인, 작가, 화가, 의사, 기술자 등 지도급 인사 에 대한 대대적인 검거작전을 전개했다. 지식층은 무조건 구속해 수용소로 보냈다. 10월혁명 후 원동지방의 혁명군에 가담해서 일본군 및 백위군과 싸웠던 빨치산 원로들까지 모두 체포했다.

강제이주를 지휘하다가 후일 숙청이 두려워 일본으로 망명한 류쉬코프는 1935년부터 1937년 사이에 2,500여 명의 고려인이 구속되었다고 폭로했다. 수감된 고려인은 대부분 처형장의 이슬로 사라졌다. 류쉬코프에 따르면 고려인을 이주시키는 과정에서 비합법적 집단에 가담했다는 혐의로 원동에서 9,000명의 공산당원과 군인들이 체포되었다. 중국인 1만 1,000명이 체포되고 8,000명이 추방되었으며 600명의 폴란드인, 수백 명의 독일인, 라트비아인, 리투아니아인과 1,000명의 하얼빈거주 백계 러시아인이 체포되었다고 한다.

고려인들의 죄목은 조작됐고, 정식 재판은 필요치 않았다. 체포된 사람들은 끔찍한 고문을 당한 후 흔적 없이 사라졌다. 저항은 무의미했으며 처형은 즉각적으로 이루어졌다. 후일 알려진 판결문에 따르면 기소된 고려인들은 모두 "일본정찰부의 간첩이며 관동군 참모부의 과제를 받아 소련을 반대하는 폭동을 준비했다"는 혐의를 받았다. 연해주 일대의 변방을 소련으로부터 탈취하려는 목적으로 무장 봉기를 준비하고 있다는 날조된 사건 속에 약식 재판을 통해 거의 '총살형'을 선고받았다. 공산당원이나 장교의 경우 소련에 충성을 다한 사람들이었지만 그들이 연행되어 처형당한 죄목은 아이러니컬하게도 반역죄였다. 숙청된 고려인이 간첩이라고 증명된 경우는 거의 없었다. 간첩혐의는 구실에 불과했다. 스탈린정권은 간첩을 처형한 것이 아니라 고려인의 민족의식을 처형한 것이었다.

소련 내 고려인 수가 약 18만 명이었다는 사실을 감안할 때 2,500명 구속은 엄청난 규모의 검거선풍이었다. 집집마다 박해와 공포 속에 신음했다. 그때 고려인들이 느꼈던 공포에 대해 내무인민위원부 요원으로 현장을 목격했던 박성훈은 "체포 선풍이 어찌나 심했던지 출입문에서 초인종 소리만 울려도 실신하는 형편이었고 밤잠을 자고 나서야 무사히 하루를 지냈구나 하며 숨을 내쉬었다"고 회고했다. 사회엔 불신풍조가 만연했다. 고려인 사이에 밀고가 심해져 고려인들은 자신의 그림자조차 무서워했다고 한다. 거리에서 아는 사람을 만나도 서로 눈을 피하고 모르는 척 했다. 한 직장에서 고려인 몇 명이 같이 일하면 민족주의자로 기소될까 두려워했다. 고려인들은 암담한 공포 속에 살았다. 그때를 생각하면 지금도 고려인들의 눈에서 피눈물이 흐른다고 한다. 고려인들이 가장 아파했던 것은 게페우(국가정치보안부)나 내무기관에서 '끄나풀' 노릇을 하던 동포들의 행위였다. 이들은 무고한 사람을 밀고해 강제취조와 고문으로 간첩·반소분자로 조작하는데 앞장섰다. 이웃 주민이 죄 없이 끌려간 줄 알면서도 동정과 도움을 주기보다는 그 집 왕래를 끊어버린 야박한 염량세태(炎凉世態)도 문제였다.

비밀재판 15분 만에 처형

강제이주가 시작된 1937년 10월 김 아파나시는 유배지 우파에서 다시 경찰에 체포되었다. 그리고 하바롭스크 형무소로 호송되어 새로운 취조를 받았다. 그에 대한 비밀재판은 1938년 5월 25일 밤 10시 15분에 시작되어 15분만인 밤 10시 30분에 끝났다. 그 다음엔 김 미하일에 대한 재판이 시작되었다. 역시 15분만인 밤 11시에 판결이 내려졌다. 두 사람 모두 재산 몰수와 함께 사형 언도를 받았다. 총살은 당일 밤에 즉각 집행되었다. 그리하여 '조선의 레닌'으로 불리며 촉망받던 고려인 사회의 기대주 김 아파나시는 38세의 젊은 나이에 형장의 이슬로 사라지고 말았다. 두 김 씨의 처단에 이용된 러시아연방형법 제58조는 소련국민이 조국에 반역했을 때에 적용되는 법률이다. 소련과 연해주고려인을 위해 헌신했던 두 사람으로선 통탄할 일이었다.

김 아파나시에게 새로 씌워진 혐의는 "1929년 일본정보기관에 채용되어 일본의 밀정으로서 반혁명활동을 해왔고, 1934년에는 관동군의 과제를 받아 원동변강을 소련에서 떼어내기 위해 고려인 폭동을 조직한 무리의 일원으로서... 트로츠키 테러단체의 지도자 데리바스와 연계하여 반소(反蘇)고려인폭동 준비를 계속해왔다"는 것이다. 2년여 전 경찰이 그를 체포할 때 써먹었던 '분파싸움' 혐의가 어느새 '일본밀정' '연해주 분리 폭동음모'로 조작되어 처형에 이용됐음을 알 수 있다. 김 미하일은 "1934년부터 반혁명단체의 과제를 받아 일본첩보기관에 비밀자료들을 제공했고 원동에서 공작하는 반소(反蘇)인물을 지도한 자"라는 이유로 총살을 언도받았다.

일제하 조선에서 소련으로 망명해 고려문학에 사회주의 리얼리즘을 처음 도입한 작가 조명희는 1937년 9월 하바롭스크에서 내무원복을 입은 세 사람에 의해 연행되었다. 그는 집을 나서면서 아내 황명희에게 "나는 소비에트주권 앞에 아무 죄도 지지 않았소. 마음을 푹 놓고 있소. 사흘 후면 집으로 돌아오겠소. 잘 있소!" 하고 떠났다. 그러나 조명희는 집에 돌아오지 못하고 재판도 없이 간첩혐의로 이듬해 5월에 총살되었다. 그는 만주에서의 독립운동을 다룬 장편소설 '만주 빨치산'을 집필 중이었으나 끝내 탈고를 못했다. 식민지 조선에서 일제에 쫓겨서 찾아간 소련이었지만 조명희는 결국 스탈린에게 짓밟히고 말았다.

일본침략군에 맞서 1918년 고려인 빨치산부대 창설에 앞장섰던 한창걸과 그의 형 한성걸, 동생 한 알렉산드르 등 3형제, 1921년 한인사회당 대표로 레닌과 면담했던 박진순, 자유시사건 당시 이르쿠츠크파의 자유대대를 이끈 뒤 수차례 소련군 연대장을 역임한 오하묵, 솔밭관 빨치산의 중심인물이었던 최추송, 동방근로자공산대학의 종합대학 부소장이며 '혁명의 동방' 편집위원인 황동육도 이때 희생되었다. 1920년대 항일 빨치산 부대장으로 활약하다가 집단농장 간부로 일하던 임표는 1936년 10월에 검거돼 재판도 없이 감옥에 갇힌 후 소식이 끊겼다. 가족들은 임표가 무슨 이유로 체포됐는지도 모르고, 언제 어디서 사망했는지도 모르고 살았다. 그는 1933년 국가정치보안부에 검거되어 6개월 동안 조사를 받고 석방됐다가 3년 후 다시 구속 되어 희생된 것이다.

처형은 연해주 이외 지역에서도 광범위하게 자행되었다. 흑해 연안 크라스노다르 변강의 한 콜호스에서 일하던 농부 황덕삼과 그의 셋째 아들 황동한은 철도변 저장시설 및 승강기 폭파준비 혐의로, 철도대학 3학년생인 다섯째 아들 황동한은 철도역 폭파준비 혐의로 각각 체포돼 총살되었다. 한 집안에서 3명이 동시에 목숨을 잃었다, 그리고 여섯째 아들 황동번은 철도터널 폭파준비 혐의로 체포돼 10년형을 선고받았다.

소련군 포병 대위로 스몰렌스크에서 복무하던 우대풍, 폭격기 편대장이던 공군대위 정진환도 일본을 위해 간첩행위를 했다는 혐의로 체포되어 옥중에서 사망했다. 우대풍의 부인 이찬덕은 남편을 면회하러 갔다가 투옥되었는데 그때 집에 남겨둔 어린 아들과 딸은 고아원에 보내져 자라다가 8년 후 그녀가 석방돼서야 상봉할 수 있었다.

이르쿠츠크파 고려공산당의 최고 간부였던 최고려는 체포되었지만 처형은 면했다. 그는 1937년 9월에 투옥되어 9년 후인 1946년 10월에야 석방되었다. 우수리스크에서 교사로 일하던 렴홍철, 푸칠롭카에서 문학교원으로 있던 한청일은 1937년 8월과 9월에 각각 체포돼 반혁명 죄로 10년형을 선고받고 1947년에 석방되었다. 렴홍철의 증언에 따르면 그가 수용되었던 시베리아의 마린스크 수용소에는 수백 명의 고려인 죄수가 있었다고 한다. 내무인민위원부에 근무하던 박성훈은 "감옥에 구금된 지 18개월이 되어도 취조 한 번 없었고 무슨 죄로 고발되었다는 것조차 전혀 몰랐다"고 한다. 그는 당시의 감옥살이를 생지옥으로 묘사하면서 "3~4명을 수용하는 감방에 20여 명이 '통에 담긴 청어'처럼 있으면서 언제 사형장 귀신이 될 것인가를 기다렸다"고 술회했다.

강제이주 당시 네 살이던 김 블라디미르(우즈베키스탄 변호사), 일곱 살이던 박 보리스(역사학자)도 그때 아버지를 잃었다. 조선사범대학 문학부 재학생이던 열아홉 살 청년 정상진(문학평론가)의 아버지 정치문도 국가정치보안부에 체포되어 예심도 재판도 없이 총살되었다. 정치문은 블라디보스토크의 빵공장에서 빵 굽는 기술자에 불과했다. 농부였던 남 류드밀라(성악가)의 할아버지도 총살당했다. 모두 '일본스파이'라는 누명을 쓰고 처형된 것이다. 항일빨치산 대장 김규면의 후손인 김 블라디미르는 강제이주 전날 어머니마저 사망해, 우즈베키스탄 이주 후 고아원에서 자랐다. 박 보리스는 중앙아시아행 이주열차에서 할머니가 숨을 거두어 홀어머니 밑에서 어린 시절을 보내야 했다. 강제이주의 이유가 무엇이었던 그것이 고려인 전체에 수많은 고난을 안겨준 크나큰 비극이었음은 의문의 여지가 없다.

강제이주 1년 전에 온 오청구 <인터뷰 2004. 2>

1929년생인 오청구(吳靑丘)가 거주지인 하바롭스크에서 중앙아시아로 이주한 건 그의 나이 7세 때인 1936년. 그러니까 원동의 고려인에게 강제이주 명령이 내려지기 1년 전이다. 소련당국의 고려인 강제이주계획 정보를 사전에 접한 그의 아버지가 스스로 식솔을 이끌고 미리 카자흐스탄으로 들어간 것이라고 한다.(그러나 자진 이주했다는 이 대목은 좀 더 확인이 필요하다고 생각된다.) 함경도 갑산 태생인 그의 아버지 오동파는 독립군 출신. 1935년 하바롭스크의 고려인학교 교장으로 재직 중 지식인이라는 이유로 경찰에 붙잡혀 6개월 동안 감옥생활을 했다. 출감 후 오동파는 '리닥타 가제트'라는 신문에서 일하던 동생 오성묵 등으로부터 강제이주 정보를 들었다고 한다. 한인사회당 창당 멤버인 오성묵은 '선봉'신문의 편집장도 역임했다.

오 씨 가족이 카자흐스탄에서 처음 짐을 풀고 머문 곳은 먼저 와있던 오성묵의 집. 필자와 면담할 때 약간 취기가 있던 오청구 씨는 그곳 도시의 이름을 기억해내지 못했다. 한 달 후 그들은 어느 금광을 찾아갔다가 방향을 바꾸어 탈디쿠르간에 정착했다.

"우린 아무 것도 없는 불모지에 떡 버렸어요. 참으로 막막했습니다. 그런데 마을 이름이 '카레에'고려인들이 사는 마을이더라 이겁니다. 알고 보니 우리 보다 먼저 온 고려인 열 한 집이 살고 있었어요. 토호 청산 때 원동에서 밀려난 사람들입니다. 그 후 강제이주민들이 몰려와 다 함께 어울려 살았습니다."

그곳에서도 고려인 학생을 가르친 그의 아버지는 1938년 3월 다시 경찰에 끌려 간 뒤 영영 돌아오지 않았다. 누구든 '좌파' 3명의 험담에 오르면 어김없이 집단수용소로 보내지던 시절이었다. 그때부터 홀어머니 밑에서 자란 오청구가 생사불명인 아버지의 죽음을 알게 된 것은 1957년. 스탈린 사망 후 그의 어머니가 끊임없이 당국에 편지를 보내자 마침내 "오동파는 감옥에서 죽었다."는 회신이 온 것이다. 그는 스탈린 시대 '피의 숙청'의 희생자였다.

1958년 오청구는 카자흐스탄에서 우즈베키스탄의 알마리크로 이주했다. 그곳에서 노동을 하며 9년 간 살았다. 날씨가 더운 곳이어서 그런지 아내는 병마에 시달렸다. 그는 아내의 건강 회복을 위해 기후 좋은 곳으로 거처를 옮기기로 결정했다. 1967년 오청구는 비슈케크로 이주했다. 지금 그의 아파트에는 매일 아침 일거리를 찾아 거리로 나서는 독신의 큰 아들이 함께 살고 있다. 둘째 아들은 우크라이나에서 산다.

Ⅳ 중앙아시아행 '검은 상자'
탄압과 공포 속의 강제이주

화가 안일은 "1937년 강제이주를 이야기하려면 어느새 가축을 싣는 화차인 '바곤차'를 떠올린다."고 한다. 그리고 어디로 가는

고려인 강제이주 경로

지도 모른 채 한 달 여 간을 창문 없는 어둠 속에 짐승처럼 실려 가는 고려인들이 마치 아우슈비츠의 가스실로 실려 가는 유대인처럼 여겨졌다고 회상한다.

소비에트정권 20주년인 1937년은 소련에서 '인민의 적'이라는 용어와 스탈린헌법의 등장으로 기억되는 해였다. 이 해에 18만 고려인을 일본스파이로 몰아 일거에 중앙아시아로 강제 이주시킨 스탈린의 반인도적 조치는 전 과정이 강압적이고 위협적인 분위기 속에서 진행되었다. 주민들의 사전 동의절차는 아예 없었다. 또한 2,500명 이상의 지도층을 투옥시켜 고려인사회를 미증유의 집단적 공포로 몰아넣은 다음 그 공포가 절정에 달했을 때 강제이주는 실행되었다. 고려인들은 '민족절멸(絶滅)'이라는 두려움에 벌벌 떨면서 녹슨 화물열차에 짐짝처럼 실려 중앙아시아 황무지에 내던져졌다. 그것은 국가테러리즘의 극치였다.

1주일 전 통보…여행 금지

고려인들은 거주구역별로 이주 2~3일 전 또는 1주일 전에 겨우 이동 준비를 지시 받았다. 하도 어이없고 날벼락 같은 일이어서 당황하기만 하다가 기차를 탄 사람이 대부분이었다. 정 와실리는 벌써 이주 소문을 듣고 있었지만 정작 이주 전날에야 역에 모이라는 통보를 받았다. 블라디보스토크에서 교원 생활을 하던 안득춘은 1937년 5월경부터 쉬쉬하면서 강제이주 풍문이 떠돌았지만 이주를 결정적으로 알게 된 것은 두 달 전이라고 했다.

스파스크에 살던 한 막스의 부모는 9월 초에 '이주명령'과 함께 9월 13일에 무조건 수송열차에 타고 도시를 떠나야 한다는 통보를 받았다. 부동산은 그대로 두고 가되 1개월여의 여행에 필요한 식량과 옷가지, 이부자리만을 준비하라는 지시가 뒤따랐다. 이주에 필요한 준비기간이 너무 짧아 많은 재산과 가재도구를 버려야 했다. 이주자 규모를 파악하는 과정에서 공민증을 회수하고 사냥총을 포함한 모든 무기를 압수하였다.

당시 교사였던 천학범의 회상을 들어보자.

"보안부대원들이 밤새도록 수색을 했다. 모든 것이 뒤죽박죽이 되었다. 그리고 아침 무렵에야 교사들을 체포하고 당증을 압수했다. 그때 많은 교사들이 울었으며, 저주를 퍼부으며 보안부대원들을 따라갔다."

서둘러 조직된 선전대는 집집마다 다니며 "살기 좋은 곳으로 이주하니 걱정 말라"고 외쳐댔다. 심지어 폐병도 쉽고 빠르게 고칠 수 있는 곳이라고 선전했다. 그러나 사람들은 중앙아시아의 혹서와 혹한에 잘 견디어 낼 수 있을지 걱정했다. 스파스크에서는 짐을 싣기 며칠 전에 여러 마을 사람들이 시(市) 광장에 모여 "위에서 지령이 내려왔다"고 수군거렸다. 어떤 사람은 "스탈린은 고려인 잡아먹는 귀신이냐"고 투덜대며 평소 하늘처럼 알던 스탈린을 원망했다. 무장한 군인들이 그들을 둘러싸고 있었기 때문에 모두가 겁에 질려 이주를 회피할 생각은 꿈도 꾸지 못했다.

일부 주민은 이번 이주가 임시적인 것이어서 때가 되면 다시 돌아와 살게 될 것이고 조국에도 돌아갈 수 있을 것이라는 낙관론을 폈다. 어떤 사람은 이주 가는 곳에 고려인자치구를 만들어 주려는 것 같다는 희망을 말하기도 했다. 당시 다섯 살이던 이계룡(작가)은 "어린 나이였지만 아직 기억 속에 많은 것이 남아 있다"면서 "가련한 우리 부모는 짐 꾸러미에 걸터앉아서 남쪽 하늘을 바라보며 긴 한숨만 지었다"고 회고했다.

이주 통보 후 고려인들의 여행과 촌락 간 통신은 금지되었다. 이주 후 원금으로 각 호당 370루블과 1인당 150루블이 지급되었다. 그러나 최종 행선지가 통보되지 않아, 이주민들은 다만 멀리 떠난다는 것과 출발 일자밖에 알지 못했다.

"개만도 못한 취급" 불평

지방당국은 9월 1일부터 시작된 이주 설명회에서 나타난 주민들의 반응이 대체로 우호적이고 긍정적이었다고 상급기관에 보고했다. 그러나 이주민 속에 프락치를 심어 놓고 그들의 일상을 감시하고 있던 원동지방 보안대사령관 소콜로프가 상부에 올린 보고서의 내용은 달랐다. 이 보고서는 고려인들이 강제이주에 순종하지 않았음을 보여주고 있다. 일부 주민은 국경 너머로 떠나든가, 가축을 죽이고 경작지를 망쳐버리자고 떠드는가 하면 당국의 방침에 불복종할 것을 선동하는 방법으로 거부의사를 표출했다. 과거 빨치산 출신 몇몇은 "우즈베키스탄이나 카자흐스탄으로 추방을 당하느니 차라리 총살형을 택하겠다"며 반발했다.

소콜로프 보고서에 수록된 주민들의 부정적 반응을 정리해 본다.

"우리를 추방하는 이유는 단 하나, 얼굴색이 다르기 때문이다." "러시아인들은 명령하고 고려인들은 따라야 한다."

"인민위원부는 모든 고려인들을 첩자로 보고 있다. 그렇기 때문에 이주시키려는 것이다." "소비에트정권은 전쟁이 나면 고려인들이 일본 편으로 넘어가지 않을까 두려워한다. 고려인을 남김없이 죽여 버리고 싶지만 그렇게 할 수가 없어 이주시키려는 것이다." "전쟁이 곧 일어날 것이며 고려인을 모두 체포할 것이다."

"어차피 곡식은 우리 손에 들어오지 않을 것이다. 작업을 중지해 농사를 망쳐야 한다." "솔직히 말해 우리는 러시아인들을 미워한다. 그들은 우리를 죽이려고 노동수용소로 보낸다."

슈코토프 구역의 한 농민은 "소비에트정권은 우리 고려인을 개만도 못하게 취급하고 있다. 스탈린의 정책은 고려인에게 기관총이나 대포알보다 두렵다"고 말했다가 즉시 체포되었다. 두 달 전 카자흐스탄에서 온 김 아나톨리는 "카자흐스탄에는 기아와 말라리아가 기승을 부리고 거주할 집도 없어, 모든 이주민들은 어쩔 수 없이 죽고 말 것"이라고 말했다가 체포되었다. 강 블라디미르는 열차에 오르면서 "강제이주는 소련 헌법 위반"이라며 이주 반대를 선동하다가 체포되었다. 이밖에 "우리가 가게 되면 이곳에는 러시아인들이 살게 될 것이므로 하나도 남겨두지 말고 모두 때려 부숴야 한다"고 말했던 주민, "종자를 수매조직에 판매하는 것을 거부해야 한다"고 선동한 농민, "이주자들을 치타까지만 호송하고 치타를 넘어가면 총살할 것"이라고 비방한 농촌소비에트 대표, "일본으로 떠날 수 있게 해달라고 일본영사관에 청원하자"고 선동한 노동자 등은 모두 체포되었다.

국외로 이주할 수 있다는 통보에 대해서는 "만주보다는 여기가 낫다"

"일본인이 우리를 참살할 것이다" "왜놈과 살기 위해 떠나고자 하는 머저리는 없다"는 다수 의견에 눌려 국외이주를 포기한 사람이 많이 나타났다. 몇몇 사람은 이주를 피해 중국으로 도망가려다 검문소에서 걸려 체포되었다.

구전에 의하면 몰래 도망간 사례도 있다. 포시예트 지역 녹동상소(鹿洞上所)의 노야였던 김진협(45세)은 강제이주에 대한 정보를 미리 입수하고는 몰래 포시예트를 탈출해 조선으로 돌아갔다. 또 하바롭스크에서 이주민 수송열차 전복사고로 다수의 사상자가 났을 때 죽은 듯이 엎드려 있다가 순시원이 사라진 뒤 도주해 고국으로 생환한 사람도 있다고 한다.

희귀한 출국사례도 있다. 훈춘의 일본군비밀정보부 조서에 따르면 수찬 북쪽 흐멜니츠카야 마을에 살던 농부 김기홍(65세)이 조선으로 돌아가겠다고 하자 11월 5일 내무인민위원부 요원이 이들을 국경지역으로 보내, 만주로 가도록 강요했다고 한다. 김기홍은 마을에 온 소비에트 관리가 "이주를 원하지 않고 조선으로 돌아가기를 희망하면 허가될 것"이라고 말했다면서 가족 15명이 출국을 허락받은 뒤 국가정치보안부의 취조를 거쳐 밤에 국경을 넘었다고 한다. 이들의 국외이주에 대해선 "소련당국이 국제적 비난, 특히 일본의 비난을 피하기 위해 취한 조치였을 것"이라고 보는 견해가 있다.

조상 묘서 흙 한줌 싸가

그 해엔 유난히 농사가 잘 돼 모두들 기뻐했었다. 그러나 추수를 앞두고 아직 덜 여문 쌀, 콩은 남겨둔 채 밀, 호밀, 귀리와 철 이른 과일만 거둬들이면서 가슴 아파했다. 돼지, 닭, 오리 등 가축은 잡아서 소금을 쳐,

식량으로 챙겼다. 이주 도중에 열차에서 물을 주지 않을 것이라는 소문에 나무통에 물을 채워 가져가기도했다. 노인들은 조상 묘소를 찾아가 수건에 흙 한 줌씩을 싸가지고 떠나는 것을 잊지 않았다. 일부 공동묘지에선 무덤을 파헤친 것이 발견됐다. 이주민이 유골을 수습해 함께 떠난 것 같았다.

사람들은 지고, 이고, 들고 갈 수 있는 것이면 다 챙겼다. 하지만 가져갈 수 있는 짐은 1인당 30여kg으로 제한되었다. 수송열차가 비좁아 간단한 소지품과 침구, 의류, 식량 이외의 다른 물건은 가져갈 수조차 없었다. 부근에 사는 러시아 사람들은 고려인이 떠나면 남은 것은 다 자기들 소유가 되리라고 여기며 좋아했다. 어떤 고려인은 분을 참지 못해 집안의 가구와 꽃병을 모조리 도끼로 부숴버렸다.

고려인들은 자신 소유의 가축, 농기구, 파종용 종자, 건축물 등을 국가에 양도했다. 말과 가축(암소, 황소, 사슴, 당나귀) 7,624마리, 돼지 3,845마리, 양 444마리, 트랙터·자동차·농업용 차량 54대, 배 3척, 밀·호밀·보리·귀리·쌀·콩·옥수수·감자 등 242만 8,070kg, 파종지 1,480ha, 상당한 규모의 건축물과 농업용구 등 많은 재산을 넘겨준 채 떠났다.

고려인들은 콜호스 또는 촌락단위로 이동하여 가까운 철도역에서 이주열차를 탔다. 기차역까지의 이동은 내륙의 경우 자동차나 마차를, 해안지역 주민은 배를 이용하였다. 한반도와 중국 북간도에 접해 있는 국경지역 주민들은 배를 타고 블라디보스토크로 가, 페르바야 레츠카 역에서 열차를 탔다. 역에서 군인들은 고려인을 포위하고 중환자, 임산부, 노인 등 가릴 것 없이 모조리 열차에 태웠다. 특무요원들이 방벽처럼 늘어서 고려인들을 감시하며 이탈을 막았다. 빨리 기차에 오르라고 내무위원들이 명령했다.

고려인들은 배웅해 주는 사람 없이 열차에 올랐다. 살던 집과 세간들을 그대로 두고 거의 알몸으로 쫓겨나면서도 누구 하나 안 가겠다고 떼를 쓰는 사람이 없었다. 양떼처럼 온순하게 기차에 올랐지만 속으로는 모두 울고 있었다. 노인들은 "한 줌도 안 되는 반역자들 때문에 온 인민이 피해를 본다"며 투덜거렸다.

당국은 단 1명의 이탈도 허용치 않았다. 병원에 입원한 사람은 퇴원시켜 승차시켰다. 어느 아낙네는 남편이 출장간 사이 혼자 열차에 실렸다. 친지 방문 중 외지에서 바로 열차를 탄 사람도 있다. 이들은 졸지에 이산가족이 되었다. 각종 기관에 근무하거나 군에 복무 중인 사람은 해임 또는 제대시켜 이주열차에 오르게 했다. 다만 장교에게는 내륙으로 전환 배치시킨다는 명령이 내려졌다. 국경지역부대에서 지휘관으로 근무했던 고려인들은 퇴역시킨 후 '간첩'이라는 죄명으로 체포했다.

9월 9일 첫 열차 출발

고려인 이주민을 태운 첫 수송열차가 블라디보스토크를 출발한 것은 1937년 9월 9일 밤이었다. 이주명령이 떨어진지 20일만이다. 원동에 사실상 추위가 시작된 때였다. 열차가 출발 기적을 울리자 어디로 무엇 때문에 가는지도 모른 채 고향을 떠나는 사람들의 얼굴에는 슬픔과 눈물이 가득했다. "원동변강이여 잘 있거라. 슬퍼 말라. 또 올 날이 있으리라"고 고함을 지르면서 차창 밖으로 머리를 내밀며 울부짖는 사람도 있었다. 당시 19세의 사범대학생이던 원로 문인 정상진은 "그때를 생각하면 지금도 울음과 통곡, 저주의 목소리를 듣는 듯하다"고 말했다.

수송열차는 객차, 화물차, 가축운반차 등을 엮어 평균 50량으로 편성해 약 600명의 이주민을 태웠다. 객차에는 경찰과 호송요원, 그리고 고

안일 작 '화물차—강제이주'

화가 안일

려인으로는 신문사 직원, 극단원, 사범대학 교수와 학생 등 이른바 엘리트 계층이 탔다. 이들은 1천여 명에 불과했다. 나머지 사람은 모두 화물차와 가축운반차에 짐짝처럼 실렸다. 화물차 한 칸에 보통 2~3가구, 많게는 4가구가 탑승했다.

화물차는 중앙의 출입문 좌우에 선반을 질러 2층으로 만들어 한 차를 4칸으로 나누었다. 한 가구에 한 칸씩 배정하고 가운데에 조그만 원형 난로를 설치하여 조리할 때 각 집이 순번대로 쓰도록 했다. 칸마다 짐과 식량·물통·장작 등으로 가득차 미어터질 것 같았다. 매 칸의 침상 바닥에는 짚을 깐 것이 고작이었다. 한 칸을 3층으로 나눈 화물차도 있었다. 그런 열차에 실린 안득춘은 차 안에서 허리를 마음대로 펼 수 없어 큰 어려움을 겪었다.

화물차에는 유리창 하나 없이 널빤지로 막은 문만 있었다. 문이 닫히면 칠흑 같은 어둠에 휩싸였다. 그래서 기차를 그냥 '검은 상자'라고 불렀다. 안에서 밖을 볼 수 없을 뿐 아니라 밖에서도 화물차 안에 사람이 실려 있는지를 알 수가 없었다. 당국은 그만큼 고려인 이주를 철저하게 비밀로 위장했다. 가축운반차는 가축 냄새가 여전했고, 열차가 달릴 때면 벽과 바닥의 널빤지 사이로 매서운 찬바람이 들이닥쳤다. 저녁이 되어 기온이 뚝 떨어지면 기차 안은 꽁꽁 얼어붙었다. 준비해온 이불이며 옷가지가 변변찮았기 때문에 매우 고통스러웠다. 젖먹이가 딸린 집안은 더 심했다. 그 중에는 병자들도 꽤 있었다. 그러나 위생열차는 없었고 의사, 간호사도 동승하지 않았다. 당시 화물열차로 가축을 수송할 때는 수의사가 꼭 따라다녔다. 고려인들은 소나 돼지보다 못한 취급을 당한 셈이다.

3~4주 걸려 목적지 도착

이주민들은 목적지에 도착할 때까지 3~4주간을 시베리아 횡단 열차 속에서 시달렸다. 도중에 우수리스크, 하바롭스크, 이르쿠츠크 역에서 수일씩 머물렀지만 경비가 삼엄해서 외출을 할 수가 없었다. 초기에 이주민들은 열차가 급수를 위해 정차한 큰 역에서 끓는 물을 공급받았지만 곧 이런 배려도 사라졌다. 열차는 사람이 많이 거주하는 지역은 그대로 지나치면서 인적이 드문 한적한 곳에 간간히 정차했다. 열차에는 화장실이 없었기 때문에 기차가 잠깐 서면 무엇보다 급한 것이 대소변을 보는 일이었다. 기차역마다 변소로 변하자 다음부터는 허허벌판에 열차를 세웠다.

준비해 간 며칠간의 식량이 떨어진 뒤부터는 기차가 서면 바로 물을 길러 달려가거나 당국이 내준 이주비를 움켜쥐고 먹을거리를 구하러 나서야 했다. 식량은 스스로 해결하라는 것이 당국의 지시였다. 우선 간이 상점으로 뛰어가 홀레브(빵), 우유 등 먹 을 수 있는 것이면 아무 것이나 닥치는 대로 사다 먹으면서 허기를 채웠다. 어쩌다가 흰 쌀밥을 먹게 되면 마치 명절 같은 분위기였다. 마른 음식만 계속 먹는 것이 지겨워, 물과 나뭇가지를 장만해 국이라도 끓이려고 하면 열차가 기적을 울렸다. 준비했던 걸 그냥 놔두고 승차를 서둘러야 했다. 온종일 덜컹거리는 열차를 타고 가자니 자주 배고픔에 시달렸다. 사람들은 물과 음식을 사기 위해 다음 역에 도착하기를 목이 빠지도록 기다렸다. 우연히 기차가 집단농장 부근에 정차하면 모두들 밭으로 내려가 감자를 캤다. 먹을 물도 구하기 어려운 상황이어서 세수와 목욕은 생각조차 할 수 없었다.

수송열차는 한번 달리면 며칠을 계속 달렸다. 한 곳에서 2~3시간 머무르기도 하고, 때로는 2~3일 간 정차하기도 했다. 그 과정에서 가족이 여러 열차로 흩어져 다수의 이산가족이 생겨났다. 열차 안은 종종 아수라장으로 변했다. 지옥이 따로 없었다. 극도의 혼란 속에 출산 소동이 벌어지는가 하면 식량 약탈과 겁탈이 자행되고, '배신자'를 징치하는 '인민재판'이 열리기도 했다. 동승한 비밀경찰요원들에 의한 '불순분자' 체포도 계속되었다. 블라디보스토크를 출발한 한 열차에서는 카자흐스탄까지 오는 도중에 10여 명이 체포돼 소식도 없이 사라졌다. 강제이주와 숙청이 함께 이루어진 것이다. 열차사고도 몇 번 있었다. 11월초 하바롭스크 부근에서 일어난 열차전복 사고 땐 21명이 사망하고 50명이 부상했다.

철길 옆에 시신 묻고 통곡

도착 때까지 열차 안은 소독도 않고 목욕도 할 수 없어 이주민들의 옷에는 이가 바글바글 끓었다. 열차가 잠시 정차하면 사람들은 밖으로 나가 머리나 속옷에 하얗게 낀 이를 털어내기에 바빴다. 수송 도중 전염병이 발생하여 많은 사람들이 사망하였다. 정거장마다 물이 달라지니 배탈을 앓지 않은 사람이 없었다. 병자가 생기면 즉시 들것에 실려 열차에서 내려졌다. 완쾌되면 곧 가족에게 돌려보낸다고 약속했으나 돌아오지

앓은 사람이 많았다. 대부분은 소식이 끊긴 채 사망했다. 병자들은 앓는 티를 내지 않으려고 애썼고 이주민들은 환자가 생겨도 알리지 않고 숨겼다. 어떤 집은 난로 위에서 끓는 국솥을 엎어 화상을 입은 두 아이가 죽자 목적지에 도착하면 매장하려고 기다렸다가 시신에서 악취가 퍼지는 바람에 들통이나 곤욕을 치렀다. 한 달 이상의 여행 끝에 열차가 타슈켄트에 일시 정차하자 더는 못가겠다고 항의하며 자의로 짐짝을 내리는 소동이 벌어졌다. 그러나 순식간에 총창을 든 군대가 나타나 "차를 타라"고 명령하자 사람들은 하는 수 없이 다시 기차에 올랐다.

목적지까지 가는 동안 먼 길에 지쳐 모두가 앓고 있었다. 앓다가 일어난 사람은 '여행'을 계속했지만 명이 짧은 사람은 황천객이 되었다. 특히 연약한 어린 아이가 많이 사망했다. 열차가 서면 이름도 모르는 철길 근처에 시신을 서둘러 묻으며 통곡하는 소리가 끊이질 않았다. 주인 없는 시신은 밤에 열차 밖으로 내던져졌다.

고려인 이주민을 태운 열차는 9월 말 카자흐스탄의 우슈토베에 최초로 도착했다. 뒤이어 알마아타, 크즐오르다, 카라간다 지역에, 그리고 10월 초에는 우즈베키스탄 국경지역에 속속 도착했다. 이주민들은 열차탑승 기간 내내 그들의 행선지에 대한 통보를 받지 못했다. 때때로 최종 순간 행선지를 변경함으로써 가족 간에 생이별이 일어났다. 기차 여행 한 달여 만에 이주민들이 도착한 곳은 초원과 바람 말고는 아무것도 없는 허허벌판 지역이었다. 소련당국자는 수용시설이라곤 전혀 없는 황무지에 이주민들을 부려 놓고 돌아갔다. 이주민들은 결국 땅굴을 파고 살 수밖에 없었다.

강제이주는 연해주 고려인만 당한 것이 아니다. 북사할린 지역의 고려인을 비롯하여 유대인자치주에 살던 고려인, 콤소몰스크의 고려인, 바이칼호 부근 부랴트공화국에 거주하는 고려인 등 3,200명도 모두 색출되어 중앙아시아로 이주되었다. 북사할린 고려인 1,155명은 배를 타고 10월 18일 블라디보스토크에 도착한 뒤 거기서 열차 편으로 중앙아시아로 이송되었다. 강제이주는 9월 초~12월 말에 걸쳐 2차로 나누어 진행되었다. 1차는 국경지역 거주 고려인, 2차는 내륙 거주 고려인이 그 대상이었다. 1차 강제이주가 끝난 그해 10월 말, 소련 내무인민위원부 예조프 위원장은 "원동 고려인을 최단기간 내에 카자흐스탄과 우즈베키스탄으로 이송 완료했다"고 의기양양하게 발표했다.

1937년 10월 원동지역에는 더 이상 고려인이 남아있지 않았다. 캄차카 반도와 오호츠크 등에 700명의 고려인이 남아 있을 뿐이었다. 그러나 이들도 11월 초까지 모두 원동지역에서 추방되었다. 1937년 12월 31일 카자흐스탄의 쿠스타나이에 도착한 820가구 4,000명의 마지막 고려인은 인계가 지연돼, 1주일 동안 열차 안에서 추위로 고생한 후에야 하차할 수 있었다.

원동에서는 고려인 이주 후 누락자 색출을 위한 '정밀청소'가 오랫동안 계속되었다. 이와 함께 중국인, 러시아인, 우크라이나인에 대한 불순분자 색출작업도 전개되었다. 농촌에서는 노동력 부족으로 추수를 못해 농작물의 상당 부분이 그대로 들판에서 죽어버렸다. 거리에는 굶주린 집짐승들이 돌아다니며 사람들을 위협했다. 고려인 이주로 공동화된 지역에는 붉은 군대에서 제대한 예비역 장병들이 들어오기 시작했다. 비워진 집들은 허물어지고 약탈당했다. 빈집은 불을 질러 태워버렸다. 고려인들이 살던 원동의 444개 마을은 폐쇄되어 지도에서 사라지고 쑥밭으로 변했다. 이 폐쇄 마을 444개는 러시아인이 들어와 러시아 마을로 변한 곳은 포함하지 않은 숫자다.

지구촌은 침묵하고

스탈린정권은 강제이주를 '위대한 국가적 대사업'으로 찬양하면서도 극비리에 추진했다. "우리에게 민족문제는 없다"는 미명 하에 강제이주의 부당성과 폐해에 대해 논의조차 못하도록 제약했다. 이 때문에 일반 인민은 물론 공무원들도 강제이주 사실을 몰랐다. 고려인의 대변지로 자처하던 '선봉'신문은 강제이주에 대해 단 한 줄의 기사를 게재하지 않았다. 18만 고려인 이주민 가운데 당시의 정황을 사진으로 남긴 사람도 없다.

지구촌은 고려인 강제이주에 대해 침묵했다. 어느 국가, 어느 신문도 이를 언급하지 않았다. 강제이주가 어찌나 은밀하게 진행됐던지 유럽의 민주주의 진영이나 독일의 반공단체에서도 아무런 관심을 보이지 않았다. 두만강 건너의 식민지 조선 백성들은 자기 동포가 낯선 곳으로 실려 가는 것조차 모르고 말 한마디 거들지 못했다.

강제이주에 대한 유일한 항의자는 아이러니컬하게도 일제였다. 고려인 강제이주에 각별한 관심을 갖고 주목하던 일본정부는 1937년 11월 3일 모스크바주재 일본대사관을 통해 소련정부에 항의했다.

그 요지는 이렇다.

"본래 조선에는 국적 이탈의 법제가 없다. 따라서 조선인들은 다른 국적을 취득했을지라도 그들 본래의 국적 또한 계속 간직해야 한다. 이것은 일본이 조선을 합병한 이후에도 유지되고 있다. 때문에 조선인은 타국의 국적을 취득해도 일본제국의 신민임에는 변함이 없다. 조선인은 어디에 있든지 간에 일본천황의 신민이다. 게다가 1936년 10월 1일 978명의 조선인이 블라디보스토크의 제국총영사관에 등록했다. 그리하여 일본정부는 제국신민인 소련거주 조선인의 강제이주에 항의하며, 이들 조선인의 안전에 대해 조사할 것을 요구한다."는 것이었다.

이에 대해 11월 27일 소련정부는 "소련시민인 고려인의 문제에 대해 일본이 개입할 특권이 없다"며 단호하게 일축했다.

고려인 강제이주가 세상에 처음 공개적으로 언급된 것은 근 40년이 지난 후 소련의 노벨문학상 수상 작가 알렉산드르 솔제니친에 의해서다. 1970년대에 그는 소련 강제수용소의 역사와 참상을 다룬 '수용소군도'에서 소련의 비인도적인 강제이주에 대해 이렇게 비판했다.

"1937년 의심을 산 수만 명의 고려인- 일제에 맞서 싸웠으나 이 째진 눈의 이방인을 신뢰하는 사람은 아무도 없었다- 중풍 걸린 노인들로부터 훌쩍이는 젖먹이까지 거지같은 봇짐을 진 채 신속하고도 소리 없이 원동에서 카자흐스탄으로 옮겨졌다. 어찌나 신속했던지 그들은 첫 겨울을 창문도 없는(그 많은 유리가 어디서 나오겠는가!) 흙벽돌집에서 보냈으며, 어찌나 조용했던지 이웃한 카자흐인 이외에는 아무도 이들의 정착을 알지 못했다. 아무도 발설(發說)할 생각을 안했고 외국특파원들도 찍소리 하나 내지 않았다."

V 12월까지 18만 명 이주

고려인들을 태운 거대한 비극의 수송열차가 달려간 거리는 장장 6,000km에 이주민 수는 총 3만 6,442가구 17만 1,781명에 달했다. 그중 2만 170가구 9만 5,256명이 카자흐공화국에, 1만 6,272가구 7만 6,525명이 우즈베크공화국에 각각 짐을 풀었다. 이것은 10월 말까지 열차 124대에 의해 1차로 수송이 완료된 이주민 숫자이다. 여기에 그 후 수송된 4,700명 이상의 인원을 포함하면 강제 이주된 고려인의 총수는 대략 18만 명에 달한다.

소련 인민위원회는 이주에 따른 지출예산으로 1억 2,600만 루블을 책정해 원동지방에 6,300만, 우즈베크공화국에 2,700만, 카자흐공화국에 3,600만 루블을 각각 할당했다. 여기에 수송기간 중 이주민 가족 1인당 하루에 5루블씩 지불한 일당을 합치면 국가 지출액의 총액은 대략 1억 9,000만 루블에 달한다.

강제이주 도중 열차 사고, 기근, 질병, 추위 등으로 수많은 고려인이 목숨을 잃었다. 특히 집단 발병이 많았던 어린이들 경우 홍역에 걸리면 60%가량이 사망했다. 이주 도중 박해를 받고 희생된 사람 역시 수백 명에 달했다. 소련당국은 수송과정 내내 고려인들을 감시했다. 수송열차에 동승한 비밀경찰 요원들은 이른바 '불순분자'를 수색, 체포해 도착지 당국에 넘겼다. 기소된 고려인들은 '일본간첩'이라는 죄목으로 형을 선고 받았다. 도착지 중앙아시아도 고려인들에게는 굴라그(강제수용소)에 다름 아니었다.

강제 이주된 고려인 중에는 항일유격부대를 지휘하여 봉오동·청산리 전투를 승리로 이끈 독립운동가 홍범도를 비롯한 애국투사들도 많았다. 레닌을 만나 권총을 선물받기도 한 홍범도는, 그러나 크즐오르다로 강제 이주되어 만년에는 궁핍과 어려움 속에서 생을 마감하였다.

강제이주 희생자 1만 6,500명

강제이주의 비극은 스탈린의 잔인한 대국주의 정책이 낳은 결과이지만 그 원인의 주된 부분은 일-소의 적대적 대립에서 비롯되었다. 이 틈바귀에서 찢기고 짓밟힌 것이 '나라 없는 백성' 고려인이었다. 러-일전쟁 승리 후 조선을 강제 병합한 일제는 러시아조선인, 즉 고려인까지도 천황의 신민으로 간주해 부당한 간섭을 일삼았다. 일제는 고려인의 항일 구국투쟁을 저지하기위해 끊임없이 러시아를 압박했고, 정탐활동에 고려인을 이용함으로써 소련의 안보 불안과 고려인 불신을 부추겼다. 급기야 스탈린은 고려인을 중앙아시아로 강제 이주시키는 전대미문의 폭거를 자행하기에 이르렀다. 그런 의미에서 고려인 강제이주의 비극은 일본에게 상당한 책임이 있다.

1937년 강제이주와 이를 전후하여 얼마나 많은 고려인들이 죽어갔는지는 오늘날까지 확실하게 밝혀지지 않고 있다. 일설에는 당시의 숙청, 기근, 질병 등으로 9,500명 이상이 사망했다고 하며, 최대 2만 5,000명 사망설까지 제기되고 있다. 러시아 역사학자 니콜라이 부가이는 1937년 강제이주 도중 사망자를 554명으로 기술하고 있다. 1937~39년까지 3년간 강제이주 희생자에 대해 권희영(한국정신문화연구원)은 정치적 희생자 2,500명에, 사

신순남 작 '레퀴엠-이별의 촛불, 붉은 무덤(부분 7)'. '레퀴엠'은 강제이주의 수난사를 장엄한 파노라마로 펼친 대형 기록화다.

회적으로 발생한 희생자를 강제이주 직후 급증한 고려인 사망률 기준으로 환산해서 더할 경우 모두 1만 6,500명 정도로 추정했다. 스탈린의 대탄압시대(1935~38년)를 산 고려인들의 주장은 이보다 훨씬 많다. 그때 재소고려인의 절반이 줄었다고 해도 과언이 아니라고 말한다. 강제이주의 무서운 폭풍이 몰아칠 때 고려인들이 받은 충격과 피해의식이 엄청나게 컸다는 얘기다.

고려인 강제이주는 해외한인이 겪은 아픔 가운데 가장 큰 상처이며, 결코 지울 수 없는 통한의 역사다. 고려인들은 그 피맺히고 억울한 사연을 어디에도 호소하지 못한 채 소비에트정권 내내 가슴속에 깊이 묻고 침묵의 삶을 살아야 했다.

타슈켄트의 김병화농장에서 일하던 한 노인이 토해 낸 회고담은 그 비극의 세월을 리얼하게 상기시켜준다.

"잉기(여기)까지 오는데 한 달 넘어 걸렸지. 짐승이 실는 기차에 한 바곤(객차)에 네 가족씩 탔지. 춥지, 배고프지 해서 애들은 죽고, 노인들도 마이(많이) 죽었지. 기차가 스면 부모들은 죽은 자슥들을 땅에 묻고… 또 기차 타고 갔지. 어디매 가는지는 아무도 몰랐지. …… 처매(처음에) 잉기는 전부 깔밭(갈대밭)이랬지. 그래 손으로 호매로 밭을 매고 물길 내고… 말로 집을 지었지. 정말 짐승이처럼 살았지. …… 인잔(이젠) 일없소(괜찮소)."

제7장
한반도-서역 교류사
<고대·중세>

I 서역은 한반도행 문화통로

　　한반도와 과거 서역(西域)으로 불리던 중앙아시아는 무려 6천km나 떨어져 있다. 지금 비행기를 타고 가도 6~7시간이 걸리는 먼 곳이다. 더구나 그 사이엔 열사의 사막과 만년설로 뒤덮인 고산준령이 가로 막고 있다. 그 옛날엔 하루 천리를 달린다는 한혈마(汗血馬)를 타고도 감히 가볼 엄두조차 내지 못한 먼 이역이 서역, 즉 중앙아시아였다. 그럼에도 우리 한국인의 피 속에는 먼 옛날부터 서역의 혼이 유장하게 흐르고 있음을 발견한다.

한국인의 시원지(始源地)인가?
　　중앙아시아의 키르기스인들이 신성시하는 이스쿨호의 북쪽 호반에 촐폰아타라는 마을이 있다. 현대식 각종 위락시설이 들어서 있는 휴양지 이스쿨 호반의 중심지다. 촐폰아타는 선사시대 암각화의 '노천박물관'으로 유명하다. 정남향의 양지바른 산등성이엔 암각화가 새겨진 1천여 개의 크고 작은 바윗돌이 오밀조밀 흩어져 있다. 옛날에는 분명 예사롭지 않은 곳이었음을 일러주는 유적이다. 그래서 유네스코 세계문화유산으로 지정된 곳이다.

2000년대 초에 중앙아시아를 여행한 시인 김지하는 이스쿨호와 촐폰아타를 우리 민족의 시원지(始源地)로 연결시키는 상상력을 발휘해 주목을 끌었다. 그

신령스러운 이스쿨 호수

는 해발 1600m의 산상(山上)호수 이스쿨에서 백두산 천지와 단군의 신시(神市)를 떠올렸다. 그리고 촐폰아타는 "고구려의 수도, 그 졸본(卒本)"이라고 외쳤다. 발음이 비슷하다는 사실에 주목한 것이다. 또 키르기스의 '키리'의 어원(語源)이 '고구려' '고려'와 같은 혈통이며, 이 나라의 최고봉 가운데 하나인 '칸 탱그리봉(峰·해발 6,995m)'의 '탱그리'도 우리말 '단군'의 근원이라고 주장했다. 고대 투르크어나 몽골어에서 탱그리는 하늘(天神)을 의미했다. '칸'은 크다는 의미의 우리말 '한'과 같은 말이다.

언어학자들에 따르면 키르기스어와 우리말은 뿌리가 같다고 한다. 둘 다 알타이어 계통이다. 어순(語順)이 같고 비슷한 용어도 꽤 있다. 키르기스인들은 우리말을 금방 익힌다. 생김새도 비슷하다. 학자들에 따르면 키르기스인이 현재의 키르기스스탄 지역에 정착한 것은 12세기 무렵이라고 한다. 원래는 바이칼호 서쪽의 예니세이강(江) 유역에 살다가 남하

했다는 것이다. 바이칼호는 우리 민족의 시원지로 알려져 있다. 그 옛날에 키르기스인이나 한민족이나 비슷한 지역에서 살았으니 말도 유사했던 모양이다.

우즈베키스탄의 사마르칸드 인근에도 '촐폰아타'라는 지명을 가진 곳이 있다. 현지 주민에 의하면 촐폰은 양치기, 아타는 아버지 또는 할아버지를 뜻하는 말로서, 촐폰아타는 양치기가 많은 곳이라는 뜻이라고 한다. 고구려의 첫 수도 '졸본'은 무엇을 뜻하는 것인지? 촐폰아타와 같은 뜻이라면 김지하의 영감에 놀랄 뿐이다. 학자들의 천착을 기대해 본다.

고대 한반도는 스키타이 문화권

동아시아 청동기문화 형성에 큰 영향을 미친 스키타이문화의 발상지는 흑해 연안이다. 스키타이문화는 북방 유라시아 초원을 동서로 가로지르는 초원로(草原路)를 따라 전파되었다. 경주 고분에서 출토된 금관, 관식(冠飾), 요대(腰帶), 그리고 다양한 형태의 화려한 유리제품 등은 이런 문화 교류가 고대 한국에 이어졌음을 보여주는 중요한 물증이다. 불교도 마찬가지다. 인도에서 탄생한 뒤 서역을 거쳐 중국에 유입되고, 뒤이어 한국을 비롯한 주변 국가에 전해진 것이다. 서역, 즉 중앙아시아는 한국으로 오는 문화의 교차로였다.

한국어는 투르크어, 몽골어, 만주-퉁구스어와 함께 알타이어군(語群)의 한 언어로 분류된다. 한국어는 그중 몽골어보다는 투르크어에 더 가깝다고 언어학자들은 말한다. 이런 언어적 친근 관계만을 근거로 한다면 한국의 복식은 몽골보다 중앙아시아와 서아시아를 활동 무대로 한 투르크인 복식에 더 가까워야 한다. 사실 한국복식과 서역복식은 많은

초원로를 통해 들어온 북방 유목기마문족의 영향을 받은 기마인물형 토우. 말 뒷잔등에 실은 것이 동복이다

유사성을 지니고 있다. 고대 한국인은 의복으로 신체를 감쌌다. 고깔형 모자, 대롱소매의 상의(저고리), 밑을 댄 바지, 가죽으로 만든 장화를 착용했다. 중앙아시아 민족과 공통되는 복식이다. 바지와 저고리는 한국과 서역의 대표적인 고유 복식이다. 중국에서는 호복(胡服)이라고 부른 기마민족의 복장이다. 변형모와 조우관(鳥羽冠)의 착용도 한국과 서역복식의 공통 요소다. 뾰족한 고깔형 모자는 서역인의 고유 관모다. 한반도에서는 절풍모(折風帽)란 이름의 변형 고깔모자가 고구려·신라·백제·가야에서 유행했다. 변형모에는 왕왕 새의 깃을 장식으로 꽂았다. 그게 조우관이다. 고구려 무용총의 마상 수렵자, 우즈베키스탄 아프라시압 궁전 벽화의 고구려 사절로 추정되는 인물, 그리고 당나라 장회태자(章懷太子) 이현묘(李賢墓) 벽화의 신라 사절로 추정되는 인물들도 바로 이 조우관을 쓰고 있다.

BC 700~600년경 북방 기마(騎馬)청동기인들은 알타이 산맥으로 진출했다. 한반도까지 스키타이문화가 들어오게 된 큰 물결이 인 것이다.

경주에서 출토된 새머리 모양 물병(가운데)과 유리그릇들.

고대 한국의 복식이 관모에서 의복, 신발, 대, 장신구에 이르기까지 대부분이 스키타이 복식과 깊은 관계를 갖게 된 것은 이 때문이다. 고대 한국은 한(漢)나라와 문화교류를 하기 이전에는 스키타이문화권에 속했었다. 경주 금령총에서 출토된 기마인물형 토우에는 북방 청동문화의 상징물인 동복(銅-청동솥)이 실려 있다. 경주 계림로 14호분에서 나온 특이한 형태의 장식보검(裝飾寶劍)은 동아시아 문명권의 제작품과는 판이하게 다르다. 카자흐스탄의 스텝지대에서 출토된 보검과 매우 유사하다. 천마총에서 출토된 천마도의 말 배 부분에 그려진 반달 모양이나 금관의 곡옥 등은 중앙아시아의 말이나 샤만의 장식에서 같은 모양을 볼 수 있다.

특히 경주 일대 고분에서 출토된 다양한 형태의 유리제품은 초원로와 고대 한국문화와의 상관성을 가장 구체적으로 나타내고 있다. 1975년 황남대총에서 나온 새머리형(鳳首形)유리병 등 로만 글라스는 4-5세기경 시리아를 중심으로 한 지중해 주변에서 제작된 것이 흑해를 북상하여 초원로를 거쳐 신라에 유입된 것으로 추정된다. 사산조 페르시아 계통의 커트 글라스도 실크로드를 통해 중앙아시아 및 중국을 거쳐 신라에 들어온 것으로 보인다. 최근 부여 능산리 절터에서 출토된 유리조각 역시 서역 유리의 특성을 나타내고 있어, 5~6세기 한반도의 대외교류 상황을 엿볼 수 있게 한다.

실크로드 따라 서역문화 유입

고구려 고분 벽화에는 서역인 형상이 많이 나온다. 삼실총과 사신총의 서역인 역사(力士), 각저총의 서역인 씨름꾼, 안악 3호분의 외국인 춤꾼 등이 그들이다. 서역인들이 고구려에 와서 고구려인들과 더불어 가무백희, 잡희, 산대잡극 등을 연희했을 가능성을 보여 주는 유적들이다. 우리가 전통 악기나 토착 음악이라고 여기는 것 중에도 실크로드를 따라 흘러든 것이 많다. 우리나라 거문고는 인도의 '비나'라는 현악기가 그 원형이다. 장구도 인도에서 전래된 것이다. 자진모리·타령 장단도 인도 장단과 같다고 한다. 인도에서 불교가 들어올 때 불교뿐 아니라 음악을 포함한 인도 문화도 함께 서역을 거쳐서 들어온 것이다.

한(漢)나라 이후 한반도와 서역 간의 교류는 중국대륙을 관통하는 실크로드가 주된 통로였다. 흔히 실크로드의 종점은 당(唐)나라 장안(長安)이라고 하지만, 실은 거기서 끝나지 않고 그 지선이 경주까지 이어졌다. 나아가 그 연장선으로서 일본의 나라(奈良)까지 파급효과를 미쳤다. 8~9세기경 세계적 대도시인 비잔틴제국의 수도 콘스탄티노플에서 경주까지 교역품은 6~8개월이면 도달했다. 실크로드 교류가 활발했던 시절 당 왕실이 누렸던 서아시아 풍의 화려한 문화는 간접적으로 한반도에 이식되었다. 또 중앙아시아를 거쳐 인도로 구법여행을 갔던 신라 승려들에 의한 직접적인 문화 활동의 결과, 신라수도 경주 일대에는 인도와 서역 문화의 영향이 짙게 남겨졌다.

사천왕상·무인석은 서역풍 완연

서역인들은 통일신라와 고려시대에 우리나라에 와서 정착해 살거나 우리나라와 밀접한 관계를 맺었다. 통일신라시대 유물인 감은사탑 금동사리함을 장식하고 있는 사천왕상, 원성왕릉으로 추측되는 경주의 괘릉(掛陵)과 홍덕왕릉의 무인석(武人石)은 서역풍이 완연하다. 특히 우람한 체격에 키가 2m 50cm가 넘고, 머리에 이슬람식 터번을 쓰고 있는 괘릉 무인상은 쌍꺼풀에 부릅뜬 큰 눈, 코끝이 넓게 퍼진 매부리코, 팔(八)자 콧수염, 귀밑부터 가슴까지 흘러내린 곱슬곱슬한 수염 등의 용모가 서역인상 그대로다. 눈이 깊고 코가 높은 심목고비(深目高鼻)한 서역인의 위협적인 풍모가 사찰이나 능묘를 지키는 수호신의 형상으로 차용된 것이다. 이러한 석상은 서역인을 현장의 모델로 삼지 않고서는 그토록 생동감 넘치

경주 괘릉의 무인상. 우람한 체격에 이슬람식 터번을 쓰고 부릅뜬 큰 눈, 매부리코, 곱슬곱슬한 수염 등은 서역인 무인상 그대로다.

고 선명하게 조각해 낼 수가 없다. 당시 신라에 서역인이 살았다는 증거다. 한국에서 가장 오래된 탈인 처용탈도 이방인의 모습 그대로다. 주먹코에 쌍꺼풀 진 눈(다른 탈은 다 단꺼풀 눈), 주걱턱과 넓은 이마, 검붉은 얼굴색 등등… 한마디로 서역인을 형상화 한 것이다.

경주 고분에서 출토된 7~8세기 토용 가운데 몇 점도 서역인 형상이 분명하다. 호모(胡帽)를 착용한 심목고비한 모습의 토용(土俑), 홀(笏)을 들고 서 있는 턱수염이 긴 문관상(文官像) 토용은, 이들 이방인들이 신라에 도래하여 활약했을 가능성을 시사하고 있다. 홀은 고관들이 임금을 알현하거나 궁전 조례에 참석할 때 손에 쥐는 관직 표식물이다. 홀을 쥔 서역인상은 그가 신라 조정에서 상당히 높은 관직에 있었음을 말해준다.

이들의 출신에 대해 학자들은 수·당(隨·唐)대에 동서교역에서 대활약을 보인 민족인 소그디아나의 소그드인으로 보고 있다. 소그드인들이 통일신라시대에 도래하였다는 기록은 드러난 게 없다. 그러나 당시 장안에서 경주까지 이어진 실크로드의 연장선에서 소그드인들이 활약했을 가능성은 충분했다고 본다. 8세기 후반, 중국 장안에 장기 체류하던 소그드인은 약 4,000명에 달했다. 러시아 연해주 아르센예프 지역의 발해 유지에서 소그드 은화가 발견된 사실은 발해와 서역 간에도 교역이 진행되었음을 실증한다. 이 은화는 8세기의 중앙아시아의 사마르칸드(소그드)에서 주조된 것이다.

고려·조선시대도 서역과 교류

고려 때 벽란도는 송, 거란, 왜, 동남아, 아라비아 상인들이 북적이던 국제무역항이었다. 고려 초에 대규모의 대식국(大食國) 상인들이 여러 번 찾아왔다는 기록이 나온다. 그들이 수은, 몰약(沒藥·방부제), 소목(蘇木·외과용 약) 같은 진귀한 공물을 진상하니, 왕이 객관까지 마련해 그들을 후대하고 황금과 비단을 하사했다. 대식국은 이슬람 왕조인 사라센제국, 즉 아라비아를 말한다.

"만두가게에 만두 사러 갔더니 회회(回回)아비가 내 손목을 잡더라."

고려 말 충렬왕 때의 가요로 알려진 '쌍화점(雙花店)'에 나오는 구절이다. 고려 여인에게 수작을 건 '회회아비'는 대식국 상인이다.

충렬왕의 왕비로 원나라에서 고려로 시집온 제국대장공주(원 세조 쿠빌라이의 딸)는 고려에 올 때 한 아랍인을 시종으로 데리고 왔다. 그가 고려 여인과 결혼하자 왕은 장순용(張舜龍)이라는 우리나라 성과 이름을 하사했다. 바로 그 아랍사람이 고려에 귀화해 덕수 장 씨의 시조가 되었다. 무슬림으로 고려에 귀화하고 고관직에 오른 경주 설(偰)씨의 시조 설손(偰遜)은 위구르인이다. 귀화한 무슬림들은 개경 인근에 취락을 이루어 집단 거주하면서 특유의 이슬람공동체를 형성했다. 그들은 이슬람교 사원격인 예궁(禮宮)에서 일상적인 예배를 근행하고 신전에서 왕을 위해 향연을 베풀기도 했다. 왕실의 매를 사육하고 관리하는 응방(鷹坊)의 총관은 회회인들이 도맡았다. 또 왕실 주변에는 색목인(色目人) 출신인 최노성 같은 대상인들도 있어 두 나라 간 무역에 종사했다.

몽골의 대도(大都·현재의 북경)에는 고려인 수만 명이 살고 있었다. 거기서 고려인들은 세계와 접촉했다. 고려와 원나라는 국혼(國婚)도 했고, 또 왕과 왕세자들이 몽고에 가서 장기간 거주했으므로 거기에 와있던 색목인, 회회인 등과 두루 접촉했으리라고 믿어진다. 한민족과 러시아인 사이의 최초의 접촉도 고려시대에 시작된 것으로 보인다. 몽골의 러시아

지배는 약 300년 동안 계속되었다. 이때 몽골의 수도인 카라코룸이나 대도에는 러시아인이 많이 와서 살았다. 1200년대 후반 북경에는 러시아인들로 구성된 경비부대가 있었다. 이들 일부는 한국 북방과 접하고 있는 요령성 지역에 파견되기도 했다. 러시아인과 고려인과의 접촉 가능성을 충분히 짐작해 볼 수 있다. 또 고려를 침공해온 원나라 군대 가운데 러시아 병사가 있었다고 추측해 볼 수도 있다.

고려 시대에 유행한 '격구'나 '타구'는 서아시아의 스포츠인 폴로 게임이 그 원형이다. 서역이 고려 시대에도 문화의 중계지였음을 보여주는 사례다. 고려는 송, 원 뿐만 아니라 서역문화와의 활발한 교류를 통하여 독특한 문화를 창조하였다. 13세기 칭기즈칸에 의해 통일된 몽골이 유라시아 일대에 대제국을 건설하면서 원나라를 통해 들어온 중세 아라비아의 천문학, 기상학, 지리학은 고려 말기의 과학과 농업 발전에 크게 기여하였다. 고려 말에 건립된 경천사 10층 대리석탑(국보 86호)은 원나라를 통한 서역 예술의 영향을 받은 것으로, 한국 석탑 중 최고 걸작의 하나로 꼽히고 있다. 고려와 이슬람세계 간의 교류물 중에 오늘날까지도 우리의 일상에서 빼놓을 수 없는 것이 바로 소주다. 소주는 몽골군이 아랍 무슬림으로부터 양조법을 배워와 개성, 안동, 제주도 등 주둔지에서 처음으로 빚기 시작했다.

조선 초까지도 조정은 무슬림들에게 성(姓)과 관직을 주고 자기네 전통문화를 지키며 살 수 있도록 했다. 1407년에 회회사문(回回沙門·이맘) 도로(都老)가 처자를 데리고 내조하자 태종은 집을 주어 살게 하고 그에게 여러 가지 특전을 베풀었다. 세종은 이슬람 역법을 도입해 조선식 음력인 '칠전산외편'을 만들었다. 또 세종 때까지의 청화백자는 사마르칸드에서 산출된 안료를 수입해 만든 것이었다. 당시 조선 초의 수많은 과

학기기의 발명도 세계 최고 수준의 이슬람 과학의 영향을 받은 것이다. 그러나 15세기 들어 이슬람 문화의 흔적은 점차 희미해진다. 유교가 국가이념으로 강화되면서 관심은 중국으로 집중되었다. 한국이 이슬람과 다시 만난 것은 1970년대 초 오일 위기를 만나면서였다.

II 서역을 간 고대 한인들

<7세기 고구려 사절단>

역사상 중앙아시아에 한인이 처음 발을 디딘 건 아마 7세기 중엽의 고구려 사절일 것이다. 조우관을 쓴 이 두 명의 사신은, 1965년 우즈베키스탄의 사마르칸드 유적에서 발굴된 아프라시압 궁전 벽화에 나온다. 사마르칸드왕(王) 바르후만을 진현하는 12명의 외국사절단 행렬을 묘사한 채색벽화의 일부다. 이 행렬의 마지막에 서있는 두 사람

사마르칸드의 아프라시압 벽화. 맨 오른쪽 두 사람이 고구려 사신으로 추정된다.

은 외형과 복식, 패용물 등으로 미루어 한반도에서 온 사절이 틀림없다. 바르후만왕의 재위기간이 650~670년이었으니, 이 사절도는 1,350여 년 전에 존재한 한반도와 서역간의 공식관계를 보여주는 것이다. 다만 신라 사절인지 고구려 사절인지는 학자 간에 의견이 엇갈리나, 고구려 사절설이 더 유력하다. 두 사절의 외형과 복식, 패용물 등이 고구려의 그것과 더 가깝고, 당시의 국제정세도 고구려와 서역의 제휴 가능성을 시사하고 있기 때문이다.

7세기 고구려와 서역 제국은 중국으로부터 부단한 침공을 받아 항시 동병상련의 처지에 있었다. 고구려는 수·당을 동서에서 협공할 목적으로 서돌궐을 비롯한 서역 제국을 상대로 동맹교섭을 꾸준히 진행하였다. 고구려는 5세기 전반 평양으로 천도한 후 북방 수비를 위해 후위(後魏)와 친교를 유지하며 서역과 통교하기 시작했다. 7세기 초에는 수나라에 대한 공동대항책을 찾기 위해 중원의 오로도스 지방에 웅거하던 돌궐 추장 계민가한(啓民可汗)에게 사신을 보냈다. 당나라 초에도 고구려는 밀려드는 당의 침공 앞에서 자구책의 일환으로, 중앙아시아로 밀려간 서돌궐에 사절을 보냈을 것이다. 당시 키르기스스탄 일대를 지배하던 서돌궐은 인접한 사마르칸드 왕국과 혼인관계에 있었다. 고구려 사절의 사마르칸드 방문은 동맹외교의 연장선에서 서돌궐 외에 또 하나의 우호세력을 확보하려는 포석이었을 것이다.

고구려의 외교무대가 서역까지 전개됐음을 보여주는 아프라시압 궁전 벽화는 발굴 후 많이 퇴색해 어떤 것은 거의 알아볼 수 없게 되었다. 2005년 필자가 아프라시압 역사박물관을 방문했을 때는 마침 정전이 되었는데도 관람이 허용됐다. 100평은 족히 될 넓은 전시실에서 달랑 촛불 하나를 켜들고 높이 2m가 넘는 3면의 벽화를 살펴볼 기회를 가졌다. 하지만 1300여 년 전 고구려인의 위엄은 지척을 분간할 수 없는 어둠 속에 묻혀, 헤아릴 길이 없었다. 희미한 촛불 하나로는 그림이 퇴색하고 떨어져 나간 벽화를 감상하기에 역부족이었다. 이역만리에서 고구려 자주외교의 현장을 확인할 수 있었다는 것으로 위안을 삼아야 했다.

<혜초는 여행기 남겨>

신라의 구도승 혜초(慧超·704-787)는 인도뿐 아니라 중앙아시아와 서아시아를 순방하면서 각국의 역사·문화·정치·풍속·물산 등에 관한 사실적인 기록을 남겼다. 그때 장장 4년 동안의 여정을 기록으로 남긴 것이 왕오천축국전(往五天竺國傳)이다. 이븐 바투타의 여행기, 마르코 폴로의 동방견문록 등과 함께 세계 4대 여행기의 하나로 꼽히는 왕오천축국전은 8세기의 이 지역 관계 서적으로는 내용의 다양성과 정확성에서 단연 으뜸가는 명저다.

'대당서역기(大唐西域記)'를 남긴 당의 현장(玄奘)이 거국적 지원을 받은 구법승이었다면, 신라의 혜초는 미지의 세계에 혼자 도전한 탐험가다. 배낭 하나만 덜렁 걸머지고 40개국 5만 리 길을 누빈 혜초란 젊은 승려야말로 진정 호연지기가 충만한 초인이었다. 혜초는 걸어서 세계여행에 도전한 최초의 한인이며, 동서문명 교류사에 큰 족적을 남긴 거룩한 선구자다.

왕오천축국전은 중앙아시아에 관해 '호국(胡國)'으로 총칭한 6개국과 그 동쪽에 있는 발하나국(跋賀那國) 및 골탈(Khuttal)국 등에 관한 기록을 다음과 같이 전하고 있다.

"대식국의 동쪽에는 여러 호국이 있으니, 바로 안국(安國, 부하라), 조국(曹

國, 카부단), 사국(史國, 키시시), 석라국(石騾國, 타슈켄트), 미국(米國, 펜지켄트), 강국(康國, 사마르칸드) 등이다. 비록 나라마다 왕이 있기는 하나 모두 대식의 관할 하에 있다. 나라가 협소하고 병마도 많지 않아 스스로 지킬 수 없다. 이 땅에서는 낙타, 노새, 양, 말, 모직물 같은 것이 나며, 의상은 모직 상의와 바지 따위 그리고 가죽 외투가 있다. 언어는 다른 여러 나라들과 다르다. 또한 이 여섯 나라는 천교(祆敎-배화교)를 섬기며 불법은 알지 못한다. 유독 강국에 절 하나에 승려가 한 사람 있기는 하나, 그도 (불법을) 해독하여 공경할 줄 모른다. 이들 호국 사람들은 모두 수염과 머리를 깎고 흰 털모자 쓰기를 좋아한다. 풍속이 지극히 고약해서 혼인을 막 뒤섞어서 하는바, 어머니나 자매를 아내로 삼기까지 한다."

배낭을 지고 여행을 하는 혜초. 머리 위에 햇빛 가리개 차양을 달았다.
(복원 : 박진호)

중앙아시아에는 아무다리야강(江)과 시르다리야강이라는 두 개의 큰 강이 흐르며 대지를 적신다. 파미르 고원과 톈산산맥의 만년설이 녹아 내린 빙하천이 모천이다. '트랜스옥시나'라고 부른 이 두 강 사이의 드넓은 퇴적토에는 예로부터 오아시스를 낀 수많은 도시국가가 발달해, 실크로드의 중계 역할로 번영을 구가했다. 전성기에는 천 개의 크고 작은 도시가 있었다고 한다. 혜초가 호국 6국을 설명하면서 "나라들이 협소하다"고 표현한 것을 이해할 수 있을 것 같다.

혜초는 호국 6국에 뒤이어 바로 발하나(페르가나)국에 관해 기술했다. 고대 중국에서는 페르가나를 대원(大宛), 또는 발한나(拔汗那)로 불렀다. 혜초는 이 나라를 '대원'으로 부르지 않고 페르가나라는 현지음대로 불렀다. 사료적 가치가 큰 표기다.

"강국의 동쪽은 곧 발하나국이다. 이 나라에는 왕이 두 사람 있다. 시르다리야라는 큰 강이 나라의 중앙을 지나 서쪽으로 흘러간다. 강 남쪽에 있는 왕은 대식국에 예속돼 있고, 강 북쪽에 있는 왕은 돌궐의 관할 하에 있다. 이 지방에서도 역시 낙타, 노새, 양, 말, 모직물 같은 것이 난다. 의복은 가죽 외투와 모직 옷을 입는다. 음식은 빵과 보릿가루를 많이 먹는다. 언어는 각기 달라 다른 나라와 같지 않다. 불법을 알지 못하여 절도 없고 승려도 없다."

예로부터 페르가나는 온난한 기후, 풍부한 강수량, 비옥한 토지로 인해 농산물이 많이 나는 곡창지대로 유명하다. 그래서 페르가나를 지배하는 나라가 중앙아시아를 지배한다는 말이 전해질 정도다. 혜초가 전하는 페르가나는 두 나라였다. 하지만 지금은 세 나라, 즉 우즈베키스탄, 타지키스탄, 키르기스스탄으로 나뉘어 있다. 소련에서 분리 독립할 때 민족별로 국경선을 그었기 때문이다. 페르가나 다음에는 쿠탈국 이야기로 이어진다.

"발하나국 동쪽에 한 나라가 있으니 이름이 골탈국이다. 이 나라 왕은 원래 돌궐족 출신이고, 백성의 반은 호족이고 반은 돌궐족이다. 이 땅에서는 낙타, 노새, 양, 말, 소, 당나귀, 포도, 모직물, 모직 외투 같은 것이 나며 모직 옷과 가죽 겉옷을 입는다. 언어는 토하라어, 돌궐어, 토착어를 뒤섞어 쓴다. 왕과 수령, 백성들은 삼보를 공경하고 신봉하여 절과 승려가 있으며, 소승법이 행해진다. 이 나라는 대식에 예속돼 그 관할 하에 있다. 외국에서는 나라라고 부르지만, 중국의 큰 주(州) 한 개와 비슷하다. 이 나라의 남자는 수염과 머리를 깎고 여자는 머리를 기른다."

다음은 돌궐과 호밀국(胡蜜國)에 관한 기록이 나온다. 호밀국은 아프가니스탄의 북부 와칸 계곡 입구에 위치한 나라다. 혜초는 와칸 계곡에서 파미르 고원을 넘은 뒤 당나라 영역인 쿠차(龜玆), 투루판 등을 거쳐 728년 봄 당나라 장안으로 돌아왔다. 그의 나이 25살 때다. 밀교승인 혜초는 그 후 50년간을 장안에 머물며 밀교 경전 번역에 몰두하고 황제의 명을 받아 기우제를 지내는 등 많은 활약을 했다. 그는 만년을 오대산 건원보리사(乾元菩提寺)에서 보내며 밀교 경전 연구와 전파에 일생을 바쳤다. 고국인 신라에는 돌아가지 않았다.

<고선지(高仙芝)와 원조(元祖)고려인>

668년 고구려가 망한 뒤 30만 명의 고구려인이 당나라로 끌려갔다. 당시 고구려 인구가 70여 만이었다니, 40% 이상이 포로로 잡혀간 것이다. 고구려의 재기를 두려워한 당은 고구려인을 중원 각지로 분산시켜, 불모지를 개간케 하며 감시했다. 또한 남쪽의 토번(吐蕃-지금의 티베트)과 북쪽 돌궐의 침입을 막기 위해 감숙성(甘肅省) 건조지대로 고구려 유민을 강제 이주시켜, 서역으로 오가는 길목을 지키게 했다.

당시 포로가 되어 노예로 전락한 이민족에게 허용된 유일한 신분 상승의 길은 군인이 되는 것이었다. 출중한 용모에 무예를 겸비했던 고신

고선지 장군의 서역 원정로

지는 20대에 기동타격대 지휘관인 '유격장군'이 된 후 파격적인 승진가도를 달려 안서도호부(安西都護府)의 총책임자가 되었다. 쿠차에 사령부를 두고 병력 3만이 주둔한 안서도호부의 주 임무는 실크로드 남·북로를 따라 서역으로 가는 상인들에 대한 관리·보호였다.

고선지는 11년 동안 다섯 차례나 대군을 이끌고 파미르 고원, 힌두쿠시 산맥, 톈산산맥 같은 험산준령을 넘나들면서 서역을 평정했다. 특히 타슈켄트 정벌 때 왕을 생포한 뒤 당의 수도 장안으로 압송해 영웅이 된다. '대당육전(大唐六典)'에 따르면 당나라에는 고구려인과 강(羌)족으로 구성된 결사대 같은 특수부대가 있었다. 고선지는 그런 고구려인 부대를 거느리고 실크로드를 장악하려는 당나라의 선봉장이 되어 서역을 누빈 것이다.

중국 역사상 서역 평정 분야에서 고선지의 업적은 독보적이다. 당과 토번의 대결에서 고선지 등장 이전에 당은 토번보다 열세에 놓여 있었다. 그러나 고선지가 안서군 지휘관에 임명된 후 토번 연운보(連雲堡)정벌-소발률국(小勃律國)정벌-석국(石國)정벌로 승승장구하자 토번을 포함한 서역 72개국이 당의 휘하로 들어와 조공을 바치게 되었다. 고선지는 천혜의 요새인 토번 왕성을 공략할 때 4개월여의 진군 끝에 파미르 고원과 얼음 뒤덮인 해발 4700m의 탄구령(坦駒嶺)을 넘어 힌두쿠시 산맥을 돌파했다. 현대전에서도 상상하기 어려운 투지와 지략이었다. 병사들은 고산병에 시달렸지만 산악전의 귀재였던 고선지는 1만 기병으로 10만 토번군을 대파하는 불후의 승전보를 남겼다. 후일 이 지역을 실지 답사한 실크로드 탐험가 오렐 스타인은 장군의 위업에 대해 "한니발이나 나폴레옹의 알프스 돌파보다 더 위 대한 원정"이라고 평가했다. 고선지가 돌파한 탄구령은 한니발과 나폴레옹이 넘은 알프스(2,500m) 보다 2,000m나 더 높았다.

고선지의 다섯 번째 원정, 즉 751년 7월 탈라스 평원에서 벌어진 당군과 석국·이슬람연합군 간의 격전에서 7만 당군은 대패했다. 아랍 측 사료는 사라센이 중국 병사 5만을 죽이고 2만을 포로로 잡았다고 전한다. 고선지는 퇴각하는 군대와 낙타·말들이 뒤엉킨 백석령(白石嶺)에서 생포되는 것만 겨우 면했다. 탈라스 전투에서 잡힌 당군 포로 2만 가운데는 고선지 휘하의 고구려인 결사대도 상당수 포함돼 있었을 것이다. 이 고구려인을 포함한 당군 포로들은 격전지 주변에 남아 사역하면서 중국의 제지술 등을 서방에 전하게 된다.

우석대 교수 조법종은 아랍에 전파된 제지술이 고구려 제지술일 가능성이 있다는 주장을 제기한다(조선일보 2008년 11월 3일자 보도). 고구려 종이는 삼을 원료로 제조한 마지(麻紙)였다. 중국인이 '만지(蠻紙)'라고 불렀던 이 고구려 마지는 당나라에 대량으로 수입되었다고 문헌은 전하고 있다. 탈라스 전투 이후 사마르칸드에서 생산된 종이 역시 마지였다고 한다. 고선지 부대에 편제된 고구려 유민 가운데 제지공이었던 포로

탈라스 전투가 벌어진 곳으로 추정되는 키르기스스탄의 탈라스 강변. 고선지 군 전사자의 무덤으로 보이는 흙무지들이 보인다. (정수일 '중앙아시아 속의 고구려인 발자취'에서)

에 의해 고구려 제지술이 전파됐을 가능성을 보여주는 것이다. 그렇다면 이 고구려 유민 출신 포로들이야말로 중앙아시아에 정착하게 된 '최초의 고려인들'이 아닐까?

'탈라스 전투'는 동서문명 간 최초의 전쟁이다. 불교·유교문화권인 중국과 회교문화권인 신흥 아라비아 간의 패권 다툼이었다. 이 전투에서 당의 패전으로 서역에서 중국 세력은 종언을 고하고 무슬림이 중앙아시아를 장악하는 전기가 마련되었다. 세계사에 큰 전환점을 만든 전쟁이었다. 또한 이 전투에서 중국의 제지술이 서역으로 전해져 후일 서양 르네상스의 밑거름이 되었다. 제지술은 서방에서 종이의 대량생산과 함께 지식의 대중적 보급 및 학문의 부흥을 진작시켜 유럽을 신문명 사회로 이끌었다. 고선지가 우연히 떨어뜨린 문화의 씨가 크게 자라 오늘날의 종이문명을 있게 한 문명사의 대전환을 가져온 것이다.

결전의 탈라스 전쟁터가 오늘날 어느 지점인지를 놓고는 학설이 엇갈리고 있다. 현재는 '잠불'로 개명한 카자흐스탄의 타라즈라는 의견이 있는가 하면, 키르기스스탄의 작은 도시 탈라스라는 주장도 있다. 러시아 학자들 연구에 따르면 키르기스스탄 내 탈라스강 오른쪽에 위치한 포크로브카 마을 주위의 널따란 언덕이 탈라스 격전지라고 한다. 카자흐스탄의 잠불에서 국경 넘어 동남쪽으로 27km 떨어진 곳이다.

문명교류학자 정수일은 2005년 현지를 방문한 뒤 포크로브카 평원이 탈라스 전쟁터 같다고 그의 여행기에서 밝히고 있다. 특히 탈라스 강안을 따라 아득히 펼쳐진 드넓은 언덕 평원이야말로 수만 대군이 부딪친 결전장으로는 적격의 지형이라고 주장하며 군데군데에 눈에 띄는 '흙무지(무덤)'도 그 근거로 제시했다. 2010년 방영된 KBS 역사스페셜은 현지 주민의 말을 인용, "평원을 농지로 개간할 때 많은 인골이 출토됐다"고 전했다. 탈라스 전투 전사자들의 유골이라는 이야기다

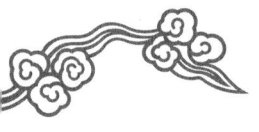

제8장

고려인의 중앙아시아 진출
<강제이주 이전>

I 1897년 24명 거주등록

강제이주 전부터 중앙아시아에는 고려인 사회가 존재하고 있었다. 물론 그 수는 지극히 소규모였다. 따라서 중앙아시아 고려인의 본격적인 역사는 1937년의 강제이주로부터 시작된다고 보아야 한다. 제정러시아의 1897년 제1차 인구조사 문헌에는 유럽러시아 및 중앙아시아에 극소수의 고려인이 거주자로 등록했다는 기록이 나온다. 유럽러시아의 경우 수도인 상트페테르부르크에 1명, 사마라 주에 1명 등 모두 2명의 고려인이 거주하고 있었다.

중앙아시아에는 카자흐스탄 18명, 우즈베키스탄 3명, 키르기스스탄 3명 등 모두 24명이 거주하고 있었다. 카자흐스탄에는 세미레치예 주(州)에 11명, 시르다리야 주(현재의 아스타나시를 포함한 인근 지방)에 2명, 아크몰라 주에 5명이 각각 거주자로 등록했다. 우즈베키스탄 거주 3명은 모두 남자로, 페르가나 지방에 살고 있었다. 한 사람은 코간드 군(郡)에, 다른 두 사람은 나만간 군과 나만간 시(市)에 각각 거주했다. 키르기스스탄에서는 피슈켁(현재의 비슈케크)과 프르제발스크(현재의 카라콜)에 살고 있었다. 이들 고려인은 모두 러시아 시민권을 가지고 있었다. 그들의 출생지와 사용언어는 모두 조선, 조선어로 돼있었다. 이들의 이주 경로는 밝혀지지 않았지만, 연해주를 거쳐 이주해온 사람들임이 틀림없을 것이다.

고선지 이후 1,100년만의 출현

인구조사 이전인 1892년에 이미 카자흐스탄의 세미레치예에 고려인이 거주하고 있었다는 기록도 있다. 러시아의 저명한 동물학자 표트르 쉬미트는 1900년 발간한 '조선과 조선인들'에서 세미레치예 지역 학술조사 때 접촉했던 고려인과 카자흐인들에 관해 언급하고 있다. 이에 근거한다면 1897년 인구조사에서 밝혀진 세미레치예의 고려인 2명이 쉬미트와 만난 것으로 추정된다. 그들이 구체적으로 누구인지는 밝혀지지 않고 있다. 이들의 존재가 확실하다면 중앙아시아 이주 고려인의 역사는 1892년이나 그 이전에 시작된 것으로 보아야 한다. 아무튼 이 고려인들은 서기 751년 고선지 장군의 서역 정벌 이후 1,100여 년 만에 처음 이루어진 한인의 중앙아시아 진출로 기록될 만하다.

1891년 러시아가 시베리아 횡단철도 부설을 개시한 이후 첼랴빈스크에서 톰스크에 이르는 철도부설 노선 상에 고려인이 거주하고 있었다. 또 러-일전쟁과 1910년 한-일합병 시기에도 시베리아 철도선상인 옴스크 지방에 고려인이 거주한 기록이 있다. 이들은 일본첩자로 오인 받았다고 한다. 카자흐스탄의 고려인에 대한 기록은 20세기 초에도 나타난다. 카자흐스탄 고문서에 따르면 1904~05년 러-일전쟁 당시 '일본간첩행위기도'를 예방하기 위한 러시아정부의 명령에 의해 수백 명의 고려인이 다른 황인종과 함께 원동지역에서 내륙 쪽으로 강제이주 당하였다. 고려인들은 톰스크, 페름 주, 기타 도시와 인접 군, 그리고 카자흐스탄 국경 가까이로 통과하는 시베리아 횡단철도를 통하여 이송되었다. 이렇게 해서 소수의 고려인이 카자흐스탄에 정착하게 되었다.

이주 고려인들은 대부분 러시아정교회의 세례를 받은 상태였다. 이들에게는 러시아식 이름이 주어지고 상투와 조선식 민속의상 착용이 금지되었다. 이는 고려인들을 빠른 시일 내에 러시아화하고 다른 주민과 동화시키려는 차르정부의 정책에 따른 결과이다. 당시 기록에 나타난 이들의 직업은 세탁소 주인, 이발사, 상인, 수공업자, 일용 노동자, 하숙집 주인, 의사, 소형 시설물의 소유주 등이었다. 중국 하얼빈의 조선인이 카자흐스탄에 거주하였다는 기록도 발견되었다.

1차 대전 발발 후 내려진 전시 총동원령으로 유럽러시아 지역에 노동력이 달리자 원동의 고려인들은 돈벌이를 위해 달려갔다. 목적지는 러시아의 무르만스크 철도부설공사장, 우랄 목재소, 우크라이나 돈바스의 도네츠크 탄광지대였다. 당시 돈바스에는 차르정부에 의해 노무자로 징집된 고려인 3,000명이 석탄채굴에 종사했다. 그들은 1917년 2월혁명 후 연해주로 돌아가려고 했으나 내전 발발로 발이 묶여, 1922년까지 현지에서 광부생활을 계속해야 했다.

철도 타고 소련 각지로

1916년 시베리아 횡단철도가 개통되자 고려인들의 진출은 알단, 마가단, 콜림, 우랄 등지의 광산지역까지 확산되었으며, 러시아 최대 공업지역의 하나인 예카테린부르크 일대 공장에서만 2,500명의 노동자가 일을 했다고 한다. 1917년 볼셰비키혁명 이후 3년 간 내전시기를 거치면서 고려인들은 소련의 전 영토에 흩어져 살게 되었다. 이 무렵 소련 전역의 고려인 수는 10만 명 수준으로 증가하였다. 이 가운데 8만 1,800여 명이 연해주 지역에 집중 거주했다. 그리고 유럽러시아 지역 18개 도시에 7,000여 명, 서부 시베리아에 5,000여 명의 고려인이 살고 있었다.

1919년 8월 이즈베스티야 신문 보도에 따르면 모스크바에서 고려인 200명이 일본의 조국 강점에 항의하며 독립운동을 위해 전국 2만 명의 고려인 노동자들에게 연대할 것을 호소했다고 한다. 그때 이미 모스크바에 200명 이상의 고려인이 거주하고 있었음을 알 수 있다. 당시 페트로그라드, 카잔, 볼로그다, 사라토프 및 우크라이나 일대에도 고려인들이 거주하고 있었다는 사실은 1919년 4월 모스크바에서 개최된 고려인 노동자대표자 대회를 통해 확인되고 있다.

혁명과 내전이 끝나고 소비에트연방이 결성되던 1922년 소련 전국의 주요 지역에서 아주 소규모이지만 고려인 거주지가 형성되기 시작했다. 예카테린부르크, 톰스크, 노보니콜라옙스크, 키예프, 하리코프, 도네츠크, 무르만스크 등지에서 고려인 이주자가 나타났다. 이들은 항만 건설·벌목·석탄채굴 사업에 참여했다. 러시아 최서북단 무르만스크에는 항만 건설 노동자로 373명의 고려인이 거주하고 있었다.

1920년대 우즈베키스탄의 타슈켄트에는 수십 명의 고려인이 살고 있었다. 이들의 사회적 계층은 노동자, 의사, 주부, 상이군인 등 다양했다. 1921년 1월 투르키스탄공화국에서 현지 고려인 사이에 계(契)가 조직되고, 1924년 타슈켄트에서는 고려인 30여 명에 의해 경지 규모 110ha의 농업조합 '일심'이 조직되었다. 훗날 소련 최고의 모범 콜호스로 명성을 날린 '폴리트옷젤'의 전신이 바로 '일심'이다. 또 고려인들의 권익보호와 문화수준 제고 등을 목적으로 결성된 '투르키스탄공화국 고려인조합'이 운영되기도 했다. 이 조합에는 우즈베키스탄, 카자흐스탄, 키르기스스탄 등지에 거주하는 고려인 28명이 가입했다. 그리고 타슈켄트 시의 투르키스탄 인민위원회 산하에는 고려인분과위원회가 조직돼 있었다.

II 1920년대 유럽러시아지역 확산

1926년 소비에트정부 출범 후 최초로 실시한 인구조사에서 유럽러시아지역(러시아공화국) 거주 고려인은 모스크바 399명, 우랄 주 232명, 레닌그라드 주 104명을 비롯해 총 926명으로 나타났다. 주요 행정구역마다 소수이지만 고려인이 분포된 사실이 드러나 1920년대 중반에 이미 고려인들이 유럽러시아지역으로 확산됐음을 알 수 있다. 중앙아시아에는 카자흐스탄 42명, 우즈베키스탄 30명, 키르기스스탄 9명 등 모두 81명의 고려인이 등록돼 있었다. 이는 30년 전인 1897년 제정러시아의 인구조사 때 23명에 비해 58명이 늘어난 숫자다.

유럽러시아 지역 거주 고려인들은 농촌보다 도시에서 활동한 사람들이 훨씬 많았다. 그 중심지는 모스크바와 레닌그라드였으며, 고려인들은 주로 사무직, 전문직, 공장·건설노동자로 일했던 것으로 판단된다. 당시 원동 고려인 사회의 농촌인구(7만 7,264명)가 도시인구(7,667명)보다 훨씬 많았던 것과는 대조적이다. 1926년 인구조사에서 드러난 그 밖의 특징들을 보면 우랄, 볼가, 북캅카스 지역에 고려인공동체가 형성되기 시작했고, 우크라이나공화국(104명)과 벨라루스공화국(2명)에도 이미 고려인들이 거주하고 있었다. 이는 이 지역 고려인 사회의 출발점이 1950년대 후반부터였다는 통설과는 상치되는 것이다.

카자흐스탄에 벼 재배기술 전수

 1920년대 후반 소련당국은 카자흐스탄 지역의 벼농사 진흥을 위해 벼농사 경험이 풍부한 연해주고려인들을 이 지역으로 초청했다. 1928년 봄, 블라디보스토크에 살고 있던 고려인 70가구 300여 명이 세미레친스크에 도착하기에 이른다. 이들은 크즐오르다 근처에서 집단농장 '인테르나치오날'을 만들어 입주하고, '카즈리스'라는 고려인농업협동조합을 결성하여 벼 파종에 나섰다. 이것이 중앙아시아에서 고려인들의 벼 재배의 효시이다. 이들은 이듬해 1월 다른 농장에 볍씨를 나누어 주며 벼 재배 기술을 전수하기 시작했다. 1931년에 카자흐스탄은 중앙아시아에서 가장 넓은 벼 파종 국가가 되었다.

 고려인들의 성공적인 활동은 벼 재배 기술습득에 관심이 큰 북캅카스 지역에 영향을 주어, 1930년에 타간로스크 구역의 카자크 촌에 고려인 코뮌 '돈리스'가 조직되었다. 그러나 이들은 현지 부농들로부터 견제를 받았다. 1933년 10월에는 중앙아시아에서 이주해간 고려인 107명이 돈강 유역 로스토프-나-도누의 슬라뱐스크 구역에서 벼 재배 코뮌을 조직해 활동했다. 이 같은 사실은 북캅카스의 벼농사 개척에 1930년대 초부터 중앙아시아 고려인이 투입되었음을 보여주는 것이다.

 소련은 1928년부터 3년 간 연해주고려인에 대한 강제이주정책을 시행한 바 있다. 이때(1930년) 고려인 170명이 카자흐스탄으로 보내졌다. 그 후 중앙아시아 지역의 고려인 수가 다소 증가했다. 1933년 타슈켄트 주(州) 베르흐네취르췬스크 지역에 22개의 고려인 농장이 있었고, 1934년 이 숫자는 30개로 늘어났다. 이는 위로부터의 결정에 따라 거주지가 변경되는 통제경제의 산물이었지만, 소련공산당의 민족재배치 결정에 따른 경우도 있었다.

최 류드밀라의 키르기스스탄 정착 <인터뷰 2004. 7>

최 류드밀라

최 류드밀라 페트로브나는 일찍이 중앙아시아에 정착한 고려인 중의 한 사람이다. 20세기 초, 연해주에서 항일투쟁을 이끈 고려인사회의 '거인' 최재형의 여섯 째 딸인 그녀가 키르기스스탄에 첫발을 디딘 건 1931년이다. 모스크바의 지미리야제보 아카데미아(농업대학)에 재학 중이던 21세의 아름다운 처녀 류드밀라는 키르기스스탄으로 파견되었다가 그곳에서 현지인과 결혼해 정착했다. 1929년 지미리야제보에 입학한 그녀는 "옛날에 부친이 자본가였다"는 출처불명의 투서가 잇따르면서 대학생활이 왜곡되기 시작했다. 1931년 봄 어느 날 류드밀라에게 중앙아시아의 오지 키르기스스탄으로의 실습파견 명령이 떨어졌다. 말이 파견이지 유배나 다름없는 조치였다. 그녀는 오슈 지방의 집단농장 '알라이굴체'에서 가축관리사로 일했다.

류드밀라는 집단농장에서 키르기스인 청년 가이둘라다프 갈릭을 만났다. 둘은 곧 사랑에 빠져 1년도 안 돼 결혼했다. 수도 모스크바에서 오지의 농장으로 내쫓겨 고독과 싸우던 이 고려인 처녀에게 청년 갈릭은 친절한 등불이요 따뜻한 동반자였다. 열 살 때 아버지가 일본군에게 총살당한 후 홀어머니 아래서 강인하게 자란 탓인지 알라이굴체의 류드밀라는 "당찬 여자였다."고 한다. 그때 만해도 이 지역에는 적위군에 대항하는 무장 게릴라가 출몰해 전투를 벌였다. 그런 위험지대를 류드밀라는 겁 없이 말을 타고 누비며 "콜호스에 가입하라"고 주민 설득에 앞장섰다.

1933년 류드밀라와 갈릭은 프룬제(지금의 비슈케크)로 이주했다. 원동 출신의 이 똑똑한 유학생 류드밀라는 정부기관에 발탁돼 국가인력에 관한 자료를 수집 조사하고 정리하는 일을 담당했다. 당시 프룬제에 고려인이라곤 그녀뿐이었다. 러시아인조차 별로 눈에 띄지 않던 시대였다. 류드밀라가 외로운 고려인 신세를 면할 수 있었던 건 프룬제를 찾은 어머니 김 엘레나와 감격의 해후를 하면서부터다. 프룬제에서 3년간 어머니를 모시고 산 그녀는 한복을 곱게 차려 입은 어머니 엘레나의 모습이 지금도 눈에 선하다고 말했다. 최재형 보다 20살 아래인 엘레나는 1897년 후취로 들어와 그의 11자녀(4남7녀) 가운데 8남매를 낳았다. 그녀는 1952년에 사망, 비슈케크 북쪽 공동묘지에 묻혔다.

류드밀라는 1935년 사범대학에 입학해 화학을 전공했다. 1940년 대학 졸업과 동시에 그녀는 남편 갈릭과 함께 이스쿨의 주도(州都) 카라콜로 생활터전을 옮겼다. 그리고 화학교사로 근무하며 그곳에 정착했다. 카라콜에 살면서 류드밀라는 1년에 한번 정도는 형제자매와 친척들을 만날 수 있었다. 이스쿨호와 천산산맥의 장벽 사이에 자리한 카라콜은 공기가 맑고 기후가 온화한 휴양지여서 특히 여름 휴가철에 들리는 친지들이 많았다.

류드밀라의 형제자매는 아버지 최재형 못지않게 기구한 삶을 살았다. 볼쉐비키 당원이었던 장남 표트르는 1919년 붉은 혁명의 와중에 서시베리아에서 전사했고, 나머지 형제들은 스탈린의 '피의 숙청시대'에 엄청난 수난을 겪었다. 발틱함대 포병장 출신인 차남 파벨은 일본간첩이라는 혐의로 처형당했다. 3녀 류보비는 국가은행 회계원으로 일하다 체포되어 총살되었고, 엔지니어인 5녀 올가와 농업기사였던 3남 발렌틴도 체포돼 옥고를 치렀다. 또 최재형의 사위 4명이 총살 당하고 1명이 옥살이를 했다. 키르기스공화국 보건부 장관으로 재직하다가 처형된 쇼루코프는 넷째 딸 소피아의 남편이었다. 당시 스탈린의 비밀경찰은 키르기스공화국에서 입법담당 중앙위원 전원을 비롯해 130여명을 살해했다. 키르기스스탄의 세계적 작가 칭기스 아이트마토프의 아버지가 희생된 것도 이때다.

다른 형제들에 비하면 류드밀라의 삶은 비교적 순탄한 편이었다. 그 잔혹한 탄압의 시대에 그녀와 갈릭은 표적이 되지 않았으니 말이다. 카라콜에서 신문사 주필과 이스쿨주 공산당 비서를 역임한 갈릭은 류드밀라와 70여년을 해로하다가 2004년 5월 타계했다. 키르기스스탄의 고려인 작가 이계룡에 따르면 생전에 갈릭은 루드밀라를 이렇게 회고했다.

"젊었을 때 류드밀라는 아주 미인이었고 고집이 셌어요. 친척들을 다 호령했지요. 그녀는 자동차 운전은 물론이고 수리까지 자신이 직접 했습니다. 나랑 같이 당구 치고 배구경기를 하며 지냈지요. 류드밀라는 호수에 나가서 수영하는 걸 너무 좋아했어요."

류드밀라는 1910년 연해주의 해변마을 노보키옙스크(현 크라스키노)에서 최재형의 11자녀 중 아홉째로 태어났다. 딸로는 여섯째다. 1929년 그로데코보에서 고등학교를 마치고 모스크바로 유학을 갔다. 류드밀라는 어릴 때 살해당한 아버지 최재형에 대해 "돈이 많았지만 일본군과 싸우다 재산을 다 날린 빨치산 반장"이라고 회상했다. 사실 최재형의 재산은 1918년경 거의 다 바닥을 드러내 가족들은 굶기조차 했다고 한다. 그럼에도 최재형의 자녀들은 부르주아 출신으로 매도당했다.

 필자가 2004년 7월 카라콜에 있는 작은 아파트로 류드밀라를 찾았을 때 94세의 할머니는 노쇠하고 피로한 기색이 역연했다. 류드밀라는 손녀 로자(24세) 가족의 보살핌 속에 살고 있었다. 한 달 20달러 연금에 의존하는 고달픈 생활과, 바로 두 달 전 평생의 반려 가이둘라다프와 사별한 아픔이 그녀를 더욱 힘들게 하고 있는 것 같았다. 인터뷰 내내 그녀는 침대에 누운 채 러시아어로 대화를 이어 갔다. 우리말은 거의 한마디도 못했다. 고려인이 말을 하는 것을 3일 정도 들으면 더듬더듬 우리말을 살려냈다고 로자는 전했다.

 2004년 9월 25일 필자는 로자를 비슈케크로 불러, 류드밀라가 그토록 보기를 원했던 태극기와 최재형 관련 항일투쟁 기록물, 그리고 서울의 Y씨가 모금한 생활지원금 200달러를 전달했다. 하늘도 무심하지! 바로 그날 류드밀라는 카라콜에서 숨을 거두고 생을 마감했다. 류드밀라는 자신의 시신을 고려 식으로 목관에 넣어 매장해주기를 원했다고 한다. 그래서 갈릭 옆에 나란히 눕지 못하고 공동묘지에 매장됐다. 키르기스 식 매장은 수의만 입힌 시신을 좁고 긴 토굴에 밀어 넣는 것이어서 목관에 넣은 시신은 합장시킬 수 없다는 것이다. 장례식에 참석했던 한 고려인은 "관 위에 놓인 선명한 태극기 한 장이 그녀가 대한의 딸임을 말없이 증언했다."고 전했다.

Ⅲ 카자흐스탄 유배살이

1930년대 카자흐스탄은 소련이 정치적으로 탄압한 원동 고려인들을 귀양 보내는 유형지로 유명했다. 당시 스탈린은 고려인 행정이주에 관한 지령을 통해 카자흐스탄을 고려인 유형지로 지정했다. 그때 얼마나 많은 고려인이 카자흐스탄으로 유배됐는지는 알려지지 않았다. 다만 수백, 수천 명이 귀양살이를 했을 것이라는 추측만 있을 뿐이다. 그리하여 카자흐스탄의 오지에는 강제이주 전부터 사회적 위험분자로 낙인 찍혔지만 '운 좋게' 감옥이나 수용소 신세를 면한 고려인들이 나타나기 시작했다.

우즈베키스탄의 지식인 김 스테판이 일곱 살 때 연해주에서 카자흐스탄의 유형지로 아버지를 따라 갔던 이야기를 들어보자. 그땐 유형 가는 사람에게 가족 동반이 허용되었다.

"지식은 얼마 없으나 공산당원이었고 노동돌격대원이었으며 어물가공 트러스트의 작업반장이었던 우리 아버지는 1935년에 체포당하였다. 그때 어머니는 집에 있거나 아버지를 따라 유형지로 가느냐 중 한 가지를 선택해야 했다. 어머니는 유형지로 아버지를 따라 가는 길을 택하였다. 우리가 타고 갈 기차가 있는 블라디보스토크의 프타라야 레치카에 썰매를 타고 갔다. 유형 가는 사람은 아주 많았다. 모두 가족들과 함께 가기위해서는 기차 50량이 필요했다. 감시받는 남자들은 호위병이 지키는 칸에 탔고 가족들은 다른 칸에 탔다. 지금도 잘 기억하고 있는데, 삼림이 끝나자 고려인들이 난생 처음 보는 카자흐스탄의 반사막이 시작되었다. 낯선 점토로 쌓은 무덤들이 눈길을 끌었다. ---사막지대를 지나가면서 여자들은 더 참지 못하고 눈물을 자꾸 훔치더니 나중에는 통곡하기 시작하였다. 그들을 따라 우리 아이들도 울음을 터뜨렸다. 이미 50년 이상이 지났는데도 모든 것이 생생하다."

−김 스테판 '소련사람의 참회록'에서

1935년 겨울, 김 스테판의 가족은 아랄스크에 자리를 잡았다. 그들에게는 그 고장을 떠날 권리가 없었다. 그의 아버지는 운이 좋은 편이어서 선박수리소의 보일러공으로 일자리를 얻을 수 있었다. 그러나 아버지는 매달 지정된 날 당국에 나가서 자신의 이름을 등록해야만 했다. 이주 후 아이들이 하나 둘 죽어가기 시작했다. 스테판은 그곳에서 맞은 첫해 여름에 여동생들의 무덤을 만들었다면서 자신도 빈대투성이 방에서 거의 죽을 뻔했다고 회상했다. 김 스테판은 "1935년은 (강제이주의)1937년을 예고하는 시험적 경험의 독특한 해였다"고 자서전에 기술했다.

이인섭의 '망명자 수기'는 유배지로의 이동과정과 거기서 만난 고려인들의 상황에 대해 비교적 소상하게 전하고 있다. 1936년 9월 '일본스파이' 혐의로 5년간의 카자흐스탄 유배형을 선고 받은 이인섭은 하바롭스크 감옥에서 유배지로 자유롭게 떠날 수 있다는 당국의 방침을 통보받았다. 그리고 기차 무료승차권을 받았다.

이인섭

혼자 유배지로 떠나려던 이인섭은 혼자 떠났다가 도피혐의로 다시 체포된 유대인의 이야기를 듣고는 생각을 바꿨다. 그는 다른 사람과 함께 알마아타까지 압송해달라고 요구했다. 또 아내와 면회하고 떠나겠으니 그때까지 감옥에서 머물게 해달라고 요청해 허락을 받았다. 이때 14호

크즐오르다 역사(驛舍). 크즐오르다에는 강제이주 전에 유배된 고려인 100여 명이 모여 살았다.

감방에 있던 김 아파나시는 이인섭이 아내에게 보내는 전보의 비용을 공동 재전(財錢)으로 충당하자고 제안하고 이인섭을 위해 전보를 써주었다.

이인섭은 아들을 데리고 면회 온 부인 박인숙과 만난 후 시베리아로 보내는 죄수들 수십 명과 함께 열차를 타고 하바롭스크를 떠나 중앙아시아로 향했다. 알마아타에 도착한 이인섭은 한의사이며 항일투사였던 이창수의 사위를 만나 그 집에서 하루를 머물렀다. 이창수는 1920년 국제공산당 원동위원인 박진순과 함께 북조선의 경흥, 경원, 그리고 간도에서 비밀공작을 했던 사람으로, 이 경력이 혐의가 되어 1935년 12월 니콜스크-우수리스크 감옥에 구금되자 억울함에 통분한 나머지 금식하여 자살하고 말았다.

다음날 이인섭은 카자흐스탄 내무인민위원부에 가서 크즐오르다로 보내달라고 간청하여 승낙을 받았다. 그는 먼저 침켄트로 갔다. 침켄트에는 출당된 후 재판절차 없이 무기 정배살이를 하던 고려인 10여 명이 살고 있었다. 이들은 붉은 군대의 장교 출신인 박창익의 지도하에 가방을 만들거나, 이만 구역 당 간부로 사업하던 안태국 등과 건축 일을 하고 있었다. 이인섭이 안태국의 집에 머문 지 3일후 이인섭을 비롯하여 침켄트에 거주하고 있던 고려인들에게 모두 크즐오르다로 가라는 명령이 내려왔다.

크즐오르다에서 이인섭은 '정배꾼'이라는 증서와 함께 매월 1회 거주 등록을 하라는 지시를 받았다. 침켄트의 고려인들이 크즐오르다로 옮긴 후 아크몰린스크(현재의 카자흐스탄 수도 아스타나)와 동카자흐스탄 주에서 정배살이를 하던 고려인들도 최고소비에트 상임위원장인 칼리닌에게 청원하여 크즐오르다로 이주했다. 그리하여 크즐오르다에는 고려인 정배꾼 약 100명이 모이게 되었다.

1937년 1월에는 이인섭의 부인과 아들 3형제가 크즐오르다에 도착했다. 이들은 일하던 군대에서 차표를 주어, 휴가차 귀가하는 장교 수송용 기차를 타고 왔다. 이인섭 일가는 콜호스에서 내준 집에 거주했다. 부인은 재봉조합에 나가 일하고 이인섭은 채마밭 0.5ha를 일구며 살았다. 강제이주 열차에 실려 고려인들이 떼 지어 몰려오기 수개월 전의 상황이다.

제9장

중앙아시아 정착
<강제이주 이후>

끝나지 않은 시련

　1937년 9월 초 원동을 떠난 고려인 수송열차가 카자흐스탄에 처음 도착한 때는 이 해 9월 말이었다. 우즈베키스탄에는 이보다 조금 늦게 도착했다. 이때 최종 순간에 목적지가 변경돼 가족 간의 생이별이 많이 생겼다. 고려인들은 카자흐스탄과 우즈베키스탄의 벽지 10여 곳에 분산 배치되었다. 연해주에 집중적으로 모여 살던 고려인을 이처럼 분산시킨 것은 앞으로 자치주 같은 꿈은 아예 꾸지 말라는 경고로 이해되었다.

　당시 중앙아시아는 기근과 전염병 등으로 수백만의 사상자가 발생해 극심한 인력난을 겪고 있었다. 카자흐스탄의 농업인구는 1929년 120여만 호였던 것이 1934년에는 57만 호 수준으로 크게 감소했다. 그런 곳에 고려인을 투입해 당면한 인력난을 해소하면서 고려인의 전통적 농업활

중앙아시아 도착 후 분산경로

동인 벼농사와 채소 재배를 접목시키려는 것이 소련의 의도였다. 중앙아시아의 낙후된 농업발전을 위해 고려인을 활용하자는 것이다. 소련당국은 이주민들을 공업중심지에 풀어 놓는 것을 금하는 지령을 연이어 내렸다. 고려인들은 농촌으로 가야 했다.

연해주에서 왕성하게 활동했던 고려인들의 3대 민족문화기관인 선봉신문, 고려극장, 조선사범대학은 인텔리들과 함께 모두 카자흐스탄으로 이주했다. 이들이 목적지인 크즐오르다에 도착한 것은 1937년 10월 15일이었다. 한겨울에는 영하 35도까지 내려간다는 카자흐스탄 남부에 겨울이 시작된 때였다. 어업에 종사하던 고려인들은 카스피해(海)에 면한 러시아의 아스트라한 감자토프 지역과 카자흐스탄의 구리예프 지역, 그리고 발하쉬 호수지역에 이주되었다. 조선사범대학은 총장 오 페트로와 교무부장 박 모이세이를 비롯해 당원인 학생들이 블라디보스토크에서 다수 체포되는 바람에 그야말로 껍데기뿐인 이주였다. 사범대학 관계자들은 이주열차를 3일간 알마아타에 정차시켜 놓고 "공화국 수도에

제9장 중앙아시아 정착 245

대학을 남겨 달라"고 상부기관에 호소했지만 무위에 그쳤다. 선봉신문사는 주필을 비롯한 편집진이 거의 다 체포되고 인쇄소 일꾼 몇 사람이 인쇄기와 활자를 가지고 왔다. 고려극장은 극장을 메고 올 수가 없어 '극장 없는 극장'이 되었다. 그래서 빈 창고에 무대장치를 모아놓고 독립군 영웅 홍범도가 파수를 보는 형편이었다.

I 땅굴 파고 움막생활

고려인들은 건조한 반(半)사막지대와 스산한 갈대밭 지역에 짐을 풀었다. 여름에는 폭염이, 겨울에는 강추위가 기승을 부리는 지역이다. 제정러시아 때 유배지로 유명한 곳이었다. 산속에는 아직도 섬멸하지 못한 반정부군이 활동하고 있었다. 트랙터를 '악마의 마차'라고 부르고 회교도 여인들이 베일로 얼굴을 가리고 다니는 외진 지역이었다.

고려인 이주민보다 더 남루한 행색의 현지인도 많았다. 고려인들은 현지인에게 기죽기 싫어 가장 좋은 양복에 구두를 신고 내리기도 했다. 현지인들은 마주친 고려인들에게 "당신들은 무슨 중죄를 졌기에 이런 황무지에 버려졌느냐"고 의문을 터뜨렸다. 카자흐스탄의 한 마을에서는 고려인들이 토굴을 파고 정착하기 시작한 다음날 유르타(유목민 천막)와 낙타가 모두 자취를 감춘 희한한 일이 벌어졌다. 강제 이주된 고려인들이 아이를 잡아먹는 식인종이라는 소문을 듣고 겁에 질린 카자흐인들이 다 도망쳤다는 것이다.

고려인 이주민의 90% 정도는 농업이나 어업 콜호스에 배치되었다. 현

우슈토베의 첫 정착지 땅굴자리 앞의 표석에는 "이곳은 원동에서 강제 이주된 한인들이 1937년 10월 9일부터 1938년 4월 10일까지 토굴을 짓고 살았던 초기 정착지이다"라고 새겨져 있다.

지인 콜호스에 포함되기도 하였지만 대부분은 고려인만의 독립 콜호스를 구성하여 정착했다. 고려인들은 학력이나 경력, 개인 의사와는 상관없이 거의 모두 고된 육체노동에 종사해야 했다. 고려인의 새 터전은 기존에 농사를 짓던 곳이 아니었지만 벼농사에 유리한 지역이었다. 카자흐공화국에서는 동부의 카라탈강 유역의 우슈토베, 서부의 시르다리야강 유역의 크즐오르다, 우즈베크공화국에서는 시르다리야강 유역인 수도 타슈켄트 주변과 아무다리야강 하류지역, 페르가나 계곡 등지에 이주민들을 수천 명 단위로 분산 배치했다.

고려인들의 새 정착지 우슈토베와 타슈켄트 주변은 사방을 둘러보아도 마을 하나 없는 벌판이었다. 원주민들이 살다가 버린 흙집 몇 채와 무덤 밖에 없었고 모기·벌레 떼만 득실거렸다. 9월 말, 10월 초여서 낮은 덥고 밤이면 선선했다. 우슈토베에 내린 사람들은 급히 판 토굴로 들어가 두더지 같이 살았다. 토굴에는 흙벽돌로 구들을 놓거나 갈대로 두툼

낡은 창고(사진)를 거처로 배정 받은 고려인들은 사막에 토굴을 파고 산 사람들 보다는 운이 좋았다.

한 자리를 만들어 바닥을 삼았다. 토굴집이 완성될 때까진 기차역사 안에서 옹기종기 모여 서로의 체온으로 밤 추위를 이겨내야 했다. 인가가 있는 마을에서 하차한 사람들은 원주민의 호의로 헛간 방을 얻어 지냈다. 주변의 마구간, 돼지우리, 창고, 폐허가 된 사원, 옛 감옥 등이 고려인 이주민들의 임시 거처로 사용되었다. 우즈베키스탄의 강가에 터를 잡은 사람들은 갈대로 움막을 짓고 살아야 했다. 집 주위에는 사람 키보다 높은 갈대숲이 울창했다. 밤에는 진창이 얼어붙기 시작했고 바람이 불면 갈대들이 울었다. 숲에서는 이리 떼들의 울음소리가 들려왔다.

"이 갈대밭 속에서 아이들을 데리고 어떻게 살란 말인가?"

고려인들은 저마다 걱정하며 한탄했다. 화가 안일은 당시 여덟 살의 어린 나이였다. "아주 오랜 기차 여행 끝에 춥고 찬비가 오는 우즈베키스탄의 갈대 습지에 내린" 소년 안일은 "밤마다 개구리 소리와 아이들

울음소리 같은 들개들 우는 소리에 잠을 들 수 없었다."고 회상했다.

연해주 바닷가에서 살던 고려인들에게 중앙아시아 사막지대는 모든 것이 생소했다. 비교적 온화한 계절풍 기후에 길들여진 고려인들은 혹서와 혹한의 건조한 대륙성 기후에 적응하기가 힘들었다. 토양이 바뀌고 물이 바뀌자 풍토병 등으로 숱한 고통을 겪었다. 샘을 파면 소금물이 나왔다. 갈대숲에서 모기에 물려 학질로 신음하고, 사막에선 독사와 독거미에 시달렸다. 어린이들은 늪의 물을 마시고 피똥을 싸다가 죽는가 하면 원주민이 준 말젖을 먹고 설사병에 걸려 죽은 사람도 있다. 갑자기 밥이 아닌 빵으로 연명하다보니 많은 사람들이 영양실조에 걸리고 위장병에 시달렸다. 어느 때는 보리빵으로 죽을 쑤어 가족들이 허기를 채우기도 했다.

토굴은 습기가 차고, 탁한 공기로 인해 질병에 걸리기가 쉬웠다. 이주민들은 거의 모두가 설사·감기로 고생했고 아이들은 홍역을 앓았다. 의료시설이 없고 영양도 불충분하여 많은 사람들이 목숨을 잃었다. 겨울이 오면서 식량이 떨어지고 재정 상태가 고갈되기 시작했다. 당시 어린 신순남(화가)의 가장 슬픈 기억 중 하나는 쓰레기통을 뒤져 버려진 감자 껍질을 찾아 씹어 먹던 일이었다.

카라칼팍스탄 자치공화국 호드제이리스크 지역의 고려인들은 1937년 11월 스탈린에게 보낸 편지에서 당시의 어려움을 이렇게 호소했다.

"우리들은 1937년 10월 22일 호드제이리스크 시에 도착하였습니다. 현재까지 우리는 식량도, 난방도, 일거리도 없습니다. 우리가 원동지역을 떠나기 전에, 우리의 재산을 넘겨준 대가로 국가가 우리에게 주기로 약속하였던 가축, 곡물, 야채를 받지 못하였습니다. 우리는 현재 하늘을 지붕으로 살고 있습니다. 이미 추위가 닥쳤고, 우리는 여분의 돈도 없습니다. 말(馬)도 없기 때문에 도시에서 식량을 실어 올 수도 없습니다."

고려인들은 원동지역에 두고 온 재산에 대한 보상을 기대했다. 그러나 곡물 한 가지에 대한 부분적 보상조차도 1938년 1월에야 시작되었다. 배고픈 고려인들은 10km, 20km를 마다않고 떼를 지어 상점을 찾아 헤맸다. 먹을 것이 없어 굶주린 배를 움켜쥐고 죽어가는 사람이 속출했다. 주변의 카자흐인, 우즈베크인, 기타 소수민족들은 불쌍한 고려인들에게 양식과 옷가지를 나누어 주었다. 크즐오르다의 한 초원에서는 카자흐인들이 구운 빵이 식을까봐 이불에 싸서 당나귀에 싣고 와 고려인들에게 나눠 주었다. 그리곤 이주민들을 포옹하며 함께 눈물을 흘렸다고 한다. 이들이 건네준 눈물의 빵조각으로 고려인들은 고통의 일부나마 덜 수 있었다.

1937년의 겨울은 유난히도 추웠다. 얼어 죽는 사람이 늘어났다. 하루 밤 사이에 한 부락에서 6~7명이 죽어 나갔다. 매일 아침 토굴 속에서 머리 위로 거적을 들어 올리며 누가 죽었는지 확인하는 안부를 묻는 게 그들의 인사였다. 장례 때는 널이 없어 관을 짜지 못하고, 널 두 장 위에 시신을 안치시킨 뒤 천으로 말아 매장했다. 하도 죽어 나가는 사람이 많아 산 사람은 눈물조차 말라버렸다. 강제이주 후 첫겨울을 나면서 많은 노인과 2세 미만 어린이의 대부분이 사망했다. 1938년 12월에도 타슈켄트주의 세 지역에서 300명의 어린이가 홍역에 걸려 그 중 80명이 사망했다. 그렇게 한 3년이 지나고 나니 마을에서 어린 애들의 그림자가 보이지 않았다. 현재의 고려인 생존자 가운데 1935~38년생이 아주 드문 것은 이때의 아픈 흔적이다.

II 거주 제한, 내륙에 갇힌 포로

중앙아시아에서도 고려인은 심한 정치적 탄압과 차별대우를 받았다. 고려인들은 공식적으로 '행정적 이주민'으로 분류됐음에도 불구하고 특별이주민에 관한 규정을 적용받았다. 특별이주민은 특정 거주 지역을 이탈할 자유가 없으며, 무단이탈의 경우 도망으로 간주돼 처벌받았다. 고려인들은 공민증을 회수당하고, 향후 5년 간 거주지가 제한된다는 검정 도장이 찍힌 신분증을 소지하게 했다. 거주이전의 자유를 박탈당했기 때문에 이주지로 결정된 공화국을 벗어나는 것이 금지되었으며, 여타 지역으로 이주하기 위해서는 특별한 허가를 받아야 했다.

행정적 이주민은 '특별이주민', 즉 사회적 위험인물을 뜻하는 불순분자보다는 좀 나은 취급을 받는다. 예컨대 강제이주 직전 소유물을 팔고 갈 수 있는 기회가 주어지고, 당국에 의해 압수된 자산에 대한 보상을 받을 수 있으며, 근로자는 이주 직전까지의 임금을 수령할 수 있다. 학생과 군인들의 경우 200루블의 연금이 지급된다. 또 모든 이주자에게 이(蝨)를 없앨 수 있도록 증기탕 목욕을 할 기회 등이 제공된다. 그러나 고려인들에겐 이러한 약속이나 보상은 거의 실현되지 않았다.

고려인은 '행정적 이주민'으로서도 여러 측면의 권리를 제한받았다. 첫째, 국경지역으로 이주하는 것을 제한 당했다. 근동(近東) 국가를 통해 일본인과 접촉할 수 있는 가능성을 우려한 때문이다. 둘째, 도주를 방지하기 위해 철도에서 먼 곳으로 이주시켰다. 셋째, 효율적인 관리를 위해 한 정착지의 고려인 수를 농가 1,000가구 이하로 제한했다.

타슈켄트로 실려 온 고려인의 경우 치르치크강(江)을 경계로 하여 오른쪽의 갈대가 무성한 밭 구역에서 살게 했다. 그들은 시내로 들어가 살 수 없었다. 다른 곳에 갔을 경우 24시간 내 추방령을 받았다. 그리고 일본이 접촉을 시도할 가능성을 감안하여 고려인 주거지역에 '망(網)'이라고 부르는 고도의 첩보망을 조직했다. 고려인들은 비밀경찰의 엄중한 통제 속에 살았다. 그들은 내륙에 갇힌 '포로'가 되었다. 이후 1953년 스탈린 사망 시까지 16년간 고려인들은 집단적으로 죄수 아닌 죄수생활을 해야 했다.

소련은 고려인들의 국가기관 취업 및 취학을 제한하고 정치적 진출을 봉쇄했다. 사회의 각종 지도적 위치에서 고려인을 배제했다. 고려인을 믿지 못해 전쟁 때는 군인으로 복무할 수 없게 했다. 고려인 자녀들은 모스크바, 레닌그라드 등 대도시 대학에서 공부할 권리가 없었다. 공업대학과 군사·항공계통 대학에서는 입학원서도 받지 않았다. 고려인 청년들이 공부할 수 있는 고등교육기관이라고는 사범대학, 농업대학뿐이었다. 고려인이 가질 수 있는 가장 높은 지위는 공산당구역위원회 지도원이 고작이었다. 그것도 아주 드물었다. 많은 경우 중학교 교원, 협동조

1938년 폐쇄된 카자흐스탄의 고려인 학교.

합의 책임자나 지배인, 혹은 서기로 진출하는 것에 만족해야 했다.

고려인에 대한 차별대우는 이에 그치지 않았다. 1938년 소련은 스탈린의 특명으로 고려어(조선어)를 소련 내 소수민족 언어에서 제외시켰다. 카자흐스탄과 우즈베키스탄에서 고려어 교습 금지조치가 취해졌다. 이 주지에서 다시 문을 열었던 민족학교는 모두 고려어 대신 러시아어로 수업하는 소련 일반학교로 개편되었다. 크즐오르다의 조선사범대학도 러시아어로 교육하게 되었다. 이것은 사실상 민족교육의 폐지를 의미하는 것이었다. 고려어를 가르치던 교사들은 다른 과목을 지도하거나 다른 직장으로 옮겨야 했다. 도서관과 대학에 비치돼 있던 고려어 서적들은 소각, 폐기되었다. 스탈린의 이 같은 조치는 소수민족들이 민족학교에서 교육을 받을 수 있도록 보장한 레닌의 원칙을 짓밟은 것이다.

이러한 상황 속에서 고려인이 취할 수 있는 생존논리는 철저한 러시아화 내지 소비에트화 밖에 없었다. 고려인들 생활의 모든 면에 러시아어가 침투하면서 어린이에게 러시아식 이름을 지어주기가 유행했다. 모국어는 점차 멀어졌고 고려인들은 민족적 문화적 정체성을 잃어가기 시작했다.

탄압·처형 계속돼

소련은 1937년에 이어 1938년에도 인민들 속에서 '인민의 적'을 찾고 있었다. 고려인 지도자들에 대한 탄압도 계속되었다. 1938년 5월 내무인민위원회는 각 지역에 보낸 비밀전문에서 "정치적 망명이나 투항의 형태로 불법적으로 소련에 들어온 모든 고려인과 기존에 체포됐다가 석방된 자들을 즉시 다시 체포하라"고 지시했다. 또 군부대 가까이 살며 군수산업 관련 하청업체에서 일하고 있는 고려인들에 대해 체포영장을 발

최성학

부하고 바이칼 지역의 고려인 콜호스와 농업협동조합이 일본의 첩보기지로 떠오르고 있는 것을 주시하라는 지령을 내렸다. 중앙아시아를 비롯한 소련 각지에서 또다시 검거선풍이 불어 고려인 엘리트들은 예심도 재판도 없이 사라졌다. 30세 이상 되는 남자들은 툭하면 정치부에 검거되어 재판 없이 감옥으로 보내졌다. '일본스파이' '반혁명활동' 등의 누명을 씌워 시민권 박탈, 출당, 정배, 징역, 처형 등을 계속했다. 학교에 다니는 아이들은 일본간첩의 가족이란 이유로 멸시를 당했고 심지어 공공장소에서 잘 받아주지도 않았다.

고려인들에게 과거의 혁명이나·빨치산활동에 관한 기록·유품을 남기는 일은 매우 위험한 일이 되었다. 그리하여 개인적인 일기나 회고록을 비롯하여 사진, 소지품, 유물 등 혐의를 살 만한 자료는 모두 소각했다. 신민단 간부로 연해주 수찬지방에서 활동한 고상준은 1919년부터 써왔던 일기를 "겁이 나서" 불태워버렸다. 김 알렉산드라의 두 번째 남편으로 교사였던 오 와실리의 경우도 마찬가지다. 자유대대 사령관 오하묵, 고려사범대 총장 오 표트르가 검거되는 상황에서 오 와실리의 아들들은 더 이상 자료를 소장할 수 없어 소거하고 말았다. 고려인들의 과거 연해주 항일의병 활동이나 신한촌 만세운동 등과 관련한 귀중한 자료와 사진을 오늘날 볼 수 없게 된 것은 이 때문이다.

1920년 '4월참변' 때 일본군에게 살해된 고려인 사회의 지도자 최재형의 차남 최성학(파벨)은 1938년 10월 카자흐스탄에서 일본스파이로 몰려 총살당했다. 그는 아버지가 학살된 뒤 18세의 나이로 빨치산에 가담했고 그 후 12년간 해군장교로 근무해, 소련에 대한 충성을 의심받을 수 없는 인물이었다. 그러나 1935년 12월 발틱함대의 포병장으로 근무 중 체포되어 15년 전의 '죄'로 재판에 회부되었다. 빨치산 때 무기양도 명령에 불복종했다는 것이 그의 죄목이었다. 11개월간의 심리 끝에 기소중지로 석방됐지만 그는 1938년 6월 두 번째로 체포된 후 반역죄로 처형된 것이다.

1920년대 연해주에서 고려인문제 전권위원으로 활동했던 김만겸은 카자흐스탄으로 강제 이주된 후 바로 체포되어 재판도 없이 총살되었고, 이동휘의 장례식에 참여했다는 이유로 1936년 3월 카자흐스탄으로 유배된 박정훈은 침켄트시(市) 상업부에서 근무하다가 체포되어 1938년 10월 총살 판결을 받고 처형되었다. 3.1운동 후 소련으로 망명해 백마를 타고 시베리아를 누빈 항일빨치산 영웅 김경천은 강제이주를 앞두고 1936년 9월 간첩죄로 체포되어 3년형을 선고받고 2년 반을 복역했다. 그러나 1939년 4월 카자흐스탄에서 고려인들의 밀고에 의해 다시 체포되어 간첩죄로 8년 금고형을 선고받았다. 강제노동수용소에 수감된 그는 1942년 옥사(獄死)했다. 한때 소련 외교관으로 활동했던 박민영이 간첩혐의로 총살되자 그의 아내 또한 한 달 후 '인민의 적'으로 체포되어 8년형을 선고받고 복역했다.

어떤 집단논장에서는 중학교 교원이 '스딸린 대원수(大元帥)'라고 써야 할 표어를 '스딸린 대원쑤'라고 썼다고 체포돼 10년 징역형을 선고받았다. 1938년 우즈베키스탄에서는 고려인 1,515명이 체포되어 그중 1,321명이 국가반역죄 등으로 유죄판결을 받았다. 1939년에도 고려인들은 갖가지 죄명으로 비밀경찰에 체포되어 처벌을 받았다. 그중에는 공소시효가 끝난 20년 전의 밀수행위까지 법정에 세워 1~3년간의 수용소 감금형을 때렸다. 카자흐스탄에서는 강제이주 전부터 크즐오르다에 유배됐던 사람들에게 점검한다고 출두명령을 내려, 주(州) 정치부 앞마당에 모두 집결시켰다. 많은 사람들이 재조사를 받고는 다시 체포되었다. 이때 크즐오르다에서 정배살이를 하던 고려인은 100여 명이나 되었다.

고향·강제이주 언급 못하게

1938년 크즐오르다 조선사범대학 벽보신문에 '밭 갈던 아씨에게'라는 시를 발표한 강태수는 반동으로 체포되었다. 강태수에 따르면 이 시에 등장하는 '아씨'는 단지 젊은 여성을 상징한 것이었는데 당국은 떠나온 연해주를 그리워하는 시적 이미지로 사용했다며 그를 체포했다는 것이다. 조

시인 강태수

명희의 권유로 문학 창작에 관심을 갖게 된 강태수는 취조 과정에서 조명희의 사주를 받고 창작한 작품이라고 실토하라는 고문을 받았다. 그는 1959년까지 21년간 북극 원시림에서 감옥살이와 거주지 연금생활의 고초를 겪어야 했다.

밭 갈던 아씨에게

밭 갈던 아씨야!
이 가없는 벌판에
땅거미 살그머니 기여들어
모두를 거무숙 물들일 즈음
나는 차창에 목을 버밀고
네가 갈던 밭과

네가 뜨락또르에서 내려
기꺼이 걸어가던 그 모습
다시 한 번 보구지여라. (1연)

(중략)

한밤의 벌판에 외로운 기적소리
지금 나는 너를 찾아 가느냐?
너를 두고 떠나가느냐?

우리 마을 뒷산은 보이지 않는다.
밝는 날은 어제일까? 그제일까?
북두는 말없이 지평선에 떨어지며
마음은 너를 찾아 달음박질
아, 아직도 동녘은 껌껌나라
어서 동이 트고 날이 밝아야 우리는... (6연)

물론 강태수의 시에는 강제이주와 관련된 직접적인 목소리는 등장하지 않는다. 그러나 '차창'이라는 시어(詩語)와 밭 갈던 아씨와의 이별의 안타까움이 지속적으로 반복된다. 강제이주 다음 해에 이주를 연상할 수 있는 '차창'과 이별을 이야기 한다는 것은 충분히 당국의 의심을 살 만했다. 게다가 '우리 마을 뒷산'이나 '동녘은 껌껌나라' 등은 이 시를 강제이주로 인해 원동과 이별한 아픔을 우회적으로 절절하게 표현한 작품으로 읽게 만든다.

강태수의 필화사건 이후 당국의 검열과 통제가 아주 심해졌다. 고려인 작가들은 강제이주를 직접적으로 드러내는 어휘는 물론이고 원동, 조국, 고국, 고향에 대한 향수의 표현이나 소련의 제도·정책을 비판하는 어떤 종류의 글도 발표할 수 없었다. 작품이 완성되면 이를 러시아어로 번역해서 당 기관이나 검열기관에 바쳐야 했다. 고려인들의 시는 새로운 조국과 새로운 고향에 대한 찬양 일색으로 변했다. 소비에트 고려인문단은 암흑기를 맞았다.

Ⅲ 60% 재배치, 이탈 성행

1937년 강제이주 당시 카자흐스탄과 우즈베키스탄의 지도부는 고려인 집단이주에 관해 크렘린으로부터 어떤 사전 협의도 받지 못했다. 그저 크렘린의 결정사항만 일방적으로 통보받았다. 아울러 고려인들이 소련 내 다른 지역으로 도주하지 못하도록 행정적 대책을 마련, 보고하라는 지시도 하달되었다. 두 공화국 모두 대규모의 이주자를 수용하고 정착시킬 만한 준비가 돼 있지 않은 상태였다.

고려인들의 정착은 이주 때만큼이나 힘든 과정을 거쳤다. 고려인 이주민들의 카자흐스탄 정착은 3단계로 어렵게 진행되었다. 그만큼 난관이 많았다. 원동에서 기차를 타고 카자흐스탄에 도착해 임시 정착지에서 첫겨울을 나기까지를 제1단계라 한다면, 카자흐스탄 내 임시 정착지에서 영구 정착지로의 재이주가 시작된 1938년 봄부터 그해 말까지를 제2단계, 그리고 이후 영구 정착지를 무단이탈해 우즈베키스탄 등지로의 자의적인 이주를 제3단계라고 말할 수 있다.

카자흐스탄정부는 고려인들이 도착할 때까지 이주민 수와 직업에 대한 통계를 전혀 갖고 있지 못했다. 우선 고려인들을 카자흐스탄 내 여러 지역에 임시로 배치해 겨울을 나게 하고, 이듬해 봄에 비로소 관련 자료를 토대로 농촌의 영구 정착지역에 재이주 시켰다. 고려인 3,435가구에 대한 영구 정착지로의 첫 재배치는 1938년 3월 중순에 시작되어 5월에 끝났다. 이후 카자흐스탄에 이주한 고려인 중 거의 60%가 재이주의 고통을 경험했다. 대다수의 고려인은 미개척지, 황폐화된 땅, 파산한 소프호스로 보내졌다. 이곳에서도 사람들은 두더지처럼 깊이 1~1.5m의 땅굴을 파서 갈대와 진흙으로 초막을 짓고 살아야 했다.

1939년 초까지 카자흐스탄 전역에 총 70개의 고려인 독립 콜호스가 새로 조직되어 3만 5,724명이 이곳에 거주했다. 이 중 57개가 농업콜호스였고 나머지 13개는 카스피해와 아랄해 연안의 어업콜호스였다. 또한 고려인 1만 6,488명이 기존의 203개 카자흐 콜호스에 편입되었다. 고려인 농업콜호스는 특히 벼농사에 유리한 크즐오르다주(29개)와 알마아타주(19개)에 몰려 있었다. 그밖에 2만 1,493명은 91개의 소프호스와 산업체, MTC(기계·트랙터 보급소), 관공서, 가내수공업조합, 광산 등에 재배치되었다. 재이주의 이동거리는, 가깝게는 도보 20km에서 멀게는 철도로 4,000km에 달했다.

카라탈군(郡-라이온)의 경우 1938년 2월부터 재이주민이 도착하기 시작했다. 대부분은 4, 5월에 도착했다. 고려인들은 미리 지정한 지역으로 보내져 그곳 빈집에서 살게 했다. 집이 모자라서 많은 사람들이 천막과 초막에서 살아야 했다. 대부분은 엉성한 토굴 속에서 지냈다. 농업콜호스에는 농사 짓는데 필요한 농기계는 물론 가축도 없었다. 농촌소비조합이 제대로 가동하지 않아 공산품도 구할 수 없었다. 수리시설의 부재는 효과적인 농업을 불가능하게 했다. 인근의 둔간인들은 고려인들을 적대시하였다. 고려인들은 재배치 지역을 무단이탈해 다른 콜호스로 이주하기 시작했다. 카자흐스탄 인민위원회는 고려인 이주민들의 임의적 이동을 엄격히 제한하도록 지시했으나 실효를 거두지 못했다.

크즐오르다 주의 고려인 이주민 1만 2,200명 가운데 8,000명은 원동에서 농사를 지은 일이 없는 노동자와 사무원 출신이었다. 고려인들로 조직된 17개의 콜호스 가운데 8개는 이들 노동자와 사무원들로 구성된 것이었다. 식량 배급량이 부족해 고려인들 사이에선 먹지 못하여 붓는 현상까지 나타났다. 노동자와 사무원 출신 400세대는 기업소와 기관에 재배치하고, 1,430가구는 다른 주로 이동시켰다.

카자흐스탄의 고려인 재배치사업은 전반적으로 시행착오와 실패의 연속이었다. 카자흐공산당은 크즐오르다주에 대해 "고려인 재배치사업에 과오를 범하였다"고 질책했다. 이주민들을 위한 주택건설공사가 부진한데다가 벼 재배에만 신경을 쓰고 채소경작은 소홀히 한 탓에 채소 공급 부족을 야기했다는 지적이었다. 더구나 카자흐스탄에 흉년이 들자 고려인들의 자연발생적인 이탈현상이 일어났다. 1940년 2월 크즐오르다주에서는 불과 10여 일 사이에 고려인 33%가 떠났다. 약 1만 명이 우즈베키스탄으로 넘어간 것이다. 물이 없어 농사가 부적합한 땅에 재배치된 사람들이었다. 구리예프주에서는 콜호스 회원의 절반 정도가 이탈했다. 그들 대부분은 카자흐스탄보다 농업여건이 좋은 우즈베키스탄의 치르치크 구역으로 이주했다. 강제이주 후 뿔뿔이 흩어진 가족과 친척들을 찾기 위한 목적의 자발적 이주도 적지 않았다.

1940년 4월의 카라칸다주 보고서에 따르면 고려인 450가구로 조직된 2개의 농촌 콜호스에서 294가구만 남고 156가구가 탈주했다. 코민테른 콜호스의 경우 축산농장에 배치된 고려인들은 축산업에 종사한 경험이 전혀 없었다. 농장원의 70% 이상이 농사를 지어본 경험도 없었다. 이 콜호스에서는 1938~39년 2년 동안 암소 2,238마리 중 38마리만 남았고, 하루 노동일의 배급량은 곡물 7.2kg, 채소·감자 3.5kg, 현금 1.7루블에서 곡물 1.5kg, 채소·감자 0.5kg, 현금 0.66루블로 급격히 감소했다. 결국 농가의 35%가 콜호스를 떠났다. 고려인이 이탈한 콜호스에서는 축산농장 운영과 봄철 파종준비가 어려운 상황에 빠졌다.

고려인들의 콜호스 이탈은 3가지 원인에서 기인했다. 첫째는 1938~39년의 극심한 가뭄으로 인한 콜호스의 경영악화 때문이고, 둘째는 고려인들의 직업을 고려치 않은 콜호스의 무계획적 배치에 대한 거부이며, 셋째는 강제이주 시 발생한 이산가족을 찾기 위한 이탈이었다. 이러한 상황으로 인해 1938~40년 사이에 대규모의 자발적인 고려인 재이주가 성행했다. 주로 물이 부족한 카자흐스탄에서 벼와 작물재배에 적합하고 관개가 가능한 국경 너머의 우즈베키스탄과 키르기스스탄 지역으로 이주했다. 우즈베키스탄의 고려인 콜호스들은 당국의 규제에도 불구하고 새 이주민들을 받아들였다. 카자흐스탄 고려인의 정착지 이탈은 1941년 독·소전쟁 시작 전까지 계속되었다.

처절한 생존투쟁

모스크바는 고려인들이 원동에서 넘겨준 미수확 작물에 대한 현금보상을 1938년 3월 15일까지 지급하도록 지시했으나 보상은 이루어지지 않았다. 연해주 포시예트 지구에서 이주해온 '붉은10월' 콜호스원들은 떠날 때 당국에 넘겨준 재산을 새 정착지에서 받을 수 있다는 증명서를 근거로 1938년 4월 관련당국에 보상을 신청했다. 하지만 증명서에 직인이 없다는 이유로 어떠한 재산도 보상받지 못했다. 우즈베크공화국의 경우 고려인들에게 정착자금으로 1년 거치 5년 상환조건으로 가구당 2,000루블의 지원책을 마련했으나 이는 서류상에만 존재할 뿐 실행으로 이어지기까지는 많은 시간을 필요로 했다.

1938년 초 고려인들은 당장 먹고 살 양식이 없었다. 밀가루 하나로만 연명하면서 벌써 반년이 넘게 고기, 야채는 구경도 못했다. 봄이 오자 고려인들은 생존을 위한 처절한 투쟁을 시작했다. 우선 갈대숲을 베고, 늪을 말려야 했다. 수로를 파서 강물을 끌어들여 논을 만들었다. 그리고 '굶어 죽어도 종자벼는 베고 죽는다'는 우리 속담대로 연해주에서 보물처럼 싸가지고 온 볍씨를 심었다. 제공된 농기계는 낡아서 제대로 작동하지 않았다. 맨손으로 일해야 했다.

새벽에 일터로 나가면 해가 지도록 논밭에서 살았다. 어린 아이나 늙은 부모를 장사 지내고서도 그 이튿날 눈물을 훔치며 일터로 나갔다. 수천 년 묵은 갈대밭은 어느새 옥토로 변하기 시작했다. 처녀지라 벼가 잘 되었다. 이곳의 사막성 기후는 일조량이 풍부하여 물만 충분히 주면 곡식과 채소가 잘 자랐다. 강에는 어찌나 물고기가 많았는지 그물이 필요 없었다. 몽둥이로 그냥 후려치면 팔뚝만한 잉어, 가물치, 장어가 막 잡혔다. 갈대밭에선 덫을 놓아 새를 잡았다.

주택 건설은 자재지원의 지연으로 더디게 진행되었다. 고려인들은 농사일이 바빠, 일손 틈틈이 짬을 내어 집을 지어야 했기 때문에 빨리 완성 할 수도 없었다. 대부분이 움막생활을 계속했다. 흙벽돌과 갈대로 지은 강변의 집에는 항상 습기가 많았다. 아침이면 집집마다 이불과 요를 밖에 내다 걸고 말리는 모습을 매일같이 볼 수 있었다. 갈대숲으로 둘러싸인 몇 호의 집과 그 마당에 널려 있는 이불은 당시 고려인 마을의 전형적인 풍경이었다.

고려인들의 쌀농사는 첫해부터 좋은 결실을 맺었다. 사진은 카자흐스탄의 집단농장에서 추수하는 장면.

봄에 파종한 쌀, 콩, 밀은 그해 가을에 좋은 결실을 맺었다. 토착 유목민들은 난생 처음으로 이 수확물들을 보고 놀라움을 감추지 못했다. 고려인들의 근면성은 생산량 증대로 나타났다. 우즈베키스탄 중(中)치르치크의 콜호스 '새로운 길'의 조합원들은 전에는 하루에 현미 100g을 소출했다. 하지만 1938년에 고려인들이 가세한 뒤부터는 50배가 늘어난 1일 5kg의 쌀을 생산했다. 블류헤르 콜호스에서는 1일 쌀 생산량이 13~17kg에 이르는 높은 실적을 올렸다. 고려인들은 목화재배에도 남다른 생산성을 발휘했다.

고려인들로 구성된 '북극성' 콜호스는 첫해부터 생산계획을 700% 달성하였다. 다른 고려인 콜호스들도 생산계획을 수배씩 초과 달성하였다. 1년 농사를 결산해 보니 집단농장에 여유가 생긴 것을 확연히 알 수 있었다. 국가에서 빌려 쓴 빚을 갚고도 돈이 남았다. 트랙터, 화물차, 파종기 등과 함께 책임자 승용차까지 사고 기계 수리소도 그럴듯하게 지었다.

제9장 중앙아시아 정착

고려인들은 다음해에도 풍년을 맞이하여 이주한 지 3년 만에 재기의 기틀을 마련했다. 마을마다 학교, 구락부, 병원, 축사 등이 지어지고 정미소와 제분소도 세워졌다. 모스크바 중앙정부는 고려인 집단농장에 세금을 면제해주었다. 콜호스의 창고와 농장원들의 곳간에는 여분의 벼와 옥수수가 쌓였다. 고려인들은 경제적으로 안정되기 시작했다. 거의 집집마다 자전거를 갖게 되었다. 주택문제가 해결되고 학교, 탁아소, 구락부가 열렸다. 이전처럼 굶어 죽거나 추위와 병 때문에 죽는 일은 없어졌다. 그렇다고 이렇다 할 자유도 없었다.

모든 고려인 콜호스가 초기부터 성공을 거둔 것은 아니다. 카자흐스탄 크즐오르다의 '예크펜다' 콜호스의 고려인들은 20ha의 논에서 겨우 300kg의 쌀을, 40ha의 밭에서 수수 6톤을, 165ha의 면화 밭에서 면화 10톤을 수확했을 뿐이었다. 토르 콜호스는 25ha에 채소를 심었으나 관수(灌水)가 안 되어 아무런 수확도 얻지 못했다. 이러한 상황은 이듬해에도 이어졌다. 남카자흐스탄주의 많은 콜호스들은 벼뿐만 아니라 다른 곡물의 수확도 계획량을 달성하지 못했다. 이 같은 지역 간의 생산량 차이, 즉 생활수준의 차이는 고려인들로 하여금 당국의 금지와 위협에도 불구하고 콜호스 이탈과 국경 너머 재이주를 강행하도록 만들었다.

'푸른 눈의 고려인' 니나 할머니 <인터뷰 2004. 2>

어릴 적부터 고려인 속에서 산, '푸른 눈의 고려인' 니나 할머니에게 고려인 없는 세상은 적막한 외계나 다름없다. 거리를 걷다가 어디선가 고려인 말소리가 들리면 그녀는 냅다 그리로 달려간다. 안면이 있건 없건 상관하지 않는다. 니나는 그들을 붙잡고 고려말로 한바탕 떠들어야 갑갑증이 풀린다고 한다.

니나 할머니

"원래 우리 가족은 키르기스스탄으로 오기 전에 카자흐스탄 우슈토베에 살았어요. 화려한 도시는 아니지만 기차가 서는 큰 시골마을이었습니다. 거기서 15km 떨어진 노바야지진에는 고려사람들이 많이 살았지요. 우리 가족은 내가 한 살 때 수의사인 아버지를 따라 노바야지진으로 왔습니다."

올해(2004년) 67세인 푸른 눈의 러시아인 할머니, 니나 페트로브나 포모가예바가 고려인과 인연을 맺은 건 강제이주 2년 후인 1939년. 수의사이자 공산당원인 니나의 아버지는 거역할 수 없는 당의 명령을 받고 이곳에 부임했다. 고려인 마을에선 쌀농사 뿐 아니라 소, 돼지, 닭도 쳤기 때문에 수의사를 필요로 했다. 그녀의 아버지는 말을 타고 동네를 돌며 농사를 감독했다고 한다. 고려인들은 노바야지진의 메마른 모래땅 위에 지어진 갈대집에서 기거했고, 1945년 2차 대전이 끝나도록 마을에 전기가 들어오지 않아 등잔불을 밝히며 살았다. 마을 앞에는 카라타우 강이 흘렀고 호수 주변에는 갈대밭이 무성했다.

"우리 가족도 처음엔 집이 없어 고생하다가 고려사람처럼 갈대집을 짓고 살았지요. 방바닥도 갈대를 엮어 깔았어요. 나는 고려 아이들처럼 갈대로 삼은 짚신을 신고 학교를 다녔습니다. 우리는 고려사람과 똑같이 살았어요. 러시아사람이라고 해서 더 잘 살지 않았어요. 물론 내가 친구들보다 깨끗하고 좋은 옷을 입고 학교를 다녔기 때문에 친구들은 나를 부러워했지요."

독·소전쟁 발발 후 레닌그라드시가 파괴되자 러시아인 세 가족이 우스토베로 이사를 왔다. 그전까지는 니나네 가족이 고려인 마을 속의 유일한 러시아인이었다.

"어릴 때 친구라곤 고려 아이들 밖에 없었어요. 초등학교 동창생은 모두 고려인이에요. 그들은 보통 나보다 두세 살 위였어요. 여섯 살 때(1944년) 초등학교에 입학했는데 1학년부터 4학년까지 한 반에서 남녀 15명 정도가 러시아말로 공부했어요. 5학년 때 고려사람 최계본 씨가 교사로 부임해, 한글을 가르치기 시작했어요. 나도 그때 한글을 배웠어요."

니나의 고려말은 아주 유창하다. 60여 년 전에 익힌 것이지만 의사소통에 전혀 막힘이 없다. 필자에겐 생소한 북한시(詩)까지 줄줄 외워댔다. 억센 함경도 사투리는 원형 그대로다. 오히려 그녀의 고려인 동창생들이 고려말과 한글을 잊은 채 살고 있다. 니나는 한국에 취업하려는 고려인이나 키르기스인을 상대로 한국어 개인지도를 하며, 거기서 생기는 몇 푼의 사례금을 생활에 보태 쓴다고 한다.

그녀는 지금도 1940년대 노바야지진의 생활을 생생히 기억하고 있다.

"여름엔 그물을 엮어 강가에서 고기를 잡고, 버드나무 아래선 버섯을 땄어요. 쑥떡을 해먹고 '가시닭' '돌피'란 것도 먹었어요. 옥수수는 맷돌에 갈아서 죽을 쑤어 먹었지요. 고려사람들은 들에서 음식을 먹을 땐 귀신에게 먼저 바쳐야 한다며 음식을 조금 떼서 던졌어요. 그때 '고수레'라고 외치지요. 나도 그렇게 따라 했어요. 사람이 죽으면 북망산에 간다며 상여놀이도 했어요. 2차 대전 때는 식량이 넉넉지 않아 풀을 뜯어먹기도 했지요.

민들레, 씀바귀로 나물을 해먹고 감초나무 뿌리를 씹어 먹었어요. 처음엔 고려인 50호 180여 명이 살던 작은 마을이라 누구 네가 어떻게 살고 누구 네가 굶는지를 훤히 알았지요."

"그때도 단오와 추석을 명절로 쇠었어요. 강가에서 밥 짓고 국 끓이고, 뜨들국, 시떡, 절편도 만들어 먹고... 찰떡 만들 때면 떡메를 어떻게나 많이 쳤는지..."

니나는 그때를 생각하면 지금도 즐겁기 그지없다는 표정이다. 또 고려인들의 근면성에 찬사를 아끼지 않았다. 바쁜 벼농사 틈틈이 사탕무와 감자를 심어 마을 형편이 해마다 눈에 띄게 달라졌지만 봄엔 묵은 볏짚을 털어서 얻은 이삭으로 떡을 만들어 먹는 등 참으로 알뜰하게들 살았다고 말했다.

니나는 17,8세 때 유치원에서 보모로 1년간 일했다. 고려인 어린이 20여 명이 다니던 유치원이다. 그때 니나의 손을 잡고 보채거나 등에 업혀 자던 코흘리개들 모습이 지금도 눈에 선하다고 말했다. 그 후 니나는 집이 1천여 호가 넘는 큰 마을인 '오쏘'라는 곳의 동사무소에서 3년간 일했다. 고려말을 잘 한다고 해서 통역 겸 동사무원으로 채용된 것이다. 당시 오쏘에는 고려인을 비롯해 체첸인, 러시아인, 우크라이나인이 많이 모여 살았다. 1958년 니나는 레닌그라드로 가서 한글번역 등을 하며 지내다가 어머니의 부름을 받고 다시 우슈토베로 돌아왔다. 아버지가 사망하자 혼자서 남은 가족을 부양하기 어렵게 된 어머니가 구원을 요청한 것이다. 니나는 7남매 중 넷째여서, 어린 동생이 셋이나 있었다. 니나의 아버지는 전쟁 때 소련군 사령관 쥬코프 원수의 말 사육사로 복무하며 독일까지 진격했다가 종전과 함께 귀향해 다시 수의사로 일했다고 한다.

1963년 3월 니나는 러시아인들만 근무하는 비슈케크의 비밀군수공장 레닌자보드에 일자리를 얻으면서 우슈토베를 떠나야 했다. 당시 종업원이 4만5천명이나 됐던 레닌자보드에서는 총포를 비롯한 각종 무기류와 공작기계, 차량부품, 농기계 등을 생산했다. 비슈케크에는 1960년대부터 고려인들이 하나 둘 모여들기 시작했다. 일자리와 교육기관이 많았을 뿐 아니라 집값 싸고 기후 좋고 농사까지 잘되자 카자흐스탄과 우즈베키스탄의 고려인들이 새로운 정착지로 선호하게 된 것이다. 비슈케크에는 니나의 고려인 동창생들이 많이 살고 있다. 여자는 김 잔나, 최 마리아, 리 나타샤... 남자는 박 트로힘-- 등등. 이들은 경사가 있으면 지금도 서로 연락해 기쁨을 나눈다.

키르기스스탄에서 2월 23일은 '남자의 날'. 여자가 남자에게 선물을 주며 감사의 뜻을 전하는 날이다. 구소련의 '붉은 군대' 창립기념일을 키르기스스탄 독립 후 '남자의 날'로 이름을 바꾸어 경축하고 있다. 2004년 이날, 비슈케크의 친솜 레스토랑 넓은 홀에선 고려인 노인 70여명이 모여 연회를 가졌다. 할머니 대표가 나와 "우리 여자들은 남편이 있건 없건 남자를 하늘 같이 받들어야 합니다. 남자들의 만수무강을 빕니다."라고 축사를 하자 박수가 터졌다. 곧이어 기다리던 여흥 순서. 모두들 아코디언과 발라카이 연주에 맞춰 흥겹게 춤을 추었다. 할아버지 보다 할머니 숫자가 많은 탓인지 남자 파트너를 못 찾아 할머니끼리 춤추는 게 더 많았다. 모처럼 한복을 차려 입은 니나는 동창생 최 엘레나를 안고 홀을 돌았다. 최 씨는 레닌스키 마을의 한국교회에서 통역으로 일하고 있다.

니나는 자신은 눈동자만 푸를 뿐 나머지는 모두 고려사람과 다름없다고 말했다. 그런데 고려인 모임에 나가면 종종 차별 같은 걸 느낀다고 한다. 자신은 거들떠보지 않은 채 고려인 끼리 수군거려 섭섭하다는 것이다. 그럴 때면 "얼굴을 성형수술 해서라도 고려사람 같이 보여야겠다는 생각까지 든다."며 웃었다. 필자와 3시간이 넘는 인터뷰가 끝나자 니나는 "오늘 고려말을 몇 시간 하고 나니 가슴이 탁 트이는 게 이렇게 시원할 수가 없다."며 밝은 표정을 지었다.

지금 니나는 비좁고 낡은 방 한 칸짜리 아파트에서 혼자 외롭게 살고 있다. 1960년대 우슈토베에서 결혼을 했지만 이혼한지 오래고, 외동딸마저 죽어 사고무친의 처지다. 지난 98년 퇴직해 연금생활을 하나, 연금이란 게 고작 20달러에 불과해 곤궁하기 짝이 없다.

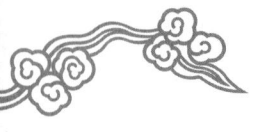

제10장
2차 세계대전과 고려인

I 소련 승리 위해 헌신적 지원

1941년 6월 히틀러가 독-소불가침조약을 일방적으로 폐기하고 소련을 공격하자 고려인들의 정치적 상황은 더욱 어려워졌다. 전시라는 이유로 검열이 강화된 것이다. 고려인의 거주지역과 그들이 모여 있는 장소에는 '이주민들의 정치적, 도덕적 상황에 대한 검열'이란 명목 하에 검열위원이 상주했다. 그들은 콜호스의 식당과 회관 등에서 고려인의 대화를 모두 기록했다.

이러한 불신과 탄압에도 불구하고 고려인들은 묵묵히 일만 하며 소련의 승리를 위해 헌신적인 지원을 아끼지 않았다. '대조국전쟁'이라고 부른 2차 대전 기간(1941~45년) 중 고려인들은 식량부족으로 기아에 시달리면서도 이듬해 파종에 쓸 볍씨를 빼고는 모든 쌀을 국가에 바쳤다. 과도한 공출과 헌납으로 말미암아 고려인들은 죽을 끓여 먹거나 풀잎이 섞인 검은 보리빵을 먹으며 살았다. 풀냄새가 코를 찌르는 빵이었다. 비타민이 부족해 아이들은 이가 빠졌고 병에 걸려 죽어 나갔다. 나물과 독초를 구분 못한 사람들은 아무거나 뽑아먹다 중독돼 죽고, 학질·천연두에 시달렸다. 참으로 힘든 시기였다.

구차한 살림 속에서도 고려인들은 이불, 솜옷, 목도리, 장갑, 양말, 각반, 담배쌈지 등을 만들어 전선으로 보냈다. 어린 중학생들도 노동력을 제공했다. 당시 우즈베키스탄에서 가장 중대한 국가적 임무는 목화 생산량의 증대였다. 각 학교에서는 1년 중 3개월(9~10월)은 오전 수업만 하고 오후에는 모두 목화밭에 나가 일하던가, 아니면 몇 주일간 휴학하고 온 종일 목화 추수에 동원돼 일을 했다.

고려인들은 소련을 '사회주의 조국'이라고 부르면서도 그 조국을 지키는 '대(大)조국전쟁'에 나갈 권리를 갖지 못했다. 적성민족으로 간주되었기 때문에 군에 입대할 수 있는 자격이 주어지지 않은 것이다. 조국의 운명이 걸린 전쟁의 참호 속에 뛰어들지 못하게 된 것에 부끄러움을 느낀 고려인들은 전쟁 초기부터 '소비에트 조국'을 구하기 위한 출전을 자원했다. 대학생과 중학 졸업생이 중심이 된 고려인 청년 수천 명이 전선으로 보내달라는 청원서를 들고 군사위원부로 앞 다투어 달려갔다. 적지 않은 청년들이 국적을 속이거나 성(姓)을 다른 민족으로 바꾸어 자진 입대했다.

'모든 민족의 지도자'인 스탈린에게 전선으로 보내달라는 편지를 보내 '운 좋게' 입대에 성공한 사람도 있었다. 그 중 한 사람이 사마르칸드 국립대학 2년생 황동국이다. 강제이주 때 일본간첩 혐의로 아버지와 형제 등 일가 3명을 처형으로 잃은 황동국은 용기를 내서 보낸 청원이 수락돼 전선에 나갈 수 있었다. 김 아나톨리는 '사디코브'라는 우즈베크인

성으로 바꾸어 참전한 후 16개의 훈장을 받았다. 그는 평생을 김 씨 성과 사디코브라는 성을 함께 사용했다. 고려인 참전자 중 민 알렉산드르 대위는 1944년 7월 코웰 탈환전투를 지휘하다가 영웅적으로 전사해 사후 소련영웅 칭호를 받았다.

고려인의 군 복무를 금지한다고 해서 군의 고려인 노동력 동원까지 금지한 것은 아니었다. 스탈린은 고려인을 현역 전투부대원으로 징집하지 않는 대신에 범죄집단과 다를 바 없이 취급했던 노동군대에 동원하기로 결정했다. 노동능력이 있는 18~50세 고려인 남자들의 거의 대부분이 노동군으로 동원되어, 후방의 탄광, 군수공장, 건설현장, 벌목장 등에 보내졌다. 기성세대와 비교해서 강제이주의 고통을 덜 예민하게 인식하고 새로운 환경에 빠르게 적응해 나가던 고려인 젊은이들도 '노동군'이라는 무거운 경험을 운명적으로 맞아야 했다.

II 남자는 '노동군' 동원

1943년 3월 소련 국가방위위원회 명령으로 7,765명의 고려인이 노동군으로 동원되어 석탄 산업지대로 보내졌다. 이 가운데 5,135명은 모스크바 인근의 툴라탄전에, 2,622명은 카자흐스탄의 카라간다 광산에 투입되었다. 이 해 12월에는 만 17세의 1926년 생 고려인 청소년 1,500명이 징집되어 코미자치공화국의 우흐타 강제노동수용소 노무부대로 보내졌다. 이들은 석유·가스 채굴, 도로건설 등의 작업 현장에 배치되었다. 1944년 1월 우즈베키스탄에서 고려인 2,500명이 노동인력으로 동원되어 파르하트 수력발전소와 베가바트 제철소 건설사업장 등

전쟁 중 치르치크 시 도로건설에 동원된 고려인들.

에 보내졌다. 또한 방어시설 건설과 철교 수리, 새 철도 부설 등의 목적으로 북부전선과 서부전선에 다수의 고려인 청년들이 징집되었다. 노동군으로 동원된 고려인은 소련 전역에서 총 1만 4,000여 명에 달했다.

1926년생 청소년에 대한 노동군 동원은 음모적으로 진행되었다. 이들의 소집 영장에는 적군(赤軍)에 복무할 고려인 젊은이들을 징병한다고 간단하게 적혀 있었다. 고려인들은 이제 우리도 다른 민족과 동등한 권리를 갖게 되었다고 반기면서 영장을 받아들였다. 콜호스마다 성찬 모임 등 다양한 송별행사가 벌어졌다. 고려인 청소년들은 다른 민족 징병자들과 나란히 머리를 깎았고, 소독실을 거쳐 샤워실로 향했다. 이들은 자신이 전선으로 파견될 것이라고 믿었으며 그걸 의심하는 사람은 아무도 없었다. 수송 도중에도 이들에게는 큰 군용식당에서 식사가 제공되고 군용 건빵과 통조림 등이 배급되었다. 그러나 이들은 속고 있었다. 그들이 간 곳은 전선이 아니라 후방의 강제노동수용소였다.

노동군으로 끌려간 고려인 청소년들 (사진으로 보는 고려인사 '1937~1997'에서)

노동군으로 징집되었던 김학성과 한 막스의 체험담을 재구성해 그들의 참담했던 실상을 들여다보자.

김학성 = 1943년 9월 당국은 갑작스레 우리 17~18세의 젊은이들을 쿤그라드 군정치위원부로 소집했다. 군정치위원부는 "2개월 동안 군사교육을 받은 후 즉시 전선으로 가라"고 지시했다. 총 38명이 동원소집 되었으며, 이중 17명은 우리 '아방가르드' 집단농장 출신이었다. 우리는 전쟁에 참가해서 파시스트들과 싸울 수 있다는 생각에 기뻤했다. 많은 청소년들이 전선에 보내질 수 있도록 나이를 올려서 신고했다.

한 막스 = 1943년은 1926년에 태어난 고려인 청년들이 17세가 된 해다. 이때 소련정부는 "고려인들도 정상적인 소련군대에 모집되어 곧 전선으로 갈 것"이라며 1926년생 청년 1,500여 명을 징집했다. 대부분 우즈베크공화국과 카자흐공화국에서 온 젊은이들이었다.

김 = 화물선과 기차를 타고 코미자치공화국의 코틀라스 역까지 이송되었다. 그곳에서 만난 한 노인이 우리들에게 "어디로 가느냐"고 물었다. "전선으로 간다"고 대답하자 노인은 비웃으면서 "너희들은 전선이 아니라 감옥으로 가는 것"이라고 일러 주었다. 그래서 우리들은 속았다는 것을 알았다. 이렇게 노동군 생활은 시작되었다.

한 = 화물열차에 실려 22일 동안의 여행 끝에 러시아 북부 코미자치공화국의 우흐타라는 도시로 갔다. 여름에는 백야, 겨울에는 낮이 없는 긴 밤만 계속되는 그런 지역이었다. 당시 코미자치공화국은 수형중인 범죄자 수용소의 집결지였다. 재소자들은 정치범이 대부분이었고, 이 지역에서는 석유, 가스, 우라늄 채굴과 철도, 도로 건설이 진행 중이었다. 고려인 청년들은 대규모 집단으로 나뉘어 도로 건설, 벌목장, 탄광으로 투입되었고 몇 십 명으로 구성된 소집단은 소방대에 배치되었다.

김 = 우리들은 정치범 막사에서 생활을 했다. 주변은 지저분했고, 목판 침상에서 잠을 잤다. 1944년 1월 초에 닫힌 막사에서 화재가 발생해 수백 명이 불에 타죽었다. 생존자들은 반토굴로 옮겨졌는데 빈대가 너무 많아서 잠을 잘 수가 없었다.

중병 걸려 구걸하며 귀환

한 = 어디를 둘러보아도 정치범 수용소만 보였다. 우리들은 철조망이 둘러쳐진 정치범 수용소의 큰 막사에서 살았다. 막사에서는 수백 명의 사람들이 함께 생활했다. 우리들이 먹는 음식은 조악했고 양도 아주 적었다. 하루에 700g의 빵만 배급받았다. 양배추로 만든 멀건 스프와 말들에게 나 주는 귀리로 만든 죽을 먹었다. 우리는 항상 굶주렸다. 머리 속에는 어떻게 하면 검은 빵을 배부르게 먹을 수 있는가 하는 생각뿐이었다. 이렇게 힘든 상황을 우리는 이겨나갈 수가 없었다. 결국 나를 포함한 많은 청년들이 건설현장에 투입된 지 6개월 만인 1944년 6월에 중병에 걸려 입원하게 되었다. 병의 원인은 배고픔과 심한 노동이었다.

김 = 우리는 아침부터 저녁까지 감시 하에 노동을 했다. 얼마 안 있어 나는 병에 걸렸으며, 8개월을 그 상태로 지냈다. 결국 당국은 나를 카라칼팍스탄으로 귀환시키기로 결정하고, 여비와 빵, 그리고 1kg의 청어새끼를 주었다. 당국은 내가 배가 고파서 여비로 음식을 사 먹을까봐 우려했던지 준 돈을 그 자리에서 뺏었다가 떠나기 직전에 다시 내주었다. 도중에 너무도 배가 고파서 구걸을 하며 배고픔을 달래야 했다. 그렇게 힘들게 카라칼팍스탄으로 돌아왔다.

우가이 철식 '전쟁과 러시아의 고려사람들'
황 류드밀라 '고려사람에게 가해진 두 번째의 비극적 운명'에서

노동군은 기아와 추위 속에서 수형자와 다름없는 비참한 강제노동에 시달렸지만 죄수라고 부르지 않고 '동원노동자'라고 불리었다. 이들은 혹독한 겨울에 삽, 곡괭이, 쇠지레, 쐐기, 해머를 갖고 돌덩이처럼 얼어붙은 동토를 깨어야 만했다. 식료품과 빵의 공급량은 작업량에 따라 달랐다. 작업량 100% 완수에는 550g의 빵이, 125%에는 650g, 150%에는 750g이 주어졌다. 미달인 경우 300g의 빵을 받았다. 노동군은 하루에

두 번, 아침 7시와 저녁 5시에 식사를 했다. 끼니는 멀건 야채 스프 한 국자와 200g의 보리죽, 깻묵 빵 등으로 때웠다. 오전 6~7시에 하루 치 빵을 받으면 아침상이 나오기도 전에 모두 먹어 치웠다. 배부를 때까지 흑빵을 먹고 싶다는 욕망이 그들 곁을 떠나지 않았다.

노동군들은 혹심한 노동으로 탈진했고, 괴혈병이나 부종으로 신음했다. 노동군 생활은 전쟁터 못지않게 참혹했으며 모든 것이 최악이었다. 봉급은커녕 옷도 제대로 공급되지 않았고 외출은 경비원이 동행하는 때만 허용되었다. 물자가 부족해 그들은 항상 누더기를 입고 다녔다. 영하 40~50도의 혹한 속에서도 털신 대신 얇은 타이어로 만든 단화를 신고 살았다. 빈대가 들끓는 막사에서는 잠을 이룰 수가 없었고 온몸은 빈대에 물려 상처투성이였다. 노동군들은 스탈린에게 여러 차례 편지를 보내 "전선으로 보내달라"고 간청했지만 답장은 없었다.

카라간다 탄광서 2,000명 사망

우가이 철식은 우흐타 수용소에서 목공으로 일하다가 얼굴과 팔에 중화상을 입고 전쟁이 끝난 직후인 1945년 5월에 동원이 해제되었다. 다른 동료들은 종전된 지 1년 후인 1946년에 집으로 돌아왔다. 이계룡의 아버지 이돌준은 카라간다 광산에서 하루 16시간의 중노동에 종사하다가 1946년에 집으로 돌아왔다. 이때 칸톤스카야 코뮌 콜호스에서 이돌준과 함께 노력전선에 동원된 27명 가운데 생환한 사람은 9명에 불과했다. 우즈베키스탄에서 동원된 김 스테판의 아버지는 1947년에야 군부대의 노역자 생활로부터 풀려나 집에 돌아올 수 있었다.

전쟁 중 고려인은 직접 전투에 참여한 사람이 적어 인명손실은 적었다 하더라도 노동전선에서는 모두가 쇠약해져 건강을 크게 다쳤다. 많은 사람들이 기아와 질병으로 죽어갔고, 행방불명이 되었다. 전쟁기간 중 카라간다 탄광에서만 2,000명 이상의 고려인이 사망했다고 한다. 고려인들에게 노동군 생활은 강제이주 때보다도 더 끔찍한 재앙이었다. 후방에 남겨진 가족들의 삶도 노동군이나 전투군인의 삶 못지않게 힘들었다. 특히 고려인 콜호스는 남자들 대부분이 노동군에 소집되면서 노동력 부족으로 어려움을 겪었다. 남겨진 노인, 여성, 아동들이 동원된 남성의 노동을 대신했지만 부진한 농업생산을 끌어 올리지는 못했다. 카라칼팍스탄 내 최대 집단농장의 하나였던 아방가르드 콜호스는 노동군 동원 이후에 붕괴돼 그 기능을 상실하고 말았다.

전쟁 시기에 노동력 부족으로 곡물 생산량이 감소했지만 모두 국가에 바치다보니 식량이 부족했다. 사람이 굶으면 집짐승도 먹을 게 없어 죽는다고 한다. 그때 굶주림에 시달린 사람들이 죽은 말의 말라빠진 고기를 뜯어가려고 서로 싸우는 무서운 광경이 도처에서 벌어졌다. 힘 있는 자들은 그나마 좋은 부위를 가져갔고 약자에게는 뼈와 가죽만 돌아갔다.

1940년대 고려인들의 노동전선 징발은 역사에 잘 밝혀지지 않은 페이지로 남아 있다. 노동군으로 동원된 많은 고려인들의 신원조차 아직 밝혀지지 않았다. 수많은 고려인 청년들이 야쿠치야, 코미자치공화국 노동전선에 끌려갔지만 상당수가 돌아오지 않았다. 무의미한 죽음도 많았다. 김 막심은 집에서 보내준 돈을 자랑하다가 죄수였던 강도 패거리에 의해 살해되었다. 한 파벨은 버섯을 채취하러 갔다가 구리 이빨이 부러진 시체로 발견되었다. 아마 금이빨로 착각하여 벌어진 참사였을 것이다. 늦었지만 노동군 참가자들의 수명이 다하기 전에 진실을 규명하는 노력이 필요하다.

강제이주 1946년까지 계속

소련 내 소수민족의 강제이주는 2차 대전이 끝난 뒤인 1946년까지 단속적으로 계속되었다. 이때 독일인들의 원동 이주가 많았다. 전쟁 중인 1941년 무르만스크에 거주하던 고려인, 독일인, 폴란드인, 중국인, 그리스인 등 총 675가구 1,743명이 알타이지방으로 강제 이주되었다. 1941년 12월에 러시아 스탈린그라드주의 아스트라한으로부터 카자흐스탄 아크몰라 주의 셰르탄진 지구로 특별이주민 1,833명이 이주되었는데, 여기에는 400명의 고려인이 포함돼 있었다. 이들은 특별부락으로 분산 배치되어 그곳의 러시아인 특별이주자들과 더불어 지내야 했다.

1945년 소련 내무인민위원부는 러시아 곳곳에 흩어져 있는 모든 고려인들을 본래 거주지역인 카자흐스탄과 우즈베키스탄으로 돌려보내라는 결정을 내렸다. 이에 따라 고려인들은 일반 주민 외에 강제노동수용소, 교정노동수용소에 있던 죄수들도 이주해야 했다. 당시 코미공화국에는 독일인, 고려인, 불가리아인 1만 3,807명이 동원돼 있었고, 노동교화소에도 고려인과 불가리아인 1,564명이 수용돼 있었다. 수용소에 있던 고려인은 많게는 2,403명, 적게는 959명에 달했다. 군대의 특별수용소에도 고려인들이 있었다. 이들은 모두 중앙아시아 지역으로 옮겨졌다.

1945년 우흐타 강제노동수용소에 동원되었던 고려인 노동군 1,500명이 이주되었고, 모스크바주 공장에 고용돼 일하던 고려인 25명은 동부지역으로 강제 이송되었다. 1945년 4월 툴라 탄전에 있던 고려인은 844명이었다. 그러나 이주할 때인 5, 6월에는 1,027명으로 늘어났다. 이처럼 고려인 수가 급증한 것은 노동군으로 동원될 때 헤어졌던 가족과의 결합이 허용된 결과였다. 이들은 가족과 함께 처음 이주한 카자흐스탄이나 우즈베키스탄으로 보내졌다. 이렇게 하여 1945년 말까지 소련 내 고려인의 거주지는 중앙아시아 공화국들에 집중되었다.

특별이주민 신분

중앙아시아 고려인의 거주지 제한은 첫 5년 기간이 만료되자 다시 연장되었다. 그리하여 강제이주 5년이 지난 1942년에도 해제되지 않고 스탈린 사망(1953년) 이후까지 계속되었다. 고려인들은 다른 지방이나 지역으로 나가기 위해서는 당국으로부터 특별증명서를 발급받은 뒤 내무인민위원회 지역부에 출석하여 서명을 해야 했다. 1945년 4월 독일의 항복으로 대조국전쟁이 소련의 승리로 끝났어도 고려인에 대한 통제는 계속되었다. 1945년 7월 소련은 고려인을 '특별이주민'으로 공식 분류했다. 비밀경찰 두목 베리야의 명령에 의한 것이다. 고려인들은 거주 지역 내 특별위수사령부의 특별관리 속에 반혁명 범죄 등과 관련한 감시를 받아야 했다.

1946년 고려인에게도 일반 시민처럼 여행의 자유를 허용한 여권이 일시적으로 발급된 적이 있다. 그러나 이 조치는 1947년에 바로 환원되어, 고려인의 거주 지역을 다시 중앙아시아로 제한했다. 고려인들은 원동지역인 부랴트공화국, 치타, 하바롭스크, 연해주 지방에 들어가는 것이 종전처럼 금지되었다. 당시는 소련의 베를린 봉쇄조치로 인해 미-소간 대립이 격화되고 국제적 긴장이 고조된 시기였다. 그래서 강제 이주된 민족들에 대한 단속이 강화되어 거주등록이 엄격하게 시행되었다. 결국 고려인들은 2차 대전 종전 후에도 공화국 내 안보기관들의 통제 속에 철망 없는 수용소에 갇혀 2류 공민으로 살아야 했다.

III 성공신화(神話)를 쓰다

넓이가 한반도의 18배나 되는 중앙아시아는 광활한 초원과 사막이 자라잡고 있는 땅이다. 이러한 곳에서 고려인들은 낯선 땅을 조국으로 받아들이고 버려진 땅을 옥토로 일구어 농업의 성공신화를 이룩해 나갔다. 중앙아시아에서 고려인이 벼를 처음 재배한 것은 아니지만, 고려인들은 중앙아시아에 쌀을 보급한 민족으로 유명해졌다. 강제이주 초기에 고려인들은 논에 직접 볍씨를 뿌려 모내기 없이 벼를 키우다가 곧 수경(水耕)으로 전환했다. 고려인들이 벼농사를 시작한 카자흐 및 우즈베크 지역은 그 후 소련의 주요 미곡 생산지로 성장했다. 1983년 소련 전역의 쌀 생산량 300만 톤 가운데 90만 톤이 카자흐스탄에서, 50만 톤이 우즈베키스탄에서 생산되었다. 물론 이러한 쌀 생산의 주축은 고려인이었다. 이밖에 카자흐스탄에서 채소는 1946년 생산량 기준으로 1965년에 5배 이상 늘어났고 양파는 49배 증산되었다. 이 성공신화가 고려인 농민들의 땀을 밑거름으로 이룩된 것임은 두말할 나위가 없다.

목화·벼 경지 10배 늘려

고려인 콜호스에게 전쟁(1941~45년)은 오히려 기회가 되었다. 전시체제에서 고려인들은 기적을 일구었다. 대부분의 남자들이 노동군으로 동원되었기 때문에 콜호스 밭에서는 부녀자, 노인, 청소년들이 일을 했다. 일손과 도구가 절대적으로 부족한 속에서도 콜호스 성원들의 헌신적인 노동에 힘입어 카자흐스탄과 우즈베키스탄의 고려인 콜호스들은 목화와 벼의 경작면적을 3.5~5배 이상 크게 확장시켰다. 타슈켄트 일대의 벼

경이적인 벼 수확량을 올린 김만삼

판은 끝없이 이어지는 논으로 뒤덮였고, 목화와 황마가 자라는 낙토(樂土)로 변했다.

특히 벼 재배는 우즈베키스탄의 소금기 많은 토양에서도 큰 수확을 낼 수 있었다. 뿐만 아니라 토양의 소금기를 씻어내는 이중의 효과를 발휘했다. 처음에 벼농사를 짓고 다음에는 잡초를 제거하기 위해 수년 간 사탕무를 재배했다. 이런 과정을 거쳐 목화 재배에 알맞은 땅으로 변모하면 그때 비로소 목화를 심었다. 세계 최대 목화 생산지의 하나인 우즈베키스탄은 목화 재배를 중시했다.

고려인들이 주로 거주했던 지역에서 국가가 시행한 관개수로 건설 사업은 고려인들의 성장을 부축했다. 우즈베키스탄에서는 52개 관개시설을 건설하였고 스탈린 페르가나운하를 완성했다. 카자흐스탄에서는 시르다리야강의 제방을 높여 고려인 콜호스에 농업용수를 공급하는 대규모 수리시설인 '대돌' 건축 사업을 시행했다. 이 사업으로 농업용수를 안정적으로 공급받게 된 '선봉', '기간트(거인)', '볼셰비크' 등 고려인 콜호스들은 이후 발전의 길을 걷게 되었다. 선봉은 1941년 270ha의 파종면적을 1945년에 1,001ha로, 기간트는 240ha을 915ha로 각각 늘렸다. 이러한 경작면적의 확대는 수확량의 증대로 이어졌다.

북극성콜호스를 소련최고의 농장으로 육성한 김병화의 기념 흉상

전선으로 보내는 식량의 수요량이 많아지면서 곡물재배의 중심이었던 고려인 콜호스의 명성은 높아졌다. 카자흐스탄에 김만삼이 있었다면 우즈베키스탄에는 김병화가 있었다. 카자흐스탄 크즐오르다주에서 '선봉(아방가르드)' 콜호스를 이끌던 김만삼은 1942년에 ha당 17톤의 벼 수확량을 올려, 소련의 전시경제에 크게 기여했다. 이는 세계 최고수준의 벼 수확량이었다. 스탈린의 주목을 받을 정도로 벼 재배에 탁월했던 그는 1945, 46년에 두 번에 걸쳐 붉은 노동훈장을 받았고 1947년에는 스탈린상을 수상했다. 그의 농경법은 '김만삼식 농경법'으로 명명되었고, 김만삼 식으로 농사를 짓는 분조는 '김만삼고등수확분조'라고 불리었다.

우즈베키스탄 타슈켄트주에서 북극성콜호스를 이끈 김병화는 농업 및 건설 분야에서 뛰어난 성과를 거두었다. 그는 300만평의 황무지를 옥토로 만들어 전시 식량지원에 앞장서면서 북극성콜호스를 소련 최고의 모범농장으로 육성했다. 그는 1940년대부터 밀, 벼, 채소작물 외에 목화 재배에도 착수하고 목화와 벼의 파종면적을 10배 확대시켰다. 1944년에는 콜호스 내에 수력발전소를 건설하고 기타 문화 및 생활편의 시설 등을 건축했다. 그 공로로 1948년과 1951년 두 차례 '사회주의노동영웅'으로 선정되어 금별 훈장과 메달을 받았다. 이밖에 4개의 레닌훈장, 1개의 10월혁명훈장, 2개의 노동적기훈장, 1개의 노동표식훈장을 받았다.

경이적 수확--수백 명 영웅칭호

고려인들은 손을 댄 작물에 무엇이든 인상 깊은 결과를 남겼다. 고려인은 과거에 목화, 황마 등의 재배 경험이 없었지만 우즈베키스탄에서 경이적인 수확기록을 세워, 수십 명이 사회주의노동영웅 칭호를 받았고 수백 명이 훈장과 메달을 받았다. 인도에서 유입된 농산물인 황마는 수확량이 ha당 몇 톤을 넘지 못했지만 고려인 콜호스에서는 ha당 20~25톤이라는, 원산지인 인도에서조차 꿈꾸지 못하던 엄청난 수확량을 올렸다. 고려인들은 카자흐스탄의 사탕무, 야채, 참외, 수박 재배에서도 큰 성과를 거두었다. 1960년대 초, 탈디쿠르간주의 고려인들은 카자흐스탄 양파의 70%를 생산했다.

전쟁 중 고려인들은 국방기금 모금운동에 적극 참여하였다. 카자흐스탄의 고려인 콜호스 '볼셰비크' '기간트' '칸톤스카야' '선봉'에서 현금 35만 루블, 채권 10만 5,000루블, 쌀 96톤, 생필품 1만 8,000가지를 모아 헌납하였다. '원동'콜호스 조합장 신현문은 12만 루블을 기부했다. 1943년 우즈베키스탄의 고려인 콜호스 '북극성' '레닌' '프라우다' '스베르들로프' '북(北)마야크' 등은 현금 600만 루블과 소포 695개를 기금으로 바쳤다. 특히 김병화가 이끈 북극성콜호스는 221만 1,400루블을 전투기 구입자금으로 헌납하고, 추가로 조합장 김병화 10만 루블, 김안톤, 이태안, 편금난 등이 각각 3만 루블씩을 기부했다.

고려인들은 1940년까지 전시세로 남녀 공히 연간 100루블을 납부했다. 그 외의 조세는 없었다. 1941년부터 고려인도 일반 농민과 같이 각종 세금을 부담해야 했다. 또 전쟁 기간 중에는 국방강화 명목으로 다액의 공채 구입이 강요되었고, 1년에 3차례 전선 위문품의 공출이 있었다. 고려인들 처지에서는 과도한 부담이었다. 전쟁 시기에 고려인 농민들은 생계를 꾸리기 어려울 정도의 최저 생활을 감수해야 했다.

두려움 잊고 활기 찾아

전쟁은 강제이주와 탄압의 공포 속에 살았던 고려인들에게 두려움을 어느 정도 잊고 새로운 삶을 시작하게 만든 계기가 되었다. 고려인 콜호스는 활기를 찾았고, 고려인들의 가계도 배고픔을 잊을 만큼 안정을 찾아갔다. 전쟁 후 많은 노동자와 사무원들이 전선으로 나가게 되자 그 빈자리를 메우기 위해 고려인들이 시내에 들어와 살 수 있었다. 소수이지만 비로소 공민증에 도장을 받고 사증도 받을 수 있었다. 고려인들은 부당한 모욕과 억압에도 불구하고 의기소침하지 않고, 뛰어난 노동 열정을 발휘하며 소련의 승리를 위해 헌신함으로써 공존의 토대를 쌓아 갔던 것이다. 현지인들은 정복자가 아닌 강제이주민으로 끌려온 고려인에 대해 연민의 정을 느꼈다.

고려인들은 타고난 근면성과 민족적 특질로 인해서 다른 민족들과는 달리 현지인들로부터 배척당하지 않고 상호이해와 협력 관계를 넓혀나갔다. 고려인들은 능숙한 기술로 토지를 개간하고 농사를 지으면서 우즈베크인들에게 벼농사와 야채재배 기술을 전수해주었고 그들로부터는 수박, 멜론농사와 포도재배 기술을 배웠다. 그리고 함께 목화 재배를 확장시켰다. 고려인들은 온돌의 우수성을 타민족에게 알려주었고 우즈베크인들은 제일 먼저 이를 받아들여 사용했다. 고려인들이 이처럼 현지인과 순탄하게 융화를 이룰 수 있었던 데는 공동의 노동활동뿐만 아니라 전통, 관습, 윤리, 사고 등의 유사성이 크게 작용을 했다. 고려인들의 부모와 노인에 대한 공경, 남녀관계의 보수성, 농업과 곡식에 대한 존중은 현지인들로 하여금 고려인들 속에서 정신적인 형제의 모습을 보게 만들었다.

IV 북한 창건 전위대로

조국 땅을 제일 먼저 밟은 정상진.

일본에 원자탄이 투하된 직후인 1945년 8월 9일 소련은 일본에 대한 선전포고와 함께 원동의 제25군을 함경북도 경흥에 진입시켰다. 소련 해군은 웅기(지금의 선봉), 나진에서 상륙작전을 감행한 뒤 8월 16일 치열한 전투 끝에 청진을 점령했다. 이 웅기·청진전투에는 소련 태평양함대 정보처 직속 해병대원인 정상진(일명 鄭律)이 참전해 조국해방의 감격을 최초로 누렸다. 그는 8월 11일 블라디보스토크에서 어뢰정을 타고, 소련군의 폭격과 함포사격으로 불타고 있는 웅기항에 상륙했다. 아무 저항도 없었다. 일본 사람들이 전날 저녁에 모두 도망친 바람에 웅기는 한 방의 총소리도 없이 해방되었다. 피난 갔던 주민들이 모여 들기 시작하자 정상진은 그들을 향해 외쳤다.

"그립던 형제자매들이여! 당신들은 오늘 이 순간부터 해방된 땅의 자유로운 사람들입니다."

정상진의 외침에 그가 동포라는 것을 알게 된 주민들이 달려와 서로 얼싸 안고 환호했다. 여인들은 "선생님, 감사합니다."를 연발하며 울음을 터뜨렸다. 정상진도 감격의 눈물을 흘렸다. 후일 그는 "그때 세상이 온통 나의 것인 양 행복감을 느꼈다."고 술회했다.

수백 명 파견, '소비에트' 이식

종전 후 소련은 다수의 고려인 지식인들을 차출해 연해주, 사할린, 북한 등지의 사회주의건설 사업에 투입했다. 이후 1950년대 초까지 카자흐스탄과 우즈베키스탄에서 차출된 고려인은 총 2,700명에 달했다. 그중 수백 명이 북한의 정부, 군, 교육, 문화 및 경제 건설에 참여했다. 소련은 또 원동의 노동력 부족을 해소하고 어려운 북한을 구제하기 위한 방편으로 북한 노동자 2만 6,000여 명을 모집, 사할린을 비롯해 하바롭스크, 캄차카, 오호츠크, 니콜라옙스크, 콤소몰스크 등지로 보냈다. 이들의 약 반수는 어장에 파견되고, 나머지는 농장, 벌목장, 공장에 보내져 일을 했다. 대부분은 계약기간(반년~3년)을 채우고 귀국했다. 그때 와서 아직도 남아 있는 사람들을 연해주에선 '조포(朝胞-조선동포)'라고 부른다.

북한정권 수립에 참여한 고려인 수는 정확하게 밝혀지지 않았다. 학자에 따라 250~500명이 거론되고 있다. 정상진의 증언에 따르면 '정치일꾼'으로 참여한 이른바 정통 소련파는 200여명으로, 이들은 5차례에 걸쳐 북한에 들어갔다. 제1진은 40여명. 이 중 소련군 성원으로 1945년 8월 9일부터 시작된 대일전투에 참가한 정상진(군관), 최종학(대위), 최홍국(중좌), 정학준(군관), 최 왈렌친(상위) 등은 일제의 항복 전에 북한에 진주했고, 박창옥, 한일무, 이학룡, 김원길, 김성훈 등은 대일전에 앞서 북한에 침투해 첩보공작을 하던 중 해방을 맞이한 인사들이다. 여기에 1945년 8월 29일 소련군 제25군의 대민사업부와 함께 평양에 들어간 강 미하일(소좌), 오기찬(대위) 등 군인과 조기천(시인), 전동혁(시인), 림하(극작가), 김세일(작가) 등 민간인 28명이 제1진에 포함된다.

소련에서 주로 사범대학이나 러시아어학과 등을 졸업한 사람들로 구성된 제2진 53명은 10월 중순경에, 그리고 제3진은 12월 초순에 각각 평양에 도착했다. 제3진에는 1, 2진보다 비중이 높은 간부들이 많았고, 그들은 북한의 당 및 국가기관에서 중요한 직책을 담당했다. 허가이(내각 부수상), 박의완(내각 부수상), 방학세(사회안전상), 김재욱(평남도당위원장·군총정치국장), 강상호(내무성 부상), 김승화(내각사무국장·건설상), 김열(함북도당위원장), 허빈(황북도당위원장), 기석복(노동신문 주필), 정국록(민주조선 주필·정전위 수석대표), 김찬(조선중앙은행총재), 박창식(평양시인민위원회 부위원장), 고희만(임업상), 박창식(자강도인민위원장) 등이 그들이다.

1946년 여름에 입북한 제4진 36명에는 남일(인민군총참모장·외무상), 김동학(최고검찰소 부소장), 이문일(조선중앙통신사 사장), 정동우(기갑여단장) 등이 포함돼 있었다. 제5진은 러시아어 교원 중심으로 구성되어 1946년 9월 북한에 들어갔다. 박병율(강동정치학원장), 김칠성(해군참모장), 장 돈야(여·김일성대 교수), 박일영(체코 대사) 등 20명이다. 그 후에도 소련은 북한 당국의 요청을 받아들여 1950년 중반까지 당원, 군인, 기술자, 의사, 농업전문가, 대학 교수 등 다양한 전문가와 학자들을 개별적으로 북한에 파견하였다.

북한 통치 중심세력 부상

해방 초기에 고려인들은 소련군정을 지원하면서 김일성빨치산파와 함께 북한을 통치해나간 중심세력이었다. 북한의 사회주의체제 건설에 소련에서 성장한 고려인들은 최적의 조건을 갖춘 인력이었다. 그들은 조선어와 한자는 물론 러시아어에 능통하였으므로 소련점령군의 보조요원으로 북한에서 일하기에는 적격이었다. 그들은 절대다수가 소련공산당 당원이었고 고등교육을 받은 사람들이었다. 전국적인 저명인사나 공산당과 정부의 높은 지위에 있던 사람은 없었다. 많은 경우 학교의 교원, 또는 집단농장의 관리인 등 평범한 지식인 출신이었다. 그들은 군사동원부에 징집돼 바로 북한에 보내지거나 3~6개월간의 특별교육을 거쳐 북한으로 파견되었다.

해방된 조국에서 그들은 점령군의 통역을 맡거나 상륙지의 인민위원회에 투입되어 행정실무 책임자로 일했다. 언론기관과 학교에 들어가 일하기도 하고 군대 정보요원으로 배치되기도 했다. 북한에서 이들은 소련군과 동일시되었다. '고려인군단'은 북한에 소비에트 질서를 이식시키는 전위대였으며, 1948년 소련군 철수 후에도 계속 잔류해 북한에서 '소련파'의 근간을 이루었다. 이들은 1950년대 중반까지 10년 동안 북한의 당·정부·군대에서 중요한 역할을 담당하며 정치, 경제, 사회, 문화 등 모든 영역에서 소비에트 문화의 보급과 북한체제의 구축·발전에 크게 기여했다.

제1진으로 입북한 강 미하일은 소련군 민정사령부의 수석통역으로 활동했다. 그는 소련군사령부와 북한 정치지도자를 연결하는 교량과 같은 존재였다. 조만식(曺晩植)을 도와 평안남도 인민위원회를 조직하고, 북조선공산당 창설과정에 기여했다. 김일성이 평양에 입성한 후에는 소련군사령부의 지시를 김일성에게 전달하는 메신저로 활동했다.

'소련해방군환영 평양시민대회'에서 행한 김일성의 최초 연설문은 소련군 제25군사령부가 작성해 전동혁이 번역한 것이다. 고려인들은 이 시기를 '통역정치'시대라고 부른다. 통역들은 소련군사령부의 전권대사였고, 김일성에게는 믿을 만한 후견인이었다. 북한의 헌법과 당 강령, 토지개혁안 등 주요 법안 작성을 주도한 고려인들은 당권과 행정권을 김일성에게 집중시켜 그가 북한 지도자로 자리 잡게 하는 데 결정적인 역할을 수행했다.

북한정권 내 고려인 가운데 가장 영향력 있는 인물은 허가이 알렉세

한일무   유성훈   김승화   남일

이였다. 그는 자타가 모두 공인하는 '고려인군단'의 총수였다. 그의 배후에는 소련군사령부가 버티고 있었고 그의 주위에는 막강한 고려인들이 둘러싸고 있었다. 허가이는 강제이주 전 28세의 젊은 나이에 연해주 고려인 공산당원 중 최고지위에 올랐던 인물로, 강제이주 후에는 우즈베키스탄 치르치크 지역공산당위원회 비서로 활동했다. 조선노동당 창건에 뛰어난 역량을 발휘해 '당 박사'로 불린 그는 소련공산당 강령과 규약을 바탕으로 조선노동당의 강령과 규약을 만들고, 소련공산당 체계대로 조선노동당을 만들었다. 허가이는 김일성정권을 조직한 설계사였다. 1949년 6월에 조선노동당이 설립되자 허가이는 당 서기국의 1등서기가 되어 김일성, 박헌영 다음의 제3인자로 부상했다.

북한정권 출범 후 1970년대까지 고려인들은 4명의 부수상과 5명의 상(相), 10명의 부상을 배출했다. 부수상을 지낸 사람은 허가이(1951~53), 박의완(1954~56), 박창옥(1954~56), 남일(1957~76), 상은 외국무역상 진판수, 국가건설상 김승화, 임업상 고희만, 사회안전상 방학세, 내무상 이일경 등이다. 소련군 대위 출신인 남일은 6.25전쟁 때 군총참모장, 정전회담 수석대표로 활동한 후 부수상, 외상, 철도상 등을 역임했다. 소련군 정보장교 출신으로 북한에서 오래 동안 치안 책임자로 일했던 방학세는 1990년 두 번째로 최고재판소장에 임명되어 활동하다가 1992년 사망해, 고려인 출신으로는 최장수 정권참여 기록을 남겼다.

고려인들이 북한정권에서 선호한 부서는 당과 언론기관이었다. 고려인은 1946년 제1차 노동당대회에서 선출된 중앙위원 43명 가운데 6명이던 것이 1948년 2차 대회 때는 67명 가운데 14명으로 늘어나, 중앙위원회의 21%를 차지했다. 허가이, 박창식, 김열, 김재욱, 한일무, 태성수, 기석복, 박창옥, 방학세 등이 그들이다. 고려인 중에는 카자흐스탄에서 발간된 우리말 신문 '레닌기치'에서 일하던 문필가들이 많았다. 이들은 북한의 언론매체를 장악했다. 이문일은 조선중앙통신사 사장, 기석복은 당 기관지 '노동신문' 주필, 태성수는 당 잡지 '정노' 편집인, 장하일은 정부대변지 '민주조선' 편집장, 정상진은 작가협회 간행물 '문화전선'의 편집인으로 각각 활동했다.

고려인들은 소련을 모델로 한 북한 교육체계의 기초를 마련하면서 고등교육기관의 지도급 직위를 차지했다. 1946년 인재양성을 위해 설립된 김일성대학의 교수로 초빙된 고려인은 남일, 김승화, 박일, 정영광, 이동화, 허익, 박연, 김영성, 최규현, 김택영, 오완묵, 명월봉 등이었다. 남일은 민족위원회 교육국 부국장이 되었고 박일과 김승화는 김일성대학교 부총장이 되었다. 장익환은 교육성 부상, 유성훈은 김일성대학교 총장, 박병율은 대남 침투요원을 양성하는 강동정치학교 교장, 강상호는 고급당학교 교장을 거쳐 내무성 부상을 역임했다.

1948년 북한에서 소련군이 철수할 때 김일성은 고려인 간부들을 모두 북한에 남겨둘 것을 요구했다. 이에 따라 소련군 제25군 산하에 적을 두고 북한의 각 기관 및 인민군에 파견되었던 '고려인군단'의 대부분이 소련의 국적, 당적, 군적 등에서 제적되어 북한국적을 취득했고 북조선 노동당원이 되었다. 그러나 이들은 북한보다 소련에 충성하는 입장에 있었기 때문에 6.25전쟁 후 소련의 후광이 약해지자 결국 김일성에 의해 숙청되고 말았다.

허가이는 '6.25 실패'의 희생양

고려인들의 대부분은 군사교육을 받지 않았고 군사학교도 나오지 않았다. 하지만 1950년 6.25전쟁이 터지자 상당수가 인민군 장령급으로 진급하거나 각 부처의 요직을 맡아 전쟁을 치렀다. 한일무와 김안은 인민무력부 부상이 되었고 3명은 영웅칭호를 받았다. 105탱크부대 사단장이었던 안도수의 312번 탱크는 서울에 입성한 첫 탱크 중의 하나였다. 나중에 전사한 그에게 북한은 최고 영웅칭호를 추서했다. 해군 장교였던 김칠성은 주문진 군항 근처 전투에서 작은 어뢰정으로 미군 순양함을 격침시킨 무훈으로, 공병대 소장 박 니콜라이는 한강 도하를 성공적

1949년 금강산에서 김일성(가운데)과 허가이(오른쪽에서 두 번째)

으로 수행시킨 공로로 각기 최고 영웅칭호를 받았다. 김칠성은 후에 해군제독이 되었으나 숙청당했다.

전쟁 시기 북한 당국은 평양에 살던 고려인 간부들의 가족을 폭격이 없고 안전한 함북, 평북, 자강도 등 후방지역으로 피난시켰다. 그러나 유엔군이 거기까지 쳐들어온다는 소문에 국경 너머 만주의 연길, 용정, 목단강, 하얼빈 등지로 소개했다. 중국은 고려인 가족에게 좋은 여관이나 집을 배정해주었다. 북한정부도 특별대표부를 만들어 피난 가족들의 형편을 도와주었다.

전쟁이 목표했던 통일을 이루지 못하고 실패로 끝나자 김일성은 전쟁 책임을 전가할 희생양이 필요했다. 먼저 연안파 지도자 무정이 평양 방어의 책임을 완수하지 못했다는 이유로 철직되고, 소련 출신 허가이가 제거되었다. 이어 박헌영과 이승엽 등 남로당계 수뇌부 대부분이 미제의 간첩이라는 죄목으로 숙청당했다. 당 조직 책임자였던 허가이는 1953년 휴전 직전에 숙청되었다. 허가이는 당원관리 오류에 인책되어 당 부위원장에서 해임되고 농업담당 부수상으로 강등되었다. 그는 60만 당원 중 75%인 45만 명을 전시에 무분별하게 출당시켜 처벌했다는 이유로 김일성의 비판을 받았다. 그는 또 미군 폭격으로 파괴된 저수지 복구사업을 명령받고도 이를 제대로 지도하지 못했다는 이유로 당 정치위원회 출석을 요구받았다. 출석 당일 허가이는 사택에서 자살했다. 당의 조사과정에서 허가이가 갈등을 이기지못하고 자살했다는 것이 북한 당국의 발표였다.

허가이의 장인인 탱크장갑차사령관 최표덕은 김일성에게 사체부검을 요구했다가 다음날 해임되고 황급히 소련으로 피신했다. 2차 대전 중 소련군에서 대좌까지 승진한 최표덕은 1948년 평양에 파견된 후 북한

최표덕

군 탱크장갑차병 총국장으로 전직했다. 허가이가 죽은 지 3일 후 그의 아내 최 니나가 하얼빈으로부터 평양에 도착해, 김일성에게 면회를 요청했지만 거절당했다. 또 남편이 사용하던 개인 물품과 의복들을 내달라고 요구했으나 모두 태워버렸다는 답변만 들었다. 유족들은 허가이가 정치적 이유로 암살됐으며, 암살을 은폐하기 위해 유족도 참여시키지 않은 채 사망 당일 밤사이에 사체를 서둘러 매장한 것이라고 주장했다. 허가이 사건은 허가이의 잘잘못을 떠나 소련파 고려인의 구심점이 제거되었음을 뜻했다. 고려인들은 가장 좋아하던 허가이가 없어진 후 김일성을 믿을 수 없는 사람으로 불신하기 시작했다.

V 교육·노동에 '올인'

고려인들은 강제이주 이후 억류된 죄수 같은 삶을 살면서도 생존과 미래를 위해 비상한 노력을 기울였다. 그들은 노동과 교육에 '올인(all in)'해 우수하고 근면한 민족이라는 이미지를 만들어 냈다. 노동은 기댈 데 없는 고려인이 이역에서 살아남고 지탱해 나갈 수 있게 해준 유일한 힘이었다면, 교육은 적성민족의 멍에에서 벗어나 신분상승을 추구할 수 있게 해준 유일한 출구였다.

신분상승 출구는 교육뿐

공민증이 없어 자유로운 여행을 할 수 없었던 고려인들은 결국 콜호스에 갇혀 죄수처럼 노역밖에 할 일이 없었다. 강제적인 공동노동을 필요로 했던 콜호스는 주변에 보초를 세우고 도망가는 사람들을 처벌하기도 하였다. 고려인들이 콜호스를 벗어날 수 있는 유일한 길은 교육이었다. 고등교육을 받으려면 시골에 소재한 콜호스를 떠나 넓은 도시로 나가야했다. 고려인에게는 교육만이 도시 진출을 가능케 해주는 탈출구였다.

고려인들은 전통적으로 교육에 많은 관심을 기울이는 문화적 전통을 가지고 있다. 중앙아시아에 정착하면서부터 이는 더욱 절실한 과제가 되었다. 강제이주 1세대들은 자식들에게 아픔이 물려질세라 자녀교육에 온 힘을 쏟았다. 그들은 밥을 굶어가며 자식들을 가르쳤다. 교육을 거의 생존의 차원에 놓고, 아니 그 이상의 위치에 놓고 열과 성을 다 바쳤다. 고려인 가정에서 자녀의 대학 진학은 당연한 일처럼 여겨졌다. 자녀들도 진학에 열성이었다. 젊은이들은 대학입학에 실패하면 망신이라고 여겨 집에 돌아오지 못했다. 대학에 들어가려고 러시아인 시험감독이 동양인의 얼굴을 잘 구별 못하는 점을 이용해 고려인끼리 대리시험을 통해 부정입학한 사례도 꽤 있었다.

카자흐스탄의 우슈토베는 1937년 첫 강제이주 열차가 도착한 지역으로 널리 알려진 곳이다. 유태인이 세계 각지에서 그러했듯이, 우슈토베의 고려인들이 합심해서 제일 먼저 지은 건물이 바로 후세를 가르치기 위한 학교였다. 토굴집을 벗어나기 위한 자신들의 주택 건설은 그 다음이었다. "공부를 해야 한다. 공부만이 이 민족이 살길이다. 공부하다 죽게 되더라도 공부를 해야 한다."는 것이 당시 고려인들의 한결 같은 절규였다.

고려인들의 도시화 현상이 강하게 나타나면서 고려인의 러시아어 동

한 세르게이

화 속도도 빠르게 진행되었다. 도시생활의 언어 환경은 러시아어 중심일 수밖에 없었다. 고등교육의 기회, 직업 선택, 직장에서의 승진기회 등과 관련하여 러시아어 효용가치는 더욱 중요하고 커졌다. 언어문제에 대한 고려인의 정서는 "로시아말을 모르면 사람이라 하지 않는다."는 것이었다. 그래서 다소 무리가 따르더라도 자녀들을 대도시로 유학을 보냈다.

후에 우즈베키스탄에서 국립대학 총장까지 지낸 한 세르게이는 전쟁 중인 1942년에 5학년을 마치고 학교를 그만두려 했다. 어머니, 누나, 형이 모두 콜호스에서 고생을 하고 있었기 때문이다. 그러나 어머니는 아들의 제안을 단호하게 거부하며 이렇게 말했다.

"전쟁이 끝나면 나라에서 전문가들을 많이 필요로 할 것이다. 우리 집안에는 이때까지 유식한 사람이 아무도 없었다. 아버지도 나도 가난한 집안에서 태어났고, 우리 부모들도 양반집에서 머슴살이를 했다. 러시아에 와서 글을 조금 배웠지만 그래도 우리들은 무식한 사람들이다. 그래서 나는 우리 집에서 공부를 많이 한 사람이 나오기를 바란다."

— 한 세르게이, 한 발레리 '고려사람, 우리는 누구인가'에서

신순남, 신분 속여 미술교 입학

부모가 없어 할머니 밑에서 자란 어린 신순남(화가)은 낮엔 세베르니 마야크(북쪽등대)콜호스에서 일하고 밤엔 야간학교에서 공부를 했다. 그는 중등학교를 마치고 레닌그라드로 유학 갈 생각을 했으나 공민증이 없어 불가능했다. 그림을 그리고 싶어 하던 그는 타슈켄트 시내에 있는

미술학교에 들어가기를 원했지만 이 역시 고려인이란 신분이 장애가 되었다. 할 수 없이 신순남은 친구 손 보리스와 함께 우즈베크인으로 서류를 위조하는 모험을 감행했다. 할머니는 집단농장에서 신순남이 몰래 도망치도록 했다. 한밤중에 40km를 달려 시내로 나온 그는 신분을 속여 5년제 벤코프 미술학교에 입학할 수 있었다. 16세 때인 1944년의 일이다. 신순남은 타슈켄트의 아는 사람 집에 묵으면서 몰래 학교를 다녀야 했다.

1948년 고등학교를 졸업한 한 세르게이는 레닌그라드 대학에 입학하려고 스탈린에게 편지를 썼다. 그러나 고려인들은 다른 공화국으로 갈 수 없다는 답을 듣고 꿈을 접어야 했다. 결국 1년 후 우즈베키스탄의 사마르칸드 국립대학 역사학부에 지원한 그는 온갖 차별을 헤치고 입학에 성공하였다. 고려인들이 거주 지역을 떠나 공부한다는 것은 하늘의 별따기처럼 어려웠던 시기였다. 카라칼팍스탄의 노동군 출신 전봉호는 "1948, 49년에 두 번이나 러시아 대학에 입학하려 했지만 신분증에 표시된 거주지 제한 때문에 당국은 마치 범죄자처럼 나를 몰아냈다"고 술회했다. 카라칼팍스탄 노동군 출신인 김학성은 27세의 뒤늦은 나이에 대학에 진학한 사연을 이렇게 털어 놓았다.

"나는 배우고 싶은 큰 희망을 갖고 있었지만 집안이 너무도 가난했다. 우선 돈부터 벌기 위해 닥치는 대로 일을 해야 했다. 결국 (25세 때인) 1951년에 호드쮀일리 재정기술학교에 입학할 수 있었고, (27세 때인) 1953년에 졸업을 한 후에는 카라칼팍스탄 국립사범대학교 물리학부에 진학을 했다."

고려인들은 콜호스에서 받는 쥐꼬리만 한 봉급으로 겨우 살림을 꾸려나갈 정도였지만 자녀교육을 위한 것이라면 아끼지 않았다. 부모들은 자신이 먹기에도 부족한 쌀을 아껴서 유학 가있는 자녀에게 부쳤다. 1950년대 러시아와 우크라이나 시장에서 쌀을 팔 때는 유리컵을 사용했다. 쌀은 귀한 식품이었기 때문에 kg단위로 파는 경우는 드물었다. 쌀농사가 주업인 고려인들로서는 쌀을 제외한 다른 물질적 지원을 자녀에게 하기가 어려웠다. 다행이 소련의 무상교육제도는 고려인들을 자녀교육에 전념할 수 있게 도왔다. 고려인 학생들은 짐을 나르는 아르바이트 등을 하면서 책값, 식비, 방학 때 집에 다녀올 경비 등을 마련했다.

왜 그토록 고려인들은 교육받기를 열망했는지에 대해 한 세르게이는 다음과 같이 설명했다.

"고려인들은 고등교육을 받으려는 그들의 열정을 굽히지 않았다. 그러나 대학입학 자체가 그들 목적의 본질은 아니었다. 사실 대학과 연구소의 높은 담벼락은 고려인 이주민에게 깊은 좌절감을 안겨주었다. 정착지에서 쫓겨나 권리를 박탈당한 고려인들의 교육열은 다른 민족과 동등하게 안정과 평온을 찾고 정당한 권리를 획득하기 위한 몸부림이었다. 그 당시 스탈린체제 하에서는 짓밟힌 고려인들의 권리가 회복되리라는 희망을 어느 누구도 가질 수 없었다. ---다만 그들은 그들의 명예회복을 교육, 고도의 전문성, 강도 높은 노동에서 찾으려 했다. 이러한 행태들은 사회적 신분 상승의 기회를 주기도 하였다."

고려인들의 치열한 교육열은 마침내 그들 자녀의 학력을 소련 내 최고 수준으로 끌어올렸다. 1989년도 우즈베키스탄에서 18세 이상 고려인 성인남녀의 21.7%가 대학을 졸업했거나 중퇴했다. 이 같은 대학 진학률은 소련 내 140여 개 민족 중 아르메니아인 다음 가는 2위로, 러시아인은 물론 독일계를 앞지른 것이다. 카자흐스탄의 경우 고려인들의 고등교육기관 진학률은 25.1%로, 카자흐스탄 평균 11.3%의 2배가 넘는 수준이었다. 시간이 흐름에 따라 고려인들의 진학률은 더 높아졌다. 1990년대 중반에 실시한 조사에 의하면 고려인들의 전문학교 이상 진학률은 52%, 대학교 이상의 학력 소지자는 전체 고려인의 35%에 달했다.

노동 통해 자기존재 부각

고려인은 소련 소수민족정책의 성공사례로 종종 거론되었다. 그러나 소련정책의 성공이 아니라, 소련의 소수민족 탄압정책을 딛고 일어선 고려인들의 성공사례로 보아야 마땅하다. 고려인의 특성을 보여주는 대표적인 사례는 이들의 콜호스 개척사이다. 그 역사야말로 소수민족 고려인의 성공을 웅변으로 말해주고 있다.

당시 우즈베키스탄은 목화재배에 치중해, 경작하기 좋은 땅은 모두 목화재배에 할당했다. 쌀 재배 위주의 콜호스를 가지고 있던 고려인들은 물대기조차 어려운 갈대밭을 배정 받고 이를 개간해야 했다. 고려인들은 특히 수로건설에 많은 힘을 들였다. 그들은 하루 15-16시간씩 피땀을 흘리는 힘든 노동을 감내해야 했다. 그 후유증으로 고려인들은 노년에 관절염으로 고생을 많이 한다. 관절염은 농약 과다사용의 피해이기도 하다. 소련 시절 목화농사에는 잎사귀를 빨리 떨어뜨리기 위해 맹독성 고엽제를 많이 썼다. 고엽제는 일반적으로 사람들이 일하고 있는 들판에 비행기로 뿌려졌다. 고엽제 속에 들어있던 수은성분이 관절염 발병의 원인이 되었다는 것이다.

카자흐스탄의 고려인 농부들은 간단한 농기계와 도구조차 없어, 상대적으로 많은 노동력을 투입해야 했다. 카라탈군의 스탈린콜호스에서는 하루 노동시간을 새벽 5시부터 저녁 8시까지 15시간으로 정하고 낮에 2시간 정도의 휴식을 취했다. 하루 8시간 노동이 원칙이었던 소프호스 농민들의 작업량과 비교할 때 엄청난 중노동이 아닐 수 없었다. 덕분에 고려인들은 이주 초부터 아사의 위험을 벗어날 수 있었다. 그 후에도 고려인들은 노동 강도를 줄이지 않았다. 열심히 일을 하는 것만이 자신들의 권리를 되찾고 명예를 회복하는 길이라고 생각했다.

고려인들이 뼈 빠지게 일한 체험담을 들어보자.

"끊임없는 일의 연속이었다. 갈대숲을 베어야 했고 늪도 말려야 했다. 땅을 갈아 씨를 뿌리고, 주택도 건설해야 했다. 비가 오든 눈이 내리든 쉬지 않고 일을 했다. 정부에서 내어준 기계가 터무니없이 부족했기 때문에 거의 맨손으로 일을 해야 했다. 손을 다쳐 피를 흘리는 일이 부지기수였다."

"가장 힘든 일은 김매기였다. 가장 더울 때 해야 했기 때문이다. 6월에서 7월 사이 이 지역은 영상 40도까지 올라간다. 논에는 거의 뜨거울 정도의 물이 고여 있기 때문에 세균들이 번식하여 팔 다리에 염증을 일으켰다. 염증을 치료할 유일한 약은 기계를 수리할 때 쓰는 기름(그리스)뿐이었다. 그리스를 상처에 바르면 물에 녹지 않기 때문에 상처가 곪지 않았다."
-「고려사람, 우리는 누구인가」에서

소련에는 집단적 생산체계 내 구성원들의 생산 의욕을 자극하는 제도적 장치가 마련돼 있었다. 각종 포상제도다. 비록 물적인 보상이 크게 뒤따르는 것은 아니었지만, 포상은 체제 내에서 사회적 지위를 인정받는 계기를 제공해주었다. 최고로 공인된 것이 '사회주의노동영웅'이었다. 이 칭호를 획득하기 위해 수많은 고려인들이 피나는 노력을 기울였다. 카자흐스탄의 고려인 밀집지역인 카라탈군의 경우 1940년대 위대한 조국전쟁 중에 세운 공로로 모두 3,861명이 메달을 받았다. 그중 1,000명 이상이 고려인이었다.

고려인 사회는 특히 노동영웅을 많이 배출했다. 1941~49년간 카라탈군에서 사회주의노동영웅 칭호를 받은 28명 가운데 25명이 고려인이었다. 레닌훈장을 받은 35명 가운데 31명이, 노동적기훈장을 받은 46명 가운데 41명이 고려인이었다. 고려인들은 모스크바 중앙과 주변 민족들로부터 근면한 최고의 농업전문가로 인정받았다.

우즈베키스탄에서도 사회주의노동영웅 칭호를 받은 650명 가운데 139명이 고려인이었다. 1940년대 말부터 60년대 사이에 인구 30만 명의 고려인 사회는 총 201명의 사회주의 노동영웅을 배출했다. 민족구성원 비율로 봤을 때 고려인의 노동영웅 숫자가 단연 으뜸이었다. 인구가 600만 명인 타타르인은 210명의 노동영웅을, 인구 250만 명의 타지크인들은 250명의 노동영웅을 냈을 뿐이었다.

"적성민족 불신 씻자" 강박관념

강제이주를 당하고 멸시와 탄압을 받는 서러운 민족이 소련에 대한 조국애와 노동열정의 기적을 보여주었다는 것은 놀라운 일이었다. 이건 무엇을 의미하는가? 전쟁으로 나라가 어려운 상태에 빠졌을 때 고려인들은 온갖 모욕을 참고 소련을 위해 일을 했다. 그러한 태도가 가능했던

죽자 살자 일만 한 고려인 중에는 "이제 남은 건 골병뿐"이라며 회한에 젖어 있는 사람이 적지 않다.

것은 대부분의 고려인은 자신들에게 행해진 소련의 정책들이 오해와 실수에서 비롯된 것이라고 생각한 때문이라고 우즈베키스탄의 한 발레리 교수는 풀이했다. 고려인들은 여전히 스탈린은 순수한 사람이라고 믿었고, 자신들은 세계에서 가장 공평한 나라에서 살고 있다고 생각했다는 것이다.

고려인들이 노동과 교육에 매달려 사회적 성공을 추구한 것은 사실 긍정적인 자아에 의한 것이 아니었다. 소련정부의 불신을 받아 강제 이주당한 고려인들은 불신을 씻고 성공해야 한다는 강박관념에 사로잡혀 있었다. 자신들에 대한 부정적 인상을 희석시키고 탄압받은 상처에 대한 치유수단으로 일과 공부에 매달렸던 것이다.

고려인들이 '일벌레'가 된 것은 강제이주의 악몽을 잊으려는 것과 무관치 않다. 중앙아시아로 온 뒤에도 고려인들은 언제 어떻게 처벌을 받을지 모른다는 공포 속에 살았다. 이러한 공포로부터 벗어나기 위해 체제에 철저히 순응함으로써 자신들의 애국심을 증명하고자 했다. 고려인은 제한된 구역을 벗어나서는 살 수 없었다. 정치활동은 금지되어 당 및 정부 요직에 진출하지 못하고, 군복무도 할 수 없었다. 고려인들로선 '일벌레'의 형태로 자기존재를 부각시키는 것이 유일한 길이었다. 그래서 그들은 죽음 같은 노동에 자신을 바치며 위안을 찾으려 애썼다. 또 다른 원인이 있다면 바로 고려인의 타고난 근면성과 성실성일 것이다.

다민족사회에서의 삶이란 기본적으로 정치를 통해 확보하는 것이다. 하지만 정치에서 배제된 '적성민족' 고려인의 욕망은 정치를 벗어나 우회적인 길로 나타낼 수밖에 없었다. 바로 이것이 고려인들을 힘든 노동과 교육에 몰입하게 만든 주된 환경적 요인이었다. 일과 교육에 몰입한 고려인의 특성을 우수한 자질로 칭송할 것만은 아니다. 거기에는 민족적 정체성을 부정당한, 그리고 감시와 억압 속에 개인적인 삶을 부정당한 민족의 고뇌가 감춰져 있었다. 우즈베키스탄 스베르들로프 콜호스에 사는 한운석의 얘기를 들어보자. 죽자 살자 일만 하고 살아온 인생역정에 대해 깊은 회한을 토해내고 있다.

"노동영웅은 한마디로 일벌레를 뜻한다. 우리는 서로 노동영웅 되는 것을 더없는 영광으로 알고 죽자 살자 일만 했다. 해마다 영웅 심사를 할 때 자기 이름이 뽑혀지는 감동을 위하여 1년 내내 들판에서 흙속에 파묻혀 지냈다. 정해진 면적에서 누가 더 많은 수확량을 내느냐가 영웅을 결정하는 주된 기준이다. 나도 영웅이다. 하루에 잠은 4시간 정도만 자고 나머지는 일을 했다. 가족들도 따라해야 하기 때문에 힘들었다. 지금 생각하면 허망하다. 물론 영웅이 되면 훈장을 받고 영웅 칭호를 들으며 무슨 행사 때마다 맨 위쪽에 앉게 되고 약간의 혜택도 있다. 그러나 오늘날 콜호스가 퇴락해 가고 소련이 붕괴된 뒤 독립국가로 흩어지고 보니, 내가 저 들판에 바쳤던 땀의 의미는 한마디로 소련의 권력층을 살찌게 해준 짓밖에 되지 못했다는 결론이다. 내 몸에 남은 것은 모진 골병이고 내 가족에 지워진 것도 그다지 넉넉하지 못한 썰렁한 살림과 마누라의 저 병신 된 모습뿐이다."

―정동주 '까레이스키, 또 하나의 민족사'에서

제11장

스탈린 사망 후 넓어진 영역

1953년 3월 5일 독재자 스탈린의 사망은 소련에 일대 해빙기를 가져왔다. 강압조치가 폐기되면서 굴라그에 수용돼있던 정치범들이 풀려나고 악명 높은 비밀경찰의 역할이 축소되었다. 새로 등장한 흐루쇼프는 1956년 2월 소련공산당 20차당대회에서 스탈린의 개인숭배를 비판하고 소수민족 탄압을 규탄했다. 소련에서 개인적 정치적 자유가 회복되는 계기가 마련되고, 고려인들은 비로소 강제이주가 불법적이며 범죄적이라는 사실을 깨달았다.

I 거주제한 해제·정치참여 허용

1956년 7월 소련 최고회의 간부회의는 '특별이주민'에 대한 거주제한 조치를 해제했다. 박해받던 특별이주민 고려인들이 애타게 기다리던 소식이었다. 이제 고려인에 대한 직접적인 탄압 근거는 사라졌다. 강제이주

1950년대 고려인 대학생들('우즈베키스탄 고려인 70년 사진첩'에서)

후 중앙아시아에 갇혀 살던 고려인들이 당국의 감시·통제에서 벗어나 소련 내 어디서나 자유롭게 거주할 수 있게 되었다. 고려인들에게 정치참여와 공직진출 기회도 허용되었다. 마침내 고려인들이 소련국민으로서 공민권을 인정받은 것이다. 고려인들은 1937년 강제이주부터 이때까지를 '탄압받은 시기' 또는 '유형(流刑)기간'이라고 부른다. 그러나 고려인들이 진정으로 사상의 자유, 표현의 자유를 향유하는 데는 고르바초프의 개혁·개방이 등장하는 1980년대 중반까지 기다려야 했다. 그때까지 소련은 여전히 경찰국가였다.

1950년대 중반 고려인들은 중앙아시아라는 울타리를 벗어나 보다 넓은 세계로 뻗어 나갈 수 있게 되었다. 소련 내 아무 공화국에서나 일하고 배우며, 소비에트 군대에 복무하고, 최고학부와 군사학교에 입학할 수 있는 기회를 갖게 되었다. 많은 고려인들이 러시아의 모스크바, 레닌그라드, 노보시비르스크, 크림, 드네프르페트롭스크 등 대도시로 진출해 정착하기 시작했다.

대도시 유학의 길이 열리자 향학열에 불타던 고려인 젊은이들은 환호하며 러시아공화국의 고등교육기관으로 '돌진'했다. 타슈켄트의 고리키 공원에는 주말이면 수백 명의 고려인 젊은 남녀들이 모여 서로 사귀고 춤추며 사랑에 빠졌다. 그들에겐 미래가 그토록 아름다울 수가 없었다.

오랜 침묵을 깨는 고려인들의 각종 청원이 잇따랐다. 1957년 카자흐국립대학의 준(準)박사 박일은 소련공산당 중앙위원회에 서신을 보내 1937년 강제이주와 관련해 정의를 회복시켜줄 것을 청원했다. 그는 고려인을 다시 원동으로 귀환시켜 거기서 민족적 문화적 자치를 누릴 수 있게 해달라고 요구했다. 그러나 귀환을 위한 법적 근거의 부재로 인해 이 청원은 받아들여지지 않았다. 크즐오르다의 고려인 당원 6명(S.김, M.T. 김, 양만춘, 오가이 형철, 강성문, 신차봉)은 소련, 카자흐스탄, 우즈베키스탄 등 3개국 공산당중앙위원회에 청원서를 보내 고려어의 회복과 레닌주의 원칙의 회복을 요구했다. 레닌기치 주필 남하룡은 카자흐공산당 제1서기를 향해 고려인 문화센터의 건립이 시급하다고 호소했다. 그 결과 1958년 7월부터 크즐오르다에서 주 3회의 고려어 라디오방송이 시작되었다.

스탈린의 대탄압시대에 소련 전역에서 억울하게 희생된 70만 명에 대한 명예회복조치도 이루어졌다. 이때 고려인 지도자들에 대한 명예회복과 복권이 실현되면서 '연해주 포시예트 당 제1서기' 김 아파나시가 신원(伸寃)되었다. 1957년 4월 소련 최고재판소 군사법원은 "김에 대한 기소를 범죄구성 요건의 부재로 인해 취소한다"고 판결했다. 일본스파이 혐의로 총살된 지 19년 만에 억울한 죄가 벗겨진 것이다. 항일빨치산 영웅으로 옥중 사망한 김경천도 모스크바군관구 군법회의에서 사후 복권되었다.

김 아파나시의 유가족은 1958년에 "당신의 아버지는 사후 명예회복이 되었습니다. 그는 1943년 수용소에서 사망했습니다."라는 공식통보를 받았다. 그러나 통보서에 기재된 사망 시기와 장소는 잘못된 것이었다. 실제로 김 아파나시는 1938년 감옥에서 총살당했다. 1936년 1월 김이 체포된 그날부터 그의 행방을 찾아 나섰던 아내 유 에카테리나는 기적이 생겨 남편과 꼭 만나리라는 확신을 품고 살다가 1971년 세상을 떠났다.

II 북한에선 숙청당하고

스탈린 사망 후 소련에서 독재정치와 개인숭배를 비판하기 시작하자 동유럽에서는 민주주의에 대한 요구가 확산되었다. 북한에서도 김일성의 권력 독점에 불판을 품고 있던 연안파와 소련파들이 반김일성운동을 준비했다. 이에 김일성은 1955년 12월 '사상 사업에서 교조주의와 형식주의를 퇴치하고 주체를 확립할 데 대하여'라는 연설을 통해 반대파들의 사대주의 경향을 비판했다.

"내가 언제인가 인민군 휴양소에 한 번 가보니 거기에는 시베리아 초원의 그림이 붙어 있었습니다. 그 풍경은 아마 러시아 사람의 마음에 들 것입니다. 그러나 조선 사람들에게는 우리나라의 금수강산이 더 마음에 듭니다. …인민학교에 가보니 사진이 걸렸는데 마야코프스키, 푸슈킨 등 전부 외국 사람들뿐이고 조선 사람은 한 사람도 없었습니다. 이렇게 아이들을 교양해서야 어떻게 민족적 자부심이 생기겠습니까. --어떤 사람들은 소련식이 좋으니 중국식이 좋으니 하지만 이제는 우리식을 만들 때가 되지 않았습니까."

김일성은 소련식이나 중국식이 아닌 우리식으로 사회주의를 건설해야 한다고 강조했다. 주체노선의 시작이었다. 김일성이 소련, 중국으로부터의 자립을 내세운 것은 다음에 전개될 사태에 결정적인 의미를 갖는다. 중국파와 소련파에 대한 토사구팽(兎死狗烹)이 시작된 것이다. 소련이 1955년 북한에 파견했던 고려인 기술자 그룹 20여명은 입북과 함께 시작된 숙청 분위기를 눈치 채고 1956년 초에 자진 귀환했다.

1956년 2월 흐루쇼프가 소련공산당 제20차 대회에서 행한 스탈린 개인숭배사상에 대한 비판은 바로 북한에 영향을 미쳤다. 이해 8월에 열린 조선노동당 중앙위원회 전원회의에서 윤공흠, 서휘, 김강 등은 "우리 당에도 개인숭배가 있다"며 김일성을 비판했다. 주류파는 이들을 '반당종파(反黨宗派)'로 몰아 당에서 제명, 고립시켰다. 연안파 지도자 최창익과 소련파의 거두인 중앙위원회 선전부장 박창옥 등은 당직을 박탈당했다. 신변에 위험을 느낀 윤공흠, 서휘, 김강 등은 압록강을 건너 중국으로 도망가 도움을 요청했다. 이에 중국 국방부장 팽덕회와 소련 부수상 미코얀이 평양으로 들어와 사태수습에 개입했다. 김일성은 일단 한 발 물러서 반당파의 지위를 회복시켜 줄 수밖에 없었다.

개인숭배 비판하자 당직 박탈
중·소의 당대표가 돌아간 후 김일성은 본격적으로 소련파와 연안파에 대한 숙청을 재개했다. 최창익과 박창옥은 군사폭동 음모에 가담했다는 이유로 구속되었다. 박창옥은 부인과 함께 함경북도 산골의 농장

총정치국장
최종학

해군사령부 참모장
김칠성

항공사령부 참모장
김원길

조선중앙은행총재
김찬

지배인으로 쫓겨 간 후 지금까지 생사여부를 모르고 있다. 연안파 대표인 김두봉은 최고인민회의 상임위원장직을 잃고 출당되었다. 김일성은 자파에게 제일 큰 위험세력으로 여겨지던 연안파에 대해 끝장을 본 뒤 소련파에 손을 댔다. 먼저 총정치국장 최종학 상장이 반소파로부터 집중적인 공격을 받았다. 그는 김일성이 참석한 사상검토 회의석상에서 견장을 떼이고 제복을 벗기는 수모를 당했다. 그에게 씌워진 죄목은 김일성 항일빨치산역사를 고의로 부실하게 연구했다는 것이었다. 그는 철직되어 길주로 쫓겨 가서 살다가 병사했다.

6.25전쟁 영웅인 해군사령부 참모장 김칠성은 사상검토운동이 절정에 다다른 1957년 6월에 숙청되었다. 그는 해군사령관 이영호의 자리를 뺏으려고 이영호가 군의소에 있는 몰핀을 몰래 빼돌려서 맞는다는 말을 퍼뜨린 혐의로 체포된 후 옥사했다. 부수상을 지낸 박의완은 1957년 모스크바 출장 때 소련주재 북한대사 이상조로부터 개인숭배를 배격하는 내용의 편지를 받아 노동당에 전달한 혐의로 검거된 후 농촌으로 끌려가 돌에 맞아 타살된 것으로 알려졌다.

김일성이 '흐루쇼프 수정주의자'라고 매도한 소련파 간부들의 대부분은 1958~60년 사이에 숙청되었다. 소련파 숙청작업은 스파이 색출 및 사상검토라는 이름아래 1961년까지 진행되었다. 사상검토가 얼마나 잔인하고 혹독했던지 검토과정에서 자살한 사람이 많았다. '소련사대주의', '소련가족주의', '소련관료주의' 등이 이들의 등에 붙여진 죄목이었다. 그것도 부족하면 전쟁 때 지시를 잘못 내려 전쟁을 실패하게 만들었다는 트집을 잡았다.

사대주의자로 몰려 철직 후 추방 또는 처단된 사람은 당 조직부장 박영빈, 임업상 고희만, 도당 위원장 서춘식·허빈, 도 인민위원장 박창식, 최고재판소 부소장 김동철 등이다. 군에서도 동부전선 군사위원 김철우, 항공사령부 정치안전부장 박창선, 항공사령부 초대 군사위원 김태건, 항공사령부 참모장 김원길, 제4군단 군사위원 김단, 군사아카데미 정치부장 김용택 등이 숙청되었다. 이들의 일부는 총살당하거나 정치범수용소와 유형지에서 죽었다.

사상검토운동이 시작된 후 수많은 당원들이 '반혁명종파분자'라는 낙인이 찍혀, 출당되고 투옥되고 살해되었다. 또한 정치범수용소, 농촌, 탄광, 벌목장 등으로 쫓겨나 중노동에 시달리며 굶주림 속에 비참하게 죽어갔다. 노동성 부상 박태준은 탄광 노동자로 쫓겨 내려간 뒤 가족과 연락이 끊긴 채 행방불명되었고, 항공사령부 참모장 김원길은 1959년 1월에 별다른 말도 없이 출근한 후 실종되었다.

사상검토회의에서 비판받은 내용은 대수롭지 않은 것이 대부분이었다. 동부전선 군사위원 김철우는 "빨치산 출신들은 대학을 나오지 못한 무식쟁이"라고 비하했다는 발언이 문제가 돼 자강도로 추방되었다. 중앙방송위원장 남봉식은 기자가 쓴 방송기사에서 '위대하신 김일성 수령님'의 이름을 4차례나 지워 버렸고, '미국이여 낯을 붉혀라'라는 시를 방송하지 않았으며, 전쟁 때 위험하게도 직원들에게 남새밭을 가꾸게 했다는 이유로 사상검토를 받았다. 이 가운데 제일 중시된 것은 기사에서 김일성의 이름을 지워버렸다는 것으로, 그들은 이 문제를 갖고 두 달이나 남봉식을 못살게 굴었다.

조선중앙은행 총재 김찬은 조종사인 아들을 6.25전에 다니던 레닌그라드 건설대학에 복학시켜달라고 청원했다가 "당장 아들을 데리고 소련으로 가라"며 추방당했다. 동부전선 제7군단 군사위원 천율은 자녀들을 유학차 타슈켄트의 친척집으로 보냈다가 자녀를 외국으로 빼돌리고 폭동을 준비했다는 죄목으로 사상검토에 걸렸다. 심한 고문에 자살까지 생각했던 그는 무혐의로 풀려나자 1960년 12월 친동생인 포병사령부 병기총국장 천이완과 함께 소련으로 귀환했다. 모스크바까지의 여비 마련을 위해 쓸 만한 가재도구는 모두 평양의 장마당에 내다 팔아야 했다.

소련파에 '수정주의자' 낙인

소련파의 대부분은 자신이 원하면 언제라도 소련으로 돌아갈 수 있는 소련국적 소지자였다. 그들이 숙청의 화를 피할 수 있는 길은 소련정부에 청원해 소련으로 귀환하는 것뿐이었다. 북한과 소련의 이중국적을 갖고 살던 보건성 부상 조영철은 국적을 옮기라는 권고에 응하지 않다가 해고당한 뒤 소련으로 귀환하고 말았다. 입북 전 소련 제88정찰여단에서 김일성과 가깝게 지냈던 유성철(총참모부 작전국장)은 자기만은 건드리지 않으리라고 굳게 믿었다. 그러나 사상검토의 올가미에 걸려 고초를 겪게 되자 소련으로 귀환하고 말았다. 그들은 생명의 위험을 무릅쓰고 헌신했던 조국에서 오히려 자신들을 죄인으로 옥죄려는 것에 대해 깊은 배신감을 느끼며 북한을 떠났다.

내무성 부상 강상호는 1959년 사상검토에서 "반당그룹에 가담했다는

내무성 부상　　보건성 부상　　총참모부 작전국장　　7군단 군사위원
강상호　　　　조영철　　　　유성철　　　　　　　천율

 확증은 없으나 흐루쇼프 수정주의에 오염됐기 때문에 노동과정을 통해 사상개변을 해야 한다"는 종결을 받자, "소련으로 돌아가 살게 해 달라"고 요청해 소련으로 추방당했다. 그는 정치국장 재직 시 "개인숭배는 마르크스 레닌주의와는 아무런 관련이 없다"는 논문을 발표해 일찌감치 수정주의자로 낙인 찍혔다. 제7군단 참모장을 지내고 황해제철소 지배인으로 일한 이춘백은 "소련에서 온 사람끼리 모여서 놀며, 소련 자랑만하고, 조선의 모든 것을 가볍게 본다"는 사상검토회의의 비판을 받아들였다. 그리고 용서를 비는 편지를 당 중앙에 보냈으나 "하부로 내려가서 재교양을 받으라"는 통보가 내려오자, 뜻을 같이하는 고려인 동료들과 함께 모스크바로 돌아갔다. 사상검토가 진행된 7년 동안 철직 후 농촌으로 보내진 간부 가운데 돌아온 사람은 단 1명도 없다는 걸 그는 잘 알고 있었다. 이춘백, 정상진(문화선전성 부상), 기석복(육군대학 총장), 김일(인민군 총정치국 부국장), 명월봉(인민군신문사 부주필) 등 8명은 소련정부에 국적 회복을 요구하는 청원서를 제출, 2개월 만에 허가가 나오자 평양을 떠났다.

 북한에 들어가 간부로 활동했던 수백 명의 고려인 가운데 1960~70년대까지 중앙의 직무에 남아 있던 사람은 6.25때 총참모장으로 인민군

장학봉

을 이끌었던 남일(부수상)을 비롯해 방학세(최고재판소장), 김봉율(인민무력부 부부장), 김학인(조선혁명박물관장) 등 4명뿐이었다.

김일성의 숙청에 의해 연안파는 많은 사람이 체포·투옥·처형되었고, 중국으로 도피한 사람도 1천여 명에 이르렀다. 소련파는 50명 정도가 처형되거나 소식불명이었고, 250명 정도는 소련으로 돌아갔다고 일본의 와다 하루키는 그의 저서 '북조선'에서 기술하고 있다.

그러나 재소고려인유가족후원회 회장 장학봉이 편찬한 '북조선을 만든 고려인 이야기'의 주장은 다르다. 북한에 파견된 고려인 438명 가운데 투옥 총살된 것으로 확인된 사람만 45명에 이르고, 120명가량이 북한에서 추방되어 소련으로 귀환했다는 것이다. 또 사상검토 결과 처벌받지 않고 돌아온 사람은 10여 명에 불과했으며, 그 외는 모두 철직, 강직, 처벌을 당하거나 북한의 농촌, 광산, 벌목장, 정치범수용소에서 고초를 겪다가 생을 마감했다고 한다. 재소고려인유가족후원회는 북한에서 숙청된 고려인 간부들의 유가족을 돕는 모임이며, 회장 장학봉은 1945년 소련 제25군 소속으로 북한에 파견되어 6.25전쟁 참전 후 김책정치사관학교 교장, 항공사령부 군사위원 등을 역임하다가 1958년 타슈켄트로 귀환한 사람이다.

Ⅲ 고향의 그리움과 역사 복원

스탈린 시절 고려인들은 '만쿠르트'의 삶을 살았다고 말한다. 키르기스 전설에 나오는 만쿠르트는 침략자들이 물에 적신 가죽 모자를 씌워 기억을 잃어버리게 만든 노예로, 자신의 과거를 잊은 채 노동만 하고 살아간다. 이 형벌을 받게 되면 가죽모자가 점점 마르면서 뇌를 압박하여 기존의 지각을 모두 잃게 된다. 고려인들이 뿌리에 대한 기억을 상실하고 오직 소비에트 시민으로만 살아온 자신들의 존재를 의식 없는 만쿠르트에 빗댄 것이다.

1937년 강제이주는 고려인들의 운명을 송두리째 뒤바꾸어 놓은 역사적 사건이었다. 그러나 고려인들은 적어도 스탈린이 사망한 1953년까지 자신들의 고향과 뿌리, 역사에 대해 원천적으로 침묵을 강요당했다. 소비에트체제에 동화하려는 노력이 가속화되면서 고려인들은 자발적으로 망각을 선택하기도 했다. 강제이주 1세대는 좀처럼 그들의 탄압 경험을 자손들에게 말하지 않았다. 그런 이야기가 새로운 탄압을 불러올 것 같은 공포와 불안이 그들의 뇌리에 깊이 박혀 있었다.

1938년 시인 강태수가 필화사건으로 구속된 이후 고려인들은 강제이주는 말할 것도 없거니와 강제이주 이전의 원동생활에 관해 언급하는 것조차 철저히 침묵했다. 고향과 조국에 대한 향수의 표현이나 소련의 제도나 정책의 비판을 위한 문학적 상상력이 허용되지 않았기 때문이다. 그리하여 강제이주 이전의 고려인 역사는 공연장에서도, 지면에서도, 화폭에서도 모두 자취를 감추었다. 다만 일부 여인들이 입고 다닌 한복이 향수를 달래 주었다. 여인들은 할머니가 시집을 때 입었던 한복을 강제이주 후 고이 간직하다가 회갑 때 한번 입고 딸에게 물려주었다. 그런 대물림으로 빛을 바랜 한복은 고향에 대한 그리움의 상징이 되었다.

고려인들이 강제이주로 떠나온 '고향' 원동에 대한 그리움을 표출하

1950년대에 항상 조선 옷을 입고 다닌 한 게 나의 할머니.

기 시작한 것은 스탈린 사망 이후, 정확히 말해 1956년 소련공산당 제20차 전당대회를 계기로 고려인에게 어느 정도 자유가 주어지면서부터다. 고려인 작가들은 그동안 잊기를 강요당했던 '고향'과 항일빨치산 영웅들을 문학을 통해 복원해 내었다. 고려인들은 이 피어린 역사의 복원을 통해 고려인이야말로 일제의 간첩이 아니라 소비에트사회 건설의 당당한 일원임을 웅변했다. 그런 의미에서 이 역사 복원은 매우 중요한 의미를 지닌다고 고려문학 평론가 강진구(상지대)는 설파한다.

'내 고향 원동을 자랑하노라'

고향의 그리움을 처음으로 표출한 대표적인 작품은 레닌기치의 기자 겸 작가 김세일이 1962년에 발표한 시 '내 고향 원동을 자랑하노라'이다. 그는 해방 직후 북한에 파견돼 10년간 신문사에서 활동하다가 1954년 카자흐스탄으로 귀환한 사람이다. 연해주 박석골에서 출생한 김세일은 이 시에서 고향을 떠난 지 스물다섯 해라고 밝히면서 고향 원동을 결코 잊을 수 없다고 노래한다.

내 고향 원동을 자랑하노라

우리들이 꾸미던 옛 보금자리
선렬들이 성전에 피 흘린 성지
우리 로력의 영예 꽃 피던 동산
아, 황천에 간들 내 어찌 잊으리

생시면 맘속에 그려 두었다가도
꿈이면 찾아가 반가히 봅니다.

이 작품에서 김세일은 원동을 신기하고 아름다운 산천경개를 가진 잊을 수 없는 곳으로 묘사한다. 그러나 그 고향은 너무나 멀리 있고 현실에서는 갈 수 없는 곳이었다. 가시적인 탄압은 사라졌지만 고려인에 대한 소련당국의 시선은 여전히 억압적이던 시대여서 고향은 생시에는 맘속에 숨어 있다가 시적(詩的) 자아(自我)의 꿈에만 나타난다.

이렇게 1960년대까지 꿈에서 그리던 고향은 1970년대에 접어들면서 직접적인 그리움의 대상으로 변모한다. 대표적인 작품으로 김준의 '나는 조선사람이다'를 들 수 있다. 김준은 연해주를 그리워하는 것에 그치지 않고 고향의 근원인 조선으로 거슬러 올라간다. 이 시에서 시적 화자(話者)는 자신이 '원동 조선사람'임을 당당히 밝힌다. 비록 지금 국적은 소련이고 사는 곳은 중앙아시아지만 자신의 정신 깊숙한 곳에 조선이 있음을 분명히 한다. 백두산 신령이 먹이지 못했다는 표현에서 궁핍과 굶주림 때문에 조상들이 연해주로 이주했다는 것을 알 수 있다.

나는 조선사람이다

나는 로씨야 원동
이만강변 조선사람이다.
백두산 신령이 먹이지 못해
멀리 강 건너로 쫓아낸
할아버지의 손자로다,

로씨야의 "마마"보다도
카사흐의 "아빠"보다도
그루씨야의 "나나"보다도
조선의 "어머니"란 말이
내 정신엔 뿌리 더 깊다.

김준의 이 시에서 시적 자아를 지배하고 있는 것은 조선의 어머니이다. 어머니는 현재의 고단한 삶을 견뎌 낼 수 있게 하는 생명의 원천이다. 언젠가는 돌아가야 할 고향에 대한 그리움은 그들이 떠나온 고향 '원동'뿐만 아니라 "그래도 / 선조가 버리고 떠난, / 한 번도 본 적도 없는 / 그 삼천리강산"까지를 그리워한다. 그리고 이 그리움은 남북 분단의 현실에 가슴 아파하면서 통일의 그날을 기다리는 '천리마'에서 볼 수 있듯이 한반도 전체를 향해 거침없이 나아가고 있다.

'십오만원사건'·'홍범도' 복원

역사적 인물에 대한 복원작업은 김준과 김세일에 의해 이루어졌다. 1964년 카자흐스탄에서 출판된 김준의 장편소설 '십오만원사건'과 레닌기치에 1968~69년 연재된 김세일의 역사소설 '홍범도'가 그것이다. 두 사람은 고려인이 일제의 간첩이 아니라는 사실을 보여주기 위해 그곳에서 살다가 잊힌 인물들을 고려인 사회 한복판으로 불러냈다. '십오만원사건'의 주인공은 애국청년 윤준희, 림국성, 최봉설(최계립), 한상호, 박웅세, 김성일 등이다. 이들이 1920년 1월 조선은행 회령지점에서 북간도의 용정지점으로 운송 중이던 일화 15만원을 탈취했다가 20여 일 만에 체포되어 사형된다는 것이 이 소설의 배경이다. 이 소설에서 김준에 의해 호명된 고향은 블라디보스토크의 신한촌이다.

"일본이 조선을 아주 삼키게 되는 1904년 일-로전쟁 이후에 특히 신한촌은 조선 애국지사들과 망명객들이 큰 희망을 품고 찾아드는 로씨야의 한 쪼각 조선이였다. 드디여 여기서 각종 해외애국단체들이 생겨났고 신문이 발간되었다. 신한촌 주민들은 부귀빈촌을 막론하고 애국열이 끓어올랐다. 그들은 자기네 머리카락을 뽑아서라도 조선독립활동가들을 받들어 주기에 서슴치 않았다." ('십오만원사건', 204쪽)

김준

김준은 신한촌을 고려인들의 항일투쟁의 숭고한 피가 스며든 '성지'로 묘사했다. 이러한 인식은 원동의 고려인 거주지를 배반의 땅이자 일본간첩들의 소굴로 규정했던 소련의 공식적인 담론과 어긋나는 것이었다. 김준은 또 '십오만원사건'에서 항일무장투쟁사의 전설적인 인물 홍범도, 원동 소비에트정부의 여성혁명가 김 알렉산드라, 그리고 백위파와 일제에 맞서 최후의 1인까지 싸웠던 한운용 부대를 비롯한 무수한 고려인 빨치산들을 불러내, 고려인들은 소비에트연방에 무임승차한 존재가 아니라 오히려 사회주의 건설의 주체라는 것을 강조한다. 김세일의 '홍범도' 역시 고려인들의 역사복원 과정에서 의도적으로 불러낸 상징적 인물이다. 이 작품은 항일무장투쟁의 전설적 영웅이자 철저한 국제주의자(공산주의자)로 살았던 홍범도가 1921년 모스크바에서 레닌을 만나고 돌아오는 장면까지를 다룬 역사소설이자 실록이다. 고려인들은 홍범도를 통해 자신들이 일제의 간첩이 아니라 조국과 동포를 사랑하는 애국자임을 확인하게 된다.

김세일과 김준이 그리움의 대상으로 고향과 한반도를 상정했다면 맹동욱은 모국어에 대한 사랑을 노래했다. 시적 자아는 "모국어 / 그의 품에 안길 때 / 그의 음향 속에 들 때 / 나는 활기를 펴노라"며 모국어를 통해 창작하는 자신을 자랑스러워한다. 소련당국의 민족차별에서 벗어나고자 스스로 모국어를 폐기하였던 현실에서도 맹동욱은 모국어를 창작할 수 있어 "외롭지도 슬프지도 않다"고 말한다. 이는 시인의 가슴 속 깊은 곳에 숨어 있는 조국에 대한 사랑을 보여준다. 1970년 시인 강태수가 발표한 단편 '악싸깔'과 주동일의 단편소설 '백양나무'도 그동안의 금기를 깨고 강제이주 전의 원동생활을 조금이나마 언급한 최초의 작품으로 평가되고 있다.

IV 도시 이주, 전문직 도전

강제이주 초기에 고려인들의 대부분은 농촌지역의 콜호스에 거주하면서 농업에 종사했다. 그러나 거주이전의 자유가 주어지자 과거의 전공이나 직업에 대한 고려가 전혀 없이 농촌지역으로 일괄 배치됐던 세대들이 도시로 활발하게 재이주하기 시작했다. 이와 함께 고려인 최다 거주국도 카자흐스탄에서 우즈베키스탄으로 바뀌었다.

우즈베키스탄이 최다 거주국으로

강제이주 당시 카자흐스탄의 고려인 이주민 수는 우즈베키스탄보다 1만 8,731명이 많았다. 허나 20년 뒤의 인구통계는 두 공화국 간의 고려인 수가 역전되었음을 보여준다. 1959년 카자흐스탄의 고려인은 7만

4,000명으로, 강제이주 때 보다 2만 1,000여 명이 줄어들었다. 반면에 우즈베키스탄 고려인은 13만 8,000명으로 크게 증가해, 카자흐스탄 고려인의 약 2배가 되었다. 이후 우즈베키스탄은 최근까지 중앙아시아 고려인 최다 거주국의 지위를 유지했다.

그럼 1939~59년 사이에 카자흐스탄 고려인 수가 급격히 감소한 이유는 무엇일까? 카자흐스탄은 벼농사와 채소농사의 생태적 조건이 관개농업지대인 우즈베키스탄보다 열악하다. 게다가 강제이주 직후의 정착지 재배치 실패 등 수많은 시행착오로 인해 고려인의 마음을 붙잡는데 실패했다. 그 결과 우즈베키스탄으로의 대대적인 재이주 사태가 벌어졌다. 또 스탈린 사후에 주어진 거주이전의 자유는 카자흐 고려인의 우즈베키스탄 재이주를 자연스럽게 만들었다.

그밖에 카자흐스탄의 혹독한 자연환경에 대한 적응의 어려움, 열악한 주택조건, 식량 부족, 의료시설 및 약품 부족 등으로 인해 카자흐 고려인의 사망률이 매우 높았던 것도 인구감소 이유로 들 수 있다. 카자흐고려인의 사망률은 1937년에 인구 1,000명 당 18.3명, 1938년에는 16.3명으로 이는 카자흐스탄 전체 사망률에 비해 약 2배 높은 수준이었다. 특히 영아 사망률이 높았다. 정착 초기의 이 같은 인적 손실이 카자흐고려인의 인구 감소로 이어진 것이다.

농촌 이탈, 빠르게 도시화

고려인의 농촌 이탈은 도시화로 이어졌다. 카자흐고려인의 경우 1959년을 기점으로 도시화가 급격히 진행되었다. 우즈베크고려인도 늦기는 했지만 1970년대 이후 빠르게 도시화 되었다. 1950년대 말, 중앙아시아 고려인의 70~80%는 농촌에서 살았다. 도시화 비율은 20~30%에 불과했다. 그러나 1970년 인구조사에서는 60%가 도시에 거주하는 것으로 나타났다. 20년 사이에 무려 2배가 늘어난 것이다. 1989년 고려인의 도시거주비율은 80%에 달했다. 1960년 이래 두드러진 고려인의 도시화 경향은 중앙아시아의 다른 민족에게는 없던 독특한 현상이었다. 고려인은 많은 도시로 분산 이주함으로써 대표적인 분산민족이 되었다.

고려인들의 도시화 배경에는 높은 교육열과 사회적 신분상승의 욕구가 강하게 작용했다. 물질적인 부와 보다 높은 사회 경제적 지위향상을 추구하기 위한 방편이 도시 이주였던 것이다. 1950~60년대에 크즐오르다의 대표적 고려인 콜호스 '선봉'에 소속되었던 157개 가구가 콜호스를 떠난 이유를 추적한 역사학자 김승화에 따르면 교육을 목적으로 한 이동이 44%로 가장 많았다. 그 다음이 결혼 19%, 군복무 17% 순이었다.

농촌의 집단농장을 떠난 고려인들의 생활문화는 도시생활 적응과정에서 많은 변화가 일어났다. 특히 전통문화를 거의 잃어버리다시피 했다. 고려인들의 민족정체성 위기는 우선 언어 면에서 현저하게 나타났다. 소련의 공식통계에 따르면 1989년 현재 고려말을 모국어로 여기는 고려인은 전체의 49.4%에 불과했다. 이는 1979년의 55.4%, 1970년의 68.6%, 1959년의 79.3%에 비해 현격히 감소된 수치다. 그 사이에 동화가 얼마나 빠른 속도로 진행돼왔는지를 가늠할 수 있게 한다. 모국어의 상실은 거의 모든 소수민족들에게 발견되는 일반적인 현상이지만, 고려인들의 모국어 상실속도는 여타 민족과 비교해 매우 빠른 편이었다. 소련 내 거주인구 상위 소수민족 34개 가운데 두 번째로 빠른 속도였다. 이러한 경향은 강제이주 후 모든 학교수업에서 고려어 사용이 금지되고 러시아어로 대체된 데도 이유가 있다.

다양한 전문 직종 진입

1950년대 후반까지 고려인들은 정치적 부문에서 사실상 거의 버림을 받았다. 만일 어떤 고려인이 열성적인 정치활동을 벌일 경우 그는 곧바로 연행되거나 그 지역을 떠나야 했다. 고려인들은 요직에 진출했어도 중요한 의사 결정권을 행사하는 지위에는 오르지 못했다. 러시아인과 토착민 사이의 중간 계층에 머물렀다. 러시아인이 지배하는 사회체제가 유지되고 운영되도록 기여하면서 자신들의 지위를 보장받은 것이다. 고려인들은 국가 권력의 중심부와는 다소 떨어진, 그래서 사회적 차별을 조금 덜 받는 전문분야로 눈을 돌렸다.

1960년대부터 소련 사회의 각 분야에서 고려인들의 도전이 시작되었다. 이것은 자녀교육에 열성을 기울였던 고려인들의 교육투자가 영글기 시작했다는 것을 의미했다. 젊은 고려인들이 농업에서부터 학자, 연구원, 교사, 의사, 건축가, 엔지니어, 법률가, 문화인, 공무원 등 다양한 전문 직종에 진입했다. "고려인들은 삽은 싫다면서 펜만 들려고 한다."는 말을 타민족으로부터 들을 정도로 강한 화이트칼라 지향성을 보였다.

고려인들의 진출은 학계에서 두드러졌다. 수백 명의 박사·석사들이 과학아카데미 산하 연구소나 대학에서 활동하며 과학기술 발전에 커다란 기여를 했다. 1970년대 초, 카자흐스탄의 단과대학과 종합대학교에 약 200명의 고려인 교수와 교원이 재직했다. 러시아에서는 고려인 최초의 소련과학아카데미 회원으로 유명한 역사학자 김 막심이 방대한 저술물인 '소련사 : 고대부터 현대까지'의 출판을 주도해 노동적기상(2회), 인민우호상을 수상했다. 농업학자인 황 블라디미르는 소련 토양에 맞는 새로운 양파 품종을 개발해 소련의 고질적인 양파 부족현상을 타개하는 데 크게 기여했다. 우즈베키스탄에서는 열사의 땅에서 우라늄과 금

김 아나톨리　　　김 넬리　　　최 빅토르　　　남 류드밀라

을 발견한 지질학자 박 안드레이가 고려인으로서는 유일하게 레닌상을 수상했다. 카자흐스탄에서는 니 네오니드가 보오크사이트 가공 신기술을 개발한 공로로, 김영광이 미분방정식 이론에 공헌한 공로로, 김 블라디미르는 알마아타의 레닌궁전과 푸슈킨도서관을 건축한 공로로 각각 소련 국가상을 받았다.

문화예술 및 체육 분야에서도 고려인들은 두각을 나타냈다. 작가 김 아나톨리, 가수 김 율리, 최 빅토르, 성악가 리 넬리, 남 류드밀라, 올림픽 체조 금메달5관왕 김 넬리 등은 세계가 인정하는 고려인이었다. 작가 김 아나톨리는 1984년 장편소설 '다람쥐'를 펴냈을 때 초판 10만부가 이틀 만에 매진되는 높은 인기를 누렸고, 가수 김 율리는 구소련의 지식인 사회에서 반체제 인권운동가로도 명성을 날렸다. 교통사고로 요절한 최 빅토르는 러시아 록을 노래한 전설적인 가수였다.

중간계층으로 신분 상승

1989년 고려인들의 직업구성을 보면 55%가 교사, 의사, 기술자 등의 전문직 종사자이며, 30%가 노동자, 12%가 농민, 나머지 3%가 학생이었다. 이들 중 85%가 도시에 거주했다. 여기서 주목해야 할 것은 강제이주 후 50년간 고려인 사회가 놀라운 질적(質的) 변화를 이룩했다는 사실이다. 농촌에 살던 고려인의 주업이 농업에서 전문직으로 바뀌고 도시 민족이 된 것이다. 강제이주 후 70~80%에 달하던 농업종사자가 12%로 대폭 줄어든 반면에 전문직과 노동자가 압도적으로 늘어나 무려 전체의 85%가 되었다. 고려인 사회의 주류가 농촌의 농민에서 도시거주 전문직·노동자 집단으로 바뀐 것이다. 농촌에 살던 하층 농업민족이 교육을 통한 직업전환에 성공함으로써 도시에 거주하는 중간 관리 층으로 도약했다는 이야기다. 적성민족으로 불신 받던 고려인들의 이러한 계층 상승과 위상 변화는 소련 사회에선 극히 이례적인 것이었다. 고려인들이 이러한 신분상승을 위해 치른 대가는 민족정체성 상실과 민족어의 상실이었다.

고려인들은 특히 교직에 많이 진출했다. 러시아에서는 직업을 가진 고려인의 4.7%가 교직 종사자였다. 카자흐스탄과 우즈베키스탄에서는 교직 종사자의 비율이 더 높아서, 각각 14.3%와 15.3%에 달했다. 중앙아시아 고려인 가운데 이처럼 교직 종사자가 많은 데는 나름대로 이유가 있다. 지배층인 러시아인들은 종교적 민족적 감정으로 인해 저항하는 중앙아시아 민족들을 효율적으로 통치하기 위해 소수민족인 고려인을 이용한 측면이 없지 않았다. 중앙아시아에서 고려인들은 상대적으로 원주민들에 대해 우월한 위치에 있었지만 러시아인과 같은 지배자는 아니었다. 따라서 원주민의 관점에서 볼 때 교육자로서 고려인들의 위치가 어색하거나 정서적으로 받아들일 수 없는 것이 아니었다.

고려인들의 대다수는 러시아어를 모어로 사용하고 있었다. 러시아어를 일상어로 사용하는 비율이 10%도 안 되는 원주민들에게 고려인은 러시아어를 사용하는 민족으로 인식되었다. 따라서 공식교육이 러시아어로 진행되던 소련 시기에 고려인들의 교육자로서의 역할이 증대될 수 있었다. 고려인들의 높은 교직 종사 비율은 소련 붕괴 이후에도 유지되고 있다. 소련에서 교사는 의사, 법률가와 더불어 급료가 낮은 직종이었다. 다만 의사는 부수입이 많았다. 환자들이 보다 나은 서비스를 받기 위해 여러 가지 선물이나 돈을 제공했기 때문이다.

정관계 진출은 미미

고려인들의 정·관계 진출은 대체로 미미한 편이었다. 특히 소비에트 중앙정부로 진출한 케이스는 거의 없었다. 보이지 않는 민족차별로 인해 중앙의 국가와 당 기관 간부 임용에서 고려인은 간택되지 않았다. 1960~80년대 소련공산당 중앙위원회의 행정담당 부서나 외교부로 진출한 고려인은 없었다. 북한주재 소련대사관에서 외교관으로 근무한 고려인이 1명도 없다는 사실이 이를 말해준다. 고려인들이 활동한 주요 정치무대는 '변방'의 민족공화국이었다. 우즈베키스탄, 카자흐스탄, 키르기스스탄, 타지키스탄이 그들의 활동무대였다.

1950년 소프호스 관리부국장이던 박 알렉세이가 카자흐스탄 최고회의 대의원으로 선출된 것을 시발로 1962년엔 우즈베키스탄의 여성 사회주의노동영웅 이 류보피가 소련최고회의 대의원이 되었다. 일부 엘리트들은 국영기업체와 행정부처의 지도급 인사로 성장해 장·차관까지 승진했다. 카자흐스탄에서는 경제학 교수인 김 일리야가 1961년~1974년까지 13년간 재정부장관을, 김 게오르기가 민족정책위원회 위원장을 각각 역임했다. 차관급 고위직을 지낸 사람은 강 빅토르(내무부), 김 이반(지역산업부), 김 유리(법무부) 등 10여명에 달했다. 또 장성으로는 우즈베키스탄에서 육군소장 김 파벨, 카자흐스탄에서 경찰소장 채 보리스, 사법소장 허가이 아르카지 등이 각각 배출되었다.

키르기스스탄에서는 김 니키포르가 11년간을 농촌건설부 장관으로 재직하며 유목국가인 키르기스스탄의 농촌 모습을 일신시켰다.

카자흐스탄공화국의 재정부장관을 13년간 역임한 김 일리야

김 파벨 소장

공산당원이 되어야 출세할 수 있는 세상이었기에, 1970년대에 많은 고려인 엘리트들이 공산당에 가입했다. 그들은 집단농장에서의 활약을 바탕으로 민족공화국의 간부로 승진하거나 지역 공산당위원에 선출되었다. 물론 공산당 제1비서는 되지 못하고 제2비서에 만족해야 했다. 1990년 1월 기준으로 소련 전체 공산당원 중 고려인이 차지하는 비율은 0.6%로, 인구수에 비해 꽤 높았다. 중앙아시아 각국에서의 비중은 이 보다 훨씬 높았다. 고려인 공산당원을 공화국별로 보면 카자흐스탄이 6.4%로 가장 많았고, 다음이 타지키스탄 5%, 키르기스스탄 4.2%, 우즈베키스탄 3.7%의 순이었다. 인구비율로 볼 때 적지 않은 고려인들이 공화국공산당 내 여러 기구에서 활동했음을 알 수 있다.

'최장수 각료' 김 니키포르 <인터뷰 2004. 7>

"니키포르는 공훈칭호 건설자입니다. 우리 고려사람으로 제일 높은 자리에 제일 오래 있으면서 훈장이라는 훈장은 다 탔습니다."

김 니키포르 루키지를 가리켜 키르기스고려인들이 하는 말이다. 그는 소련 시절 키르기스공화국 농촌건설부 장관으로 1969년에서 1979년까지 장장 11년을 재직했다. 그의 '최장수 장관' 기록은 키르기스스탄에서

김 니키포르

좀처럼 깨지기 어려운 기록으로 남을 것 같다.

그는 키르기스스탄의 농촌 모습을 일신시킨 1등 공로자다. 인공물이라고는 초원 위의 유르타밖에 없던 이 유목사회의 오지에 전기를 끌어들이고 새 길을 닦으며 현대식 유치원, 학교, 병원 등을 세운 것이 거의 모두 그의 지휘로 이루어졌다. 특히 나른 지역에서 그는 극장, 노동조합을 비롯해 노후 건물을 새로 짓고 방직공장을 비롯한 많은 생산시설을 건설했다. 그가 재직 중 건설한 건물은 총 1천 채가 넘는다고 한다. 이런 전례 없는 농촌건설의 공로로 그는 소련 국가최고훈장, 레닌상, 노동적기(赤旗)훈장을 비롯하여 공화국공로상, 명예상패 등을 받았다.

"건설전문가로서 가장 보람을 느꼈을 때가 언제냐"는 질문에 김 씨는 "호롱불에 의지해 살던 농촌에 전선을 가설했을 때와 비슈케크 열병합발전소 건설에 참여했을 때"라고 답변했다. 그가 설비조립분야 공사를 담당했던 비슈케크 열병합발전소는 9년간 공사 끝에 1968년 완공됐고, 이듬해에 그는 장관으로 임명됐다. 그는 "장관 재직 시 1년 열두 달을 일만 하면서 보내, 너무 힘들었다."고 회고했다. 결국 병을 얻어 두 차례나 사의를 표했지만 정부에서 놓아주지 않아 2년 후에 겨우 사표가 수리됐다. 김 씨는 "나의 젊은 시절에 토요일 일요일에 쉰다는 개념은 없었다. 그저 일 밖에 몰랐다."고 말했다.

"나는 남원 김(金)가입니다. 조선에서 부모님 고향이 어디였는지는 모릅니다."

78세의 김 씨는 오랜 병환에 시달린 노인답지 않게 크고 당당한 체구에 목소리에도 힘이 넘쳤다. 1928년 원동의 국경 마을에서 태어났다는 김 씨는 집안 내력에 관해 잘 알지 못했지만, 성장기 상황은 소상하게 언급했다. 다만 그 연배의 고려인치고 우리말을 거의 못해 아쉬웠다. 원동에서 초등학교 3학년 때까지 고려말 교육을 받았지만 지금은 한글조차 모르는 '이방인'이 됐다며 쓴 웃음을 지었다. 그는 "젊었을 때 일에 묻혀 살다보니 고려인 사회와 접촉도 없었다."면서 "고려 명절을 쇤 일도 없는 것 같다"고 말했다. 필자의 김 씨 인터뷰는 러시아어 통역을 사이에 두고 진행됐다.

김 씨 가족은 1937년 강제이주 때 사마르칸드로 갔다가 큰 아버지가 있는 크즐오르다로 이사했다. 아버지가 병으로 사망하자 대학생이던 그의 큰 형은 어머니와 어린 동생 5명의 생계를 위해 중도에 학업을 포기해야 했다. 집안도 가난하고 고려인에겐 여행의 자유마저 없던 1946년 김 씨는 어렵사리 타슈켄트의 명문 중앙아시아산업대학에 들어갔다. 5년제 대학이었지만 목화 수확에 학생들을 동원하는 바람에 졸업이 한 학기 늦춰졌다. 당시 이 대학 전기학과 학생 중 유일한 고려인이었던 김 씨는 "대학생활 5년간 줄곧 러시아어로만 공부하고 러시아어로만 대화하다보니 고려말을 잊게 됐다"고 설명했다.

1951년 대학 졸업 후 김 씨는 러시아 이르쿠츠크발전소 전기기사를 시발로 알마아타, 타슈켄트, 침켄트발전소 등을 전전했다. 그의 지위는 전기기사에서 주요기사, 수석기사, 소감독 등을 거쳐 대감독으로 승진을 거듭했다. 침켄트화력발전소 책임자로 있던 1959년 김 씨는 프룬제로 가서 열병합발전소를 건설하라는 전근 발령을 받았다. 그의 키르기스스탄 생활은 이렇게 시작되었고, 이듬해엔 가족들이 프룬제로 이주,

합류했다.

　김 씨는 "중앙아시아에 살면서 고려인이라는 이유로 차별을 받은 일은 거의 없었다."고 말했다. 무엇보다도 그의 높은 사회적 지위가 그를 차별받지 않게 만들었을 것 같다. 김 씨가 키르기스 농촌을 위해 땀을 흘린 시기는 공교롭게도 한국에서 박정희 대통령이 새마을운동의 불을 댕겨 농촌을 변화시키던 때와 일치한다. 그는 "한국의 새마을운동에 관해서는 오래전부터 이야기를 들어서 알고 있다"며 "남조선 동포들이 짧은 시간에 기적의 경제성장을 이루어 세계를 놀라게 한 것은 자랑스럽다."고 말했다.

　김 씨는 비슈케크의 한국 기업에서 3년간(1995~98년) 고문으로 일했다. 레스토랑을 짓는 일에 설계·감리를 맡았다. 건물은 성공적으로 완공됐지만 자금난으로 후속사업이 이어지지 못해 한국기업과의 인연은 그걸로 끝나고 말았다.

V 독창적 생존전략 고본질

　　　　　중앙아시아에 정착한 고려인들은 재기에 성공하여 다른 소수민족에 비해 비교적 안정된 경제생활을 누릴 수 있었다. 그 뒤안길에는 '고본질'(또는 '고본지')이라는 '비결'이 숨어 있다. 고본질이란 고려인 특유의 임차(賃借)농업을 가리키는 말이다.

　고본질에 나서면 1년 중 8~9개월간을 가족과 떨어져 황량한 들판에서 지내야 한다. 문명생활의 즐거움을 포기해야 한다. 한마디로 고려인들의 피와 땀으로 빚어낸 것이 고본질이다. 고본질은 사전에 상당한 자

넓은 고본질 경작지를 돌보고 있는 고려인부부.('카자흐스탄 고려인이주 70주년 사진연대기'에서)

본과 노동력을 투입해야 한다. 소기의 소득을 올리지 못하고 실패하면 빚더미에 올라앉는다. 하지만 고생하는 만큼 많은 수익을 보장해 주는 측면이 강했기 때문에 고려인들은 기꺼이 그 위험을 감내했다. 그 결과 소련 내 큰 시장과 농산물 저장소는 고본질 농산물로 가득 찼다. 추운 북쪽 지방 주민들에게 귀하기만 했던 수박은 고본질 덕분에 그곳까지 보급돼 일반적인 과일이 되었다.

고려인의 소비에트 드림

고본질은 고려인들에게 '소비에트 드림'이었다. 고려인들은 그 '무지개'를 잡기 위해 일만 했다. 동이 트고 질 때까지 허리 한번 제대로 펴지 못한 채 일만 했다. 강제이주 후 한 세대가 가기 전에 고려인들은 중앙아시아 토착민보다 훨씬 나은 경제력을 갖게 되었다. 그 기저에 고본질이 있었다. 소련 시절 콜호스에서 부를 축적하기란 원천적으로 불가능했다.

그래서 콜호스를 벗어나 독립적으로 고본질을 경영해 부를 축적했다. 사실 고본질에 대한 이해 없이 중앙아시아 고려인의 특질을 이해하기란 불가능하다.

고본질은 명사 '고본(股本)'에 접미사 '질'이 붙여진 합성어다. 사전적 정의에 의하면 고본이란 '여러 사람이 공동으로 하는 사업에 각각 내는 밑천', 즉 공동사업에 투자하는 분담금을 뜻한다. '질'은 어떤 행위나 행동을 뜻하는 우리말의 접미사 '질'에서 나온 것 같다. 따라서 고본질이란 합성어는 직역하면 '고본에 종사하는 것'이라는 의미다. 가령 10가호로 구성된 작업반이 30ha의 토지를 임차해 각 가호마다 3ha를 배정했다고 치자. 이때 3ha의 땅이 한 고본이 된다. 만일 더 많은 땅을 경작할 인력과 자금이 있는 경우 두 고본, 세 고본을 받을 수 있다. 그러니까 고본질이란, 토지라는 고본을 바탕으로 경영하는 임차농업이라고 보면 된다. 고본질 하는 사람을 가리켜 '고본자'라고 한다.

고본질은 농지 소유자인 콜호스 또는 소프호스와 그 농지를 임차한 고려인 사이에 계약을 통해 이루어진다. 이때 콜호스는 농지와 더불어 농기계, 종자, 비료, 농약 등을 제공하고, 경작을 맡은 고려인은 임차료로 일정 수확량을 납부한다. 임차료는 대략 생산량의 50% 정도였다. 임차료를 내고 남은 수확물의 처리는 고본자들의 재량에 맡겨진다.

늘 목표 미달에 허덕이던 콜호스에게 고본질은 고마운 해결사였다. 콜호스에 할당된 목표량의 부족분을 메워주는, 이른바 플란(plan)에 맞추어 생산계획을 완수하고 초과 이행하는 데 고본질의 생산물이 이용된 것이다. 이 과정에서 집단농장의 회장 등 지도부는 상당한 불로소득을 챙길 수 있어, 그들도 고본질을 반겼다.

고본자는 수확량을 높이기 위해 혼신의 노력을 기울였다. 작은 땅일지라도 온 가족의 노동력을 집중 투입하고 창의적인 영농기술을 동원했다. 콜호스가 토지 1ha에서 양파 10~15톤을 생산했다면 고본자들은 70톤 이상을 수확했다. 고본자는 임차료를 물고도 많은 양의 농산물을 자기 몫으로 챙길 수 있었다.

경제적 비약의 길

소련에서 고소득층은 전통적으로 특수층과 연관돼 있었다. 고위 관리나 재능이 있어 성공한 사람들, 이를테면 백만 부 이상 저서가 팔린 소설가, 스포츠 영웅, 영화 스타, 저명한 학자, 우주 비행사가 그들이다. 고본질은 평범한 고려인들이 구소련에서 가장 희망 없는 분야로 여겼던 농업활동을 통해 특수층 수준과 맞먹는 삶을 영위하며 자녀들의 장래까지 보장하는 가능성을 보여주었다.

1988년 우즈베키스탄의 김 레프 작업반장이 이룬 고본질 성과는 눈부시다. 그는 가방 끈이 짧았지만 그의 농장의 생산성은 다른 농장보다 10배나 많을 정도로 뛰어났다. 한 시즌에 그의 작업반원 100여 명이 올린 수익은 1인 당 3만 루블에 달했다. 성공적인 작업조들은 연간 5만~6만 루블까지 수입을 올렸다. 이런 특출한 경우가 아니더라도 고본질의 수익률은 보통 투자비의 2~3배에 이를 정도로 좋았다. 10배를 넘는 수익률도 종종 과시했다. 가구 당 5,000~2만 루블은 예사로 벌어들였다. 이렇게 수익이 좋았기 때문에 고본질의 경제적 유인성은 강했다. 고본질에서 돈맛을 한 번 본 사람은 더 이상 집단농장이나 공장, 건설공사장으로 되돌아가지 않았다.

당시 일반 근로자의 평균 임금은 연간 2,300~2,500루블 정도였다. 그 돈으로는 먹고 살기도 빠듯해 저축은 거의 할 수가 없었다. 1대에

6,000루블 정도 하는 자동차는 더더욱 엄두를 내지 못했다. 그런 월급쟁이에 비하면 고본자는 진정 고소득층이었다. 1년간 고본질을 하면 자동차 1대 값은 거뜬히 거머쥘 수 있을 만큼 수익성이 좋았으니 말이다. 고본질이야말로 고려인들이 경제적으로 단숨에 비약할 수 있었던 유일한 수단이요 통로였다.

작업반은 친인척 중심

고본질에는 독특한 운용체가 있다. 친족 중심의 '소공동체'가 그것이다. 고려인들은 이 공동체를 '브리가다'라고 부른다. 집단농장의 하위생산조직이었던 브리가다의 외형을 그대로 따랐기 때문이다. 브리가다의 구성은 리더인 브리가딜을 중심으로 가까운 친인척이 주요 구성원이 되고, 여기에 더하여 평소 알고 지내던 친구, 이웃, 학교 동창, 직장 동료 등이 포함되는 형태다. 그 규모는 일반적으로 많을 경우 30~35명, 작을 경우 4~5명으로 구성된다. 대개 10~15명 정도다. 브리가다의 구성은 이처럼 친족위주에 근거했기 때문에 유대감과 결속력이 아주 강하다. 영농과정에서 발생한 어떤 어려움도 구성원들의 상부상조를 통해 해결해 나갔다.

고본질에서 결정적 역할을 수행하는 사람은 브리가딜이다. 브리가딜은 초기의 브리가다 구성에서부터 농산물 판매에 이르기까지 영농의 전 과정을 총지휘한다. 구성원을 조직하는 일, 영농에 필요한 자금계획을 세우는 일, 콜호스와 교섭하여 경작할 토지를 확보하는 일, 농사철 생필품을 조달하는 일, 경찰·세무서 등 관계기관을 상대로 문제를 해결하는 일, 수확 후 판로를 확보하고 이익금을 분배하는 일 등은 모두 브리가딜의 몫이다. 브리가딜은 영농경험이 풍부하고 현지사정에 밝으며,

요로에 상당한 인맥까지 구축해 놓은 사람이라야 현장에서 발생하는 잡다한 여러 문제를 해결할 수 있다.

브리가딜은 구성원의 대표 겸 경영자이지 고용주는 아니다. 고본질에서 생산 및 판매의 주체는 어디까지나 개별 가호다. 특히 판매는 개별 가호가 전적으로 책임을 졌다. 브리가딜은 그의 다양한 역할과 관련하여 구성원으로부터 수익의 10%를 보상받는다. 자기 몫의 토지 임차료를 내지 않거나 생산조건이 좋은 토지를 경작할 수 있는 특혜를 누리기도 한다.

경영능력이 뛰어난 브리가딜은 동일지역에서 2개 혹은 3~4개의 브리가다를 운영해 상당한 수익을 올리기도 했다. 키르기스스탄 비슈케크 거주 이 아나톨리는 한때 2개의 브리가다를 운영하면서 많을 경우 1년에 13만 루블의 수입을 올렸다고 한다. 당시 개별 가호의 고본질 수입은 2만~4만 루블 정도였다. 그는 카자흐스탄의 러시아 접경지역인 악츄빈스크 일대로 20년간 고본질을 다니며 그 중 17년간을 브리가딜로 활동했다.

1970~80년대 러시아에서 브리가딜로 활동한 허가이 일리야는 많은 일화를 남겼다. 허가이 브리가다의 특징은 구성원들의 숙소를 원형으로

고본질하는 고려인들의 숙소 (김지연 작)

배치하는 것이었다. 그렇게 해서 생긴 가운데 공간은 운동장, 휴식 공간, 회의장으로 활용했다. 운동장에서는 포켓볼, 탁구를 하거나 다른 브리가다와 배구시합을 했고, 휴식 공간에는 텔레비전 수상기와 오락시설을 설치해 여가를 선용하도록 했다. 고본질은 매년 잘 되는 것이 아니었다. 허가이 브리가다의 경우도 집에 갈 경비가 없을 정도로 실패한 일이 한 두 번이 아니었다. 그럴 때면 주거지인 프룬제에서 생활비를 벌 수 있도록 허가이가 취직을 시켜주었다. 허가이의 활동 중에서 가장 눈길을 끈 것은 소련 권투선수 대표 팀에 대한 후원활동이었다. 당시 권투선수 중에는 고려인이 많았다.

고본자는 노동력이 많이 요청되는 파종기, 김매기, 수확기 등에 삯꾼을 고용한다. 구소련 각지의 경제난과 실업자의 대량 발생은 삯꾼의 수급을 한층 원활하게 해주었다. 삯꾼은 주로 현지 주민 중에서 고용한다. 우크라이나나 캅카스 지역에는 '지정제'라고 부르던 삯꾼이 많았다. 방학 중인 학생이나 인근지역의 군인들이 동원되는 경우도 있다. 삯꾼의 임금은 일당으로 지급되며 음식은 스스로 해결한다. 1999년 비슈케크 인근에선 하루 8시간 노동에 35쑴 정도의 임금을 받았다.

환금성 높은 양파재배 선호

고본질 초창기의 주요 재배작물은 벼였다. 고려인에게 벼는 상대적으로 경쟁력 있는 작물이었다. 1960년대 이후 고본질은 벼 중심에서 벗어나 점차 양파, 수박, 오이, 가지 등으로 다양하게 변화해 갔다. 고본자들이 특히 선호한 작물은 양파였다. 양파는 환금성이 높은 고소득 작물이다. 재배가 까다롭고 힘들어, 여간 부지런하지 않고는 안 된다. 그런 점에서 고려인의 근면성과 맞아 떨어지는 작물이다. 양파농사는 파종단계만

기계로 할 뿐 나머지 농사는 모두 인력에 의존한다. 특히 잡초 제거에 많은 노동력을 필요로 한다. 고려인들 사이에 미운 사람을 가리켜 "파지슴(잡초)이나 메라"고 할 정도로 제초 작업은 고통스러운 작업이다.

1ha에서 2,000자루를 수확하는 양파농사는 지력을 금방 약화시키기 때문에 한 곳에서 연작하기가 어렵다. 윤작할 정도의 충분한 토지를 확보하지 못하면 지력이 좋은 토지를 찾아 계속 옮겨가며 영농을 해야 한다. 고본질을 유랑농업으로 분류하고, 고본자가 철새에 비유되는 것은 이 때문이다. 그들의 유랑지역은 광범위하다. 땅이 비옥하고 판로가 좋은 지역이라면 어느 곳이든 찾아 나섰다. 남부 러시아의 볼고그라드나 캅카스, 우크라이나 등 수백, 수천 킬러미터의 먼 길을 마다하지 않았다.

고본자는 이른 봄 3월에 집을 떠났다가 10월이면 귀향한다. 농산물 판매가 여의치 않으면 겨울까지 현지에 남아 판매를 계속한다. 고본자들의 거처는 '깔두막'이라고 부르는 갈대를 엮은 움막이나 토굴, 여기저기서 구한 자재로 짜 맞춘 임시막사, 바퀴가 달린 이동주택 등이다. 거기서 그들은 늦가을까지 일하다 수확물을 처분하고 귀향길에 오른다.

집으로 돌아오는 고본자들의 모습은 다양하다. 행운이 함께한 경우 고급 음식점에서 배를 두드리며 여흥을 즐기다가 최신 모델의 쥐글리 차를 굴리면서 의기양양하게 귀가한다. 유명 상표가 붙은 진 바지에 일제 비디오카메라와 수입 가구를 둘러메고 말이다. 하지만 운이 없는 해에는 다음해 봄까지의 생활비와 고본질 출정에 필요한 준비를 위해 빚을 져야 한다. 그 해의 고본질이 실패한 것을 두고 고려인들은 "불터졌다" 또는 "불토질했다"고 말한다. 해마다 고본질은 그렇게 일희일비(一喜一悲) 속에 반복되었다.

고려인들은 고본질을 통해 올린 수입을 주택이나 자동차 구입에 많이 썼다. 특별히 집을 구하기 위한 목적으로 고본질을 나간 경우도 많았다. 소련 시절 '땅집'(개인소유 단독주택)은 매매가 가능했고, 그 값은 상당히 비싼 편이었다. 보통 노동자의 월급이 150~300루블 정도일 때 땅집 값은 1만 5,000~2만 5,000루블 정도였다. 실패하지 않고 3년 정도 고본질을 하면 대체로 땅집을 구입할 수 있었다.

땅 없는 민족의 영농 방식

고본질은 2차 대전 중 우즈베키스탄의 고려인 밀집지역인 타슈켄트 주에서 처음으로 행해졌다. 일부 고려인들이 콜호스의 쓸모없는 토지를 임차해서 재배한 야채를 콜호스에 일정량 납품하고 나머지는 자신의 재량에 따라 처분한 것이 고본질의 효시라고 한다.

1953년 스탈린이 사망 후 고려인에 대한 거주제한이 폐지되자 고본질은 거주지 중심을 벗어나 지리적으로 확대되는 계기를 맞았다. 특히

고본질에서 양파를 추수하는 광경. 고려인 농민이 가장 선호한 작물이 양파였다.

1956년 흐루시초프가 자율경영과 이동의 자유 등을 표방한 이후 시작된 고려인들의 도시 이주가 결정적인 전기가 되었다. 고본질은 발상지인 우즈베키스탄 밖으로 영역을 넓혀 나갔다. 처음엔 러시아 남부 및 카자흐 지역으로 뻗어 나가더니 곧 노보시비르스크, 옴스크, 알타이 지역을 위시해 원동의 하바롭스크, 연해주 지역으로까지 확대되었다. 새로운 형태의 고본질, 즉 장거리 고본질 시대가 본격적으로 개막된 것이다.

고려인 '전유물'

여기에 더하여 고본질이 더욱 활성화되는 계기가 있었다. 1950~60년대 두 번에 걸친 콜호스 통폐합 과정이 그것이다. 이 조치로 인해 피해를 본 것은 고려인 콜호스였다. 운영이나 수익성이 뛰어났던 고려인 콜호스는 열악한 토착민 콜호스의 부채를 떠맡아야 했다. 이 때문에 불만을 품고 집단농장을 이탈한 고려인들이 대거 고본질에 나섰다.

1980년대에 콜호스가 쇠퇴하고 고본질의 합법화 과정이 진행되면서 거의 모든 계층의 고려인이 고본질에 참여했다. 직업적인 농사꾼은 물론 대졸 전문직까지 가세했다. 노동자, 상인, 교사, 기자, 의사, 학자, 화가, 건축가, 직업군인, 운동선수들도 모두 고본질 '골드러시'에 뛰어들었다. 암묵적인 소수민족 차별에 실망한 공직자들도 차라리 돈이나 벌자며 수시로 고본질에 합류했다. 고본질은 마치 고려인들의 '전유물'처럼 되었다.

사실 고본질은 그 주체가 고려인이었기에 가능했다. 중앙아시아에서 고려인은 영농분야에서 타민족에 비해 상대적으로 높은 경쟁력을 지니고 있었다. 물론 중앙아시아에도 생산성이 뛰어난 우즈베크인과 둔간인 등이 존재한다. 그러나 고본질이 요구하는 복합적인 영농방식을 구사하고, 또 소공동체를 조직해 운용할 수 있는 민족은 고려인 외에는 없다고 해도 과언이 아닙니다.

고본질은 토지 없는 소수민족 고려인들의 새로운 삶의 방식을 보여준 것이다. 그것은 고려인들의 자생적이고 독창적인 생존전략이었다. 단기간에 큰돈을 벌 수 있다는 것이 고본질의 가장 큰 매력이지만, 고려인에게는 돈만이 전부가 아니었다. 고본질은 단순한 노동과는 차이가 있다. 자기 자신이 경영자가 되는, 다시 말해 개인적인 성취감을 맛볼 수 있는 비즈니스이다. 바로 이 점이 고려인들이 고본질을 선호하게 된 배경이다. 사회주의 경제체제 하에서 자본주의 생산양식으로 진행된 고본질은 고려인들에게 자연스레 자본주의에 대한 교육까지 수행하였다. 역사적으로 차별과 핍박을 받고 살아온 고려인들은 낯선 땅에 정착하며 새로운 환경에 적응하는 것을 두려워하지 않았다. 그들은 독립심이 강했으며, 규제가 없는 조건에서 살기를 원했다. 그러기에 정서적, 체질적으로 쉽게 고본질에 몰입할 수 있었다.

불법성은 뇌물로 수습

고본질은 소련에서 법적으로 인정받지 못했다. 소련에선 1937년 토지임대를 전면 금지시킨 이후 1980년대 말까지 임차계약을 할 수 있는 법적 근거가 존재하지 않았다. 때문에 고본질은 종종 반사회적 경제활동으로 비난 받았다. 사적 영업행위였던 고본질은 사회주의 생산체제에 존재해선 안 될 시장경제 형태였다. 법적 규정이 없거나 금지된 활동이라는 이유로 당국은 어느 때고 고본자를 감옥에 보낼 수 있었다. 실제로 초기의 고본자들은 그런 일로 자주 곤욕을 치렀다. 현지인들로부터는 배척, 계약파기, 차압, 고발 등을 많이 당했다. 고려인들이 우크라이나 등지로 원거리 고본질을 처음 갔을 때 그곳 주민들은 고려인들을 집도 없고 교육도 받지 못한 부랑자 집단으로 오인해 고본질에 비협조적이었다고 한다. 또한 집단농장은 고려인들이 갈대밭이나 습지를 개간해 농사를 지으면 그 땅을 빼앗고 다른 척박한 땅을 임대해주는 횡포를 부리기도 했다.

불법문제를 해결하기 위해 고려인과 콜호스 사이에는 나름대로 숨은 거래가 있었다. 임차료를 초과해 생산한 작물을 개인 텃밭에서 생산된 것처럼 콜호스에서 증서를 발급해 주거나 고본질 조직을 집단농장의 하위 생산조직으로 등록시키는 등의 편법을 쓴 것이다. 그러나 문제가 생기면 뇌물로 수습해야 했다. 고본자는 비합법적 처지에 놓여 있었기 때문에 임대인을 비롯한 국가 관리들에게 가장 손쉬운 착취의 대상이 되었다. 고본질을 해서 1만5,000루블을 벌었다면 그 중 5,000 루블은 공동경비와 뇌물용으로 공제해야 했다.

브리가딜은 수시로 관계 요로에 "잘 봐 달라"고 뇌물을 바쳐야 했다. 우선 토지임차 허가를 받으려면 콜호스 위원장의 비위를 맞춰야 했다. 경작지에 제때에 물을 대려면 콜호스의 물 담당자에게 돈을 건네야 했다. 비료가 없다면 콜호스 대표와 다시 합의하되 창고 책임자에게 사례하는 걸 잊어선 안 되었다. 특히 씨앗을 뿌리고 나면 어떻게 해서든 물을 대기 위해 진력했다. 농업용수 쟁탈전에서 현지 관리인 매수는 고려인들에게 지극히 당연한 일로 여겨졌다. 그 후에도 뇌물은 계속된다. 수확물을 타 지역으로 반출하려면 운반비 외에도 자동차부서 책임자와 운전수까지 생각해 줘야 한다. 운송 길목에서는 이미 자동차 검사장이 자신의 몫을 챙기려고 기다리고 있다. 시장에서 판매하려면 시장 책임자도 물론 '호의'를 거절할 사람이 아니다. 위생검사에서 상품이 요구조건에 맞지 않다고 지적됐다면 여기서도 '선처'를 부탁해야 했다. 지역 관리 및 경찰에 대한 상납은 필수적이다. 고본질에는 뇌물, 뇌물, 뇌물-- 사방에 뇌물이 따라 다녔다.

시장경제활동 선도

고본질이 소비에트체제의 집단적 농업생산체계에서 이탈한 이단적인 영농체계임은 틀림없다. 그러나 고본질이 여러모로 유용하다고 판단되자 집단농장들은 고본자의 활동을 묵인하고 '공생'하기 시작했다. 무엇보다도 버려진 토지에서 고본자들이 문자 그대로 기록적인 수확을 달성하자, 이러한 성과를 콜호스나 소프호스의 생산계획을 완수하고 초과 이행 하는데 이용했다. 고본자들은 밭에 움막을 짓고 살았기 때문에 주거지를 요구하지도 않았다. 필요한 종자, 비료, 비닐 등을 콜호스가 제공하지 않은 경우 고본자가 직접 구입 조달했다. 작업도 물론 고본자들이 자력으로 담당했다. 일손이 모자라면 현지에서 삯꾼을 고용해 실업문제 해결에 일조하기도 했다. 콜호스와 소프호스에게 고본자는 유용한 '파트너'였다.

결국 고본질은 현실적으로 묵인되어 오다가 1985년 고르바초프 집권 이후 농업집단청부제와 토지임대제도가 합법화되면서 고본질도 합법화되기에 이르렀다. 그동안 자본주의적 독립채산제 방식으로 운용된 고본질이 소련의 만성적인 농업생산성 하향문제를 해결할 수 있는 생산방식의 하나로 인정된 것이다. 고본질은 높은 생산성과 수익성으로 인해 공산주의를 넘어 현재의 자본주의 체제까지 계속되고 있다. 그런 점에서 고려인은 소련의 시장경제 활동을 선도하며 경영근대화에 횃불을 든 선구자였다고 자부할 만하다.

고려인들 스스로는 고본질에 종사하는 것에 대해 자긍심을 느끼지는 않는 것 같다. 우선은 직업 자체에서 오는 문제 때문이다. 고본질을 하려면 가족과 떨어져 지내는 것이 불가피하다. TV, 신문 등 문화적 생활에서 멀어진 채 전기, 가스도 공급되지 않는 벽지에서 외롭게 원시적 생활을 감내해야 한다. 고본자들은 남루한 작업복을 걸치고 뜨거운 햇볕 속에서 새벽부터 저녁까지 일해야 한다. 고려인들은 고본질을 자랑스러운 평생 직업으로 여기기보다는 그저 돈을 벌기 위하여 참고 일하는 직업으로 간주했다.

지배계층인 러시아인들이 고본자를 보는 시각은 중앙아시아 현지인들과 달랐다. 러시아인들은 고본자가 돈을 많이 번다는 것은 인정했지만, 그렇다고 그들을 부러워하지는 않았다. 오히려 외딴 지역의 열악한 상황에서 고된 육체노동에 종사하는 고본자들에게 측은한 시선을 보내는 것이 일반적이었다. 특히 국가 관리들은 고본자를 사회의 가장 낮은 계층으로 취급했다. 어떤 우크라이나 간호사는 중병이 든 고본자를 우즈베키스탄에 있는 그의 집으로 데려다 주고는 탄식했다고 한다. 밭 변두리에 대충 지은 깔두막에서 살다가 병을 얻어 극도로 쇠약해진 이 고려인에게 온갖 세간이 다 갖추어진 방 다섯 칸짜리 근사한 땅집이 있었던 것이다. "아무리 돈이 좋다지만 짐승처럼 유랑하는 생활을 어떻게 견디어 낸단 말입니까?"라며 이 간호원은 경악했다고 한다.

고본질 백만장자 신 아나톨리 <인터뷰 2004. 7>

건장한 체구의 70대 신 아나톨리 드미트리예비치(1935년생). 키르기스스탄에서 '고려인 부자'로 첫 손가락에 꼽히는 사람이다. 고본질 농사로 큰돈을 모은 그의 재산이 얼마인지는 알려지지 않았지만 고려인들은

신 아나톨리

그를 '백만장자'라고 부른다. 재산이 미화 백만 달러는 넘을 것이라는 관측에 기초한 평가 같다. 한국에서 백만 달러라면 별것 아니겠지만, 1인당 GDP가 300여 달러에 불과한 세계최빈국 키르기스스탄에서는 생각하기 어려운 큰돈이다.

그는 1972년부터 1994년까지 28년간 고본질을 하면서 한해 평균 5만~6만 루블을 벌었다고 필자에게 털어놨다. 집을 떠나 외지에서 6개월가량 농사짓고 매년 자동차 10대나 집 10채에 상당하는 거액을 벌었다는 이야기다. 고본질을 마치고 타슈켄트의 집으로 돌아온 신 씨가 좋은 차, 좋은 주택을 사들일 때면 경찰이 찾아와 "어디서 돈이 생겼느냐"고 추궁하며 예외 없이 뒷조사가 뒤따랐다고 한다.

그가 이끈 고본질 브리가다는 50~60명 단위로, 다른 무리보다 규모가 5~6배 큰 것이 특징이었다. '규모의 경제효과'를 노렸다고 할까. 고본질은 친인척 중심의 10여 명 단위로 무리를 이루는 게 예사다. 신 씨는 주로 우크라이나 흑토지대로 가서 농사를 지었다. 특유의 리더십에 현지 관계자들과의 두터운 친분이 그의 강점이었다. 그는 브리가다로서 성공한 비결을 이렇게 말했다.

"농사에 성공하려면 우선 땅이 좋아야 합니다. 기름지고 물대기 좋고, 교통이 편하고... 땅을 볼 줄 아는 전문가라야 그런 좋은 땅을 고를 수 있습니다. 예전에 무슨 작물을 부쳤던 땅인지, 비료는 얼마나 쓴 땅인지를 사전에 알아야 새 농사를 성공적으로 지을 수 있습니다. 살충제나 비료를 많이 쓴 땅은 좋지 않습니다. 나는 도시와 가까운 곳의 농토를 빌려서 주로 수박과 양파를 심어 팔았습니다."

신 씨가 임대하는 농지규모는 대체로 양파용 50ha, 수박용 200ha 등 총 250ha(75만 평) 정도. 대원 50~60명이 경작하기엔 너무 넓은 땅이어서 일꾼 고용이 불가피했다. 그는 "러시아인, 체첸인 등을 삯꾼으로 많이 썼다"면서 "수확이 끝나면 그들에게 넉넉히 배당을 줬다."고 말했다. 그러나 농지임대가 불법이기 때문에 툭하면 신 씨는 경찰에 쫓기는 처지가 되었다. 러시아 실업자에게 일자리를 제공한 고본질이었지만 경찰은 불법 농지임차를 트집 잡아 일꾼을 해산시켜 도시로 내쫓기 일쑤였다고 한다.

당시 집단농장들은 국가가 책정한 목표를 거의 달성하지 못했다. 기계로 하는 밀농사는 그런대로 목표를 채웠지만, 사람손이 일일이 가야하는 양파 농사 같은 것은 기피해, 늘 목표 미달이었다. 집단농장들은 불법적인 농지임대에서 해결책을 찾았다. 예컨대 1ha의 임대료로 양파 15t을 받은 뒤 이를 집단농장의 수확물로 둔갑시켜 자체 생산량에 포함시킨 것이다. 고본자들은 1ha에서 양파를 보통 40t, 많을 때는 70~80t을 생산했다. 임대료 15t을 내고도 큰 수익을 올릴 수 있었다. 공산주의 체제에서 고본질은 '누이 좋고 매부 좋은' 식의 해법이었다고 신 씨는 풀이했다.

신 씨가 비슈케크로 이주한 것은 고본질 2차년을 마친 1973년. 재산관리와 자녀교육 때문이었다. 그는 고본질에서 번 돈으로 타슈켄트에 집을 사려했으나 뜻을 이루지 못했다. 공민증에 기재된 거주지가 타슈켄트가 아니어서 집을 살 수 없는데다가 딱히 살 만한 집도 없었다는 것이다. 마침 프룬제에 살던 친구가 "좋은 집 한 채가 매물로 나와 있다"고 알려주어 지금 살고 있는 집을 사게 됐다고 한다. 타슈켄트의 교육환경도 아이들 키우기에 바람직하지 않았다. 정부는 공부에 전념해야 할 학생들을 목화농장에 동원해 학기마다 두 달씩 일을 시켰다. 자녀들이 또래 친구들과 어울려 다니며 '약담배'(마리화나·아편)를 피우는 것도 문제였다. 결국 그는 비슈케크를 새로운 정착지로 선택했다. 우즈베크인 보다 키르기스인이 순박하니, 이곳이 고려인 살기에 적지(適地)라는 주변 사람들의 권유도 신 씨를 움직였다.

고본질에 나서기 전 그는 월급 156루블의 전기기사였다. 그 돈으로 최소 생활은 영위했지만 자식들을 대학까지 보내기엔 어렵겠다고 판단했다. 그는 직장에 사표를 던지고 고본질의 길로 들어섰다. 고본질은 그의 기대대로 아들 넷을 모두 대학에 보내 졸업시키는 원동력으로 작동했다. 얼마 전 그의 막내아들이 키르기스스탄 최연소 대학교수가 되었다. 두 달 후엔 박사학위를 받는다고 신 씨는 자랑했다.

제12장

'역사의 미아(迷兒)' 사할린 고려인

I 악명 높은 유형지(流刑地)

역사적으로 보면 러시아령 사할린에 고려인이 출현한 것은 연해주 이주시기보다 10여년 뒤늦게 나타난다. 사할린에서 탄광개발이 시작되자 러시아는 1869년 홍콩에서 중국인 쿨리를 모집했고, 1870~80년에는 탄광노동에 고려인들을 동원했다. 또 어업에서도 고려인을 고용했다. 이때부터 사할린에 고려인의 거주가 시작됐을 것으로 보인다.

러시아 소설가 안톤 체호프가 1890년 7월 사할린을 답사한 후 쓴 논픽션 '사할린 섬'에는 고려인 거주기록이 나온다. 코르사코프 지역 마우카 마을에 러시아 상인 세묘노프 아래서 유대인 3명, 러시아 군인 7명, 그리고 고려인, 아이누족(族), 만주인으로 구성된 700명의 노동자가 다시마를 채취하고 있었다는 것이다. 체호프는 고려인 노동자 수가 얼마인지는 적시하지 않았다. 1893년에 연해주고려인 김 우수니(김진친)가 살인은폐혐의로 블라디보스토크지방 재판에서 5년 중노동형을 선고받고 사할린 섬에 유배되었다는 기록도 있다. 당시 사할린 섬은 '지옥의 동토(凍土)'로 불린 악명 높은 유형지였다.

제정러시아의 1897년도 인구조사에 의하면 사할린 총인구 2만 8,000명 가운데 고려인은 67명이었다. 그 중 어부와 사냥꾼이 53명으로 가장 많았고 농부 9명, 형기를 마친 사람이 3명, 의류제조인 1명, 무직 1명 등이었다. 대개 남부 코르사코프와 알렉산드롭스키에 살았다. 이들은 연해주에서 배를 타고 사할린으로 이주한 사람들이다.

1905년 러-일전쟁에서 러시아가 패하자 사할린은 양분되었다. 북위 50도 이남의 남부 사할린은 일본에 할양되어 '가라후토(樺太)'로 바뀌었고, 북부 사할린은 러시아가 계속 지배했다. 양분된 사할린에는 남북 두 곳에 모두 우리 동포가 거주하고 있었다. 북부 사할린의 경우 1931년 총인구 3만 9,119명 가운데 러시아인이 2만 6,780명으로 가장 많았고, 다음이 고려인 1,767명, 중국인 1,231명, 일본인 1,130명이었다. 1932년에는 고려인 수가 3,200명까지 늘어나면서 고려인 농촌소비에트와 어업 콜호스가 각기 한 곳씩 생겨나기도 했다. 북사할린에 살던 고려인들은 1937년 강제이주 조치로 모두 섬을 떠나 중앙아시아로 이주했다.

가라후토 개발에 징용 조선인 투입

가라후토, 즉 남부 사할린 최초의 1920년 주민조사에 따르면 이곳에는 934명의 조선인이 살고 있었다. 이들은 주로 어업이나 광업에 종사했다. 1922년 일본군의 연해주 철수 후 오호츠크 등에서 추방된 조선인 수백 명이 가라후토로 이주했다. 이어 1925년에 일본군이 1918년 이래 점령하고 있던 북사할린에서 완전히 철수하자 일본군을 따라 730명이 이주해왔다. 그밖에 연해주나 일본 홋카이도에서 이주해온 사람들이 있어 1926년 가라후토의 조선인 거주자는 4,387명이 되었고, 1934년에는 5,813명으로 늘어났다.

가라후토에 조선인 수가 급속히 늘어난 것은 1937년 중-일전쟁 발발 이후다. 전쟁물자 조달을 위해 가라후토 개발을 적극화하면서 1939년부터 일제는 조선에서 강제로 노동자를 끌어오기 시작했다. 일제는 국가에 의한 이 강제연행·강제동원을 군수업체의 '자유모집'인양 호도(糊塗)했고 1942년부터는 여기에 '관(官)알선'이란 이름을 붙였다.

울산이 고향인 임판개는 18살 때인 1943년 11월 아침밥을 먹으려고 숟가락을 들다가 헌병에게 끌려갔다. 헌병이 징용장을 보여주며 시간이 없으니 빨리 가자고 하더라는 것이다. 머뭇거리면 가족에게 화(禍)가 미칠 것 같아 아무 말도 못하고 울면서 따라 나섰다. --군청에 가니 100여명이 모여 있었다. 그날로 모두 부산으로 이송되었다.

그럼에도 노동력 보충이 여의치 않자 1944년 일제는 '국민징용령'을 발동시켜 조선인에 대한 대규모 강제징용을 강행했다. 일제는 10~15명의 경찰로 구성된 특별부대로 농촌을 둘러싸고 20세~40세의 남자를 '사냥'해 가라후토로 보냈다. 그리하여 2차 대전 중 가라후토의 탄광, 벌목장, 어장, 철도, 군용비행장 등 건설현장에 6만~8만 명의 조선인이 끌려와 혹사를 당했다.

사할린한인협회 노인회장을 지낸 고(故)박해동의 증언을 들어보자.

일제 때 남부 사할린 탄광에서 실습교육을 받고 있는 조선인들.

"1943년 1월 나는 고향마을에서 잡혀 부산으로 이송되었다. 경찰서로 끌려가 옷을 모두 벗기고 징용복으로 갈아 입혔다. --1주일간 우리는 창고에 갇혀 있었다. 와카나이에서 300톤급 배에 실렸다. 조선인 42명은 가장 낮은 선창의 철제 바닥에 짐짝처럼 던져졌다. 8시간쯤 걸려 캄캄한 밤에 오도마리(현재의 코르사코프)항구에 도착했다. 우리는 나이부치(현재 브이코프) 탄광으로 실려 갔고, 즉시 일을 시작해야 했다. 우리는 석탄을 캐기 위한 기계에 불과했다. 밥도 선채로 먹으며 하루 12시간을 일했다. 교대를 위해서는 광부 1인당 2톤을 캐야했다. 안전장치가 전혀 없어 붕괴사고를 당하는 것은 흔한 일이었다."

― 박승의 '사할린에서 한인의 디아스포라 : 형성의 역사'에서

탄광노동은 하루 2교대로 매일 12시간의 중노동이었다. 제공된 도시락은 한줌도 안 되는 콩밥과 간한 청어 한토막이 전부였다. 노동자들은

너무 배가 고파서 걷기조차 힘 들었다. 번 돈은 용돈만 주고 나머지는 모두 고향에 갈 때 준다며 강제로 저금을 시켰다. 견디지 못해 많은 사람이 도망쳤지만 결국 붙잡혀 일본인 감독관한테 반죽음이 될 때까지 구타당했다. 그리곤 '다코베야'에 던져졌다. '다코베야'란 홋카이도와 가라후토 탄광에서 죄수처럼 일하던 사람들이 살던 감옥 같은 기숙사를 일컫는 말이다. 다코베야에서는 정해진 기준량을 완수 못하면 식사를 주지 않았다. 기준량은 다른 곳의 두 배였다. 수감자들은 서로 이야기를 나누어서도 안 되었고, 규율을 위반한 사람은 가혹한 몽둥이질을 당해 죽는 일이 다반사였다. 조선인이 한번 다코베야에 들어가면 그것은 곧 죽음을 의미했다.

1944년 하반기, 미군기의 폭격 때문에 사할린 석탄을 일본 내지로 운송하기 어렵게 되자 일제는 사할린에서 3,000여 명의 조선인 광부를 본토의 큐슈탄광 등으로 강제 이동시켰다. 이것을 가리켜 조선인들은 '이중징용'이라고 불렀다. 종전 당시 사할린의 조선인 수는 4만 3,000명 정도로 감소했다. 전황이 악화되자 일제가 '이중징용' 등으로 상당수의 인력을 본토로 빼돌린 때문이다.

패전 후 일본인들은 조선인에게 첩자 누명을 씌워 학살을 자행했다. 대표적인 것이 1945년 8월20일의 '미즈호(현재의 포자르스코예)사건'이다. 일본인들은 "밤이면 적기(敵機)에 신호를 보내는 소련스파이를 잡아 죽이자"며 사냥총, 삽, 도끼, 식칼, 죽창 등을 들고 미즈호 마을의 조선인 가정을 습격해 임산부와 어린이를 포함한 27명을 무참하게 살해했다. 8월 18일 카미시스카(현재 레오니드워) 마을에선 소련군첩자로 몬 조선인 18명을 일본군 헌병대로 끌고 가, 천막 안에 넣고 불을 질러 태워 죽였다. 비코프 탄광에서는 조선인들을 갱 속에 집어넣고 다이너마이트를 사용하여 폭사시키려다가 소련군의 진주로 미수에 그치기도 했다.

종전 후 3부류가 고려인사회 형성

1945년 소련이 남부 사할린을 수복한 이후 형성된 사할린고려인 사회는 다음 3개 부류가 주축을 이루었다. 1부류는 일제 때 조선에서 징용 등으로 끌려온 일본국적의 조선인, 2부류는 종전 후 소련이 파견한 소련 국적의 중앙아시아 고려인, 3부류는 해방 후 북한에서 송출된 북한국적의 노동자가 그들이다.

1부류 조선인은 스스로를 '선(先)주민'이라고 부르며 중앙아시아 고려인을 '큰땅배기', 북한에서 온 노동자를 '파견노무자'라고 각각 구별해 불렀다.

*고려인 역사를 주제로 한 이 책은 용어통일 상 1부류 선주(先住)조선인을 사할린고려인 또는 사할린고려인 1세대라고 부르겠다.

소련이 사할린에 파견한 수백 명의 중앙아시아고려인의 임무는 사할린고려인과 북한에서 온 노무자를 감시 통제하고 이들에게 공산주의 사상을 주입하기 위한 것이었다. 러시아어에 능통한 이들은 대부분 소련공산당원들로서 사할린 각지의 공산당 본부를 비롯해 집단농장, 공장, 중소기업, 학교, 병원, 우체국 등에 배속돼 지도적 위치를 차지했다. 이들 중 특수정보기관인 KGB 요원들은 친일파와 불온분자를 색출해 시베리아나 북사할린의 노동수용소로 보내는 일을 담당했다.

사할린고려인들은 대륙에서 온 고려인 동포를 경멸조로 '큰땅병자', 또는 '정치부장'이라고 부르며 경계했다. 두 집단은 같은 민족이기는 하지만 사할린으로 건너온 배경이나 과거의 생활환경과 조국관이 다르기 때문에 서로 불신하며 반목했다. 항일독립투사의 후손으로 자부한 중앙아시아고려인들은 징용으로 끌려온 사할린고려인들을 낮은 계급 출신으로 경시하며, 심지어 친일파로 매도하기까지 했다. 이 2부류 고려인들은 1970년대에 대부분 중앙아시아로 복귀했다. 그때까지 사할린에 파견된 중앙아시아고려인은 2,000명에 달했다.

  3부류는 소련 원동지방의 인력난을 돕기 위해 1946~48년 북한에서 송출한 노동자 가운데 어업지원 등을 목적으로 사할린에 온 사람들이다. 이들은 대부분 북한에서 선금(先金)을 받은 상태여서 사할린에선 아무런 임금도 받지 못하고 배급에만 의존해 살았다. 작업 여건과 거주지 위생상태가 열악해 사망자·병자가 다수 발생하는 바람에 많은 어려움을 겪었다. 그 후 사할린의 어업 부진으로 이들 중 상당수가 계약기간 만료와 함께 북한으로 귀국했다. 잔류한 사람들은 사할린 내 주요 도시에 살면서 고려인 사회의 한 축을 이루었다.

II 귀환 불허에 무국적으로 살아

  1945년 8월 24일 소련군 상륙과 더불어 기라후토(남사할린)는 일제 통치에서 해방되었다. 남부의 항구도시 오도마리(소련명 코르사코프) 부두에는 일본으로 가려는 2만여 명의 피난민이 몰려들어 인산인해를 이루었다. 거기에는 하루 빨리 조국으로 돌아가려는 조선인들도 있었다. 그러나 일본은 일본국적이 아니라는 이유로 이들 조선인들을 내버린 채 떠나가 버렸다. 조선인들은 언덕 위에 판잣집을 짓고 살며 송환선을 기다렸다. 그들은 일본에서 쪽배라도 오는가 싶어 매일같이 부두

코르사코프 항구 '망향의 언덕'에 서있는 위령탑. 일제의 강제징용으로 희생된 사할린동포들의 한과 넋을 달래기 위해 2007년 건립되었다.

에 나가 하염없이 수평선을 바라보며 통곡했다. 많은 사람이 기다리다 지쳐서 굶어 죽고 얼어 죽고, 20여 명은 미쳐버렸다는 일화는 아직도 사할린의 슬픈 전설로 남아 있다.

종전 후 사할린고려인들은 곧 고국으로 돌아갈 수 있을 것으로 기대했다. 하지만 이들 앞에 기다린 것은 절망적인 소식뿐이었다. 고려인들은 일제의 질곡에서 해방됐지만 귀국길이 막혀 섬에 고립된 채 살아야 했다.

전후 처리과정에서 전승국인 소련과 미국은 사할린고려인을 송환대상에서 제외했다. 일본은 자기 민족만 귀국시켰다. 일본은 강제징용으로 끌고 온 사할린고려인을 원상회복시킬 의무가 있었으나, 오히려 귀환대상 일본인의 범주에서 고려인을 제외하도록 소련에 요청했다. 소련도 인력확보 차원에서 사할린고려인을 일본국민으로 인정치 않고 송환 대상에서 제외해 그들의 귀국을 막았다. 그리하여 1990년 한-소국교가 수립되어 영주귀국의 길이 열릴 때까지 반세기 동안 사할린고려인들은 '역사의 미아(迷兒)'가 되고 말았다.

1946년 초, 사할린인민위원회는 사할린고려인과 일본인을 대상으로 거주등록을 시행했다. 이들을 사할린에 정착시켜 노동력을 확보하기 위한 일종의 억류조치였다. 뒤이어 미-소협정으로 사할린에서 일본인 30여만 명의 귀환이 개시되자 1947년 여름에는 중국인도 본국으로 돌아갔다. 하지만 사할린고려인은 미-소간의 미해결과제로 방치되어, 일본인 처를 둔 사람만 일본으로 귀환했을 뿐 대부분은 사할린에 잔류할 수밖에 없었다. 고려인들은 억압자인 일본인보다 먼저 고국으로 돌아갈 권리가 있다고 생각했다. 그런데 가해자인 일본인은 풀려나 귀국하는데 피해자는 계속 억류되는 이 역사의 부도덕한 모순에 고려인들은 절망하고 분노했다. 해방이 됐어도 정부를 세우지 못한 한국은 이들 문제에 관여할 수가 없었다. 사할린고려인들은 어느 정부로부터도 보호받지 못하고 사할린에 버려진 외로운 기민(棄民)신세가 되었다.

1948년 일본인의 본국 귀환이 완료되자 소련당국은 소련인 배우자가 있는 고려인은 강제로 소련국적을 취득시켜 시민권을 부여하고, 북한국적을 취득코자 하는 사람에게는 특별조치로서 북한과의 연락편의 등을 제공했다. 그러나 남한 출신자에 대해서는 소련정부가 인정하지 않는 지역의 주민으로 취급해, 본인의 의사가 확정될 때까지 무국적(無國籍)상태로 남겨두었다. 고려인들도 소련국적이나 북한국적을 가지면 절대 고향으로 돌아갈 수 없다고 믿고 국적취득을 기피한 채 무국적으로 살았다.

무국적자로 살아가는 데는 많은 어려움이 따랐다. 당국은 무국적자에게 직장을 제공하지 않는 것은 물론 생활구역에서 12km이상 여행 시

허가를 받게 했다. 무국적자들은 3개월에 한 번씩 경찰서에 가서 신원을 등록해야 했다. 자녀들은 고등교육기관에 진학할 수 없었다. 당시 대륙에서 사할린으로 이주해오면 기본급에 100%를 추가한 급료에 세금감면 혜택까지 주었지만 고려인들은 섬의 토착민으로 간주돼 이런 혜택도 누리지 못했다. 고려인들은 귀환한 일본인의 빈집에 들어가 농사를 짓기 시작했다. 유즈노 사할린스크의 농산물 시장은 이들이 내놓은 감자와 채소로 가득 찼다. 시장에서는 고려인이 쉬면 소련사람이 야채를 먹지 못하고 채소 값이 뛴다는 말이 나돌았다.

6.25전쟁 정전 후 남북분단이 굳어지자 사할린고려인들은 크게 낙담했다. "통일이 되면 귀국길이 열리겠지"하며 기다리던 고국 귀환의 길이 더욱 멀어진 때문이다. 북한정권은 사할린고려인에게 북한국적을 가지라며 회유에 나섰다. 고려인들은 우선 소련의 무국적자 차별에서 벗어나기를 원했다. 그리고 "고향은 아니나 북한도 조국"이라는 생각이 이들을 움직였다. 이때 사할린고려인의 절반 이상이 북한국적을 취득했다. 특히 청년들은 북한에 가서 고등교육을 받아야겠다며 북한국적 선택에 앞장섰다. 이 캠페인을 지원하기 위해 1957년 소련과 북한은 고려인에게 이중국적을 허용하는 협약을 체결했다. 그 결과 무국적 고려인 은 1950년대의 70%에서 1960년대에는 20%로 크게 줄었다.

스탈린 사후 1956년에 사할린고려인의 북한 송환이 실현되어, 북한국적 소지자 1,037명과 무국적자 136명이 북한으로 돌아갔다. 1959년까지 사할린에는 북한송환을 기다리는 사람이 6,870명 거주하고 있었다. 이들 가운데 1962년 4월까지 약 5,600명이 북한으로 귀환했다. 그 후 북한으로 돌아간 청년들이 시골로 추방되었다는 소식이 들려왔다. 그리고 북한 귀환자와 사할린 친지와의 연락이 끊어지고, 두만강을 건너 사할린으로 탈주해 오는 사람들이 생기면서 사할린에선 북한국적을 버리고 소련국적으로 갈아타는 바람이 불기 시작했다.

1970년대 한국귀환운동 본격화

사할린고려인 사회에서 한국귀환운동이 고개를 들은 것은 1960년 대였다. 당시 한국귀국청원운동을 벌이던 허조와 김영배는 사할린당국으로부터 "일본정부가 받아준다면 무국적 고려인의 출국을 허락하겠다."는 회신을 받았다. 그러나 일본정부는 1952년 샌프란시스코조약에 따라 조선인이 일본국적을 상실했다는 이유로 두 사람에게 여권발급을 거부했다. 아무튼 '출국허락' 소문은 삽시간에 사할린 전역으로 퍼졌고, 박노학이 일본에 설립한 '사할린귀환재일(在日)한인회'에는 수많은 귀환 희망자들의 서신이 접수되었다. 이렇게 하여 근 7,000여명의 귀환희망자 명부가 작성되었고, 그것이 한국, 일본, 소련정부에 제출되어 그 후 외교교섭의 자료로 활용되었다. 1943년 노동자로 사할린에 간 박노학은 1958년 일본인 처의 동반자로 일본에 귀환한 뒤 30년간 사할린 잔류동포의 귀환운동을 벌이다가 1988년 숨졌다. 대한민국 정부는 그의 헌신적인 공적을 높이 평가해 국민훈장을 추서했다.

박노학

사할린고려인의 영주귀국운동이 활발했던 1970년대에는 한때 희망적인 조짐도 몇 차례 나타났다. 1974년 10월 소련의 코쉬긴 수상이 일본정부가 사할린고려인의 귀국을 요구한다면 반대하지 않겠다는 입장을 밝힌 것이다. 그 후 1976년 7월 사할린내무국 산하 출입국관리사무소는 한국귀환 희망자들의 청원서를 접수한다는 공고를 내 주목을 끌었다.

30루블만 내면 신청을 할 수 있다고 했다. 희망자들은 밤 3시부터 줄을 서기 시작해 수일 만에 1,000명이 넘는 사람이 청원서를 제출했다. 사할린주(州)정부는 귀국희망 고려인이 의외로 많다는 사실에 놀랐다. 나훗카주재 북한영사가 달려와 사할린당국의 방침에 극력 반대했다.

그해 9월 일본에 불시착한 소련 미그25 신형전투기 조종사의 미국 인도로 일-소관계가 악화되자 사할린당국은 청원접수를 중단했다. 사할린고려인 귀환문제는 일-소간의 문제가 아니라 소련-북한간의 문제라며 후퇴한 것이다. 그 결과 한국이나 일본으로 돌아가려는 사할린고려인들은 미-소 냉전기간 동안 고국귀환은 물론이고 한국 내 가족들과의 의사소통도 불가능했다. 그들은 오직 한밤 중 이불 속에서 몰래 청취하는 KBS방송을 통해 고국 소식에 접하며 망향의 꿈을 달래야 했다.

1980년대 소련국적 대거 취득

박노영

1936년 전북 익산에서 태어난 전 모스크바 사할린한인협회장 박노영은 다섯 살 때 사할린에 왔다. 1940년 아버지가 일제에 의해 남부 사할린으로 끌려가자 이듬해 어머니와 3형제가 함께 이주한 것이다. 당시 그의 아버지는 탄광 노동자였다. 박노영은 성장해 대륙에 있는 대학으로 유학을 가려했으나 소련국적이 없어 불가능했다. 결국 사할린사범대학에 들어갔지만 졸업 후에도 역시 무국적자였기 때문에 교사로 취업한지 1년 만에 쫓겨나고 말았다. 박노영은 운전기사, 노동자 등으로 일하다가 상급자의 추천으로 겨우 레닌그라드 임상아카데미에서 수학할 기회를 얻었고, 1973년 아카데미 졸업 후 비로소 소련국적을 취득해 정상적인 직장생활을 할 수 있었다. 그는 사장까지 승진해 10

여 년 간 재직하다가 1992년 정년퇴임했다. 박노영은 2009년 한국으로 영주 귀국해 지금은 부인과 함께 경기도 김포시에 살고 있다.

우리말을 구사하며 한인의 정체성을 지켜온 사할린고려인들이 어쩔 수 없이 자신을 소련공민으로 인정하기 시작한 것은 1970년대이다. 특히 1977년 1월 도만상(都萬相)사건 이후 사할린고려인들은 출생지인 남한으로의 귀국 꿈을 접고, 소련국적을 취득해 섬을 떠나 대륙으로 나가기 시작했다. 이들의 변화는 직업선택, 직위승진, 대학입학 등의 차별에서 벗어나기 위한 고육지책(苦肉之策)이었다. 도만상사건이란 남한이나 일본 귀환을 강력히 요구하던 도 씨 가족 등 4가구 31명을 소련당국이 고향으로 보내준다면서 북한으로 강제 송환한 사건이다. 이 냉혹한 조치 이후 사할린고려인 사회는 공포에 휩싸여 영주귀국이란 말조차 입 밖에 내지 못하고 숨을 죽인 채 살았다.

사할린고려인의 운명을 극적으로 전환시킨 것은 고르바초프의 개혁·개방정책이었다. 특히 소련의 1988년 서울올림픽 참가는 고려인의 모국방문 실현에 결정적 계기로 작용했다. 사할린고려인들이 일본을 경유해 한국을 방문할 수 있게 된 것이다. 1990년에는 사상 처음으로 고려인 노인 120명의 집단적인 모국방문이 실현되었다. 냉전의 장벽 때문에 막혔던 고향길이 반세기만에 열리는 실로 꿈같은 변화였다.

고르바초프의 개혁정책은 사할린고려인의 정치적 사회적 활동성을 증가시켰다. 근면하고 교육열이 높은 고려인들의 직업도 전문직 중심으로 바뀌기 시작했다. 1985년의 고려인직업 조사에 따르면 기업노동자가 7,000명으로 가장 많았고, 다음이 관리 및 기술직 2,000명, 의사 130명, 교사 120명, 언론인 30명 등이었다. 또한 지도급 인사도 늘어나 공산당

사할린 고려인의 국적 취득 현황

구분	1950년대	1960년대	1970년대	1980년대	1990년대
소련 국적	10%	20%	30%	65%	89.6%
북한 국적	20%	60%	20%	20%	1.1%
무국적	70%	20%	50%	15%	9.3%

출처 ; 국가안전기획부 CIS 한인관련 자료집 1997.

원이 407명, 당 및 노동조합기관 대표가 270명, 인민위원이 47명에 달했다.

위 표에서 보듯이, 사할린고려인 중 북한 국적자는 1960년대에 60%로 크게 늘어났던 것이 1990년대 중반에는 1%대로 대폭 감소했다. 이는 88서울올림픽 및 1990년 9월 한-소 수교 이후 한국의 러시아 진출, 사할린동포의 모국방문·영주귀국사업 등이 활발하게 이루어지면서 나타난 변화다. 또한 경상도·전라도 등 남한지역 출신이 90%에 달하는 사할린고려인의 한국귀환 열망이 표출된 것이기도 하다. 현재 사할린고려인의 99.9%는 러시아국적을 가졌으며, 북한국적과 무국적자는 거의 없다.

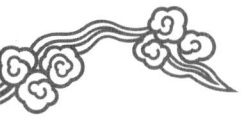

제13장

소련 붕괴와 그 파장

I '전주곡' 페레스트로이카

1985년 3월 고르바초프가 소련공산당 서기장으로 취임하면서 소련 사회는 대변혁을 시작했다. 고르바초프는 경제침체와 외교적 고립이라는 난제를 해결하기 위해 대내적으로 페레스트로이카(개혁), 대외적으로는 글라스노스트(개방)라는 실용적인 정책을 폈다. 국가통제체제 완화, 시장경제로의 전환을 추진하고 관료주의 축소, 권력의 지방분산, 대통령제 도입 등 정치개혁을 실시하였다.

고려인들은 페레스트로이카로 인해 처음으로 사상의 자유, 표현의 자유를 향유하게 되었으며, 자유여행의 바람을 타고 역사적 조국인 한국을 포함한 외국으로 자유롭게 나갈 수 있게 되었다. 또한 1989년 소련 역사상 최초로 자유선거로 실시된 인민대표회의 대의원 선거에서 4명의 고려인(김영웅, 최 콘스탄틴, 조 바실리, 정 라지)이 당선되는 쾌거를 이룩했다.

김영웅   조 바실리

특히 김영웅(옴스크종합대 교수)은 고려인 거주자가 20명에 불과한 옴스크시에서 출마자 14명 중 최고인 62%의 압도적인 지지율을 기록해 고려인의 성가를 높였다.

1989년 9월 소련공산당은 '민족정책강령'을 발표, 민족정책의 실질적인 대전환 조치를 취했다. 이 강령은 소련 내 모든 민족은 민족자치를 누릴 수 있음을 천명하면서 소수민족이 그들의 민족문화와 민족어의 자유로운 발전을 도모할 수 있도록 최대한 보장한다고 선언했다. 이에 따라 고려인들도 전통 명절인 음력설을 다시 쉴 수 있게 되었다. 뿐만 아니라 1988년 서울올림픽을 계기로 남한과 소련 간의 관계가 급속히 개선되면서 1992년 우즈베키스탄의 타슈켄트에 한국교육원이 설립되었다. 한국 기업의 활발한 진출이 가세하면서 한국어에 대한 관심이 고조되자 한국교육원에는 한국어를 배우려는 고려인들로 붐볐다. 카자흐스탄에서도 한국어 배우기가 붐을 이루었다. 고려인들에게 한국어 습득은 한국 진출이나 현지 한국 기업에 취업할 수 있는 경제적 상승의 기회를 의미했다.

강제이주 비판 봇물 터지듯

1937년 강제이주 후 약 반세기 동안 고려인들은 강제이주에 대해 어떠한 증언이나 토론도 제기할 수 없었다. 소련에서 강제이주의 부당성에 대해 말하는 것은 금기(禁忌)의 영역이었다. 때문에 강제이주는 고려인들에게 깊은 심리적 외상으로 남아 있어야 했다. 러시아인들이 스탈린 사후에 해빙기를 맞았다면 고려인들의 해빙은 그보다 30년이나 늦은 페레스트로이카 시기에 찾아왔다. 강제이주에 대해 고려인들의 언급이 가능했던 것은 페레스트로이카 이후이며, 그 진실이 밝혀진 것은 소련 해체 직전이었다.

그동안 소비에트 사학자들은 고려인 강제이주에 대해 전혀 서술하지 않았다. "우리에게 민족문제는 없다"는 미명 하에 소비에트체제의 미화에만 급급했다. 소련의 민족사 교과서는 겨우 수천 명밖에 남지 않은 소수민족까지 다루면서도 40여 만 명에 달하는 고려인에 관해서는 전혀 언급하지 않았다. 해방 후 북한정권 창건에 참여해 건설상까지 지냈다가 카자흐스탄으로 귀환한 역사학자 김승화가 1965년 카자흐스탄에서 출간한 '소련한족사(韓族史)'도 대서특필해야 마땅할 강제이주의 전말에 대해서는 언급조차 하지 않았다. 그는 단지 연해주에 있던 고려인 극단이 카자흐스탄 거주 고려인 주민에게 봉사하기 위해 1937년 크즐오르다 시로 옮겼다고 기술했을 뿐이었다.

신순남(1928~2006)은 고려인의 수난사를 집요하게 추구한 거의 유일한 화가였다. 그는 강제이주의 상처로 죽어간 수많은 고려인의 영혼을 달래는 벽화 '레퀴엠-이별의 촛불, 붉은 무덤' 시리즈에서 본격적으로 소련의 만행을 고발했다. 2m짜리 그림 22개를 엮어 붙인 총 길이 44m의 이 대형 연작에서 죽

화가 신순남

은 아이를 들고 절규하며 땅에 엎드려 통곡하는 사람들의 형상은 강제이주에 대한 최초의 사실적인 고발이었다. 아홉 살 어린 나이에 중앙아시아 황무지로 내쫓긴 신순남이 할머니 손을 잡고 현장에서 본 고려인들의 침묵과 상처와 죽음을 파노라마로 펼쳐낸 장엄한 기록화이다. 그는 '레퀴엠'에 나오는 사람들의 얼굴에 형상을 그려 넣지 않았다. 눈과

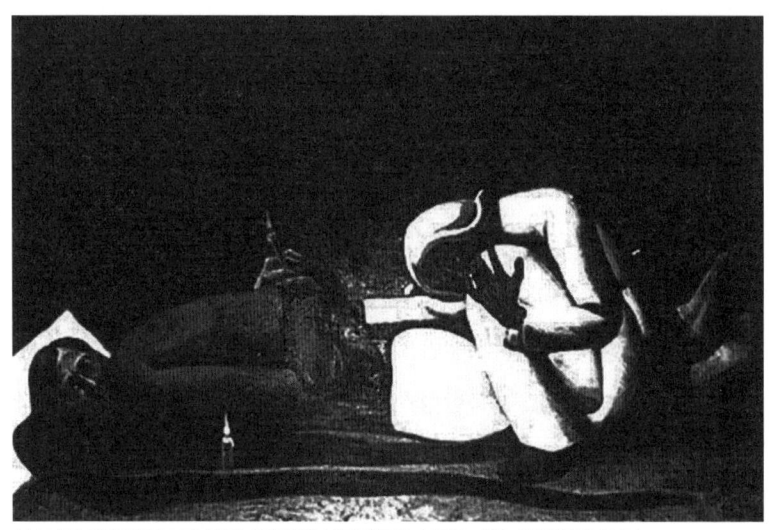

신순남이 1980년에 그린 '어머니와 딸'은 강제이주의 슬픔을 다룬 최초의 걸작이다.

코와 입이 없는 둥근 공간뿐이다. "우리는 노예였다. 노예에겐 이름도, 국가도 없다. 그래서 얼굴도 없다."는 것이 그의 설명이었다. 그는 이 대작을 1986~90년 완성하기 전에 작품의 밑그림을 1980년부터 그리기 시작했다. 화실에는 부인도 애들도 못 들어오게 문을 잠그고 몰래 숨어서 작업을 했다. KGB의 감시가 심했던 시절에 그런 작업에 도전한다는 것은 생명을 건 모험이었다.

금기의 영역에 갇혀있던 '강제이주'는 1989년 소련 개방과 더불어 본격적으로 역사의 전면에 등장했다. 강제이주에 대한 최초의 비판적 언급은 1989년 2월 7일자 레닌기치에 실린 젊은 역사학자 김 게르만의 '력사의 공백-원동에서 특별렬차로'이다. 그는 소련의 역사책이 '이주'를 설명하면서 "전쟁시기의 사태 혹은 --간첩 및 적대활동을 근절하기 위한 부득이한 대책"이란 식의 판박이 묘사로 일관하고 있으며 심지어 고려인들이 자발적으로 이주했다는 식으로 왜곡하고 있다고 비판했다. 그는

역사학자 김 게르만　　　작가 한진　　　변호사 김 블라디미르

스탈린의 고려인 이주정책은 소수민족에 대한 병리적 불신 내지 대국주의적인 배타적 노선의 결과라는 당시로서는 파격적인 주장을 펼쳤다. 이후 강제이주를 정면으로 문제 삼으면서 암울했던 당시를 회고하는 글이 레닌기치 등을 통해 봇물 터지듯 쏟아져 나왔다.

강제이주 세대들이 어떤 공포 속에 살았는지를 최초로 형상화한 한진의 단편소설 '공포'가 1989년 5월, 총 8회에 걸쳐 레닌기치에 연재되었다. '공포'라는 제목이 암시하듯 한진은 강제이주를 전후한 고려인들의 삶을 한 순간 끌려가서 죽임을 당할 수 있는 공포 그 자체로 묘사했다. 그는 소각 위기에 처한 조선의 고서(古書)를 목숨을 걸고 구한 리 선생의 이야기를 통해 민족정체성을 지킨 선구자가 있었음을 보여주었다. 북한 태생으로 모스크바 유학 중 소련으로 망명한 한진은 폭군 궁예의 생애를 다룬 희곡 '산부처'를 통해 스탈린과 김일성을 비판하기도 했다.

우즈베키스탄의 변호사 김 블라디미르는 고문서보관소에서 발굴한 극비문서와 당사자의 회고록을 근거로 하여 고려인의 '잃어버린 역사' 복원에 기여하였다. 그의 저서 '국경을 누비는 두만강'이 1917년 러시아혁명 이후 원동지역에서 전개된 고려인들의 생생한 항일투쟁사의 발굴이라면 '열차 58'은 강제이주의 아픔과 고통을 적나라하게 회상시켜준 기록물이다. 극작가 겸 시인 연성용은 강제이주의 실상을 생지옥으로 묘사한 장편 서사시 '오, 수남촌'을 발표했다. 그는 이 작품에서 강제이주의 전 역사를 시화(詩化)하며 고향 수남촌으로 회귀하고자 하는 욕망을 드러냈다. 그러면서 강제이주를 명령한 스딸린에 대해 "오, 저주한다. / 스딸린의 개인숭배!/--/대대로 잊지 못할/용서치 못할 죄악!"이라고 비판했다.

오, 수남촌
어디로 무엇 때문에
사람들을 잡아가는지?
알지도 못했으며
알 길도 없었다.
간혹 비슷하게 알았어도
말 한마디 입 밖에 내지 못한
무시무시한 세월
그 죄악의 세월은 계속되었으며
잡혀간 사람들은
죽었는지, 살았는지...
종적을 감춰버렸다.
조선학교, 조선대학
모두 닫아버렸고
다음엔 차츰
조선말도 못하게
입을 막아치웠다. (16연)

오늘도 나는
수남촌을 회상한다
텅텅 빈 집들
열어제껴진 창문들
"어디로 우릴 두고 가느냐?"고
눈마냥 우리를 바라보며
묻는 듯하였다.
반세기가 지난 오늘에도
잊혀지지 않는 그 마을
오, 수남촌, 수남촌아!
너 보고 싶은 마음 끝없어라!
정든 내 집 처마 밑으로
제비들은 해마다 날아오는지?
내 심은 수양버들은
얼마나 컸으며
살아있기나 한지?
정 깊은 수남촌, 고향마을아! (19연)

강제이주로 인해 훼손된 고려인의 삶과 민족정체성의 회복문제를 형상화한 작품으로는 한진의 단편소설 '그 고장 이름은?'을 들 수 있다. 1991년 고려일보에 실린 이 작품은 어머니가 위독하다는 전보를 받은 딸 '까쮸샤'가 어머니의 임종을 지키는 내용이다. 러시아어 선생인 까쮸샤는 고려말을 할 줄 모른다. 그녀와 어머니는 러시아어로 이야기 한다. 그런데 임종 직전 어머니는 갑자기 사용하던 러시아어가 아닌 생경한 고려말을 한다. 그런 어머니의 행동을 이해하지 못한 까쮸샤는 이 부분에서 딸은 깊은 단절감을 느끼게 된다. 물론 이 단절은 강제이주를 경험한 세대와 경험하지 못한 세대 간의 격차이다. 까쮸샤는 어머니의 죽음을 계기로 그동안 소련체제에 의해 억압되었던 전통(명절, 한복, 고려말)의 복원을 통해 고려인으로서 자신의 정체성을 심문하게 된다.

고려극장은 강제이주를 주제로 한 연극 '통과열차-37'을 공연했다. 고려인자치주 문제도 본격적으로 거론되었다. 고려인들은 소련당국이 자행했던 고려인 억압에 대한 사실 규명과 사과, 그리고 명예회복과 배상을 적극적으로 주장하기 시작했다. 고려인 사회는 1950년대 북한에서 숙청된 '소련파' 인사 45명의 생사 여부와 숙청 이유에 대한 진상 규명도 요구하고 나섰다. 북한 내무성 부상을 지낸 강상호는 1989년 회견을 통해 "이제 북한당국은 인도주의에 입각해 소련으로 돌아오지 못한 고려인들의 생존여부를 밝혀야 한다"고 호소했다. 이에 대해 북한은 소련 외무성을 통해 보낸 회신에서 "--그들 중 일부는 소련식으로 사업을 하려고 시도함으로써 날카로운 비판을 받았고, --일부는 반당활동을 하여 조선혁명과 조선에서의 사회주의 건설에 해를 끼쳤다"고 주장할 뿐 그들의 생존 여부에 대해서는 언급하지 않았다.

II 고려인 탄압 죄과(罪過) 인정

1989년 11월 소련공산당 중앙위원회는 고려인을 비롯한 소수민족을 탄압했던 역사적 죄과(罪過)를 처음으로 인정하고 이들의 권리를 회복시킨다고 선언했다. 소련은 이 선언을 통해 강제이주를 국제법의 기본과 사회주의 제도의 인도주의적 본질에 모순되는 엄중한 불법적 범죄행위였다고 공식 천명했다. 그리고 1991년 3월 이 선언의 후속작업으로 과거 소수민족의 강제이주 및 탄압과 관련한 모든 문서와 비밀을 해제시켜 일반 국민에게 공개했다. 이때 고려인 강제이주와 관련된 비밀문서도 공개됐다.

고려인의 명예회복 문제가 법적으로 확실히 매듭지어진 것은, 소련이

하바롭스크 중앙시민공원에 세워진 스탈린 대탄압 희생자 기념비. 오른쪽 밑에 고려문학의 아버지로 불리는 작가 조명희의 추모비(흑색)가 보인다. (김지연 작)

라는 거대한 국가를 승계한 러시아사회주의연방에 의해서다. 자신의 최대 과제를 새로운 민주법치국가의 건설이라고 선언한 러시아연방은 1991년 4월 '탄압받은 민족의 명예회복에 관한 법'을 공포해, 소수민족들이 정치적 독립과 사회·문화적 자치권을 회복할 수 있게 하였다.

특히 1993년 4월 러시아연방 최고회의는 '러시아고려인의 명예회복에 관한 법'을 제정해 고려인에 대한 강제이주와 이주 후의 탄압이 불법적이고 범죄적인 조치였음을 공식적으로 인정했다. 이 법은 개별 민족의 명예회복문제를 다룬 최초의 법령으로, 다른 소수민족 정책에 기준이 되었다. 고려인의 복권을 구체화시킬 목적으로 제정된 이 법은 △1937년 이래 고려인에 대한 정치적 탄압의 근거가 된 법규들을 불법적인 것으로 규정하고 △박해와 탄압을 받은 일부 고려인의 명예를 법령에 따라 개인별로 회복시키며 △강제이주 전 원래 거주지로 귀환할 권리를 인정하고 △강제이주 결과 소연방 구성국들에 거주하고 있는 고려인들이 러시아연방에 이주해 올 경우 러시아국적을 회복하거나 획득할 권리를 부여하며 △원(原)거주지로 귀환하는 고려인에게 납세특전, 토지분배 등 제반 생계대책을 마련해 준다는 등 8개항을 담고 있다.

또한 강제이주의 불법성과 관련하여 "고려인에게 간첩죄를 씌운 것은 국가적 차원에서 행해진 중상(中傷)정책이며, 강제이주를 수반하고 특별 유형지에서 폭력과 강제적 제재를 가한 집단학살"이라고 그 죄과를 분명히 시인했다. 이로써 고려인들은 강제이주 이후 수십 년 간 그들을 어둡게 짓눌렀던 적성민족의 불명예에서 벗어날 수 있었다. 고려인은 강제이주 이전에 거주하던 연해주 등으로 귀환할 권리도 인정받았다.

그러나 이 법은 구체적인 귀환 절차나 국적회복 절차를 규정하지 않은 문제점을 지니고 있다. 첫째, 중앙아시아 거주 고려인들을 대상으로 하는 별도의 집단이주 프로그램에 관한 규정이 없다. 따라서 고려인의 연해주 귀환은 국가적 지원 없이 자발적, 개인적인 차원에서만 가능했다. 둘째, 러시아국적 취득은 청원에 의해서만 가능하도록 돼있을 뿐, 강제이주 민족을 위한 별도의 특례규정이 없다. 고려인들은 다른 일반 이민자들과 마찬가지 과정을 통해 국적을 취득해야 했다.

이로 인해 이 법이 시행된 후 고려인들은 명예회복 및 복권문서를 교부받는 데 많은 절차상의 어려움을 겪어야 했다. 강제이주를 입증할 문서들이 훼손되어 있거나, 까다로운 구비서류와 수속절차를 둘러싼 연방정부와 지방정부 간의 입장 차이로 인해 당국의 행정 처리에 많은 문제가 야기되었다. 고려인들은 관련서류 제출을 위해 또다시 동분서주하며 많은 시간과 비용을 소진해야 했다. 때문에 아직도 국적을 취득하지 못하고 무국적자나 장기적인 불법체류 상태로 남아있는 경우가 허다하다.

최성학 처형 44년 만에 확인

1930년대 스탈린 독재체제에서 억울하게 죽어간 고려인들에 대한 신원(伸寃)도 재개되었다. 연해주고려인 사회의 지도자 최재형의 차남 최성학의 유족들은 최성학이 처형된 후 54년이 지난 1992년 3월에야 비로소 그의 죽음을 확인할 수 있었다. 당국은 최성학이 1938년 일본스파이 혐의로 총살되었다는 사실을 유족에게 통보했다. 그러나 "유감스럽게도 그의 매장 장소는 기록이 없어 알려줄 수 없다"는 불완전한 통보였다.

최성학의 어머니 김 엘레나는 아들이 처형된 다음해인 1939년에 그의 행방을 묻는 청원서를 제출한 바 있다. 이에 대해 소련 내무인민위원부는 "최성학은 크즐오르다 구역 3인판결위원회에 의해 편지 교신의 권리가 없는 정치범수용소에서 10년을 복역해야 한다는 형을 선고받았다"고 답신했다. 후에 알려진 사실이지만 그때 이미 최성학은 처형돼 감옥이 아닌 땅속에 묻혀 있었다. 얼마나 무책임하고 불성실한 당국의 답신인가!

1954년 9월에는 그의 누나 소피아가 다시 청원서를 보내 "형이 언도된 지 16년이 흘렀으나 동생은 돌아오지 않고 동생에 대한 그 어떤 소식도 듣지 못하고 있다"며 최성학의 재판 결과와 행방을 알려달라고 호소했다. 하지만 당국은 묵묵부답으로 일관하다가 44년 만에 회신을 한 것이 1992년의 사망통보였다. 페레스트로이카 이전의 소련이 얼마나 비인도적인 국가체제였음을 보여주는 사례다.

III 토착민 득세, 소수민족 차별

민족주의 기반 15개 독립국 탄생

고르바초프의 급격한 개혁은 자본주의라는 무서운 호랑이를 한 순간에 불러들였다. 공산주의체제는 뿌리 채 흔들렸다. 민족 간의 갈등 폭발이 변화를 가속화시켰다. 소련국민들은 공산주의로부터 떠나기를 원했다. 고르바초프는 역사의 흐름을 받아들여야만 했다. 1991년 8월 강경 보수파의 쿠데타 실패 후 고르바초프는 공산당서기장 직을 사임하고 공산당 해체를 선언하였다. 마침내 소연방을 구성했던 15개 공화국이 제각기 분리 독립을 선언하고 발트 3국(에스토니아, 라트비아, 리투아니아)을 제외한 12개국이 독립국가연합(CIS)을 결성하자 고르바초프는 대통령직을 사임했다.

영원히 존속할 것 같았던 소련은 창설 74년 만에 완전히 해체되고 옐친이 주도하는 러시아연방이 과거 소련정부의 역할을 인수, 계승하였다. 공산당의 해산과 '공산제국(帝國)' 소련의 붕괴는 세계를 좀 더 안전한 곳으로 만든 역사의 진화였지만, 그 소식의 제1파는 지구촌에 엄청난 충격을 던졌다. 소비에트인의 조국이자 세계최강의 군사대국 소련의 몰락은 고려인들에게 천지가 무너지는 청천벽력 같은 사태로 다가왔다.

우즈베키스탄의 고려인 작가 김용택은 당시의 충격을 저서 '멀리 떠나온 사람들'에서 이렇게 적고 있다.

"위대한 소비에트 국민의 작은 일부인 우리가 이 거대한 국가가 산산조각나리라고 생각이나 했겠는가. 우리는 모두 공포에 질려 망연자실하며 고통스러워하고--- 그리고 마침내는 안도의 숨을 내쉬었다. 마치 앓던 이를 뽑은 것처럼."

김용택은 소련의 해체를 벌써 사라졌어야 할 전체주의의 붕괴로 받아들여 환영했다. 하지만 대다수 고려인의 반응은 부정적이었다. 소련의 붕괴에 상실감과 정신적 공허감을 가장 많이 느낀 고려인들은 40~50대였다. 어릴 적부터 마르크스주의를 배웠고 사회주의 국가건설에 몸 바쳐온 이들에게 소련은 자랑스러운 조국이었다. 절대 무너지지 않는 세계 최강국 소련의 당당한 국민이던 소비에트고려인들이 이제 군소(群小) 공화국의 소수민족으로 전락하다니! 이들은 믿기 어려운 현실에 가슴 아파했다. 고려인들은 특히 소련붕괴 이후에 전개될 혼란을 우려했다.

실제로 그 후 구소련지역 국가들은 국제적 지위의 저하와 함께 정치적, 경제적 혼돈과 민족 간 유혈분쟁에 휩싸였다. 주민들의 사정은 더욱 열악해졌다. 70년 연륜의 사회주의 경제체제가 갑자기 자본주의 시장

경제체제로 탈바꿈하는 동안 러시아는 연 2,500%가 넘는 살인적인 초(超)인플레를 경험했고, 급기야 1998년에는 국제투기자본이 급격히 빠져나가 디폴트(채무불이행)를 선언해야 했다. 이런 러시아를 살린 건 석유와 천연가스 등 풍부한 자원이었다. 또한 체첸 등 분리주의자들의 소요와 테러를 진압하고 정치 안정을 이룬 지도자 푸틴의 역할도 빼놓을 수 없다.

러시아를 제외한 나머지 나라들은 대부분 고난의 세월을 보냈다. 특히 중앙아시아 국가들은 독립 이후에도 자립할 수 있는 경제적 기반이 약해 고통이 매우 컸다. 현재 이들 국가의 교역에서 러시아 의존도는 70% 이상이다. 소련이란 한 지붕 아래 살던 15개국이 모두 정치적 독립을 이루기는 했으나 몇 나라를 제외하고는 모두 러시아의 '경제적 위성국'으로 전락해 가고 있는 실정이다. 중앙아시아 국가들은 독립 후 20년이 지났지만 아직도 정치적 불안전성에 노출돼 있다. 비민주적 제도·관행의 온존, 미숙하고 허약한 정당체계 등이 문제다. 대부분의 국가에서 소련 시대의 공산당이 이름만 바꿔서 다시 집권했다. 이들을 대체할 수 있는 대항 세력이 부재하거나 미약하다보니 권위주의적 체제를 유지하고 있는 것이다.

러시아어 대신 토착어를 공용어로

소련 시절 고려인들은 연방 내 어느 공화국에 거주하든 사회, 정치, 경제 환경이나 생활양식에 있어서 큰 차이가 없었다. 소비에트연방이라는 거대한 이념체제 안에서 거주지역의 역사나 문화와는 거의 무관하게 연방구성원으로서 비슷한 삶을 영위해 왔다. 그러나 페레스트로이카가 실패로 끝나고 소련이 무너진 후에는 사정이 달랐다. 그때까지 고려인이 추구했던 소비에트화는 과거의 유산이 되었고 자본주의라는 시장경제 체제와 독립공화국이라는 정치체제에 적응해야할 새로운 도전에 직면한 것이다.

중앙아시아에는 민족주의를 기반으로 우즈베키스탄, 카자흐스탄, 키르기스스탄, 타지키스탄, 투르크메니스탄 등 5개 공화국이 탄생하였다. 이들 5개국은 인종적으로는 터키계와 이란계(타지키스탄)이며, 사용하는 토착어가 서로 비슷하고 이슬람교를 신봉하는 공통점을 지니고 있다. 이들 신생 독립국들은 정치·경제적 혼란 속에 자민족 우선정책을 추구했다. 국가별로 토착민족의 특권화를 뜻하는 카자흐 민족화, 우즈베크 민족화, 투르크멘 민족화, 키르기스 민족화, 타지크 민족화가 나타났다. 권력이 토착민족으로 이동하면서 소련 시절의 훈장은 쓸모없게 되었다. 러시아 유명인의 명칭을 사용한 거리, 광장, 도시 이름, 콜호스의 이름까지 자기들 민족영웅의 이름으로 바뀌었다.

소련해체 이후 다민족 집합체인 중앙아시아 국가의 소수민족들에게 대두된 가장 복잡한 문제는 바로 새로운 언어생활이었다. 190개 이상의 다민족이 흩어져 살던 소련 시절에는 러시아어를 공용어로 사용했다.

소련 시기 공화국별 고려인 인구현황 <단위 명>

연도 공화국명	1959년	1970년	1979년	1989년
소련 전체	313,700	357,500	389,000	439,000
러시아	91,400	101,300	98,000	107,100
우즈베키스탄	138,500	148,000	163,000	183,100
카자흐스탄	74,000	82,000	92,000	103,100
키르기스스탄	3,600	9,406	14,481	18,355
타지키스탄	2,400	8,490	11,200	13,400
투르크메니스탄	1,900	3,493	3,100	2,800

하지만 신생 독립국들은 민족주체성을 강조하면서 다수파 토착민족의 언어를 국가 공용어로 선포했다. 소수민족들은 민족 간 교제 언어로서 러시아어, 공화국 내 공식 언어로서 토착 민족어, 그리고 자기 민족어를 습득해야 하는 3중 언어의 부담을 안게 되었다.

1991년 우즈베키스탄은 문자를 키릴문자에서 라틴문자로 바꾸고 '국어공용화에 관한 법률'을 통과시켰다. 국가 공직을 맡으려면 우즈베크어를 알아야 한다는 선언이었다. 우즈베크어를 구사하지 못하는 사람들은 모두 공직에서 물러나야 한다는 압력을 강하게 받았다. 카자흐스탄의 경우 1990년 카자흐어 중심의 단일 언어정책이 시행된 뒤 1993년까지 국가기관과 각 조합에서 카자흐어를 모두 익히도록 했다.

국경 생기면서 생이별

소수민족 가운데 토착민 언어를 구사할 수 있는 사람은 극소수에 불과했다. 1989년 조사에 따르면 카자흐스탄의 경우 카자흐어를 구사할 줄 아는 소수민족은 러시아인 0.8%, 독일인 0.7%, 우크라이나인 0.6%, 백러시아인 0.4%, 폴란드인 0.4%에 불과했다. 고려인은 1.1%였다. 우즈베키스탄의 경우 우즈베크어를 구사하는 고려인은 1%도 안 됐다. 대부분의 소수민족들은 오로지 러시아어만을 알고 있을 뿐이었다. 그들이 단기간에 토착민 언어를 습득하여 재취업한다는 것은 거의 불가능했다.

현지 민족어의 채택은 단순한 언어상의 불이익을 넘어 정치, 경제, 사회, 문화, 과학 등 모든 면에서 차별과 불평등을 야기했다. 어제까지 '대형 언어'였던 러시아어가 하루아침에 소수파 언어로 전락하면서 소수민족들은 큰 피해자가 되었다. 카자흐어나 우즈베크어를 구사하지 못한다는 이유로 대거 일자리에서 물러나야 하는 사태가 벌어질 수밖에 없었다.

'러시아어를 사용하는 이방인'인 고려인들은 상당수가 공무원, 교사, 의사, 연구원, 집단농장장 등 전문직이나 관리직에 종사한 터라 사태가 심각했다. 도시와 농촌에서 지도급 인사로 활동하던 고려인들은 대부분 현지 민족으로 대체되기 시작했다. 타슈켄트 일대의 고려인 콜호스도 예외가 아니었다. 폴리트옷젤을 비롯한 7개 콜호스의 고려인 회장이 우즈베크인으로 교체되었다. 젊은 세대는 집단농장을 이탈해 고본질에 나서거나 도시로 이주했다.

토착 민족어가 공용어로 되면서 권력기관 내 토착민의 비중이 눈에 띄게 늘어났다. 카자흐스탄의 경우 고위 공직자 1만 명이 러시아인에서 카자흐인으로 대체되었다. 인구의 약 40%를 차지하는 카자흐인들이 국가 간부의 85%를 점유했다. 카자흐인과 비슷한 수의 인구를 가진 러시아인들의 공직 점유율은 8%에 불과했다. 구소련체제 아래서 '내부 식민지로' 억압받고 수탈당했던 토착민족들이 독립과 함께 자신의 전통과 관습을 되살리고 역사적 불공평을 시정하려는 것은 어찌 보면 당연한 과정이다.

과거 기득권층을 형성하였던 러시아인, 독일인, 유태인 등은 토착민으로부터 배척을 받게 되면서 국외로 이주하기 시작했다. 중앙아시아의 지배자로 등장한 토착민족들은 그동안 고려인들이 주목하지 않던 세력이다. 우즈베크인, 카자크인, 키르기스인 등이 지배하는 국가의 국민이 된 고려인들의 적응방식은 달라져야 했다. 고려인들은 현지에 남아 중간계층에서 하위계층으로 신분 추락을 감수할 것인지, 새로운 변화에 적응해 토착민족과 연대를 추구하며 종전의 지위를 유지할 것인지, 아니면 거주국을 떠나 러시아어를 사용하는 땅으로 이주할 것인지, 선택의 갈

림길에 놓인 것이다.

소련붕괴 후 15개 독립국가의 출현은 고려인에게 또 다른 시련을 안겼다. 신생 독립국들 사이에 국경선이 그어지면서 어제까지 같은 소련체제에서 생활하던 고려인들은 이제 서로 다른 국적을 가진 외국인 사이가 되었다. 그리고 이 과정에서 많은 사람이 가족과 흩어진 채 새로운 국적을 취득하지 못해 이산가족이 양산(量産)되었다. 우크라이나로 고본질을 갔던 상당수의 고려인들은 흉작과 불황으로 임대료와 씨앗 값조차 건지지 못한 채 빈털터리가 되었다. 게다가 새 여권을 발급받지 못해 불법체류자 또는 무국적자로 전락했다. 추수가 끝나도 중앙아시아로 귀향하기는커녕 우크라이나 시골에 박혀 오도 가도 못하는 막막한 처지가 되고 만 것이다.

경제 무너져 생사기로에

소련체제 하에서 중앙아시아각국은 대부분 후진적인 농업국가로 독자적인 경제범주가 아니었다. 모스크바 중앙에서 통제하는 경제구조였으며 철저하게 러시아에 대한 종속적인 구조였다. 따라서 국내산업의 유관성이 매우 낮았다. 중앙아시아 각국은 석유, 천연가스, 석탄 등 많은 자원을 가졌지만 그 자원의 활용에 필요한 기술, 자본, 공장은 부족했다. 그 결과 소연방 해체 후 국가별로 독립적인 경제체제로 전환하지 못해 극도의 경제난을 겪게 되었다.

공산주의에서 자본주의로 이행하는 과도기적 혼란과 소련붕괴 후 발생한 신생공화국 내 산업공동화 현상은 모든 기업들을 생사의 기로에 서게 만들었다. 1991년도 생산량은 이전에 비해 25% 감소했고 1992년에는 전년보다 18% 떨어졌다. 1993년에도 생산 하락은 지속되었다. 이

시장에서 장사를 하는 고려인 할머니
(안 빅토르 작)

기간 동안 물가는 100배 이상 급등하는 등 살인적 인플레이션 속에 주민들의 생활수준은 급격히 악화되었다. 소비에트 시절에 구축된 사회안전망 시설은 경제 붕괴와 더불어 그 기능을 상실했다.

연금은 푼돈으로 전락했고, 급여는 가계 유지가 불가능할 정도의 최저 수준을 헤어나지 못했다. 많은 기업들이 문을 닫았고 근로자들에겐 강제로 무급휴가가 주어졌다. 만성적인 국가재정 부족으로 공무원, 교사, 공공기관 직원, 의사 등 고급 인력들의 임금체불과 저임금 현상이 장기화되었다. 전문직으로 존경 받던 의사나 변호사는 월급이 터무니없이 적어지면서 부업을 생각하게 되었다. 교사로서 긍지를 가지고 일하던 고려인들은 곤두박질치는 월급으로는 더 이상 살아갈 수 없어서 직장을 포기하거나 부업을 가져야만 했다. 외국계 회사 등에 고용되어 현지 기업보다 3~4배 높은 급여를 받지 못하는 한 생활하기가 어려운 상황이 된 것이다.

중앙아시아 각국의 경제개혁은 민영화가 골간을 이루었다. 사회주의 생산체제의 근간이었던 생산수단의 국유화를 지양하고 민영화 내지 사유화를 적극 추진한 것이다. 1992년에는 본격적인 경제개혁이 단행되어 소프호스·콜호스의 민영화와 더불어 토지의 사용권이 민간에게 이양되기 시작했다. 주택, 소규모 농지, 상점, 소규모 서비스기업 및 경공업 분야에 대한 사유화는 매우 신속하게 추진되었다. 자본주의적 생산체제를 닮아가려는 노력에 박차를 가한 것이다.

토지 사유화 과정의 진척도는 카자흐스탄과 키르기스스탄이 앞섰고 우즈베키스탄은 상대적으로 더딘 편이었다. 각국은 농업부문에서 국영농장을 협동농장으로 전환하고 농지를 농민에게 분배하는 등 민영화에 주력했다. 1996년 카자흐스탄에서 전개된 농업경영형태를 보면 농민경영(한 가족 또는 여러 가족이 공동으로 농업을 경영하는 형태)이 85.6%로 가장 많고, 다음이 유한회사 6.4%, 생산협동조합이 5.0% 순이었다. 소프호스와 콜호스는 붕괴되어 그 비중이 1.3%와 0.5%로 현격히 감소되었다.

농민들의 농지 사유화는 49년 간 임차형식으로 이루어졌다. 사유화는 더디게 진행되었다. 1998년 현재 경작지의 불과 11.3%만이 사유화되었다. 농지를 불하 받을 돈이 농민들에게 없었기 때문이다. 우즈베키스탄의 시온고 마을에서 농지 1ha의 불하 가격은 400달러였다. 돈이 없는 주민들에게 농지 불하는 '그림의 떡'이었다. 결국 시온고 마을의 농지는 집단농장의 실력자나 타슈켄트 시내에 거주하는 돈 많은 사람들의 차지가 되었다. 농민들은 그들로부터 농지를 빌려 농사를 짓는 소작농 신세로 전락했다.

화폐개혁으로 큰 손실

소련해체 후 고본질은 새로운 국면을 맞이하였다. 고본질을 통해 큰 돈을 벌겠다는 고려인들의 꿈은 사라졌다. 고본질은 더 이상 그들의 '금맥'이 아니었다. 고려인에게 소비에트 드림 시대는 가버린 것이다. 고본질과 관련해 나타난 가장 두드러진 변화는 농산물 판매시장의 국가별 분할현상이다. 이는 고본질 판로가 소련 시절보다 크게 좁아졌음을 뜻한다. 공화국 간에 새로 생긴 국경과 관세제도는 고본질 수익을 깎아 먹는 장애물로 등장했다. A공화국에 거주하는 고본자가 B공화국으로 가서 생산한 농산물을 C공화국으로 반출할 경우 복잡한 서류수속과 관세장벽에 부닥쳐, 종전에 없던 새로운 지출을 감수해야 했다.

새로운 시장경제체제에서 1994~95년을 기점으로 고본질 환경은 악화되기 시작했다. 농지 및 농기계 임대료, 씨앗 값, 물 값, 세금 등은 계속 오르는데 농산물 가격은 급격히 떨어졌다. 고려인들은 중간상인들에게 터무니없는 가격으로 농산물을 넘기도록 강요받기 일쑤였다. 종전엔 콜호스가 고본질에 협조적이어서 종자를 무료 제공하거나 선급금을 주기도 했지만 소련붕괴 후 콜호스의 재정상태가 엉망이 돼 그런 도움을 줄 능력을 상실했다. 고본질 수익률은 50~100% 수준으로 감소했다. 가격 경쟁도 치열해졌다. 고본질에 현지인들이 뛰어들면서 고려인은 이들과 경쟁하는 관계가 되었다. 값싼 중국산 농산물이 밀려든 것도 고본질에 불리한 상황이 되었다.

독립 직후인 1994년을 전후하여 중앙아시아의 신생 각국은 화폐개혁을 단행했다. 종전에 사용하던 러시아 루블화를 폐기하고 자국 화폐를 새로 도입한 것이다. 이 과정에서 루블화는 상당한 평가절하가 함께 이루어졌다. 그동안 현금 보유를 선호한 고려인들은 많은 금전적 손해를 보았다. 또한 물적 재산에 대한 달러화 대비 가격하락 현상이 동시에 일어나 고려인은 이중으로 재산상 큰 손실을 입었다. 화폐개혁 때 우즈베키스탄의 고려인 4세 리 이고르는 갖고 있던 사업자금이 모두 휴지조각이 되었다. 타슈켄트에서 부자 소리를 듣던 천 타냐의 아버지도 은행에 맡긴 아파트 10채 값의 집안 돈을 모두 잃고, 충격으로 병을 얻어 앓다가 1998년에 숨지는 불행을 겪었다.

이 화폐개혁사건은 중앙아시아 고려인들의 인식 전환에 중요한 의미를 갖는다. 중앙아시아 각국의 독립이라는 역사적 변환은 고려인에 대해 삶의 방식에 변화를 요구한 것이었다. 그러나 고려인들은 각국 토착민족의 지배적 위치를 적극적으로 인정하려 들지 않았다. 그런 고려인들의 수구의식에 대해 반추의 계기가 된 것이 바로 화폐개혁이었다. 화폐개혁을 거치면서 고려인들은 국가권력의 강대함과 그 주도세력의 현실적 영향력을 절실하게 느끼게 되었다. 또한 이 과정에서 입은 물질적 손실은 고려인들로 하여금 더욱 물질 지향적인 성향을 갖게 만들었다.

그 후 고려인들은 재산이 모이면 미국 달러로 바꾸어 땅속에 묻어둔다고 한다. 과거 은행에 예치했던 루블화 재산이 소련 해체 후 경제 붕괴와 화폐개혁으로 하루아침에 휴지로 변하자 새로 생긴 관습이다. 돈 많은 고려인이 유언을 남기지 않고 죽었을 때 후손들이 유산을 찾으려고 집 앞 텃밭을 파헤쳤으나 허사에 그쳤다는 일화가 종종 회자된다.

Ⅳ '꿈속의 꿈' 고려인자치주

고려인자치주(自治州) 창설문제는 1989년 11월 소연방 최고회의에서 '강제이주민들에 대한 권리보장선언'의 채택을 계기로 제기되었다. 고려인들은 강제이주 때 폐지된 원동 연해주의 고려인 민족지구를 원상회복시켜야 한다는 논거로 자치주 설립을 요구하고 나섰다. 1991년 9월 전소(全蘇)고려인협회는 고려인자치주 건설구상을 밝히며 "이것이 소련고려인 민족운동의 궁극적인 목적"이라고 천명하였다.

자치주 후보지로는 고려인이 가장 많이 사는 우즈베크공화국 내의 한 지역도 좋겠지만, 연해주를 최선의 후보지로 제안했다. 그 이유로는 고려인 대부분이 강제이주 이전에 정착해 살던 연고지이며 고국에 인접한 곳이라는 점이 제시되었다. 연해주는 인구밀도가 희박한 저개발지역이어서 농업에 능숙한 고려인들이 재이주하면 원동지역의 식량난 해결에 기여할 수 있을 것이라는 점도 강조했다.

자치지역 '경제특구' 설립 요청

1991년 10월 전소고려인협회는 러시아정부를 자극하는 정치적 성격의 자치주 창설보다는 경제자치구역 설치가 보다 용이할 것이라는 데 인식을 같이하고 이를 추진하기 위한 10인위원회를 구성했다. 그리고 1992년 1월 고려인협회 회장 박 미하일과 고려일보 사장 허진이 신생 러시아연방정부에 대해 고려인들을 연해주 지역으로 이주시켜 자치지역인 '고려인경제특구'를 설립할 수 있도록 허용해줄 것을 공식 요청했다.

이 요청은 비록 실현되지 못했지만 경제특구 설립구상에 대해 러시아정부 측은 일단 긍정적인 태도를 보이기도 했다. 특히 러시아연방 최고회의 민족문제위원회 부위원장 세리코프는 "자치주를 요구하지 않고 경제개발지역 설치를 제안한 것은 매우 온당한 처사"라는 입장을 표명했다. 그러나 러시아 측은 소련붕괴 후 각국의 자민족 보호정책에 따라 중앙아시아 고려인들의 원동지역 재이주가 늘어나고, 이에 현지 러시아인들이 반발하자 고려인의 자치 요구를 우려하는 등 민감한 반응을 드러냈다.

연해주에 고려인자치주가 건설된다면 이는 고려인들의 민족적 지위 향상과 권익보호에 상당히 긍정적으로 작용할 것이다. 뿐만 아니라 장차 한반도를 중심으로 중국 옌볜의 조선족 자치지역과 연해주의 고려인 자치주를 솥발(鼎足)형세로 묶어 벨트화 한다면 이는 문화·경제적 차원의 한민족공동체 건설에 신기원을 마련할 것이다. 한국 내에서도 고려인들의 자치주 구상을 소리 높여 지지하는 주장이 잇따랐다.

고려인 사회에서는 반대론, 회의론, 신중론도 만만치 않았다. 이들이 내세운 첫 번째 문제점은 연해주 입지에 대한 러시아당국의 부정적인 입장이다. 연해주는 러시아의 태평양 진출구인 데다가 한·중·일·러 4개국이 국경을 맞대는 정치 군사 경제의 요충지이다. 이런 곳에 고려인자치주를 허용하기엔 러시아로서도 부담이 아닐 수 없다는 것이다. 둘째는 고려인들이 또 다시 '이주 열차'를 타겠느냐는 입장이다. 고려인 사회의 다수파인 중앙아시아 고려인들은 현재의 생활기반을 포기하고 연해주로 재이주하기보다는 중앙아시아에서의 안정적인 삶을 추구하고 있다는 것이다. 재이주에 소요되는 막대한 비용도 문제로 지적되었다.

1993년 4월 러시아연방 최고회의가 러시아고려인 명예회복에 관한 법을 제정하면서 고려인 사회의 자치주 논의는 전기를 맞았다. 이 법은 고려인들의 옛 거주 지역으로의 귀환 이주를 허용하면서도 현지 주민과의 마찰과 자치주 설립 주장 등을 우려해 집단적 이주방식을 배제하고 개별 이주에 한정시켰다. 이에 따라 고려인대표자 회의가 모스크바에서 열려 이 법령의 효과에 관해 논의하면서 자치주 문제를 재론했으나 반대 내지 회의론이 적지 않았다. 결국 고려인 사회는 러시아정부의 반발을 살 우려가 있는 자치주 문제를 적극적으로 제기하지 못해, 이 문제는 점차 거론대상에서 제외되었다.

1910년대부터 자치 꿈 키워

고려인들은 일찍이 1910년대부터 민족자치의 꿈을 키웠다. 첫 시도가 표출된 건 2월혁명 후 1917년 6월 개최된 제1차 전로한족대표자회의였다. 이때 고려인의 권리신장을 추구하던 원호인들이 민족자치기구 결성을 추진했으나 대회의 분열로 실현되지 못했다. 1918년 4월 창당된 한인사회당의 당원들은 하바롭스크 서쪽 비로비잔 초원에 고려인자치주를 건설하려고 하였다. 이들은 소수민족의 자결을 내세운 볼셰비키와 협조함으로써 자치권을 획득하면 교육·산업을 일으키고 군대를 양성하여 민족독립전쟁을 수행할 수 있을 것으로 판단했다. 볼셰비키가 이를 인정했는지는 파악할 자료가 없다.

1918년 6월 니콜리스크에서 개최된 제2차 전로한족회의는 적백(赤白) 내전에 대해 중립을 선포하고 원동 소비에트인민위원회에 고려인들의 자치를 승인해주도록 요청하면서 자치의 중심지를 니콜리스크로 제시했다. 그러나 이들의 요청은 거부되었다.

세계 최대의 다민족 국가인 소련은 여러 민족을 강제적으로 융화시키기보다는 민족자치를 허용하고 그들의 고유 언어 및 관습 등을 인정해 갈등을 최소화하는 쪽으로 정책을 폈다. 볼셰비키 정당에서 민족문제를 담당했던 스탈린은 "민족은 자신의 운명을 결정할 권리를 갖고 있다. 자치할 권리는 물론 분리할 권리마저 갖는다"고 강조했다. 소련은 1991년 붕괴 이전까지 15개 '민족공화국'이 연방을 구성하고, 연방구성 공화국 속에 소수민족의 자치공화국 20개, 자치주 8개, 민족지구 10개를 두고 있었다. 연방구성 민족공화국에는 '주권'을 인정해 연방 이탈, 외국과의 조약체결, 외교사절 교환 등을 허용하고 민족자치공화국은 헌법 및 법률제정권을, 자치주와 민족지구 등은 행정권만을 갖게 했다.

당초 고려인들이 요구한 자치체의 수준은 자치공화국이었으나, 인구 기준 미달과 러시아 측의 반대로 말미암아 점차 자치주, 민족지구로 축소 조정되었다. 고려인자치공화국 문제를 적극적으로 제기한 사람은 고려공산당 중앙위원 한명세였다. 그는 1922년 11월 코민테른 제4차대회에서 연해주고려인에게 민족적·문화적 자치단위를 허용해 달라고 요구했다. 그는 고려인 자치만이 원동에서 일제의 침략음모를 분쇄하고 고려인을 건전하게 만들 수 있다고 역설했다.

러시아공산당 원동국은 고려인 자치에 극력 반대했다. 그들은 반대 이유로 "일본이 고려인을 통해 연해주에 첩자를 계속 침투시키고 있다"는 것을 내세웠다. 나아가 연해주의 모든 고려인을 예외 없이 외국(조선·중국)이나 연해주 북쪽의 아무르 지역과 자바이칼 지역으로 추방하자는 결의까지 했다.

한명세는 1924년 5월 고려인행정기구 설치문제를 논의한 코민테른 동방분과회의에 보낸 보고서에서 고려인자치주 구성에 관한 구체적인 방안을 제시했다. 고려인이 밀집해 살고 있는 3개 지구(포시예트, 수찬, 수이푼)를 포함한 지역에 블라디보스토크를 주도(州都)로 하는 영토적 자치를 고려인에게 허용하라

한명세

는 것이 골자였다. 그러나 코민테른은 "현시점에서 자치주 구성은 시의에 맞지 않다"고 결론짓고, 다만 그 설치를 준비하는 것은 필요한 일이라고 권고했다. 이후 고려인 자치문제는 중앙과 지방정부에 의해 농촌소비에트나 구역집행위원회 형태의 민족행정단위를 만들어주자는 수준으로 축소되었다.

1927년 8월 전러시아 중앙집행위원회는 행정조직을 재편하는 과정에서 '조선민족 행정단위', 즉 고려인 농촌소비에트와 고려인 지역집행위원회를 만들 필요성을 법적으로 규정하도록 연해주당국에 권고했다. 그러나 연해주당국이 전혀 열의를 보이지 않음으로써 고려인들이 민족적

자치를 수행할 지역에 대한 분할은 이루어지지 않았다. 다만 명목상의 포시예트 민족구역 집행위원회만 만들었을 뿐이다.

고려인들의 자치주 요구는 1928년에 '고려공화국' 건설운동으로 발전했다. 소련정부가 하바롭스크 서쪽 비로비잔에 유대인 자치주를 건설할 계획이라는 소식이 전해지자 이에 자극 받은 것이다. 당시 비로비잔에는 러시아인과 고려인만 살고 있었다. 그런데 유대인은 살지도 않는 땅에 유대인자치주까지 만들어주다니?! 연해주의 20만 고려인은 자신들이야말로 자치공화국을 세울 자격이 있다고 생각했다. 특히 시베리아 내전에서 볼셰비키를 도와 백위군과 일본군 축출에 기여한 자신들의 공헌을 소련이 평가해줄 것으로 기대했다.

고려인들은 조선, 일본, 미국 등지의 동포들에게 격문을 보내 자치공화국 건설운동에 대한 범민족적 지원을 요청했다. 그해 3월 블라디보스토크에서 고려공산당을 중심으로 만주와 조선의 사회단체 대표들이 모였다. 열 띤 토론 끝에 '고려공화국 주비위원회'를 구성하고, 고려공화국 건립 청원서를 소련정부에 제출했다. 고려인들은 이 청원서에서 일본인, 중국인과 더불어 공산주의 국가를 만들어 원동소비에트를 개발하고 그 영토를 지키겠다고 다짐했다. 1929년 8월 소련정부는 고려인들의 청원을 기각하는 회신을 보냈다.

그러나 고려인들은 1928년부터 이미 독자적인 민족행정단위를 운영하기 시작했다고 러시아과학아카데미 동방학연구소 연구원 남 스베틀라나는 주장했다. 그녀는 1991년 발표한 논문('고려인 민족구역-한 연구자의 탐색의 길')에서 "강제이주 전 연해주에는 고려인 민족지구 두 군데와 고려인 농촌소비에트 152개가 운영됐다"고 밝히며 이를 고려인 자치주의 초기 형태로 평가했다. 그녀에 의하면 1928년 8, 9월께 최초로 고려인

민족지구가 들어선 인구 3만 8,000명의 소도시 포시예트에서는 각종 사무행정에 고려어가 사용됐으며, 이 민족지구는 정부의 각종 공문서에서 행정단위로 공식 인정되기 시작했다는 것이다. 이어 7년 후인 1935년에는 수찬 지역에 두 번째 고려인 민족지구가 수립되었다. 그리하여 1937년 강제이주 전까지 포시예트 지역에는 10년간, 수찬 지역에는 3년간 각각 고려인 민족지구가 존재했다고 그녀는 주장했다.

문제는 포시예트 고려인 민족지구의 성격이다. 과연 자치조직이냐 아니냐다. 러시아문제 전문가 심헌용(군사편찬연구소 연구위원)은 "연해주에 주권적 성격을 가진 고려인 민족지구는 존재하지 않았다"면서 "포시예트 민족지구는 정치적 자결권이 전혀 없는 단순한 행정구역일 뿐"이라고 주장했다. 포시예트 민족지구는 모스크바 중앙에 주민대표를 파견할 수 있는 권한을 부여받지 못했을 뿐만 아니라 조세권, 경찰권 등도 갖지 못했다는 것이다. 다른 학자들도 민족구역 집행위원회는 '최하위 형태로 치더라도' 민족자치의 법적 범주에 들어가지 않는다는 견해를 보이고 있다.

아무튼 고려인 자치문제에 대한 소련정부의 확실한 답변은 1937년 강제이주로 나타났다. 원동거주 고려인을 모두 중앙아시아로 집단 추방한 이 조치로 포시예트 민족지구는 그 이름조차 허공으로 날아가 버렸다. 강제이주는 고려인들에게 자치는 꿈도 꾸지 말라는 통첩이나 다름없었다.

고려인 자치문제는 1950년대 흐루쇼프의 스탈린 격하운동 이후 다시 제기되었다. 1957년 박일을 비롯한 고려인 지식층들은 원동에 고려인 민족자치구를 설립할 것을 소련공산당에 건의했다. 민족문화의 발전을 보장하는 레닌의 민족주의 정책을 계승하기 위해서는 고려인들의 경제·문화적 독립이 필요하며 이를 위해 민족자치구를 설립해야 한다는 취지였다. 이들의 요구는 실현되지 못했다. 당시 소련은 강제 이주된 민족(고려인 포함)의 명예를 일부 회복시키긴 했으나 추방됐던 지역으로의 복귀는 허용하지 않았다.

러시아는 '문화자치' 유도

1980년대 고르바초프의 페레스트로이카가 추진되면서 스탈린 시기에 탄압 또는 민족적 차별을 받았던 소수민족의 권리가 개선되기 시작했다. 특히 1991년에 발표된 '탄압받은 민족들의 명예회복에 관한 법'은 강제이주 전에 살던 지역으로의 귀환과 영토적 자치 허용 등을 담고 있어 소수민족들을 크게 고무시켰다. 고려인들은 마침내 자치지역을 획득할 수 있는 기회가 도래한 것으로 여겼다. 고르바초프 대통령도 고려인들의 정치적 자결 요구에 긍정적인 반응을 보인 것으로 알려졌다.

그러나 체첸과 다게스탄의 경우 자치권 확대 요구에 머무르지 않고 완전독립을 요구했다. 심지어 일반 행정지역인 스베르들로프주의 러셀 주지사는 러시아연방으로부터 이탈해 우랄공화국을 건설하겠다고 나섰고, 연해주는 스스로 독립공화국이라고 자칭하기도 했다. 소련을 승계한 신생 러시아연방정부는 민족문제를 국가의 사활이 걸린 중대문제로 인식했다. 점증하는 지방정부들의 분리 독립 및 권한확대 요구로 인해 또 한 번 국가가 붕괴될지 모른다는 위기감을 느낀 것이다. 옐친정부는 '탄압받은 민족들의 명예회복에 관한 법'에서 제안했던 영토적 자치권한의 회복문제를 준비 미비와 상황논리를 내세워 사실상 유예시켰다.

1996년 러시아정부는 국가적 통일성과 영토적 일체성의 보존을 중시한 새로운 민족정책인 '러시아연방 국가민족정책개념'을 대통령령으로 제정했다. 이 법령은 연방 내 21개 공화국의 주권조항을 삭제해 독립국가로서의 지위를 인정하지 않았다. 연방체계로부터의 분리 독립권을 없애고 21개 공화국을 연방 중앙정부의 강력한 통제 밑에 두게 한 것이다. 또한 개별 민족에게 정치적 자결권을 행사할 수 있는 영토분할을 허용하기 보다는 민족적, 경제적, 문화적 영역에서의 권한을 확대해주는 민족문화자치 쪽으로 정책을 선회했다. 소수민족의 경제발전이나 교육, 문화, 전통의 보호 등 비정치적, 비영토적 차원의 자치는 충분히 보장하되 러시아의 영토적 일체성을 위협할 수 있는 수준의 자치 요구는 수용하지 않겠다는 입장을 분명히 했다. 그럼에도 불구하고 '캅카스의 늑대'로 불리는 체첸공화국 등 일부 소수민족이 분리 독립투쟁을 계속하자 러시아는 무력을 동원해 강경 진압으로 대응했다. 이로 인해 1994년과 1999년 벌어진 1·2차 체첸전쟁에서 30만 명이 죽고 50만 명의 난민이 발생하는 대규모 참사가 빚어졌다.

대표적인 분산민족… 자치 주장 사라져

자치영역을 결정하는 데 있어 인구수는 주요 기준의 하나이다. 강제이주 전만해도 고려인은 연해주라는 특정지역에 20만 명이 몰려 살았다. 그러나 지금 CIS 고려인은 총인구 50만 명을 운위하지만 연해주보다 100배나 넓은 광활한 유라시아 대륙에 흩어져 살고 있는 대표적인 분산민족이다. 거주국에서 독자적인 민족자치를 운위할 만큼 인구수가 많지 않은데다가 다수파로 밀집해 사는 곳이 없다. 고려인은 과거 소련 영토 내에 한 번도 자치주를 가져본 적이 없다는 것도 약점으로 지적되고 있다. 지금 고려인들의 자치 여건은 한마디로 말해, 연해주에 밀집해 살던 1937년 강제이주 전보다 더 나빠졌다고 할 수 있다. 그래서 고려인들의 자치주 꿈은 '꿈속의 꿈'이 되어 현실적으로 더욱 멀어진 느낌이다.

혹시 유라시아고려인 50만을 모두 특정지역 한 곳에 집합시킨다면 자치주 건립을 주장할 수 있을지 모른다. 그러나 그런 결집이 현실적으로 가능하겠는가? 그럼 러시아가 아닌 중앙아시아에 고려인 자치지역을 만들자는 논의는 가능할까? 그 전망도 지극히 어둡다. 중앙아시아 국가들 역시 러시아처럼 국가분열을 우려해 고려인의 자치체 창설을 용납하지 않을 것이 분명하다.

그보다 더 큰 장애는 고려인들 자신의 입장이다. 그들이 과연 중앙아시아에서 70여 년 동안 쌓은 기반을 포기하고 원동으로 집단 이주할 수 있겠느냐는 것이다. 1960년대에 흐루쇼프가 폴리트옷젤 콜호스를 방문해 고려인들에게 "원동지역으로 다시 돌아가기를 원하느냐"고 물었을 때, 그들은 "아니오"라고 답변하며 그 제의에 어떤 열띤 반응도 보이지 않았다고 한다. 많은 고려인들에게 연해주로의 재이주는 지금까지의 희생을 무화(無化)시키는 것으로 받아들여지고 있다.

자치주문제와 관련해 러시아독일인의 사례는 시사하는 바가 많다. 1992년 독일인이 밀집해 살고 있는 옴스크주와 알타이주에 2개의 독일인 민족구역이 형성되었지만 아직껏 자치주는 허용되지 않고 있다. 독일영토였다가 2차 대전 후 소련에게 양도된 칼리닌그라드의 독일인자치주 설립계획은 고르바초프 서기장과 옐친 대통령에 의해 허락되었지만 현지 러시아당국과 주민들의 반발로 무산되었다. 1941년 나치독일군이 소련을 침공하자 스탈린에 의해 해체된 볼가강 중류의 유서 깊은 독일인 자치공화국의 재건도 허용되지 않고 있다. 과거 독일의 콜 수상이 이 지역 재개발에 엄청난 투자를 하겠다는 당근까지 던졌지만 러시아를 움직이지 못했다.

1996년 6월 러시아정부는 소수민족의 문화자치권을 인정하는 '민족문화자치법'을 제정했다. 이 법은 각급 민족문화 자치체에 정부접촉을 위한 공식창구로서의 민족대표성을 부여하여 민족공동체의 권익을 대표·옹호케 하고 교육·문화적 자치를 허용하겠다는 것이다. 물론 그 이면에는 소수민족들의 영토주권 요구를 무마하여 독립운동을 저지해보려는 의도가 내포돼 있다. 이 법이 제정되자 고려인들은 비록 영토적인 자치지역이 설정되지 않더라도 러시아 각지에 난립해 있는 고려인단체를 재편, 결집시켜 모국어 교육 및 민족문화 재생운동을 활성화시키는 계기가 될 것으로 판단했다.

그리하여 1996년 12월 러시아고려인협회는 소수민족 중 최초로 러시아의 새 민족정책과 민족문화자치법을 수용했다. 민족문화 자치기구로서 '러시아고려인 민족문화자치 중앙위원회'와 '민족평의회'를 조직하고 스타브로폴, 블라디보스토크, 모스크바 등을 시발로 지역별 문화자치체를 구성하기 시작했다. 1998년 1월 연해주정부는 고려인 이주민 6만~7만 명을 수용할 30~40개의 정착촌 조성계획을 세우고 과거의 군사시설과 농지를 고려인단체에게 무상 임대했다. 이때 러시아당국은 이 정착촌 건설이 고려인들에게 정치적 자치지역을 건설해주려는 것이 아님을 강조하면서, 그곳에 고려인 문화자치체는 만들어도 좋다고 언급했다. 현재 러시아당국은 고려인에게 자치지역을 부여하는 방안을 전혀 고려하지 않고 있다. 그리고 고려인들의 자치영토 창건 주장도 사실상 사라졌다.

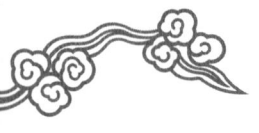

제14장

고려인
다시 황야에

I 역마살 타고 났나 - 재이주 물결

고려인은 운명적으로 역마살을 타고난 것일까? 세대마다 타의의 이주를 거듭해온 기구한 팔자의 고려인들. 조부모의 묘는 70여 년 전 연해주에 버려졌고 부모·친지의 묘는 중앙아시아 산야에 흩어져 있다. 1990년대 이후 그들은 또 다시 이주의 기로에 부딪쳤다. 앞으로 또 자신은 어디에 가서 묻힐지 알 수 없게 된 그들의 탄식에 가슴이 메어진다.

연해주 고려인재생기금협회장 김 텔미르(1933년 생)의 한탄을 들어보자. 그는 강제이주 전 숙청당한 고려인 사회의 최고 지도자 김 아파나시의 작은 아들로 태어나, 소련 시절에 온갖 박해를 견뎌내고 살아남은 기구한 인생역정의 주인공이다.

"나의 부친은 (원동의) 하바로프스크 시에 묻혀 있다. 어머니는 (러시아) 크림 주 옙파트라 시에, 외할아버지는 (우즈베키스탄) 타슈켄트 주 미르자 촌에, 친할아버지는 연해주 수하놉카 촌에, 외할머니는 타슈켄트 주 사마르스코예 촌에, 그리고 친할머니는 카자흐스탄의 침켄트 시에, 형님은 연해주 크라스키노 촌에 안치돼 있다. 그러니 이 고인들을 누가 모셔서 성묘를 할 것인가. 기가 막힐 일이다. 악마의 나라에서만 이 같은 일이 있을 수 있을 것이다."

김 블라지미르 '재소한인의 항일투쟁과 수난사'에서

김 텔미르처럼 한 가족의 무덤이 광활한 유라시아 대륙에 여기저기 뿔뿔이 흩어져 있다는 사실 자체가 고려인들의 수난의 역사를 말해주고 있다. 어릴 적에 그는 생각에 잠길 때마다 부모를 원망했다고 한다. 그들이 역사적인 조국을 떠난 까닭에 후손들이 타국에서 온갖 천대와 학대를 받게 됐다고 여긴 때문이다. 그는 기도하며 절규했다. "신이시여! 우리를 버리지 말고 지켜주십시오!"라고. 김 텔미르는 2012년 4월 한국으로 귀화해 경기도 김포에 정착했다. 그의 나이 79세 때다.

역사상 4차례 대이주 경험

고려인의 삶은 유랑과 이주의 연속이었다. 고려인들은 강제이주 후 "꿩처럼 날아다녔다"고 말한다. 꿩처럼 짧고 잦은 이동으로 먼길을 달려갔다는 이야기다. 역사적으로 고려인 그들은 모두 4차례의 대(大)이주를 경험했다.

첫 번째는 한반도에서 두만강 건너 러시아 연해주로의 이주다. 이주라기보다는 19세기 조선의 기근과 봉건적 탐학에서 벗어나기 위한 '탈주'

'고려인의 하늘' (안일 작)

였다는 표현이 맞을 것 같다.

두 번째 이주는 1937년 독재자 스탈린에 의해 자행된 중앙아시아로의 총체적인 강제이주다. 연해주 고려인을 고국과 단절된 지역으로 추방해, 20세기의 디아스포라로 전락시킨 통한의 이주다.

세 번째는 1953년 스탈린 사후 중앙아시아 고려인들에게 자유여행이 허용된 때의 개별적인 분산이주다. 젊은 고려인들이 교육이나 직업적인 이유로 슬라브 문화권인 러시아, 우크라이나, 벨라루스 등지로 뻗어나갔다. 이후 고려인의 생존무대가 서부 러시아까지 확산되었다. 우즈베키스탄 고려인들은 주로 모스크바나 레닌그라드로 유학차 이주한 경우가 많았고 카자흐스탄에서는 유럽러시아의 공업중심도시(키예프, 하리코프 등) 및 카자흐스탄과 인접한 시베리아의 과학·공업도시로 많이 재이주하였다. 도시에 기반을 잡은 고려인은 거의 예외 없이 콜호스의 친인척을 도시로 불러들였다.

네 번째는 1991년 소련 붕괴 후 민족주의 선풍에 밀려 약 10만 명의 고려인이 다시 유랑의 길로 접어든 때다. 중앙아시아 민족주의가 진앙인 이 대이동은 초기에 러시아행 재이주가 대세를 이루었다. 그 결과 남부 러시아, 북캅카스 지역, 우크라이나가 고려인들의 새로운 생활권역으로 부상했다. 그러나 2000년대부터 고려인들의 한국취업과 동유럽 및 서방세계를 향한 이민이 시작되면서 러시아행 재이주는 소강상태로 접어들었다. 이처럼 끝나지 않은 유랑의 역사 때문인지 고려인들은 스스로를 나그네처럼 인식하고 있는 경우가 많다.

"우즈베크인은 주인, 나는 나그네!"

나그네이기 때문에 부담 없이 떠도는 존재가 아니라 언제 떠나야 할지 모르는 불안한 신세라는 이야기다. 이런 정서적 방황으로 인해 고려인들은 러시아나 우즈베키스탄은 물론 한국에 대해서도 일체감, 또는 소속감을 갖지 못하고 있다. 1937년 강제이주로 뿌리가 뽑힌 이후 계속되고 있는 떠돌이로서의 생활을 아직까지 역사적 잔재로서 간직한 때문일 것이다.

소련 붕괴가 민족이동 촉발

1991년 소련의 붕괴는 역내 소수민족의 대이동을 촉발시켰다. 신생 독립국가들의 소수민족 차별과 함께 악화된 경제난이 이들의 이탈 원인으로 작용했다. 또한 중앙아시아와 '러시아의 화약고'로 불리는 북캅카스 지역의 내전과 민족분규로 인해 수백만의 이주민이 발생했다. 우즈베키스탄에서는 독립 이후 반러시아 민족주의운동과 함께 이슬람부흥운동이 일어나자 약 50만 명이 타국으로 이주했다. 여기에는 러시아인 17만 명을 비롯해 우크라이나인, 고려인, 유대인, 독일인, 바슈키르인, 타타르인 등이 포함돼 있다. 소련 내 인구가 200여만 명에 달했던 독일인의 경우 1988년~1993년까지 모국으로 귀환한 사람이 81만여 명에 달했다. 독일통일 후 세계 각지에 산재한 동포들에게 모국 이주를 용이하게 한 제도적 장치가 이들의 귀환을 촉진시켰다. 소련 내 유대인은 1988~1992년에 48만여 명이 고국인 이스라엘로 이주했다. 유대인과 타타르인 등은

1938년 이래 이 집에서만 계속 산 카자흐스탄의 최 A.I., 김 A.A. 부부('사진으로 보는 고려인사 1937~1997'에서)

러시아 내에 있는 자신들의 자치지역으로도 많이 이주했다. 고려인들은 "우리는 조국이 둘이 있어도 오라는 곳이 없다" "나라 없는 민족보다 못한 것이 고려사람들의 처지"라며 한탄했다.

1989년 소련의 마지막 인구조사에 따르면 소련 내에는 45만 8,925명의 고려인이 살고 있었다. 이 중 70%가 중앙아시아 거주자였다. 중앙아시아고려인은 대부분 중앙아시아 남부 농업지대에 거주하고 있었다. 특히 카자흐스탄의 탈디쿠르간·우슈토베·알마티 - 키르기스스탄의 비슈케크·카라발타 - 우즈베키스탄의 침켄트·타슈켄트로 이어지는 교통의 요로에 많이 살았다.

소련의 붕괴는 중앙아시아 고려인에게 선택을 요구했다. 그들이 태어나고 자란 중앙아시아에 남아야 하는지, 아니면 그들의 정신적 바탕이 된 러시아 말과 문화가 있는 러시아 땅으로 떠나야 하는지를 결단해야 했다. 곤혹스러운 시기였다. 주로 화이트컬러 직종에 종사하고 있던 고려인 3·4세들에게 토착 민족주의의 대두와 공식 언어의 변경은 사회적 차별로 인식될 수밖에 없었다. 또한 토착어 중심의 언어정책이 자녀들의 미래에 부정적인 영향을 미칠 것으로 보고 고려인들 스스로도 이주를 심각하게 고려하기 시작했다.

그동안 피땀 흘려 일군 삶의 터전을 버리고 많은 고려인들이 '차별의 땅' 중앙아시아를 떠났다. 그 땅에는 더 이상 희망이 없다고 생각하고 국외로 이주하기 시작한 것이다. 고본질을 위해 이웃 나라로 향한 사람, 더 이상 유랑하지 않고 조상의 땅 연해주에 뿌리를 내리겠다며 떠난 사람, 제3국으로 이민 가는 사람들로 인해 고려인 사회는 어수선했다. 경제력이 있고 활동력이 강한 40세 전후의 세대들이 국내의 대도시나 국외 이주에 앞장섰다.

소련붕괴를 전후해 산발적으로 이뤄지던 고려인들의 국외 이주는 1992년 발발한 타지키스탄 내전으로 본격화 되었다. 타지키스탄을 탈출한 고려인 난민 1만여 명은 인접국가인 우즈베키스탄, 키르기스스탄, 카자흐스탄, 러시아로 이동을 했다. 1994년 체첸전쟁이 발발하자 북캅카스 지역의 체첸과 다게스탄에 거주하던 고려인 700여 명도 이주대열에 합류했다. 우즈베키스탄, 키르기스스탄, 카자흐스탄에서 살고 있던 고려인들도 민족차별과 자녀교육여건 등 보다 나은 환경을 찾아 러시아로의 유랑과 이주를 계속했다.

"소련 해체 후 타지키스탄이나 우즈베키스탄에서 키르기스스탄으로 새로 이주한 고려인들은 거의 빈민층입니다."

비슈케크에서 고려인을 상대로 교회를 열고있는 류동수 목사의

2004년 증언이다. 키르기스스탄으로 이주한지 10년이 지났는데도 이주민들의 생활이 안정되지 않았다는 것이다. 그들이 모여 사는 곳을 돌아보면 세 집 가운데 두 집 꼴로 가스관이 잘려 있다고 한다. 단독주택의 경우 겨울 난방을 위해 하루 2시간씩 가스를 때면 한 달에 1,500솜(약 4만원)의 가스 사용료가 부과된다. 그 돈을 못내 가스공급이 차단된 것이다. 이웃 나라에서 민족차별을 피해, 내전을 피해, 또는 좀 더 잘 살려고 이주했지만 그들의 삶은 여전히 어려운 상태다.

비슈케크 교외 프리고나드노예 마을에는 고려인 1만여 명이 집단촌을 이루며 살고 있다. 처음에는 5,000여 명 규모이던 것이 2000년대 들어 이렇게 급격히 늘어났다. 키르기스스탄도 수도권 인구집중현상이 심각하다. 지방의 실업자와 러시아인들이 혹시 일자리가 없을까 하고 비슈케크로 꾸역꾸역 몰려들기 때문이다. 프리고나드노예 고려인촌은 이런 수도권 집중현상에 이웃나라로부터의 '탈출 이주'가 가세하여 만들어낸 난민촌이다.

한국서 온 목사 류동수 <인터뷰 2004.4>

키르기스스탄은 회교국가다. 하지만 '강경' 원리주의가 판치는 그런 '전투적' 회교 국가는 아니다. 원주민의 80% 이상이 이슬람교를 믿고 있지만 차도르를 쓴 여성을 거의 찾아보기 힘들다. 어느 이슬람 국가에서나 쉽게 눈에 띄는 모스크도 별로 안 보인다. 이 물렁한 회교국을 공략하기 위해 각국의 선교단체가 지원하는 개신교회가 비슈케크에 30여 개나 서 있다. 그 중 한국인들이 세운 교회가 10여 개. 교회마다 모두 50명 이상의 신도가 모이는 중형 급이다.

키르기스스탄에서 기독교 선교활동을 벌이는 외국인은 총 300여 명으로 추정되는데. 그 '얼굴'이 다양한 것이 특징이다. 성직자 옷을 입고 교회를 이끄는 목사 외에도 의사, 약사, 간호사, 교사 등 이름으로 선교활동을 하는 사람도 많다. 동네에 우물을 파주는 선교사, 민속마을 보존을 지원하는 선교사, 전통기념품을 개발하는 선교사가 있는가 하면, 현지인을 상대로 돈을 대부해주는 선교사도 있다. 1년에 1인당 200~500달러를 빌려주지만 갚는 사람은 거의 없다고 한다. 이 경우 '대부'라기보다는 '기부'라고 부르는 게 맞을 것 같다.

한국인 류동수(柳東秀) 목사가 1996년 1월부터 사역하기 시작한 '믿음교회'의 신도 수는 약 200명. 이 가운데 150명이 현지인인 고려인(100명), 러시아인, 키르기스인 등이고, 50여 명이 한국교민이다. '믿음교회'의 설립목적이 현지인을 상대로 한 선교활동임을 잘 보여주는 신도 구성비(構成比)라고 하겠다. 류 목사는 설교를 한국어로 한다. 그러면 러시아어 통역을 통해 한국어를 알아듣지 못하는 현지 신도들에게 전달된다.

한국 교회는 이국땅에 살면서 하소연할 데 없는 고려인들이 특히 많이 찾는다. 그들이 류 목사에게 가장 많이 호소하는 문제는 자녀문제. 신세대들이 마약에 손을 댔다거나 빚, 조혼(早婚) 등으로 부모 속을 썩인다는 것 등이다. 조혼 풍습이 살아있는 이곳에선 결혼식 피로연을 며칠씩 계속해, 이런 파티에서 눈이 맞아 결혼하는 젊은이가 많다. 문제는 17, 8세에 덜컥 아이를 낳고선 결혼생활을 이어가지 못해 부모와 갈등하는 사례가 잦다는 것이다.

소련해체 후 중앙아시아 각지에서 고려인들의 수난은 여전히 계속되고 있다. 3, 4년 전 우즈베키스탄에서 이주한 어느 고려인은 최근 그곳에 남겨둔 주택을 팔려고 갔다가 현지 불법거주자들의 위세에 눌려 시세의 10분의1도 안 되는 200달러에 처분하고 돌아왔다고 한다. 또 다른 고려인의 경우 장사하러 카자흐스탄에 갔다가 돌아와 보니 자기 집을 불법 점거한 키르기스인이 "못 나가겠다"며 버티더라는 것이다.

'믿음교회'의 지붕 위에는 십자가 표시물이 없다. 정문에도 교회라는 문패가 없다. 건물 겉모습만 보면 교회라기보다 깨끗한 봉제공장 같은 인상을 준다. 실내로 들어가서 수십 개의 정렬된 의자와 강단 위의 예수상을 대하고서야 비로소 이곳이 교회구나는 생각을 갖게 된다. 교회 지붕에 십자가를 세우지 않은 것에 대해 류 목사는 "이슬람과의 마찰을 피하기 위해서"라고 설명했다. 키르기스스탄은 헌법상 종교의 자유를 인정하고 포교의 자유도 허용하고 있다. 그러나 실제는 좀 다르다. 학교 내 선교활동이나 거리 포교활동을 금지하고 종교집회의 경우 사전허가제로 돼있다. 때론 비밀경찰인 KGB가 종교 집회와 설교 내용을 감시하기도 한다. 교회, 목사, 선교사 등은 종교성에 등록하게 돼있고, 매년 등록증을 갱신해야 한다고 류 목사는 말했다.

'믿음교회'가 자리한 크즐아스케르 지역은 과거 소련이 아프리카, 동남아시아 등 제3세계에서 온 비행사를 훈련시키는 군부대 기지촌이 있던 곳. 지금은 주택단지로 변했지만 기지촌 문화의 잔재라고 할까, 이 지역에선 아직도 마약, 섹스, 술, 담배 등이 성행한다. '믿음교회'가 왜 이곳에 터를 잡았는지를 설명해주는 대목이다.

II 두 흐름--러시아행과 한국행

소련붕괴 후 발생한 고려인 이주민은 체제전환과 민족분규의 희생자들이다. 그들의 이주는 자발적 이주와는 거리가 멀다. 그들은 강제이주 후 정착한 지역에서 살다가 어쩔 수 없이 다시 유랑의 길을 떠난 '강요된 이주민'이자 전쟁난민이었다.

고려인 이주 때 나타나는 특징 중의 하나는 연고지 이주다. 친인척과 친구가 살고 있거나, 친인척이 먼저 가서 경제적 기반을 마련해 놓은 곳이 통상 이주대상 지역이 된다. 연고지 이주는 고려인의 소공동체적 특성과 무관하지 않다. 고려인 소공동체의 전형은 일가족을 중심으로 친·외가의 가까운 친척이 그 구성원이 된다. 그들은 이 혈연공동체를 바탕으로 상부상조하며 사회경제적 능력을 배가시키는 구심체로 활용하였다. 소공동체 구성의 특징은 외가의 친척들도 친가와의 특별한 구분 없이 적극적으로 참여한다는 점이다. 구성원들은 강제이주 이후 현지 정착과정에서 겪었던 처절한 역사적 경험을 공유하고 있다는 점에서 그 결속력이 중앙아시아의 다른 어느 민족 집단보다도 강인하게 나타난다.

한국취업, 주요 이동요인 부상

고려인의 국외 이주·이동 방향은 크게 두 갈래로 나뉘었다. 하나는 러시아행 재이주이고, 다른 하나는 새롭게 떠오른 '역사적 조국' 한국으로의 인력 진출과 귀환 이주다. 러시아 이주를 선택한 고려인은 2000년대 초까지 약 7만~8만여 명으로 추정되었다. 이때 선호도 2위의 우크라이나행 이주도 함께 이루어졌다. 반세기 이상 단절되었던 고려인의 한국행이 크게 늘어난 것은 특기할 일이다. 동서냉전 시대에 고려인들의 남북한 인식은 대조적이었다. 북조선을 '살기 좋은 사회주의 형제국'으로 생각했다면, 남한은 '미제(美帝)의 지배로 고통 받는 저주의 땅'으로 여겼다. 그들은 중앙아시아에서 민족주의가 부상할 때 자신들이 기댈 수 있는 언덕으로 남한이 아닌 북한을 꼽았다.

그러나 88서울올림픽을 계기로 이러한 인식은 달라지기 시작했다. 한-소 교류의 길이 열려 남한 땅을 직접 밟은 뒤부터는 한국이 세계적으로 주목받는 중진국(中進國)이라는 사실을 알게 된 것이다. 시장경제로의 어려운 전환기를 맞아 자본주와 멘토(mentor)가 필요했던 고려인들에게 잘 사는 자본주의 나라 한국은 희망의 등대로 떠올랐다. 한국이 북한을 제치고 고려인들의 '제1고국'으로 인식되면서 취업, 비즈니스, 유학, 친지방문 등의 목적으로 한국을 찾는 고려인 수는 해마다 급증했다. 이제 고려인에게 한국 취업과 귀환은 고본질 못지않은 주요 이동요인이 되었다.

고려인 재이주가 러시아 지역으로 몰린 것은, 정치·경제적 상황이나 문화적 수준 등을 고려할 때 구소련지역 중 러시아의 발전 전망이 가장 밝고, 또 러시아어를 계속해서 사용할 수 있다는 이점 때문이었다. 사실 러시아는 외자 유치와 오일달러로 인해 경제가 호전되고 고용기회가 크게 늘어나 중앙아시아 각지에서 이주민이 몰려들 만했다. 1991년 소련이 공포한 '탄압받은 민족의 명예회복에 관한 법'과 1993년 러시아연방이 제정한 '러시아고려인의 명예회복에 관한 법'도 고려인들의 러시아 재이주를 촉진시켰다. 여기에 민족적 뿌리를 찾고자 하는 귀소(歸巢)본능까지 작용해 원동지역으로 귀환하는 고려인이 급증했다.

2004년 남혜경(동북아평화연대연구원)등이 러시아 이주 고려인을 상대로 조사한 결과에 따르면 '경제적인 이유'로 이주를 결심했다는 응답자가 29.1%로 가장 많았고, 다음이 '자녀 교육을 위해서'라는 답변으로 20.9%였다. 그밖에 정치적 이유 13.1%, 민족차별 7.0% 등이 뒤를 이었다.

고려인들의 러시아 내 이주 방향은 크게 보아 세 갈래다.

첫째, 고려인 선조들의 '고향'인 연해주로의 재이주이다. 연해주는 고려인들이 강제이주 전에 거주하던 곳으로 러시아연방이 1993년 공표한 명예회복법안에 따라 고려인의 이 지역 재이주권을 보장한 점, 고국인 남북한과 가깝다는 점 등이 재이주에 긍정적으로 작용했다. 연해주 지역은 또 경지정리가 잘 돼있고, 임대료가 매우 싸며, 무공해 농사에 적합한 농지가 널려 있다는 장점을 갖고 있다. 반면에 추위 등 열악한 자연환경은 장애요인으로 꼽히고 있다. 고려인의 연해주 재이주는 1994~95년에 최고조에 달했다가 이제는 정체현상을 보이고 있다.

둘째, 중앙아시아 고려인들이 고본질을 다녔던 러시아 남부, 즉 북캅카스 지역으로의 농업이주다. 초기에는 연해주로 재이주한 사람이 많았지만 점차 중앙아시아와 기후·풍토가 비슷하고 농업활동이 활발한 남부 러시아로의 이주가 늘어났다. 러시아 남부의 고려인 주민 수는 6만 명 정도로 추정돼, 그곳이 고려인들의 새로운 집거지로 부상하고 있음을 알 수 있다.

셋째는, 상업위주의 경제활동이 활기를 띠고 있는 모스크바 및 상트페테르부르크 등 대도시로의 이주다. 도시화된 고려인들의 성향을 보여주는, 이 세 번째 유형의 이동은 러시아 전역으로 확산되고 있는 것이 특징이다.

7만~8만이 러시아 이주

남혜경 등의 조사에 의하면 러시아 이주 고려인은 우즈베키스탄 출신이 45.2%로 가장 많았고, 다음이 카자흐스탄 출신 9.9%, 타지키스탄 출신 9.2%였다. 키르기스스탄 출신도 2.4%에 달했다. 특히 볼고그라드의 경우 우즈베키스탄 출신이 62%를 차지해, 러시아 내에서도 우즈베크스탄 출신 고려인이 가장 많은 지역이 되었다.

우즈베키스탄정부는 지방인구의 대도시 유입을 막기 위해 자국인의 타슈켄트 진입을 법으로 막고 있다. 지방거주 고려인들은 수도인 타슈켄트로 진입하기보다 독립국가연합 소속의 다른 국가로 나아가는 것이 훨씬 쉽다. 우즈베키스탄 고려인의 타국 이주가 많은 데는 이 같은 이유가 작용하고 있다.

소련해체 후 러시아로 이주한 중앙아시아 고려인의 규모가 어느 정도인지는 정확히 파악하기가 어렵다. 다만 7만~8만 명 정도라고 추정할 뿐이다. 추정의 근거는 이렇다.

소련붕괴 후 처음으로 2002년 실시된 러시아 인구조사에 따르면 러시아에 거주하는 고려인 수는 14만 8,500명이다. 13년 전인 1989년의 10만 7,100명보다 4만여 명이 증가한 숫자다. 그런데 1989년의 러시아고려인 인구는 30년 전인 1959년의 9만 1,400명에 비해 1만 5,700명밖에 증가하지 않았다. 고려인의 자연증가율이 극히 미미했다는 증거다. 사실 고려인 가정의 자녀는 대개 1~2명 정도다. 그렇다면 소련해체 후 불과 13년 만에 러시아고려인이 전례 없이 4만이나 급증한 이유는 무엇일까? 중앙아시아 각지에서 넘어온 고려인 이주민으로 볼 수밖에 없다.

러시아에는 이밖에도 3만~4만 명의 중앙아시아 출신 고려인이 무국적 상태로 불법체류 중인 것으로 알려져 있다. 이들은 거주등록을 하지 않고 살기 때문에 러시아 인구통계에는 잡히지 않는다. 따라서 이 불법체류 고려인 3만~4만에 공식 통계상의 고려인 증가분 4만을 더한다면, 중앙아시아 지역에서 러시아로 이주한 고려인의 규모는 대략 7만~8만 명 정도로 추정할 수 있다.

재이주민들의 당면 문제

러시아 남부로 재이주한 중앙아시아 고려인들은 주로 농촌지역에서 브리가다(농사작업반) 단위로 흩어져 고본질에 종사한다. 기반을 잡아 주택을 마련한 사람도 있으나 대부분은 농가를 임대해 살고 있다. 일부는 '라게리'라고 부르는 천막이나 판자로 된 여름 막사에 살거나 땅굴을 파고 기거하는 궁색한 생활을 영위하고 있다.

그들이 당면한 문제는 첫째, 신분상의 불안한 법적 지위다. 러시아 고려인의 18%가 무국적자라고 한다. 특히 볼고그라드의 경우 고려인 41.3%가 무국적자라고 답변하고 있다. 고려인 이주민들의 안정적인 정착을 위해 불법체류 및 무국적 문제의 해결이 시급하다.<제16장 Ⅲ 무국적 고려인 참조>

둘째, 경제적 어려움이다. 고려인 농민들은 1년에 가구당 3,000달러를 벌기도 어려운 형편이다. 고려인들은 대부분 자본이 없기 때문에 토지 임대료와 농기구 사용료를 비롯해 종자, 비료, 농약 구입비 등 영농자금을 월 10%가 넘는 고리로 빌려 쓴다. 그래서 3월에 빌린 돈을 10월 수확기에 갚으려면 원금의 2배를 내는 일도 있다. 빈곤의 악순환이 계속될 수밖에 없다. 고려인 이주민 중에는 학계나 의료계에서 활동한 고급 인력 출신도 많다. 농사경험이 전혀 없는 이들이 농사를 지어 빚을 지고, 시장의 야채 장사나 건설현장의 노무자로 전락해 사는 경우가 적지 않다. 비싼 주택 임대료 때문에 좁은 집이나 아파트에 2~3가구가 함께 생활하는 사람이 많다.

셋째, 가족 및 청소년의 문제다. 고려인 농민들은 고본질 현장을 따라 이동해야하기 때문에 자녀들과 흩어져 사는 경우가 많다. 자녀에 대한 부모의 관심이 적어질 수밖에 없고 그 속에서 청소년들은 방황하고 있다. 재이주에 따른 환경의 변화, 러시아 사회에서 증가되는 소비욕구, 어려운 가정형편 속에 늘어나는 부모들의 다툼과 이혼, 가정 인프라의 미비 등은 청소년들의 심리적 갈등과 위축을 불러일으키고 있다. 과거 고려인들의 교육수준은 다른 어떤 민족보다 높았다. 하지만 지금은 비싼 등록금과 교육비 때문에 청소년들의 고등교육기관 진학률이 높다고 할 수 없다. 물론 전문학교 수준의 칼리지에는 다수가 다니지만 대학을 다니는 청소년은 많지 않다. 일손이 부족한 농번기엔 대부분의 청소년들이 들판에 나가 부모의 농사일을 거들어주기 때문에 학업이 소홀해질 수밖에 없다. 직장을 구하지 못해 들판에서 일하는 청년도 많다. 무엇보다 큰 문제는 성년이 되어도 마땅한 일자리가 없다는 것이다. 도시의 일자리라곤 공사장의 막노동이나 상점의 물품판매원 등이 고작이다. 일자리를 구할 수 있는 고려인 청년들의 조건, 즉 러시아국적, 학력, 컴퓨터 능력도 취약하다. 이 문제는 점차 심화될 것으로 보인다.

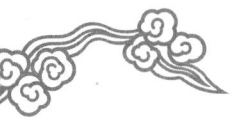

제15장

재기하는 고려인
<유라시아 2000년대>

　　세계 각지의 한인 동포치고 고난과 시련을 겪지 않은 사람이 없지만 고려인에게 비견할 수는 없을 것이다. 고려인이 겪은 강제이주와 박해를 생각한다면 그들의 성취는 가히 놀랄 만하다. 유배지 중앙아시아에서 농업 신화를 쓰며 집단적인 신분상승을 일궈내는 등 소련 제1의 소수민족으로 우뚝 섰던 것이다. 그런 고려인들이 소련붕괴 후의 좌절을 딛고 다시 재기의 집념을 불태우고 있다.

　지금 유라시아 곳곳에서 성공한 고려인이 부상 중이다. 고려인의 경제력이 급성장하고 있다는 사실은 다양한 분야에서 확인되고 있다. 2007년 10월 고려인 강제이주 70주년행사 참석차 방문했던 카자흐스탄 고려인협회는 '부자클럽'을 연상시켰다. 대통령 측근의 실세 정치인과 신흥재벌로 급성장한 고려인들이 이 협회를 이끄는 지도부의 주축을 이루고 있었다. 카자흐스탄과 시베리아 지역의 경우 최소한 비즈니스 분야에서는 과거 소비에트 시절처럼 고려인의 영광을 회복할 가능성이 크다는 평가를 받고 있다. 키르기스스탄에서도 젊고 패기에 넘치는 고려인들이 정·재계의 새로운 유력자로 성장하고 있다.

I. 자영업에 몰려

소련붕괴 후 고려인은 거주 국가에 상관없이 국가기관 종사자의 입지가 약화되고 전문직과 학문·예술 분야 지식인층이 감소하고 있다. 자본주의 시장경제는 많은 사람들을 국가경제관련 분야에서 개인사업 분야로 빠져 나가게 만들었다. 이제는 국가의 도움에 의해서가 아니라 스스로의 힘으로 먹고 살 길을 찾아야만 했다. 고려인들은 우선 국가권력의 힘이 덜 미치는 분야, 사회적 차별이 적은 분야에 진출하여 난국을 타개하려 했다.

경제사정이 악화된 이후 고려인에게는 선택의 여지가 많지 않았다. 대학을 나와도 수입이 괜찮은 직장을 구하기가 어렵고, 구한다고 하더라도 생존이 어려운 상황이었다. 그래서 고본질은 생계문제를 해결할 수 있는 마지막 수단으로 여겨졌다. 우즈베키스탄, 카자흐스탄, 러시아의 로스토프, 볼고그라드, 그리고 우크라이나 등지에서 고본질은 여전히 고려인들의 주요 생계수단이다. 수익이 줄어들기는 했지만, 비교적 목돈을 벌 수 있는 기회가 고본질엔 여전히 남아 있다. 때문에 적지 않은 사람들이 고본질에 매달렸다.

허나 이제 고본질은 큰 수익을 얻기보다는 생존문제를 해결하는 소규모 생계형으로 바뀌어, 도시 근처에서 정착형으로 행해지고 있는 것이 일반적이다. 고본질의 미래는 밝지 않다. 시장경제로의 전환이 이루어진 마당에 적정 규모의 자본이 투자되는 방식이 아니라면 더욱 그렇다. 문제는 필요한 투자 자본을 갖고 있지 않은 경우 빈농화가 불가피하다는 것이다. 많은 고려인들이 빈농화를 감수하기보다는 차라리 농업을 떠났다. 활동력이 있는 연령층을 중심으로 과감하게 농촌을 이탈하여 도시 및 근교지역으로 이주해 살 길을 찾았다. 농촌에 남은 사람들은 새로운 영농방식과 상업 활동을 다각적으로 모색했다.

고본질 밑돈으로 도전

포스트 소비에트 시기에 고려인들이 적극적으로 도전한 분야는 시장경제체제 수용과정에서 새롭게 부상한 자영업이다. CIS지역에서 상업 활동은 아주 새로운 것이었다. 고려인들은 일찍이 고본질의 생산·판매 활동을 통해 시장경제의 감각을 익혀온 터라 비교적 쉽게 상업활동으로 옮겨 갈 수 있었다. 고본질을 통해 축적한 자본이 초기 재원으로 활용되었음은 물론이다. 그들의 높은 도시화 비율도 자영업 진출을 촉진시켰다.

당장의 생계를 위해 시장으로 나간 고려인들은 학력이나 전직에 관계없이 외판원, 보따리 장사, 매점 종업원, 택시 운전사, 공사장 인부에서 건축업, 도소매업에 이르기까지 다양한 분야로 뻗어 나갔다. 특히 수익률이 높고 자금회전이 빠른 상업(특히 의류)이나 임대업 분야에 집중적으로 진출했다. 도시에 거주하면서 고본질과 상업활동을 병행한 사람도 많다. 어느 지역을 가든 그들이 직접 재배한 야채나 직접 만든 김치, 두부, 나물을 파는 고려인을 만날 수 있었다. 특히 반찬가게는 고려인 여인들의 전문코너처럼 돼버렸다.

CIS국가는 전체가 제조업 부진으로 생필품의 대부분을 수입에 의존하는 실정이어서 보따리 무역과 유통업으로 진출한 사람도 많았다. 일찍 이런 사업에 뛰어든 고려인은 돈을 벌어 사업규모를 제법 키워 나갔다. 보따리 무역의 경우 트럭, 항공기, 선박 등을 이용한 그럴듯한 규모로 발전했다. 짧은 시간 내에 이루어 낸 귀중한 성과였다.

고려인 사이에 성행한 자영업의 하나는 주택·아파트 리모델링 사업이다. 대부분의 건물이 소련 시대에 지어져 수리가 필요한 때문에 일거리가 많았다. 건물 리모델링은 건당 수주액이 수백~수천 달러여서 수입이 짭짤하다. 자가용 승용차나 트럭을 갖고 돈벌이에 나선 사람도 꽤 많다. 중앙아시아는 도시 간 교통연결 인프라가 발달하지 못한 관계로 자기차량을 이용한 운송업이 번성하고 있다. 그리하여 고려인이 가장 많이 종사하는 직업은 자영업이 되었다. 전문직 종사자와 노동자가 주류를 이루었던 고려인 사회의 직업구조가 크게 바뀐 것이다.

알마티 시장에서 육류·어류 통조림 장사를 하고 있는 고려인 유가이(50)의 말을 들어보자.

"소련이 해체되어 집단농장이 붕괴되었지. 모든 농기구와 장비는 누가 훔쳐가고, 마을의 관료들은 비옥한 집단농장 경지를 자기네들끼리 나누어 가져 버렸어. 우리야 할 게 무어 있어야지. 굶어죽지 않기 위해 가축과 남아 있는 가재도구를 모두 팔고 알마티로 왔지. 현재 여기 바자르에서 통조림을 팔아 먹고 살지."

이채문 '재외한인의 자영업에 관한 연구'에서

고려인 거주인구가 1만 9,000명이었던 1999년에 카자흐스탄 알마티

시에는 1,500개가 넘는 고려인 기업이 등록돼 있었다.(이 숫자는 2011년에 2,300개로 늘어났다.) 그 외에 등록하지 않고 소규모 사업을 하는 사람과 시내의 도소매시장에서 장사를 하는 사람을 합치면 알마티에 거주하는 고려인의 상당수가 상업에 종사하고 있다.

주류는 의류상

유즈노-사할린스크에서 1994년부터 의류 가게를 운영하는 장태순은 모스크바와 터키의 이스탄불까지 먼 길을 항공편으로 오가며 장사를 하고 있다. 처음에는 부산과 서울을 오가며 장사를 하다가 터키로 눈을 돌리면서 돈을 벌기 시작했다고 한다. 터키는 프랑스 디자인에 이탈리아에서 유행하는 최신 모델을 즉시 만들어낸다. 터키를 갈 때는 경유지인 모스크바에서 3분의2정도를 구입하고 터키에서는 모스크바에 없는 신상품만 구입한다. 터키나 모스크바는 한 달에 한 번씩, 한국은 세 달에 한 번 정도 나갔다. 여름에는 매번 1만 달러, 겨울에는 1만 7,000달러 정도를 구입했다. 원가에 물류비를 합친 금액의 2배 정도로 판매가를 매겼다. 최근에는 가격이 싸서 많은 이윤을 남길 수 있는 중국제품에 매력을 느끼고 있다고 한다.

안양대 교수 강명구 등이 2005년 실시한 조사에 의하면 러시아 고려인 자영업자의 종사업종은 도·소매업이 73.7%로 가장 많았다. 다음이 서비스업 18.5%, 서비스업·도소매업 겸영 7.8% 등이다. 이들이 취급하는 품목은 의류가 43.5%로 가장 많고 다음이 식료품 14.9%, 잡화 6.8%, 야채 6.2%, 중고차 및 부품 5.6% 순이다. 도·소매업자의 약 절반이 의류상으로 주류를 이루고 있고, 두 번째인 식료품상은 의류상의 3분의1 정도다. 서비스업 종사자는 식당·카페를 운영하는 사람이 19.3%로 가장 많다. 이를 종합해 보면 고려인 자영업자는 의류상이 가장 많고 다음이 식료품상, 식당운영, 잡화상, 야채상, 자동차·부품상 등의 순이다.

고려인이 운영하는 기업을 업종별로 보면 서비스업이 38.9%로 가장 많고 다음이 제조업(20.9%), 도소매업(14.8%) 순이다. 서비스업 진출이 활발한 이유는 초기 투자자본 및 고정자본이 적게 들고 자본회전율이 높기 때문인 것으로 알려졌다. 서비스업 분야에서는 음식업(18.8%), 건설업(18.8%)이 다수를 차지하고 있고 무역업(10.4%)과 부동산 임대업(10.4%)도 인기가 있다. 제조업 분야에서는 농산물 가공(12.5%)이 가장 많고 다음이 음식가공 (9.4%)이었다. 도소매업 분야에서는 의류와 건축자재를 취급하는 기업이 각각 11.5%로 가장 많았고 다음이 잡화, 주류, 가전제품 등의 순이었다.

도르도이의 '또순이' 윤 스베타 <인터뷰 2004. 7>

비슈케크시 남동부에 위치한 도르도이 시장은 성냥갑 같은 철제 컨테이너 3,000개를 조합해서 만든 중앙아시아 최대의 국제시장이다. 10여 년 전 내수시장으로 출발한 후 카자흐스탄·우즈베키스탄과 가까운 지리적 이점과 키르기스스탄의 싼 관세를 딛고 국제시장으로 발돋움했다.

시장 입구에 들어서자 태극 마크가 선명하게 그려진 컨테이너 표면에 한글로 "한국 내복 매주 입하 - 가격 저렴"이라고 쓴 광고가 눈길을 끌었다. 이 시장의 주종품은 의류, 가방, 액세서리, 화장품, 가전 등 생필품. 약 70%는 중국산이고, 다음은 터키산이 많다. 비싼 한국산은 구색용으로 옷, 양말, 잡화 등이 전시돼 있을 뿐 판매용은 별로 없다. 고려인들은 이곳 도르도이 시장에서 만만치 않은 상권을 갖고 있다.

올해 24세의 고려인 처녀 윤 스베타는 도르도이 시장에서 2년째 숙녀복 판매상을 하고 있다. 물건이 잘 나갈 때면 한 달 1000~2000달러의 수익을 올린다. 사촌 언니와 동업을 하니까, 그녀의 단독 수입은 500~1000달러 정도이다. 스베타는 컨테이너 점포 임대료로 한 달 400달러를 낸다. 동업자인 사촌 언니가 점포주이기도 하다. 이곳 상점 임대료는 고객이 모여드는 정도에 따라 월 150달러에서 1800달러까지 차이가 많다. 인기 있고 고가인 한국산이나 터키산 물품을 다루는 상점들은 대개 좋은 길목에 자리하고 있어 비싼 임대료를 낸다. 시장 상인들의 추정에 따르면 이곳 점포주의 60%는 고려인과 둔간족으로, 각기 30% 정도 소유하고 있다고 한다.

스베타는 숙녀복을 자신이 직접 디자인해서 생산 판매한다. 생산은 하청공장에 맡긴다. 11학년을 마친 후 대학진학 대신 직업전선에 뛰어든 그녀는 봉제공장에서 디자인과 재봉 일을 배우다 점포를 차렸다. 그녀의 꿈은 자신의 봉제공장을 마련하는 것. 그래서 생산에서 판매까지를 모두 관장해보고 싶다고 한다.

우즈베키스탄에서 태어난 스베타는 열 살 때인 1990년 부모를 따라 비슈케크로 이주했다. 그녀의 아버지는 우즈베키스탄에서 '돼지공장'에 다니며 농사를 짓다가 비슈케크 이주 후 전업농이 되었다. 아버지는 7년 전부터 카자흐스탄 알마티로 고본질을 나가 수박 참외 오이를 재배해 파느라고 비슈케크 집엔 1년 중 3개월 밖에 머물지 못한다. 알마티에 사는 그녀의 오빠는 시장에서 야채 도·소매업을 하며 아버지가 생산한 농산물을 처분해준다고 한다. 부자가 생산 따로 판매 따로 분업체제를 구축하고 있는 셈이다. 스베타의 아버지가 고본질로 벌어들이는 돈은 연 7000달러. 키르기스스탄에선 고액에 속하는 수입이다.

II 카자흐스탄서 두각

시장경제 전환 후 10여 년이 지나면서 큰 카페나 레스토랑을 경영하거나 수준급 사업체를 가진 고려인이 많이 생겼다. 타민족에 앞서 경제적 우위를 선점한 고려인들의 성공 스토리가 회자되기 시작했다. 시대 변화에 민첩하게 대응한 고려인들은 비교적 규모 있는 사업을 의미하는 비즈니스 분야에서 성공을 거두었다. 때맞춰 이루어진 한국 기업들의 활발한 진출도 그들의 재기에 활력소가 되었다. 한국 자본의 투자로 생겨난 많은 중소사업체에 고려인들이 파트너로 참여하거나 혹은 고용되면서 자연스럽게 자본주의적 경영방식을 습득하게 된 것이다. 고려인 사회는 다른 소수민족들보다 체제전환기에 적응하는 속도가 빨랐다. 비록 이러한 흐름에 편승한 사람들은 일부였지만 자본주의 체제에 필요한 전문가들이 양성되기 시작했다. 그리하여 30~50대의 고려인들이 나름대로 기업을 일으켜 중앙아시아 시장경제의 선봉이 되었다.

금융·건설·가전판매 입지 굳혀

고려인 사업가의 등장과 성장은 고려인 사회가 시행착오를 지나 자본주의에 성공적으로 적응하고 있음을 보여주는 것이다. 이를 바탕으로 고려인 정치인과 경제인이 나타나기 시작했다. 일부 고려인은 국영기업 및 공기업의 민영화에 참여해 국가나 지역경제를 리드해 나갈 정도의 사업가로 성장했다. 고려인의 기업 진출은 특히 카자흐스탄과 러시아에서 괄목할 만하다. 카자흐스탄의 경우 전체 사업가의 20%가 고려인이라고 할 정도로 고려인들이 단연 두각을 나타내고 있다.

현재 카자흐스탄에는 채 유리(금융업)를 비롯한 굵직굵직한 고려인 사업가들이 상당수에 달하며 금융업, 건설업, 임대업, 가전제품 생산 및 판매, 유통업, 레저 등의 분야에서 탄탄한 입지를 구축하고 있다. 종업원 1만 2,000명을 거느린 '카스피스키 그룹' 총수 채 유리는 1997년 한국수출입은행의 지원을 받아 카스피 은행을 인수하면서 급성장했다. 건설업체와 농기구 제조, 제분, 제약회사 등 많은 기업에 지분을 갖고 있다. 카자흐스탄 국가대표 권투선수 출신인 채는 바르셀로나 올림픽 때 한국선수 트레이너로 초빙되어 2년간 서울에 체재하면서 시장경제에 눈을 떴다고 한다. 상원의원을 역임한 그는 재벌의 경제력에 정치적 영향력도 커, 삼성·LG 등 한국기업의 현지 진출에 많은 도움을 준 것으로 알려져 있다.

세계적인 구리 생산업체로 등장한 카작무스의 경영진은 고려인이 주류를 이루고 있다. 카작무스는 도산 위기에 처했던 것을 삼성이 위탁경영을 하면서 종업원 7만 명에 연간 수십 억 달러의 매출을 올리는 세계적 기업으로 성장했다. 2005년 이 회사가 런던 증시에 상장된 후 김 블라디미르 회장은 22억 6,000만 파운드의 재산을 가진 세계적 갑부로 등장했다.

카자흐스탄의 최대 건설사인 '쿠아트'의 사장 남 올레그는 신수도 아스타나의 대형 건설프로젝트를 따내 성장했다. 알마티와 아스타나의 비즈니스 센터, 아파트 건축에도 적극 참여하고 있다. 또 다른 대형 건설사인 '베르텍스'와 대형 토목회사 '알마틴' 역시 고려인 회사이며, 대형 건설회사 '악아울'의 대표 최 빅토르는 하원의원이다.

카자흐스탄의 전자제품 시장은 '카레이치(고려인들)'가 점령했다. 전자제품 유통업계의 1~3위 업체인 '플라넷'(사장 김 바체슬라프), '테크노돔'(사장 김 에두아르트), '슐팍'(사장 박 안드레이)은 모두 고려인이 오너이고, 이 3사의 시장점유율은 90%에 달한다. 2005년 매출액은 플라넷 2억 2,000만 달러, 테크노돔과 슐팍이 각각 1억 2,000만 달러 규모이다. 한국 상품을 가장 많아 취급하는 회사는 슐팍으로 매출의 약 70%를 한국 상품이 차지하고 있다.

알마티의 식품류 유통망은 대체로 고려인들이 장악하고 있고 자동차 부품상도 대부분 고려인들이 운영하고 있다. 알마티 최고의 상권을 자랑하는 2대 재래시장, 즉 의류시장 '바라오카'와 농산물시장 '제료니 바자르'에도 고려인 상인들이 적지 않다. 고려인들은 '제료니 바자르'에서 한국식 반찬을, '바라오카'에서는 의류·액세서리 등을 팔고 있다.

러시아에도 성공 기업인 많아

러시아에서는 최근 러시아 경제회복과 함께 고려인들의 경제·사회적 지위가 상승 중이며 유통업, 은행업, 가전제품 판매업 등을 중심으로 다수의 고려인 기업인이 나오고 있다. 대표적인 기업가는 5억 8,000만 달러의 재산을 보유한 러시아 부호서열 92위의 우르사 방크 회장 김 이고르. 우루사 방크는 현지 은행업계 15위권이다. 우랄산맥 인근 도시 예카테린부르크에서 컴퓨터CD 제조업체 '미렉스'를 이끌고 있는 태 스타니슬라브도 성공한 기업인으로 꼽힌다. 미렉스는 러시아 전체 CD시장의 10%를 장악하고 있고 연 매출이 1900만 달러에 이른다. 연방하원 의원을 역임한 장 류보미르는 러시아에서 네 번째로 큰 제분·제빵회사를 갖고 있다. 종업원 3,000명에 연 매출액이 6,000만 달러에 이른다. 그는 러시아 제4의 도시 니즈니 노보고로드에서 '곡물왕'으로 통한다.

로스토프-나-도누의 한국교육원장으로 재직하다 2009년 귀국한 김원균 교감은 "그곳 고려인 농민들은 먹고 사는 데 지장이 없는 형편"이라면서 "로스토프에는 짧은 기간에 기업가로 성공한 고려인도 꽤 있다"고 전했다. 그에 따르면 가스충전소 40개를 운영하는 손 아파나시, 3,000ha의 대단위 농장을 경영하는 김 미하일, '러시아에서 부자가 되는 방법'이란 책의 저자이며 '콤플렉스1' 회장인 리 로베르토, '로스토프 전자회사' 회장인 김 K. Ye., 아그로 인베스트 사장 김 블라디미르 등이 성공한 기업인으로 꼽힌다.

김 니콜라이

연해주 지역 제1의 고려인 갑부로 통하는 김 니콜라이는 목재가공, 가구, 신발제조, 대규모 농장, 스포츠센터, 리조트 등 다양한 사업을 경영하는 기업인이다. 우수리스크 고려인민족문화자치회 회장으로 활동하면서 동포사회의 각종 문화·체육 활동 지원에도 적극적이라는 평판이 높다. 한때 우수리스크 최대 부호로 소문났던 정 알렉산드르는 사업을 접고 서울로 거처를 옮긴 것으로 알려졌다. 블라디보스토크의 박 발렌틴은 건축업, 출판, 수산업, 임가공업, 농업 관련 회사를 운영하는 사업가로 소문났다.

사할린 중산층으로 성장

사할린고려인 사회는 페레스트로이카 이후 서울올림픽과 한-소 수교를 맞으면서 활력이 넘치기 시작했다. 사할린 대륙붕에서 석유와 가스가 솟아나고 수산업과 석탄산업이 활기를 띠면서 고려인들은 타고난 근면성과 상재(商才)를 발휘해 중산층으로 성장했다. 대부분의 고려인 가정이 승용차를 소유하고 있다. 고려인 가운데 대기업 경영자는 없지만 많은 사람이 호텔, 레스토랑, 쇼핑센터, 유통업, 건축업, 수산업 등의 상권을 장악해 경제적 위상을 높이고 있다. 특히 고등교육을 받은 젊은 세대들의 전문직 진출이 괄목할 만하다. 주도(州都)인 유즈노-사할린스크의 경우 2000년대 초, 고려인 기업가와 상인들의 납세액이 시 세수입의 18%를 차지했다고 한다.

사할린에 공식 등록된 고려인 기업 수는 300여개에 이른다. 주(州)정부 관계자는 사할린 주의 중소기업 발전은 고려인들에 의해 이루어졌다고 말한다. 고려인 자영업자들의 영향력 또한 무시할 수 없다. 인구가 15만 명에 불과한 유즈노-사할린스크시에 고려인 상점이 1,000개나 되는 것으로 알려졌다. 의류업이 주류를 이루고 채소·과일 등 식품업과 꽃가게를 운영하는 사람이 많다. 한때 꽃가게는 주인의 90%가 고려인일 정도로 고려인이 석권했지만 지금은 채소와 함께 중국 상인들에게 잠식당하고 있다고 한다. 고려인들이 만든 김치와 고사리나물도 러시아인의 입맛을 사로잡아 많이 팔린다. 이런 고려인들의 덕분으로 한국은 사할린에서 대외무역 3위권을 유지하고 있다.

우크라이나에서도 고려인들은 기업적 기질을 발휘하여 신흥 부자가 출현했고 학자, 의사, 정치인, 사업가 등 상류층으로 발돋움한 사람도 많다. 고려인협회 부회장인 최 블라디미르(45)는 25세에 가죽·전자제품 사업을 시작해 지금은 연 매출 4억 2,000만 달러의 MTI라는 큰 회사를 운영하고 있다. 그는 CIS 전역에 '인테르톱'이라는 유통망을 거느리고 있다.

우즈베키스탄 기업활동 침체

우즈베키스탄은 장기적인 경기침체로 소비재 시장이 활기가 없고 정치·사회불안으로 신규 투자가 잘 이루어지지 않고 있다. 한때 타슈켄트의 '이파드롬' 시장에서 북적거리던 고려인 상인들은 이제 우즈베크인과 타민족에게 밀려난 상황이다. 고려인들의 기업 활동 역시 침체되어 있고, 자본규모도 크지 않은 것으로 알려졌다. 규제가 많은 폐쇄형 경제시스템과 우즈베크 민족주의 때문에 소수민족은 대규모 국가사업에 참여하기가 어렵다. 고려인의 경우 주로 무역이나 3차 서비스산업에 종사하고 있다. 사업 대출이 사실상 불가능하고 과실송금 규제와 불태환(不兌換)정책으로 인해 외국기업과 연관된 사업을 하기도 어렵다. 자본력이 있는 상인들은 모두 국외로 빠져나갔다는 것이 현지 고려인들의 말이다.

타슈켄트 시내에서 고려인이 운영하는 상점 수는 200여 개에 불과하다. 그런 가운데서도 성공한 사업가가 나와, 고려인 사회에 새로운 고용을 창출하고 있다. 타슈켄트 최대의 레스토랑인 '청송'이 좋은 예다. 고려인 유가이 베라가 주인인 '청송'은 좌석 1,000석 규모의 식당에 직원 대부분을 고려인으로 고용하며, 식당 관련 연계사업을 성공적으로 확산시키고 있다. 제조업계의 유망주로는 타슈켄트에서 건축자재 생산업체 'BT'를 운영하는 김 세르게이, 사무용 가구와 목제 창문을 제조하는 '프로그레스' 등 4개 회사를 운영하는 김 게오르기, 소시지, 햄을 주로 생산하는 육류가공업체 '텐겐'의 대표 정 겐나지, 농업기업 '황만금'을 이끄는 황 스타니슬라브 등이 꼽히고 있다.

키르기스 호상(豪商) 상당수 고려인

키르기스스탄은 최근까지 중앙아시아의 물류 중심지 역할을 해왔다. 수도 비슈케크시의 도르도이 시장은 중국 우루무치에서 들어온 중국산 중저가 상품들이 중앙아시아 전역으로 퍼져 나가는 중계지다. 도르도이 시장 호상들의 상당수가 고려인인 것으로 알려졌다. 이들은 멀리 두바이에서 구입한 상품을 위험지역인 이란, 아프가니스탄, 타지키스탄을 거쳐 운반해온다. 도르도이 시장의 고려인 상인은 약 1,000명. 전체 상인 중 약 3분의 1을 차지하고 있다. 주로 섬유제품을 취급하면서 의류공장을 겸영하기도 한다. 1990년대 중반까지 고려인이 유통업계를 장악했으나 키르기스인들의 진출로 점차 기득권을 잃어가고 있는 추세다.

비슈케크 - 서울 왕래 보따리 무역

비슈케크에는 서울을 드나들며 '보따리 무역'을 하는 고려인 상인 30~40명이 있다. 그들이 취급하는 물품은 주로 한국산 의류와 옷감, 액세서리 등. 서울 동대문·남대문 시장에서 물건을 떼어와 비슈케크의 중간상인이나 도르도이 시장에 넘긴다. 70%는 도매로, 30%는 소매로 처분한다. 이들 보따리 무역상의 대부분은 도르도이 시장에 자신의 점포를 갖고 있다.

서울로 장을 보러 갈 때 이들이 갖고 가는 구매자금은 1인 평균 3만~5만 달러. 많게는 10만 달러를 휴대하기도 한다. 보따리 무역의 이윤을 최소 10%로 칠 경우, 서울 1회 왕복에 1인당 3천~5천 달러를 번다는 계산이 나온다. 보따리 무역상 가운데는 상당한 재력가로 성장한 사람도 있다. 현금 동원능력이 100만 달러에 달하는 사람이 있는가 하면 모스크바로 진출해 한국 상품 전문점을 차린 사람도 있다.

소련이 해체될 때 중앙아시아 각국의 배급제는 기능을 상실하면서 유통망이 전면 붕괴되었다. 물품 공급이 안 돼 물가는 천정부지로 뛰었다. 서둘러 새로운 물품 공급처를 찾지 않을 수 없었다. 가죽은 이스탄불, 전자제품은 두바이, 식료품은 러시아, 저가상품은 중국, 의류는 한국에서 들여왔다. 특히 한-소 수교 후인 1993, 94년부터는 항공편을 이용한 고려인 상인들의 '서울원정'이 급속히 증가했다. 처음엔 모스크바, 이르쿠츠크, 하바롭스크 등을 경유하다가 2001년 직항로가 개설되자 비슈케크에서 서울로 바로 들어갔다. 비슈케크에서 한국 제품은 인기가 있었다. 각종 여성복을 비롯하여 아동복, 내의, 양말, 가방, 모자 등은 들어오는 대로 팔려 나갔다. 한국 왕복기록이 100~150회나 쌓인 고려인들이 생겼다. 비슈케크~서울 직항은 성수기인 여름에는 주 1회, 비성수기에는 10일 또는 2주에 1회 정도 있다.

초기에 고려인 상인들은 무척 고생했다. 대부분 밑천이 짧아서, 물품 구입비로 고작 200달러를 들고 나갔다. 숙박비가 없어 동대문 시장 입구 계단에서 쪼그리고 잠을 자는 일이 예사였다. 형편이 좀 나아지자 여인숙을 이용하기 시작했지만 대개는 합숙이었다. 비행기에 실을 상품은 자신들이 직접 포장했다. 그때마다 여관 주인은 여관이 어수선하고 지저분해진다고 얼굴을 찡그렸다. 더욱이 한국어가 서툴러 말까지 통하지 않자 이들 상인들이 겪는 애로는 이만저만이 아니었다. 이처럼 홀대가 심하고 상품 값마저 비싸, 이문이 점차 박해지자 구입선을 중국으로 돌리는 고려인 상인이 나타나기 시작했다.

이제 보따리 무역은 현대식으로 변모하고 있다. 상인들이 직접 비행기를 타고 서울로 날아가 물건을 떼어오는 것이 아니라, 비슈케크에 앉아서 전화로 상품을 주문해 배달 받는다. 상품에 대한 클레임도 마찬가지 방식으로 처리한다. 급한 물건은 항공편을 이용해 수송한다. 2000년대 중반의 항공화물 운임은 1kg에 3.5~4 달러. 급하지 않은 상품은 컨테이너에 실려 운송한다. 서울에서 중국 톈진까지 해상수송이 끝나면 톈진에서는 육상트레킹으로 우루무치-알마티-비슈케크로 이어진다. 운임은

1kg에 1.3~1.5 달러. 서울에서 비슈케크까지 10~12일 소요된다. 시베리아 철도를 이용한 수송은 한 달이나 걸려 상인들은 거의 이용하지 않는다.

III 선거직 도전 활발

소련붕괴 후 심화된 민족차별로 인해 중앙아시아 국가에서 비주류 소수민족인 고려인들의 공직 진출은 많은 제약을 받았다. 무엇보다 체제전환기의 경제적 궁핍으로 인해 정치활동을 전개하는데 어려움이 컸다. 고려인의 공직 진출은 감소할 수밖에 없었다. 다만 선거직의 경우 지역사회에서 어느 정도 부와 명성을 쌓은 고려인들이 출현하면서 상황이 조금씩 달라지고 있다. 과거 고려인의 중앙정치무대 진출이 거의 없었던 러시아의 경우 소련해체 후 지금까지 모두 5명이 연방의회에 진출하는 쾌거를 이루었다.

러시아 국가두마(하원)에 고려인이 처음 진출한 것은 1995년. 그 때 11명이 입후보해 이르쿠츠크에서 정홍식(러시아명 유리 텐), 하바롭스크에서 최 발렌틴이 당선되었다. 1951년 사할린의 노동자 가정에서 태어난 정홍식은 직업전문학교를 졸업하고 공원으로 일한 경험을 바탕으로 37세에 '트루두'라는 토목건축회사를 설립해 러시아 100대 건설회사로 성장시켰다. 그리고 이를 기반으로 이르쿠츠크 선거구에서 내리 3선에 성공했다.

그 후 니제고로드에서 지역구 의원으로 선출된 장 류보미르가 2007년 재선에 실패한 후 고려인 의원의 맥이 끊겼다가 2011년 12월 총선에서 재기했다. 여당인 통합러시아당 소속으로 두 명이 당선돼 국가두마

카자흐 전 상원의원
채 유리

카자흐 하원의원
김 로만

러시아 하원의원
엄 유리

재진출에 성공한 것이다. 러시아 남부 스타브로폴주에서 당선된 엄 유리(58·육군소장)는 아프가니스탄 전장과 체첸 전장을 누비며 전공을 세워 소장까지 진급한 직업군인 출신이다. 그는 군인신분으로 체첸공화국 부총리를 역임하고 2008년부터 스타브로폴주 군사위원회 위원장을 맡아왔다. 이르쿠츠크주에서 당선된 정 세르게이(35·사업가)는 앞서 이 지역 의원을 지낸 고려인 2세 정홍식의 아들이다. 그는 2003년 지병으로 타계한 아버지가 운영하던 건설회사 '트루드'를 성공적으로 키우는 한편 이르쿠츠크주 의회 의원으로 활동해왔다.

김 마리나('연합뉴스에서)

러시아 국영TV방송 RTR의 유일한 고려인 뉴스앵커인 김 마리나(1983년생)는 방송계의 스타로 각광을 받고 있다. 2007년 RTR에 입사해 현재 프라임 타임대인 8시 뉴스의 앵커로 활약 중인 그녀는 '아시아적 외모' 덕분에 러시아 방송계에서 자신이 고속 성장할 수 있었다고 말한다. 고려인 3세인 그녀는 2012년 회견에서 "소련 시절엔 고려인 후손임을 드러내지 않는 분위기였지만 요즘은 단합이 잘 돼 신기할 정도"라며 자신도 모스크바의 고려인단체 모임에 적극 참석한다고 말했다.

성공한 러시아 고려인으로는 이 밖에도 사하공화국 국회부의장 김 알렉산드르, 블로그다주 부지사 박 아나톨리, 흑해함대 부사령관 김 뱌체슬라프, 군법무관에서 소장으로 진급한 김 아파나시 등이 있다.

카자흐스탄의 경우 토착민족인 카자흐인이 권력의 모든 분야에서 우월적 지위를 점유하고 있지만 전체 인구의 1%도 안 되는 고려인도 꽤나 광범위하게 정부기구를 비롯한 요직에 진출해 있다. 카자흐스탄 독립 후 정계에 진출한 첫 케이스는 알마티 중학교 교장 설 라리사. 그녀는 1995년 하원(마질리스)의원에 당선되었다. 2012년 1월에는 고려인협회장 김 로만이 소수민족 대표로 하원의원이 되었다. 2007년 대통령에 의해 지명된 채 유리 상원의원(임기 6년)과 정당비례대표제로 선출된 최 빅토르 하원의원에 이어 고려인으론 네 번째로 카자흐스탄 국회에 입성한 것이다. 카자흐스탄의 정계, 재계, 학계 등 요직에 진출한 인사들은 동포들의 경제활동 신장에 발판이 되고 있다. 소련시절에도 고려인 고위관리는 우즈베키스탄보다 카자흐스탄에서 더 많이 배출되었는데 카자흐족이 덜 배타적이어서 고려인의 역량이 제대로 평가받았다는 것이다.

우즈베키스탄의 고려인 정치인으로는 1994~2000년에 부총리를 역임한 천 빅토르, 24년간 교사로 근무하면서 '우즈베키스탄 영웅' 칭호 및 금성메달을 수상하고 상원의원을 역임한 박 베라(여), 관료에는 1995년부터 2013년까지 18년간 주한우즈베키스탄 대사를 역임한 편 위탈리가 있다. 최근 우즈베크항공사 사장에 임명된 장 발레리는 상원의원도 겸하고 있는 유력인사다.

2014-15년 총선에서 고려문화협회장 박 빅토르가 하원의원에, 타슈

카자흐스탄
전 하원의원 설 라리사

키르기스스탄
전 법무장관 넬랴

전 국방차관
유가이

우즈베키스탄
전 상원의원 박 베라

켄트의 고등학교 교장 신 아그리피나가 상원의원에 각각 당선되었다. 이로써 고려인의 우즈베크 상·하원 진출은 임기 중인 장 발레리를 포함해 모두 3명이 되었다.

키르기스스탄에는 3선 의원인 신 로만이 있다. 그의 아들 세르게이도 비슈케크 시의회에서 재선의원으로 활동 중이다(참조-키르기스스탄의 3선 의원 신 로만 인터뷰). 비례대표 국회의원을 역임한 상 보리스는 기업인이다. 2005년 튤립혁명으로 무너진 아카에프 정권에서 법무장관을 두 차례 역임한 넬랴 니콜라예브나는, 원래 김씨 성을 가진 고려인 여성이다. 유가이 보리스는 키르기스 고려인이 배출한 최초의 장성이다. 국방차관으로 재직 중이던 2004년 9월에 대망의 별을 따는 영광을 안았다. 키르기스스탄 최대 발행부수를 자랑하는 일간지 '비체르니 비슈케크'의 발행인 겸 주필 김 알렉산드르는 아카예프정권의 독재와 부패정치에 맞서 '튤립혁명'의 불꽃을 댕긴 비판언론의 상징이자 '중앙아시아의 민주화를 선도하는 횃불'로 명성을 날리고 있다.

우크라이나에서는 고려인 3세인 신 알렉산드르(1961년생·한국명 신천산)가 2010년 10월 중동부 자포르지예 선거에서 시장으로 당선되었다. 그는 2년간 부시장으로 재직했었다. 자포르지예 시에는 고려인 1,000여 명이 살고 있지만 신 씨는 현지인들의 반감을 우려해 적극적인 선거운동을 하지 않았는데도 당선됐다고 한다.

키르기스스탄 3선 의원 신 로만 <인터뷰 2010. 10>

키르기스스탄의 신 로만(61) 씨는 2010년 10월 총선에서 3선 국회의원의 영예를 안았다. 작은 키에 어깨가 떡 벌어진 단단한 체구의 신 씨는 내각책임제로 바뀐 키르기스스탄의 새 국회에서 운영위원회에 소속돼 활약 중이다. 그의 아들 세르게이도 비슈케크 시의회의 재선 의원이다. 부자가 정치가문을 이루어 명성을 떨치고 있다.

신 씨가 정계에 입문한 건 아카예프정권 때인 2005년 3월. 비슈케크의 신도시 지구인 아쿤바이브에서 무소속으로 국회의원에 도전한지 두 번째 만에 당선돼 의회진출에 성공했다. 그는 아카예프정권의 퇴진과 국회 해산으로 1년 후 다시 실시된 총선에서 공산당후보로 출마해 재선 의원이 되었다.

3선 국회의원 신 로만(오른쪽)과 아들 세르게이

신 씨는 키르기스스탄에서 한때 '카지노의 대부'이자 상당한 재력가로 통했다. 젊었을 때 고본질로 돈을 벌고 그 후엔 호텔과 카지노 경영 등을 통해 재산을 모았다고 한다. 그는 1998~2005년 키르기스스탄 고려인협회 회장을 맡으면서 우리의 전통명절 행사인 단오제를 고려인 사회의 축제로 활성화시키고, 사재를 털어 매년 가난한 고려인 노인 70여 명에게 생활보조비를 지급하는 선행을 베풀었다. 고려인을 위해 시작한 이 자선사업이 키르기스 빈민을 상대로 한 생활·의료지원 사업으로 확대되면서 신 씨의 국회 진출에 디딤돌이 되었다. 그는 9년째 운영 중인 '신로만 기금'을 통해 매년 여성의 날, 승리의 날, 어린이 날, 장애인의 날 등을 기해 수백 명의 빈자와 약자를 돕고 있다. 이밖에 장학사업, 작가 지원, 여자축구팀 및 태권도선수단 해외출전 지원 등에도 그는 열성적으로 참여하고 있다.

키르기스스탄은 1인당 GDP가 871달러(2009년)로 세계 최빈국 중의 하나다. 국회의원 세비로 한 달에 얼마를 받느냐고 묻자 그는 "부가급부까지 포함하면 550~600달러 정도"라고 답변했다. 자신은 많은 수훈(受勳) 덕분에 군인으로 치면 중장급 대우를 받아 세비도 적지 않은 편이지만 다른 국회의원의 세비는 자신보다 적을 것이라고 말했다. 그러면서 "이 나라의 국회의원들은 대부분 부자이기 때문에 세비는 안 받아도 괜찮을 것"이라고 덧붙였다.

신 씨는 카자흐스탄 우슈토베의 가난한 농부의 집에서 태어나 다섯 살 때인 1953년 키르기스스탄으로 부모를 따라 이주해 왔다. 어릴 적 가정형편을 묻자 "부모는 글을 읽지도 쓰지도 못하는 문맹이어서 어렵게 살았다."고 답변했다. 그리곤 어두운 표정을 지으며 "어릴 적에 나는 사탕과 과자 맛을 모르고 자랐다. 고기도 제대로 못 먹고 살았다. 살코기는 구경도 못하고 소머리, 소다리만 뜯어 먹었다."고 술회했다. 그 후 부모님이 고본질을 해 가정 형편이 조금씩 나아졌다고 한다. 그는 자신의 젊을 적 행적에 대해 "싸움을 좋아하고 비딱한 짓을 많이 해 부모님에게 상처를 많이 주었다."면서 고개를 떨어뜨렸다. 오늘날 자신이 이렇게 성장한 모습을 부모님께서 보지 못하고 돌아가신 것이 "무척 가슴 아프다"며 말을 잇지 못했다.

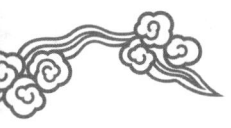

제16장

유라시아 고려인 분포 현황

고려인은 '출생' 이후 지금까지 자의건 타의건 그들의 영역을 끊임없이 확장시켜 왔다. 그들은 연해주 이주를 시작한지 10년도 안 돼 2,000리 북쪽의 아무르 강변에 첫 정착촌을 건설했고, 이후 시베리아를 횡단하는 서진(西進)을 계속했다. 1937년 연해주 고려인의 중앙아시아 강제이주는 타의에 의한 이주였지만, 민족사의 관점에서 보면 한 민족의 영역을 획기적으로 확장시킨 역외 개척사의 한 페이지였다. 이슬람 문화권인 중앙아시아 거주 고려인들의 슬라브 문화권, 즉 러시아 및 우크라이나로의 재이주는 1953년 스탈린 사망 후 태동하기 시작해 페레스트로이카와 소련붕괴 이후 본격화되었다. 이때 선대들의 고향인 원동으로의 복귀까지 실현되자 고려인들의 생활권은 광활한 유라시아 대륙 전역으로 확산되었다. 이에 따라 고려인에 대한 호칭도 시대에 따라 초기의 연해주고려인에서 중기의 중앙아시아고려인, 그리고 2000년대의 유라시아고려인으로 각각 바뀌었다.

대륙, 사할린, 북한 출신 공존

현재의 유라시아고려인 50만은 그 유입 경로와 시기에 따라 크게 세 그룹으로 구분할 수 있다. 첫 번째 그룹은 '큰땅배기'로 불리는 '대륙의 고려인들'로, 1860년대부터 한반도 북부에서 연해주 등 러시아 원동으로 이주한 사람과 그 후손들이다. 1937년 연해주에서 카자흐스탄과 우즈베키스탄 등 중앙아시아로 강제 이주된 이들의 1세대는 대부분 세상을 떠났고, 현재는 2~5세대가 살고 있다. 이들이 고려인 사회의 주류로, 전 고려인의 80%이상을 차지하고 있다.

두 번째 그룹은 사할린고려인이다. 1940년대에 일본이 부족한 노동력을 보충하기 위해 주로 남조선에서 강제로 데려간 사람과 그 후손들이다. 2차 세계대전이 끝나자 남부 사할린에는 강제징용자 출신을 비롯해 4만 3,000여 명이 남아 있었다. 이 중 4,000여 명은 한-소수교 이후 한국으로 영주 귀국했다. 지금 사할린 섬을 비롯해 러시아, 카자흐스탄, 우즈베키스탄, 우크라이나 등지에 거주하는 사할린출신 고려인은 1~4세대에 걸쳐 총 4만~5만 명 정도로 추산되고 있다.

세 번째는 북한 출신이다. 그 수는 정확히 밝혀지지 않았으나 후손을 포함해 1~2만 명 정도로 알려져 있다. 이들은 해방 후(1946~49년) 북한에서 소련으로 인력 수출된 수만 명 가운데 잔류한 노동자들과 1950년대에 소련으로 유학 왔다가 망명한 지식층이 주축을 이루고 있다. 망명객의 대표적인 인물은 모스크바에서 북한 대사로 활동하다가 1956년 흐루쇼프의 스탈린격하운동 때 김일성독재체제를 비판하고 망명한 이상

조다. 그 후 북한-소련 간 협정에 의해 원동지역의 임업지대에 벌목공으로 왔다가 돌아가지 않고 정착한 사람도 상당수에 달한다.

벌목공으로 일한 북한 노동자의 수는 대략 1만~3만 명 정도로 추정되고 있다. 이들은 15개소의 노동시설에 상호 격리된 채 수용돼 일을 했고, 지역 주민과의 접촉도 갖지 못한 채 살았다. 1990년대 초에는 일부 벌목공이 현지에서 이탈하여 남한으로 가려고 한 사건 때문에 북한과 러시아정부 간에 심각한 문제가 발생했다. 약 500~800명가량의 북한인이 벌목장을 이탈해 저렴한 임금을 받고 개인회사나 농장에서 일하고 있다는 신문·잡지의 보도도 이어졌다. 이후 러시아에서 벌목공으로 일하는 북한 노동자는 2만 명에서 1만 명 수준으로 줄어들었고, 이들은 계약을 마치면 대다수가 북한으로 돌아갔다. 2014년 현재 러시아에 진출한 북한 인력은 2만여 명으로 그 중 1만 5,000명이 원동지역에서 일하고 있는 것으로 알려졌다.

탈영한 북한군 대위 출신 김수봉 <인터뷰 2004. 2>

키르기스스탄에서 40년을 넘게 살고 있는 김수봉(金秀峯) 씨는 북한인민군 대위 출신이다. 그는 6.25전쟁이 끝난 후 북한군을 탈영해 소련으로 갔다가 중앙아시아에 정착한 사람이다. 김 씨에게 "북한을 방문할 용의가 있느냐?"고 묻자 그는 단호하게 "안 가겠다."고 답변했다. "북한으로 돌아가면 1957년에 내가 귀대하지 않은 사건으로 즉각 날 잡아넣을 것"이라고 주장했다.

1933년 하얼빈에서 태어난 김 씨는 평양제일중학 2년에 재학 중이던 1950년 전쟁이 터지자 자원해서 인민군에 들어가 참전했다. 그때 유엔군의 인천상륙작전으로 보급선이 끊긴 인민군은 태백산맥과 구월산맥

북한군 출신 김수봉과 부인 리나

등을 거쳐 압록강 수풍 댐까지 후퇴했다. 김 씨의 부대는 중국 황희현으로 피신해 들어갔다. 중공군 개입으로 서울이 다시 실함된 1951년 김 씨는 전선에 투입되어 도보로 수원까지 내려갔다. 그러나 이번에도 연합군에 밀려 후퇴했다.

김 씨가 반(反)항공사령부에서 근무하던 때 사령관 한일무가 불러서 갔더니 뜻밖에도 휴가 허가서를 내주었다. 외국도 나갈 수 있는 허가서였다. 김 씨의 매부 김인호가 친분이 있는 한일무에게 부탁해서 얻어낸 것이다. 김인호는 프랑스에서 예술대학을 졸업하고 북한에 돌아와 활동 중인 조각가였다. 프랑스어는 물론 러시아어, 영어에 능통했고 북한 유력자들과 교분이 두터웠다고 한다. 1957년 8월 김 씨는 북한을 떠나 사금채취로 유명한 시베리아의 마가단으로 갔다. 그의 매부는 김 씨에게 소련국적을 얻어주기 위해 뛰었다.

"내가 소련으로 들어간 건 공부를 하고 싶어서였다. 그때 북조선은 외국의 앞선 지식을 배우기 위해 힘쓸 때였다."고 김 씨는 말했다. 나홋카의 북한 영사관에선 그의 귀국을 종용하러 금광으로 두 번이나 찾아왔다. 한 달 휴가를 받고 출국한 장교가 귀대하지 않자 본국에서 난리가 난 모양이다. 그러나 김 씨는 1958년 5월 소련여권을 발급받고 일하던 금광에서 나와 마가단으로 갔다. 마가단은 기차는 없고 자동차만 다니는 곳이다. 그는 화물차수리공장에서 선반공으로 일하며 야간 전문대학에 들어가 공부했다.

그는 머리가 좋아 공부를 잘 했다고 한다. 공장지배인과 당 위원회가 공부를 계속하라고 결정해, 김 씨는 모스크바 소재 5년제 통신대학에 들어갔다. 3학년 때 대학의 과제를 받아 답을 써 보냈더니 시험을 치러 오라는 회신이 왔다. 그는 공장에서 왕복 여비로 150루불을 받았다. 시험을 치고 공장으로 돌아온 지 얼마 안 돼, 당위원회서 '성적이 좋다'고 칭찬하며 1,000루불을 상금으로 주었다. 그는 스키를 사서 일요일마다 스키를 타러 다녔다..

그는 어느 해 그리스로 휴가를 갔다가 돌아와 결혼하게 된 일을 이렇게 털어놨다.

"그때 그리스에서 키 큰 러시아 사람들 뒤에 작달 마한 내가 따라가면 노랑머리 여자들이 신기한 인종이라도 만난 듯 다가와서 내 팔을 만져 보며 말을 걸어왔어요. 사실 그때 나는 장가를 가고 싶어 마음을 앓고 있었던 때요. 한 달 동안의 해외휴가를 마치고 돌아가는 길에 나는 검은 머리의 고려인 처녀를 색시로 얻어야겠다고 마음을 먹고 중앙아시아로 갔어요. 마침 우리 아버지를 아시는 영감님이 조카딸을 시집보내야겠다며 선을 보라고 하더군요. 집안이 크고, 지식분자가 많고, 돈도 많은 집의 딸, 김 리나 알센치오냐였어요. 대학생인 리나는 나에게 '두 해만 기다려 달라'고 하더군요. 리나는 대학을 두 개나 나온 재원입니다. 그런데 나한테 딱 잡힌 거지요."

김 씨와 리나는 1964년 7월 결혼해 프룬제에 정착했다. 그는 설계사무소에서 수력관련 건물, 토목, 댐 등의 설계를 담당했다. 1993년 퇴직할 때까지 그는 중앙아시아에 많은 작품을 남겼다. 키르기스스탄의 2개 인공호수와 펌프수리공장, 카자흐스탄의 트랙터공장 등이 그의 대표작이다.

그동안 김 씨는 프룬제를 떠나려고 두 번 이주를 시도했었다. 첫 번째는 1980년. 하바롭스크로 가서 10개월 동안 집을 지으며 이주준비를 했다. 그곳에서 감자를 심겠다고 당국에 농지임대를 신청하자 빈 땅이 널려 있으니 원하는 만큼 가지라고 해서 놀랐다고 한다. 하바롭스크는 영하 40도의 강추위가 문제지만 땅이 비옥하고 물고기가 많았다. 연어 한 마리 무게가 보통 5kg이나 나갔다. 아무르 강변에 구덩이를 파서 비료로 물고기를 넣고 감자를 심으면 주먹덩이만 한 감자가 주렁주렁 달려 나왔다. 그러나 가족들의 합류 거부로 돌아오고 말았다. 두 번째는 최근의 카자흐스탄 이주 시도였다. 카자흐스탄은 키르기스스탄보다 연금을 많이 줘 퇴직자들에게 인기였다. 그는 비슈케크의 집을 팔고 알마티로 이사해서 집을 짓기 시작했다. 그러나 알마티의 공기가 나빠 결국 비슈케크로 되돌아왔다. 그는 "중앙아시아에선 비슈케크처럼 살기 좋은 곳도 없다."고 말했다.

김 씨는 "소련이 망한 후 좋아진 건 한국방송을 자유롭게 듣는 것"이라고 말했다. 한국방송에서 아리랑, 춘향전, 심청전 같은 민요를 들을 때면 어릴 적 생각으로 눈물이 쏟아진다고 한다. 조선 음식도 생각난다면서 특히 평양국시(냉면)가 먹고 싶다고 했다.

현재 그는 연금으로 월 1,100솜을 받는다. 처 리나는 연금을 많이 타기 위해 카자흐스탄 국적을 취득했다. 비슈케크에서 300km 떨어진 카자흐스탄 탈라스에 친정 사람들이 살고 있어 국적을 옮기는 데는 별로 힘이 들지 않았다. 리나는 카자흐스탄에서 한 달에 6,000탱게(약 2,000솜)의 연금을 받는다. 두 사람의 연금을 합쳐 한 달에 3,000솜을 넘게 받으니 키르기스스탄에선 꽤 많은 편이지만, 생활이 어렵기는 마찬가지라고 한다.

"우리가 지금 살고 있는 아파트는 45평방미터짜리입니다. 겨울이면 난방비로 한 달에 300솜을 내고, 전화는 기본요금이 한 달 68솜이지만 외국에 전화를 조금만 걸어도 600-800솜이 나와요. 알마티나 타지키스탄의 두산베에 전화 한번 걸면 200솜을 내야해요. 우리 집의 경우 내가 타는 연금은 수도료·전화료로 다 나가고, 아버지의 연금으로 생활을 합니다. 너무 빠듯해 카자흐스탄에 사는 딸과 아들이 조금씩 보태줍니다. 가끔 내가 조선말 번역을 해 생활비에 보태지만 이젠 눈이 잘 안 보여 그것도 계속하기 어려운 형편입니다."

그래도 김 씨는 다른 사람보다 형편이 낫다면서 "딴 수입 없이 연금만 바라보고 사는 영감들은 쎄게 고생한다."고 말했다. 술은 입에 대지 않는다는 김 씨는 책을 벗하며 여생을 보내고 있다.

통칭 50만… 우즈베키스탄·러시아 많이 살아

중앙아시아고려인의 러시아 이주는 1990년대에 붐을 이루었다가 2000년대 들어 누그러진 상태이다. 경제적 여유가 있는 사람들의 이동은 사실상 1990년대 중반에 끝났다. 지금은 러시아로 떠나고 싶어도 현거주지의 재산처분이 어렵고, 향후 생계수단의 불확실성, 과도한 재이주 비용 등으로 발목이 잡혀있는 실정이다. 러시아 내의 급등한 주거비, 까다로운 국적취득 절차, 스킨헤드로 상징되는 인종차별적 문화도 이들의 러시아 이주를 어렵게 만들고 있다. 중앙아시아에서 수십 년 간 쌓은

CIS(독립국가연합)지역 고려인의 국가별, 시기별 인구변화   <단위 명>

연도별 국가별	1989	1999	2015	필자 추정치	출처
<독립국가연합>	439,000	466,000	481,574	456,251	필자 취합
러시아	107,051	125,000	159,419	153,156	2010 인구센서스
우즈베키스탄	183,140	198,000	182,957	163,787	2000 위키피디아
카자흐스탄	103,315	105,000	105,400	106,287	2015 국가통계청
키르기스스탄	18,355	19,000	17,617	16,828	
우크라이나	8,669	9,000	12,711	12,714	2001 인구센서스
투르크메니스탄	2,848	3,000	1,048	1,057	2015 재외동포현황
타지키스탄	13,431	6,000	634	634	2010 위키피디아
벨라루스	638	1,000	1,265	1,265	2015 재외동포현황
몰도바	269	-	116	116	
그루지야	242	-	22	22	
아제르바이잔	94	-	34	34	
아르메니아	29	-	350	350	
라트비아	249	-	1	-	
에스토니아	202	-	-	-	
리투아니아	119	-	-	-	

출처 *1989·1999 소련 및 러시아 통계 *2015 외교부 통계

기반을 버리고 낯선 땅에 가서 모험하느니 차라리 그대로 남아 기회를 보며 사는 게 났다는 판단도 작용했다. "이제 떠날 사람은 다 떠났다. 돈 없고 힘없는 사람만 남았다."고 중앙아시아고려인들은 말한다. 남아있는 사람들은 대부분 현지 정착으로 마음을 굳혔다는 것이다. 물론 상당수는 여전히 이주를 희망하고 있는 것도 사실이다. 특히 경제적으로 어려운 우즈베크고려인은 기회가 오고 여건만 되면 언제든지 우즈베키스탄을 떠날 태세다.

소련해체 후 절정을 이루었던 이동과 이주로 인해 유라시아고려인의 국가별 인구분포는 과거와 많이 달라졌다. 물론 그 상황을 정확하게 파악하기엔 자료가 아주 미흡하다. 소련붕괴 후 정확도 높은 인구센서스를 실시한 나라는 2002년 10월의 러시아가 최초다. 우즈베키스탄과 우크라이나의 경우 최근 인구통계를 발견할 수 없고, 투르크메니스탄은 통계청 사이트가 존재하나 소수민족에 관한 자료가 없다. 신생 독립국들의 인구조사 통계는 시기적으로 편차가 크고 신뢰성이 떨어지는 문제점을 안고 있다. 그나마 제대로 공개도 하지 않고 있다. 고려인의 경우 봄이면 러시아 남부지역으로 이동해 농사를 지어 판매한 후 가을에 중앙아시아로 돌아가는 고본질 종사자가 많지만 이에 따른 인구변화를 추적 조사한 사례는 없다. 각국의 고려인 인구수를 놓고 발표기관이나 학자에 따라 상당한 차이를 보이고 있는 것은 이 때문이다.

  CIS지역 고려인 총인구에 관한 통계는 소련해체 이후 어떠한 나라에서도 발표된 적이 없다. 구소련처럼 CIS 전역을 지배하는 나라가 없으니 그렇게 된 것이다. 우리 외교부가 2000년대부터 격년으로 발간해온 '재외동포현황'이 고려인 총인구를 파악할 수 있는 유일한 자료다. 그런데 여기서 쓴 통계는 추정치여서 신뢰성이 떨어지는 게 문제다. 외교부 통계는 각국의 인구센서스 및 통계청 자료를 토대로 하여 현지의 고려인 단체 등을 통해 파악한 인구변동상황을 참고해서 각 공관이 산정한 추정치를 집계한 것이다. 2015년 재외동포현황에 수록된 13개 국가별 고려인 인구의 합계는 총 48만 1,574명이다. 이 숫자엔 각국의 공식통계에서 제외되기 마련인 무국적 고려인이 다수 포함되었을 것이다.

  필자가 CIS 각국의 최근 통계를 근거로 집계한 유라시아고려인 총인구는 45만 6,246명(표: 'CIS지역 고려인의 국가별·시기별 인구변화' 참조)이다. 러시아고려인은 2010년 러시아연방 인구센서스, 카자흐스탄과 키르기스스탄은 2015년 국가통계청, 우크라이나는 2001년 인구센서스 자료를 각각 인용했다. 우즈베키스탄과 타지키스탄은 위키피디아 자료, 벨라루스, 투르크메니스탄 등은 우리 외교부 자료를 인용했다. 이들 합계에 러시아, 우크라이나 등지에서 숨어 사는 무국적자 3만~4만을 추가하면 유라시아 대륙의 고려인 총인구는 48만~49만여 명으로 추산된다. 통칭 '50만 고려인'이다. 역사학자 니콜라이 부가이는 구소련지역 내 고려인 총수가 1990년대에 이미 약 50만 명에 달했다고 주장했다. 그러나 남혜경 등이 2005년 펴낸 보고서는 고려인 수를 50만 명 이상으로 보는 것은 현실과 너무 차이가 난다고 비판했다. 과거 소련에서 고려인의 출생률과 인구증가는 감소세를 보였기 때문에 최근의 고려인수는 1989년과 같은 수준인 45만 명 정도로 보는 것이 옳다고 주장했다.

'유라시아 최대 밀집' 타슈켄트 13만

2015년 외교부 자료에 따르면 고려인 최다 거주국은 우즈베키스탄이다. 2년 전보다 1만 1,000여 명이 증가한 18만 2,957명이 살고 있다. 그런데 이 증가폭은 소련붕괴 후 지속되고 있는 우즈베크고려인의 감소 추세와 배치되는 것이어서 신뢰성이 의심된다. 러시아고려인은 1만 1,642명이 감소한 15만 9,419명으로 집계되었다. 이는 2010년 러시아연방 인구센서스에 근접한 수치다. 이 두 나라를 제외한 모든 CIS국가에서 2015년 고려인 인구는 2년 전과 비교해 큰 차이가 없다. 외교부 통계에서 주목할 것은 우즈베키스탄 수도 타슈켄트 일대가 유라시아 대륙 최대의 고려인 밀집지역이라는 사실이다. 이곳 고려인 인구는 13만 6,520명으로 러시아 연해주의 5배나 된다.

I 슬라브 문화권

1. 러시아연방

러시아고려인은 서쪽 상트페테르부르크에서 최동단 캄차카에 이르기까지 거의 러시아 전 지역에 걸쳐 점점이 분포돼 있다. 그 결과 고려인은 러시아 내 거주하지 않는 곳이 없으며, 있어도 밀집돼 사는 곳이 없다는 소리를 듣고 있다.

고려인 15만 3,156명
모스크바 이주 가장 많이 늘어

2010년 러시아연방 인구센서스에 따르면 러시아고려인 인구는 15만 3,156명이다. 2002년 센서스의 14만 8,556명보다 4,600명이 증가했다. 러시아연방 내 83개 연방주체 행정구역 가운데 고려인이 제일 많이 사는 곳은 사할린주 2만 4,993명과 연해주 1만 8,824명이다. 다음이 로스토프주 1만 1,597명, 모스크바시 9,783명, 하바롭스크변강 8,015명, 볼고그라드주 7,044명, 스타브로폴변강 6,759명, 모스크바주 5,537명, 사라토프주 4,206명, 카발디노-발카르공화국 4,034명 순이다.

러시아에서 고려인 인구가 가장 많이 증가한 지역은 모스크바 일원이다. 이곳 고려인은 총 1만 5,320명으로 8년 전보다 3,458명이 늘어났다. 러시아 제2의 도시 상트페테르부르크 지역에도 5,153명이 살고 있다. 최근 고려인의 도시집중 현상을 보여주는 인구동태다. 다음으로 많이 늘어난 곳은 사라토프주 1,673명, 아무르주 1,059명, 노보시비르스크주 1,039명 순이다. 반면에 인구가 가장 많이 감소한 곳은 사할린주로

모스크바 크렘린의 야경. 앞에 성 바실 성당이 보인다.

4,599명이 줄었다. 사할린고려인의 한국귀환과 대륙이주의 증가가 빚어낸 결과다. 다음으로 많이 줄어든 곳은 하바롭스크변강 1,504명, 카발디노-발카르공화국 688명, 사하(야쿠티야)공화국 394명 등이다.

원동 고려인 인구 감소

한반도와 이웃한 원동지구의 고려인 인구는 총 5만 6,973명이다. 사할린주, 연해주, 하바롭스크변강을 비롯해 아무르주 1,756명, 사하공화국 1,421명, 캄차카변강 1,401명, 마가단주 183명, 유대인자치주 352명, 추코트카자치주 28명 등이 거주하고 있다. 원동의 고려인은 그러나 8년 전보다 4,973명이 감소했다.

원동 다음으로 고려인이 많이 사는 곳은 남부지구, 즉 북캅카스 지역과 볼가지구, 즉 볼가강 유역이다. 러시아의 곡창지대인 이 두 지구의 고려인은 총 5만 2,406명에 달한다. 8년 전과 비교해 4,287명이 증가했다. 결론적으로 말해, 원동을 떠난 약 5,000명의 고려인이 모스크바와 남부 및 볼가지구로 이주했다는 것이다.

남부·볼가지구 새 집결지로

남부 및 볼가지구는 1930년대부터 고려인들이 벼농사 전수와 고본질을 위해 찾아가면서 인연을 쌓다가 소련해체 후 우즈베키스탄, 타지키스탄 등지로부터 이주민이 몰려들어 신흥 고려인 집결지로 부상했다.

이곳으로 고려인이 몰려든 이유는 농경과 농산물 판매가 수월하고 임금이 높을 뿐 아니라, 무엇보다도 러시아어를 사용하는 러시아 문화권이기 때문이다. 특히 볼고그라드 지역은 모스크바나 로스토프에 비해 집값이 싸서 정착금이 충분치 못한 사람도 이주가 용이했다. 개간할 토지가 많고, 이주민에 대한 지방정부의 호의적인 정책도 고려인을 끌어들였다. 2차 대전 때 주민 희생이 컸던 볼고그라드 지역은 각종 세제혜택 등을 통한 인구증가 시책에 적극적이다.

러시아 남부의 고려인 사회는 그동안 3차례의 이주에 의해 형성된 것이다. 첫 번째 이주자 집단은 1950년대부터 1980년대 사이에 파볼지예(볼가강 유역)와 북캅카스의 농업콜호스에 이주해온 농업종사자들이다. 오늘날 이들은 대부분 도시에 정착하여 농업이 아닌 다양한 생업에 종사하고 있다. 두 번째는 1980년대 중반 페레스트로이카 시기에 시장경제 요소가 확산되자 고본질을 하기 위해 몰려왔다가 정착한 집단이다. 세 번째는 소련해체 이후에 시작된 이주다. 이들의 대부분은 1992년 타지키스탄의 내전을 피해 온 전쟁난민과 우즈베키스탄의 경제난과 소수민족 차별이 가져온 생활난민들이다. 이러한 세 종류의 고려인 집단 말고도 소수이지만 사할린 등지에서 이주해 온 고려인과 중국에서 온 조선족 동포도 자주 볼 수 있다.

소련해체 후 농업지대로 몰려들었던 고려인, 특히 불법체류자들은 고본질의 수익 악화로 농업경쟁에서 밀리자 농촌을 떠나고 있다. 임금이 높고 교육여건이 좋은 대도시로 재이주하기 시작한 것이다. 노동력 있는 젊은이들이 일자리를 찾아 농촌을 떠나면서 볼가 강변의 고려인 사회는 노인만 남아 농사를 짓는 가구가 늘어나고 있다. 일부 지역에서는 원(原)거주국으로 돌아가는 현상도 나타나고 있다.

① 모스크바·상트페테르부르그

러시아의 대표적인 정치·경제·문화 도시인 모스크바와 상트페테르부르그에 거주하는 고려인 1세는 1950년대 말부터 1960년대 초에 교육을 받기 위해 유학을 온 사람들이다. 그 후 가족들이 합류해 다양한 직종에 종사하며 생활영역을 확대하였다. 현재 모스크바지역에 거주하는 고려인 수는 공식통계상 1만 5,320명이나 비공식 추계론 2만 명이 넘는다. 이들 중 약 3,000여 명이 거주등록을 받지 못한 불법체류자라고 한다. 상트페테르부르그시에 거주하는 고려인 수는 소련해체 이전에 약

러시아연방 내 고려인의 연도별 인구수 <단위 명>

연 도	인 구 수
1970	101,369
1979	97,649
1989	107,051
1993	112,000 ~ 115,000
1999	125,000
2002	148,556
2010	153,156

*1970~2010년 소련 및 러시아 통계

3,000명 정도였으나 현재는 4,031명으로 늘어났다. 인근지역을 포함하면 5,100여 명 정도이나, 여기에 불법체류자를 포함하면 1만 명이 넘을 것으로 예상된다.

모스크바와 상트페테르부르그에 거주하는 고려인 3, 4세들의 학력은 다른 지역의 고려인에 비해 매우 높다. 이들 중 많은 사람들이 기술자, 공장 근무자, 사무원, 교사, 자영업자로서 주로 도시적인 직업에 종사하고 있다. 반면에 군인이나 공무원은 모두 합해도 1%가 안 될 정도로 미미하다. 이들의 생활수준은 높은 학력과 직업적 배경으로 인해 중간층에 속하는 사람이 많다.

② 사할린

사할린의 총인구는 소련붕괴 이후 경제난 등으로 인해 줄어들고 있다. 1989년 71만 명에서 2002년 54만 7,000명으로, 10여년 사이에 약 16만 3,000명이 감소했다. 고려인 인구도 2차 대전 종전 당시(4만 3,000명)보다 1만 8,000여 명이 감소해, 2010년 현재 2만 5,000명 정도가 남아 있다. 임금 수준이 높고 기후가 좋은 대륙으로 이주하거나 한-소 수교 이후 본격화된 한국귀환 등이 주된 인구감소 이유로 작용하고 있다. 사할린고려인의 80%인 약 2만 명은 주도인 유즈노-사할린스크 시에 집중 거주하고 있다.

사할린고려인의 한국귀환이 처음 실현된 것은 1992년 9월이다. 이때 사할린고려인 1세대(1945년 8월 15일 이전 사할린 이주 및 출생자) 76명이 '무의탁 영주귀국자'라는 이름으로 입국했다. 영주 귀국사업은 1994년 한국과 일본정부가 비용 분담에 합의하면서 소규모로 진행되다가 2004년부터 본격화되었다. 비용 분담은 영주귀국에 따르는 비용의 경우 일본

측이 부담하고 귀국 후 생활비는 한국정부가 부담하는 방식으로 해결되었다. 2015년 12월 현재 영주 귀국한 사할린 고려인 수는 총 4,376명에 달한다. 이들은 부산, 인천, 안산, 파주, 화성, 춘천, 제천, 청원, 고령 등 19곳에 마련된 정주시설에 기거하고 있다. 그런데 이 사업은 1세대만 영주 귀국할 수 있고 1945년 8월 15일 이후 출생한 2, 3세대 가족은 동반할 수 없는 방식 때문에 새로운 이산가족을 만들어 놓는 문제를 야기하고 있다.

사할린고려인들은 이주 역사가 짧은 탓에 상대적으로 민족정체성이 강하게 남아 있다. 특히 2세들도 서울표준어에 가까운 모국어를 구사해, 러시아·중앙아시아에 진출한 한국기업이나 선교교회 등에서 통역이나 관리직으로 많이 채용되고 있다.

그러나 3~4세대로 내려가면 사정이 달라진다. 사할린대 박승의 교수의 2012년 설문조사에 따르면 민족정체성에 대해 1세대는 100%가 자신을 한인으로 생각한다고 답변했다. 하지만 자신을 러시아인으로 생각한다는 답변이 2세대 10%에 불과하던 것이 3세대는 37%, 4세대는 60%로 급격히 증가한다. 또 모국 관련 질문에 1세대의 100%가 한국으로 돌아갈 생각이 있다고 응답한 반면 러시아에서 태어난 세대는 한국으로 돌아갈 생각이 없다는 답변이 2세대 53%, 3세대 94%, 4세대는 100%에 달했다. 1세대 전원이 한국으로 돌아가고 싶다고 한 것과 3~4세대의 거의 전원이 한국으로 돌아갈 생각이 없다고 한 답변은 너무 대조적이다. 사할린고려인 사회의 동질성이 크게 약화됐음을 보여주는 사례. 또 3세대 이하의 70%가 한국어를 모르는 것으로 나타난 사실도 주목할 필요가 있다. 사할린고려인은 모국어를 잘 한다는 평판이 곧 퇴색할지 모른다.

현재 사할린에는 북한 건설노동자 3,000여 명이 파견된 것으로 알려져 있다. 인력공급회사를 통해 건너온 이들은 도로나 건설공사장에서 일하거나 스스로 상점·주택 수리 등을 맡아 돈벌이를 한다. 중국인도 1,000여 명 정도 진출한 것으로 추정되는데 그 중 약 10%는 조선족으로 알려졌다.

③ 연해주

1937년 강제이주로 연해주를 등졌던 고려인들에게 이 역사적 고토는 향수를 자극하는 '마음의 고향'이다.

중앙아시아로 유배된 고려인이 연해주로 되돌아오기 시작한 것은 1950년대 중반부터다. 1956년 고려인에 대한 거주제한조치가 해제되자 경제적 여유를 가진 일부 고려인들이 우즈베키스탄과 카자흐스탄을 떠나 독자적으로 이주해온 것이다. 소련 공식통계에 따르면 연해주에는 △1959년 6,597명 △1970년 8,003명 △1989년 8,125명의 고려인이 거주했다. 30년 동안 연해주로 귀환한 고려인 수는 그렇게 많지 않았다. 이는 냉전시기 군사적 이유로 블라디보스토크와 연해주 국경지역에서 취한 출입제한조치와 관련이 있다.

러시아중앙정부나 연해주지방정부는 고려인들이 '명예회복법'에 따라 연해주에 귀환해 살겠다는 것에 대하여 이의를 제기하지 않는다. 한국의 원동지역 투자·개발과정에 고려인들이 자연스럽게 합류해 집단 거주하는 것에 대해서도 반대하지 않는다는 입장이다. 근면한 고려인들이 정착해 연해주에 부족한 곡식과 야채를 생산해주는 동시에 한국으로부터의 투자가 활성화되기를 기대하고 있기 때문이다.

연해주 고려인 인구는 집계 주체에 따라 상당한 차이를 보이고 있다.

2010년 러시아연방 인구센서스에 따르면 1만 8,824명이다. 8년 전보다 925명이 늘어난 수치다. 우리 외교부의 '2015년 재외동포현황'에 수록된 연해주 고려인 추정치는 2만 8,824명으로 러시아 통계보다 꼭 1만 명이 많다. 고려인 총수를 1만 명 불러 놓고 뒤 4자리 수까지 러시아 통계를 그대로 베낀 인상이다. 연해주 고려인민족문화자치회는 고려인 수를 4만~5만으로 추정하고 있다. 1991년 소련붕괴 후 2000년까지 중아아시아 각국에서 3만여 명이 연해주로 이주해왔고, 그 후 10년간 약 1만여 명이 추가 유입되었다는 설명이다.

고려인 주민의 대부분은 연해주 남부 도시지역에 집중 거주하고 있다. 가장 많이 사는 곳은 중국으로 통하는 국경도시이자 물류 중심지인 우수리스크 일대다. 현지인들에 따르면 이곳에 약 2만여 명이 살고 있고, 블라디보스토크 5,000명, 아르툠 3,000명, 파르티잔스크(빨치산스크) 3,500명, 나홋카 5,000명, 스파스크-달니 1,500명 등이 거주하고 있다고 한다.

러시아 원동지구는 인구가 계속 감소하고 있다. 그 중에서 인구 감소폭이 가장 적은 곳이 연해주. 모스크바 쪽으로 이주해 간 슬라브계 주민들의 빈자리를 고려인뿐만 아니라 중국, 북한, 베트남 등 아시아계 민족들이 상당 부분 메워주고 있기 때문이다. 현재 블라디보스토크 일대에서 일하고 있는 북한 노동자 수는 5,000명 정도로, 러시아정부로부터 1년짜리 노동허가증을 발급받아 체류하고 있는 것으로 알려졌다. 한국교민은 300여 명이 거주하고 있다.

연해주는 인구밀도가 희박하기 때문에 민족 간의 갈등이 일어날 소지가 적다. 하지만 중국인 이주민의 급격한 증가로 인해 러시아인 사이에 '황색화'를 염려하는 소리가 나오고 있다. 원동지역에는 불법적으로

블라디보스토크의 시베리아 횡단철도역. 1937년 고려인들이 강제이주열차를 타고 중앙아시아로 떠난 곳이다.

장기 체류하고 있는 중국인이 20여만 명이 훨씬 넘고, 중국조선족도 수천 명 이상이 정주(定住) 또는 임시 거주하고 있는 것으로 알려졌다. 조선족은 장사 이외에 농업에도 진출해 있다. 연해주당국은 정례적으로 중국인 불법체류자를 추방했다가 눈감아주는 일을 반복하고 있다.

고려인의 연해주 재이주는 1993년 공표된 '러시아고려인에 대한 명예회복법'이 큰 영향을 미쳤다. 이 법령은 러시아고려인에게 강제이주 이전의 원래 거주지인 연해주로 귀환할 권리가 있음을 인정하고, 독립국가연합 고려인에 대해서도 원한다면 러시아연방의 국적을 취득할 권리를 부여했다. 또 지역자치기관은 원거주지로 귀환한 고려인이 정착할 수 있도록 주택건설 지원, 국적 부여, 토지 분배, 특별융자 등의 혜택을 주도록 규정하고 있다. 다만 집단적 이주가 야기할 수 있는 현지인과의 마찰이나 고려인들의 영토적 자치주장 가능성을 경계해 개별적 이주만을 허용하고 있다.

고려인 명예회복법의 취지를 살려 연해주에 생긴 것이 '고려인 정착촌(일명 코리아타운)'이다. 연해주정부는 1998년 1월 고려인 이주민을 위한 정착지로 과거의 병영 등 군사시설 6개소와 농지 1,901ha(약 575만 평)를 '연해주고려인재생협회(회장 김 텔미르)'에게 무상 임대했다. 또 이주민 6만~7만 명을 수용할 수 있는 30~40개의 정착촌 조성계획을 세우고 고려인들을 입주시키기 시작했다. 1999년에 정착촌 거주자는 200가구 800여 명에 달해, 기대를 높였다.

그러나 과거의 군용막사를 주거시설로 이용하려던 시도는 모두 실패로 끝났다. 정착촌이 일반 주민들의 생활공간과 멀리 떨어져 있는데다가, 폐가나 다름없는 막사의 난방, 전기, 상하수도 등의 시설 개체에 소요되는 막대한 비용을 조달할 수 없었기 때문이다. 또 무상임대로 받은 시설은 언젠가는 국가에 반납해야 하는 것이어서 입주자들이 재산권을 행사할 수 없다는 것도 문제였다. 정착촌 거주인구는 점차 줄어 2002년엔 87세대 181명밖에 남지 않았다. 결국 이듬해에 정착촌이 와해되면서 임대했던 농지와 시설을 모두 연해주정부에 반납해야 했다. 정착촌을 떠난 고려인들은 러시아인이 버리고 간 주변의 빈집에 들어가 살면서 농사를 지었다. 도시로 나간 사람들은 노동판이나 장사판에 뛰어들었다. 한국으로 취업나간 사람도 적지 않았다.

연해주로 이주해온 중앙아시아고려인은 1990년대 전반기의 경우 타지키스탄이나 캅카스 같은 분쟁지역에서 온 난민들이 많았다. 후반기에는 이주자금이 없는 사람, 뒤늦게 이주를 결심한 사람들의 이주가 활발했다. 되돌아간 사람도 적지 않았다. 원동지역에서 출생한 한 이나겐지는 타지키스탄 두샨베에서 30년간 외과의사로 일하다가 소련이 해체되면서 1992년 우수리스크로 이주해 살았다. 그러나 연해주의 추운 기후가 싫어서 5년 후 아들과 시어머니가 있는 볼고그라드로 다시 옮겼다. 카자흐스탄에서 벼농사를 지으려고 왔다가 기후가 맞지 않는다고 정착을 포기한 사람도 있었다. 연해주는 농업 인프라가 제대로 갖추어지지 않은데다가 만주라는 강력한 농업경쟁자를 바로 곁에 두고 있어 농업이민이 성공하기 어려운 지역으로 인식되고 있다.

1990년대 이주민들은 주로 채소 농사를 짓고 야채장사, 반찬장사, 시장점원, 건설노동자로 힘들게 생계를 이어갔다. 경제난과 더불어 국적취득의 어려움까지 겹쳐 이중삼중으로 고생한 사람이 많았다. 그러나 지금은 대부분 시장이나 관공서, 업계 등에 진출해 비교적 안정된 삶을 누리고 있다. 무국적자나 장기적인 불법체류 상태로 남아있는 사람도 크게 줄었다고 한다. 개인적으로 특별한 문제가 없으면 당국이 1~2년 내에 국적문제를 해결해주고 있다는 것이다. 동북아평화연대의 김승력 사무국장은 "10여 년이란 짧은 기간에 생활기반을 잡아나가는 민족은 고려인밖에 없는 것 같다"고 말했다.

연해주로 이주한 최 니키타 <인터뷰 2010. 4>

우즈베키스탄에서 태어나 우즈베키스탄에서 살던 고려인 최 니키타(1951년 생) 씨가 아버지의 고향 연해주로 이주한 건 2001년 5월. 그의 나이 50세 때다. 먼저 연해주로 이주한 딸 타냐를 좇아서 온 것이다. 타냐는 결혼한 지 석 달 만인 2001년 2월에 시집 식구들과 함께 연해주로 왔다.

이주 초에 최 씨는 하롤에 터를 잡고 2ha의 밭에 수박, 오이, 토마토 등을 심으며 재기의 꿈을 키웠다. 그러나 무릎 높이까지 쏟아진 장마 폭우로 인해 최 씨의 농사는 1년 만에 실패로 끝났다. 그는 라즈돌노예에 있는 고아원에 잡부로 취직해 가까스로 자신의 숙식은 해결할 수 있었으나 부인 루바와는 떨어져 살아야 했다. 루바는 딸 타냐의 소개로 우수리스크의 '중국시장'에서 점원으로 일하며 셋방을 얻어 따로 기거했다.

최 니키타

당시 라즈돌노예에는 최 씨의 누님 가족들도 우즈베키스탄에서 이주해 와, 난방도 안 되는 빈 군대막사에서 겨울을 나고 있었다. 누님 가족들은 찐만두를 만들어 팔고 리어카에 채소 등 먹을거리를 싣고 행상을 하며 고생스럽게 지냈다.

최 씨는 2008년부터 우수리스크 외곽 순얏센의 '고향마을'에서 목수 겸 크레인 운전사로 일하며 마을의 허드렛일을 도맡아 하고 있다. 집 짓는 일, 문짝 만들기는 물론이고 크레인을 운전해 소먹이, 석탄, 이삿짐 등을 나르는 일도 모두 그의 몫이다. 성실하고 책임감이 강한 최 씨는 마을에서 '이장(里長)'으로 통하고 있다. '고향마을'은 한국의 고려인지원 시민단체인 동평(동북아평화연대)이 건설한 고려인 정착마을이다. 최 씨는 '동평'이 지원하는 월급으로 생활하고 있다.

고향마을 주변에는 그의 누님 2명을 비롯해 매형 조카 등 친인척 13명이 모여 살고 있다. 모두가 최 씨의 뒤를 따라 우즈베키스탄에서 이주해온 사람들이다. 고려인들은 대개 가족, 친지, 친구들이 함께 이주하여 상부상조하며 산다. 먼저 온 사람들은 나중에 합류한 친인척들에게 쪽방이라도 마련해주며 정착을 지원하는 게 상례다.

연해주 이주 전에 최 씨는 우즈베키스탄 타슈켄트의 드미트로프 콜호스에서 18년 간 차량 운전사로 근무했다. 아내는 낮에 밭에 나가 일하고 밤에는 삯바느질로 생계를 도왔다. 고려인 거주인구가 1천명이 넘는, 큰 고려인 마을인 드미트로프 콜호스는 1980년대 후반 우즈베크 민족주의가 부활하면서 술렁거렸다. 소련의 혼란으로 경제가 무너져 살기가 힘들어진데다가 토착민족의 소수민족 차별이 노골화된 때문이었다. 고려인 콜호스의 주인은 어느새 우즈베크인으로 바뀌었고, 우즈베크어를 못하는 고려인 등 소수민족은 취업기회마저 박탈당했다. 소수민족에게 장래가 없어진 것이다. 고려인들은 그 돌파구로 조상들의 옛 터전인 연해주에 고려인촌을 세워 우리끼리 오순도순 살자며 연해주 재이주를 떠올리기 시작했다. 연해주는 러시아 땅으로 남아 있으니, 러시아어를 계속 사용하면서 자녀교육의 희망을 키울 수 있을 것이라는 기대도 크게 작용했다.

드미트로프 콜호스의 고려인들은 연해주 이주문제를 검토하기 위해 선발대 18명을 현지로 파견했다. 이주 후보지로는 땅이 기름지며 교통이 좋고 경제활동이 활발한 파르티잔스크, 나홋카 등을 점찍었다. 최 씨는 친척들이 모아 준 1500루블을 들고 나홋카로 향했다. 그곳에서 30일 간 머물며 정착을 위한 탐색활동에 나섰지만 당장 입에 풀칠할 일거리조차 찾을 수 없었다. 먼저 온 고려인들은 자리를 잡았을 것이라고 생각했지만 그런 사람은 한 명도 만날 수 없었다. 결국 아무런 소득 없이 타슈켄트로 돌아온 최 씨는 마을 사람들의 시선이 두려워 새벽 5시에 집으로 숨어 들어갔다고 한다.

우즈베크고려인들의 연해주 이주는 1992년부터 물꼬가 트이기 시작해, 96년까지 꽤 많은 사람이 들어왔다. 당시 이주 고려인들은 당당했다.

그들은 연해주 이주동기를 묻는 러시아 관리 앞에서 "우리는 우리 할아버지, 아버지가 살던 우리 땅에 돌아왔을 뿐"이라고 의연하게 답변했다고 한다. 이주 초기에 고려인들은 대부분 자신의 전문성을 살리지 못하고 농장일꾼이나 시장점원으로 취업해 생계를 꾸려나갔다. 물론 금전적 여유가 있으면 바로 비즈니스를 시작했다. 현재 최 씨의 딸과 사위는 연해주 최대의 도·소매시장인 우수리스크 '중국시장'에서 점원으로 일하고 있다.

이 시장은 주로 중국산 물품을 취급한다고 해서 중국시장으로 불린다. 고려인 사업가가 1994년 야외에 장마당을 열면서 형성된 시장이다. 이곳은 중국에서 중저가 생필품을 들여오는 중국인과 중국조선족, 중국산 의류를 도매로 떼어가는 사할린고려인, 인근에 정착한 중앙아시아 출신 고려인 상인과 러시아인 소비자들이 만나는 국제시장이다. 중국인(조선족 포함)들은 합법적인 절차를 거쳐 500달러의 비용을 지불하고 유효기간 1년의 노동허가증을 받아 들어온다. 상점 주인은 대부분이 중국인이거나 중국국적의 조선족이고, 고려인 주인도 약 15%가량 된다고 한다. 고려인들은 주로 부가가치가 높은 의류나 신발가게를 운영하고 있다. 종업원으로 일하는 고려인도 적지 않다. 흥미롭게도 이곳 상인들 간에 통용되는 언어는 러시아어도 중국어도 아닌 한국어다. 중국인이 시장에서 장사를 하려면 러시아어에 능통하고 러시아당국의 규제를 받지 않는 고려인의 도움이 필요하다. 중국인은 시장에서 직접 장사를 할 수 없도록 법령으로 막고 있기 때문이다. 그래서 중국국적의 조선족은 고려인과 동업하는 경우가 많다.

최 씨는 2010년 4월 하순에 서울을 방문할 기회를 가졌다. 동평이 연해주에서 개발 생산하는 차가버섯 청국장을 한국시장에 홍보하기 위한 나들이였다. 연해주는 땅이 기름져 비료를 뿌리지 않아도 농사가 잘 된다고 그는 자랑했다. 차가버섯 청국장의 원료인 연해주 콩은 비료를 주지 않고 잡초 속에서 키우는 유기농 콩이라 서울 사람들한테 인기가 있다고 한다. 우수리스크 주변에는 동평이 지원하는 고향마을, 우정마을 등 6개 마을에 중앙아시아 출신 고려인 200여 가구가 정착해 콩 농사 등을 지으며 살고 있다.

현재 최 씨의 친인척 중에는 조카 부부가 한국에 나가 돈벌이를 하고 있다. 조카는 안성에서 일용직으로 일하고 있고, 조카며느리는 식당 청소와 모텔 카운터 일을 보며 한 달에 120만 원 정도를 벌고 있다고 한다.

개인적인 소망을 묻자 최 씨는 "가족과 친지들이 연해주에서 안정된 일자리를 얻어 오붓하게 사는 것"이라고 말했다. 그러나 "한국을 다녀온 고려인들은 거의가 한국에 머무르려고 하는 게 문제"라고 걱정했다. 한국의 고된 노동에는 힘겨워하지만 러시아보다 상대적으로 높은 임금 때문에 한국을 선호한다는 것이다.

④ 남부지구

러시아 남부 및 볼가강 유역의 볼고그라드, 아스트라한, 크라스노다르, 로스토프주 등은 러시아의 곡창지대다. 볼고그라드는 2차 대전 때 나치독일군을 격퇴해 소련을 위기에서 구한 '스탈린그라드 공방전'으로 유명한 곳이다. 1961년까지 스탈린그라드라고 불렀다.

볼고그라드에 고려인 집거지가 형성되기 시작한 것은 1950년대 말. 캅카스 지역으로 벼농사 기술을 지도하기 위해 초빙된 고려인들이 이곳으로 이주하면서부터다. 그 후 농업콜호스 건설을 위해 이주해온 고려인의 합류로 1980년대까지 5,000명 정도가 살았다. 이들은 현재 대부분 볼고그라드시를 비롯한 도시에 정착해 교육, 의료, 국가기관 등에 종사하고 있다.

소련붕괴 후 타지키스탄과 우즈베키스탄으로부터 이주가 급증해, 이곳 고려인 인구는 2만 명 이상으로 늘어난 것으로 추정되었다. 새 이주민들은 대부분 농촌지역에 정착했는데 일부는 원거주국으로 역이주하는 현상도 있다고 한다. 타지키스탄에서 이주해온 난민들은 농촌마을에 가족, 친척 단위로 통상 30~40가구 혹은 10가구 단위로 모여 살면서 주로 고본질에 종사하고 있다. 이들은 유대감이 강하지만 배타성도 강하다고 한다.

1950년대 고려인 이주 시작

볼고그라드에 사무소를 두고 있는 '우리민족서로돕기운동본부'에 따르면 이곳 고려인 인구는 도시와 농촌을 합쳐 3만 명 정도이며, 농번기에는 4만 명에 이르는 것으로 추정하고 있다. 이는 불법 체류자와 유동인구를 포함한 숫자다. 공식 통계상 인구인 7,000여 명과는 차이가 크다. 아무튼 그 중 약 1,600가구 8,000여 명이 볼고그라드시에, 4,600가구 2만 4,000명이 주변의 8개 라이온(郡)의 20개 마을에 거주하고 있다는 것이 '우리민족서로돕기운동본부' 측의 말이다.

볼고그라드는 원래 독일인들이 모여 살던 지역으로, 소련붕괴 후 많은 독일인들이 가옥과 농지를 두고 독일로 귀환하는 바람에 그 뒤를 고려인들이 메운 셈이 되었다. 초기의 고려인 이주민 가운데 1,000여 명은 땅을 파고 그 위에 갈대나 판자로 지붕을 얹은 땅굴집이나 움집에서 비참한 생활을 했다. 그러나 지금은 대부분의 고려인이 어느 정도 생활기반을 다진 상태다. 고려인들은 대개 볼가강과 돈강 사이의 비옥한 흑토지대 마을에 정착했다. 도심과 떨어진 변두리 지역이어서 당국의 불법체류자 단속을 피할 수 있는 곳이었다. 이들은 브리가다(농사작업반)단위로 흩어져 고본질 방식의 임차농(賃借農)에 종사하며 주로 양파, 토마토, 수박, 오이, 고추, 배추 등을 재배하고 있다. 볼고그라드에서 나는 과채류의 60%는 고려인들의 생산물이라고 한다. 고려인 가운데는 대농(농지규모 100ha이상), 중농(50~100ha)도 있으나 대부분이 2~10ha이하의 소농이다.

'우리민족서로돕기운동본부'의 파견원 이봄철에 따르면 이곳의 토지 임대는 기본이 30~50ha이다. 고려인들은 브리가다의 리더인 브리가딜의 명의로 땅을 임차해 한 가구(3~4명)에 2~3ha씩 나누어 농사를 짓는다. 임차료는 1ha당 1,000달러 정도다. 여기에 농기계 임대료, 종자·비료·농약·농자재 값, 빌린 자금의 이자 등으로 ha당 대략 1,000~1,500달러가 든다. 고려인들은 대부분이 법률적으로 은행 등 공식적인 금융기관을 이용할 수 없어 유대인이나 러시아인에게 월 10%이상의 고리로 돈을 빌려 쓴다. 3ha의 농사를 지으려면 이것저것 다 합쳐 최소

볼고그라드의 마마이예프 언덕에 서있는 '조국의 어머니상'. 스탈린그라드 공방전의 승리를 기념하기 위해 세운 세계 최대의 조각상이다.

볼가 강변의 폐가. 고려인 이주민 10여 가구가 기거하다가 지금은 3~4가구만 남아 살고 있다.
(김지연 작)

6,000~9,000달러의 경비가 소요된다. 이렇게 2~3ha의 농사를 지으면 ha당 3,000~4,000달러의 매출을 올릴 수 있다. 들어간 돈을 제하고 나면 가구당 수입은 2,000~5,000달러가 된다. 이것도 농사가 잘 되고 좋은 값에 팔았을 때의 이야기다. 그렇지 않으면 임차료나 빌린 돈을 갚지 못하게 된다.

고려인들은 무국적자나 불법체류자가 많기 때문에 유통이나 판매를 개척해 적극적으로 마케팅을 할 수가 없다. 그냥 들판에서 농산물을 사러 온 중간상인에게 헐값으로 파는 경우가 흔하다. 토마토 가격은 들판에서 1kg에 1루블(30원가량)도 안 되고, 수박은 한창 출하시기에 kg당 몇 십 코페이카 밖에 받지 못한다. 소비처의 가격은 일반적으로 들판 가격보다 4~5배가 높다.

볼고그라드시에서 북쪽으로 70km 떨어진 볼잔카 마을 들판의 땅굴집에 사는 김 세르게이는 1995년 우즈베키스탄에서 단신으로 이곳에 이주해 왔다. 매년 2ha의 농지를 빌려 토마토와 수박농사를 지어, 1년에 우리 돈으로 400만~500만 원 정도를 번다. 다음해 농사를 지을 종자 값을 떼고 타슈켄트의 가족에게 생활비를 보내고 나면 남는 게 없다고 한다. 그의 집 주위에는 고려인과 조선족 10여 가구가 토굴 생활을 하고 있다.

타슈켄트의 앙겔 농장에서 태어난 농사꾼 김 알렉세이는 아이들의 미래를 생각해서 찾아온 곳이 볼고그라드였다. 그가 정착한 니콜라옙스키 구역 인근에는 약 200가구의 고향 사람들이 이주해 농사를 지으며 살고 있다. 그는 러시아인 재정 파트너가 있어 네델란드제 최신 농기계를 구입해 농사를 짓는다. 100ha에 양파를 재배하며 돼지 100마리를 키우고 있다. 그는 "지금 좀 고생을 하고 있지만 곧 자리를 잡게 될 것"이라고 미래를 낙관했다.

타지키스탄 두샨베에서 농장을 하던 한 빅토르(1952년생)는 내전을 피해 1996년 볼고그라드로 이주해 왔다. 이곳에는 20년 전부터 누님이 살고 있었다. 두샨베에서 맨몸으로 떠난 그는 러시아인에게 월 10%의 고리로 돈을 빌려 농사를 시작했다. 고본질 브리가딜인 그는 땅 70ha를 임대해 세 딸과 사위 등 고려인 25가구 50여 명과 함께 토마토, 오이, 가지, 고추 등을 재배하고 있다. 그의 1년 수익은 5,000~6,500달러 정도라고 한다.

로스토프 주변에 3만 명

러시아 남부지구, 즉 북캅카스 지역의 중심지인 로스토프주의 고려인 인구는 소련붕괴 이후 10여 년간 거의 3배 가깝게 증가했다. 북캅카스란 카발디노-발카르공화국, 북오세티야공화국, 스타브로폴변강, 크라스노다르변강, 로스토프주를 말한다. 고려인 이주민들은 대부분 우즈베키스탄 출신이며, 집값이 싼 농촌에 살면서 고본질을 한다. 최근 캅카스 지역에서 테러가 빈발하자 그곳 고려인들도 로스토프 지역으로 재이주하고 있다. 고려인은 80% 이상이 농업에 종사하고 있다.

물가가 비싸고 배타적인 지역이지만 소련 시절부터 안정된 생활을 하는 고려인이 많이 살고 있어 이들에 의지해 많은 이주민이 몰려왔다. 2010년 러시아 통계에 따르면 로스토프주의 고려인 인구는 1만 1,597명인데 현지 고려인협회는 3만으로 추정하고 있다. 스타브로폴, 크라스노다르, 카발디노-발카르, 북오세티아 등지에 거주하는 고려인은 총 1만 2,551명에 달한다.

1930년 하바롭스크에서 태어난 이 니콜라이는 1957년부터 로스토프에 살고 있는 토박이다. 전기기사였던 그는 월급 120루블로는 생활이 어려워 고본질을 했다. 타슈켄트에서 집 1채에 3,000루블 하던 시절에 고본질로 1년에 8,000~9,000루블을 벌었다고 한다. 그가 살고 있는 로스토프의 올긴스카야 지구에 처음 이주한 고려인은 그의 외삼촌 김 블라디미르다. 그는 1952년 캅카스에서 고려인 6가구를 데리고 이곳으로 들어왔다. 그해 타슈켄트에서 이 씨의 부모를 포함한 친척 10가구 50여 명이 올긴스카야에 합류했다. 그 후에도 친척들이 하나 둘씩 이주해와 1959년에는 모두 50여 가구로 늘어났다. 그때까지는 주로 벼농사를 지으며 살았다. 그 후 물이 부족하다는 이유로 국가에서 벼농사를 금지시키자 양파농사로 전환했다. 1960~1970년에 고려인 150여 가구가 새로 이주해왔다. 공기 좋고 기후 좋다는 소문을 듣고 온 사람들이다. 1984년에는 유난히 많은 사람들이 몰려왔다. 모두가 고본질을 하기 위해 타슈켄트에서 친척들을 따라 온 사람들이다. 농사가 잘 돼 돈을 번 사람들은 집을 사서 눌러 앉았다.

1962년에는 사할린고려인 중 최초로 신문자(1936년생) 부부가 이주했다. 그녀는 건강상의 이유로 기후가 따듯한 로스토프를 선택했다. 신 씨는 공장에 다녔고 남편은 대학에서 공부를 했다. 그 후 매년 한 가구씩 사할린에서 이곳으로 이주해와 농사를 지었다. 친척들도 뒤따라 왔다. 초기에는 집값이 싼 바타이스크시에 거주하다가 돈을 벌게 되면 로스토프-나—노누 시내로 들어갔다. 사할린 출신들의 이주는 1985년까지 꾸준히 늘어 현재는 약 300세대가 강한 결속력을 유지하며 살고 있다. 사할린은 겨울이 길고 추운 탓에 기후나 건강상의 이유로 따듯한 휴양지를 찾아 떠나는 사람들이 많다. 사할린고려인은 중앙아시아 출신들과 달리 고본질을 하는 사람이 거의 없다. 소련 시절에는 주로 직장생활을 하다가 지금은 상업에 종사하는 사람이 많다.

돈강을 사이에 두고 마주 보고 있는 로스토프-나-도누시와 바타이스크시에서 도시생활을 하는 고려인은 약 1만 5,000명에 달한다. 바타이스크의 고려인들은 넓은 텃밭이 달린 가옥에 거주하며 주로 비닐하우스에서 야채 농사를 한다. 고려인들의 상업 활동이 매우 활발하다. 식료품 시장에서는 고려인들이 김치나 나물 같은 한국음식과 러시아인들이 좋아하는 샐러드를 만들어 판다.

볼고그라드와 로스토프의 소위 '중국시장'이라고 불리는 의류시장에선 고려인, 중국인, 옌볜출신 조선족 상인들이 함께 섞여 장사를 한다. 그러나 중국인에 대한 단속과 추방소동이 잦아지면서 시장은 거의 문을 닫았다. 시장에서 쫓겨난 조선족 가운데 농사를 짓는 사람이 생겼고 이들은 고려인과 어울려 살고 있다.

2. 우크라이나

'유럽의 곡창'으로 널리 알려진 우크라이나는 고려인들이 1970년대부터 고본질을 다니며 이주대상지로 주목한 곳이다. 우크라이나 고려인 역사는 1920년대부터 시작되지만 고려인들의 거점이 생긴 시기는 1980년대 들어서였다. 이때 소련 전역의 고려인 사회에서 우크라이나로 가자는 붐이 일기도 했다. 경제적인 면에서 발틱 3국을 제외하고는 우크라이나가 가장 살기 좋아, 고본질을 겨냥한 고려인들에게 우크라이나 대평원의 농경지는 희망의 땅이었다고 한다.

1990년대에 타지키스탄 내전·우즈베키스탄 민족갈등과 경제난이 불거지면서 우크라이나 고려인 숫자는 소련붕괴 이후 크게 증가하였다. 이러한 급격한 성장 때문에 우크라이나 고려인 사회는 CIS지역에서 가장 젊은 신흥 고려인 사회로 분류되고 있다. 외교부 자료는 고려인 인구를 1만 2,711명으로 기록하고 있으나 현지 고려인협회는 약 1만 5,600여 명으로 추정하고 있다.

고려인들은 수도 키예프를 중심으로 동쪽으로는 하리코프, 서쪽으로 르보프, 남쪽으로 크림지역에 걸쳐 전국적으로 분포돼 살고 있다. 남부

우크라이나 평원의 밀밭

우크라이나의 장코이, 크라스노페레콥스키, 니콜라예프 등지에 농사를 본업으로 하는 고려인이 수천 명 거주하고 있는 것으로 알려져 있다. 고본질을 위해 임시로 머물고 있는 사람들을 포함하면 남부 우크라이나의 고려인 인구는 8,000명까지 추정된다.

고려인 농민들은 당근, 양배추, 고추, 오이, 가지, 토마토 등 채소류와 수박, 멜론 등 비교적 고부가 과일류 농사에 치중하고 있다. 곡물 농사에 주력하는 우크라이나인과는 대조적이다. 예부터 수박이 유명한 헤르손 지방에서도 고려인들이 키운 수박이 제일 맛있고 좋은 것으로 평가받고 있다고 한다. 동부의 지방도시 하리코프에는 고려인 300여 명이 '코리아타운'을 형성해 살고 있다.

소련 시절부터 첨단기술 산업이 발달한 주요 도시나 공업지역에 유입되는 고려인들은 젊고 학력 수준이 높은 엘리트라는 특성을 지니고 있다. 대다수가 전문직 종사자들이다. 르보프와 하리코프 지역에는 과학과 산업에 관련된 전문가집단 고려인들이 다수 거주하고 있다. 우크라이나의 100여 소수민족 가운데 고려인의 교육수준이 가장 높다고 한다. 1980년대 이전에 이주한 사람들은 배우자가 우크라이나인 또는 러시아인이거나 혼혈인 동포가 많아, 민족정체성 역시 우크라이나인으로 생각하는 경우가 적지 않다고 한다. 한 설문조사에 따르면 고려인 47명 중 46명이 러시아어를 일상어로 사용하고 있었다.

원동 출신인 심 콘스탄틴(1933년생)은 자신을 우크라이나에 최초로 진입한 고려인으로 기억하고 있다. 그는 1953년 우즈베키스탄에서 하리코프군사학교에 입학하기 위해 우크라이나 땅을 밟았다. 장군이 되는 게 꿈이었지만 1984년 중령으로 제대해 지금은 연금생활을 하고 있다. 1950년대 말~70년대 초에 소수이긴 하지만 고려인들이 키예프에 발을 들여놓을 수 있었던 동기는 바로 학업 때문이었고, 다음이 결혼, 그리고 국가의 직장배정 등에 의한 것이었다.

3. 벨라루스

벨라루스에 고려인이 처음 등장한 것은 1926년이다. 이후 1930~40년대에 고려인 거주민이 조금씩 나타났다. 1950~60년대에 군인과 그 가족들이 들어오다가 1970년대에는 사할린 출신들이 보이기 시작했다. 소련붕괴 후 중앙아시아고려인들이 본격적으로 들어왔다. 엔지니어와 교사들이 주축을 이루었다. 고려인 가운데 농사를 짓는 사람은 거의 없다. 현재 벨라루스에는 수도 민스크에 300명을 비롯해 각지에 모두 1,300명가량의 고려인이 살고 있다. 대부분은 혼혈가정이며 순수 고려인 가정은 30세대 정도에 불과하다. 벨라루스 통계에 의하면 고려인 거주자는 570명 정도다.

고려인들은 교류 없이 지내다가 1993년 벨라루스 고려인협회가 창설된 후 민스크에서 약 100명 정도가 모여 설날, 추석 행사를 갖기 시작했다. 그 후 주일학교를 만들어 자체적으로 한국어 기초교육을 실시하고 민속예술단을 결성해 전통문화 계승과 동포 결속에 힘쓰고 있다. 2013년 서울의 외국인 한글백일장에서 장원을 한 벨라루스고려인 김 유리는 "벨라루스에서도 K팝이 인기를 끌고 있고 한국어를 배우려는 이가 늘고 있다"고 전했다.

II 이슬람 문화권

1. 우즈베키스탄

우즈베키스탄 거주 고려인은 한때 23만 명이 넘는다고 떠들 만큼 구소련 지역에서 최다 인구를 자랑했다. 지금은 그 수가 크게 줄어서, 장기 해외체류자 등을 감안할 경우 상시 거주인구는 14만 7,700여 명에 불과하다. 이 수치는 한 발레리 교수가 우즈베크 국가통계위원회의 2008년 자료를 인용해 발표한 것이다. 2014년 우즈베크고려인 수에 대해 한 교수는 "13만 정도로 감소했을 것"이라고 추정했다. 우즈베크고려인의 인구감소는 앞으로도 지속될 것으로 보인다. 출산율이 낮은 데다가 어려운 경제사정으로 인해 국외 이주 및 해외 취업 등 생계형 엑소더스가 계속되고 있기 때문이다. 고려인협회 관계자는 "우즈베키스탄 독립 이후 5만~6만 명이 다른 나라로 떠난 것으로 추정하고 있다"면서 "더 큰 문제는 이들이 불법 체류자로 이곳저곳을 전전하고 있어 앞으로 우즈베키스탄뿐만 아니라 중앙아시아의 사회문제로 대두될 가능성이 높다"고 우려했다.

우즈베크고려인 사회는 이러한 인구 감소 외에 고려인들의 사회적 위상 저하 및 주류 사회에서의 배제, 집단농장 해체로 인한 경제적 기반 붕괴, 고려인들의 교육수준 저하 등으로 어려움을 겪고 있다. 고려인의 경제적 여건의 하락은 다음 세대의 교육에 심각한 우려를 자아내고 있다. 연간 1,200달러 내외의 등록금이 없어 젊은이들이 대학 진학을 포기하는 실정이며, 고려인 교사들도 낮은 봉급으로 인해 하나둘씩 학교를 떠나고 있다.

사마르칸드의 레기스탄 광장. 중앙아시아 최대의 건축물인 이곳에 이슬람의 최고 학부인 '메드레샤'가 있다.

현지의 고려인협회 관계자들은 "우즈베크고려인의 민족적 이미지는 낮지 않다"고 말하면서도 "하지만 과거처럼 우수하고 근면한 민족이라는 긍정적 이미지를 상실해 가고 있다"는 안타까움을 표시하고 있다. 일부에서는 "차세대를 이끌어가야 할 청·장년층의 국외 이주로 인해 고려인 사회의 존립 기반이 약화되고 있다"고 우려하며 "고려인 사회의 급속한 해체 가능성"까지 언급하고 있다.

과거나 현재나 우즈베키스탄은 중앙아시아의 대표적인 농업국가다. 우즈베크고려인의 60% 이상은 1~2세대들이 개간한 집단농장에서 현지인들보다 우월한 위치에서 농업에 종사했다. 그러나 독립 이후 러시아 시장을 상실하고, 정부가 도시민 보호 차원에서 곡물 수출을 금지하자 농산물 가격의 하락으로 소득이 대폭 감소하면서 고려인들의 경제생활도 급격히 악화되었다. 안정적 경제기반을 제공하던 집단농장이 해체되고 경제난이 계속되자 고려인 사회는 높은 실업률 등으로 심각한 난관에 부딪쳤다. 많은 사람들이 일거리를 찾아 농장을 떠나면서 농촌은 공동화(空洞化)되고, 도시로 간 고려인들은 단순 노무자나 장사꾼이 되어 연명하고 있다. 청·장년층은 고본질을 위해 대거 러시아 남부지방이나 우크라이나로 이주했다. 일부는 원동으로 돌아가, 옛 연고지인 우수리스크, 파르티잔스크 등지에서 새로운 삶의 개척에 나섰다.

또 많은 사람들이 해외 취업을 위해 러시아의 모스크바, 카자흐스탄의 알마티 등지로 무작정 몰려갔다. 하지만 쉽게 일자리를 구하지 못하고 빈민으로 전락했다. 독립 후 많은 한국 기업이 우즈베키스탄에 진출해 초기에는 고려인들에게 일자리가 주어졌으나 현재는 소수의 통역을 제외하고는 별로 혜택을 보지 못하는 것으로 알려졌다. 안디잔에 위치한 우즈-대우자동차공장(현재는 우즈-GM으로 이름과 주인이 바뀜)의 경우 단순 기능공 중에 고려인이 거의 없다고 한다.

61%가 러시아·한국 이주 원해

2010년 우즈베키스탄주재 한국대사관이 현지 고려인 1,191명을 대상으로 실시한 설문조사 결과는 한마디로 놀랍다. 이 조사에 따르면 응답자의 82.3%가 우즈베키스탄에 "적응했다"고 답변하면서도 61.6%가 "다른 국가로 이주하고 싶다"는 이중적인 입장을 나타냈다. 이주 희망률 61.6%는 2000년 정신문화연구원 팀의 조사결과인 51%보다 10% 포인트 이상이 증가한 것이다. 고려인 주민의 절반 이상이 10년이 넘도록 이 나라를 떠나고 싶다는 의사를 피력하고 있는 것은 결코 간과할 수 없는 문제다. 우즈베크고려인 사회의 장기적인 불안정을 보여주는 좋은 사례다. 몸은 비록 우즈베키스탄에 있지만 마음은 이미 떠나 있는 고려인들의 암울한 처지를 말해준다. 어느 나라로 이주하고 싶으냐는 질문에 대한 답변에는 러시아가 56.5%로 가장 많았고, 다음이 한국 42%였다. 기타(미국, 캐나다, 일본)는 1.6%에 불과했다. 과거의 조사에서는 주목받지 않았던 한국이 이주 선호대상국 2위로 부상했다는 것도 놀랄 일이다. 한국에 대한 고려인 사회의 기대가 해를 거듭할수록 커지고 있음을 보여주고 있다. 사실 고려인 청년층의 대부분은 이미 한국에 다녀왔거나 한국에 체류중이다.

이주 원인을 묻는 질문에는 △급여 불만(28.9%)과 △자녀 장래에 대한 전망 부재(28.4%)를 꼽는 답변이 가장 많았다. 독립 직후부터 생성된 불만이 20년이 지나도 해소되지 않았음을 보여주는 대목이다. 또 응답자의 74.9%가 자녀를 해외로 유학 보내고 싶다고 답변했다. 우즈베키스탄에서 러시아어로 진행하는 수업이 점차 줄어들고, 질 높은 대학교육이 제공되지 않기 때문이다.

우즈베키스탄은 전문가집단을 비롯해 소수민족의 국외 이탈을 막기 위해 노력 중이나 별 효과를 거두지 못하고 있다. 카리모프 대통령의 권위주의 통치, 배타적 민족주의, 사회적 계층 분열, 폐쇄적인 경제정책 등으로 인해 국가발전이 정체상태를 면치 못하고 있는 상태다. 게다가 소수의 우즈베크인 기득권층이 '출세의 출입구'를 봉쇄하고 있기 때문에 소수민족의 몫은 단순노동이나 서비스업 등에 국한되고 있다.

"우즈베크 사람들은 다른 민족이 잘되는 것을 두고 보질 않습니다. 좀 컸다 싶으면 아예 잘라 버립니다."

고려인들이 터뜨리는 불만이다. 고려인에 대해 국가정책상의 공개적인 차별은 존재하지 않지만 출세의 상한선은 항상 존재한다. 고려인들은 대기업 또는 연구소, 대학 등의 최고 위치에 결코 올라갈 수 없는 것으로 믿고 있다. 실제로 우즈베크인이 항상 경영자가 되곤 한다. 또 일반 생활에서도 종종 차별을 경험한다. 각종 대회에서 우즈베크인에게 일등을 주기 위해 무리수를 쓴다거나, 장학금은 실력이나 재능에 상관없이 우즈베크인에게 먼저 배정하는 경우가 흔하다. 2004년부터는 100% 우즈베크어로만 공식서류가 발행되고 있어, 러시아계와 고려인 등 우즈베크어를 모르는 소수민족의 입지가 더욱 좁아졌다. 이런 여파로 많은 고려인들이 우즈베키스탄에서의 사업이나 구직활동을 포기하고 러시아, 한국, 카자흐스탄 등지로 떠나고 있다.

외교부 자료에 따르면 고려인 인구는 18만 2,957명. 우즈베키스탄 총 인구(2,731만 명)의 1%도 안 되지만 여러 지역에 분포해 살고 있다. 그 중 약 80%가 동부에 위치한 타슈켄트시와 그 인근 지역에 집중 거주하고 있다. 타슈켄트주에 7만 4,162명, 타슈켄트시에 6만 2,358명, 시르다리야주에 8,496명이 살고 있다. 또 카라칼팍스탄자치공화국에 6,802명, 사마르칸드주에 6,221명, 페르가나주에 6,172명, 호레즘주에 4,483명이 살고 있다. 우즈베키스탄 북서쪽에 위치한 카라칼팍스탄 자치공화국에는 한때 2만여 명의 고려인이 살았으나 아랄해의 수량이 줄고 염분이 높아진 후 그 수가 크게 감소했다. 농사는 고사하고 먹을 물마저 부족해지자 많은 사람들이 남부 러시아와 카자흐스탄 등지로 떠난 것이다.

2, 카자흐스탄

카자흐스탄은 독립 후 중앙아시아 국가 중 가장 빨리 시장경제를 받아들이고 풍부한 자원을 배경으로 경제개발에 힘을 기울였다. 지난

2000년부터 연 10%대의 고도성장을 지속한 결과 중앙아시아에서 가장 부유한 나라가 되었다. 1인당 GDP의 경우 1995년 1,061달러에서 2012년 1만 2,007달러로 급상승했다.

카자흐 고려인들도 다른 나라 고려인보다 훨씬 안정적이고 수준 높은 생활을 영위하고 있다. 명 드미트리 교수에 의하면 카자흐스탄에는 1,000~1,500명의 '신(新)고려인'이 있다고 한다. 신고려인이란 서구 중산층 수준의 삶을 영위하는 계층으로서 기업이나 은행 책임자, 행정기관 수장, 대표 소비에트위원, 명망 높은 학자 등이 이에 해당된다. 그리고 이들 신고려인을 중심으로 민족엘리트층이 새롭게 형성되고 있다고 명 교수는 말한다.

카자흐스탄은 자민족 중심의 민족정책을 추진하면서도 민족 간 화합을 중시해, 정치적으로 안정돼 있고 민족 갈등이나 내전 가능성이 거의 없는 나라로 인식되고 있다. 카자흐스탄의 이런 관용적이고 개방적인 사

카자흐스탄의 새 수도 아스타나의 중심가 모습

회분위기 덕분에 고려인의 대다수는 여타 중앙아시아 국가와 달리 카자흐스탄에서 계속 살 생각을 갖고 있다. 고려인들은 카자흐스탄에서 단순히 힘든 시기를 보낼 피난처를 찾았다기보다 새로운 조국을 얻은 것으로 생각하고 있다. 그들의 이러한 믿음은 원로 문인 정상진이 강제이주 140주년을 맞아 2007년 8월 24일자 고려일보에 게재한 기고문에 잘 나타나 있다.

"(강제이주 후) 다행이도 10만 명의 (고려인)이주민들이 카자흐스탄에서 살게 된 것을 하나님의 축복이라고 생각한다. 세계에서 카자흐민족보다 더 착하고 너그러운 민족은 없다. 우리는 카자흐인들을 존경하고 또 앞으로도 그들과 친목하게 살면서 나라를 건설할 것이다. --우리들은 영원한 형제가 되었다. 카자흐스탄은 우리의 고향, 우리 후손들의 조국이 되었다."

고려인들은 카자흐스탄이 '자신들을 키워준 땅'이라고 생각하고 있다. 특히 카자흐인에 대해 강제이주 당시 고려인에게 마지막 빵 한 조각까지 나누어준 고마운 민족이라고 감사해 하고 있다. 카자흐인 역시 고려인을 성실하고 우수한 민족으로 평가하고 있다. 그래서 농경민족인 고려인과 유목민족인 카자흐인 사이에는 역할 분담을 통해 상호협력관계를 구축할 수 있다는 신뢰가 형성돼 있다고 한다. 젊은 고려인 세대들의 경우 카자흐인과 살아가려면 꼭 카자흐어를 배워야 한다는 인식을 갖고 있다.

고려인거주민 10만 명은 카자흐스탄 전체 인구의 0.6%에 불과하지만 140개 소수민족 중 9번째로 인구가 많은 민족이다. 소련이 무너진 후 카자흐스탄에서는 소수민족 가운데 독일인 등 75만 명이 조국으로 이주했다. 유독 고려인만 떠나지 않았다. 그리하여 고려인 인구는 1980년대 이래 대체로 10만 명 선을 유지하고 있다. 1990년대 카자흐어가 국가어로 채택됐을 때 장래에 대한 불안감 때문에 소수의 고려인이 자치주가 거론된 연해주로 이주하고, 농촌에서는 카자흐인에게 농사를 넘겨주고 알마티나 한국으로 돈벌이를 떠난 사람도 있었다. 그러나 지금은 고려인의 대부분이 카자흐스탄 잔류를 선택한 상태다.

카자흐고려인을 상대로 이주희망 여부에 대한 설문조사를 실시한 결과는 시기에 따라 차이가 크다. 1996년에는 응답자의 36.5%가, 3년 뒤인 1999년에는 53.6%가 이주를 희망한다고 대답했다. 1990년대 후반에 고려인을 둘러싼 사회·경제적 환경이 날로 악화되고 있음을 보여준 조사결과다. 그로부터 5년 후인 2004년 조사에서는 이주 희망자가 6.3%로 격감했다. 오일달러의 유입으로 카자흐스탄의 경제상황이 주변 국가에서 노동자가 몰려올 정도로 크게 호전되고, 나자르바예프 정부가 민족 간 화합을 우선하는 정책을 취하는 등 소수민족의 이탈 방지에 힘쓴 덕분이다. 지금 고려인들은 카자흐스탄에 대해 자원이 풍부하고 개방적이어서 가능성이 큰 나라로 믿고 있으며, 민족주의적 배타성도 다른 나라에 비해 적은 것으로 인식하고 있다.

고려인은 카자흐스탄에서 가장 도시화된 소수민족이다. 강제이주 당시 80% 이상이 농촌에 살았으나 현재는 95%가 도시에 거주한다. 소련 해체 이후 경제활동의 보루였던 협동농장이 무너지자 평생 농업에만 종사하던 고려인들까지 살길을 찾아 도시로 나갔다. 그 후에도 농촌 인구는 계속 감소하고 있다. 현재 고려인들은 주로 알마티, 탈라스(잠불), 쉼켄트 같은 남부지역 도시에 밀집해 살고 있다.

카자흐스탄 통계청 자료에 따르면 2015년 카자흐고려인 수는 10만

6,287명이다. 1989년의 10만 3,100명에서 1999년에는 강제이주 당시와 비슷한 9만 9,662명으로 감소했다가 그 후 경제사정의 호전으로 다시 조금씩 늘어나고 있다.

고려인은 전체의 41.5%인 4만 3,700명이 옛 수도 알마티 일대에 집중적으로 모여 살고 있다. 1990년대만 해도 2만 명 정도였던 알마티의 고려인 인구가 이처럼 급증한 것은 농촌 인구의 유입과 인근 국가 고려인의 이주 때문으로 풀이되고 있다. 신수도 아스타나가 카자흐스탄의 정치 중심지라면 알마티는 경제 수도로서의 역할이 크다. 소련 시절부터 알마티에는 한글신문 '고려일보', 우리말 극단 '고려극장'에 우리말 방송사까지 자리하고 있어 고려인들의 문화 중심지로 불리고 있다. 알마티 다음으로 고려인이 많이 사는 곳은 카라간다 1만 3,349명, 잠불 9,638명, 크즐오르다 8,226명, 쉼켄트 6,353명, 아스타나 5,533명 순이다.

카자흐인들은 고려인이나 러시아인들이 능력이 있다는 것을 잘 알기 때문에 그들과 함께 일하려 든다고 한다. 고려인들은 "우리는 러시아어

2007년 9월 29일 아스타나에서 개최된 고려인 카자흐스탄 이주 70주년 기념행사.

를 사용하니까 러시아 땅이 편할 수도 있지만 살기에는 카자흐스탄 땅이 좋다"고 말한다. 러시아인은 민족적 우월감이 강하고 아시아인에 대한 차별이 심하다. 하지만 카자흐인들은 생김새와 사고방식이 비슷한 고려인에 대해 차별을 별로 하지 않는다. 그래서 고려인이 뿌리를 내리고 살기에 좋다는 것이다.

3. 키르기스스탄

키르기스스탄은 중앙아시아에서 가장 민주화된 국가로 평가받고 있다. 2005년 봄, 키르기스 민중은 15년 장기집권의 아카예프 독재정권을 축출하는 이른바 '튤립혁명'을 성공시켰다. 2010년에는 2차 튤립혁명으로 바키예프 부패정권을 쫓아내고 중앙아시아 최초로 선거에 의한 민주적 정권교체를 이룬 나라가 되었다. 장기집권 독재자들의 소굴 같은 중앙아시아에서 최초의 시민혁명과 최초의 평화적 정권교체가 키르기스스탄에서 일어난 것은 결코 우연이 아니다. 그만큼 민주적 토양이 축적되지 않고서는 일어날 수 없는 변화다.

키르기스스탄에 고려인 사회가 형성되기 시작한 것은 1938~1940년 가뭄으로 카자흐스탄에서 농경에 실패한 고려인들이 몰려오면서부터다. 이주민의 대부분이 농민이었던 만큼 그들이 정착한 곳 역시 농촌지역이었다. 1940년대까지 도시지역의 고려인 거주자는 극소수에 불과했다. 고등교육을 받은 젊은이들이 프룬제(현재의 비슈케크)로 발령을 받거나, 그들과의 혼인을 계기로 따라온 사람들이 도시주민을 형성했다. 강춘보(2006년 작고)는 "대학 졸업 후 1946년 프룬제에 부임해오니 고려인 일곱 가구가 살고 있더라."고 증언했다. 모스크바에서 관리자나 지도자

이스쿨 호반의 유목민 천막

수업을 쌓고 파견된 사람들이었다고 한다. 그땐 대학 졸업생들의 직장을 모스크바의 중앙에서 다 결정해 배치했다.

"대학을 졸업하자 프룬제에 나에게 맞는 일자리 두 개가 있다고 해서 이곳에 오게 됐습니다. 프룬제는 내가 살던 카자흐스탄과 가깝지, 대학을 다닌 우즈베키스탄과도 멀지 않지, 그래서 가기로 결정한 것입니다. 사실 그때 모스크바는 바쁘기만 하고 먹을 게 없었습니다. 중앙아시아는 달랐습니다. 과일, 곡식 등 먹을 게 많았습니다. 그것도 이곳으로 오게 된 이유 중의 하나였습니다. 부임 전에 간부들이 내 월급을 결정하면서 "텃밭이 있느냐"는 질문부터 했던 기억이 납니다. 나는 프룬제에서 물품배급을 담당했어요. 돈을 벌 수 있는 자리였지만 우리는 유태인과 달리 청렴하게 일했습니다."

강춘보에 따르면 1948, 49년부터 고려인 학생들이 프룬제로 오기 시작했다. 이곳의 이름 있는 농업대학과 의과대학에 진학하기 위해서였다. 일찍부터 키르기스스탄은 기후 좋고 땅이 기름져 농사가 잘 되는 곳으로 알려졌다. 특히 이스쿨 지역은 농토가 비옥해 비슈케크 쪽보다 몇

배의 수확을 더 올리는 것으로 소문 나 있었다. 이런 사실이 전해지면서 1950년대부터 카자흐스탄과 우즈베키스탄의 고려인 농민들이 한집 두집 키르기스스탄으로 모여들었다. 한 가족이 오면 뒤따라서 그 친척들이 몰려왔다. 당시 고려인 이주민의 90%는 농사에 가장 좋은 여건(비옥한 토질, 시장 접근성)을 갖춘 추이-탈라스 지역에 살았다. 1953년 스탈린 사망 후 고려인에 대한 거주제한이 풀리자 키르기스스탄 이주가 활기를 띄기 시작했다. 프룬제 시내 레닌자보드에 고려인 밀집촌이 형성되고 오슈 시장에는 김치를 만들어 파는 고려인 여인이 나타났다.

작가 이계룡

작가 이계룡은 1962년 부모를 따라 프룬제로 이사했다. 그의 이주 결정에는 우크라이나 유학시절 친구들인 김 트로핌, 홍 아폴론, 홍 블라디미르, 박 미하일 등의 영향이 컸다. 중앙아시아에서는 키르기스스탄이 기후가 제일 좋고 민족차별도 가장 적은 곳이니, 그곳으로 가서 같이 어울려 살자는 친구들의 제의에 동의한 것이다. 속박과 차별이 싫었고 자유를 그리워하던 고려인들이 '신천지' 키르기스스탄에 마음을 두기 시작한 것은 어쩌면 자연스런 현상이었는지 모른다.

고려인 인구는 해를 거듭할수록 증가했다. 1959년 3,346명이던 것이 1989년에 1만 8,355명이 되었다. 30년 사이에 근 6배가 늘어났다. 키르기스스탄 독립 후인 1999년의 고려인 인구는 1만 9,771명으로, 독립 전인 1989년에 비해 1,416명이 증가했다. 작은 폭의 증가이지만 중앙아시아 국가 중 유일한 고려인 증가세였다. 소련붕괴 후 우즈베키스탄, 타지키스탄으로부터의 난민 유입에 의한 것이었다.

국가통계청에 따르면 2015년 현재 키르기스스탄 거주 고려인 인구는 1만 6,828명으로, 6년 전 보다 2,943명이 감소했다. 이는 2005년 3월 튤립혁명 이후 정치·사회불안과 경제난 등으로 국외 이주가 늘어난 결과다. 그러나 현지 고려인들은 키르기스고려인 인구는 여전히 2만 명이라고 주장한다. 키르기스스탄에 살면서도 연금을 좀 더 타려고 편의상 국적을 러시아나 카자흐스탄으로 바꾼 사람들 때문에 인구 감소의 착시현상이 나타났을 뿐이라는 것이다. 키르기스 고려인의 95%는 비슈케크를 중심으로 한 수도권 일대에 집중 거주하고 있다.

사할린에서 온 황용근 <인터뷰 2004. 10>

사할린에서 태어나 사할린 밖은 모르고 살던 황용근(黃龍根-1952년 생)씨가 사할린을 떠나 비슈케크로 이주한 건 1974년. 그의 나이 22살 때였다. 사할린에서 트럭 운전사로 일하던 황 씨는 사진관을 경영하다 이주를 결심한 아버지를 따라 비슈케크로 왔다. 그때 그의 형과 여동생 등 가족 5명이 모두 이주했다. 그의 아버지가 이주를 결심하게 된 데는 사할린에서 한때 신문사 일을 같이 하다가 1972년부터 비슈케크로 이주해 살고 있던 외삼촌 박성훈의 권유에 영향 받은바 컸다고 한다.

당시 황 씨는 아버지의 이주 선언이 구원의 복음처럼 들렸다고 말한다. 18살 때부터 천직으로 알고 해오던 트럭운전에 권태를 느껴 새로운 탈출구를 찾던 참이었기 때문이다. 더욱이 중앙아시아는 사할린처럼 춥고 삭막한 긴 겨울도 없는, 따뜻하고 과일나무가 풍성한 곳이라는 설명에 그는 군말 없이 따라 나섰다. 사할린에서 겨울을 나려면 아침부터 밤늦게까지 석탄을 때야 했기 때문에 온종일 메케한 냄새 속에 숨도 제대로 못 쉬고 살았다. 비슈케크로 가면 강열한 햇볕 속에 초원의 청정한 공기를 마음껏 심호흡할 수 있게 되었다는 상상만으로도 그는 즐거웠다고 한다. 사실 비슈케크에 도착해서 황 씨가 받은 느낌과 첫 인상은 한마디로 만족, 그 자체였다. 실제로 살아보니 사할린에 비해 민족차별도 없어서 좋더라고 그는 말했다.

비슈케크에서 그의 아버지는 사진관을 개업했다. 젊었을 때 모스크바에서 사진을 전공한 그의 아버지는 사할린 최초의 컬러 사진관을 운영한 경험을 살려 비슈케크에서도 사진관을 차린 것이다. 그는 아버지 일을 도왔고 사진관은 '비슈케크 최고'라는 평가를 받았다. 현재 황 씨가 살고 있는 120평짜리 주상(住商)복합 건물은 키르기스정부가 아버지의 사진관 사업을 지원하기 위해 내준 것이라고 한다.

1981년 아버지가 타계하자 황 씨는 가업을 계승했다. 그러나 소련이 해체된 후 사진재료조차 구하기 어려운 물자부족 현상이 심각해지자 사진관 영업을 계속할 수 없었다. 결국 황 씨는 1992년 사진관 문을 닫고 비슈케크에서 사할린을 오가며 장사를 시작했다. 비슈케크에서 마늘을 싣고 가 사할린에 팔고 사할린에선 일제 중고차를 들여왔다. 수송은 열차 편을 이용했다. 마늘을 적재한 컨테이너 1대의 수송비로 2000달러를, 중고차 1대 수송비로 1500달러를 지불했다. 수송비가 많이 들어 별 재미를 못 봤다. 물류비를 아끼기 위해 사할린에 가면 한꺼번에 중고차 10대를 들여오기도 했다. 그는 1994년까지 이 사업을 계속하며 그럭저럭 먹고 살았다. 그 후 비슈케크에 진출한 한국 기업 대리점의 책임자 일을 맡기도 하고 이발소 영업도 하다가 지금 황 씨는 또 다른 사업을 준비 중이다.

올해 75세의 노모를 모시고 사는 황 씨는 연애 결혼한 부인과 쌍둥이 아들을 두고 있다. 부인은 카자흐스탄에서 실업전문학교를 졸업하고 비슈케크로 실습하러 왔다가 신년회에서 황 씨를 만나 결혼했다고 한다. 부인은 그 후 모스크바통신대를 마치고 직업전선에 나섰지만 생활형편은 좀처럼 나아지지 않고 있다고 황 씨는 투덜거렸다. 다행히 학비가 적게 들어 쌍둥이 아들을 모두 대학에 보내 졸업시킬 수 있었던 것을 위안으로 삼고 있다. 의과대학을 졸업한 첫째 아들은 현재 인턴과정에 들어가 있고, 둘째는 일본어를 전공했다. 두 아들 모두 고려말을 못하고, 노모는 고려말보다 일본어를 쓰는 게 더 편하다고 한다. 그래서 집안의 공용어는 가족 모두가 자유롭게 구사하는 "러시아어"라며 황 씨는 씁쓸해 했다.

"나는 한국인이라고 생각합니다. 어릴 때부터 그렇게 생각하고 자랐습니다. 왜냐고요? 아버지가 한국인이기 때문이지요."

그의 사무실엔 태극기가 두 개나 걸려있어 눈길을 끈다. 자신이 한국인이라는 걸 과시하기 위해 그렇게 한 것이라고 황 씨는 설명했다.

'자유언론의 횃불' 김 알렉산드르 <인터뷰 2004. 10>

2005년 3월 24일은 키르기스스탄의 '튤립혁명'이 성공의 기치를 높이 올린 날이다. 아스카르 아카예프 정권의 '철권통치 15년'이 민중시위로 무너진 이날 '저항의 언론인' 김 알렉산드르는 생애에 가장 바쁜 하루를 보냈다. 지난 수년간 얼마나 갈망하던 오늘인가! 부패한 독재자 아카예프의 축출을 알리는 호외를 만들면서 그는 감회에 젖었다. 그의 집념어린 자유언론투쟁이 마침내 결실을 맺는 순간이었다.

키르기스스탄에서 김 알렉산드르는 독재 정치와 부패 권력에 맞서

자유언론의 횃불 김 알렉산드르

싸운 비판언론의 상징이다. 한때 그는 키르기스스탄 최대 발행부수를 자랑하는 일간지 '비체르니 비슈케크(VB)'의 주필로 명성을 날렸다. 그러나 정권의 부정부패를 파헤치면서 그는 아카예프가 가장 미워하는 '저항의 언론인'으로 탄압받기 시작했다.

2004년 10월 그가 주필로 있는 격일간지 '나의 수도 소식'(MCN)은 아카예프 대통령 일가에 대한 비리 폭로로 정국을 긴장시켰다. 2005년 국회의원 총선 직전에는 아카예프 정권의 부정선거 음모를 폭로해 마침내 튤립혁명의 불을 댕겼다. 비밀경찰이 두려워 정부 비판에 입을 닫는 게 예사인 키르기스 사회에서 그는 "권력에 굴하지 않는 용감한 언론인"으로 칭송받고 있다. 그의 투쟁은 이웃나라 우즈베키스탄과 카자흐스탄에도 널리 알려지면서 "중앙아시아의 민주화를 선도하는 투사"로 빛을 발하고 있다.

원래 알렉산드르는 VB의 주필이자 대주주였다. VB는 가장 권위 있는 신문일 뿐 아니라 급여도 최고수준이어서 소속기자들의 긍지가 대단했다. 그러나 2001년 초 어이없게도 신문사 소유권이 아카예프 대통령의 사위에게 넘어가고 말았다. 그들은 알렉산드르의 구속을 위협하며 가짜 문서까지 동원한 억지 소송 끝에 신문사 소유권을 탈취했다. 분노한 비슈케크 시민들은 VB 지키기에 나서 경찰의 알렉산드르 체포계획을 무산시켰다. 인간 띠를 만들어 3일간 밤낮으로 신문사를 에워싼 채 경찰 진입을 몸으로 막아 알렉산드르를 보호한 것이다.

아카예프가 VB를 가로챈 것은 이 신문의 막강한 영향력을 장악하려는 속셈 때문이었다. 2001년 대통령 선거에 앞서 VB는 아카예프의 최대 정적이자 많은 추종자를 거느린 야당 지도자 펠릭스 쿨로프에 관한 기사를 3차례나 톱으로 올렸다. 그 후 쿨로프는 키르기스 항공기를 중국에 불법 판매한 혐의로 구금됐고, 알렉산드르는 탄압 받기 시작했다. 아카예프가 VB를 빼앗은 또 하나의 이유는 그의 "탐욕 때문"이라고 알렉산드르는 말한다. 하루 평균 발행부수 4만 부에 매년 거액의 세금을 낼 정도로 수익이 좋은 VB는 '황금 알을 낳는 거위'였다. 그게 탐이 났다는 것이다.

아카예프의 족벌정치와 부정부패는 아주 심각했다. 쉽게 돈이 될 만한 것, 예컨대 보드카, 설탕, 휘발유, 시멘트 사업 등은 거의 아카예프 친족의 소유였다. 필자가 2004년 10월 비슈케크에서 '아일리쉬 팝'이란 영문 간판이 걸린 비어홀에 들렀을 때다. 여종업원에게 "혹시 이 술집 주인이 누구인지 아느냐"고 물었더니 놀랍게도 "아이다르"라고 털어놨다. 아카예프의 장남이 바로 '아이다르'다. 30대 청년인 그는 나이에 어울리지 않게 '재무부장관 고문'이란 직책을 갖고 이 나라의 크고 작은 이권에 거의 모두 관여하고 있다는 소문이 자자했다.

알렉산드르는 대통령 사위 밑에서 월 1,000-2,000 달러의 고액 봉급을 받고 일할 수도 있었다고 한다. 그러나 언론인으로서의 사명감과 자부심이 허락하지 않아, 뜻을 같이 하는 기자들과 함께 VB를 뛰쳐나왔다. 그리고 새 신문 창간작업에 착수했다. 그는 "특정 정권을 위해 일하는 신문이 어떻게 권력에 맞서 국민의 권리를 지킬 수 있겠느냐"며 비판 언론의 자세를 견지했다.

MCN 창간의 길은 험난했다. 우여곡절 끝에 2001년 11월 첫 호를 내는데 성공했지만 1개월 만에 문을 닫아야 했다. 제출서류가 잘못됐다는 이유로 당국이 인쇄된 신문을 압수하는가 하면 정부의 압력을 받은 인쇄소가 신문 인쇄를 거부한 때문이다. 아카예프의 MCN 탄압은 유럽의회, 헬싱키인권위원회, 미국의회 등에서 큰 논란을 불러일으켰다. 결국 국제사회의 압력 끝에 MCN은 8개월 만에 속간됐다. 그러나 이번에는 아카예프 측이 사주한 30여건의 각종 소송에 휘말렸다. MCN 경영진과 기자들은 수십 만 달러의 벌금과 배상금을 물어야 한다는 판결을 받았다. 신문사 예산의 몇 배가 되는 큰돈이었다. 그중 타나예프 당시 수상에게 물어야 할 배상금만 2만5천 달러에 달했다.

　MCN은 배상금을 물지 못해 법원에서 파산명령을 받았다. 뿐만 아니라 아카예프 정권은 광고주에게 압력을 넣어 MCN에 광고를 내지 못하게 했다. 그럼에도 MCN이 신문발행을 계속할 수 있었던 것은 국제사회의 후원에 힘입은 바 크다. 특히 미국 NED(국립민주주의재단)의 재정지원과 인권단체 프리덤 하우스의 인쇄 지원은 MCN 생존에 결정적 기여를 했다. 튤립혁명 직전인 2005년 초 MCN은 키르기스 국민이 가장 신뢰하는 정보전달자로 자리매김했다. 발행부수는 폭발적으로 늘어나, 종전에 하루 4만 부에 불과하던 것이 20만 부로 치솟았다. 사세 신장과 함께 "중앙아시아 최고의 자유언론"이란 명성도 뒤따랐다. 반면에 아카예프가 탈취한 VB의 월 발행부수는 80만 부에서 40만 부로 추락했다. 아카예프는 키르기스스탄의 모든 언론매체를 좌지우지했지만 정작 권력에 비판적인 MCN에 대해서는 아무런 영향을 미칠 수 없게 되었다. "아마 아카예프는 나를 최대의 적으로 간주하며 속이 탔을 것"이라고 알렉산드르는 회고했다.

　알렉산드르는 "그때나 지금이나 내가 추구하는 신문제작의 최고 목표는 키르기스스탄의 참담한 경제상황을 있는 그대로 국민에게 보여주는 것"이라고 말했다. 그는 "우리가 이렇게 빈곤하게 사는 이유가 무엇인가"에 대해 해법을 얻고자 경제전문가, 야당 지지자, 공직자 출신 등을 기자로 영입했다. 결국 부패가 국가 붕괴의 주범이라는 결론을 얻고 아카예프 정권의 교체를 외치기 시작했다는 것이다.

소련멸망 후 경제 붕괴로 국민생활은 도탄에 빠져있는데도 축재에 혈안이 돼있는 권력층을 바로 잡지 않고서는 문제해결을 도모할 수 없다는 게 그의 신념이었다. 튤립혁명의 성공으로 그는 빼앗겼던 VB를 4년 만에 되찾았다. 그러나 그의 마음은 무거웠다. 계속되는 정치적 사회적 혼란과 극복되지 않는 경제난이 그의 머리를 짓누르고 있기 때문이다.

알렉산드르는 1946년 카자흐스탄의 카잘린스크에서 태어났다. 1949년 부모와 함께 사할린으로 이주해 그곳에서 26년 간 살다가 1965년 비슈케크에 정착했다. 그의 부친은 '비밀경찰로 25년 이상 근무하면 소련 내 아무 곳에나 가서 살 수 있다'는 규정에 따라 "따뜻하고 과일 많은 비슈케크"를 정착지로 선택했다고 한다. 대학에서 러시아문학을 전공한 그는 1974년 VB에 기자로 들어가 27년간 재직하며 책임사무국장, 주필 등을 역임했다.

4. 타지키스탄

고려인이 처음으로 타지키스탄에 이주한 것은 1941년, 모스크바 중앙에서 파견명령을 받은 관리들의 가족이었다. 그 후 고려인의 거주지 제한이 철폐된 1950년대 말~1960년대 초 우즈베키스탄과 카자흐스탄에 살던 고려인들이 비교적 자원이 풍부하고 기후가 온화한 타지키스탄으로 대거 이주했다. 타지키스탄의 고려인 수는 1959년 2,400명, 1979년 1만 1,000명에서 1989년에는 1만 3,431명으로 늘어났다. 고려인의 도시화 비율은 90%로 여타 중앙아시아 국가에 비해 월등히 높았다.

이주 초기인 1960년대에 고려인들의 생활은 빈곤한 편이었으나 1970년대에 들어 정착생활이 안정되면서 다른 민족들보다 풍요로운 삶을 영위했다. 고려인들의 절반가량은 수도 두샨베에 모여 살면서, 대체로 상업에 종사했다. 그 외의 지역에선 대부분 농업에 종사하며 쌀, 양파, 수박, 메론 등을 재배했다. 타지키스탄은 자원이 풍부하고 기후가 좋아서 독립 이전까지 고려인 수는 약간이나마 늘어나는 편이었고, 다른 곳으로 이주 하는 고려인도 거의 없었다. 그런데 내전이 고려인을 유랑으로 내몰았다.

타지키스탄에선 독립 직후인 1992년 공산주의 계열의 정부군과 이슬람 계열 반군 간의 내전이 격화되면서 약 90만 명의 난민이 발생했다. 고려인 주민도 러시아인, 타타르인처럼 난민 처지가 돼 타지키스탄을 떠나 국외 각지로 흩어졌다. 1만 명 이상의 고려인이 인접한 우즈베키스탄, 카자흐스탄, 키르기스스탄, 그리고 러시아 남부지역과 원동의 연해주 지역으로 이주했다. 인텔리들은 주로 모스크바나 상트페테르부르크로 삶의 터전을 옮겼다.

소련 시절 타지키스탄에는 고학력 엘리트 고려인이 많이 살았다. 공무원, 의사, 교사들이 주축을 이루었고 장관급 고위직도 수명이나 배출했다. 그러나 전쟁이 터지자 수십 년간 이루어 놓은 생활기반을 포기한 채 국경을 넘어 피신해야 했다. 많은 사람들이 그곳을 떠날 때 재산을 압수당하거나 강탈당했다. 집도 팔지 못하고 거의 빈손으로 나온 사람들이 많았다. 그래서 고려인 피난민들은 지금도 CIS지역 난민 가운데 가장 힘겨운 삶을 살고 있다. 타지키스탄에 남아 있어도 어렵기는 마찬가지였다. 내란으로 교육이 제대로 이루어지지 않아 두샨베의 경우 정상적으로 운영되는 학교가 2~3개에 지나지 않았다. 러시아어를 사용하는 교육자들이 떠난 후 교육의 질이 형편없이 떨어져 자녀교육문제를 염려한 고려인의 국외이주가 가속화되었다.

타지키스탄정부의 2000년도 총인구 조사결과에 따르면 고려인 거주 인구는 북부의 수그드주 693명, 남부의 하틀론주 295명, 두샨베 및 인근 지역 707명, 파미르 자치주 1명 등 총 1,696명에 불과했다. 이는 소련 시절인 1989년에 비해 무려 87.3%, 1만 1,735명이 급감한 것이다. 한마디로 말해 내전 후 타지크고려인 사회는 완전히 붕괴되었다.

문제는 1997년에 내전이 끝났는데도 떠난 고려인들이 복귀하지 않고 여전히 타지키스탄을 등지고 있다는 사실에 심각성이 있다. 타지키스탄의 고려인 인구는 2000년 이후에도 계속 줄어들어, 잔류 인구가 2010

산악국 타지키스탄의 주요 도시를 잇는 'M41'도로, 일명 파미르 하이웨이. 세계의 지붕으로 불리는 해발 4000m 이상의 파미르 고원을 달리는 힘난한 '지옥의 루트'로 유명하다.

년엔 634명으로 감소했다. 고려인들은 러시아 군대가 주둔해 안전지대로 알려진 두샨베와 북부의 후잔드 등지에 거주하고 있다. 두샨베에 수백 명 정도가 남아있고, 전투가 심했던 쿨랴브주와 크루간츄베주에 살던 4,000여 명의 고려인은 거의 모두 다른 지역으로 이주해 지금은 찾아볼 수 없게 되었다. 특히 젊은이들이 모두 떠나 이제 타지키스탄에서 고려인 청년을 찾아보기가 어렵게 되었다는 말이 나올 정도다.

고려인들이 계속 떠나고 있는 이유는 "타지키스탄에 희망이 없다"고 판단한 때문이다. 무엇보다도 부족한 일자리와 소수민족에 대한 차별이 고려인을 실망시키고 있다. 내전 종식 이후 경제상황이 다소 개선되고 정치적 혼란도 진정되었지만 워낙 취약한 산업기반과 심각한 전력 부족 등으로 인해 일자리 창출이 안 되고 있다는 것이 가장 큰 문제다. 720만 인구 가운데 300만이 일자리를 찾아 러시아, 우크라이나 등 국외로 나가 있고, 이들의 국내 송금이 GDP의 약 50%를 차지하고 있다는 사실이 타지키스탄의 상황을 단적으로 말해준다.

떠났던 고려인의 경우 돌아온다 해도 내전 때 버리고 간 주택 등 재산을 찾을 길이 없을 뿐 더러 민족차별 때문에 일자리를 구하기가 어려운 실정이다. 공직은 물론이고 민간분야의 웬만한 자리도 모두 타지크인이 독식하며 소수민족의 진입을 막고 있다. 그래서 전쟁이 끝났지만 고려인들은 돌아올 생각을 하지 않는다. 지금 타지키스탄에 남아 있는 고려인들은 대부분 시장에 나가 반찬 장사를 하거나 식당 종업원 등으로 일하며 생계를 꾸려 나가는 형편이다. 원주민들이 고려인에게는 농지를 임대해주지 않고 임대해주더라도 비싼 임대료를 물리기 때문에 수지를 맞출 수가 없어 지금 농사를 전업으로 하는 고려인은 한 명도 없다고 한다.

후잔드로 역주행한 고 갈리나 <인터뷰 2012. 6>

타지키스탄 북부지역의 중심지인 후잔드시에서 고려인문화센터 원장으로 활동 중인 고 갈리나(50세)는 내전 이후 타지키스탄으로 복귀한 최초의 타지크고려인이다. 그녀는 러시아에서 살다가 타지키스탄 내전이 발발한 1992년 남편 김 표트르, 두 아들과 함께 고향이자 친정 부모가 살고 있던 후잔드를 찾았다. 날씨가 추우면 숨을 못 쉬는 천식을 심하게 앓던 장남 막심의 병을 치유하기 위해서였다.

러시아 크라스노야르스크주의 한 도시에서 남편 표트르와 함께 '부부 검사'로 활약하며 명성을 날리던 그녀는 "아들의 천식을 고치려면 따듯한 지방으로 가서 살라"는 의사의 권유를 받고 기후가 온화한 후잔드로 온 것이다. 타지키스탄의 내전이 격화되면서 고려인들은 너나 할 것 없이 모두 전쟁터를 빠져 나가던 참이었다. 그들 부부만 어린 아들을 살리기 위해 생명의 위험을 무릅쓰고 전장 속으로 '역주행'한 셈이다. 갈리나의 친정 부모가 전란을 피해 러시아의 우파 시로 이주하자 빈집이 된 친정집에서 그녀의 가족은 짐을 풀었다. 이들은 아들 막심의 치료를 위해 그곳에 3년을 머무르다가 1995년에 크라스노야르스크로 돌아갔다. 하지만 막심의 천식이 재발하는 바람에 다시 후잔드로 돌아와 정착하고 말았다.

고 갈리나

그녀는 일곱 살 때인 1969년 부모를 따라 우즈베키스탄에서 후잔드로 이주해 어린 시절을 그곳에서 자랐다. 가난하게 살던 그녀의 부모는 후잔드에서 고본질로 양파·수박을 재배하면서 비로소 궁핍에서 벗어날 수 있었다. 갈리나는 고등학교를 졸업하고 톰스크국립대학교로 진학해 법학을 전공했다. 거기서 하바롭스크 출신의 고려인 동급생 김 포트르를 만났다. 둘은 3학년 때 결혼해, 캠퍼스 커플이 되었다. 졸업 후 둘은 검사가 되어 한 건물에서 근무하다가 막심의 치료를 위해 함께 휴가원을 내고 후잔드를 찾았던 것이다. 둘은 후잔드에서 변호사로 일하며 막심의 치료비와 생계문제를 해결했다.

갈리나는 지금 한국 전주의 한 신학대학교에 적을 두고 신학을 공부 중이다. 2014년 2월이면 졸업과 함께 목사가 된다. 타지키스탄에 교회를 열어 오갈 데 없는 고려인들을 돌보겠다는 것이 그녀의 꿈이다. 갈리나는 목사 수업을 위해 1년에 두 번씩 한국과 타지키스탄을 오간다. 학기 초마다 한국에 와 강의를 듣다가 방학이 되면 타지키스탄으로 돌아간다. 그녀는 목사가 되기 위해 후잔드에서 하던 변호사 일도 그만 두었다.

그녀는 우리말을 아주 유창하게 구사한다. 10여 년 전 후잔드의 한국 교회에서 흘러나오는 우리말 찬송가에 감명을 받고 기독교 신자가 되면서 독학으로 한국어를 익혔다고 한다. 2009년부터 후잔드 고려인문화센터 원장으로 일하고있는 그녀는 앞길이 막막한 고려인들에게 비전을 심어주며 한글 교육, 컴퓨터 교육에 전통민속행사까지 준비하느라 바쁘게 살고있다.

갈리나는 "타지크인들도 이 나라에 미래가 없다고 떠나지만 나는 타지키스탄을 지키며 계속 살겠다"고 집념을 표시했다. 남편이 쥬스제조 회사의 부사장으로 있어 그녀에게는 생활비 문제를 걱정 안 해도 되는 여유가 있다. 게다가 호전되고 있는 타지키스탄의 제반 사정이 그녀의 자신감을 키워주고 있다는 설명이다. 전쟁 때처럼 굶어 죽는 사람이 없어졌을 뿐더러 전력 사정도 좋아져, 지난 5년 간 하루 2시간 밖에 들어

오지 않던 전기가 지난봄부터는 하루 10시간씩 들어오고 있다고 한다. 그러나 무엇보다도 그녀를 타지키스탄에 붙잡아 두고 있는 것은 불우한 이웃 고려인들에 대한 연민과 종교적 신념인 것 같다.

5. 투르크메니스탄

2015년 외교부 자료에 나타난 투르크메니스탄 내 고려인 수는 1,048명이다. 소련 시절의 2,800명에 비하면 절반도 안 되는 숫자다. 하지만 현지 고려인협회 회장 김 유리(고려인 3세)가 추정한 800명보다는 250명이 더 늘어난 것이다. 고려인이 조금씩 늘어나고 있다는 이야기다.

우즈베키스탄 접경지대인 북동부의 다쇼구주에 약 600명이 고려인 촌을 형성해 집단 거주하고 있으며, 수도 아슈하바트에 200명 이상이 살고 있다. 주로 농사, 장사, 운전, 청소 등의 허드렛일을 하며 생계를 유

수도 아슈하바트의 대통령궁

지하고 있다. 과거 소련 시절에는 고려인이 법무부 차관 등 고위 공직에 일부 진출한 바 있었으나 독립 이후 이 나라의 소수민족 차별정책으로 인해 현재 공직자는 전무한 상태다.

Ⅲ 무국적 고려인

2005년 12월.

"눈 내리는 우크라이나 들판에서 수많은 고려인을 만났습니다. 국적이 없는 그들은 유랑하며 살고 있었습니다. 창살 없는 감옥에서 유령처럼 살고 있었습니다."

2007년 다시 찾은 우크라이나 들판.

"그들은 여전히 비참한 삶을 살고 있었습니다. 집이 없어 들판에서 잠을 자고 하루하루 끼니를 걱정하고 있었습니다. --품을 팔아 한 달에 150그리브나(약 3만원)을 번다는 림 유어시프(59) 씨는 들판 위에 놓인 이불 한 채와 움막에서 생활하고 있습니다. 그는 1992년까지만 해도 타지키스탄에 집과 땅을 갖고 있었습니다. 내전을 피해 이곳으로 오게 되면서 모든 걸 잃었습니다. 무국적자이다 보니 공장에 취직할 수도 없고, 이자가 높은 사채 이외에는 돈을 빌릴 수도 없어 상황은 악화되고 있습니다."

이것은 KBS의 <추적60분>이 '무국적 고려인'의 실태에 대해 2년의 시차를 두고 추적 보도한 내용이다. <추적 60분>은 강제이주 70년이 지났건만 고려인의 아픔은 아직 끝나지 않았다면서 소련붕괴 이후 고려인들이 당면한 최대 난제의 하나로 무국적 문제를 부각시켰다. 현재 무국적 고려인은 50만 고려인 가운데 3만~4만여 명에 달하는 것으로 추정되고 있다. 이 숫자는 수년 전에 비해 1만 명가량 줄어든 것이다. 아직도 심각한 문제가 아닐 수 없다.

1만 명 줄어 3만~4만 추정

<추적60분>이 보도한 무국적자 림 씨는 결국 노숙생활에서 얻은 폐결핵으로 2008년 5월 크림 반도 북쪽에 위치한 장코이 기차역 앞에서 숨진 채로 발견되었다. 림 씨는 타지키스탄 내전이 터지자 1994년 우크라이나로 피난 와 살다가 여권을 잃어버려 무국적자가 되었다. 그 후 재산을 갈취당하고 극빈자로 전락해 농촌지대를 전전하다 생을 마감한 것이다.

무국적 고려인이란, 현재 거주하는 국가의 국적이 없는 고려인을 가리킨다. 예컨대 떠나온 타지키스탄의 국적은 있지만 현재 살고 있는 우크라이나에서 취득한 국적이 없으면 무국적 고려인이라고 부른다. 법률적으로 보면 이들 대부분은 체류자격 문제로 인해 어려움을 겪고 있는 불법 체류자일 뿐, 실제 무국적자는 아주 소수에 불과하다. 문제는 이들의 불법체류가 일시적인 체류가 아니라 영구 정착하려는 것이기 때문에 무국적자로 지칭하고 있는 것이다.

소련은 1991년 붕괴되면서 15개의 독립국가로 쪼개졌다. 나라마다 공식 언어가 생기고 경제사정이 악화되면서 고려인들은 중앙아시아 거주국을 떠나기 시작했다. 그들은 주로 러시아와 우크라이나로 이주했다.

러시아어를 사용하는 고려인들에게 그곳은 언어 차별이 없는 나라다. 무엇보다 고려인들의 장기인 고본질을 해서 먹고사는 문제를 해결할 수 있는 나라여서 좋았다. 그러나 이들에겐 치명적인 약점이 있었다. 중앙아시아 거주국에서 러시아·우크라이나로 향할 때 이주 허가를 받고 떠난 것이 아니기 때문에 이들은 법적으로 여행자 또는 임시 체류자에 불과할 뿐, 당해 국가의 시민이 아니다. 그 후 법률적 무지와 경제적 어려움, 복잡한 국적취득 절차 등으로 인해 무국적자 신세가 된 것이다.

무국적자로 전락한 원인은 △체류기간을 연장하지 않거나 적법한 이주절차를 밟지 못해 불법체류자가 된 경우 △구소련 혹은 원적국(原籍國)의 여권을 분실한 경우 △구소련 여권을 갱신하지 못하거나 신생 독립국의 국적을 재신청하지 못해 국적이 말소된 경우 등으로 구분된다. 무국적 고려인의 90% 정도는 소련붕괴 후 CIS 국적으로 러시아에 들어왔다가 여권 유효기간이 만료되거나, 여권을 잃어버려 무국적 상태가 된 경우라고 한다.

고려인 무국적자들은 최근 자원개발 붐을 타고 중국·베트남 등지에서 유입된 불법 체류자와는 성격이 다르다. 고려인들은 소련 시절부터 고본질 등에 종사하며 수십 년 간 구소련지역을 자유롭게 왕래했다. 그러다가 소련붕괴 후 탄생한 15개 국가 간에 국경이 생기면서 불법 체류자가 된 것이다. 그들은 소련붕괴가 낳은 역사의 피해자로 보아야 하며, 따라서 해법도 달라야 한다.

지금도 구소련지역 대부분의 국가들 간에는 과거처럼 비자 없이 자유로운 이동이 가능하다. 이렇게 자유로운 출입국 제도가 불법 체류자나 무국적자를 양산한 원인의 하나다. 아무런 준비 없이 왔다가 정착을 결심하는 경우 일단 본국으로 돌아가 서류를 구비한 뒤 재입국해서 법적

절차를 밟아야 한다. 국적취득은 서류 준비에 많은 시간이 걸리는데다가 까다로운 수속 절차 등에 소요되는 비용이 만만치 않아 부담스럽다. 또 농촌 체류자의 경우 3~6개월마다 체류기간을 연장하려면 도시의 출입국관리소까지 나가야 하는 번거로움 때문에 필요한 절차를 밟지 않아 법을 어기게 된다. 볼고그라드의 경우 단기 체류허가 신청에 필요한 서류만 16가지나 된다.

1992년에 우즈베키스탄 여권을 갖고 우크라이나에 왔다는 한 고려인은 "그때는 국경에서 여권 검사도 필요 없는 시절이었다."면서 "그 후 한번도 우크라이나 밖으로 나간 적이 없으니 이제는 돌아가려해도 나의 구소련여권으로는 갈 수가 없게 되었다."고 하소연을 한다. 무국적 고려인들의 연평균 소득은 2,000~3,000달러 수준인 반면 국적취득에 필요한 경비는 2,000~7,000달러에 달한다. 우크라이나 헤르손 시의 경우 체류자격 취득에 드는 정상적인 경비는 35달러 정도다. 그러나 급행료를 지불할 경우 3,000~7,000달러 정도가 필요하다는 소문이다. 하루하루 먹고 살기에도 바쁜 고려인들로선 감당하기 어려운 비용이다.

단속 피해 숨어 살아

무국적 고려인의 대부분은 현재 살고 있는 국가에서 합법적 체류자격(국적, 영주권, 거주등록)을 얻지 못해 법적 사회적 경제적으로 많은 어려움을 겪고 있다. 우크라이나 농장에서 불이 나 여권을 잃어버려 무국적자가 된 윤 샤샤는 러시아 여인과 결혼하고도 혼인신고를 하지 못했고 두 살 난 아들의 출생신고 역시 못했다.

무국적자는 우선 불법 체류자로 노출되면 처벌부터 받아야 한다. 그래서 경찰의 단속을 피해 숨어 산다. 또 먹고 사는 문제는 그럭저럭 해결한다고 하더라도 국적이 없어 기초적인 의료보험을 비롯해 연금이나 취업 등 사회보장제도의 혜택을 전혀 받지 못한다. 심지어 무국적자라는 이유로 노동 착취와 폭행을 당하기도 하고, 원적국으로 돌아가지 못해 가족과 생이별을 하는 경우도 있다. 무국적자의 2·3세도 교육, 의료 등 기본적인 사회보장에서 배제되고 있어, 무국적 비극이 '대물림'되고 있는 실정이다. CIS 국가에서는 11학년 단일학제의 의무교육이 시행되고 있지만, 무국적 고려인 자녀들은 학교를 마쳐도 졸업장을 받을 수 없다. 졸업장 없이는 대학입학이 불가능하기 때문에 자녀들은 진학을 포기하기 마련이다. 이들은 취업에서도 정규직을 얻기가 어렵다. 가난과 절망에서 탈출할 수 있는 기회마저 봉쇄당하고 있는 것이다.

CIS지역 내 무국적 고려인 수가 얼마인지는 정확한 실태조사가 이뤄지지 않아 파악하기가 힘들다. 우리 외교부가 추정하고 있는 숫자는 약 3만~4만 명이다. 국가별로 보면 러시아 거주자가 3만여 명으로 가장 많고, 다음이 우크라이나 5,000명이다. 우크라이나의 경우 전문가와 언론 등은 현지 취재를 토대로 무국적 고려인 수를 2만 명으로 추정하고 있어 정부 추정치와 현격한 차이를 보이고 있다. 중앙아시아의 경우 타지키스탄에서 우즈베키스탄이나 카자흐스탄으로 재이주한 고려인 가운데 국적을 취득하지 못하고 장기 불법체류상태에 처해 있는 사례가 많다.

우리 정부는 고려인 강제이주 70주년을 맞아 2007년부터 고려인동포지원 사업에 나서, 무국적 고려인의 국적취득을 위한 외교적 노력과 함께 법률지원 사업 등을 벌이고 있다. 또 고려인들의 정착을 위해 고려인 밀집 거주지역인 우크라이나의 장코이, 러시아의 로스토프-나-도누, 카자흐스탄의 알마티 인근지역에 영농센터를 건립해 한국의 선진농업기법을 전수하고 있다. 국회도 2010년 5월 이범관 의원 발의로 '무국적 고려인동포지원 특별법'을 통과시켜 무국적 고려인의 국적취득을 정부가 지원할 수 있는 법적근거를 마련했다. 하지만 현지에서의 무국적 합법화는 국가의 주권적 사항과 관련된 문제인데다가 각국의 법률적·문화적 벽에 막혀 큰 성과를 거두지 못하고 있다. 러시아의 경우 2013년 1월 현재 우리 정부의 법률지원 사업을 통해 체류자격 합법화를 이룬 고려인은 56건 200여 명에 불과하다.

이범관 의원

체류자격 합법화 겨우 200명

러시아의 상황은 녹록하지가 않다. 우선 무국적 고려인 수가 워낙 많아서 일거에 해결될 수 있는 문제가 아니다. 소수민족 문제에 민감한 러시아는 좀처럼 예외를 인정하지 않고 있어 '우크라이나식 해법'을 기대하기가 어렵다. 러시아정부는 매년 쿼터제로 국적을 부여하고 있다. 러시아의 국적취득 과정은 △임시체류 허가증→△영주권→△국적취득의 순으로 진행된다. 체류허가를 받으려면 우선 쿼터에 들어가야 한다. 2008년 모스크바시의 경우 겨우 1,000명에게 체류허가 관련 쿼터를 내줬다. 국적을 받으려는 대기자가 워낙 많아, 담당 공무원의 부정부패도 심하다고 한다. 모스크바 이외 지방의 경우 CIS국가 출신자와 극동지역 주민은 6개월 이상 거주 시 체류허가 신청이 가능하다. 단 본인과 가족을 부양할 수 있다는 소득증명을 첨부해야 한다. 외국인은 러시아 거주 5년 이상에 20만 루블 상당의 은행예치금이 있어야 가능하다.

우즈베크나 카자흐 출신 고려인들은 체류허가 쿼터가 적은 모스크바에서 국적을 받기가 거의 불가능하다. 그래서 농촌지역으로 가서 받는 것이 유리하나 농촌에는 일자리가 없어 가기를 기피해 오히려 상업의 중심지인 모스크바 근교로 몰려들고 있다. 한국인 선교사들에 의하면 모스크바 인근의 고려인 무국적자는 3만~4만 명에 이른다고 한다. 좀 과장된 수치로 보이지만 무국적자가 많다는 사실만은 분명하다. 러시아 내 무국적 고려인 문제의 해법과 관련, 이범관 의원은 "정부차원의 외교 교섭을 통해 일괄 구제하는 방안을 모색하는 것이 바람직하다"고 말한다.

우크라이나 이민법에 따르면 영주권을 얻은 후 합법적으로 5년 이상 거주하면 국적을 신청할 수 있다. 그 후 국적을 얻기까지 5~10년이 걸린다. 그런데 2007~2010년 사이에 고려인 900여 명이 국적 및 영주권 취득, 거주등록 등을 통해 합법적인 체류자격을 얻어 주목을 끌고 있다. 이른바 우크라이나 식 해법에 의거한 유례없는 인도적 조치 덕분이다. 우크라이나정부는 2006년 유센코 대통령 방한 이후 "무국적 고려인에 대해 한국대사관이 신분을 증명해준다면 출국하지 않고도 국적회복 절차를 밟을 수 있도록 하겠다"며 '고려인국적회복위원회'를 구성해 가동하고 있다. 우선 무국적자 면담을 통해 신분을 확인한 다음 국적취득 기회를 주겠다는 것이다. 이 위원회에는 우크라이나정부의 외무부, 내무부를 비롯해 현지 한국대사관, 고려인협회, 유엔난민고등판무관(UNHCR), 국제이주기구(IOM) 관계자들이 참여하여 무국적 고려인 실태 조사, 국적취득을 위한 행정 및 법률지원 서비스 등을 벌이고 있다. 그러나 무국적 고려인은 찾아내는 것조차 쉽지가 않다. 강제추방이 두려워 대상자들이 좀처럼 조사에 응하지 않기 때문이다.

Ⅳ 한국 속의 고려인

많은 CIS 고려인들이 코리안 드림의 희망을 안고 한국을 찾는다. 고국의 따뜻한 품을 기대하며 한국에 온다. 그들은 한국이 고국이라는 이유 하나만으로 가슴이 뛰고 설렌다. 그러나 현실은 차갑다. 고려인들은 산업현장에서 각별한 모국의 정을 느끼지 못한다. 고려인은 약간 우리말을 이해하는 외국인 노동자로 취급될 뿐이다. 잘 살아보겠다고 고국 땅을 밟았다가 자살로 생을 마감한 고려인 동포도 있다. 어떤 고려인은 "우리는 거기서도 남이고 한국에 와서도 남이다"라고 한탄한다. 그래도 취업이나 장사를 위해, 유학이나 친지방문을 위해 한국을 찾는 고려인들의 수는 해마다 늘어나고 있다.

'최선은 한국이주, 차선은 러시아 행'

한국의 임금이 러시아보다 많다고 알려지자 한국행 선호도가 높아졌다. 이제 유라시아 고려인에게 한국은 러시아를 능가하는 인력 진출 시장이자 이주 대상국으로 부상했다. 고려인에게 한국 취업은 과거의 고본질 못지않은 주요 이동요인이 되었다.

고국 이주도 계속되고 있다. 그동안 사할린고려인 4,376명이 영주귀국을 했다. 2006년 7월에는 구한말 항일의병장 허위(許蔿)의 후손인 허게오르기(62세), 블라디슬라브(55세) 형제가 영주 귀국해, 중앙아시아고려인 최초로 한국 국적을 회복했다. 키르기스스탄의 비슈케크에서 살다가 귀국한 두 사람은 독립유공자 후손으로 국적을 신청해 귀화증서를 받았다. 이들은 국적 회복을 계기로 이름도 한국식으로 바꾸었다. 게오르기는 '길(吉)'로, 블라디슬라브는 '석(石)'으로 각기 개명했다. 게오르기는 한국에서 좋은 일만 생기라는 의미에서 길할 '길'을 택했고, 블라디슬라브는 자신이 지질학자라는 이유로 이름을 돌 '석'으로 지었다고 한다. 이들 형제의 할아버지 허위는 1905년 을사늑약이 체결되자 의병 300명을 이끌고 서울진공작전을 펴다가 패한 후 일본군에 체포돼 교수형을 받고 순국했다.

취업가능 장기체류 7만 4,000명

고려인 동포들이 한국에 들어와 장기 체류하며 취업할 수 있는 자격은 방문취업(H-2), 재외동포(F-4), 영주(F-5)비자 등에 국한된다. 2007년부터 실시된 방문취업제는 중국과 CIS 지역에 거주하는 동포에게 1회 입국 시 최장 4년 10개월간 체류하며 단순노무분야 38개 업종에 취업할 수 있게 하는 제도다. 2010년부터는 국내 노동인력이 부족한 지방의 제조업 및 농축산업체에 1년 이상 근속했거나 기능사 자격증을 가진 H-2 소지자에게 장기 취업이 가능한 F-4로 갱신해주고 있다. H-2는 만기가 되면 일단 거주국으로 돌아가야 되지만 F-4는 3년마다 기간연장만 하면 계속 체류할 수 있다. 이에 따라 F-4나 F-5비자로 전환해 한국에 체류하고 있는 동포가 크게 늘어나고 있다. 그런데 F-4 체류자는 단순노무 일을 못하도록 돼있어 불법취업이 문제가 되고 있다. 영주하면서 자유롭게 취업할 수 있는 F-5비자 취득은 H-2로 4년 이상 근무하고 3,000만 원 이상 자산을 보유하고 있거나 F-4로 2년 이상 체류하고 일정한 소득이 있어야 가능하다.

정부공식통계에 따르면 2020년도 현재 한국에 장기 체류중인 고려인 동포 수는 7만4천3백35명에 달한다. 여기에는 물론 취업자 자격을 갖고

연도별 국적·지역별 고려인 동포 체류현황

구분	2016년	2017년	2018년	2019년	2020년
계	49,033	63,957	75,018	82,695	74,335
우즈베키스탄	26,385	31,081	34,355	36,752	31,962
러시아	15,555	21,206	25,302	28,020	26,871
카자흐스탄	5,236	9,223	12,586	14,992	13,033
키르기즈	1,857	2,407	2,775	2,931	2,469

2020년도 출입국·외국인 정책 통계 연보

장기 체류중인 사람이 대부분을 차지하는데 1년 전인 2019년의 8만2천6백95명보다 8천3백60명 감소한 수치다. 그러나 4년 전인 2016년 장기 체류자 4만9천33명과 비교하면 51.6%인 2만5천302명이 늘어난 것이다. 그동안 고려인동포 수는 매년 증가세를 보여 2019년에 정점을 이루었다가 2020년 코로나 발병 이후 잠시 감소추세를 보이고 있다. 취업자 1인당 가족 수를 4명으로 가정할 때 고려인 50만 중 60%인 30만명의 생계가 한국취업에 의존하고 있는 셈이다.

한국 체류 고려인을 국적별 지역별로 보면 우즈베키스탄 출신 고려인이 전체의 42.3%인 3만1천9백62명으로 가장 많다. 다음이 러시아 출신 고려인 36.1% 2만6천8백71명, 카자흐스탄 출신 고려인 17.5%, 키르기즈스탄 출신 고려인 3.3% 2천4백69명 순이다. 그러나 4년 전과 비교해 한국체류가 가장 많이 늘어난 고려인은 러시아 고려인으로, 1만1천3백16명이 증가했다. 다음이 우즈베크고려인 5천5백77명, 카자흐고려인 7천7백97명, 키르기스 고려인 612명 순으로 늘어났다.

고려인 동포들이 한국에 체류하기 위해 받을 수 있는 비자는 단기방문(C3), 유학(D2), 고용허가제(E9), 재외동포(F4), 방문취업(H2), 결혼이민(F5)비자 등 6가지 정도이다. 이 중 고려인 동포에게만 발급하는 비자가 재외동포(F4), 방문취업(H2)이다. 중앙아시아 고려인 대부분이 이 비자로 한국에 입국하고 있다.

64.7%가 월수 150만원 미만

한국에 들어온 고려인들은 열악한 여건에서 고달픈 '이주 노동자'의 삶을 사는 게 보통이다. 대다수가 저임금·3D업종에서 근무하고 우리말에 익숙하지 못해 많은 소외감을 느낀다. 귀국해도 딱히 돌아갈 일자리가 없는 고려인들은 묵묵히 일만 하다가 불법체류를 선택하기도 한다.

재외동포재단이 2014년 발간한 '국내거주 고려인동포 실태조사'에 따르면 고려인들은 67.0%가 부품, 염색, 조립, 화학공장, 건설현장 등 3D 업체에서 단순노무업종에 종사하고 있다. 또한 64.8%가 월 150만원 미만의 낮은 임금을 받고, 40.9%가 하루 10시간 이상 노동을 한다. 월 평균임금은 100만원-150만원이 전체의 51.8%로 가장 많다. 다음이 150만원-200만원 26.3%, 100만원 미만 13.0%였다. 상대적 고소득자인 250만-300만원 이상은 3.0%에 불과했다. 고려인 취업자들은 한 달 생활비 50만~60만원을 제외하고 나머지는 거주국에 남아 있는 가족에게 송금하는 것으로 알려졌다. 한국에서 3~5년 간 일하고 돈을 모은 고려인은 거주국으로 돌아가면 집도 사고 환갑잔치를 하며 노년을 보낸다고 한다.

고려인의 '모국어 상실증'은 한국과의 교류가 활성화되면서 치유의 전기를 맞았지만 아직도 많은 과제를 안고 있다. 고려인 동포의 모국어 구사 수준은 '간단한 인사 정도'가 36.1%로 가장 많고, 다음은 '쇼핑, 병원, 은행을 이용할 정도' 28.3%다. '한국어를 전혀 불편 없이 사용한다'

는 15.1%에 불과했다. 반면에 '거의 한국어를 할 수 없다'는 20.5%에 이른다. 문제의 심각성은 세대 간 대화에 있다. 고려인들이 자녀나 손자와 대화하는 언어가 러시아어라는 응답이 무려 93.5%에 달한다. 한국어로 대화한다는 고려인은 1.9%에 불과했다. 러시아화된 고려인 가정 내 언어생활의 속살을 엿볼 수 있는 대목이다.

고려인들이 한국에서 겪는 어려움으로는 '한국어를 못해 생기는 의사불통'이 33.7%로 가장 많고, 다음은 '구직 및 취업' 24.5%, '의료 및 건강' 15.0%, '자녀 양육 및 교육' 14.5% 등이다. 이런 고충으로 인해 고려인의 49.1%가 한국 사회로부터 차별을 받고 있다고 생각한다. 어느 응답자는 "한국 동포들이 한국말을 못하는 고려인을 무시하거나 외국인 취급을 하기 일쑤고 심지어 바보 취급까지 한다"고 불평했다.

한국생활 만족도를 보면 60.2%가 만족하고 있으며 39.8%는 만족하지 않는 것으로 응답했다. 고국에 와서도 외국인 취급을 당하는 신세지만 일자리가 없어 고생했던 과거 생활에 비하면 그래도 낫다는 판단에서 이런 높은 만족도가 나온 것 같다. 한국에 함께 사는 가족이 있다고 한 응답자가 71.4%에 달한다는 사실은 놀랍다. 혼자 한국에 나와 돈을 버는 고려인들이 가족이나 친인척을 불러들여 함께 살고 있음을 알 수 있다. 특히 젊은 취업자들은 어린 자녀를 한국에서 교육시키기 위해 입국 때부터 동반하는 경우가 많다.

"한국에 묻히고 싶다" 많아져

고려인들은 강제이주로 연해주를 떠난 후 세대마다 유랑과 이주를 거듭했다. 그들에게 가장 큰 걱정은 죽어서 어디에 묻히느냐는 것이다. 점차 한국에 묻히고 싶다는 고려인이 늘어나고 있다. '선조의 고향'에 뿌리를 내려 디아스포라의 한(恨)에 마침표를 찍겠다는 것이다. 가족까지 모두 한국으로 이주하는 고려인 동포가 늘어나면서 이런 열망은 더욱 뜨거워지고 있다.

"고려인들은 한국에 정착하길 간절히 원하고 있죠. 그들의 꿈은 집장만이 아니에요. 영주권과 국적을 얻어 조국에서 계속 사는 겁니다."

안산 소재 고려인지원센터 '너머'의 김영숙 사무국장이 전하는 고려인들의 바램이다. 고려인들은 체류기간이 끝나면 거주국으로 돌아가기보다 모국에 잔류하려고 한다. 한국에 살기를 원하는 고려인 동포가 쉽게 정착할 수 있도록 영주권 취득과정을 단순화시켜야 한다는 목소리가 커지고 있다.

안산 땟골에 고려인 마을

한국 내 고려인의 최대 거주 지역은 반월공단이 자리한 수도권의 신흥 산업도시 안산 일대다. 약 6,000여 명의 고려인이 거주하고 있다. 선부 2동의 '땟골' 삼거리에 2,000여 명, 사동 원룸 촌에 1,500여 명이 각각 고려인 마을을 형성하고 있다. 사동 '고향마을'에는 일제 때 강제징용으로 끌려갔다가 영주 귀국한 사할린고려인 동포 720명도 살고 있다. 광주광역시 월곡동 주변에도 3,000여 명의 고려인이 모여 살고 있다.

한국에 처음 온 고려들에게 안산 땟골은 '제2의 고향' 같은 곳이다. 러시아어로 소통이 가능한 동포와 만날 수 있고 눈에 익은 러시아어 상점 간판이 거리에 가득해 친근감을 느낄 수 있는 정신적 안식처다. 이곳에 가면 숙식, 통역, 취업, 송금문제 등을 한꺼번에 다 해결할 수 있다. 땟골이 고려인촌으로 급부상한 것은 방문취업제 실시로 우즈베크고려인이 몰려오기 시작한 2008년부터다. 그 전에는 서울 동대문시장 인근의 광희동이 유일한 고려인촌으로 널리 알려져 있었다.

땟골에 고려인들이 찾아들게 된 것은 싼 방값 때문이었다. 이곳에서 웬만한 쪽방은 보증금 50만원에 월세 20만원으로, 안산의 대표적 외국인 노동자 집단거주지역인 원곡동의 70~80% 수준이다. 땟골은 직업소개소를 통해 받는 시급(時給) 5,000원 안팎의 최저임금, 하루 10시간 이상의 중노동, 한 칸짜리 좁은 방이 다닥다닥 붙은 쪽방촌 등 1970~80년대 개발시대의 잔영이 고스란히 남아 있는 곳이다. 고려인들은 대부분 원룸이나 투룸의 비좁은 방에서 자녀, 형제자매 또는 조부모와 함께 기거하고 있다.

서울 고려인촌의 박 알렉산드르 <인터뷰 2011. 9>

서울 동대문운동장 지하철역 2번 출구와 7번 출구 주변의 광희동 골목길을 들어서면 이국적인 장면들이 눈에 띤다. 점포에 걸린 간판의 글씨는 한글이 아닌 낯선 러시아어가 대부분이다. 그곳 '고려인촌'에서는 쉽게 '한국 속의 고려인'들을 만날 수 있다. 토요일이 되면 서울 주변에 흩어져 있던 고려인들이 약속이나 한 듯 어김없이 이곳으로 몰려든다. 그들은 음식점이나 카페에 삼삼오오 모여 앉아 보드카를 마시거나 러시아 빵 리표시카를 뜯으면서 고국생활의 애환과 정보를 나눈다. 그리고 일요일이면 다시 일터로 돌아간다.

그곳의 한 러시아 카페에서 주방장으로 일하는 박 알렉산드르(1972년생)는 올해가 한국생활 만 4년째다. 그는 우즈베키스탄 타슈켄트시에서 요리사로 일하다가 2007년에 방문취업비자를 받아 고국에 왔다. 물론

박 알렉산드르

돈을 벌기 위해서다. 처음에는 인천의 한 선풍기 제작공장에 취업했다가 아파트 건설현장으로 옮겨 목수로 일했다. 목수 일은 고됐지만 막일꾼보다 수입이 좋았다. 그가 본업인 주방장직을 찾아 광희동 고려인촌에 들어온 지는 2년이 조금 넘는다.

"건설공사장에서 일하는 고려인 친구들은 한 달에 보통 120만~200만 원을 법니다. 지금의 주방장 수입이 공사장에서 일할 때보다는 좀 낫지요."

건설공사장 고려인 노동자들의 임금은 하루 평균 6만 원 정도. 아침 9시부터 밤 10시까지 꼬박 일해야 한 달에 180만~190만 원을 받는다. 근로기준법대로 하루 8시간씩 일을 하면 100만 원도 못 번다. 박 알렉산드르는 한 달에 이틀 정도만 쉬고 매일 공사장에 나가 일을 했다고 한다. 그는 고려인을 비롯한 외국인에 대한 차별대우를 건설공사장의 문제점으로 지적했다. 힘들고 위험한 일은 다 외국인 노동자에게 시키기 때문에 재해를 입는 외국인이 많다고 한다. 한국인 노동자는 저녁 7~8시면 일을 끝내고 돌아가지만 외국인들은 밤 10시까지 남아 일을 하는 것이 예사라고 했다. 똑같은 일을 하는데 한국인에겐 300만 원을 주고 외국인에겐 200만 원을 주는 것도 불평등하다고 그는 지적했다.

박 알렉산드르는 타슈켄트에 사는 가족(아내와 두 아들)에게 매달 30만~50만 원을 송금한다고 한다. "수입에 비해 너무 조금 송금하는 것이 아니냐"고 묻자 "서울 생활비가 워낙 많이 들어 10만 원밖에 보내지 못할 때도 있다"고 답변했다. 한 달 생활비로, 우선 방세로 50만 원 이상이 나가고 핸드폰 이용료 8~10만 원을 비롯해 전기료, 가스료, 수도료에 고려인 친구들과 어울려 향수를 달래는 소주 값 등을 빼고 나면 몇 푼 남지 않는다는 것이 그의 설명이다.

알렉산드르에 따르면 우즈베키스탄에 사는 그의 친인척 가운데 적지 않은 사람이 지금 한국에 와서 돈벌이를 하고 있다. 우선 그의 여동생이 자신과 같은 직장에서 종업원으로 일하고 있고, 외삼촌은 한 회사의 한국지사 책임자로 있으며, 이모는 러시아와 한국을 오가면서 옷 장사를 하고 있다고 했다. 그밖에 많은 친구들이 돈벌이를 위해 한국에 와 있으며, 자신이 일하고 있는 카페의 주인도 카자흐스탄 고려인이라고 말했다.

한국생활 4년에 대한 소감을 묻자 "아직도 한국말이 서툴러 힘들다"면서 "그러나 한국에서는 열심히 일만하면 먹고 살 수 있어서 좋다"고 말했다. 우즈베키스탄에서는 일을 하고 싶어도 일거리가 없어 못하는 게 문제라는 것이다. 그는 비자 만료기간이 1년밖에 남지 않은 것을 걱정했다. 법이 허용한다면 한국에 계속 남아서 돈을 벌고 싶다는 것이 그의 희망이었다. 그렇게 안 될 경우 우즈베키스탄으로 돌아가거나 러시아에 취업해서 주방 일을 계속할 생각이라고 말했다. 그는 "중학생인 두 아들을 전문 기술인으로 키우고 싶다"는 꿈을 펴 보이며 "그러려면 지금보다 더 열심히 일을 해야 한다"고 말했다. 그는 4년 동안 한국에 있으면서 가족 들을 불러 서울 구경 한 번 못시킨 것이 아쉽다고 했다.

안산 땟골의 김 갈리나 <인터뷰 2012. 5>

우즈베키스탄 타슈켄트 출신의 김 갈리나(여·50세)는 경기도 안산의 한 중소기업공장에 취업해 일한 지가 4년째다. 그녀는 최근에 방문취업 비

김 갈리나

자가 만료되자 재외동포 비자로 갱신해 취업을 계속하고 있다.

김 갈리나가 자동차 부품공장에서 하루 12시간씩 일을 하고 받는 돈은 한 달에 140만원. 그중 매월 50~60만원을 타슈켄트에 사는 부모와 두 자녀의 생활비로 송금하고, 자신은 보증금 400만 원, 월세 15만 원의 쪽방에서 혼자 자취를 하고 있다. 그녀의 큰 딸도 경기도 곤지암 소재 화장품 공장에 취업해 한 달에 130만원을 벌고 있다. 모녀는 한 달에 한두 번 안산에서 상봉해 회포를 풀며 그리움을 달랜다. 갈리나는 소련붕괴 후 다니던 회사를 그만두고 시장에 나가 반찬 장사를 하다가 좀 더 안정된 수입원을 찾아 한국으로 왔다. 남편은 일자리를 찾아 러시아로 떠난 후 소식이 끊겼다고 한다. 조국생활에서 겪는 어려움을 묻자 그녀는 서슴지 않고 불만을 토로했다.

"강아지, 고양이도 이름을 부르는데 여기 공장에서는 나이 50인 나를 '애'라고 불러요. 마음이 아픕니다."

김 갈리나는 고려인 치고 드물게 우리말을 유창하게 구사한다. 한국에 입국하자 외국인센터에서 1년간 한국어를 열심히 익힌 덕분이란다.

"공장 주인이 외국인 노동자에게 보너스를 주겠다고 해놓고는 그런 말을 한 적이 없다고 잡아떼며 약속을 지키지 않는 때가 많아요. 하지만 불평을 하면 자르기 때문에 입을 다물고 일만 해요."

그래서 그녀는 우리말을 못하는 고려인이나 우즈베크인 근로자를 돕는 일에 앞장선다고 한다. 그녀는 한국음식에 익숙지 못한 외국인에 대한 배려도 촉구했다. 특히 우즈베크인은 회교도라 돼지고기를 기피할 뿐더러 매운 김치도 먹지 못해, 그런 음식이 나오면 배를 곯는다며 안타까워했다. 돼지고기나 김치 대신에 계란 같은 것을 제공하는 아량이 필요하다는 것이 그녀의 지적이다.

고려인출신 주한대사 편(片)위탈리 <인터뷰 2011. 7>

서울주재 우즈베키스탄대사 편(片) 위탈리는 고려인 출신이다. 주한외교사절 가운데 '최고참'이어서 외교사절단장직을 맡고 있다. 우즈베키스탄의 초대 주한대사로 부임한 때가 1995년 12월이니, 벌써 16년째 조국 근무다.

편 위탈리 대사

"한국은 우즈베키스탄에 대한 최대 투자국 중의 하나입니다. 러시아, 독일에 이은 세 번째 투자국입니다. 현재까지 한국이 우즈베키스탄에 투자한 금액은 27억 달러에 달합니다. 2011년 8월에 가스전과 화학플랜트건설 사업이 결합된 수르길 프로젝트가 착공되면 한국의 우즈베키스탄 투자는 새로 40억 달러가 더 늘어날 것입니다."

편 대사는 "우즈베키스탄은 한국을 중요한 전략적 파트너로 보고 있다"며 한-우즈베크 양국의 협력관계 발전에 만족감을 나타냈다. 그리곤 "조국 근무에 무한한 자부심을 느낀다."고 말했다. 그는 "우즈베키스탄은 CIS 국가 중 러시아에 이은 두 번째 자동차 생산국"이라고 자랑하며 "그건 전적으로 대우 김우중 씨가 안디잔에 자동차공장을 세워준 덕분"이라고 고마워했다.

5만 명이 한국취업 기다려

그는 "우즈베크인은 월 300달러에도 반갑게 일을 한다"면서 "현재 한국말을 배워 놓고 한국취업 입국비자가 나오기를 기다리고 있는 우즈베크인이 5만 명이나 된다"고 전했다. 편 대사는 우즈베크인 취업쿼터를 늘리려고 한국 측과 교섭 중이라고 밝혔다. 우즈베크인에게 한국은 주요 인력진출시장이다. 2011년 7월 말 현재 한국에 장기체류 중인 우즈베크인(고려인 포함)은 총 2만 9,233명에 달한다. 이는 5년 전의 1만 5,380명보다 2배가 늘어난 숫자다. 이 중 취업자격으로 체류 중인 사람이 전체의 70.9%인 2만 721명이다.

자신을 '1947년생 돼지띠'라고 소개한 편 대사는 고려인 3세다. 할아버지가 연해주 우수리스크로 이주해 거기서 아버지를 낳았고, 자신은 강제이주 후 우즈베키스탄에서 태어났다고 한다.

"고려인들은 88서울올림픽 때 처음으로 '역사적 조국' 한국에 대해 알게 되었습니다. 그 전에는 북한밖에 몰랐습니다."

그는 1989년 세계한민족대회 때 소련고려인 단장으로 서울에 처음 와, 한국의 발전상을 보고 놀랐다고 했다. 그때 고려인들은 한국에서 새로운 희망을 보았다는 것이다. 그는 대사로 서울에 처음 부임했을 때만 해도 우리말을 전혀 못했다고 한다. 그 후 고국동포들과 어울리면서 열심히 한국말을 익혀 지금은 막힘없이 하는 편이다. 최초의 재외동포출신 대사로 고국에 오자 많은 사람들이 관심을 갖고 적극적으로 도와줘 불편 없이 대사직을 수행할 수 있었던 것은 "정말 행운"이라고 술회했다. 그러나 편 대사는 "고려인 3세라고 저를 한국인으로 보면 곤란하다"면서 "나는 내 조국 우즈베크공화국의 국가이익을 위해 일하고 있는 외교관"이라고 힘주어 말했다.

편 대사는 헤비급 권투선수 출신이다. 선수 은퇴 후 페르가나주 정부에서 스포츠관련 업무에 종사했다. 1982년에 중앙정부의 체육부 차관으로 발탁 기용되면서 당시 재경부 장관으로 일하던 현재의 카리모프 대통령과 인연을 맺었다고 한다.

주한대사직을 16년이나 장수하는 비결이 뭐냐고 묻자 그는 "고려인에 대한 카리모프 대통령의 믿음 때문일 것"이라고 답변했다. 고려인과 우즈베크인은 같은 농경민족으로서 부지런하고 한 치의 땅도 놀리지 않는 성실성 등의 공통점이 서로를 신뢰하게 만든 것 같다고 풀이했다. 두 민족은 주변의 놀고먹으려는 유목민들과는 다르다는 것이다. 우즈베키스탄에서 한류의 인기가 10년 넘게 지속되고 있는 것도 두 민족의 문화적 동질성을 반영하는 것이라고 그는 설명했다.

편 대사는 "우즈베키스탄은 목화 수출이 세계 2위인데다가 물가가 싸고 밀 생산량이 년 700~800만 톤에 달해 빵 걱정이 없는 나라"라고 자랑했다. 그러면서 풍부한 자원에 질 좋고 저렴한 인력을 가진 우즈베키스탄과 높은 기술력과 자본을 가진 한국 사이의 경제협력 가능성은 무궁무진하다고 역설했다. 특히 다른 경쟁국들은 갖고 있지 않는 '우즈베크고려인 18만'은 한국의 우즈베키스탄 진출에 촉매이자 윤활유가 되기에 충분하다고 말했다. 그는 "우즈베키스탄이 경제발전을 통해 잃어버린 실크로드의 영광을 되찾고자 하는 노력에 한국의 협력이 절실하다"고 호소했다. (2013년 여름에 그는 18년간의 대사 근무를 마치고 페르가나 주지사로 부임하기 위해 귀국했다.)

제17장

고려인의 문화·유산·정체성

I 세시(歲時)풍속과 생활문화

고려인 사회에는 혈연관계를 결속시켜주는 민족적인 문화요소가 아직도 많이 남아 있다. 고려인들은 무엇보다 가족관계를 중시하며, 부모 공경을 미풍으로 여기고 있다. 부모가 돌아가신 후 갖는 3년 제사나 한식날 성묘에는 직장과 학교를 빠지면서까지 묘소를 찾는 경우가 대부분이다. 고려인들의 혈연공동체에는 가까운 친척이면 남녀노소 모두가 참여하는 것이 원칙이다. 돌, 생일, 결혼식, 환갑, 장례식, 명절 등에는 이 혈연공동체를 중심으로 친인척들이 모여서 희로애락을 공유한다. 고려인들은 지금도 어른들 앞에선 담배를 피우지 않고, 고개를 돌려 술을 마시는 예절을 깍듯이 지킨다.

혈연확인 문화요소 많이 남아

고려인 사회의 전통문화는 점차 퇴색해가고 있지만, 민속적인 몇몇 의례는 예나 지금이나 꾸준히 지속되고 있다. 마치 최후의 보루로 지켜내자고 약속이라도 한 것처럼 형식과 내용이 그대로 남아 있다. 돌잡이라든가, 결혼잔치에서 반드시 닭을 올리고 증편과 찰떡을 준비하는 일, 장례식에서 혼 부르기, 염습, 명정, 그리고 무덤 등이 그것이다. 이러한 행위들이 러시아인이나 우즈베크인, 카자흐인과의 관계 속에서도 일관되게 지속되고 있다는 것은 전통의례가 다름 아닌 고려인들의 민족정체성 확보에 중요한 수단이 되고 있음을 알 수 있다.

사실 의례 가운데 상당수는 많은 변화를 했다. 다른 민족들의 풍습에 영향을 받은 때문이다. 가령 고려인은 회갑을 큰 잔치로 생각하나 최근 들어 50세 생일잔치도 크게 치른다. 카자흐인의 영향을 받은 것이다. 장례식에서 입관할 때 관 뚜껑을 덮지 않고 장지에서 덮는다거나, 관이 방에서 나갈 때 음악을 연주하는 것은 러시아의 영향을 받은 것이다. 결혼잔치나 회갑잔치 등이 파티 중심으로 바뀌어 가는 것도 이들 민족의 영

명절에 증편을 나르는 여인 ('사진으로 보는 고려인사 1937~1997'에서)

향이다.

생활과 의례의 주도권을 여자가 가지고 있다는 것은 고려인 사회의 특징이다. 부부가 이혼하면 여자가 자녀를 양육하며, 남자는 아이가 최소한 18세 성인이 되기까지 양육비 혹은 학비를 부담해야 한다. 부부가 함께 살던 집도 여자에게 귀속되며 남자는 다른 집을 구해 나가야 한다. 돌잔치나 결혼잔치, 장례식 등의 의례에서도 주로 여자가 부조금을 받는다. 이처럼 생활과 의례에서 여성의 역할이 큰 것은 여성의 사회활동을 적극 권장한 사회주의 국가정책과 무관하지 않다.

한식 성묘, 돌잔치, 환갑잔치

명맥을 이어온 세시풍속은 한식, 단오, 추석, 설 등이다. 그중 고려인들이 가장 크게 쇠는 명절은 한식(양력 4월 15일)이다. 한식이 되면 멀리 나가 있는 자손들은 제사를 위해 고향에 찾아오고, 마을에 있는 사람들은 성묘를 위해 아침 일찍 북망산(공동묘지)을 찾는다. 온 가족이 고기와 생선, 짤떡이(인절미), 과일, 사탕, 초콜릿 등 풍성하게 준비한 제수를 상석에 차려놓고 3번 절을 한 뒤 묘소를 손질하고 집으로 돌아온다. 이때 친척은 물론이고 이웃 고려인들과도 자연스럽게 서로 안부를 물으며 어울린다. 추석(음력 8월 15일)에도 그렇게 한다. 고려인들에게 이 두 날은 정체성과 동질성을 확인시켜주는 계기가 된다.

최근에는 좀 시들해졌지만 단오(5월 1일)에는 문화회관이나 운동장에 모여서 각종 공연과 노래자랑으로 흥겨운 하루를 보낸다. 음력설은 노년층 이외에는 거의 의미를 잃었다가 1990년부터 다시 쇠기 시작했다. 특히 알마티에 거주하는 고려인들 사이에서는 가장 큰 민속명절로 자리 잡았다. 설날에는 대규모 공연이 열리며 공연장 주변에는 전통음식 판매장이 생기고 윷놀이나 화투판이 벌어진다.

돌잔치는 타민족에게서 찾아보기 힘든 고려인의 특징적인 의례로 전승되고 있다. 돌잔치는 한국의 일반 가정보다 더 크고 즐겁게 치른다. 일가친척과 마을 사람들을 초대하며 이웃에게 돌떡을 돌리기도 한다. 돌잡이 풍습에 따라 돌상 위에 돈, 책, 실, 쌀 등을 올려놓고 아이의 운명을 예견해 보는 것도 우리와 비슷하다.

결혼은 대부분 연애결혼이다. 종전에는 주로 고려인끼리 통혼하였으나 근래에는 이민족과의 결혼이 늘어나는 추세다. 특히 러시아인과의 혼인이 증가하고 있다. 한 설문조사 결과에 따르면 다민족 결혼에 대해 "다소 긍정적"(30.4%)과 "중립적"(52.3%)이 82.7%로, 절대 다수가 개방적 입장을 보였다. "다소 부정적"은 16.4%에 불과했다. 이런 결혼 풍조에 따라 '짜구배' '올구배'라는 신조어가 생겨났다. 짜구배는 고려인이 다른 민족과 결혼하여 낳은 2세를 가리키고, 올구배는 짜구배가 다시 고려인과 결혼하여 낳은 사람을 이르는 말이다. 현재 고려인들이 처해 있

1944년 우슈토베의 프룬제 콜호스에서 거행된 결혼식. 신랑 신부가 말이 끄는 썰매에 앉아 있다.

는 다민족적인 환경을 생각하면 민족 간 결혼은 점차 더 늘어날 전망이다. 알마티에서는 타민족과의 결혼 비중이 약 40%에 이른다고 한다. 그 결과 민족적인 자의식이 부족한 '고려인주변인'이 탄생하고 있다.

혼례는 거의 러시아식이나 현대식으로 바뀌었다. 그러나 결혼 전 혼삿말이 오간 뒤 남자 측에서 여자 측에 청혼하면서 예단을 보내는 전통은 남아있다. 결혼식 당일에 신랑·신부는 각각 증인 1명씩 대동하고 결혼등록소에 가서 신고하고 신혼부부용 차량으로 친구들과 함께 시내를 일주한다. 결혼잔치는 레스토랑에서 초저녁에 시작하여 대개 밤 11시까지 계속된다. 혼례 만찬에서 특징적인 것은 '고르카' 의식이다. 손님들은 건배를 한 뒤 술맛이 쓰다는 뜻으로 '고르카' '고르카'를 외치는데, 이는 신랑·신부에게 사랑의 키스를 공개적으로 하라는 뜻이다. 키스를 해야 두 사람의 사랑이 확인되고 부부임이 공표되는 것이다. 잔치 비용은 대부분 신랑 집에서 부담한다. 결혼잔치에 참석할 때는 반드시 부조를 한다. 돌잔치, 생일잔치, 환갑잔치, 장례식에 참석할 때도 꼭 부조를 가지고

어느 고려인의 환갑잔치. 1962년 우슈토베에서.

간다.

　고려인들은 일생에 잔치상을 세 번 받는다고 한다. 돌상, 혼례상, 환갑상이 그것이다. 잔치는 잘 차려야 하며, 얻어먹었기 때문에 갚아야 하는 것, 그리고 널리 나누어 먹는 것이라는 관념을 갖고 있다. 잔치가 있는 날이면 거의 밤새도록 먹고 마시며, 중간 중간에 악기로 반주하며 노래를 한다.

　환갑은 인생의 중요한 행사로 여기며 아주 성대하게 치른다. 돌과 생일은 집에서 하고 백일잔치는 하지 않는다. 환갑잔치는 어른에 대한 공경으로 자식과 일가친척들이 다 모여서 한다. 인근 주민에게도 초대장을 보낸다. 물론 다른 민족도 초대 대상이다. 환갑잔치에서는 먼저 자식들이 절과 술을 올리면 친척들이 그 뒤를 잇는다. 환갑을 맞은 어른 옆에는 동갑의 친구들이 같이 앉아 손님들을 맞이한다. 일정한 의례가 끝나면 여흥을 맘껏 즐긴다. 우리의 전통 민속춤과 전통가요가 단골 메뉴로 등장한다. 그리고 남녀노소 구별 없이 흥겨운 춤으로 이어진다. 칠순잔치를 할 때도 있다.

　상례의 경우 전통적 특성이 많이 남아 있다. 장례는 대개 3일장을 지낸다. 우리 같은 수의는 찾아보기 힘들다. 특기할 것은 거울 가리기, 혼 부르기, 명정 쓰기, 곡하기 등의 의식이다. 상을 당하면 먼저 집안의 유리나 거울 등 물건을 되비쳐주는 가재도구를 모두 하얀 천으로 가린다. 그리고 혼 부르기 의식을 거행하는데, 최연장자가 망자의 옷을 들고 집 밖으로 나가 흔들면서 "혼 받으시오"라고 외친다. 장례식 때는 관 뚜껑을 연 채 추모객들의 조문을 받는 것은 러시아 영향이다. 매장의식이 이루어질 때에는 여자들이 나서 곡을 한다. 고인이 생전에 쓰던 옷과 침구용품 등을 모두 불사르고 마지막 제사를 지내는 것으로 장례절차가 모두 끝난다. 묘비는 크게 만들며 고인의 사진을 조각해 넣는 방식이 일반화 돼있다. 집단농장 시절엔 고려인들만의 공동묘지를 조성하여 죽음의 세계에서도 고려인공동체를 유지하려고 노력했다.

고려인들의 성씨는 이름 가운데 가장 보수적인 면을 보이고 있다. 하지만 우리에게 생소한 성씨가 많다. 고가이, 노가이, 라가이, 마가이, 배가이, 서가이, 오가이, 유가이, 지가이, 차가이, 허가이 등이 그것이다. 고가이는 고씨, 오가이는 오씨, 허가이는 허씨를 각각 나타내는 성씨다. '-가이'로 끝나는 성은 본래 우리 표현에서 "고가요" "오가요" 하는 것을 함경북도 식으로 말하고, 러시아 관리가 이를 모두 성씨인줄 알고 호적에 기록해 놓아 생겨난 것으로 알려졌다.

시락장물이, 국시, 개자이 즐겨

그런대로 전통이 지속되고 있다면 역시 음식이다. 고려인을 상대로 한 설문조사에 의하면 "하루 양식으로 어떤 음식을 이용하십니까?"라는 질문에 대해 응답자의 절대 다수(93%)가 한국 음식이라고 답하고 있다. 고려인의 주식은 쌀밥이며, 여기에 시락장물이(시래기된장국), 짐치(김치), 질금채(콩나물 무침), 디비(두부) 같은 반찬이 식탁에 오른다. 현지 주류민족인 러시아인이나 중앙아시아 토착민족들의 빵-육류 중심 음식문화 속에서 고려인들이 밥-장국 중심의 채식문화를 유지하고 있다는 것은 가히 특징적이다. 전통적인 밥 문화를 견지할 수 있었던 것은 중앙아시아의 벼농사 보급에 크게 기여한 결과이기도 하다. 가족들이 모여 식사를 할 때는 밥을 큰 그릇에 담아 가운데에 놓고 각자 퍼서 먹는다. 밥그릇은 공기보다 접시를 이용하고, 젓가락은 거의 사라져 대부분 포크를 사용한다.

고려인들의 입맛은 한국인과 분명히 달라져 있다. 고려인들이 만드는 음식은 기름지고 싱거워 한국인이 먹기에 다소 거북하다. 다만 고려인들의 개자이(개장)는 다른 어떤 음식보다 한국인 입맛과 가장 통하는 편이다. 고려인들에게 한국 음식은 짜고 매우나 독특한 맛을 느끼게 한다. 그들에게 김치는 여전히 중요한 반찬이다. 하지만 본래의 맛은 사라지고, 묽고 싱거운 샐러드 같은 변형 김치로 존재하고 있다.

보편적인 별식은 국시(국수)다. 국시는 돼지고기, 오이채와 각종 양념을 곁들여 잔치음식으로 내놓는다. 집을 방문한 귀한 손님에게도 대접된다. 개자이와 배고재(찐만두)도 별식으로 제공된다. 개장국은 집에서 요리해, 생일 등에 초대한 손님들과 같이 먹는다. 현지의 다른 민족들도 고려인 음식을 먹기 시작해, 국시와 개자이는 이미 현지 말이 되어버렸다. 이슬람 국가에서는 돼지고기와 마찬가지로 개고기를 먹는 것이 금기이나, 우즈베크인 사이에서는 보양식으로 인기가 높아 타슈켄트의 보신탕집을 찾는 사람이 늘고 있다. 러시아인 일꾼을 부리는데 개장을 끓여주는 것으로 임금을 대신했다는 이야기도 있다.

무채, 고사리, 시금치, 전병, 찰떡 등도 많이 먹는다. 식사 때 국이 준비되지 않으면 물에 밥을 말아 먹는 '밥이물이'를 즐겨 먹는다. 된자이(된장), 고추자이(고추장), 지러이(간장) 등 장류는 연해주 시절부터 지금까지 가정에서 재래식으로 직접 담가 먹는다. 해산을 한 뒤 한국에서와 같이 미역국을 끓여 먹는 사람도 간혹 있다. 하지만 먼 원동에서 가져오는 미역은 매우 비싸서 흔히 메기탕으로 대체한다. 건강을 위한 음식이나 보약 개념은 별로 형성되어 있지 않다. 거의 대부분의 고려인은 곰탕과 녹용이 무엇인지를 잘 모른다.

이제 고려인들의 식생활도 밥-장 중심에서 빵-고기와 공존하는 체계로 변해 가고 있다. 카자흐고려인들은 시래깃국이나 국수, 빵을 먹어도 고기를 듬뿍 넣어 함께 먹는다. 고려인들은 러시아 빵인 리표슈카를 비롯해 중앙아시아 음식인 플로브(볶음밥), 라그만(짬뽕), 샤슬릭(양고기 꼬치구이)도 즐겨 먹는다. 중앙아시아는 식수에 석회질이 많이 함유돼 있어 고려인들도 건강을 위해 챠이(茶)를 끓여 마신다. 여름철에는 질료니 챠이(綠茶)를, 겨울철에는 쵸르니 챠이(黑茶)를 즐긴다. 중앙아시아는 기후조건 때문에 수박, 참외, 포도, 사과 등이 흔하다. 고려인들은 오이, 가지, 호박, 파, 양파, 감자, 옥수수 등을 집안의 텃밭에 재배하여 이를 자가 소비한다. 알마티에서는 향채를 상추라고 하고, 상추는 불르불르라고 부른다. 음식에 설탕을 넣지 않으며 오이나 고추, 때로는 파, 마늘, 상추를 된장에 찍어 먹는다.

여가 생활에서 특기할 점은, 화투문화가 끈질기게 남아있다는 것이다. 화투는 공장에서 제작을 하지 않기 때문에 빳빳한 종이에 그려서 사용했다. 겨울철에 많은 사람이 즐기며, 때로는 도박으로 이용된다. 특히 고본질을 통해 번 돈을 화투로 날려 사회문제를 일으키기도 한다. 윷놀이는 예전에 했으나 근래에는 별로 하지 않는다. 노인들 사이에는 한국식 장기도 남아 있다. 젊은 층은 서양식 장기를 둔다. 바둑은 거의 없다. 단절됐던 동양의학도 부활되고 있다. 과거에 침술은 '인체에 쇠를 꽂는 야만행위'로 형사 처벌되었고, 뜸도 비슷한 취급을 받았다. 최근 한국에서 파견한 한의사들이 순회 진료에 나서면서 시각이 달라졌다. 침을 놓는다면 서로 맞으려고 줄을 선다. 러시아인이나 우즈베크인들이 고려인보다 더 많이 이용할 정도다.

II 무너진 집단농장

강제이주 후 절망에 빠진 고려인들이 다시 일어설 수 있었던 것은 민족공동체를 형성하여 위기를 극복했기에 가능했다. 그 구심점이 바로 콜호스(집단농장)였다. 우즈베키스탄 타슈켄트주 치르치크 지역 반경 5km 내에 밀집해 있던 폴리트옷젤, 스베르들로프, 프라우다, 북극성(후에 김병화농장으로 개명) 등 집단농장은 고려인들에게 안정적인 생활 기반을 제공했다. 고려인들은 이웃해 모여 삶으로써 자연스레 힘을 모을 수 있었고, 우리말과 민족문화를 비교적 잘 유지, 전승할 수 있었다.

생활안정·문화전승의 기반

대부분의 콜호스에서는 고려말과 러시아어를 함께 사용하는 경우가 많았다. 이 때문에 고려인들은 우리말을 잘 구사하고 보존할 수 있었다. 그러나 소련붕괴 이후 대부분의 집단농장이 해체되고 그곳에 살던 고려인들이 대도시로 이주, 분산 거주하게 되면서 사정은 달라졌다. 고려인 간 결속력이 약화되고 전통문화를 체계적으로 이어갈 수 있는 기반이 상실된 것이다. 집단농장의 붕괴는 고려인들의 정체성 약화와 생활 불안으로 이어졌다.

그럼 강제이주 후 초기 10년간의 콜호스 성장과정부터 보기로 하자. 1948년 5월 1일자 '레닌기치'에 실린 카자흐스탄 '원동'콜호스 대표 신현문의 회고문 내용이다.

"1938년 4월 20일에 조선인이 이주하고 나서 모래산 밑에서 처음 콜호스 총회가 열렸다. 이 총회에서 '선봉'이라는 작은 콜호스와 연합하여 '원동'

콜호스가 조직되었다. 그 해 가을 새 집과 공동건물, 축사, 7년제 학교를 준공하였다. 첫 해에 284ha에 곡식을 심었다. 1939년은 콜호스의 건설기로 페르마, 구락부, 병원, 종람소, 탁아소를 건축하였다. 1942년 원동콜호스는 최고의 수확을 거두었다. 전쟁이 시작되면서 여성들이 트랙터 운전사 등으로 콜호스사업에 동참했다. 1947년 11월 5일로 원동콜호스는 조직 10주년을 맞이하였다. 1948년에는 이 콜호스에서만 사회주의노동영웅 5명을 배출할 정도로 성장했다."

우즈베키스탄이나 카자흐스탄의 다른 고려인 콜호스들도 '원동'콜호스와 비슷한 성장과정을 거쳤다. 고려인들은 1960년대에 도시로 대거 이주하기 이전까지 70%이상이 콜호스를 중심으로 농촌에서 살았다. 초기의 고려인 콜호스에는 적게는 100명 미만에서 많게는 600명에 이르는 농장원이 소속돼 있었다. 이 인원수는 콜호스에 가입해 생산 활동에 참여하는 회원만을 나타낸 숫자일 뿐이었다. 이들이 부양하는 가족까지 포함하면 1개 콜호스에 거주하는 인원은 이보다 훨씬 많아, 400~1,600여 명에 달했다. 고려인 콜호스란 구성원 전체가 모두 고려인이라는 의미는 아니다. 콜호스 내의 민족구성 비율로 볼 때 다수 구성원이 고려인이면 고려인 콜호스라고 불렀다.

콜호스는 생산뿐만 아니라 일상생활에 필요한 행정, 교육, 문화시설 등을 두루 갖춘 공동체였다. 완벽한 거주체계와 함께 도시 못지않은 편의시설과 체제를 자랑했다. 콜호스는 고려인들의 주된 일터이자 생활의 근거지이며 사회마당, 문화마당이었다. 콜호스는 그 중심에 사무실과 주택, 문화회관, 상점, 병원, 도서관, 우체국, 재봉소, 구둣방, 차량정비소, 수리공작소, 창고, 탁아소, 유치원, 초·중교 및 직업학교 등의 건물이 모여 있고 주변에 농지가 분포된 형태를 띠고 있다. 독자적인 라디오 방송국, 발전소, 전화시설을 보유한 콜호스도 있었다. 문화회관은 대개 200~500명을 수용할 수 있는 규모로 종람소, 도서관과 함께 문화사업과 휴식을 위한 공간이었다. 이곳에서는 콜호스 내 회의와 선거활동, 시상식 등의 각종 행사가 열리고, 공청동맹원을 중심으로 성악, 연예, 음악 크루소(소모임)가 조직되어 활동했다. 문화회관은 평소에 영화를 상영하고, 고려극단이 순회공연을 오면 공연장으로 사용되었다. 콜호스에서는 벽신문을 발행해 콜호스와 구역 내 생산기관의 소식을 전했다.

초기의 건설 시기를 제외하면 집단농장에서 고려인들은 비교적 철저하게 주5일 작업에 하루 8시간 노동제를 지켰다. 일이 끝나는 시간은 매우 정확했고, 그 이후는 개인시간으로 할애되었다. 농장원에게 배정되는 거주지는 가구당 평균 약 1,200m²였다. 조합 내 지위가 높으면 약간 더 넓을 수도 있다. 이 거주지의 중요한 특징은 주택·창고 등 건물과 텃밭으로 이루어진 비교적 표준화된 구조를 갖고 있다는 것이다. 거주할 집이 정해지면 거의 이사하지 않고 세대 간으로 이어지면서 살았다. 본인이 죽으면 자식이 거주 신청을 하여 그 집에 살 수 있었다. 독립 후 사유화정책에 따라 국가는 주택을 현 거주자에게 낮은 가격으로 분양했다. 오늘날 고려인들이 거주하고 있는 주택은 대체로 2차 대전 이후에서 1970년대까지의 시기에 건축된 것이 많다. '레닌의 길'콜호스의 경우 1978~79년에 현재의 상태로 건축되었고 전기, 가스, 도로포장, 급수, 학교시설도 이때 완공했다.

최고는 모두 고려인 콜호스

우즈베키스탄 내 고려인 집단농장은 모두 15개였다. 그 중 7개가 물이 풍부하고 땅이 비옥한 타슈켄트주에 몰려 있었다. 과거 소련이 자랑하던 콜호스는 모두 이들 고려인 콜호스였다. 우즈베키스탄에서 사회주의노동영웅 칭호를 받은 650명 가운데 139명이 고려인 콜호스 출신이었다.

고려인 콜호스 가운데 가장 부유한 곳은 폴리트옷젤과 김병화농장이었다. 전설적인 인물 황만금이 30여 년 간 이끈 폴리트옷젤은 흐루쇼프, 브레즈네프 등 국가 지도자들이 단골로 들리는 명소였다. 우주비행사, 예술가, 작가, 운동선수 등 수많은 명사들이 이 소련 최고의 모범농장을 다녀갔다. 고려인 콜호스를 선두에서 지휘한 '노동영웅' 황만금, 김병화, 김만삼 등은 소비에트 신화의 주인공으로 칭송되었다. 카자흐스탄의 아방가르드 농장에서 세계 최고의 쌀 수확량을 기록한 김만삼의 환갑잔치에는 고려극단이 와서 축하공연을 하고 노래와 시를 지어 바쳤다. 1953년 70회 생일 때는 레닌기치가 지면 한 면을 그의 특집으로 꾸며 보도하기도 했다.

고려인들이 시온고 마을이라고 부른 스베르들로프 콜호스는 연해주 수찬의 신영거우 마을에서 이주해온 주민 100가구가 만든 콜호스다. '시온고'란 '신영거우'가 변해서 생긴 명칭이다. 주민 수가 최고 1만 명에 달했던 시온고는 고려인이 가장 많이 거주한 콜호스의 하나였다. 시온고에서는 약 500호 2,500여 명의 고려인이 다른 11개 민족과 함께 갈등 없이 각기 고유의 문화적 특성을 보존하면서 살았다. 시온고 고려인은 연해주 때부터 같은 마을에 살던 사람들이어서 그런지 유달리 단결력과 협동심이 강했다. 농사든 운동이든 다른 콜호스와의 경쟁에서 절대로 지는 일이 없었고, 패싸움에도 능해 이웃한 폴리트옷젤과 시비라도 벌어지면 젊은이들이 그곳까지 쳐들어가서 혼을 내주고 돌아왔다. 시온고 주민은 고려말을 잘 하기로 평판이 났었고, 음식 만드는 솜씨가 뛰어나 지금도 타슈켄트 시내 음식점의 주방을 시온고 출신이 꽉 잡고 있다고 한다. 시온고 마을의 음식점은 개장, 개회(개고기 무침)가 맛이 좋기로 유명하다.

폴리트옷젤 한때 1만3천명 거주

그럼 연해주에서 옮겨와 강제이주 직후 768ha의 땅과 123호의 농가로 새 출발한 북극성 콜호스는 어떠했는지? 김병화 농장으로 개명한 이 콜호스를 1975년에 방문했던 일본 오사카시립대 오자키(尾崎彦朔) 교수의 기행문을 통해 알아보자.

"김병화 콜호스는 몇 해 전에 인접한 군소 콜호스를 합병했다. 현재는 구성 민족 7개에 가호 수가 1,300호. 그중 고려인이 320호였다. 콜호스의 지도층은 고려인이 대다수를 차지하고 있다. 경지면적은 판개지 3,000ha, 비판개지 1,100ha이며, 주요 산물은 면화, 쌀(320ha). 그밖에 과수, 야채, 누에고치(10~11톤)였다. 수익은 국가할당 425만~450만 루블을 상회하는 성과를 올려, 총수익의 50~55%를 농장원에게 분배했다. 농장원의 월급은 159~190루블. 전국노동자 평균임금 135루블보다 많으며 그 외에 약간의 현물지급, 개인 텃밭수입이 가산된다. 가축은 허가제로 사육할 수 있다. 한도는 젖소 1마리, 돼지 4~5마리에 닭은 무제한이다. 과일·채소는 자유판매가 가능하다."

오자키 교수가 방문한 김모 여인의 집은 현관 2평, 거실 4평에 침실이 4평 정도였다. 거실에는 텔레비전, 작은 탁자, 의자 등이 있었으나 장식

1970년대 김병화농장에서 목화꽃을 솎아내는 여인들

품은 없어 단조로웠으며, 트랙터 운전수인 남편은 휴가를 얻어 캅카스의 휴양소에 가고 집에 없었다고 한다.

강제이주 전인 1924년 연해주에서 넘어온 고려인들이 처음 세운 농업조합 일심의 후신인 폴리트옷젤 콜호스는 저조한 생산실적과 농장원 이탈로 폐쇄 직전에 있던 것을 황만금이 되살린 집단농장이다. 그는 1953년 이 농장의 대표로 선출된 후 매년 생산목표량을 초과 달성해 폴리트옷젤을 소련 최고의 모범농장으로 키웠다. 황만금은 운영진 쇄신, 첨단농업기술 도입, 가축품종 개량 등에 주력해, 3년 만에 농장의 생산 가

김병화 농장의 벼 추수

황만금

치를 20배나 향상시켰다. 황무지 개간으로 매년 40~50ha의 농토를 늘려나가 1960년대 초반의 농장인구는 1만 3,000명에 달했다. 그는 해충 방제에 생물학적 방법을 도입하고 신품종 개발로 황마의 수확량을 세계 최고로 올렸으며, 노동의 높은 규율화를 통해 목화 수확량을 크게 증대시켰다. 폴리트옷젤은 소련 내 집단농장 중 가장 많은 수익을 올려, 농장원들이 가장 많은 봉급을 받았다. 1984년의 경우 목화 1,600만 루블 어치를 정부에 납품하고 560만 루블을 순이익으로 배당받았다.

1985년 이곳을 찾았던 재미교포 신연자의 기행문 '소련의 고려사람들'에 묘사된 폴리트옷젤은 현대식 초대형 집단농장이었다. 1만 2,000ha의 광대한 면적에 거대한 유리온실과 200대의 트랙터를 보유한 폴리트옷젤은 목화, 옥수수, 황마, 야채, 과일을 재배하며 소·양 방목장과 양계장을 운영했다. 폴리트옷젤에는 화려한 문화궁전 외에 각종 시설과 함께 22명으로 구성된 가무단 '청춘'과 축구팀, 여자 필드하키

폴리트옷젤 가무단 '청춘'이 1977년 모스크바 공연을 마치고.

팀이 있었다. 농민들의 월급은 평균 250루블 정도였지만 개인소유 텃밭에서 농작물 재배로 별도의 부수입을 올려 도시인보다 잘 살더라고 신연자는 기술했다.

폴리트옷젤이 명성을 떨친 시기는 1950년대 후반부터 1980년대 전반기까지였다. 신연자가 전한 폴리트옷젤은 꺼지기 직전의 마지막 불꽃을 피우던 모습이었던 것 같다. 1985년 황만금은 이른바 '목화사건'이라는 모함에 걸려 1989년까지 재판도 없이 수감돼 있었다. 범죄증거가 없었던 관계로 석방된 황만금은 1990년 9월 우즈베크 최고재판소의 무죄판결에 따라 명예를 회복했다.

시장경제 전환 후 경쟁력 잃어

돌이켜 보면 대다수 고려인에게 집단농장은 그렇게 매력적인 곳이 아니었던 것 같다. 그 실상은 그들의 농촌거주 상황에서 잘 나타난다. 고려인들의 농촌거주 비율은 1939~40년에 80% 이상이었다가 1956년에 70%대로 떨어졌다. 특히 1970년대 이후에는 급감하는 현상을 보여, 고려인의 농촌거주 비율은 1979년 19.9%로 크게 감소한 뒤 1999년에는 15.9%까지 하락했다.

고려인들의 농촌거주 감소, 즉 콜호스 이탈은 1950년대와 1960년대 두 차례에 걸쳐 실시된 콜호스의 통합·대형화 과정에서 가속화되었다. 고려인 집거지역에서의 통합은 부유한 고려인 콜호스가 가난하고 낙후된 타민족 콜호스를 흡수 통합하는 방식으로 이루어졌다. 당국은 작은 콜호스들을 모아 큰 콜호스를 만들어 노동력을 집중시키는 데만 관심을 보였다. 이 통합조치로 고려인 콜호스는 토착민 콜호스의 부채를 떠맡아야 했다. 결국 부유했던 고려인 콜호스마저 쇠퇴의 길로 접어들게 만들어 고려인들이 콜호스를 떠나기 시작했다.

국가가 콜호스를 착취하게 만든 소련의 경제정책도 문제였다. 1950년대 초, 콜호스에서 쌀 100kg을 생산하는데 들어간 비용은 6루블이었다. 그것을 국가는 83코페이카에 수매했다. 콜호스는 국가에 대해 엄청난 빚을 지게 되었고, 농민들은 콜호스의 채무자가 되었다. 아무리 열심히 일해도 생활수준의 향상은 어려웠다. 결국 고려인들은 콜호스를 이탈해 은밀히 고본질에 손을 대기 시작했다.

고려인들의 이탈을 촉진시킨 또 하나의 요인은 벼농사 지대를 목화 재배지로 전환시킨 1950년대 초의 우즈베키스탄정부 결정이었다. 이로 인해 집단농장에서 쌀을 재배하던 고려인들이 도시로 빠져나가거나 북캅카스와 우크라이나 등지의 국외로 이주하여 그곳에서 쌀과 채소를 재배했다. 스탈린 사망 이후 불기 시작한 자유화 바람 역시 고려인의 콜호스 이탈을 부채질했다.

1990년대의 소련해체와 시장경제로의 체제전환은 고려인 집단농장의 붕괴에 결정타가 되었다. 고려인들은 경쟁력 없는 농사로 더 이상 자신의 생활을 유지할 수 없었다. 젊은이들은 일자리를 찾아 도시로 떠났다. 노인들만 남은 집단농장의 활동은 거의 중단되었다. 농촌경제는 빠른 속도로 와해되었고 고려인들의 농촌이탈은 가속화되었다. 고려인들은 러시아의 볼고그라드나 로스토프로 이주해갔다. 고려인 집단농장에서도 고려인은 소수자가 되었다.

이제 구소련 지역에서 고려인 콜호스는 더 이상 찾아볼 수 없게 되었다. 과거 수많은 사회주의노동영웅을 배출한 고려인 콜호스들은 정체성을 상실한 채 역사의 뒤안길로 사라졌다. 타슈켄트주 치르치크 강변 일대의 그 유명한 고려인 콜호스들은 모두 축소 와해되어 우즈베크인들의 개인농장으로 변했다.

토착민 소유 개인농장으로

　소련 시절 '김병화농장'은 그 넓이가 750만평에 달했다. 서울 여의도의 약 8배 규모다. 북극성 콜호스에서 이름이 바뀐 김병화농장은 한때 방문객들에게 '고려인들의 신화 창조의 현장'으로 가슴 벅찬 감동을 안긴 명소였다. 지금은 '유누츠깔라'라는 간판이 걸린 우즈베크인 소유의 민간농장으로 바뀌었다. 주변의 고려인 집단농장들 역시 모두 우즈베크인의 농장이 되었다. 폴리트옷젤은 두스트릭으로, 스베르들로프(시온고)는 아흐마드 야싸비로, 드미트로프는 베루니 농장으로 각각 간판을 바꿔 달았다.

　필자가 2010년 가을에 옛 김병화농장을 방문했을 때 농장 입구의 '김병화박물관'은 찾는 이가 없어 녹슨 철문에 자물쇠가 굳게 잠겨 있었다. 역사 속에 묻힌 고려인 집단농장의 앙상한 잔해를 보는 것 같았다. 농장을 돌아보고는 곧 실망했다. 건물은 낡았고, 농장 사람들도 눈에 띄지 않았다. 마을에는 한국인이 세운 감초 가공공장이 있지만 거기서 일하는 사람은 대부분이 우즈베크인이었다. 이것이 소련 최고의 모범농장이었단 말인가? 그때의 명성은 이제 찾을 길이 없다.

　김병화농장은 지난 2005년 빚더미 속에 해체되었다. 그 후 새로 등장한 우즈베크인 지주가 땅을 작게 분할해서 임대하는 영농회사로 바뀌었다. 농장해체 때 국가에 진 빚이 많아 농장소유의 토지, 건물, 농기계는 물론이고 김병화박물관까지 모두 국가에 귀속되었다. 이러한 해체과정에서 다수의 고려인이 농장을 떠났다. 지금 김병화농장에 남아 있는 고려인은 약 700명 정도. 한창 때의 1,500명에 비하면 절반도 안 되는 숫자다.

폴리트옷젤을 비롯해 시온고, 드미트로프 집단농장의 경우도 마찬가지다. 이들 농장에는 1990년대 후반까지 2,000~3,500명의 고려인이 거주하고 있었으나 최근에는 그 수가 1,000~1,500명 정도로 줄어들었고 농장 내 각종 시설은 폐쇄되었다. 폴리트옷젤의 경우 화려한 위용을 자랑하던 문화궁전은 창문도 의자도 모두 도난당한 채 골격만 서있었다. 회원들이 바삐 드나들던 14개 클럽운영실은 모두 인적이 끊긴 상태였다. 목축농장과 온실은 개인사업자에게 넘어 갔고 메추리 농장은 문을 닫았다. 2011년 여름, 필자가 폴리트옷젤을 방문했을 때 문화궁전에서는 건물개수(改修)공사가 한창 진행 되고 있었다. 새로운 주인을 찾은 모양이다.

농사짓는 고려인 살지 않아

특기할 일 가운데 하나는 현재 폴리트옷젤이나 김병화농장 등에 거주하고 있는 고려인 가운데 농사를 짓는 사람은 한 명도 없다는 것이다. 고려인들은 집단농장의 주택을 불하받아 그냥 거주만 하고 있다. 경제활동 연령층인 30~50대의 젊은이들은 돈벌이를 위해 러시아, 한국, 카자흐스탄 등지로 다 빠져나가 마을에는 농사를 지을 사람이 없다. 노인들만 손자 세대와 함께 남아서 작은 텃밭을 일구며 마을을 지키고 있을 뿐이다. 주민 중에는 더러 외지에 나가서 고본질을 하여 수입을 올리는 사람도 있다지만 이곳에선 농사를 짓지 않는다. 시온고 마을의 경우 우즈베크인 지주가 고려인에게 땅을 빌려주지 않아 고려인들은 농사를 짓고 싶어도 짓지 못하고 있다고 한다. 이곳 태생의 한 블라디슬라프가 전하는 실상이다. 그는 적백내전 시기 연해주에서 고려인 빨치산부대를 창설한 한창걸의 손자다.

고려인들은 영농자금도 없고 트랙터 같은 농기구도 없어서 땅을 빌려 농사를 지으려는 사람이 없다. 또 고려인의 전문분야인 쌀농사는 논에 댈 물이 없어 못 한다고 한다. 우즈베키스탄에서는 작물의 선택과 경작에 여전히 국가가 개입해 목화재배 위주로 이래라 저래라 하고 있다. 농사조차 자기 마음대로 짓지 못하는 것에 대해 고려인들은 못마땅하게 여기고 있다. 농사를 지어봤자 별 재미가 없어 차라리 노는 게 편하다고 말하는 고려인들이 많다.

강제이주 이후 고려인들은 타슈켄트 일대에서 10만ha의 황무지를 개간해 농지로 만들었다. 지금 그 땅은 모두 남의 손으로 넘어가고 고려인들은 빈손이 되었다. 고려인에게 한 가지 남은 재산이 있다면 한 채에 3~4만 달러를 호가하는 아파트뿐이다. 그것도 타슈켄트 시로 출퇴근이 가능한 교외지역인 폴리트옷젤의 고려인에게만 해당하는 이야기다.

시온고 마을의 아리랑요양원에서 노년을 보내고 있는 '강제이주 1세대' 강 안나 할머니는 "이곳에 사는 독거노인들은 모두 소련시절을 그리워하고 있다"고 말한다. 집단농장에서 일하느라고 청춘을 다 보냈다는 강 할머니는 "그땐 아프면 무료로 치료받고, 학비가 없어도 배우고 싶으면 배우고… 없어서 못하는 일은 없었다"고 회상한다. 무엇을 하든 모두가 먹고 살 수 있었던 소련시절이 좋았다는 이야기다. 아리랑요양원은 한국정부의 지원으로 운영되고 있는 시설이다.

III 고려일보·고려극장

90년 전통의 모국어 '보루'

레닌기치와 고려극장은 소련 시절 고려인의 민족적 정체성을 지켜준 양대 보루였다. 소비에트문화의 강력한 용광로 속에서 고려인들이 자신의 본향(本鄕)과 모국어를 잊지 않도록 일깨워준 횃불이었다. 민족문화예술기관이 모두 폐쇄된 강제이주 당시 유일하게 살아남은 우리말 극단 고려극장과 한글신문 레닌기치가 고려인 사회에 미친 영향은 실로 막대했다. 레닌기치가 피와 눈물로 모국어를 지킨 최후의 전선이었다면, 고려극장은 중앙아시아 각지에 흩어져 살고 있는 동포들의 연대감을 확인하는 소중한 공간이었다. 그러나 지금 고려인 젊은이들은 한글과 우리말을 몰라 고려일보를 구독하지 않고, 고려극장도 동포 청년을 관람자로 껴안지 못하고 있다.

선봉 100호 1925. 11. 21

레닌기치 창간호 1938. 5. 15

선봉·레닌기치 승계한 고려일보

레닌기치는 원동에서 발행된 최초의 본격적인 한글신문 '선봉'을 계승하여 강제이주 후 카자흐스탄에서 속간된 신문이다. 그 후 페레스트로이카와 소련붕괴라는 새로운 정세에 따라 제호를 고려일보로 바꾸어 발행하고 있다. 그러니까 선봉이 원조인 고려일보는 독립국가연합 내 고려인 인쇄매체로는 가장 오래된 90년의 전통을 지닌 신문이다.

선봉은 3·1운동 4주년을 맞아 1923년 3월 1일 블라디보스토크에서 우리 애국지사들이 소련공산당 연해주위원회 기관지 형식으로 창간한 민족신문이다. 창간 당시 제호는 '3월 1일'이었으며 4호부터 제호를 '선봉'으로 바꾸었다. 1929년 발행지를 하바롭스크로 옮긴 후 강제이주 직전인 1937년 9월까지 그곳에서 발행했다. 매주 1회 또는 2회(일, 목) 발행되었으며, 30루블 이상의 수입이 있는 주민들은 의무적으로 구독하도록 독려 받았다.

선봉의 초대 주필은 이성, 편집위원은 오성묵, 이괄, 김진, 최호림, 박동희, 남창원, 황동훈 등이 맡았다. 김철, 계봉우 등은 번역원으로 일했다. 이성은 1924년 코민테른의 소환으로 해임되고, 서울에 비밀공작원으로 파견되어 조선공산당 창건을 위해 활동하기도 했다. 선봉은 당시로서는 매우 개혁적인 신문이었다. 1920년 서울에서 창간된 조선일보와 동아일보는 오른쪽에서 왼쪽으로 써나가는 세로쓰기 체제였지만 선봉은 오늘날의 한글신문처럼 왼쪽에서 오른쪽으로 가로쓰기를 했다.

선봉을 비롯한 모든 고려말 출판물은 당국의 검열을 거쳐 발행되었다. 1925년 4월부터 선봉은 "노동자 농민의 신문"이라는 캐치프레이즈를 내걸고, 고려인을 사회주의 건설에 동원하는 역할을 담당하는 당 기관지로 자리 잡아갔다. 농업, 농사 기사를 전면에 배치하고

1930년부터는 일제의 식민지 조선에 관한 기사는 거의 보도하지 않았다. 그 대신 콜호스 소식, 당 사업, 볼셰비키 중앙위원회 결정문, 스탈린에게 보내는 보고문, 결의서, 프라우다 사설의 번역문 등을 실었다.

이런 제한된 여건 속에서도 선봉은 일제의 조선강제병합일과 3.1운동 기념일에는 특집을 발행하여 고려인에게 조국해방의 희망을 잃지 않도록 반일사상을 고취했다. 발행부수는 1928년 2,000부에서 1931년 1만 부로 늘어났다. 1937년 강제이주 당시 선봉은 6대 주필 최호림, 7대 주필 김홍진을 비롯한 편집진 전원이 체포되는 수난을 겪었다. 그리고 1937년 9월 12일자 1644호를 마지막으로 발간을 중단하고 연해주 시대를 마감했다.

중앙아시아에서 한글신문의 발행은 선봉에서 근무하던 인사들의 끈질긴 노력으로 이루어졌다. 선봉 신문사에서 유일하게 체포를 면한 농업부장 황동훈은 우즈베키스탄공산당 중앙위원회를 찾아가 선봉의 복간을 요청하였다. 그러나 모스크바의 지시가 없다는 이유로 거절당했다. 이어 염사일의 간청 끝에 카자흐스탄공산당으로부터 겨우 허락을 받아내 크즐오르다시에 신문사를 차릴 수 있게 되었다. 연해주에서 발행이 중단된 지 8개월 만인 1938년 5월 15일 선봉은 '레닌기치'로 제호를 바꾸어 복간되었다. 선봉의 일부 직원들이 이주 당시 가져온 활자와 기자재가 있어서 그것을 바탕으로 신문을 다시 발행할 수 있었다.

초기의 레닌기치에서 눈길을 끈 것은 강제이주 때 흩어진 가족과 친척을 찾는 유료광고였다. 1938~1940년 사이에 50건 이상의 심인(尋人)광고가 게재됐다. 강제 이주돼 크즐오르다에 살던 빨치산 대장 홍범도는 1938년 6월 10일자 레닌기치에 사위를 찾는다는 광고를 냈다. 그 전문을 소개하면-.

송용준을 찾소

나의 사위 송용준이 아랄쓰크 모레루 갔다는데 그의 거처를 아시는 동무는 g. Kzyl-Orda, Kransnyi gorodok, No 60 홍범도에게 전하여 주시오.
'모레(morye)'는 바다를 뜻하는 러시아어다.

새 한글신문 레닌기치는 선봉과 비교할 때 크게 달라졌다. 우선 내용 면에서 소련공산당과 정부에 대한 선전이 주류를 이루었다. 엄격한 검열이 있었기 때문에 공산당이 설정한 한계 내에서만 문제를 다루었다. 용어 사용도 제한되었다. 예컨대 한반도를 염두에 둔 조국, 고국, 고향이란 말은 절대로 쓸 수 없었다. 조국이란 용어는 '소비에트조국'을 지칭할 때만 쓸 수 있었다. 레닌기치의 문학부장으로 근무하다가 해방 후 소련군 중위로 북한에 들어가 활동한 조기천은 1947년 2월 김일성을 찬양하는 장편 서사시 '백두산'에서 조국이란 말을 썼다가 소련군정으로부터 호된 추궁을 받았다. 너의 조국은 조선이 아니라 오직 소련임을 잊지 말라는 것이었다. 결국 그는 '나의 조국'이란 말 대신에 '이 나라'로 대치할 수밖에 없었다.

처음에 구역신문으로 출발한 레닌기치는 1940년 크즐오르다 주립(州立)신문으로 격상된데 이어 스탈린 사망 이듬해인 1954년 카자흐스탄공산당 중앙위원회 기관지로 승격하였다. 독자층을 확대하기 위해 한글판과 더불어 러시아어판을 제작하기 시작했다. 초기에 몇 명 되지 않던 직원도 60여 명으로 늘려, 기구를 확장하고 신문보급을 독려했다. 타슈켄트, 알마아타, 사마르칸드, 두샨베 등 고려인들이 많이 살고 있는 대도시에 지사 또는 특파원을 두었다. 이때가 레닌기치의 최고 전성기였다. 하루 1만 5,000부씩 매주 6회 발행했다.

스탈린 사망 후 흐루쇼프정권이 소수민족에 대한 화해정책을 추진하자 고려인들은 명예회복 청원운동에 나섰다. 이때 레닌기치는 고려인문화센터 건립을 요구했다. 그 결과 1958년 7월부터 크즐오르다에서 주 3회, 매회 20분의 우리말 라디오 방송이 시작되었다. 이와 함께 고려인 밀집지역에서 한글을 가르치기도 하였다.

1960년 레닌기치는 '전(소)소련공화국간 공동신문'으로 지위가 격상되었다. 당시 소련 영내에서 한글로 발행되는 신문은 레닌기치 하나 밖에 없었기 때문에 획득한 독보적 지위였다. 소련 내 공화국에 거주하는 전체 고려인의 대변지가 된 레닌기치는 북한정권에 참여했다가 숙청된 고려인들이 귀환하자 이들을 기용해 편집국 필진을 크게 보강했다. 북한에서 노동신문 주필과 육군대학총장을 역임한 기석복, 문화선전성 부상을 지낸 정상진 등이 동참했다. 1978년에 레닌기치는 본사를 카자흐스탄 수도 알마아타로 이전하고, 우즈베키스탄 수도 타슈켄트에 5명의 특파원이 일하는 지국을 설립했다. 알마아타 이전은 고려인의 민족신문인 레닌기치가 카자흐스탄공산당 기관지가 된 후 그 역할을 충분히 수행한 데 따른 지위보장이라고 할 수 있다. 1980년대에 타슈켄트지국에서 특파원으로 일했던 작가 김용택은 "당시 젊은 기자들은 고려말을 모르고 겨우 제목이나 어렵게 읽을 정도였다"면서 "기자가 러시아어로 기사를 써서 넘기면 번역원이 우리말로 번역하여 보도했다."고 전했다.

레닌기치는 고려인 작가들이 모국어 작품을 발표할 수 있는 유일한 광장이었다. 상설 문예란을 통해 창간 40주년인 1978년까지 100여 편의 단편소설을 게재하고, 문예란마다 10여 편의 시를 발표하여 독자들의 사랑을 받았다. 이 과정에서 많은 신인 작가와 시인들을 발굴했다. 1971년에는 그동안 신문에 게재했던 우수 작품들을 모아 '시월의 해빛'

을, 1975년에는 '씨르다리야의 곡조'라는 작품집을 출간했다. 1980년대 중반 고르바초프의 페레스트로이카가 시작되자 레닌기치는 카자흐스탄공산당에 고려인의 민족문화와 모국어 보존의 필요성을 강력하게 요구했다. 이것이 계기가 되어 니자미사범대학에 한국어과가 개설되었다.

페레스트로이카 이후 언론 기능

1987년 이전까지 레닌기치는 프라우다지의 민족어판으로서 소련공산당의 정책을 선전하는 기관지의 성격이 강했다. 레닌기치를 통해 자주 보도된 고려인 소개기사는 공산당에 충실한 당원, 비당원에 관한 글이었다. 따라서 레닌기치는 고려인을 위한 실질적 언론으로 기능하지 못했다. 레닌기치가 고려인의 수난과 문화적 문제점들을 거론하기 시작한 것은 페레스트로이카 이후다. 1988년부터 레닌기치는 고려인들의 2차 세계대전 참전 및 후방 노동군 복무, 스탈린시대 수용소수형자 등에 관한 기사를 자주 보도하기 시작했다. 소련 시절엔 언급조차 할 수 없었던 강제이주에 대한 고려인 학자들의 비판적인 논문도 게재했다. 독자들은 비로소 고려인의 과거에 대한 은폐된 진실을 알게 되었다. 그동안 고려인에게 잘 알려지지 않던 한반도문제에 관한 역사적 사건과 현재 상황에 관한 내용도 보도하기 시작했다.

레닌기치는 1991년 1월 1일 제호를 고려일보로 바꾸고, CIS거주 고려인을 위한 국제신문으로 자임하고 나섰다. 이후 고려일보는 보다 적극적으로 고려인 역사에 관해 조명하였다. 강제이주 당시 억울하게 총살당한 작가 조명희를 회고하고, 선열들의 독립투쟁을 소개하면서 민족정체성 회복과 민족혼 부활문제에 관심을 보였다. 그동안 '만(萬·10000)'을 러시아식으로 '10천'이라고 하던 것을 '만'으로 적기로 한 것도 이런 맥락

고려일보 1995년 1월 21일자

의 일환이었다.

고려일보는 경영면에서 독립채산제를 추구하다가 극심한 재정난에 봉착해 1992년 초에는 몇 달 동안 휴간까지 했다. 소련붕괴 후 공동우편망이 무너져 지금은 카자흐스탄 내에도 잘 배달되지 않아, 보급이 거의 알마티 일원에 국한되고 있다. 고려일보는 제호만 '일보(日報)'일뿐 실제론 주1회 발행되는 주간지이다. 현재의 발행부수는 2,000부 정도다. 전체 발행면수 16면 가운데 한국어판은 4면에 불과하고 12면이 러시아어 판이다. 모국어보다 러시아어에 익숙한 독자를 겨냥한 제작이다.

지금 고려일보는 고려인 사회의 정보센터 역할을 수행하면서 고려인의 이익 대변에 앞장서고 있다. 그러나 경영이 어려울 뿐만 아니라 한글로 기사를 쓸 기자도 부족하고, 이를 읽을 수 있는 독자도 없는 실정이다. 소련 시대에는 전액 정부지원 하에 발행되었지만 현재는 카자흐스탄 정부가 현지 고려인협회에 운영을 위탁하고 있다. 예산의 3분의1은 카자흐스탄정부가, 3분의1은 고려인협회가 지원하고 나머지는 신문판매와 광고, 외부 지원에 의존하고 있다. 장기적으로 가장 큰 문제는 고려일보가 새로운 독자를 확보하기가 어렵다는 점이다. 고려인의 대부분이 현지에 동화되다보니 민족의식이 희박해지면서 고려일보의 중요성을 인식하지 못하고 있는 실정이다.

'고려극장'은 콜호스 돌며 아픔 달래

고려극장은 민적(民的) 색채가 가장 강한 문화영역의 수호자이자 전파자였다. 지난 80년간 민족의 전통문화를 지키면서 고려인들에게 뿌리를 일깨우고 모국어를 지키는 보루역할을 해온 곳이 고려극장이다. 창립 이래 350여 편의 연극과 음악공연을 통해 500만 이상의 관객에게 봉사하였다.

고려극장은 한반도와 전 세계를 통틀어 한민족 공연단체 중 가장 오랜 전통을 자랑한다. 1932년 블라디보스토크에서 창설된 고려극장은 1935년 처음 무대에 올린 고전극 '춘향전'이 크게 성공함으로써 성장의 기틀을 마련해 전문적 극단으로 발전했다. 이수일과 심순애의 비극적 사랑을 그린 신파극 '장한몽'도 깊은 인상을 남겨, 후대에까지 회자되었다. 초대 춘향역을 맡았던 이함덕은 소련에서 태어났기 때문에 양반집 규수의 걸음걸이, 몸동작, 말씨가 어떠했는지 알 수가 없어 동네 어른들

1934년 연극 '장평동의 횃불'

1950년대 고려극장 순회공연단의 콜호스 야외공연

로부터 이를 배워 익혔다고 한다. 연극배우들은 광대로부터 노래와 춤, 악기 다루는 방법을 배우고, 공연물에 따라 가수가 되기도 하고 무용가로 출연하기도 했다. 당국의 지원이 빈약해 배우들이 직접 무대장치와 소도구를 만들었다. 관중은 러시아어를 전혀 모르거나 잘 알지 못하는, 따라서 러시아 극장에 가지 못하는 고려인 근로자가 대부분이었다.

강제이주 당시 극장 구성원의 대부분은 카자흐스탄의 크즐오르다시로, 일부는 우즈베키스탄의 타슈켄트 구를렌 구역으로 분산 이주했다. 이 때문에 고려극장은 두 개로 나뉘었다. 우즈베키스탄 고려극장은 크즐오르다로부터 공연각본 등을 지원받아 운영했다. 두 고려극장은 1950년 12월에 통합되었다. 카자흐스탄 고려극단이 우즈베키스탄 고려극단을 흡수 통합해, 분산된 공연진을 한 곳으로 모았다.

강제이주 후 모든 것을 상실하고 모든 것이 절망적이었던 고려인들은 자신들의 심정을 달래줄 그 무얼 찾으려고 애를 썼다. 고려극장은 콜호스 순회공연을 통해 강제이주의 아픔에 울고 있던 동포들을 위무해주었다. 가족을 잃은 슬픔으로 이집 저집에서 여전히 통곡소리가 들려오는 가운데 벌판에서 공연을 했다. 전등이 없어 노천무대 양쪽에 석유통을 준배해 놓고 횃불로 무대를 비추었다. 공연이 끝나면 많은 사람들이 울면서 극단을 찾아와 악수를 청하며 고마워했다. 극단이 오리라고는 상상조차 못했던 우즈베키스탄의 오지 사막을 찾아 공연할 땐 극단원과 이주민들이 서로 붙잡고 목 놓아 울었다. 이주민들이 안정을 되찾으면서 공연단이 콜호스를 방문하는 날은 마치 잔칫날 같았다. 어린 아이에서 어른에 이르기까지 모두 나와 극단을 반갑게 맞이했고, 흩어졌던 가족, 친지들이 한자리에 모여 상봉의 기쁨을 나누었다. 이 과정에서 많은 사람이 강제이주 때 잃었던 가족을 찾기도 했다. 고려극장은 강제이주로 찢어진 동포사회를 연결하면서 그들의 지친 삶을 달래준 한줄기 빛이었다.

2차 대전이 한창이던 1942년 고려극장은 재정적 곤궁을 피하기 위해 고려인 콜호스가 몰려있던 우슈토베로 이전해 그 후 그곳에서 17년간 활동했다. 고려극장은 구역문화클럽 건물에 배치되었다. 배우들은 집단농장원들과 힘을 합쳐 갈대와 진흙으로 보조건물을 지어 사용했다. 지붕은 늘 빗물이 샜고 난방이 되지 않았다. 겨울이면 배우들은 차가운 무대에 서야 했다. 관객들은 두터운 모피외투와 털장화 차림으로 관람했다. 전기가 자주 나가는 바람에 정해진 날에 연극을 못하는 경우도 종종 있었다. 극단원들은 주택을 배정받지 못해 농장원 집에서 곁방살이를 했다. 식료품도 제대로 공급받지 못해 동포들이 곡식을 갹출하여 배우들을 지원했다. 그런 상황 속에 고려극장은 살아남았고 그들의 공연은 인기를 누렸다. 극단원들은 동포들을 위한 공연을 자신의 사명으로 생각했다.

고려극장은 콜호스극장이라고 불릴 정도로 각지의 콜호스를 순회하면서 공연을 가졌다. 정원은 29명에 불과했지만 1년에 6~8개월을 순회공연에 나섰다. 고려인이 밀집해 사는 우즈베키스탄과 카자흐스탄 남서부 지방이 주요 순회지였다. 극장본부가 소재한 우슈토베와는 1,000km 이상 멀리 떨어진 곳이다. 고려극장은 늦가을에야 콜호스 순회공연을 끝내고 본거지로 돌아왔다. 겨울동안 새 공연물을 준비해, 봄이 오면 다시 순회공연을 떠났다.

고려극장은 1964년에 크즐오르다주 소속에서 카자흐스탄공화국 소속으로 바뀌며 그 지위가 격상되었다. 1968년에는 알마아타로 이전, 정착한 뒤 명칭이 '공화국음악희극극장'이 되었다. 산하에 무용·음악 전담 공연단인 '아리랑가무단'도 창설되었다. 고려극장은 알마아타의 주요 극장과 연계를 맺으면서 유명한 연출가, 배우, 음악가들로부터 지원을 받을 수 있었다. 극단은 좋은 연극을 공연하여 환영 받았고 아리랑가무단은 일류로 각광받기 시작했다. 창설 50주년인 1982년에는 처음으로 '춘향전' 등 연극 4편을 갖고 아리랑가무단과 함께 모스크바 공연에 나서 호평을 받았다.

아리랑가무단 높은 인기 누려

인기 있던 아리랑가무단의 순회공연은 중앙아시아 중심에서 러시아 전역으로 확대돼, 열차로 1주일 이상 걸리는 원동지역과 사할린, 우크라이나, 캅카스 지역까지 찾아가 공연했다. 먼 곳에 사는 고려인들은 특별 버스를 타고 공연을 보러 왔다. 고국의 전통문화를 접할 수 있는 유일한 기회가 가무단 공연이었다. 객석은 늘 만원이었다. 카자흐공화국 공훈배우인 김 블라디미르의 노래와 김 림마의 민속춤은 관중들로부터 아낌

극작가 태장춘　　　　　극작가 연성용　　　　　초대 춘향 이함덕

없는 갈채를 받았다. 아리랑가무단은 1년에 130회 가량의 순회공연을 통해 8만 명 이상의 관객을 불러 모을 정도로 높은 인기를 누렸다.

　기본적으로 고려극장은 당의 선전기관이라는 한계를 벗어나지 못해, 정치적 성향이 강한 작품이 레퍼토리의 과반수를 차지했다. 2차 대전 중 고려극장은 소련 인민과 군대의 영웅정신을 찬양하는 작품을 공연했다. 전후엔 고려인 콜호스의 성공을 주제로 한 '즐거운 생활'과 한반도 문제를 이념적 시각에서 바라본 '38선 이남에서', '불타는 조선' 등을 무대에 올렸다. 정치성이 뚜렷한 고리키의 '적들', 포고진의 '크레믈의 시계', 샤트로프의 '혁명의 이름'도 자주 공연했다. 1958년엔 일제에 대항하는 영우적 투쟁을 주제로 한 태장춘의 '홍범도'가 처음 상연돼 1960년대까지 롱런을 했다.

　초기에 고려극장이 무대에 가장 많이 올린 작품은 우리 고전과 역사 인물을 각색한 춘향전, 심청전, 토끼전, 홍길동, 논개, 온달전 등이다. 특히 춘향전은 노인들이 연해주 시절부터 최근까지 빼놓지 않고 보았다고 말할 정도로 단골 메뉴였다. 이러한 공연물들은, 외형은 민족의 것을 내세우되 내용에 있어서는 사회주의 사상을 토대로 만든 작품들이다. 고려인의 실생활이 반영된 작품이 조금씩 무대에 오르기 시작한 것은 1960년대 초반부터다. 1985년에는 고려인의 연해주 정착 당시 어려웠던 생활상을 그린 김 아나톨리 작 '뼈국새의 울음'을 공연해 많은 관객을 울렸다.

고려극장은 극작가, 연출가의 산실이었다. 특히 태장춘은 '밭두렁', '노예들', '흥부와 놀부', '해방된 땅에서' 등 거의 해마다 신작을 발표한 초기 고려극장의 대표적인 극작가였다. 그는 1960년 6월 우슈토베 순회공연 중 49세의 나이로 세상을 떠났다. 고려극장 설립 때부터 관여한 연성룡은 은퇴할 때까지 17편의 희곡을 창작하면서 많은 작품을 연출하고 배우로 직접 무대에 오르기도 했다. 연해주 고려극장 출신인 김진도 모국어를 100% 구사한 배우 겸 극작가 겸 연출가였다. 고려극장이 배출한 인민배우로는 김진, 이함덕, 리 니콜라이, 김 블라디미르, 김 림마 등이 있다. 최근에는 작가 및 연출가로 최영근, 김 보리스, 이 스타니슬라브, 손 라브렌티가 활동하고 있다. 현재의 단원은 총 96명으로 연극배우 17명, 사물놀이 팀 8명, 무용단원 8명, 성악가 8명, 그리고 연출관련 인원 및 행정담당 직원들이다.

모국어 상실 위기 심각해

카자흐스탄에서 고려인은 위그루인, 독일인과 함께 자기 전용극장을 갖고 있는 몇 안 되는 소수민족 중 하나다. 오랫동안 자기극장이 없어 전전하다가 1997년 국가로부터 건물을 기증받아 수리한 뒤 2002년 가을에 입주했다. 극장의 수용능력은 250여 명, 공연 공간은 300m²(약 90평)이다.

한때 재정상태의 악화로 위기에 몰렸던 고려극장은 카자흐스탄 고려인협회와 한국대사관 등의 지원으로 2000년대부터 공연활동을 다시 활성화하고 있다. 전문 예술교육을 받은 이른바 제5세대 젊은 고려인들이 극장에 충원되면서 새로운 연극들이 무대에 올려졌다. 경제적 이유로 중단했던 국내외 순회공연도 재개하기 시작했다. 2009~2010년의 경우 김 아나톨리 작 '정원으로 가는 길목'과 윤 게오르기 작 '호랑이의 도약'을 이 올렉 연출로 선 뵈는 등 7개의 작품을 무대에 올렸다. 한국과의 교류가 활발해짐에 따라 고려극장은 고려말이 아닌 한국어 연극도 시도했다. '홍도야 울지마라'에 이어 '맹진사 댁 경사'를 무대에 올려 한국 현대극을 소화해낼 수 있음을 보여 주었다. 또 한국의 사물놀이와 민요 등도 주요 공연물로 올려 다민족 국가인 카자흐스탄에서 한국문화와 전통을 이어가는 공간으로 자리매김을 해나갔다.

지금 고려극장은 심각한 모국어 상실위기에 처해 있다. 극작가 부족으로 우리말 희곡작품이 거의 생산되지 않는데다가 모국어를 구사하는 젊은 배우가 부족하다. 그래서 우리말 연기가 가능한 50대 배우가 20대 젊은이 역을 맡기도 한다. 모국어를 알아듣는 관객이 사라지고 있는 것은 더 큰 문제다. 연극을 보거나 노래를 들어도 그 내용을 이해하지 못하고 아무런 흥을 느끼지 못하는 관객이 많다. 우리말 연극이 공연되면 문제 해결을 위해 객석에 러시아어 통역기세트가 설치된다. 안타까운 일이다.

IV 민족 정체성

역사적 조국이 '정체성 혼란' 씻어줄까

신예 작가 허혜란은 20대 후반의 2년간을 우즈베키스탄의 고려인 집단농장 학교에서 한국어를 가르치며 보냈다. 그녀가 2008

년에 펴낸 소설집 '체로키 부족'은 우즈베크고려인들의 고단한 생활풍경을 한국인의 시선으로 묘사한다. 러시아어를 모국어로 삼았던 고려인들은 소련붕괴 후 생존을 위해 우즈베크어를 익혀야 한다. 그런 현실을 벗어나는 가장 좋은 방법은 가장 멀게 느껴지는 민족어(한국어)를 배워서 한국으로 가는 것이다. 소설 속 고려인들은 우즈베크인과 결혼해 현지에서 생존하는 길을 택하거나 한국에서 외국인 노동자로 살기를 감수하고 집을 떠난다. 모국어는 어슴푸레해졌고, 새 공용어를 익히지 못해 러시아어만 구사하는 늙은 고려인들은 희미한 기억 속의 한국민요와 대중가요를 통해 정신적 위안을 찾는다. 여기에 어설픈 영어로 한국인 관광객과 대화하려는 어린 고려인까지 나온다. 결국 고려인 사회는 세대별로 4개의 언어를 구사하는 희귀한 언어공동체가 된 셈이다.

어떤 고려인 5세 젊은이는 자신을 이렇게 설명한다.

"소련이 없어졌으므로 러시아에서 태어나 우즈베키스탄에서 산다고 해야겠지요. 그리고 러시아인과 우주베크인 사이에서 자랐기 때문에 절반은 러시아인이고 절반은 우즈베크인이라고 해야겠지요. 나에게 한국적인 것은 별로 없어요. 눈 모양과 식습관만 한국적이죠."

연해주 이주가 시작된 1860년대 이래 고려인들은 150년 동안 한반도와 유리된 디아스포라의 길을 걸었다. 그 시간이 길었던 만큼 그들의 의식과 문화도 크게 변모했다. 고려인들은 언어뿐만 아니라 가치관, 이념, 의례, 전통 등에 있어 한반도의 한인과는 많은 차이를 보인다. 그래서 고려인을 새로운 민족으로 분류해야 한다는 주장까지 나올 정도다.

사실 고려인은 20세기에 탄생한 '신종 유라시아인'이라고 말할 수 있다. 그들은 주로 러시아어를 구사하며 CIS지역 내에 살고 있다. 그들의 특성 속에는 자신의 뿌리에 해당하는 고려인 또는 한민족으로서의 전통적인 것을 비롯해 러시아적인 것, 소비에트적인 것, 중앙아시아적인 것 등이 혼재해 있다. 고려인 문화는 한국의 전통문화와 소통이 가능하면서도 차별적인 문화가 되었음을 우리는 인정해야 할 것이다.

"고려인은 신종 유라시아인"

그들의 장소적 정체성은 이중적이다. 현 거주국과 '뿌리'로서의 고국에 대한 애착이 서로 얽혀 있다. 고려인들은 중앙아시아에서 황무지를 개간해 정착했기 때문에 현 거주지에 대한 애착이 강하다. '뿌리'로서의 고향의식은 한반도에서 연해주로, 다시 연해주에서 중앙아시아로 이주한 경험 때문에 이중적이다. 직접 강제이주를 경험하지 않은 젊은 세대에게 고향의식은 물론 희박하다. 고려인들은 이처럼 2중, 3중의 복합적인 정체성을 갖고 있다.

고려인들은 '배짱이 없는 사람들'이란 소리를 듣는다. 실제로 고려인은 다른 민족에게 양보를 잘하는 민족으로 알려져 있다. 고려인들은 오래 동안 다민족사회에서 비주류로 살아야했기 때문에 '양보'를 생존전략으로 삼을 수밖에 없었다. 그런 과정을 겪으면서 그들의 특성, 즉 문화와 생활의 많은 부분이 새롭게 변형되었다. 원형(原形)과 다른 정체성을 얻게 된 것이다. 고려인들이 스스로를 남한인도 북한인도 아닌 '고려사람'으로 표현하고 있는 것은 그들 자신의 고통과 시련을 통해 새롭게 형성한 정체성의 표현으로 보아야 한다. 고려인의 정체성은 그들만의 독특한 정체성, 즉 제3의 정체성이라고 부를 수 있다.

고려인들에게 1937년 강제이주는 민족적 정체성과 민족의식 상실에 결정적 계기로 작용했다. 사회적, 경제적, 문화적 기반을 모두 버려둔 채 연해주를 떠났을 때 그들은 이미 민족문화 및 민족의식 면에서 심각한 타격을 받았다. 그들은 무자비한 강제이주 과정을 통해 소련의 막강한 국가권력의 실체를 목도하게 되었고, 그 앞에서 고려인들의 민족의식 및 시민의식은 무력해질 수밖에 없었다. 중앙아시아 이주 이후 정치, 경제, 사회, 문화 등 각 분야에서 러시아화, 소비에트화가 진행되면서 고려인들의 정체성 상실은 본격화되었다. 고려인학교에서 우리말 교습이 금지되고 러시아어로 교육이 실행되면서 새로운 삶과 일상 속에서 러시아어 동화현상이 집중적으로 일어났다. 아이들 이름을 러시아식으로 바꾸기 시작한 것이 단적인 예다. 원동 태생은 대부분 전통적인 한국식 이름을 가졌으나, 중앙아시아 출생 자녀들에겐 거의 러시아식 이름이 붙여졌다.

그나마 다행이었던 점은, 고려인들이 지역적으로 고립된 농촌 콜호스에 집단 거주함으로써 자연스레 민족공동체를 형성해 우리말과 민족문화를 유지하고 전승할 수 있었다는 것이다. 콜호스에서 고려인들은 설, 단오, 한식, 추석 등 명절을 쇠고 상례와 제례, 돌잔치, 회갑잔치 등을 치르며 전통관습을 지켜 나갔다. 하지만 이후 콜호스의 몰락과 급속하게 진행 된 고려인의 도시화는 그들의 정체성 위기를 가속화시켰다. 그것은 러시아 문화권으로의 적극적인 편입과 민족문화 및 고유 언어의 상실과정을 동반한 것이었다.

문화의 정체성을 따질 때 그 핵심은 언어다. 민족집단의 문화적 가치와 주체성이 세대에 걸쳐 전승되는 길은 민족어 또는 전통언어를 통해서다. 젊은 세대들이 민족어를 어느 정도 잘 하느냐는 민족문화와 정체성이 세대 간에 지속될 수 있는지 여부를 측정하는 지표가 된다. 고려인들은 강제이주 1세대를 제외한 2세대 이후부터 러시아어를 모국어로 사용했으며, 2~4세대의 경우는 10% 정도만이 한국어 구사가 가능한 실정이다. 소수민족의 모국어 상실은 민족의식의 저하, 민족문화의 쇠퇴로 이어져 종국에는 민족적 정체성 위기로 귀착될 가능성이 크다. 실제로 모국어를 상실한 많은 고려인들은 러시아 문화에 젖어, 스스로를 러시아어권의 존재로 인식했다. 그들은 사실상 한국에 대해 역사도 문화도 몰랐다. 1980년대 한국인과 처음 접했을 때 고려인들은 한국의 문어(文語)를 전혀 이해하지 못하고 한국어를 외국어 같이 여겼다.

사실상 문어 형식이 없는 고려말은 오늘날 방송, 연극무대에서도 사용되지 않고, 학교에서 가르치지도 않는다. 고려말은 나이 많은 고려인 사회에서 일상생활에 아직 사용되고 있지만 머지않은 장래에 없어질 상황에 놓여 있었다. 만약 한국어 사용을 위한 민족적 운동이 10년 정도만 늦어졌다면, 고려인 1, 2세대의 단절로 모국어 재생운동 자체가 불가능하고 무의미해졌을 것이다. 또한 소련의 몰락과 자본주의로의 체제변화가 없었고 한국과의 관계개선이 없었다면 고려인의 존재는 시간의 흐름 속에 표류하며 더욱 왜소해졌을지 모른다.

"러시아어로 생각하며 살아"

2010년 우즈베키스탄주재 한국대사관이 고려인을 상대로 실시한 조사 결과를 보자. 민족적 정체성과 관련한 질문에 응답자의 74.6%가 자신을 "한민족"이라고 응답했다. "그렇지 않다"는 13.8%, "부분적으로 그렇다"는 11.6%에 불과했다. 우즈베크고려인들은 자신이 우즈베키스탄 국민이라는 것을 강하게 인정하면서도 자신이 소속된 사회는 고려인 사회라고 말한다. 그러나 "어느 언어로 사고합니까?"라는 질문에는 80.4%가 "러시아어로 생각한다"고 응답했다. "한국어(고려말)로 생각한다"는 답변은 13.9%였다. "어느 언어를 유창하게 구사하느냐"는 질문에 절대 다수인 85.1%가 러시아어라고 답변했고 한국어는 2.6%에 불과했다. 현실적으로 고려인에게 모국어는 한국어가 아니라 러시아어다.

또 "보통 어떤 언어의 노래를 부르십니까?"라는 질문에 51,1%가 "러시아 노래"라고 응답했고, 21.9%만 "한국 노래"라고 답변했다. 문학 부문에서는 러시아·구소련 및 외국 문학을 선호하는 비율이 압도적으로 높았다. 고려인들은 정서적으로 러시아에 동질감을 느끼고 있는 것이 분명하다. 혈연적으로는 한인이라고 믿지만 문화적으로는 오히려 러시아인에 가깝다고 생각한다. 그들은 멀리 조국에서 온 한국인보다 주변의 러시아인이나 우즈베크인, 혹은 카자흐인들이 오히려 심리적으로나 행동 면에서 이해하기가 쉽다. 그들에게는 중앙아시아 구전문학이나 그림 형제의 이야기 속 주인공들, 안데르센의 동화 등이 춘향전이나 홍길동보다 더 익숙하다. 고려인은 겉모습만 한인이지 그들의 의식은 대부분 러시아화 되었다고 볼 수 있다. 그들은 한반도의 고유관습과 전통을 '시골문화'로 여기면서 오히려 어색하게 느낀다. 그건 수 세대에 걸쳐 형성된 정서다. 고려인들은 어릴 적부터 광활한 대륙에서 수많은 타민족과 소통하며 살아왔다. 분단으로 인해 섬처럼 변한 한반도 남단에서 고립적으로 살아온 한국인과는 다르다. 고려인들이 훨씬 국제적이고 민족적 편견이나 차별의식이 적은 편이다. 고려인들은 한국인을 가리켜 단일문화 속에서만 살아왔기 때문에 편협한 세계관이 문제라고 지적하기도 한다.

소련 시절 고려인들은 정체성 문제에 대해 심각하게 고민할 필요가 없었다. 정치적 문화적으로 소련체제는 인종적 정체성을 억눌렀다. 주민들은 오직 소비에트 시민으로서의 문화적 시민적 정체성만 표출했다.

서방 학계는 이런 사람들을 가리켜 '호모 소비에티쿠스(Homo Sovieticus)'라고 불렀다. 인종적, 민족적 차이 또는 동서양의 차이가 없어지고 언어적으로는 러시아어를 모국어로 사용하는 새로운 세대의 소련공민을 일컨는 말이다. 호모 소비에티쿠스는 다민족의 특징을 규합한 소비에트체제의 이상형이었다. 그러나 스스로 결정을 내리거나 책임을 지지 않고 당과 국가의 지시에 의해서만 움직이는 수동적인 사람을 뜻하기도 했다.

소련의 개방정책, 서울올림픽, 소련의 붕괴, 중앙아시아 각국의 독립으로 이어진 일련의 정치·사회적 환경변화는 고려인의 민족정체성 자각 및 회복에 오히려 좋은 기회를 제공했다. 고려인 스스로 토착민족의 문화와 '스탄'이라는 국가의 시민이라는 사실을 받아들여야 하는가, 받아들이지 말아야 하는가 하는 고민에 빠지게 만든 것이다. 이와 함께 고려인들은 강제이주 이후 오랫동안 잊어왔던 '고국'을 어떻게 인식해야 하는가 하는 문제에 직면하게 되었다. 고려인들은 새로운 주인이 된 토착민족의 사회·문화에 동화할 것인지? 보다 가까워진 한국과의 긴밀한 교류를 통해 한인으로서 정체성을 새롭게 세워나갈 것인지? 아니면 거주국과 모국 양쪽의 문화와 정체성을 융합한 그들 나름의 독자적 정체성을 발전시켜 나갈 것인지? 진실로 고려인들은 선택의 기로에 놓이면서 민족적, 문화적, 시민적 정체성의 문제를 본격적으로 고민하게된 것이다.

카자흐스탄의 명 드미트리 교수에 따르면 소련붕괴 이후 고려인들의 정체성 고민은 세대에 따라 그 정도와 내용이 매우 다르다. 원동에서 태어난 강제이주 1세대들의 절대 다수는 고향에 대한 진한 향수를 갖고 있으며, 조국의 통일을 열망하고 있다. 일본의 침략과 스탈린 탄압의 쓰라린 고통을 경험한 이들에게 고향이란 막연한 추상적 개념이 아니다.

자신의 삶과 직접 관련된 구체적인 개념으로서, 생전에 고향으로 가서 조상의 묘를 찾아보겠다는 희망을 버리지 않고 있다. 1세대는 민족의 언어, 전통, 풍습을 비교적 잘 지키면서 살았다. 고려사람은 고려글을 배워야 하고, 고려역사와 습관을 알아야 한다는 것이 이들의 신념이다. 고려의 전통이 없어지면 고려사람이 민족적으로 없어질 수 있다고 믿고 있다. 이에 비해 강제이주 초기의 탄압과 고통을 겪지 않은 제2세대 이하는 좀 다르다. 마르크스이념을 배웠고 사회주의 건설에 기여한 이들은 소련붕괴에 가장 큰 충격을 받았다. 특히 정체성 문제와 관련하여 가장 혼란스럽고 곤혹스러워 하는 세대가 바로 이들이다.

1959년 생인 한 발레리 교수가 40대 때에 한 인터뷰에서 밝힌 견해를 들어보자. 그는 한국이 '역사적 조국'이라는 그의 아버지 한 세르게이 교수의 의견에 동의하지 않았다.

"나는 다르다. 나는 소련에서 나고, 러시아 친구만 있고, 한국어를 쓰지 않았다. 나에게 역사적 조국이라는 기억은 없다. 소련은 나의 조국이다. 공식적으로는 우즈베키스탄이 나의 조국이나, 정신적으로는 그렇지 않다."

한 교수는 자신의 문화적 시민적 정체성의 근원을 소련에 두고 있었다. 어쩌면 그는 붕괴된 소련의 정신적 문화적 포로라고 할 수 있는 좋은 본보기다.

88올림픽 때 '조국'에 눈 떠

고려인들에게 88서울올림픽은 북한 사회의 모순과 한국의 국제적 위상을 각인시켜준 좋은 계기였다. 서울올림픽경기를 TV중계로 본 고려인들은 모두 뜨거운 눈물을 흘리면서 조국이란 의미를 새롭게 되새겼다. 고려인들은 갑자기 자신이 한(国)인임을 깨닫게 되었다. 뒤이어 소련이 해체되어 15개 독립국가로 나뉘자 오랜 세월 소련을 조국으로 여겨왔던 고려인들에게 "진짜 조국이란 무엇인가?" 하는 의문을 제기하게 만들었다. 각 공화국들의 민족성 강화정책도 역설적으로 고려인들의 민족의식을 자극했다.

한국이 CIS국가들과 국교를 수립하고 한국 기업의 진출이 활발해지면서 고려인들은 오랫동안 잊고 지낸 남쪽의 역사적 조국에 눈을 뜨지 않을 수 없었다. 그들은 이제 '사회주의 조국' 소련이 아닌 한반도에 '역사적 조국' 한국이 존재한다는 사실을 알게 되었다. 고려인사회에서는 남녀노소를 막론하고 한국에 대한 관심이 고조되었다. 특히 젊은이들 사이에 한국어와 한국문화를 배우려는 열풍이 유행처럼 번졌다. 북한식 조선어가 아닌 남한의 한국어가 표준어처럼 인식되면서 북한인 조선어 교수들은 모두 철수했고, 고려말 자체도 한국 표준어에 동화되기 시작했다. 심지어 음식문화마저도 한국유행을 따르게 되었다. 지금 고려인의 정체성은 한국인과의 끊임없는 접촉으로 유지되고 재구성되는 측면이 있다. 최근 30여 년간 고려인의 역사는 한국과 한국인을 빼놓고는 이야기할 수 없다고 해도 과언이 아니다.

1980년대만 해도 고려인들은 러시아화 되어 그들로부터 한국적 요소를 찾아보기가 쉽지 않았다. 이들에게 한민족이라는 인식은 단지 혈연적인 기원이 그렇다는 것 이상의 의미를 갖기가 어려웠다. 지금은 많이 달라졌다. 우즈베크고려인의 78.7%가 한국어를 배우고 싶다고 말한다. 한국어를 배우려는 열망은 젊은 세대들에게 더 강하다. 16~25세 그룹은 88.4%, 26~35세 그룹은 82.5%가 한국어를 배우려고 한다. 자녀를 한국에 유학 보내는 고려인도 많이 늘었다. 고려인들은 한국과 교류하는 데 있어 한국어가 의사소통의 수단이 되고, 또한 이질화된 문화를 연결하는 고리가 한국어라는 생각에 공감하고 있다. 한국어와 한국문화를 배우게 되면 자연스럽게 민족적 정체성에 눈을 뜨게 된다. 이제는 고려인 사회의 모국어 상실 위기를 걱정 안 해도 될 것 같다.

'피는 물보다 진하다'는 말처럼, 이제는 그들로부터 강한 뿌리의식을 읽을 수 있다. 눈부신 경제발전을 이룬 고국에 대한 강한 자부심과 민족적 긍지도 확인할 수 있다. 노인들은 "죽기 전에 발전된 모국에 한번 가 보는 것이 오매불망(寤寐不忘) 소원"이라고 말하고 있고 젊은 고려인들도 "나와 같은 피가 흐르는 사람들이 살고 있다는 한국을 가보고 싶다"고 말한다. 비록 한국에서 만나볼 피붙이가 없더라도 그들에게 '모국'처럼 그립고 정겹고 사무치는 단어가 없음을 알 수 있다. 다문화적인 삶 속에서 고려인들은 다른 언어, 다른 문화를 다 배울 수는 있지만 다른 민족은 될 수 없다는 것을 절실히 느끼며 살아왔다. 고려인들의 민족애착은 "올림픽에서 한국 팀이 러시아 팀이나 현 거주국 팀과 경기를 하게 될 때 어느 팀을 응원할 것이냐"에 대한 응답에서 명백히 드러난다. 한국 팀을 응원하겠다는 답변이 전체의 과반수(50.9%)를 차지한다. 젊은 3, 4세대에서도 한국 팀을 응원하겠다는 답변(47.8~46.4%)이 러시아 팀이나 거주국 팀을 응원하겠다는 답변(15.8~12.5%)보다 월등하게 많다. 젊은 세대에서도 높은 수준의 민족애착을 발견할 수 있다. 민족애착과 민족정체성은 동전의 앞뒷면과 같은 것이다. 고려대 윤인진 교수의 이 설문조사 결과는 고려인들이 비록 현지 주류사회에 언어적, 문화적, 구조적으로 동화했다 하더라도 고려인으로서 강한 민족적 정체성을 유지하고 있음을 보여준다.

독립적 한인으로 공존해야

외국인일지라도 그가 부족한 한국어로 다가오면 그렇게 친근하게 느껴질 수가 없다. 같은 동포일지라도 한국말을 알아듣지 못하고 말할 수 없다면 느껴지는 거리감이 크다는 것은 부인 못할 사실이다. 우리는 북한 동포에 대해서도 마찬가지로 거리감을 느낄 때가 있다. 그러나 그들과 함께 분단된 조국을 통일하는 것이 우리의 역사적 책임이듯이, 역사의 피해자인 고려인을 끌어안는 것 역시 우리의 역사적 책무이다. 고려인의 정체성 회복은 고려인만의 숙제가 아니다.

현대사회의 인간은 정치적으로 한 국가의 구성원으로 살아가지만 문화적으로는 지구촌 문화를 삶의 요소로 받아들이고 있다. 세계화시대의 민족정체성은 변화하는 조건에 탄력적으로 적응해야 한다. 과거처럼 순도 높은 민족의 동질성을 강조하면서 민족 외부를 배타적으로 타자화(他者化)하는 모습에서 벗어날 필요가 있다. 순혈주의를 강조하는 폐쇄적 민족정체성이 아니라 문화적 다양성을 인정하고 공존을 모색하는 개방적 민족정체성이 요청되고 있다. 제3의 정체성을 가지고 있는 고려인들을 무조건 한국적으로 변화시키고자 하는 시도는 바람직하지 않다. 그들의 독특한 정체성을 인정하고 수용하는 자세가 필요하다. 고려인은 한반도의 한인과는 다른 독립적인 한인이며, 그들만의 독특한 민족적 현상을 갖고 있다고 보아야 한다. 고려인의 가치는 우리와 다른 세계의 다양한 문화와 의식이 융합된 배경 속에 존재한다. 우리는 고려인들이 다민족사회에서 우리말과 우리문화를 간직한 채 우리와 상당한 정도의 동질성을 유지해 가며 주위의 다른 민족과 잘 공존해 나아가기를 바라야 할 것이다.

장래의 고려인 정체성에 대해 우즈베키스탄의 고려인 작가 김용택이

'백년 후의 만남'이라는 글에서 언급한 내용은 시사적(示唆的)이다. 1946년생인 김용택은 생후 3개월 때 소련군 장교였던 친형을 따라 부모와 함께 북한에 가서 살다가 1958년 김일성의 소련파 숙청 때 우즈베키스탄으로 돌아와 정착한 기자 출신 작가다. 그의 이름 김용택은 작고한 친형의 이름을 차용한 것이다. 본명은 김 블라디미르다. 그는 다른 민족과 함께 살 수 있는 것이 고려인들의 자랑스러운 가치이자 능력이라며 "우리는 CIS 고려인들로 남게 될 것"이라고 예견했다. 그리고 '고려인과의 만남'을 고대하는 한국을 어머니에 비유하며 "어머니는 영원히 기다리시는 분이 아닌가"라고 반문한다. 고려인의 정체성 회복과 관련해 조국의 인내를 요구하는 발언이다.

김용택

"우리는 자연히 CIS 고려인들로 남게 될 것이다. --우리의 정체성을 찾아내고 다른 민족으로부터 더 나은 점을 받아들이면서 살 수 있을 것이다. --우리가 한국을 떠나온 이후 백년의 세월이 흐르는 동안 잃어버렸던 말과 문화를 복구한다 하더라도 '새 조국'(편집자 주-현재의 거주국)에서 얻은 말과 풍습을 상실해서는 안 될 것이다. 이는 독립국가연합에 사는 우리의 자랑스러운 가치이자 다른 민족들과 함께 살 수 있는 우리 고려인들의 능력인 것이다. --나는 고향에서 떨어져 나온 우리 동족들에게 --한국이 전 세계에 흩어져 있는 동족들을 잊지 않았으며 우리들과의 만남을 절실히 고대하고 있다는 것을 알려주고 싶다. 정말이지 어머니는 영원히 기다리시는 분이 아닌가."

<맺는 말>

왜 지금 고려인인가?

- 그들을 재조명한 이유

 우리는 너무 오랜 세월 그들을 외면했다. 아니 돌아볼 겨를이 없었는지 모른다. 국권을 일제에게 강탈당한 조국은 그들의 운명에 국외자였고, 해방 후의 조국분단과 동서냉전은 우리가 고려인에게 다가서는 것을 허용하지 않았다. 이제는 사정이 달라졌다. '힘없는 민족' '무기력한 조국'이란 변명이 통하지 않는다, 그들은 남이 아니다. 150년 전에 한반도를 떠나 이국에서 설움을 받으며 살아온 우리의 피붙이다. 먼 이역에서 모국을 잊지 않은 채 살고 있다는 것만도 고맙게 여겨지는 동포들이다.
 구한말과 일제 강점기 고려인들은 구국의병활동의 선봉에 섰고, 그들의 '고향' 연해주는 국외 구국항쟁의 본거지였다. 조선 강점의 원흉 이토 히로부미를 격살한 안중근 의사를 비롯하여 항일무장투쟁의 영웅 홍범도, 연해주의 주인옹(主人翁) 최재형, 의병 4,000명을 이끈 간도관리사

이범윤, 헤이그 밀사 이상설·이위종, 권업회 결성의 주역 이종호, 신흥무관학교 설립자 이동녕, 대한제국 무관출신의 혁명가 이동휘, 매서운 필봉의 논객이자 국사학자인 신채호·장도빈 등등 대한민국 사람이라면 한번쯤 들었을 만한 면면들이 연해주에서 항일독립투사로 활동했다. 당시 이들의 의병활동에 참가한 고려인은 연인원 10만이 넘었고, 그들이 일본군과 벌인 전투는 1,700여회에 달했다. 그들이 없었다면 오늘의 대한민국은 어떤 모습이었을까? 바로 그들의 민족혼이 망국을 독립으로 이끌고 대한민국의 오늘을 있게 한 배경이다. 이제 조국은 그들에게 '빚진 자의 마음'을 보여 주어야 한다.

고려인 동포들은 오늘도 생존을 위해 유랑하거나 현지 정착을 위해 몸부림치고 있다. 이제는 우리가 따듯한 동포애로 그들을 보듬을 차례다. 한반도는 고려인을 낳은 어미의 땅이다. 조국은 제 자식을 품에 안아 키우지 못한 책임을 먼저 인정하고 그들을 따뜻하게 껴안는 정(情)을 보여야 한다. 한국은 남의 도움을 받으며 살던 암울한 역사에서 벗어나 이제는 세계적인 경제대국으로 성장했다. 우리 대한민국이 나서서 고려인들의 눈물을 닦아줄 때다. 그들은 이국의 하늘 아래서 조국의 관심에 목말라 하고 있다.

고대사를 되돌아보더라도 고려인의 집거지 중앙아시아는 한민족의 아픈 역사와 한이 서려 있는 곳이다. 1300년 전 고구려 유민의 후예 고선지 장군이 누비던 곳이 서역, 즉 중앙아시아다. 마지막 '결전의 장' 탈라스 전투에서 고선지는 이슬람연합군에게 패했다. 그때 포로로 잡힌 수많은 고구려인 후예들은 아마 서역에 뿌리를 내리고 살지 않았을까? 중앙아시아고려인의 원조는 바로 그들이 아닐까? 그래서 중앙아시아고려인을 보는 우리의 감회는 남다르다. 고구려 멸망 후 당나라에 의해 서역정벌에 동원된 8세기 고구려 유민의 후예들. 그리고 소련 치하에서 중앙아시아로 강제이주 된 '20세기의 디아스포라' 연해주고려인들. 두 고(구)려인의 운명이 보여준 공간적·상황적 유사성은 1300년의 시차를 넘어 우리 민족사의 아픔으로 다가온다.

한민족에게 중앙아시아는 역외개척의 현장이다. 8세기 서역에 잔류한 고구려인 포로들은 제지술 등을 서방에 전파하며 세계 문명교류에 이바지했다. 20세기에 중앙아시아로 추방된 고려인들은 근면성을 바탕으로 소련 최고의 모범농장을 건설해 '성공한 소수민족'으로 우뚝 섰다. 말을 타고 대륙을 질주한 고구려인의 기상과 유배지에서 꿋꿋하게 재기한 고려인의 집념 사이에 무언가 일맥상통하는 느낌이다. 고(구)려인의 저력과 투혼이 돋보이는 곳이 바로 중앙아시아다.

19세기 중엽 고려인들은 굶주림에서 벗어나기 위해, 또 민족해방투쟁을 위해 조국을 떠나 연해주로 이주했다. 하지만 그것만이 동인(動因)이 아니었을 것이다. 우리 민족에게는 그만한 진취성, 모험성, 개방성 등이 있었다. 그것이 광활한 유라시아 대륙 곳곳에 고려인 동포사회를 형성하게 만든 저력이 아니었을까. 그런 점에서 고려인은 역외개척의 선구자로 평가받아 마땅하다.

중앙아시아 각국은 1991년 독립 후 경제개발의 모델로 한국을 지목했다. 마침 한국은 중앙아시아 신흥시장을 공략할 거점을 물색 중이었다. 소련해체 후 위기에 처한 고려인들에게 한국은 희망의 등불이었다. 한국기업에 취업하면 자본주의의 첨단기법을 접할 수 있었다. 보수도 현지의 평균임금보다 3~4배 높았다. 젊은이들 사이에 한국기업이 인기직장으로 부상하면서 모국어 배우기 열풍이 불었다. 한국으로 취업하려는 사람, 한국 유학을 원하는 학생이 급증했다. 망국의 유민 고려인들에게 조국은 자랑스러웠다.

지금 중앙아시아에서 한국의 국가 인지도는 최고 수준이다. 거리 곳곳에 즐비한 SAMSUNG이나 LG의 대형 입간판은 우리를 뿌듯하게 만든다. 현재 우즈베키스탄에는 우리 기업 400여개가 진출해 활동 중이다. 2013년 한국의 대(對)우즈베크 수출액은 37억 달러로, 지난 20년 동안 600배가 늘어났다. 한국산 가전제품의 우즈베크 시장 점유율은 80%를 상회한다. 우즈베키스탄 거리는 '대우차' 천지다. 그래서 우즈베키스탄을 '대우베키스탄'이라고 부르기도 한다. 1996년 대우자동차에 의해 설립된 합작기업 '우즈-대우오토'는 우즈베키스탄을 세계 29번째 자동차 생산국으로 만들어 주었다. 대우가 외환위기를 맞아 눈물을 머금고 철수한 뒤 대우차공장은 우즈베키스탄 소유가 됐지만, 여기서 생산되는 티코, 마티즈, 넥시아 등은 여전히 국민차로 대우받고 있다.

'경제한류'뿐만 아니라 우리 드라마, 영화, 음악 등 문화한류도 중앙아시아를 풍미하고 있다. '겨울 연가', '대장금'에 이어 '주몽' '바람의 화원' 등이 큰 인기를 끌면서 우즈베키스탄 TV는 이를 몇 번이나 재방송했다. 그곳 청소년들은 한국노래의 가사와 가수 이름을 줄줄이 꿴다. 최근에 너지자원 개발로 러시아에 이어 CIS지역 내 제2의 경제력을 갖게 된 카자흐스탄에는 '건설한류'까지 불어, 한국식 고급 아파트가 인기몰이를 하고 있다. 건설한류는 키르기스스탄에까지 번져, 비슈케크와 오슈에 한국 건설업체들이 지은 아파트가 들어서고 있다. 1300년 전 중앙아시아를 석권했던 고선지의 활약상과 오버랩 되는 신흥 한국인들의 행렬이다. 유라시아 한복판에서 우리 민족의 기상이 대를 이어 펼쳐지고 있는 것 같다.

글로벌 시대에 재외동포는 우리 민족의 소중한 자산이요 미래다. 재외동포는 한국 문화를 해외에 소개하는 전도사일 뿐만 아니라 치열한 경제의 세계화 속에서 한국산 제품을 소비하고 중개하는 역할까지 하고 있다. 1990년대 초, 한국 기업의 러시아·중앙아시아 진출에는 현지 고려인들의 역할이 결정적으로 중요했다. 그때 고려인들은 한국과의 비즈니스를 성사시키는 중요한 역할을 담당했다. 한국 기업인에게 서로 말과 피가 통하는 고려인 가이드는 더 없이 반가운 존재였다.

5대양 6대주에 한민족 네트워크를 엮어낼 첨병이 바로 재외동포. 땅은 좁지만 민족의 지평이 넓은 나라, 글로벌 코리아를 구축할 거점이 바로 그들이다. 현재 한국의 재외동포 수는 세계 178개국에 700여만 명에 이른다. 인구대비 재외동포의 비율이 14%로 이스라엘, 이탈리아에 이어 세계 3위다. 특히 그 중 88.5% 620만 명이 세계 '4강(强)' 지역, 즉 중국, 미국, 일본, 구소련에 집중 거주하고 있다. 이처럼 4강 지역에 동포가 고루 퍼져 살고 있는 나라는 예가 드물다. 우리 재외동포의 중요성을 말해주는 분포도다. 전 세계 한인을 한민족공동체라는 하나의 네트워크로 묶어 한민족 웅비시대를 열어야 한다.

그동안 한민족 네트워크의 사각지대에 놓여 있던 것이 고려인이었다. 냉전종식과 더불어 50만 고려인은 한민족공동체의 범세계적 고리 완성에 참으로 큰 의미로 다가왔다. 대륙의 고려인들은 19세기 후반 이래 자신들의 영역을 꾸준히 넓혀왔다. 연해주에서 중앙아시아로, 그리고 최근에는 러시아 남부로 뻗어나가 그곳에 새로운 고려인사회를 형성하고 있다. 역사적으로 한민족과 연고가 없던 지역에까지 우리의 경제·문화 영역이 새롭게 확장되고 있다는 것은 글로벌 시대에 매우 중요한 의미를 갖는다. 우리에게 이제 고려인은 21세기를 함께 열어갈 '대륙진출의 인도자'이자 '대륙공략의 동반자'다.

지금 고려인은 여러 모로 어려운 상황에 처해 있다. 하지만 그들에겐 과거와 마찬가지로 슬기롭게 난관을 극복하려는 의지가 강하다. 역사적으로 고려인들은 새로운 상황에 적응하는 능력이 탁월했다. 언제나 주어진 시련을 새로운 기회로 만드는 창의적이고 강인한 모습을 보여주었다. 그들은 소련 시절 연해주와 중앙아시아에서 두 번 다 성공적으로 적응했다. 연해주를 개척해 옥토로 가꾼 주인공이 그들이었고, 중앙아시아에서는 강제이주의 시련 속에서도 농업신화를 엮어내며 다방면에서 뛰어난 인재를 배출하였다. 이런 놀라운 창의력과 적응력으로 인해 고려인들은 '아시아의 유대인'이라고 불렸다. 뿐만 아니라 "돌밭에 버려져도 뿌리를 내려 꽃을 피우는 것이 고려인이다" "구소련지역에서 거지가 없는 민족은 고려인뿐이다"라는 칭송을 받고 살았다. 이제 든든한 경제 강국이 된 조국 대한민국이 그들의 손을 잡아준다면 그들은 또 한 번 성공신화를 만들어 낼 것이다.

<끝>

참고문헌

강명구·임채완 외 I 고려인 기업 및 자영업 실태 I 북코리아 I 2006

강주진 편저 I 한국과 소련 I 중앙출판 I 1979

고송무 I 유네스코한국위원회 편 I 쏘련의 한인들 고려사람 I 이론과실천 I 1990

곤차로프, I. A. 외, 심지은 편역 I 러시아인, 조선을 거닐다 I 한국학술정보(주) I 2006

국가안전기획부 I CIS 한인관련 자료집 I 1997

국립경주박물관 I 신라, 서아시아를 만나다 I 국립중앙박물관문화재단 I 2010

국립민속박물관 I 까자흐스탄 한인동포의 생활문화 I 2000

국립중앙박물관 I 동서문명의 십자로 우즈베키스탄의 고대문화 I 2009

국사편찬위원회 I 러시아·중앙아시아 한인의 역사(상·하·자료집) I 2008

국제문제조사연구소 I 해외 한민족의 현재와 미래 I 도나출판 다나 I 1996

국회외교통일통상위원회 수석전문위원실 편 I 제18대 국회외교통상통일위원회 정책자료집 I 2009

권영훈 I 고려인이 사는 나라, 까자흐스탄 I 열린책들 I 2001

권영필·정수일 외 I 중앙아시아 속의 고구려인 발자취 I 동북아역사재단 2008

권희영 I 해외의 한인 희생과 보훈문화 I 국학자료원 I 2001

권희영 I 한국과 러시아 : 관계와 변화 I 국학자료원 I 1999

권희영 I 세계의 한민족 5, 독립국가연합 I 통일원 I 1996

권희영·한 발레리 I 중앙아시아 초원의 유랑농업 I 한국정신문화연구원 I 2004

권희영·한 발레리·반병률 I 우즈베키스탄 한인의 정체성 연구 I 한국정신문화연구원 I 2001

김광훈·신선욱 저, 이왕무 해제, 김동석 역주 I 아국여지도(俄國輿地圖) I 한국학중앙연구원 장서각 I 2007

김 게르만 저, 황영삼 역 I 해외 한인사 1945~2000 I 한국학술정보(주) I 2010

김 게르만 I 한인 이주의 역사 I 박영사 I 2005

김구 I 백범일지(학술원판) I 나남 I 2008

김구 저, 배경식 주해 I 백범일지 I 너머북스 I 2008

김규현 I 혜초 따라 5만 리 I 여시아문 I 2005

김병학 I 카자흐스탄의 고려인들 사이에서 I 인터북스 I 2009

김 부르트 편집 l 사진집 두만강부터 시르다리야 강까지 "우즈베키스탄에서 70년" l 우즈베키스탄 고려문화협회 l 2007

김 블라디미르 저, 최선하 역 l 멀리 떠나온 사람들 : 우즈베키스탄의 고려인들이 들려주는 디아스포라 이야기 l 인터북스 l 2010

김 블라지미르 저, 김현택 역 l 러시아 한인 강제이주사 - 문서로 본 반세기 후의 진실 l 경당 l 2000

김 블라지미르 저, 조영환 역, 박환 편·해제 l 강제이주 60주년에 되돌아 본 재소한인의 항일투쟁과 수난사 l 국학자료원 l 1997

김성기 l 실크로드의 중심지 우즈베키스탄 l 재소한글학교설립후원회 l 2003

김성보·기광서·이신철 공저 l 북한현대사 l (주)웅진씽크빅 l 2009

김승화 저, 정태수 편역 l 소련한족사 l 대한교과서주식회사 l 1989

김 이그나트(김용기), 김 블라지미르, 조규익 l 사진으로 보는 중앙아시아 고려인의 이주 및 정착사 - 우리 민족의 숨결, 그곳에 살아 있었네! l 지식과교양 l 2012

김 이그나트(김용기) l 사진으로 이어가는 추억 - 우즈베키스탄 고려인 사진첩(제1차) l 미디아랜드 l 2006

김일수 외 l 중앙아시아의 거인 카자흐스탄 l 궁리출판 l 2010

김종희 엮음 l 중앙아시아 고려인 디아스포라 문학 l 국학자료원 l 2010

김준엽·김창순 공저 한국공산주의운동사 1 l 청계연구소 l 1986 l

김지연 l 사진집 러시아의 한인들 - 뿌리 깊은 인연이여, 그 이름은 고려인 l 눈빛출판사 l 2005

김철수 l 김철수 친필유고 l 역사비평 3 l 1989

김필영 l 소비에트 중앙아시아 고려인 문학사 l 강남다출판부 l 2004

김홍일 l 대륙의 분노 l 문조사 l 1972

남혜경 외 l 고려인 인구 이동과 경제 환경 l 집문당 l 2005

독립기념관 한국독립운동사연구소 편 l 이인섭과 독립운동 자료집 1-2 l 독립기념관 한국독립운동사연구소 l 2010

뒤바보 저, 윤병석 주(註) l 아령실기(俄領實記) l 서울평론 98~101호 서울신문사 l 1973

리 블라지미르(우효), 김 예브게니(영웅) 편저, 김명호 역 l 스딸린 체제의 한인 강제이주 - 구소련 국립중앙문서보관소 공개 극비문서 l 건국대학교출판부 l 1994

류근일 l 이성의 한국인 김규식 l 동서문화사 l 1981

림은 l 북조선왕조성립비사 김일성정전 l 자유사 l 1982

문화관광부 l 고려인 중앙아시아 정주 70주년 기념세미나 중앙아시아 고려인의 어제와 오늘 l 2007

문화관광부 l 고려인 중앙아시아 정주70주년 기념전 '까레이스키' l 2007

민병훈 I 초원과 오아시스 문화 - 중앙아시아 I 국립중앙박물관 I 2005

박 보리스 저, 민경환 역 I 러시아와 한국 I 동북아역사재단 I 2010

박 보리스·부가이, 니콜라이 공저, 김광환·이백용 번역 I 러시아에서의 140년간 I 시대정신 I 2004

박환 I 박환 교수의 러시아한인 유적 답사기 I 국학자료원 I 2008

박환 I 대륙으로 간 혁명가들 I 국학자료원 I 2003

박환 I 항일유적과 함께하는 러시아 기행 I 국학자료원 I 2002

박환 I 재소한인민족운동사 - 연구현황과 자료해설 국학자료원 I 1998

반병률 외 I CIS지역 한인자료와 고려인 집단농장 I 다해 I 2009

반병률 I 임시정부의 초대 국무총리 - 성재 이동휘 일대기 I 범우사 I 1998

부가이, 니콜라이 저, 조수영·엄순천·이원용 번역 I 20세기 소비에트 연방과 러시아의 한인들 I 인천광역시 역사자료관 I 2002

부가이, 니콜라이·오성환 공저 I 시간의 시련 - 1990년 한·러 외교관계수립 이후 2004년까지 한·러 외교사에서 발췌한 러시아한인 발전사 I 시대정신 I 2004

부가이, 니콜라이 저, 최정운 번역, 류한배 감수 I 재소 한인들의 수난사 - 해설 및 관계 공문서 I 세종연구소 I 1996

북방연구소 I 1920년대 소련의 조선족 I 북방연구소(IECC) I 1992

비숍, I.B. 저, 신복룡 역주 I 조선과 그 이웃 나라들 I 집문당 I 2000

서대숙 편, 이서구 역 I 소비에트한인 백년사 I 태암 I 1989

성동기 I 우즈베키스탄 불멸의 고려인영웅 김병화 I 재외동포재단 I 2006

신연자 I 소련의 고려사람들 I 동아일보사 I 1988

심영섭·김 게르만 외 I 카자흐스탄 한인사(韓人史) 고문서 자료 제1집 알마아타 한국교육원 I 1998, I 제3집 I 2000.

쓰노다 후사코(角田房子) 저, 김은숙 번역 I 슬픔의 섬 사할린의 한국인 I 조선일보사 I 1995

안 블라지미르(안일) I 까레이스끼 꼬리아 I 그린미디어 I 1995

안 일 I 화가가 본 20세기 고려인 사회 I 문화관광부 I 2002

안성모 저, 김광운 감수 I 김규식 I 파랑새 I 2003

영남대학교 민족문화연구소 I 제26차 국제학술대회 중앙아시아 고려인의 삶과 문화 자료집 I 2005

와다 하루키 저, 서동만·남기정 옮김 I 북조선 I 도서출판돌베개 I 2006

외교부 | 재외동포현황 | 2013. 10, 2011. 8, 2009. 7

외교부 | 러시아연빙 개황 | 2010

외교부 | 우즈베키스탄 개황 | 2010

외교부 | 카자흐스탄 개황 | 2010

외교부 | 키르키즈 개황 | 2009

외교부 | 타지키스탄 개황 | 2009

외교부 | 투르크메니스탄 개황 | 2009

우리민족서로돕기운동 한국본부·러시아본부 | 러시아남부 볼고그라드지역 한인(고려인)정착 지원을 위한 기초조사보고서 | 2001

우리민족서로돕기운동 재외동포센터 | 러시아연해주 고려인의 실태에 관한 조사·연구보고서 | 1999

우즈베키스탄 고려문화협회 | 두만강부터 시르다리야강까지 '우즈베키스탄에서 70년' 사진집 | 2007

윤병석 외 5인 저, 한국독립유공자협회 편 | 러시아지역의 한인사회와 민족운동사 | 교문사 | 1994

윤병석 | 해외동포의 원류 - 한인 고려인 조선족의 민족운동 | 집문당 | 2005

윤인진 | 코리안 디아스포라 - 재외한인의 이주, 적응, 정체성 | 고려대학교 출판부 | 2003

이광규 | 우리에게 연해주란 무엇인가 - 북방정책의 나아갈 길 | 북코리아 | 2008 |

이광규 | 재외동포 | 서울대학교 출판부 | 2000

이광규 | 러시아 연해주의 한인사회 | 집문당 | 1998

이계룡 | 고본지 ; 고려인들의 토지 사랑 | 행복한집 | 2003

이계룡 | 키르기즈스탄의 고려인 | 비슈케크 | 1998

이기석 외 | 두만강 하구 녹둔도 연구 | 서울대학교 출판문화원 | 2012

이범관 | 무국적고려인 국적취득사업을 위한 현지조사보고서 | 국회외교통상통일위원회 정책자료집 | 2009

이범관 | 무국적고려인 문제에 대한 고찰과 정책 제언 | 국회외교통상통일위원회 국정감사 정책자료집 | 2008

이복규 | 중앙아시아 고려인의 생애담 연구 | 지식과 교양 | 2012

이정식 | 김규식의 생애 | 신구문화사 | 1974

이창주 | 러시아 한반도 한민족통사 : 한민족 유라시아 디아스포라 그리고 북한정권 창출전후 비사 | 우리시대 | 2010

이창주 | 유라시아의 고려사람들 | 명지대 출판부 | 1998

임경석 | 한국사회주의의 기원 | 역사비평사 | 2004

임영상 | 독립국가연합 지역의 신흥 고려인 사회 네트워크 | 재외동포재단 | 2003

임채완 외 | 국내거주 고려동포 실태조사 | 재외동포재단 | 2014

임채완 외 | 재외한인 문화예술 네트워크 | 북코리아 | 2008

임채완 외 | 러시아·중앙아시아 한상 네트워크 | 북코리아 | 2007

임채완 편 | 중앙아시아 한인연구 | 전남대학교 사회과학연구소 | 1999

장준희 | 중앙아시아, 대륙의 오아시스를 찾아서 | 청아출판사 | 2004

장지선·우정권 공저 | 고려인 디아스포라 문학연구 | 도서출판 월인 | 2005

장학봉 외 | 북조선을 만든 고려인 이야기 | 경인문화사 | 2006

재외동포재단 | 유공동포 모국방문 초청사업 고난사 발표 자료집 | 2004

전경수 외 | 까자흐스탄 한인동포의 생활문화 | 국립민속박물관 | 2000

전경수 편 | 까자흐스탄의 고려인 | 서울대학교 출판부 | 2002

전호태 | 고구려 고분벽화 연구 | 사계절 | 2008

정상진 | 아무르만에서 부르는 백조의 노래-북한과 소련의 문학·예술인들 회상기 | 지식산업사 | 2005

정수일 | 문명담론과 문명교류 | 살림 | 2009

정수일 | 문명교류사 연구 | 사계절 | 2002

정수일 역주 | 혜초의 왕오천축국전 1·2 | 학고재 | 2008

정동주 | 까레이스끼, 또 하나의 민족사 | 우리문학사 | 1995

조성길 | 겨울꽃-사할린 한인들의 어제와 오늘 | 파랑새미디어 | 2012

중앙일보사 특별취재팀 | 비록(秘錄) 조선민주주의인민공화국 | 중앙일보사 | 1992

지배선 | 유럽문명의 아버지 고선지 평전 | 청아출판사 | 2009

체호프, 안톤 저, 배대화 역 | 사할린 섬 | 동북아역사재단 | 2013

친일반민족행위진상규명위원회 | 친일반민족행위관계 사료집 7권 | 친일반민족행위진상규명위원회 | 2008

친일반민족행위진상규명위원회 | 친일반민족행위 진상규명보고서 III-4 | 친일반민족행위진상규명위원회 | 2009

최강민 외 | 억압과 망각, 그리고 디아스포라 - 구소련권 고려인 문학 | 한국문화사 | 2004

최길성 | 사할린-유형(流刑)과 기민(棄民)의 땅 | 민속원 | 2003 |

최준식 외 | 실크로드와 한국문화 | 소나무 | 2000

카자흐스탄고려인협회 I 카자흐스탄 고려인 이주70주년 사진연대기 I 2007

카자흐스탄고려인협회 I 카자흐스탄의 고려인 - 사진으로 보는 고려인사 1937-1997 I 1997 I

한국외국어대학교 역사문화연구소 편 I 독립국가연합 고려인 사회연구 I 재외동포재단 I 2003

한국외국어대학교 역사문화연구소 편 I 2000~2001 재외동포재단위탁 연구조사사업결과 모음집

한 세르게이·한 발레리 공저, 김태항 역 I 고려사람, 우리는 누구인가 I 고담사 I 1999

허혜란 I 체로키 부족 I 실천문학 I 2008

현규환 I 한민족 유이민사 I 어문각 I 1967 I

홍웅호 외 I 수교교섭의 시기 한러관계 I 선인 I 2008

논문

강진구 I 중앙아시아 고려인 문학에 나타난 기억의 양상 연구 - 강제이주를 중심으로 I 국제한인문학연구 창간호 I 국제한인문학회 I 2004

권주영 I 중앙아시아 고려인 콜호즈의 구조와 운영(1924~1950) - 카자흐스탄 알마-아타주 카라탈구를 중심으로 I 한국외국어대학교 석사학위논문 I 2006

기광서 I 구소련 한인의 민족정체성 상실과 회복 : 역사와 현재 I 재외한인연구 제110호 I 재외한인학회 I 2001

김 게르만 I 성동기 역 I 구소련 붕괴 이후 고려인의 사회-경제 그리고 민족문화의 발전과정 I 민족연구 제43호 I 교양사회 I 2010

김 게르만·장원창 I 러시아 극동지방 한인 강제이주 I 한민족공동체 제12권 I 해외한민족연구소 I 2004

김병간 I 소련의 소수민족정책과 한민족 I 해외동포 하계호 I 해외교포문제연구소 I 1981

김상철 I 소비에트 카자흐스탄 고려인 엘리트의 변화 - 1930~60년대 영상기록물을 중심으로 I 민족연구 제43호 I 교양사회 I 2010

김원균 I 러시아 서남부지역 고려인 지원정책 및 재외민족교육 현황과 과제 I 해외파견교육공무원 귀국보고서 I 2009

김재기·이봄철 I 중앙아시아 고려인의 러시아 볼고그라드 재이주 현상 I 한국동북아논총 제40집 I 한국동북아학회 I 2006

김 테르미르 I 러시아 연해주 한인사회의 현황 I 극동문제 1999년 9월호 극동문제연구소

리 블라지미르 l 모스크바지역 한인 이민사 l 제1회 세계한민족학술회의 논문집 l 정신문화 연구원 l 1991

명 드미트리 l 카자흐스탄 고려인들의 직업구조와 변천 l 고려인 이주 150주년 국제학술대회 l 2014

명 드미트리 l 한국전쟁(1950~1953)에 참전한 재소한인들 l 민족연구 2005년 3월호 교양사회 l 2005

명 드미트리 l 북한정권 창출과정에 참여한 재소한인들 - 김일성 정권창출의 공헌자이자 희생양 l 통일한국 1997년 7월호 l 평화문제연구소 l 1997

문중호 l 중앙아시아 고려인의 정체성 연구 l 서울교육대학교 교육대학원 석사학위논문 l 2009

박 보리스 l 국권피탈 전후시기 재소한인의 항일투쟁-러시아망명 한인들의 항일투쟁 참가 l 수촌 박영석교수 화갑논총 l 1992

박 보리스 l 러시아에서의 항일민족독립운동(1906-1918년) l 조항래교수 화갑논총 l 1992

박수호 l 사할린 한인 역사통계 l 재외한인연구 제2호 l 재외한인회 l 1992

박승의 l 사할린 한인 디아스포라의 민족문화정체성 형성과 변천과정 연구 : 설문조사를 중심으로 l 재외한인연구 제29호 l 2013

박승의 l 사할린에서 한인의 디아스포라 형성의 역사 l 제국일본에 의한 피지배민족교육의 비교연구 l 일본큐슈대학 한국연구센터 l 2011

박창욱 l 해외독립운동기지 신한촌과 명동촌에 대한 비교연구 l 한민족공영체 제8호 l 해외한민족연구소 l 2000

박환 l 신한촌과 한인독립운동 l 한민족공영체 제8호 l 해외한민족연구소 2000

반병률 l 러시아 원동지역 초기 한인마을 형성과 러시아의 정책에 대한 재해석 l 역사문화연구 제40집 l 한국외국어대 역사문화연구소 l 2011

반병률 l 러시아 연해주 한인마을 연추의 형성과 초기 모습 l 동북아역사논총 제25호 l 동북아역사재단 l 2009

반병률 l 러시아 한인(고려인)사회와 정체성의 변화 - 러시아 원동시기(1863~1937)를 중심으로 l 한국사연구 2008년 3월

반병률 l 한국인의 러시아 이주사 : 연해주로의 유랑과 중앙아시아로의 강제이주 l 문화역사 지리 제8권 제3호 l 2006

반병률 l 러시아의 한인 발자취를 찾아서 l 신동아 2003년 6월~10월호 l 동아일보사

반병률 l 신한촌과 노령(露領)한인사회 l 한민족공영체 제8호 l 해외한민족연구소 l 2000

반병률 l 재로한인 강제이주 이전의 한인사회의 동향(1923~1937) l 한국독립운동사연구 제11집 l 독립기념관 한국독립운동사연구소 l 1997

반병률 l 대한국민의회와 상해임시정부의 통합정부 수립운동 l 한국민족운동사연구 제2집 l 지

식산업사 | 1988

백태헌·이애리아 | 중앙아시아 고려인의 고본질 | 비교문화연구 제6집 1호 | 서울대학교 비교문화연구소 | 2000

새고려일보(사할린) | 강제연행 75주년 특별기획 '망향 반세기-사할린 동포 눈물 젖은 과거' | 2012. 7. 20~10. 12

송 잔나 | 소련한인가족의 사회화(1937~1991) | 고려인 이주 150주년 기념 국제학술대회 | 2014

송한용 | 장학량(張學良)과 중동로(中東路)사건 | 중국사연구 10 | 중국사학회 | 2000

신문수 | 동방의 타자 : 이사벨라 버드 비숍의 '한국과 그 이웃나라들 | 한국문화 제46집 | 서울대학교규장각 한국학연구원 | 2009'

시사저널 제209호 | 소련, 연해주에 한인 '민족구역' 인정 | 1993

신 알렉세이 | 모스크바지역 한인 이민사에 대한 토론-현재와 미래를 위해 과거를 알자 | 제1회 세계한민족학술회의 논문집 | 정신문화연구원 | 1991

심헌용 | 러시아의 극동진출 전략과 국경을 둘러싼 조·러 양국의 대응 - 녹둔도를 중심으로 | 군사 56호 | 국방부 군사편찬연구소 | 2005

심헌용 | 체제전환기 러시아의 민족정책과 러시아한인사회의 당면과제 | 한국시베리아연구 제5집 | 배제대학교 | 2002

심헌용 | 러시아연방의 동북아(극동연해주) 국가안보전략과 민족관계 | 교포정책자료 제64집 | 해외교포문제연구소 | 2002

심헌용 | 동북아 '접경지대' 극동연해주와 한민족 디아스포라 | 한국시베리아연구 제4집 | 2,000

심헌용 | 뿌찐 시대의 러시아 민족정책과 한인사회 전망 | 아시아태평양지역연구 제3권 1호 | 전남대학교 아시아태평양지역 연구소 | 2000

심헌용 | 극동 연해주에서의 러시아 한인 민족자치주 : 역사적 사실 및 전망 | 한국시베리아학보 창간호 | 1999년 가을 |

심헌용 | 러시아 소수민족 정책과 한인민족문화 자치주 | 월간 해외동포 1996년 6월호

엄 안토니나, 이병조 | 사마르칸트에서 살아온 소비에트 고려인의 다문화적인 삶의 이야기 | 재외한인연구 제22호 | 재외한인학회 | 2010 |

오마츠 아사고로 | 동부시베리아의 조선인 | 재외조선인사정연구회회보 | 1922. 6. 임시증간호

와다 하루키 | 중앙아시아로 강제 이주된 연해주의 조선족 | 극동문제 1999. 10. | 극동문제연구소 | 1999

우가이 철식 | 전쟁과 러시아의 고려사람들(1941-1945년) | 한국외국어대학교 개교 50주년 및 역사문화연구소 창립 20주년 기념 국제학술회의 발표논문 | 한국외국어대학교 | 2004

양원식 | 부자유 속에 태어난 신문-고려일보의 어제와 오늘 | 한민족공영체 제5호 | 1997

양태진 | 한로국경형성의 배경과 녹둔도 상실 | 백산학보 26 | 백산학회 | 1981

윤병석 | 이동휘의 생애와 독립운동 | 한민족공영체 제5호 | 해외한민족연구소 | 1997

윤형권 | 남부 러시아 볼고그라드의 시설농업의 전망과 과제 | 남부 러시아 볼고그라드 농업세미나 | 우리민족서로돕기운동 | 2008

이광규 | 연해주 고려인들의 현황 | 한민족공동체 18호 | 해외한민족연구소 | 2011

이광규 | 연해주에 한인자치주를 세워야 한다. | 월간조선 1993년 10월호

이광수 | 노령정경(露領情景) | '이광수전집' 9집 | 삼중당 | 1992

이봄철 | 볼고그라드 농업현황과 고려인 농업실태 | 남부 러시아 볼고그라드 농업세미나 | 우리민족서로돕기운동 | 2008

이봄철 | 볼고그라드의 고려인 | '미르' 2006년 신년호 | 동북아평화연대 | 2006

이왕무 | 조선시대 녹둔도의 역사와 영역변화 | 정신문화연구 통권 122호 | 한국학중앙연구원 | 2011

이원영 | 1937년 고려인 강제이주의 원인 및 과정 | 유럽사회문화 제7호(2011년 12월) | 연세대학교 유럽사회문화연구소

이정은 | 최재형의 생애와 독립운동 | 한국독립운동사연구 제10집 | 한국독립운동사연구소 | 1996

이종훈 | 중앙아시아 한인문제와 정책과제 | 국회도서관 입법자료분석실 | 1993

이종훈 | 재소한인의 자치공화국 결성문제 | 국회도서관입법자료분석실 | 1991

이준규 | 소련의 해체와 중앙아시아 고려인 | 민족연구 제7호 | 교양사회

이지은 | 중앙아시아 고려인 사회 연구 1938~1953 – '레닌기치'의 기사를 중심으로 | 한국외국어대학교대학원 석사학위 논문 | 2006

이채문 | 재외한인의 자영업에 관한 연구 - 카자흐스탄 고려인의 사례를 중심으로 | 한국동북아논총 46집 | 한국동북아학회 | 2008

이채문·박규택 | 중앙아시아 고려인의 러시아 극동지역 귀환이주 | 한국지역지리학회지 제9권 제4호 | 2003

이형우 | 한국문화의 특성과 중앙아시아 | 한국학센타학술지 제1호 | 2001

임경석 | 코민테른 고려총국의 기능정지에 관한 연구 | 대동문화연구 제71집 | 성균관대학교 출판부 | 2010

임영상 | CIS 고려인 사회의 변화와 전망 | (사)해외한민족연구소 창립20주년기념논문집 한도 제3의 기회 | 화산문화사 | 2009

임영상 | 우즈베키스탄 타쉬켄트 주의 고려인 콜호즈들 – '레닌기치' (1938-53) 기사 분석 역사문화연구 제26집 | 한국외국어대학교 역사문화연구소 | 2007

임영상·황영삼 | CIS 및 발트지역 고려인 사회의 민간네트워크 | 재외한인연구 통권 15호 | 재외한인학회 | 2003

전봉관 | 한-러 무역의 개척자 최봉준 | 이코노미스트 통권 1006호(2009-09-29) | 중앙일보 사미디어 | 2009

정상진 | 전 북한문화선전부상(副相 정상진)이 밝히는 조국해방순간 - 조국해방전선에 김일성은 없었다 | 한국논단 1995년 8월호

장준희 | 카자흐스탄 고려사람의 민족정체성 변화과정 연구 | 재외한인연구 제8호 | 재외한인학회 | 1999

정근식 | 중앙아시아 고려인의 일상생활과 문화 | 사회와 역사 제48권 | 한국사회사학회 | 1996

정근식·염미경 | 디아스포라, 귀환, 출현적 정체성 - 사할린 한인의 역사적 경험 | 재외한인연구 제9호 | 재외한인학회 | 2000

정태수 | 재소고려인 자치공화국 가능한가? | 교포정책자료 제36집 | 해외교포문제연구소 | 1991

조정남 | 북한의 사할린 한인 정책 | 민족연구 제8호 | 한국민족연구원 | 2002

최길성 | 한인의 사할린 이주와 문화변용 | 동북아문화연구 제1집 | 동문화학회 | 2001

최숭 | 일제하의 한국과 소련 관계 | '북한' 1990년 2월호 | 북한연구소

최태만 | 신순남전의 의미와 그의 예술세계 | 강제이주 60주년과 신순남전 기념 세미나 | 해외한민족연구소 | 1997

토로포브 A. A. | 제1차 세계대전 이전 및 전시의 한인의 러시아 원동 이주 | 근대한인의 해외이주와 한민족공동체 제10회 국제학술심포지엄 | 고려학술문화재단·동아일보사 | 1997

한 막스 | 1937년 고려인 강제이주와 그 결과 | 한민족공영체 제8호 | 해외한민족연구소 | 2000

한 블라디슬라프 | 김인수(졸로타료프 빅토르 니콜라예비치 ?~1925) -영웅의 운명 | 고려인이주 150주년기념 국제학술대회 | 2014

한진 | 단편 공포 | 레닌기치 1989년 5월 23일~31일

한형권 | 임시정부의 대아(對俄)외교와 국민대표회의의 전말 | 가톨릭청년 6권 7호 | 가톨릭 청년사 | 1948

황 *류드밀라 | 중앙아시아 고려사람들의 비극적인 역사단계와 현대의 문제점 | 민족문화논총 제32집 | 영남대학교 민족문화연구소 | 2005 |

황 류드밀라 | 노동군 : 고려사람에게 가해진 두 번째의 비극적 운명-카라칼팍스탄 한인 역사자료를 중심으로 | 역사문화연구 제19집 | 한국외국어대학교 역사문화연구소 | 2003

황영삼 | 초기 고려인공동체 형성연구-유럽러시아 및 중앙아시아 지역을 중심으로 | 민족연구 제43호 | 교양사회 | 2010

색인

10월혁명 15, 77, 78, 80, 147, 186
13도의군 62
2월혁명 71, 77, 78, 83, 96, 232, 383
3인 판결위원회 180
4월참변 90, 102, 109, 110, 111, 254

ㄱ

가우리 15
간화회 111, 112, 113, 114, 144
강 게오르기 183
강우규 105
강국모 130, 136, 137
강상호 288, 291, 312, 313, 367
강제이주민들에 대한 권리보장선언 381
강춘보 473
강태수 164, 169, 256, 257, 315
개조파 101, 102
개척리 49, 50, 103
거류민회 111, 112, 113, 144
격일간지 '나의 수도 소식' 478
결의안 제1428-326cc 178
경흥개시조약 33
계봉우 16, 17, 116, 118, 168, 531
고 갈리나 485
고려공산당 16, 73, 114, 115, 117, 118, 119, 120, 121, 122, 123, 141, 145, 176, 190, 386
고려공화국 16, 386
고려의용군 130, 131, 132, 134, 135, 147
고려인 민족지구 381, 386, 387
고려인 재배치사업 260
고려인 정착촌 35, 448
고려인경제특구 382
고려인국적회복위원회 494
고려인동맹 16, 141
고려인문제전담기구 149
고려인분산이주5개년계획 157
고려인여단 127, 128
고려인자치주 16, 145, 183, 381, 382, 384, 385
고려인토지분배3개년계획 150
고려일보 17, 367, 382, 469, 471, 530, 531, 535, 536
고려적위군 16
고려족중앙총회 80, 82
고려족회 16
고려혁명군 124, 125, 127, 136, 137, 142
고려혁명군정의회 121, 124, 125, 137
고르바초프 5, 306, 342, 359, 361, 371, 388, 390, 535
고르카 513
고본질 330, 331, 332, 333, 334, 335, 336, 337, 338, 339, 340, 341, 342, 343, 344, 345, 346, 376, 377, 379, 380, 397, 402, 403, 405, 408, 409, 413, 427, 428, 437, 440, 441, 454, 455, 457, 458, 459, 460, 461, 465, 486, 490, 526, 528
고상준 254
고선지 6, 225, 226, 227, 228, 231, 556, 558
고희만 288, 290, 311

곤다티 65, 66, 68
국경을 누비는 두만강 365
국민대표회의 101, 102
국민위원회 102, 139
국민징용령 349
군비단 130, 133
권업신문 70, 73, 74, 103
권업회 28, 70, 71, 72, 73, 74, 78, 103, 555
그로데코프 40, 155, 179
글라스노스트 361
기석복 288, 291, 313, 534
김 갈리나 504, 505
김 게르만 183, 364, 365
김 게오르기 326, 419
김 그레고리 76
김 넬리 324
김 니콜라이 50, 417
김 레프 333
김 로만 423
김 림마 540, 542
김 마리나 423
김 미하일 105, 175, 176, 188, 417
김 뱌체슬리프 424
김 블라디미르 171, 190, 365, 417, 540, 542
김 스테판 240, 241, 277
김 아나톨리 196, 271, 324, 542, 543
김 아파나시 120, 122, 163, 173, 175, 176, 177, 188, 242, 307, 308, 392, 424
김 알렉산드라 80, 81, 83, 84, 254, 319
김 알렉산드르 424, 425, 477, 478
김 알렉세이 457
김 에르네스트 28

김 엘레나 237, 370
김 우수니 348
김 율리 324
김 이고르 416
김 텔미르 392, 393, 448
김 파벨 326, 327
김경천 90, 91, 130, 131, 134, 135, 136, 255, 307
김공심 50
김구 100, 101, 102
김규면 81, 93, 94, 96, 105, 121, 130, 135, 190
김규식 101
김기양 104
김기홍 197
김낙현 90
김단 311
김동철 311
김동학 288
김립 80, 81, 83, 93, 98, 99, 100, 104, 121
김막심 278, 323
김만겸 99, 119, 149, 255
김만삼 282, 283, 521
김병화 75, 282, 283, 284, 521
김병화농장 209, 518, 521, 523, 527, 528
김봉율 314
김선홍 70
김세일 170, 287, 316, 317, 318, 319, 320
김승화 27, 288, 290, 291, 322, 363
김열 288, 291
김영광 324
김영배 357
김영웅 361, 362

김용택 311, 372, 534, 553, 554
김원길 287, 310, 311
김유경 87, 169
김유천 86, 87, 137
김이직 91, 109
김인수 44, 45
김일성 6, 91, 289, 290, 291, 292, 293, 294, 308, 309, 310, 311, 312, 314, 365, 533, 554
김재욱 288, 291
김준 317, 318, 319, 320
김진 118, 175, 176, 531, 542
김찬 288, 310, 312
김철수 99, 101, 121
김철우 311
김철훈 93, 119
김칠성 288, 292, 293, 310
김태건 311
김하구 73, 99, 121
김하석 93, 96, 125, 163
김학만 29, 50
김학성 274, 297
김학인 314
김홍륙 44
김홍일 130, 131, 132, 135
김홍진 532
김희천 136

남 올레그 415
남도소 44, 45, 46
남만춘 115, 116, 119, 163
남봉식 311, 312
남일 288, 290, 291, 314
남하룡 307
내 고향 원동을 자랑하노라 316
넬랴 니콜라예브나 425
노동군 272, 273, 274, 275, 276, 277, 278, 279, 281, 297, 535
노령정부 92
노야 56, 197
노인동맹단 103, 105
녹둔도 20, 21, 41, 46
니 네오니드 324

ㄴ

나는 조선사람이다 317
나선정벌 21
나자르바예프 470
남 류드밀라 190, 324
남 스베틀라나 386

ㄷ

다코베야 351
단지동맹 60, 61
단편소설 '공포' 365
단편소설 '그 고장 이름은?' 367
달이뷰로 117
대동공보 62
대동신보 62, 73
대양보 73, 104
대조국전쟁 270, 280
대한광복군정부 72, 103
대한국민의회 91, 92, 93, 94, 103, 105, 117, 124, 125, 129
대한독립단 123
대한의용군 121, 124, 125, 126
대한인국민회 70, 91
도노야 56

도르도이 시장 412, 413, 419, 420
도헌 44, 47, 49, 50
독립국가연합(CIS) 371, 404, 436, 437, 531, 554
독립군 86, 87, 88, 98, 113, 123, 126, 127, 142, 191, 246
독립단 105
돈 리스 235
동의회 60
동중철도 43, 65, 165, 172
동평(동북아편화연대) 450, 452, 453
두홉스코이 39, 40
드미트로프 콜호스 451

ㄹ

러시아고려인의 명예회복에 관한법 369, 402
러시아연방 국가민족정책개념 388
러-일전쟁 43, 52, 53, 57, 58, 59, 65, 72, 208, 231, 348
레닌 82, 105, 122, 140, 143, 146, 188, 189, 207, 253, 284, 319, 387
레닌기치 17, 291, 307, 316, 318, 364, 365, 518, 521, 530, 531, 532, 533, 535
레자노프 27, 28
레퀴엠-이별의 촛불, 붉은 무덤 208, 363
력사의 공백-원동에서 특별렬차로 364
렴홍철 190
로력자의 고향 169
류쉬코프 180, 182, 186

ㅁ

마춘걸 132
만쿠르트 314, 315

망명자의 수기 133, 176, 177
맹동욱 320
명 드미트리 468, 549
명월봉 291, 313
몰로토프 178, 180
무국적 고려인 356, 357, 437, 488, 489, 490, 491, 492, 493, 494, 495
무국적 고려인동포지원 특별법 493
무국적자 355, 356, 358, 360, 370, 377, 405, 449, 456, 489, 490, 491, 492, 494
문창범 79, 93, 95, 96, 140, 163
미즈호사건 351
민 알렉산드르 272
민족문화자치 389, 391

ㅂ

바긴 26
박 그레고리 85
박 니콜라이 292
박 모이세이 177, 245
박 미하일 382, 474
박 베라 424, 425
박 보리스 61, 190, 191
박 비토르 424
박 아나톨리 424
박 안드레이 324, 416
박 알렉산드르 500, 501, 502
박 일리야 89, 90, 123, 124, 127, 132, 133, 176
박노영 358, 359
박노학 357
박민영 255
박병길 90

박병율 288, 291
박성훈 187, 190, 475
박애 81, 94, 118
박영빈 311
박의완 288, 290, 310
박이반 80
박일 291, 307, 387
박일영 288
박정훈 175, 177, 255
박진순 94, 96, 97, 98, 99, 116, 119, 121, 189, 242
박창선 311
박창식 288, 291, 311
박창옥 287, 290, 291, 309
박창은 124
박청림 88, 137
박태준 311
박해동 349
방학세 288, 290, 291, 314
밭 갈던 아씨에게 256
백년 후의 만남 554
베리야 280
베이징조약 21, 22
변강 19, 189
보따리 무역 410, 420, 421
보이틴스키 99, 123, 138, 140
볼로차예프카 전투 135
봉금령 20, 25
북극성 콜호스 263, 522, 527
북도소 44
브리가다 334, 335, 336, 344, 405, 455
브리가딜 334, 335, 341, 455, 457

블라고슬로벤노예 35, 51
비체르니 비슈케크 425, 478

ㅅ

사할린부대 89, 123, 126, 132
사회주의노동영웅 283, 301, 519, 526
상 보리스 425
상해임정 91, 94, 95, 96, 97, 100, 101, 102, 116, 138, 139
상해파 73, 96, 114, 117, 120, 121, 122, 124, 126, 127, 129, 163, 174, 176, 177
색중청 56
서사시 '오, 수남촌' 366
서역 6, 210, 212, 213, 215, 216, 217, 219, 220, 221, 225, 226, 227, 228, 231, 556, 557
서춘식 311
선봉 16, 139, 147, 160, 163, 164, 168, 169, 191, 205, 245, 282, 284, 322, 518, 530, 531, 532, 533
설 라리사 424, 425
설손 218
성명회 62
세르게이 라조 109
세메뇨프 83
소련파 6, 287, 289, 294, 308, 309, 310, 312, 314, 367
소련한족사 27, 363
소비에트 드림 331, 379
소콜로프 195
손 아파나시 417
수청의병대 130
슈마츠키 117, 118, 19, 120
스베르들로프 콜호스 303, 521
스키타이문화 212, 213

스탈린 5, 6, 8, 18, 22, 146, 165, 172, 174, 175, 176, 177, 178, 180, 182, 183, 184, 185, 189, 192, 193, 194, 196, 208, 209, 237, 238, 240, 249, 253, 271, 272, 277, 283, 297, 302, 305, 307, 308, 309, 314, 315, 316, 321, 338, 356, 362, 365, 366, 368, 370, 384, 387, 388, 390, 394, 429, 474, 526, 532, 533, 534, 549

스탈린콜호스 300

시넬니코프 34, 36

시베리아 내전 6, 130, 137, 163, 386

시베리아 횡단철도 19, 24, 43, 231, 232

시베리아간섭전쟁 83

시뷰로 115

신 고려인 468

신 로만 425, 426

신 아그리피나 425

신 아나톨리 343, 344

신 알렉산드르 425

신문자 459

신민단 94, 254

신숙 140

신순남 208, 249, 296, 297, 363, 364

신연자 524, 525

신영거우 50, 85, 130, 161, 521

신용걸 130

신우여 136

신종 유라시아인 544, 545

신채호 72, 73, 74, 99, 556

신한촌 71, 72, 87, 95, 102, 103, 104, 105, 106, 107, 109, 110, 113, 144, 168, 254, 319

신현문 284

실크로드 215, 216, 217, 226, 227, 508

심 콘스탄틴 461

십오만원사건 318, 319

ㅇ

아령실기 28, 30, 33, 56

아리랑가무단 540, 541

아무르 한인총의회 89, 96

아무르탐험대 66

아방가르드 콜호스 278, 283

아이훈조약 22

아카예프 472, 477, 478, 479, 480, 481

아프라시압 궁전 벽화 213, 220

안도수 292

안득춘 194, 200

안병찬 99, 119, 122

안일 192, 200, 248, 394

안중근 58, 60, 61, 70, 555

안창호 93, 100, 101

약담배 112

양기탁 81

양응범 14, 28

엄 유리 423

엄주필 91, 109

여운형 97, 99, 101, 127

여호 42, 43, 78, 79, 80, 82

연극 '통과열차-37' 367

연성용 169, 365, 541

연안파 293, 308, 309, 310, 314

열차58 365

영주귀국운동 357

예조프 180

옐친 371, 390

오 와실리 80, 81, 254

오르그뷰로 141

오마츠 29
오성묵 81, 191, 531
오자키 522
오창환 16, 93
오하묵 89, 90, 123, 124, 125, 127, 128, 189, 254
올구배 511
와다 하루키 162, 314
우가이 철식 52, 276, 277
우리동무군 91, 133, 134, 147
우리민족서로돕기운동본부 454, 455
우보레비츠 137
우흐타 강제노동수용소 272, 279
운테르베르게르 65, 66, 68
원동공화국 97, 105, 106, 116, 118, 123, 124, 126, 127, 130, 143
원동조선사범대학 167
원동콜호스 284, 518, 519
원세훈 94, 96, 101, 138, 140
원호 42, 43, 44, 64, 76, 78, 79, 80, 103, 114, 160, 163
유 니콜라이 76
유 스테판 80, 81
유가이 베라 419
유가이 보리스 425
유대인자치주 157, 204, 386, 440
유동열 81, 83, 93, 124, 125
유성철 312, 313
유성훈 290, 291
유인석 58, 62, 64, 72
윤 게오르기 543
윤 스베타 412, 413
윤해 79, 93, 100, 101, 104, 140

이 니콜라이 458
이 올렉 542
이계룡 164, 195, 238, 277, 474
이괄 115, 531
이광수 104
이돌준 164, 277
이동화 291
이동휘 72, 73, 74, 78, 79, 80, 81, 83, 93, 94, 95, 97, 98, 99, 100, 103, 114, 119, 121, 122, 139, 140, 141, 177, 255, 556
이르쿠츠크파 96, 114, 117, 118, 119, 120, 121, 122, 123, 124, 128, 129, 163, 189, 190
이문일 288, 291
이범관 493, 494
이범석 134
이범윤 58, 59, 60, 61, 62, 64, 556
이범진 59, 60, 71
이봉철 455
이상설 58, 60, 62, 64, 71, 72, 556
이상조 310
이성 115, 117, 119, 139, 531
이순신 20
이승만 93, 95, 100, 101
이영성 87
이용 105, 124, 130, 131, 136
이용익 71
이위종 58, 60, 556
이인섭 73, 81, 83, 133, 174, 176, 177, 241, 242, 243
이일경 290
이종호 71, 72, 74, 556
이준 130
이중집 136

이중징용 351
이창수 242
이청림 86
이청천 140
이춘백 313
이한영 80, 81, 94, 99
이함덕 537, 541, 542
인종청소 181
일세당 105
일-소기본협정 141, 142
일심 233, 523
임경석 115
임병극 86, 136
임표 130, 131, 134, 189

ㅈ

자유대대 89, 90, 96, 123, 124, 125, 254
자유시사건 123, 128, 129, 189
장 돈야 288
장 류보미르 416, 422
장 발레리 424, 425
장건상 119, 120
장덕수 99, 121
장도빈 72, 74, 556
장도정 105, 118, 175, 176
장순용 218
장익환 291
장지연 58
장하일 291
장학봉 153, 314
저서 '멀리 떠나온 사람들' 372
적백내전 83, 527
전동혁 169, 287, 289

전로고려공산당 116, 117, 118
전로한족대표회의 78
전로한족중앙총회 79, 92
전봉호 297
전한군사위원회 124
정 겐나지 419
정 세르게이 423
정국록 288
정동우 288
정배꾼 243
정상진 16, 190, 199, 286, 287, 291, 313, 469, 534
정순만 58
정재관 70, 71, 72, 74, 91
정재달 140, 141
정치문 190
정홍식 422, 423
조기천 169, 287, 532
조명희 15, 16, 169, 188, 189, 368, 535
조선문제 결정서 121
조선의 레닌 188
조선의 콜롬버스 14
조선인교육회 111, 113
조선총독부 29, 107, 110
조아육로통상장정 38
조영철 153, 312, 313
조완규 140
주동일 320
중국파 309
진판수 290
짓밟힌 고려 16
짜구배 511

ㅊ

창조파 101, 102, 138, 139, 140
창해소년단 90
채 보리스 326
채동순 115, 119, 127, 163
채 유리 415, 423, 424
천 빅토르 424
천율 312, 313
천이완 312
천학범 194
철혈단 85
체로키 부족 544
체호프 347
초원로 212, 213, 214, 215
최 니콜라이 85
최 류드밀라 236
최 발렌틴 422
최 블라디미르 418
최 빅토르 324, 415, 424
최계립 132, 134, 318
최고려 96, 119, 124, 125, 137, 163, 190
최봉준 30, 31, 58
최성학 254, 370, 371
최영호 88
최운보 14, 28, 36
최재형 30, 44, 47, 58, 60, 62, 72, 79, 91, 93, 105, 108, 109, 236, 237, 238, 239, 370, 555
최종학 287, 310
최창익 309
최추송 91, 189
최표덕 293, 294
최호림 86, 169, 531, 532
추풍4사 36, 43, 49
충의대 58
치타 한인부 117, 118, 129

ㅋ

카리모프 466, 507
카자케비치 27
카자크 34, 39, 45, 61, 67, 69, 152, 235
카즈리스 235
칼란다라슈빌리 124, 126
칼미코프 83, 84
케렌스키 77, 78, 79
코르뷰로 123, 138, 139, 140, 141
코르사코프 33, 34, 37, 347, 348, 350, 354
코르프 38, 83
코민테른 94, 96, 97, 101, 114, 117, 118, 119, 121, 122, 124, 127, 138, 140, 141, 146, 172, 385, 531
쿠뱌크 146
크라스노예 셀로 20, 46
큰땅배기 352, 430

ㅌ

탈라스 전투 227, 228, 229
태 스타니슬라브 416
태성수 291
태장춘 169, 541, 542
토이주미 162
통역정치시대 289
투르키스탄공화국 고려인조합 234
튤립혁명 425, 472, 477, 478, 480, 481
트랴피친 90

특별이주민 251, 279, 280, 305

ㅍ

파인버그 138, 139
페레스트로이카 5, 361, 363, 371, 373, 388, 417, 441, 535
편 위탈리 424, 506
포드라치크 42, 43
폴리트옷젤 233, 376, 390, 518, 521, 522, 523, 524, 525, 527, 528, 529
표트르쉬미트 231
푸루겔름 31, 33
푸른 눈의 고려인 264
푸칠로 36, 37, 167
푸틴 373
프르제발스키 15

ㅎ

한 막스 194, 274
한 발레리 75, 296, 302, 463, 550
한 블라디슬라프 528
한 빅토르 457
한 세르게이 75, 296, 297, 298, 550
한 아나톨리 169
한국공산당 99, 100, 117, 119, 125
한국독립당 139, 140
한명세 79, 111, 119, 122, 139, 141, 145, 163, 385
한민학교 70, 71, 104, 105, 108, 109, 113
한성정부 95
한운석 303
한운용 131, 319
한인사회당 16, 80, 81, 82, 83, 84, 85, 93, 94, 95, 96, 97, 98, 99, 114, 115, 116, 117, 120, 121, 124, 125, 129, 189, 191
한인신보 103, 109
한일가 29
한일무 287, 290, 291, 292, 432
한족중앙총회 80, 82
한진 365, 367
한창걸 76, 85, 86, 87, 89, 109, 124, 136, 138, 529
한형권 97, 98, 100, 101, 116, 121
해조신문 27, 58, 59, 60, 73
행정적 이주민 251
허가이 168, 288, 289, 290, 291, 292, 293, 294, 326, 335, 336, 515
허가이 일리야 335
허빈 288, 311
허조 357
허진 382
혈성단 130, 135, 136, 137
혜초 6, 222, 223, 224, 225
호르바트 83
홍도 121, 122, 176
홍범도 59, 72, 81, 88, 89, 125, 127, 147, 207, 246, 318, 319, 532, 533, 541, 555
황 블라디미르 323
황 스타니슬라브 419
황덕삼 189
황동국 271
황동육 189
황동훈 530, 531
황만금 419, 521, 523, 524, 525
황용근 475
황화론 66, 67
흐루쇼프 305, 309, 313, 387, 390